■2025年度高等学校受験用

栄東高等学校

収録内容一覧

★この問題集は以下の収録内容となっています。また、編集の都合上、解説、解説を省略させていただいている場合もございますのでご了承ください。

（〇印は収録、ー印は未収録）

入試問題の収録内容			解説	解答	解答用紙
2024年度	第1回	英語・数学・国語	〇	〇	〇
	第2回	英語・数学・国語	〇	〇	〇
	特待生	英語・数学・社会・理科・国語	ー	〇	〇
2023年度	第1回	英語・数学・国語	〇	〇	〇
	第2回	英語・数学・国語	〇	〇	〇
	特待生	英語・数学・社会・理科・国語	ー	〇	〇
2022年度	第1回	英語・数学・国語	〇	〇	〇
	第2回	英語・数学・国語	〇	〇	〇
	特待生	英語・数学・社会・理科・国語	ー	〇	〇
2021年度	第1回	英語・数学・国語	〇	〇	〇
	第2回	英語・数学・国語	〇	〇	〇

★当問題集のバックナンバーは在庫がございません。あらかじめご了承ください。

JN098163

●凡例●

【英語】

≪解答≫

〔　〕　①別解

②置き換え可能な語句（なお下線は置き換える箇所が２語以上の場合）

（例）<u>I am</u>〔I'm〕glad〔happy〕to ~

（　）　省略可能な言葉

≪解説≫

1, 2…　本文の段落（ただし本文が会話文の場合は話者の１つの発言）

〔　〕　置き換え可能な語句（なお〔　〕の前の下線は置き換える箇所が２語以上の場合）

（　）　①省略が可能な言葉

（例）「（数が）いくつかの」

②単語・代名詞の意味

（例）「彼（＝警察官）が叫んだ」

③言い換え可能な言葉

（例）「いやなにおいがするなべにはふたをするべきだ（＝くさいものにはふたをしろ）」

//　訳文と解説の区切り

cf.　比較・参照

≒　ほぼ同じ意味

【数学】

≪解答≫

〔　〕　別解

≪解説≫

（　）　補足的指示

（例）（右図１参照）など

〔　〕　①公式の文字部分

（例）〔長方形の面積〕＝〔縦〕×〔横〕

②面積・体積を表す場合

（例）〔立方体ABCDEFGH〕

∴　ゆえに

≒　約、およそ

【社会】

≪解答≫

〔　〕　別解

（　）　省略可能な語

＿＿　使用を指示された語句

≪解説≫

〔　〕　別称・略称

（例）政府開発援助〔ODA〕

（　）　①年号

（例）壬申の乱が起きた（672年）。

②意味・補足的説明

（例）資本収支（海外への投資など）

【理科】

≪解答≫

〔　〕　別解

（　）　省略可能な語

＿＿　使用を指示された語句

≪解説≫

〔　〕　公式の文字部分

（　）　①単位

②補足的説明

③同義・言い換え可能な言葉

（例）カエルの子（オタマジャクシ）

≒　約、およそ

【国語】

≪解答≫

〔　〕　別解

（　）　省略してもよい言葉

＿＿　使用を指示された語句

≪解説≫

〈　〉　課題文中の空所部分（現代語訳・通釈・書き下し文）

（　）　①引用文の指示語の内容

（例）「それ（＝過去の経験）が ～」

②選択肢の正誤を示す場合

（例）（ア，ウ…×）

③現代語訳で主語などを補った部分

（例）（女は）出てきた。

／　漢詩の書き下し文・現代語訳の改行部分

栄東高等学校

所在地	〒337-0054 埼玉県さいたま市見沼区砂町2-77
電　話	048-651-4050
ホームページ	https://www.sakaehigashi.ed.jp/
交通案内	JR宇都宮線東大宮駅より徒歩8分

普通科

男女共学

くわしい情報は
ホームページへ

応募状況

年度	募集数	受験数	合格数	倍率
2024	400名	1単　30名	19名	1.6倍
		1併1313名	1217名	1.1倍
		2回 638名	565名	1.1倍
		特待 625名	297名	2.1倍
2023	400名	1単　40名	28名	1.4倍
		1併1095名	1008名	1.1倍
		2回 898名	821名	1.1倍
		特待 673名	320名	2.1倍
2022	400名	1単　27名	21名	1.3倍
		1併1280名	1199名	1.1倍
		2回 654名	581名	1.1倍
		特待 590名	277名	2.1倍

※1単＝第1回単願，1併＝第1回併願
※募集数は内進生含む

試験科目　（参考用：2024年度入試）

単願：国語・英語・数学，面接(個人)
併願：国語・英語・数学
特待生：国語・英語・数学・社会・理科または国語・英語・数学
※英語はリスニングを含む

特色

学びにおいて基礎・基本を徹底することを教育の根幹とし，そのうえで個性と応用力を育むという観点から，アクティブ・ラーニング(以下AL)を導入している。課題研究やグループワーク，ディスカッション，プレゼンテーションなど，生徒の能動的な学習を取り込んでいる。

通常の授業(校内AL)では常に校外学習(校外AL)への発展を意識し，相互に連動した授業が展開されている。さらに，教科・科目の枠を越えた授業も行って，幅と奥行きのある学習を「学問」へと高めていく。

クラス編成

本校には「東医」,「α(アルファ)」クラスが設置され，どのクラスも難関大学現役合格に必要な学力を身につけることを目標としている。特に「東医」クラスは，東京大学や国公立大学医学部を目指す最上位クラスである。

各クラスとも，2年次から文系・理系および習熟度別に授業クラスが編成され，将来の志望と興味・適性に合わせて科目を選択できるようになる。αクラスから東医クラスへ移る生徒も多くいる。3年次には志望する大学の入試形態に合わせた授業クラス編成となる。入試対策演習を重ね，第一志望校合格をより確実なものにする。

合格実績

◎2024年・主な大学合格者数　(2024年3月現在)
東京大19名，京都大2名，東京工業大2名，一橋大2名，東京医科歯科大3名，北海道大10名，東北大16名，名古屋大2名，大阪大1名，筑波大9名，お茶の水女子大3名，千葉大8名，横浜国立大4名，東京外国語大4名，東京学芸大3名，東京農工大9名，電気通信大6名，東京海洋大3名，埼玉大29名，防衛医科大(医)3名，早稲田大163名，慶應義塾大117名，上智大33名，東京理科大242名，明治大167名，青山学院大40名，立教大63名ほか

イベント日程（予定・要予約）

・学校説明会…9/15
・進学相談会…10/19，11/16，11/17，12/14

編集部注ー本書の内容は2024年6月現在のものであり，変更されている場合があります。正確な情報は，学校のホームページ等で必ずご確認ください。

出題傾向と今後への対策 英語

出題内容

	2024 1回	2024 2回	2023 1回	2023 2回	2022 1回	2022 2回
大問数	6	6	6	6	6	6
小問数	30	29	30	30	30	30
リスニング	○	○	○	○	○	○

◎大問5～6題，小問数30問程度である。出題構成は長文読解3題，放送問題2～3題である。長文のジャンルは説明文が多いが，エッセーや伝記なども出題されることがある。

2024年度の出題状況

《第1回》
1 長文読解総合―エッセー
2 長文読解総合―エッセー
3 長文読解総合―エッセー
4～6 放送問題

《第2回》
1 長文読解総合―説明文
2 長文読解総合―ノンフィクション
3 長文読解総合―物語
4～6 放送問題

解答形式

《第1回》	記　述／マーク／併　用
《第2回》	記　述／マーク／併　用

出題傾向

中学英語の全単元・全領域にわたってさまざまな形で問われるのが特徴である。近年では中学で学習する内容にとどまらないレベルの問題が出題されることもある。長文読解は3題で，設問は適語・適文選択や内容把握を中心に文法題も含まれる。放送問題は対話文および長めの英文を聞いて，質問に対する答えを選ぶ形式。

今後への対策

教科書の基本的な単語・熟語，文法，重要構文を覚えてしまおう。あいまいなままでは高得点は期待できないので，徹底的に取り組もう。基礎ができたら，長文読解を繰り返し英文に慣れよう。まず一読し概要を把握し，次に精読をして内容，文法事項をチェックする。放送問題はラジオ講座などを活用し，毎日英語を聞くようにしよう。

◆◆◆◆ 英語出題分野一覧表 ◆◆◆◆

分野		2022 1回	2022 2回	2023 1回	2023 2回	2024 1回	2024 2回	2025予想 1回	2025予想 2回
音声	放送問題	■	■	■	■	■	■	◎	◎
音声	単語の発音・アクセント								
音声	文の区切り・強勢・抑揚								
語彙・文法	単語の意味・綴り・関連知識				●	●		△	△
語彙・文法	適語(句)選択・補充								
語彙・文法	書き換え・同意文完成								
語彙・文法	語形変化								
語彙・文法	用法選択								
語彙・文法	正誤問題・誤文訂正	●	●	●	●	●	●	◎	◎
語彙・文法	その他								
作文	整序結合	●	●			●		◎	◎
作文	日本語英訳　適語(句)・適文選択								
作文	日本語英訳　部分・完全記述								
作文	条件作文								
作文	テーマ作文								
会話文	適文選択								
会話文	適語(句)選択・補充								
会話文	その他								
長文読解	内容把握　主題・表題								
長文読解	内容把握　内容真偽			●	●	●	●	◎	◎
長文読解	内容把握　内容一致・要約文完成								
長文読解	内容把握　文脈・要旨把握	●	●	●	●	●	●	◎	◎
長文読解	内容把握　英問英答								
長文読解	適語(句)選択・補充	■	■	■	■	■	■	◎	◎
長文読解	適文選択・補充	■	■			■	■		
長文読解	文(章)整序								
長文読解	英文・語句解釈(指示語など)	●	●			●	●	◎	◎
長文読解	その他								

●印：1～5問出題，■印：6～10問出題，★印：11問以上出題。
※予想欄　◎印：出題されると思われるもの。　△印：出題されるかもしれないもの。

出題傾向と今後への対策　数学

出題内容

2024年度

《第１回》　作　証　グ

1は小間集合で，５問。2はさいころを利用した確率題。3は平面図形から，円と三角形を利用したもの。4は関数で，放物線と直線に関するもの。図形の知識も要する。5は空間図形から，三角柱を利用した計量題。

《第２回》　作　証　グ

1は小問集合で，５問。2は正方形の頂点を移動する点に関する確率題。3は平面図形から，円と三角形を利用したもの。4は関数で，放物線と直線に関するもの。図形の知識も要する。5は空間図形で，立方体を利用した計量題。

2023年度

《第１回》　作　証　グ

1は小問集合で，５問。2はさいころを利用した確率題。3は平面図形から，円と三角形を利用したもの。4は関数で，放物線と直線に関するもの。回転体の体積についても問われた。5は空間図形から，直方体を利用した計量題。

《第２回》　作　証　グ

1は小問集合で，５問。2はさいころを利用した確率題。3は平面図形から，円と三角形を利用したもの。4は関数で，放物線と三角形に関するもの。図形の知識も要する。5は空間図形で，２つの球を切断して重ねた立体を利用した計量題。

作…作図問題　証…証明問題　グ…グラフ作成問題

解答形式

《第１回》　記　述／マーク／併　用

《第２回》　記　述／マーク／併　用

出題傾向

大問５題の構成。各分野から出題されている。標準レベルの問題が中心であるが，難度の高い問題も含まれていて，問題に少し重みを感じる内容。計算量の多い問題もあるので，工夫をするなどして要領よく解くのが大きなカギとなる。

今後への対策

標準レベルの問題集で，数多くの問題に当たり，解法のパターンを少しずつマスターしていこう。各分野からまんべんなく出題されているので，苦手分野は集中的に。かなりの計算力を要する問題もあるので，計算演習もおろそかにしないように。

◆◆◆◆ 数学出題分野一覧表 ◆◆◆◆

分野	年度	2022 1回	2022 2回	2023 1回	2023 2回	2024 1回	2024 2回	2025予想※ 1回	2025予想※ 2回
数と式	計算，因数分解	■	■	■	■	●	■	◎	◎
	数の性質，数の表し方								
	文字式の利用，等式変形								
	方程式の解法，解の利用					●		△	
	方程式の応用	●	●	●	●	●		◎	◎
関　数	比例・反比例，一次関数								
	関数 $y=ax^2$ とその他の関数	★	★	★	★	★	★	◎	◎
	関数の利用，図形の移動と関数								
図　形	（平面）計　量	★	★	★	★	★	★	◎	◎
	（平面）証明，作図								
	（平面）その他								
	（空間）計　量	★	★	★	★	★	★	◎	◎
	（空間）頂点・辺・面，展開図								
	（空間）その他								
データの活用	場合の数，確率	★	★	★	★	★	★	◎	◎
	データの分析・活用，標本調査	●	●	●	●	●	●	◎	◎
その他	不等式								
	特殊・新傾向問題など								
	融合問題								

●印：１問出題，■印：２問出題，★印：３問以上出題。
※予想欄　◎印：出題されると思われるもの。　△印：出題されるかもしれないもの。

出題傾向と今後への対策

国語

出題内容

2024年度

《第１回》

論説文　小説　古文

課題文
㊀池内　了『江戸の好奇心』
㊁冲方　丁『はなとゆめ』
㊂清少納言『枕草子』

《第２回》

論説文　小説　古文

課題文
㊀村上靖彦『客観性の落とし穴』
㊁冲方　丁『はなとゆめ』
㊂『十訓抄』

2023年度

《第１回》

論説文　小説　古文

課題文
㊀奥野克巳『絡まり合う生命』
㊁寺地はるな『大人は泣かないと思っていた』
㊂『伊曾保物語』

《第２回》

論説文　小説　古文

課題文
㊀中村琢巳『生きつづける民家』
㊁寺地はるな『大人は泣かないと思っていた』
㊂無住法師『沙石集』

解答形式

《第１回》　記　述／マーク／併　用

《第２回》　記　述／マーク／併　用

出題傾向

設問は，現代文の読解問題にそれぞれ６～９問，古文の読解問題に５問前後付されており，全体で30問前後の出題になっている。設問のレベルは，全体的にやや高い。課題文は，古文も含めて，標準的な分量であるが，内容的にはやや高度である。全体としては，比較的ハードな試験といえる。

今後への対策

現代文・古文とも，しっかりした読解力がないと対応できないので，問題集をたくさんこなしておくこと。また，意外と知識問題も多く出されているので，漢字・慣用句などの語句関連については，教科書や便覧を使って知識を整理し，最後に確認の意味で問題集を１冊こなしておくのがよいだろう。

国語出題分野一覧表

分野			2022 1回	2022 2回	2023 1回	2023 2回	2024 1回	2024 2回	2025予想※ 1回	2025予想※ 2回
現代文	論説文 説明文	主題・要旨								
		文脈・接続語・指示語・段落関係	●	●	●	●	●	●	◎	◎
		文章内容	●	●	●	●	●	●	◎	◎
		表現	●	●	●	●			◎	◎
	随筆 日記 手紙	主題・要旨								
		文脈・接続語・指示語・段落関係								
		文章内容								
		表現								
		心情								
	小説	主題・要旨								
		文脈・接続語・指示語・段落関係								
		文章内容	●	●	●	●	●	●	◎	◎
		表現	●	●	●	●	●	●	◎	◎
		心情	●	●	●	●		●	◎	◎
		状況・情景								
韻文	詩	内容理解								
		形式・技法								
	俳句 和歌 短歌	内容理解								
		技法								
古典	古文	古語・内容理解・現代語訳	●	●	●	●	●	●	◎	◎
		古典の知識・古典文法								
	漢文	(漢詩を含む)								
国語の知識	漢字 語句	漢字	●	●	●	●	●	●	◎	◎
		語句・四字熟語	●	●	●	●	●	●	◎	◎
		慣用句・ことわざ・故事成語	●	●	●	●	●	●	◎	◎
		熟語の構成・漢字の知識								
	文法	品詞	●	●	●	●	●	●	◎	◎
		ことばの単位・文の組み立て	●	●		●			△	◎
		敬語・表現技法								
	文学史									
作文・文章の構成・資料										
その他										

※予想欄　◎印：出題されると思われるもの。　△印：出題されるかもしれないもの。

合格を勝ち取るための

本書の使い方

本書に掲載されている過去問をご覧になって，「難しそう」と感じたかもしれません。でも，大丈夫。ほとんどの受験生が同じように感じるのです。高校入試の出題範囲は中学校の定期テストに比べて広いですし，残りの中学校生活で学ぶはずの，まだ習っていない内容からも出題されているかもしれません。

ですから，初めて本書に取り組む際には，点数を気にする必要はありません。点数は本番で取れればいいのです。

過去問で重要なのは「間違えること」です。自分の弱点を知るために，過去問に取り組むのです。当然，間違った問題をそのままにしておいては意味がありません。

本書には，長年にわたって高校受験に関わってきたベテランスタッフによる詳細な解説がついています。間違えた問題は重点的に解説を読み，何度も解きなおしてください。時にはもう一度，教科書で復習するのもよいでしょう。

別冊として，抜き取って使える解答用紙を収録しました。表示してあるように拡大コピーをとれば，実際の入試と同じ条件で，何度でも過去問に取り組むことができます。特に記述問題では解答欄の大きさがヒントになる場合があります。そうした，本番で使える受験テクニックの練習ができるのも，本書の強みです。

前のページにある「出題傾向と今後への対策」もよく読んで，本校の出題傾向に慣れておきましょう。

2024年度 栄東高等学校(第１回)

【英　語】(50分)〈満点：100点〉

(注意) **4**～**6**のリスニング問題は試験開始後15分経過した頃から放送される。放送時間は約12分である。

1　次の英文を読み，あとの問いに答えなさい。(文中の＊印の語(句)には注があります)

The older I get, the more I realize that routine is a very important part of life.

If anything happens to *interrupt my routine, it tends to leave me feeling a little tired. Of course, this does not mean that I don't like being tired. Meeting up with friends, going out for meals, going for long drives; everything that does interrupt my routine is enjoyable, so I'm not complaining. ①<u>But, the truth is, I always feel at my best when doing the same thing every day.</u>

I have often wondered why routine is so important for not only human beings, but also for dogs, and maybe other animals. Our dog, when she was alive, loved (1). She wanted to eat at the same time every day. She wanted to go for a walk at the same time every day. She wanted to go to bed at the same time every day. If any of these were delayed, she would sit in front of me and stare into my eyes, as if telling me to hurry up. I have also read that routine is very important for babies and young children. They become unhappy if the same things don't happen at the same time every day. Having considered all this, I decided that we probably have a memory from ancient times, when leaving the home for hunting or traveling was full of (2). ②<u>The only things that people did not fear were the routine matters that they took care of every day.</u> They therefore found comfort in routine and were afraid of the unexpected.

But, routine can also *result in boredom. Doing the same things every day — especially uninteresting things, like cooking or laundry — is not much fun. ③<u>When I considered this, I noticed that the things that make me happy every day are not just the routine things</u>, but the routine things that I enjoy. In other words, an enjoyable routine produces happiness.

In his book, *The Conquest of Happiness*, *Bertrand Russell says that happiness cannot be *obtained without (3). Personally, I don't agree with this. It *assumes that happiness is a single thing, and that one must work hard to obtain this single thing. In my own opinion, happiness is not a single thing. It is a (4) of many small things that bring enjoyment on a daily, routine basis. People think that money will bring them happiness. People think that marriage will bring them happiness. People think that (5) from worry will bring them happiness. Although I am sure that all of these may result in feeling happy, this feeling only lasts for a limited period of time. Once one has become used to the (6), the sense of happiness becomes weaker.

The word "happiness" in English is an uncountable noun. This, I believe, is a mistake. I think that it should be a countable noun. In my opinion, overall happiness can only be obtained by gathering together as many small daily happinesses as possible. The more small daily happinesses a person has, the happier he or she will be. But, it is also necessary, I believe, to be aware of being happy while enjoying these small happinesses. ④<u>If one is aware of them, they simply become a part of the daily routine.</u>

(注) interrupt　～をさえぎる，妨害する　　result in　～をもたらす
Bertrand Russell　バートランド・ラッセル(英国の哲学者，数学者)

obtain　～を得る　　assume　～とみなす

(1)　英文の空所(1)～(6)に入れるのに最も適切なものを１～０の中から１つずつ選びなさい。ただし，同一のものを２回以上用いてはいけません。

１．danger　　２．life　　３．collection　　４．situation　　５．awareness
６．freedom　　７．entertainment　　８．routine　　９．line　　０．effort

(2)　英文の下線部①～④の中で，文法上あるいは文脈上，誤りがある英文が１つあります。その番号を答えなさい。解答は 7 にマークしなさい。

2　次の英文を読み，あとの問いに答えなさい。（文中の＊印の語には注があります）

Mr Jeavons said that I liked maths because it was safe. He said I liked maths because it meant solving problems, and these problems were difficult and interesting. (8) And what he meant was that maths wasn't like life because in life there are no straightforward answers at the end. I know he meant this because this is what he said.

(9)

Here is a famous story called The Monty Hall Problem, which I have included in this book because it illustrates what I mean.

There used to be a column called "Ask Marilyn" in a magazine called *Parade* in America. And this column was written by Marilyn vos Savant and in the magazine it said that she had the highest IQ in the world in *the Guinness Book of World Records Hall of Fame*. And in the column she answered maths questions sent in by readers. And in September 1990 this question was sent in by Craig F. Whitaker of Columbia, Maryland (but it is not what is called a direct quote because I have made it simpler and easier to understand).

> *You are on a game show on television. On this game show the idea is to win a car as a prize. The game show host shows you three doors. He says that there is a car behind one of the doors and there are goats behind the other two doors. He asks you to pick a door. You pick a door but the door is not opened. Then the game show host opens one of the doors you didn't pick to show a goat (because he knows what is behind the doors). Then he says that you have one final chance to change your mind before the doors are opened and you get a car or a goat. So he asks you if you want to change your mind and pick the other unopened door instead. What should you do?*

Marilyn vos Savant said that you should always change and pick the final door because the chances are 2 in 3 that there will be a car behind that door. (10)

Lots of people wrote to the magazine to say that Marilyn vos Savant was wrong, even when she explained very carefully why she was right. 92% of the letters she got about the problem said that she was wrong and lots of these were from mathematicians and scientists.

(11) The way you can work it out is by making a picture of all the possible outcomes like this.

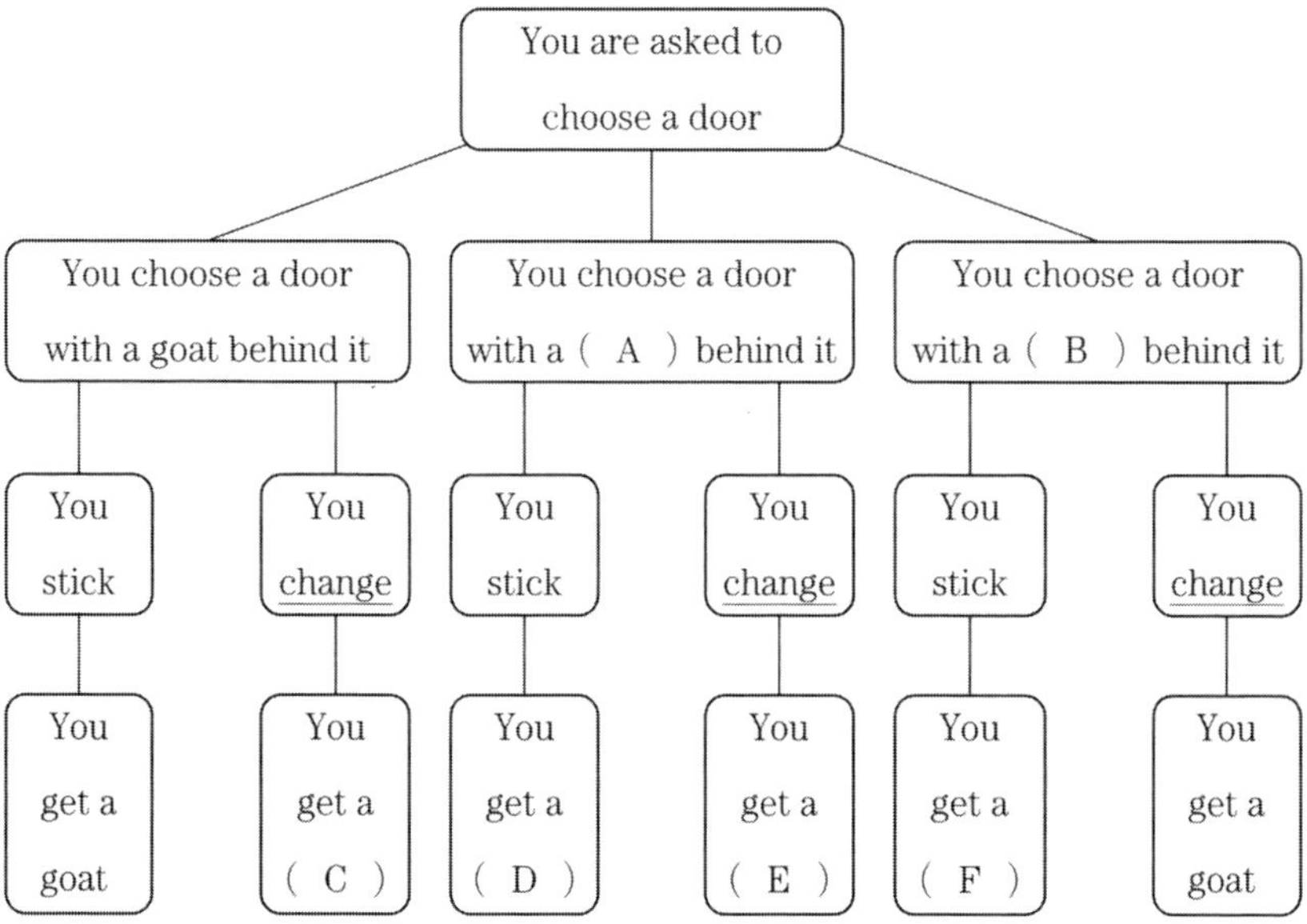

So, if you change, 2 times out of 3 you get a car. And if you stick, you only get a car 1 time out of 3.

And this shows that *intuition can sometimes get things wrong. And intuition is what people use in life to make decisions. (12)

It also shows that Mr Jeavons was wrong and numbers are sometimes very complicated and not very straightforward at all. (13)

(注) intuition 直観

(1) 英文の空所(8)～(13)に入れるのに最も適切なものを１～６の中から１つずつ選びなさい。ただし，同一のものを２回以上用いてはいけません。

1. But if you use your intuition you think that chance is 50:50 because you think there is an equal chance that the car is behind any door.
2. But Marilyn vos Savant was right.
3. But logic can help you work out the right answer.
4. But there was always a straightforward answer at the end.
5. And that is why I like The Monty Hall Problem.
6. This is because Mr Jeavons doesn't understand numbers.

(2) 英文の空所(Ａ)～(Ｆ)に入れるのに最も適切な組み合わせを１～４の中から１つ選びなさい。解答は 14 にマークしなさい。

1. (Ａ) car －(Ｂ) goat －(Ｃ) goat －(Ｄ) car －(Ｅ) goat －(Ｆ) goat
2. (Ａ) car －(Ｂ) car －(Ｃ) car －(Ｄ) car －(Ｅ) goat －(Ｆ) car
3. (Ａ) goat －(Ｂ) car －(Ｃ) car －(Ｄ) car －(Ｅ) goat －(Ｆ) car
4. (Ａ) goat －(Ｂ) car －(Ｃ) car －(Ｄ) goat －(Ｅ) car －(Ｆ) car

3 次の英文を読み，あとの問いに答えなさい。(文中の＊印の語(句)には注があります)

At *St Peter's, Sunday morning was letter-writing time. At nine o'clock the whole school had to go to their desks and spend one hour writing a letter home to their parents. At ten-fifteen we put on our caps and coats and formed up outside the school in a long crocodile and marched a couple of miles down into Weston-super-Mare for church, and we didn't get back until lunchtime. Church-going never became a habit with me. Letter-writing did.

From that very first Sunday at St Peter's until the day my mother died thirty-two years later, I wrote to her once a week, sometimes more often, whenever I was away from home. I wrote to her every week from St Peter's (I had to), and every week from my next school, Repton, and every week during the war from Kenya and Iraq and Egypt when I was flying with the *RAF.

My mother, for her part, kept every one of these letters, binding them carefully in neat *bundles with green tape, but this was her own secret. She never told me she was doing it. In 1957, when she knew she was dying, I was in hospital in Oxford having a serious operation on my *spine and I was unable to write to her. ①So she had a telephone specially installed beside her bed in order that she might have one last conversation with me. She didn't tell me she was dying nor did anyone else for that matter because I was in a fairly serious condition myself at the time. She simply asked me how I was and hoped I would get better soon and sent me her love. I had no idea that she would die the next day, but *she* knew all right and she wanted to reach out and speak to me for the last time.

②When I recovered and went home, I was given this vast collection of my letters, each one in its original envelope with the old stamps still on them.

Letter-writing was a serious business at St Peter's. It was as much a lesson in spelling and punctuation as anything else because the Headmaster would patrol the classrooms all through the sessions to read what we were writing and to point out our mistakes. But that, I am quite sure, was not the main reason for his interest. He was there to make sure that we said nothing *horrid about his school.

③There was no way, therefore, that we could ever complain to our parents anything during *term-time. If we thought the food was (A)lousy or if we had been *thrashed for something we did not do, we never dared to say so in our letters. In fact, we often went the other way. In order to please that dangerous Headmaster who was leaning over our shoulders and reading what we had written, we would say splendid things about the school and (　　B　　).

Mind you, the Headmaster was a clever fellow. He did not want our parents to think that those letters of ours were *censored in this way, and therefore he never allowed us to correct a spelling mistake in the letter itself. If, for example, I had written . . . *last Tuesday knight we had a lecture* . . ., he would say :

'Don't you know how to spell night ?'

'Y-yes, sir, k-n-i-g-h-t.'

'That's the other kind of knight, you idiot !'

'Which kind, sir ? I . . . I don't understand.'

'The one in shining *armour ! The man on horse-back ! How do you spell Tuesday night ?'

'I . . . I . . . I'm not quite sure, sir.'

'It's n-i-g-h-t, boy, n-i-g-h-t. Stay in and write it out for me fifty times this afternoon. No, no ! You don't want to make it any messier than it is ! (C)It must go as you wrote it !'

④Thus, the unsuspecting parents received in this *subtle way the impression that your letter had never been seen or censored or corrected by anyone.

（注） St Peter's 著者が９歳から13歳まで過ごした全寮制の学校

RAF　イギリス空軍　　bundle　束　　spine　脊椎《せきつい》　　horrid　不快な
term-time　学校のある期間　　thrash　～を激しくたたく
censor　～を検閲する　　armour　甲冑《かっちゅう》　　subtle　巧妙な

(1)　Which of the underlined sentence ①～④ is grammatically ***NOT*** correct？　15

(2)　According to the passage, which best describes the author's mother？　16
1．She couldn't work because she was often sick in bed.
2．She cared for her son even when she was in a hard time.
3．She died of disease in 1957, when the author was in his thirties.
4．She usually answered carefully to every one of her son's letters.

(3)　What does the underlined word (A) mean？　17
1．common　　2．very bad　　3．tasty enough　　4．well prepared

(4)　Fill in the blank (B) with the most appropriate phrase.　18
1．ask our family to write letters to us
2．go on about how lovely the masters were
3．say about the terrible events in our school life
4．write about the spelling mistakes we had made

(5)　What does the underlined part (C) mean？　19
1．You must leave the word 'knight' uncorrected in your letter.
2．Your letter must be sent by yourself because you wrote it.
3．You must write the word 'night' over and over again to remember it.
4．Your letter is so poor that you must go out of the room as soon as possible.

(6)　According to the passage, which of the following statements is true？　20
1．No one of the author's family told him about his mother's death.
2．The author wrote to his mother every week even when he was at home.
3．There used to be a couple of wild crocodiles walking around the school.
4．The headmaster didn't want the students' parents to know bad points of his school.

リスニング問題　〈放送文は未公表につき掲載してありません。〉

4　これから二人の対話を聞き，質問に対する答えとして最も適切なものを１つずつ選びなさい。なお，対話と質問は２度読まれます。

21　1．He has just lost his ticket.
2．He has just missed the train.
3．He has had his wallet stolen.
4．He has bought two tickets.

22　1．Espresso.
2．Strong coffee.
3．Sugar-sweetened coffee.
4．Latte with non-fat milk.

23　1．Be clear about what he should do.
2．Check his paper before the deadline.
3．Write a longer comment on his report.
4．Give less information about his homework.

5 これから短い英文を聞き，質問に対する答えとして最も適切なものを１つずつ選びなさい。なお，英文と質問は１度だけ読まれます。

24 １．Pass.　２．Book.　３．Master.　４．Consider.

25 １．Brave.　２．Special.　３．Physical.　４．Friendly.

26 １．People cannot grow cacao trees in northern Taiwan.
２．People cannot grow cacao trees in southern Taiwan.
３．The climate in northern Taiwan is good for cacao cultivation.
４．The climate in southern Taiwan is good for cacao cultivation.

6 これから少し長めの英文を１つ聞き，４つの質問に対する答えとして最も適切なものを１つずつ選びなさい。なお，英文は２度読まれます。英文は今から20秒後に放送されます。

27 According to the passage, what is one of the factors explaining why Japan's tap water tastes different from place to place?
１．City size.　２．Sense of taste.　３．Plastic bottles.　４．Water pipes.

28 According to the passage, how many plastic bottles are thrown away each day in Japan?
１．65,000.　２．650,000.　３．6,500,000.　４．65,000,000.

29 According to the passage, what can we do with the smartphone app called "mymizu"?
１．Receive free drink coupons.
２．Find free water refill spots.
３．Get a water bottle to carry with.
４．Learn how to recycle plastic bottles.

30 According to the researchers, how much water should we drink each day for our health?
１．Not decided.
２．As much as possible.
３．Around 2 to 3 liters.
４．More than 8 cups of water.

【数　学】（50分）〈満点：100点〉

（注意）1　問題の文中の [ア]，[イウ] などには，特に指示がないかぎり，符号(−，±)または数字(0〜9)が1つずつ入る。それらを解答用紙のア，イ，ウ，…で示された解答欄にマークして答えること。

2　分数形で解答する場合，分数の符号は分子につけ，分母につけてはいけない。例えば，$\dfrac{\boxed{エオ}}{\boxed{カ}}$ に $-\dfrac{4}{5}$ と答えたいときは，$\dfrac{-4}{5}$ とすること。

また，それ以上約分できない形で答えること。例えば，$\dfrac{3}{4}$ と答えるところを，$\dfrac{6}{8}$ のように答えてはいけない。

3　根号を含む形で解答する場合，根号の中に現れる自然数は最小となる形で答えること。例えば，$\boxed{キ}\sqrt{\boxed{ク}}$ に $4\sqrt{2}$ と答えるところを，$2\sqrt{8}$ のように答えてはいけない。

4　根号を含む分数形で解答する場合，例えば $\dfrac{\boxed{ケ}+\boxed{コ}\sqrt{\boxed{サ}}}{\boxed{シ}}$ に $\dfrac{3+2\sqrt{2}}{2}$ と答えるところを，$\dfrac{6+4\sqrt{2}}{4}$ や $\dfrac{6+2\sqrt{8}}{4}$ のように答えてはいけない。

1　次の各問いに答えよ。

(1)　$(\sqrt{2}+\sqrt{3})^2(3\sqrt{2}-3\sqrt{3})^2=\boxed{ア}$ である。

(2)　連立方程式 $\begin{cases}\dfrac{6}{x+y}-\dfrac{5}{x-y}=3\\ \dfrac{3}{5x+5y}+\dfrac{6}{x-y}=-1\end{cases}$ の解は，$x=\boxed{イウ}$，$y=\boxed{エ}$ である。

(3)　右の表は，生徒2500人の通学時間を相対度数で表したものである。ただし，表の中には一部空欄になっている所がある。このとき，通学時間の短い方から2024番目の生徒が入っている階級の階級値は [オカ] 分である。

階級(分)	相対度数
0以上10未満	0.24
10 〜 20	0.32
20 〜 30	
30 〜 40	0.12
40 〜 50	0.04
50 〜 60	0.03
60 〜 70	0.01
70 〜 80	0.01
計	1.00

(4)　2％の食塩水150gが入った容器Aと，10％の食塩水100gが入った容器Bがある。いま，それぞれの容器から同じ量の食塩水をとり出し，それらを互いに他方の容器に戻したところ，A，Bともに同じ濃度となった。このときの濃度は [キ].[ク] ％である。

(5)　平行四辺形ABCDにおいて，辺AB，BC，CD，DAの中点をそれぞれE，F，G，Hとする。平行四辺形ABCDの面積が12のとき，斜線部の面積は [ケ] である。

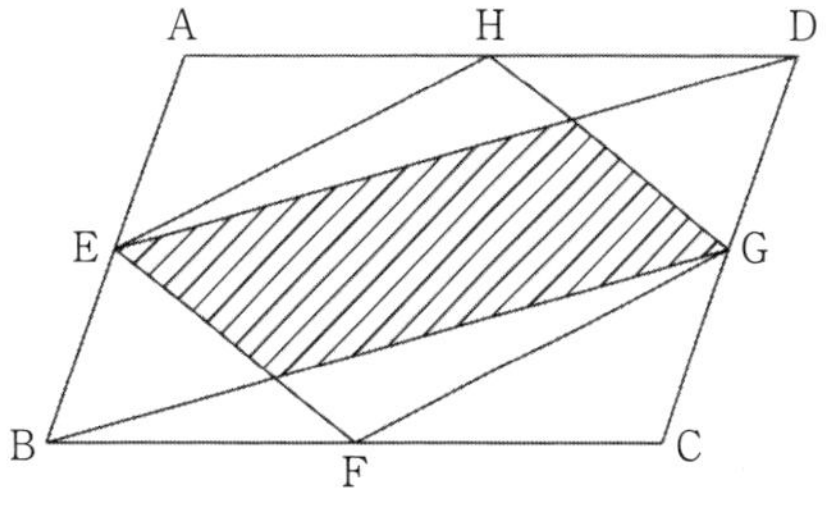

2　3個のさいころを同時に投げて，次のルールに従って得点を決める。

〈ルール〉

①3個とも異なる目のときは，すべての目の数を合計した値を得点とする。

②2個が同じ目で，残り1個が異なる目のときは，同じ目の数を2倍した値を得点とする。

③3個とも同じ目のときは，同じ目の数を3倍した値を得点とする。

(1)　得点が14点となる確率は $\dfrac{\boxed{ア}}{\boxed{イウ}}$ である。

(2)　得点が12点となる確率は $\dfrac{\boxed{エオ}}{\boxed{カキク}}$ である。

(3)　得点が6の倍数となる確率は $\dfrac{\boxed{\text{ケコ}}}{\boxed{\text{サシ}}}$ である。

3　図のように，AC＝8である鋭角三角形ABCの頂点Aから辺BCへ垂線AHを引く。次に，AHを直径とする円と辺ABとの交点をD，辺ACとの交点をEとすると，AD＝4，$\overset{\frown}{\mathrm{AE}}:\overset{\frown}{\mathrm{EH}}=2:1$ となった。

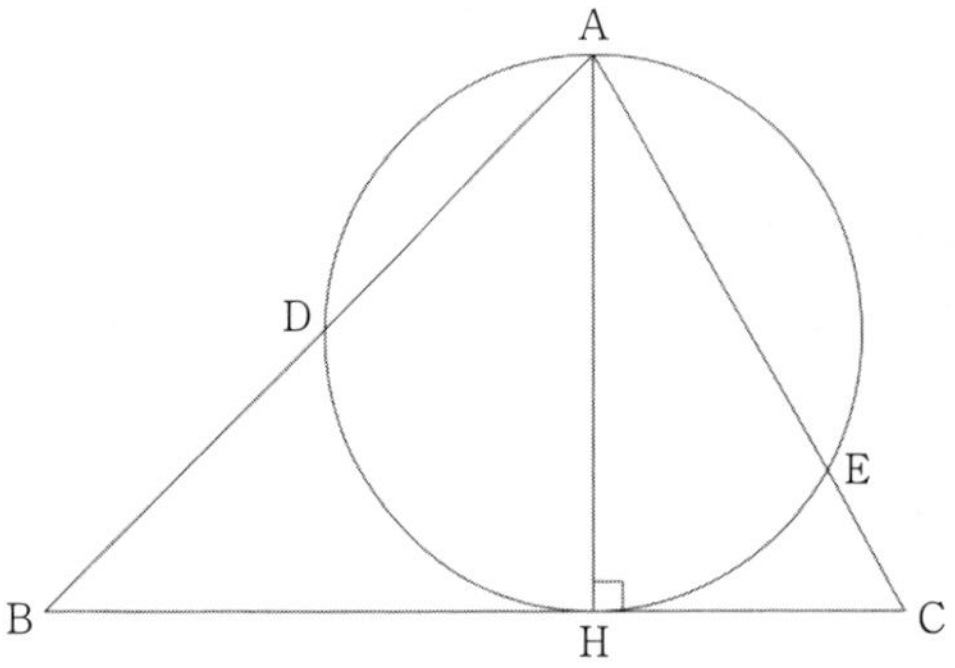

(1)　$\angle\mathrm{ACB}=\boxed{\text{アイ}}^\circ$ であり，AHの長さは $\boxed{\text{ウ}}\sqrt{\boxed{\text{エ}}}$ である。

(2)　BHの長さは $\boxed{\text{オ}}\sqrt{\boxed{\text{カ}}}$ である。

(3)　△DEHの面積は $\boxed{\text{キ}}\sqrt{2}+\boxed{\text{ク}}\sqrt{\boxed{\text{ケ}}}$ である。

4　図のように，放物線 $y=ax^2$ は点A$(-4,\ 32)$を通り，放物線 $y=bx^2$ は点B$(2,\ 12)$を通る。

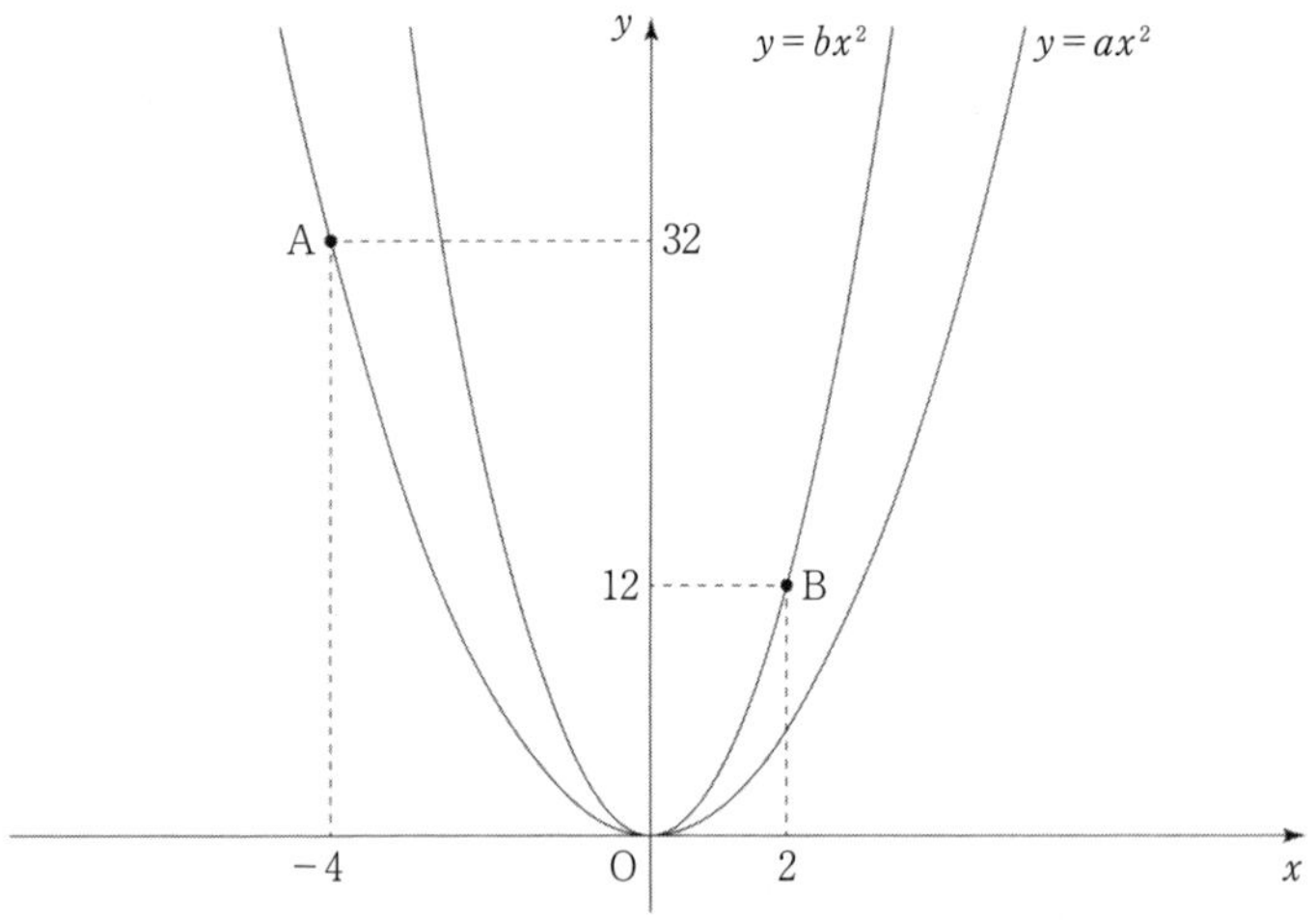

(1)　$a=\boxed{\text{ア}}$，$b=\boxed{\text{イ}}$ である。また，△OABの面積は $\boxed{\text{ウエ}}$ である。

(2)　$c>0$ とし，放物線 $y=cx^2$ 上の x 座標が2である点をC，x 座標が-4である点をDとする。

△OCDの面積が△OABの面積と等しくなるとき，$c=\dfrac{\boxed{\text{オ}}}{\boxed{\text{カ}}}$ である。

(3)　(2)のとき，点Aを通り四角形ACBDの面積を2等分する直線と，線分BDの交点の座標は $\left(\dfrac{\boxed{\text{キ}}}{\boxed{\text{ク}}},\ \dfrac{\boxed{\text{ケコ}}}{\boxed{\text{サ}}}\right)$ である。

5　1辺の長さが2の正三角形を底面とし，高さが2の三角柱ABC-DEFがある。

(1)　三角柱の体積は $\boxed{\text{ア}}\sqrt{\boxed{\text{イ}}}$ である。

(2)　この立体の表面に，頂点Dから辺AC，BCを通り頂点Eまで，ひもをゆるまないようにかける。ひもの長さが最も短くなるとき，その長さは $\boxed{\text{ウ}}+\boxed{\text{エ}}\sqrt{\boxed{\text{オ}}}$ である。

(3)　(2)のとき，ひもにそって三角柱を切断する。

切断面の図形の面積は $\dfrac{\boxed{\text{カ}}\sqrt{\boxed{\text{キ}}}-\sqrt{\boxed{\text{クケ}}}}{\boxed{\text{コ}}}$ であり，

頂点Aを含む立体の体積は $\dfrac{\boxed{\text{サシ}}-\boxed{\text{ス}}\sqrt{\boxed{\text{セ}}}}{\boxed{\text{ソ}}}$ である。

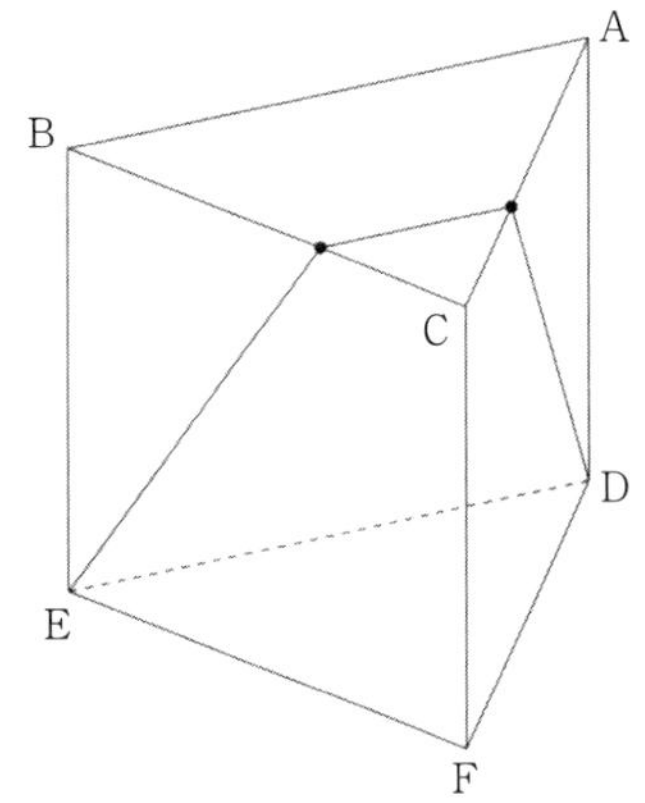

3．七度詣でを達成するには三回足りず、午後二時頃に下山してしまった。

4．暑さに辟易《へきえき》してしまい、伏見稲荷大社に参詣したことを後悔した。

5．伏見稲荷大社から帰る途中、普段では意識しない場所がふと目に入った。

問五　傍線部③について、何を指しているか。最も適当なものを、次の中から一つ選びなさい。㉝

1．法師　　2．道にあひたる人

3．伏見稲荷大社の神　　4．四十余ばかりなる女

5．筆者

問六　本文は、複数の具体例で構成されている。それらに共通する内容として最も適当なものを、次の中から一つ選びなさい。㉞

1．理想と現実との間で板挟みになり、理想を追求しようと試行錯誤していること。

2．他人の立ち振る舞いが優れているように見え、自分もそうすればよかったと後悔すること。

3．必死に努力しても思い通りにいかない出来事に遭遇し、逃げ出したくなっていること。

4．苦しい状況に置かれたとき、どのように窮地を脱すればよいかを模索していること。

5．他人の様子や状態が自分より恵まれているように見え、同じようにありたいと感じること。

三　次の文章を読んで、後の問いに答えなさい。

経など習ふとて、いみじうたどたどしく、忘れがちに、返す返す同じところをよむに、法師はaことわり、男も女も、くるくるとやすらかによみたるこそ、①あれがやうにいつの世にあらむと、おぼゆれ。

ここちなどわづらひて臥《ふ》したるに、笑《ゑ》うち笑ひ、ものなど言ひ、思ふことなげにて歩みありく人見るこそ、いみじう［X］。

*稲荷《いなり》に思ひおこして詣でたるに、中の御社《みやしろ》のほどの、わりなう苦しきを念じ登るに、いささか苦しげもなく、遅れて来と見る者どもの、ただ行きに先に立ちて詣づる、いとめでたし。②*二月午《うま》の日の暁に急ぎしかど、坂のなからばかり歩みしかば、*巳《み》の時ばかりになりにけり。やうやう暑くさへなりて、まことにわびしくて、など、かからでよき日もあらむものを、なにしに詣でつらむとまで、涙も落ちて、b休み極《ごう》ずるに、四十余ばかりなる女の、*壺装束などにはあらで、ただ*ひきはこえたるが、「まろは、*七度詣でしはべるぞ。三度は詣でぬ。いま四度はcことにもあらず。まだ*未《ひつじ》に下向しぬべし」と、道にあひたる人にうち言ひて、下り行きしこそ、ただなる所には目にもとまるまじきに、③これが身にただ今ならばやと、おぼえしか。

（『枕草子』）

（注）*稲荷…京都市伏見区にある、伏見稲荷大社。
*二月午の日…稲荷神社の例祭が行われる日。
*巳の時…午前十時頃。
*壺装束…平安時代、女性が徒歩で外出するときの服装。
*ひきはこえたる…着物の裾をたくし上げている。
*七度詣で…神社に、一日に七回参詣すること。
*未…午後二時頃。

問一　傍線部aからcの解釈として最も適当なものを、後の中からそれぞれ一つずつ選びなさい。

a　ことわり　㉗
1. 他とは違って　2. 断固として
3. よどみなく　4. おぼつかなく
5. 当然のこととして

b　休み極ずるに　㉘
1. 疲れ切って休んでいると
2. 感極まったため休もうとすると
3. 絶対に休むべきではないのに
4. 休みたいという衝動がおさえられず
5. 休んだ自分が情けなく感じられ

c　ことにもあらず　㉙
1. 成し遂げられない　2. 言うまでもない
3. 大したことではない　4. 殊勝なことではない
5. 今までにない

問二　傍線部①と考える理由として最も適当なものを、次の中から一つ選びなさい。㉚
1. 物覚えが悪く、忘れっぽい性格を直したいと思っているから。
2. 自分の力量では、習った経文を教えることができないから。
3. 女が出しゃばって経文をすらすら読むことは慎むべきだから。
4. 自分は繰り返し練習しなければ経文を習得できないから。
5. 経文をできるだけ早く習得し、名声を得たいと考えているから。

問三　空欄［X］にあてはまる語として最も適当なものを、次の中から一つ選びなさい。㉛
1. うらやましけれ　2. をかしけれ
3. つきづきしけれ　4. むつかしけれ
5. たのしけれ

問四　傍線部②について、この日に筆者に起きたこととして最も適当なものを、次の中から一つ選びなさい。㉜
1. 坂を登る途中、一人旅の寂しさを覚えて涙がこみ上げてきた。
2. 伏見稲荷大社からの帰路で休憩していた時に女に遭遇した。

に誇示し、他の女房による「わたし」への叱責や嫌がらせを減らすため。

5．父の姓と官職を組み合わせた正式な名で呼ぶことで、身分の低い「わたし」を実質的には中﨟の身分で扱うことを周囲に示唆し、人の能力を見抜く自らの中宮としての力量を周囲に悟らせるため。

問六　空欄 X に入る言葉として最も適当なものを、次の中から一つ選びなさい。㉔

1．雪のように冷たい言葉が心に刺さった気がしたのです
2．自分の局に掛け金を掛けられたような思いでした
3．格子のような型通りの返答しか考えつかなかったのです
4．胸中に火を熾されたような思いを味わったのです
5．御簾に隠されたような中宮様の苦悩が見えた気がしました

問七　傍線部④について、このように思った理由として最も適当なものを、次の中から一つ選びなさい。㉕

1．中宮は「わたし」の教養の深さをいち早く見抜き、当意即妙なやり取りを人前で披露する機会を作ることにより、日の光を浴びる環境へ自然と「わたし」を導き、埋もれていた能力を開花させた。このような、若くして観察眼に優れ機知に富む中宮の言動に畏敬の念を抱いたから。

2．中宮は「わたし」の持つ見識の深さに感銘を受けて「わたし」に敬意を払うとともに、この優れた女房を後宮の中で生かしたいと考え、その知識を人前で披露させることで他の女房たちとの差別化を図った。このような、身分にとらわれず物事の判断を下せる中宮に感服したから。

3．中宮は「わたし」の詩作の才能がどうしたら開花するかを思案し、他の女房たちがいる中で「わたし」に「香炉峰の雪」の句を披露させ、後宮内での「わたし」の地位を確実なものとした。このような、若いながらも聡明で理知的な中宮の振る舞いに尊敬の思いを抱いたから。

4．中宮は「わたし」が自分に自信がなく日の下に出られないことを察知し、漢詩の一節を活用しつつ自然な流れで日の下へ出てくるよう誘導し、女房として出仕しやすい環境を作り出した。このような、人の心の内を読み切って機転の利いた行動をする中宮に羨望の眼差しを向けたから。

5．中宮は「わたし」が新参者の女房なのに広い知見を持っていることを知り、それをいかに引き出すかが自分の使命だと感じ、他の女房が知るはずもない白居易の詩を「わたし」に諳んじさせた。このような、自分の立場を鑑みて行動できる中宮に主君としての矜持《きょうじ》が感じられたから。

問八　波線部アからオについて、その説明として最も適当なものを、次の中から一つ選びなさい。㉖

1．波線部ア「その眼差しは黎明の中できらきらと輝き」には、「わたし」が自分の思い通りに出仕しないので見限ろうとしていた中で、「わたし」の得意分野を見出して喜ぶ中宮の様子が表現されている。

2．波線部イ「常ならぬ様子の中宮様の御座所」には、普段は夜にしか出仕しない「わたし」が昼間に出仕するという噂《うわさ》があり、それを聞きつけた人々の緊張している様子が表現されている。

3．波線部ウ「遊び心として示したかったからです」には、本当は尋常でないほど緊張している「わたし」が、いかにも余裕があるかのように強がっている様子が表現されている。

4．波線部エ「他の女房たちも我に返った」には、「わたし」の思いがけない行動に心を奪われ、中宮が発言するまで言葉を失っていた女房たちの様子が表現されている。

5．波線部オ「この世の浄土たる内裏」には、極楽浄土が後宮に存在すると信じてやまない「わたし」の強い信仰心や、中宮に心酔している様子が表現されている。

3. 状況を飲み込めずにただ目を見開いて
4. 発言の真意を理解できずに目を泳がせて
5. 出し抜けな声掛けに思わず閉口して

c 算段を講じていた ⑲

1. 方法や段取りを熟考していた
2. よい計画を他人に説いていた
3. 途方もない計画を思案していた
4. 目的の達成に強くこだわっていた
5. 自分だけの秘密の策を練っていた

問二 空欄 Ⅰ から Ⅳ に入る語句の組み合わせとして最も適当なものを、次の中から一つ選びなさい。⑳

1. Ⅰ 傾けて　Ⅱ 浮かされた　Ⅲ 出しました　Ⅳ 比類
2. Ⅰ 傾けて　Ⅱ うなされた　Ⅲ 合わせました　Ⅳ 容赦
3. Ⅰ 澄まして　Ⅱ 冒された　Ⅲ 出しました　Ⅳ 私心
4. Ⅰ 澄まして　Ⅱ 浮かされた　Ⅲ ほころばせました　Ⅳ 容赦
5. Ⅰ 貸して　Ⅱ うなされた　Ⅲ ほころばせました　Ⅳ 比類
6. Ⅰ 貸して　Ⅱ 冒された　Ⅲ 合わせました　Ⅳ 私心

問三 傍線部①について、その理由として最も適当なものを、次の中から一つ選びなさい。㉑

1. 『白氏文集』の一節を暗唱させる際の手がかりとなりそうな屋外の雪を、「わたし」に見せないため。
2. 登花殿では「わたし」にあえて雪を見せず、部屋を出た瞬間に広がる雪景色をより美しく感じさせるため。
3. 自分の姿を見せたくない「わたし」の気持ちを汲《く》み取り、部屋に光が入らないようにするため。
4. 普段から外の様子を見ない「わたし」の思いに寄り添って、いつも通りの生活をさせるため。
5. 部屋を暗くして夜であると錯覚させることで、日中は出仕することのない「わたし」を引き留めるため。

問四 傍線部②について、文法的な説明として正しいものを、次の中から一つ選びなさい。㉒

1. 「いわれては」の「れ」は尊敬を表す助動詞である。
2. 「お応えするしかありません」には謙譲語と丁寧語が含まれている。
3. 「ついに」の品詞は接続詞である。
4. 「明るい」の品詞は形容詞で、活用形は連用形である。
5. 「参上したのでした」は一文節四単語から構成されている。

問五 傍線部③とあるが、中宮はこの時、なぜその呼び名で「わたし」を呼んだのか。その説明として最も適当なものを、次の中から一つ選びなさい。㉓

1. 将来は中臈の女房として処遇するという意向を含んだ固有の呼び名を使うことで、「わたし」に自信と自覚を持たせ、気後れすることなく能力を存分に発揮してもらうきっかけを与えるため。
2. 「肥後」という父兄の任地ではなくあえて官職を重ねた形で名を呼ぶことで、出自による「わたし」の劣等感を払拭し、これから孤高の存在として内裏を支えるという自覚を持たせるため。
3. 清原家という高貴な家柄出身であることが伝わるようにあえて強調することで、「わたし」を見下す周りの女房たちの認識を変え、将来的に「わたし」を中臈の女房として取り立てやすくするため。
4. 「肥後のおもと」とは異なる独自の呼称を意図的に用いることで、中宮である自分と「わたし」との特別な関係を他の女房

した。

「遺愛寺の鐘は枕をそばだてて聴き、香炉峰の雪は簾をかかげて看る――」

「つまり、簾を上げて雪を見せよと、そういうことでしたのね」

「詩は知っているけれど、そんなふうにお答えするなんて考えもしなかったわ」

わたしを叱ってくれた弁のおもとも、

「中宮様にお仕えする人は、まさにこうあるべきね」

率先してわたしを優れた女房として称《たた》えてくれたのです。そうかと思えば、

「葛城の神が、やっと顔を Ⅲ よ」

宰相の君が、いつもの怜悧《れいり》な微笑を浮かべ、そっと中宮様にささやくのが聞こえました。

わたしはこのとき、自分がこれまで閉じこもっていた格子を、自ら引き上げさせられたことに、いいしれぬ喜びを感じ、身震いする思いでおりました。

わたしを羞《は》じらわせず日の下に出させるだけでなく、同時に、わたしの中で蓄えられる一方の、睡《ねむ》るだけだった漢詩の知識を、機転として披露することを覚えさせる――。

それはまさに、人に華を教えるということでした。その人ならではの華があることを、そしてまたその華が披露するに値するということを、その人自身に教え、導くのです。

まさにわたしはこのとき、

「清少納言」

中宮様がお与え下さった名のもとで、自分の中に隠れていた華の一端を見出したのでした。

こののち、わたしは自分でも不思議に思うほど、大勢の女房たちの前でも堂々と振る舞えるようになっていきました。ですが、このときわたしは、わたし自身の華を知った喜びにばかり震えていたのではありません。

それ以上に、中宮様という御方を知った喜びに打たれていたのです。

藤原定子様――僅か、十七歳。

その若さにしてすでに、人を見抜き、導き、そしてその才能をその人自身に開花させるという、優れた君主の気風と知恵とを身に備えておいでなのでした。

（④なんという御方がこの世にいるのだ――）

ォこの世の浄土たる内裏において、わたしはこの Ⅳ 無きあるじと出会わせてくれた天命への喜びと感謝に、ただ震えるばかりでした。


（冲方 丁『はなとゆめ』）

（注）＊黎明…明け方。
＊『白氏文集』…中国の詩人・白居易の詩文集。
＊香炉峰…中国・江西省にある山。
＊局…女房に与えられた部屋。
＊下﨟…官位の低い人物。
＊葛城の神…葛城山に住む神で、自分の容貌を恥じて夜だけ活動したという伝説がある。
＊掃司の女官…宮中の設備管理や清掃を担当する女官。
＊襲芳舎…宮中の人々の住まいである後宮の一つ。後に出てくる「弘徽殿」も後宮の一つである。

問一 傍線部ａからｃの語句の本文中における意味として最も適当なものを、後の中からそれぞれ一つずつ選びなさい。

ａ 狼狽え ⑰
1. 申し訳なくなり　2. へりくだり
3. 慌てふためき　4. 勢いづき
5. 不安になり

ｂ きょとんとし ⑱
1. 思いがけない言葉に耳を疑って
2. 急な発言に驚き顔をこわばらせて

した。

　これもまた、わたしが来ると聞き知った中宮様のお気遣いなのでしょう。いったいなぜそこまで大事に思ってくれるのか、まったくわからないまま、わたしは中宮様への感謝でいっぱいになっていました。

　ですが、違ったのです。

　中宮様は、女房たちの話に耳を［ Ⅰ ］いらっしゃったかと思うと、その話が一段落するや否や、ふいにわたしにその輝くような潑剌《はつらつ》とした眼差しを向け、

「清少納言」

　とお呼びになったのです。

　女房たちがｂきょとんとし、わたしも呆気《あっけ》に取られてしまいました。

　本当に自分がそう呼ばれたのかどうか、咄嗟《とっさ》に問い返したい思いもありました。「肥後のおもと」というのがわたしの呼び名であったはずなのです。

　しかし中宮様はこのときはっきりと、わたしの父の姓である「清原」、そしてわたしの当時の夫の官職である「少納言」を重ねて、呼び名としたのでした。③それはまぎれもなく、わたしの名であったのです。

　しかも、「肥後のおもと」といった父兄の任地にちなむのとは異なり、「少納言」という官職での呼び方は、のちのちわたしを下﨟としてではなく、それより上の、半ば中﨟の身分で扱うことを意味していました。

　これこそまさに皇家の力であったのです。

　人の運命を変えることのできる力。たった一言、その名を呼ばれただけで、わたしは不安を覚えながらも、気づけば痺《しび》れるような驚きと喜びに打たれていました。

「香炉峰の雪は、いかがかしら？」

　続けて中宮様が口にされた問いかけに、わたしは［ Ｘ ］。


（このために、たびたびわたしを招き、格子を下げたままにしていたのか——）

　このときようやく、わたしは、中宮様の御心を理解していました。葛城の神、とわたしを呼んだときからすでに、中宮様はいかにして目の前にいる女房を開花させるか、というｃ算段を講じていたのです。

　わたしは熱に［ Ⅱ ］ような思いで、格子に歩み寄りました。いつも閉ざされていることを願っていたその掛け金を自ら外し、そして＊掃司《かもんづかさ》の女官に呼び掛けました。

　南面の一枚格子のほうが開けやすくはありましたが、わたしが選んだのは西面の二枚格子です。外の格子の上半分を女官に引き上げてもらい、それからわたしは、内側にかかる御簾を巻き上げ、高くかかげてみせました。

　たちまち女房たちが感嘆の声を上げます。

　当然のことながら、日差しがたっぷりとわたしの姿を照らし出します。それが、まさにあるじの願いであったことをわたしは卒然と悟りました。この瞬間、わたしは本当の意味で、中宮様のおられる後宮に存在することになったのです。

　わたしが選んだ西面の庭には屋垣があり、その向こうには、雷《かん》鳴壺《なりのつぼ》と呼ばれる＊襲芳舎《しゅうほうしゃ》があります。その殿舎との間に広がる雪景色が清らかに輝いて、いっそうわたしの姿をあらわにします。南面だと、弘徽殿《こきでん》との間をつなぐ切馬道《きりめどう》に面し、雪景色の広がりは見えません。二枚格子のうち、下半分の格子をあえてそのままにしたのは、

「香炉峰の雪は簾をかかげて看る」

　白居易の詩にちなみ、隙間から見るという体裁を、ゥ遊び心として示したかったからです。

「綺麗《きれい》な雪ね」

　中宮様はそういって満足そうにお笑いになります。

　エ他の女房たちも我に返ったように口々にわたしの行いを評しま

中宮様は、これまでとは違うことをお尋ねになりました。

絵はまさに＊『白氏文集』に納められた、＊香炉峰の雪を描いたもので、わたしは何も考えずに、白居易の詩を諳《そら》んじました。

「香炉峰の雪は簾《すだれ》をかかげて看《み》る――」

というくだりで、思わず、閉じたままの格子をちらりと振り返ってしまいました。

外では明るい日差しのもと、雪が降り積もっているはずです。なのに中宮様は、わたしのために、①まだ格子と御簾《みす》とを閉ざしたままなのでした。

詩を口にし終えると、中宮様がにっこりと微笑んでおっしゃいました。

「＊局《つぼね》に下がりたいのでしょう。早くお帰り。夜になったら、疾《はや》く来るのですよ」

わたしは慌ててお詫《わ》びと感謝の言葉を述べ、そそくさと退出しました。

すると待ちかねていた女官たちが、片っ端から格子を上げてゆきます。登花殿の御前は幅が狭く、開かれる格子に追いやられるようにして焦りながら進み、局に下がる直前、ふと内裏の雪景色に見とれていました。

地上のあらゆる場所に降り注ぐ雪も、こうして貴い場所に降り積もることで、見たこともない輝きに満ちているようです。

日中閉じこもってばかりで、この美しさを見ないのは勿体《もったい》ない。そんなふうに中宮様はわたしを諭してくれたのだ。そのためにあの絵を見せ、白居易の詩を口にさせたのだ。このときわたしは、ただそう理解し、ありがたさに涙すらにじむのでした。

局に戻ったわたしを、同僚の女房たちが迎え、ねぎらってくれました。ようやく休めると思い、わたしはぐったりと自分の畳の上に横たわりました。ですがその昼すぎ、なんと、

「中宮様からですよ」

女房の一人が、文を持ってくるではありませんか。

見れば、どなたか筆が達者な女房が、中宮様のお言葉を優雅に記し、

「今日はぜひ、日があるうちに参上しなさい。雪に曇っていますから、姿があらわになることもありません」

わたしに、そう呼び掛けているのです。

中宮様が、ここまで＊下臈《げろう》の女房に過ぎないわたしを気遣って下さる理由など、まるでわかりません。わたしはむしろますますa狼狽《うろた》え、どうしても日中に参上できず、

「今日も、＊葛城《かつらぎ》の神がおこしね」

などと、夜にしか参上できないわたしを中宮様はお笑いになりました。

そして昼になると、またもや中宮様からのお招きの言葉が伝えられる――ということが何日か繰り返されました。

それでも参上できないわたしに、とうとう上司である弁のおもとが腹を立て、

「見苦しい」

ぴしりと叱りつけました。

（中略）
②年下の上司にこうまでいわれては、とにかく無我夢中の思いであるじにお応えするしかありません。わたしは内裏に参上したときと同じくらい怯《おび》えながら、ついに日がまだ明るいうちに中宮様の御前へ参上したのでした。
外は雪が深く降り積もり、日差しに輝いて、どこもかしこも明るい景色です。ですが参上したわたしは、イ常ならぬ様子の中宮様の御座所に驚きました。

中宮様は格子をすっかり閉ざしたまま、まるで夜であるかのように、炭櫃《すびつ》に火を熾《おこ》させ、女房たちにあれこれと話しかけているのです。

当然、御座所は薄暗く、さすがに真夜中のようではありませんが、確かにわたしの姿が昼間のようにあらわになることはありませんで

の道を歩んできた。一点一画もゆるがせにせず、論理的な厳密さを貫徹し、普遍的真理を積み重ねようとすれば、そうならざるを得ないのである。そして、それこそが近代科学が信用される根拠となっており、現代の科学技術文明の礎となっていることは明らかである。ところが、それは否定しようがない事実であるが故に、そのような科学に取り囲まれて私たちは息苦しさも感じている。もっと人間臭く、もっと自由度の高い、もっと夢がある「科学」はないものか、近代科学の重要性・有用性を認めながらも、もっとゆったりと遊べる「科学」があってもいいのではないか、というわけだ。そのように考えていたところ、そこで私が巡り会ったのが「江戸の好奇心」をくすぐってきたもう一つの「科学」である。

生徒D　そうか、近代科学とは区別しているけど、江戸時代の和算のあり方も一つの「科学」として捉えているんだね。

生徒A　[Z]ということだね。僕らの高校での学びにも参考にできる点がありそうだよ。

教　師　そうですね。筆者はまさに、そうした科学のあり方に文化的な価値を認め、評価しているのでしょうね。

(i)　空欄[Y]に入る内容として最も適当なものを、次の中から一つ選びなさい。⑮

1. 三つの合同の三角形を並べてみて、三角形の内角の和が一八〇度になるという決まりに気づく
2. 三角形の内角の和が一八〇度になる決まりに気づいたら、四角形の内角の和の求め方にも興味を持つ
3. 三角形の内角の和が一八〇度になるという決まりを利用して、三角形の一つの角度を求める
4. 三角形の角度を測る作業を繰り返して、三角形の内角の和が一八〇度になるという決まりを見つける

(ii)　空欄[Z]に入る内容として最も適当なものを、次の中から一つ選びなさい。⑯

1. 素朴な知識欲や遊び心に基づいて向き合った問題であっても、その解き方を徹底的に考察し、美しい解を追求しようとする和算の営みは一つの学問として成り立っていた
2. 論理的な厳密さや普遍的な真理を追究するだけでなく、遊びを許容する人間臭さも重要だと人々に気づかせた点で、和算も生活を支える学問の一つとして成り立っていた
3. 好奇心を満たすのが目的とはいえ、一般市民が数学に触れる機会を多く生み出した和算は、日本人が西洋数学を受け入れるための基礎をつくる学問の一つとして成り立っていた
4. 遊びの延長であっても、論理的な厳密さや経済的合理性がもたらす息苦しさから人々を解放し、倫理的な規範の形成に役立つという点で和算は一つの学問として成り立っていた

二

次の文章は、中宮（天皇の正妻）定子に「わたし」が女房（貴人に仕える女性）として出仕しはじめた頃の物語で、「わたし」のことを気にかけている中宮は、自分の御座所《おましどころ》（貴人の部屋）である登花殿で絵や手蹟《しゅせき》（書）について夜通し質問を続けていた。これを読んで、後の問いに答えなさい。

そうするうち、ふと中宮様が口をつぐみ、じっとわたしを見つめました。

アその眼差《まなざ》しは＊黎明《れいめい》の中できらきらと輝き、何かを発見したような喜びをたたえています。

後になってわかったことですが、わたしは中宮様が尋ねる絵や手蹟について、一つとして間違わずに答えていたのだとか。

そのことに中宮様は驚かれたのでしたが、しかし本当に驚くべきことは、このときすでに中宮様が、いかにして、わたしの華を咲かせるか思案していたということなのです。

「では、この絵にふさわしい詩は何かしら」

3. 関氏の和算は解法の美しさといった直観性だけをひたすら重視しており、高度な数学に精通した近代の数学者をうならせるだけの理論的な完成度が足りなかったから。

4. 人並み外れた天才的な能力を持つ一方で、数学という学問への向き合い方としては、難しい問題を解くことをただ楽しんでいた一般市民の姿勢と変わらなかったから。

5. 関氏は複雑な問題を完全に解くための技術の開発に執着するばかりで、力学や物理学といった、数学以外の自然科学との関わりを見出す視点を持っていなかったから。

問五 空欄 X に入る内容として最も適当なものを、次の中から一つ選びなさい。⑬

1. 「解を得る」のではなく、「真理に達する」
2. 「技巧を磨く」のではなく、「奇なるを求む」
3. 「理論を求める」のではなく、「理性を磨く」
4. 「真理を求める」のではなく、「芸に上達する」
5. 「生活に資する」のではなく、「伝統に固執する」

問六 傍線部③について、筆者がそう考える理由として最も適当なものを、次の中から一つ選びなさい。⑭

1. 和算は数学という学問のブームに乗って江戸の一般市民にも広く浸透していったが、上質な和算書を入手して高度な技術を身に付けることができたのは一部の上流階級に限られていたから。

2. 和算はパズルや囲碁・将棋のような趣味として楽しむために作られた遊戯と異なり、金銭の計算や建築などを通して人々の生活を豊かにする可能性を持つ、実用的な価値が高いものだから。

3. 和算は決まった解を求めるパズルや相手に勝つことを目的とする囲碁・将棋と異なり、答えのない問題に挑み続けるという人間の本能的な好奇心や闘争心を刺激する性質を持っているから。

4. 和算は身分や地域の垣根を超えて広がる普遍性があり、人々が「役に立たない」ことを前提に時間を忘れて打ち込んだ様子からは、江戸文化の豊かさや市民の心の余裕が感じ取れるから。

5. 和算は実生活への利益に関わらず、英知が英知を呼び込んでいく創造性の高い営みであり、知的好奇心に基づいて未知の世界を切り開いていく人間の本質的な向学心につながるものだから。

問七 次に示すのは、この文章を読んだ教師と生徒が話し合っている場面である。これを読み、後の(i)・(ii)の問いに答えなさい。

教師　日本では数学が独特の展開をしてきたことがよく分かる文章でしたね。

生徒A　江戸時代の数学は学校で習う現代の数学とはずいぶん違いがあったんだな、という印象が残ったよ。特に和算と西洋数学との比較は興味深かった。

生徒B　うん。二次関数が苦手な僕としては、江戸時代のような風潮がうらやましく感じるよ。

生徒C　僕は関数や角度を用いる西洋の数学も好きだけどな。「演繹的論理と合理性」を重視する方が僕には合っている気がする。

生徒B　和算とは逆の考え方だね。でも、それって数学的な例で言うとどういうことなんだろう。

生徒D　例えば Y ようなことを言うんじゃないかな。

生徒B　なるほど、ある命題から論理的に筋道を立てて物事を説明していくというイメージか。まさに「科学」って感じだね。

教師　その「科学」という言葉については、筆者が出典文章の別の箇所で次のように述べています。読んでみましょう。

近代科学は、一切の人間臭さや好悪の念を断ち切り、正しさの追究と有用さを第一義にして、ひたすら細分化・専門化

＊算額…和算家が数学の問題や解答を書いて神社などに奉納した額。
＊遊歴和算家…各地を巡って和算を広める者。

問一　傍線部aからeと同じ漢字を使うものを、後の中からそれぞれ一つずつ選びなさい。

a 「トクシュ」 1
1. シュギョクの作品を生み出す。
2. 紅葉で森がシュイロに染まる。
3. 試合に勝ってシュクン賞に輝く。
4. 彼の考えはシュビ一貫している。
5. 古風なジョウシュに富んでいる。

b 「エンコ」 2
1. 説明の補足をカッコ内に書く。
2. 親のエンコで会社に就職する。
3. 地元の祭りでタイコをたたく。
4. 仲間がいてもコドクを感じる。
5. コジン的な都合を押しつける。

c 「ソゼイ」 3
1. 開店の記念にソシナをもらう。
2. 久しぶりにソフと出掛ける。
3. ライバルの優勝をソシする。
4. 国家が土地をソシャクする。
5. 文化祭実行委員会をソシキする。

d 「ソクメン」 4
1. 身長と体重をソクテイする。
2. 植物の成長をソクシンする。
3. 友人のショウソクを尋ねる。
4. 新しいキソクが適用される。
5. 首相のソッキンに話を聞く。

e 「キョウじ」 5
1. 英雄の大活躍にネッキョウする。
2. ソッキョウで和歌を詠まされる。
3. 同級生にキンキョウを報告する。
4. 商品を低価格でテイキョウする。
5. 全国各地を巡ってフキョウする。

問二　空欄 A から D に入る語として最も適当なものを、次の中からそれぞれ一つずつ選びなさい。ただし、同じものを二回以上用いてはいけません。6～9

1. そもそも　2. いわば　3. とはいえ　4. さらに

問三　傍線部①に関して、本文で紹介されている「流派」についての説明として**適当でないもの**を、次の中から二つ選びなさい。10・11

1. 天才・関孝和を祖とする関派を筆頭に三〇以上の流派が確認されており、特に関派からは多数の著名な和算家が育った。
2. 流派は秘伝の計算方法を伝授された者たちで構成され、その技術を他の流派に漏らした場合には厳しい罰が科された。
3. 流派の勃興と軌を一にして和算書が多数出版されるなど、流派は江戸の数学人気の広がりを象徴する存在の一つとなった。
4. もとは師弟関係を結んだ数学の専門家集団だったが、権威の増大に伴って流派という形で制度が整えられていった。
5. それぞれの流派が切磋琢磨して計算技術を磨き、数式や記号の独自性を競い合うことで江戸の数学の発展に寄与した。

問四　傍線部②とあるが、会田安明が「関氏も達人にあらざることは明らかなり」と指摘しているのはなぜだと考えられるか。その説明として最も適当なものを、次の中から一つ選びなさい。12

1. 関氏の和算は難しい問題を美しく解くための理論や優れた技巧の追求に傾倒しており、複雑な手法の一般化を目指した当時の和算改革の方向性と相容れなかったから。
2. 複雑な和算の手法を一般化・単純化しようとする流れの中で、近代的な「円理の方法」など、関氏が編み出した「点竄術」を超える優れた手法が次々に生まれたから。

知を懸けて解決することを追い求めることに熱中したためだった。これもまた数学の楽しみの一つである。そして、より複雑な幾何図形の解法の発見に夢中になり、幾何学としての理論的厳密性にはこだわらなかった。［C］、直観を重んじて理論的一貫性を重視しなかったのだ。

以上のように見ると、江戸時代の和算が明治以降に衰えた理由がわかる。数学の言葉に焼き直してみると、①関数概念に欠けていたこと、②座標を使わなかったこと、③記号の改良がなかったこと、④角度の概念が不足していたこと、が挙げられる。関数・座標・角度を用いずに難問の美しい解を直観（あるいは「術」）によって探し求めたのであった。当然、袋小路に行き着かざるを得なかったのだが、あくまで論理的証明の美しさと数学ゲームとしての楽しさに終始したのである。

このように和算が、「科学」より「術」を主眼にして計算技術を発達させ、演繹《えんえき》的論理と合理性より帰納的推理と直観性に重きをおいたことは確かである。誰もが共通して獲得できる能力ではなく、秘儀的に伝授される特別な技量の要素が強いというdソクメンもあった。実際、数多くの流派が創られた。和算史研究家である平山諦《あきら》氏の『和算の歴史』には三〇以上の流派名が挙げられているが、数代の代を重ねたものとして、関流（関孝和）・最上流（会田安明）・中西流（中西正好《まさよし》・正則）・宮城流（宮城清行《せいこう》）・宅間流（宅間能清《よしきよ》）・三池流（三池市兵衛）・麻田流（麻田剛立《ごうりゅう》）がある。流派といっても数学の内容にはほとんど相違はなく、数式や記号の書き方に違いがあった程度のようだ。中でも、関孝和自身が糾合したのではないが彼を流祖とする関流は最も大きく、著名な和算家を多く生んだ。和算全体がほとんど関流と言えないでもない。［D］、流派とは力量そのものよりも権威がものを言うようになってから形式を整えたもので、関流の免許を五段階に分ける制度は第三伝（山路主住《ぬしずみ》）の時に確立したようだ。とりわけ秘伝として秘密にすべきものはなかったのに、「文も漏らすな」とか「他見他聞に逮《およ》ぶべからず」などの強い言葉で、流派の結束を強めようとしていたらしい。

流派が多く出現したということは、数学が広がって和算・算法が人気になったことを意味する。そのことは、和算書が数多く出版されたことでもわかる。傾向として、寛文から元禄の末年（一六六一～一七〇四）までに出版された本には、分厚く堂々たるものが多いが、以後になると貧弱になる傾向があるようで、これも数学の広がりと関係がありそうでもある。数から言えば、元和元年から正徳の末年（一六一五～一七一六）までの一〇〇年間に約七五種の算書（『塵《じん》劫《こう》記』の類いを一種として）、この間には暦書など科学に関する書物も約七〇種が出版されている。元和八年から明治初年（一六二二～一八六八）までの約二五〇年間には数百種の算書が出版されたが、問題と解答ばかりの問題集、あるいは著者の論文集に類するものが圧倒的で、今日でいう数学の一般的な優れた教科書は極めて少ないようだ。

鎖国時代ゆえの学問の閉鎖性があったわけだが、私は武士のみではなく町人や農民まで、身分を超えて多くの人々が「無用」の数学に打ち込んだことの素晴らしさを評価したいと思う。＊遊歴和算家の存在は、全国に彼らを支える多くの和算愛好者がいたことを物語る。その意味で和算は、現代の人々がクロスワードパズルやジグソーパズルにeキョウじ、囲碁や将棋の教則本に夢中になっている姿と似てはいるが、③遥かに高級なのではないかと思う。和算の難問に取り組み、そこから新たな問題を考え出すという形で、まだ誰もが到達していない新しい世界の発見を人々は目指し、創造力を鍛えたのだから。江戸の好奇心と、その豊饒《ほうじょう》さに感嘆の念を禁じ得ないと言う他ない。

（池内　了『江戸の好奇心　花ひらく「科学」』）

（注）＊算木…中国から伝来した計算用具。四角の棒を盤上に並べて数を表し、四則計算や方程式を解くのに用いる。
＊算勘者…計算が得意な者。本文中では「数学に造詣が深く、和算に夢中になっている者」の意味で使われている。

二〇二四年度 栄東高等学校（第一回）

【国　語】（五〇分）〈満点：一〇〇点〉

一　次の文章を読んで、後の問いに答えなさい。

学習する人間が増えれば、その中でより高度な内容を知りたいと望み、優れた能力を持った人間が現れるのが常であり、学問が進んでいく。数学の場合も、実用的な技術（計算数学）が広がるにつれ、数学に関してトク aシュな才能を持つ者が専門家として現れるようになった。その人々は数学を庶民に教え、その裾野を拡大するのに一役買った。やがて、①師匠（学主）を中心として師弟関係を結んだ流派（専門家集団）が数多く形成され、互いに切磋琢磨《せっさたくま》して数学の難問に挑んでいった。例えば、当初は＊算木とそろばんを使った「天元術」で連立多元一次方程式や一元高次方程式を解いていたが、天才・関孝和《せきたかかず》（一六四〇頃～一七〇八）が出現して、筆算で代数式として多元高次方程式を解く、後に「点竄《てんざん》術」と呼ばれるようになった手法を発見し、数学がいっそう発展することになった。一般に、関孝和以後の数学を「和算」と呼ぶ習わしのようである。中国の影響から独立した日本独自の抽象数学が創造されたのだ。このような日本独特の数学の流れが、西洋の数学が移入される明治維新前まで続いたのであった。

（中略）

和算は中国から輸入された数学が基礎になり、それを超えて日本独特の展開を見せた。他方では蘭学が輸入され、西洋の数学（三角関数や対数など）も日本に入ってきたのだが、江戸の人々は道具として西洋数学の便利さを買ったものの、その背景を成す数学的概念を取り入れることはなかった。また和算は、数学を駆使しなければならない力学や物理など自然科学とは関係せず、数学内部に閉じこもったまま進むしかなかった。その結果として、実に複雑で技巧を競い合うのみの問題に集中していったのである。 A 、そのことを反省して、和算を複雑化から一般化する方向で改造する試みも行われてはいた。

安島直円《あじまなおのぶ》（一七三二？～九八）は文章の多い和算の叙述を簡潔な数式によって表す形での近代化を試み、和算で得られていた円理の方法（円周率やエン bコの長さ・円の面積などに関する解法）を一般化・単純化・統一化することに努めた。最上流の会田安明《あいだやすあき》は「通術（科学的に共通の方法）」によって和算を改革することを主張しており、『算法古今通覧』（一七九七年）に、「（関孝和は）関流の元祖にして達人の聞こえあり、然《しか》れども今どきの数学者に比べれば、②関氏も達人にあらざることは明らかなり」と書いている。和算は関の時代から進歩しているとの自信があったのである。（中略）

このように和算の近代化の努力はあったが、和算が主に使われたのは cソゼイ・測量・水利工事・相場、そして金融・利息や無尽（一定の掛金を出した会員が籤《くじ》で優先的に融資を受ける仕組み、頼《たの》母子講《もしこう》とも呼ばれる）の計算・建築など実生活に関係することが主で、生産技術や自然科学が未発達であったこともあり、それらとは関係しないままであった。力学や物理学の理論と結びつき、微分方程式や変分法へと進んだ西洋数学と大いなる相違が生じたのである。 B 、和算家は哲学や思想と縁が遠く、問題を解く技術的な手法ばかりに熱中した。まさに、和算は X のが目的であり、和算家はより困難な問題に挑んでその技を鍛えることに喜びを見出した。和算は高級な趣味の一つであり、和算家は「無用の無用」に喜びを見出す、まさに「＊算勘者」であったのだ。

彼らは、まず数学に携わることに無上の喜びを持った。そして、問題を提出し解くのを楽しんだのだが、それ以上に応用することを考えなかった。関孝和の優れた仕事も、ただ難問を完全に解くためにのみ理論を展開したのであって、その意味では一般大衆の数学に対する姿勢と本質的には変わらなかったとも言える。＊算額を掲げるのが流行するようになったのは、美しい数学の問題を発見し、才

英語解答

1 (1) [1]…8　[2]…1　[3]…0　[4]…3
[5]…6　[6]…4
(2) ④

2 (1) [8]…4　[9]…6　[10]…1　[11]…2
[12]…3　[13]…5
(2) 4

3 (1) ③　(2) 2　(3) 2　(4) 2
(5) 1　(6) 4

4 [21] 2　[22] 4　[23] 1

5 [24] 2　[25] 2　[26] 4

6 [27] 4　[28] 4　[29] 2　[30] 1

1〔長文読解総合─エッセー〕

≪全訳≫❶年を取るほど，いっそうルーティンは人生のとても重要な一部であると認識している。❷何かがルーティンを妨げるようなことがあると，それは私によくいくらかの疲労感を残す。もちろん，それは私が疲れるのを好まないということではない。友人に会うこと，食事に出かけること，長いドライブに行くことなど，まさに私のルーティンを遮る全てのことは楽しいことであるので，不平を言っているのではない。しかし，本当のことを言えば，私は毎日同じことをしているときが一番心地よいのだ。❸私はしばしばなぜルーティンが人類にとってだけではなく，犬やおそらく他の動物たちにとってもそんなに重要であるのか疑問に思ってきた。うちの犬は，生前は，ルーティンが大好きだった。毎日同じ時刻に食べたがった。毎日同じ時刻に散歩に行きたがった。毎日同じ時刻に就寝したがった。もしこれらのどれかが遅れたら，彼女はまるで私に急げと言うかのように，私の前に座って私の目を見つめたものだった。また，ルーティンは赤ちゃんや幼い子どもたちにとっても大変重要だと読んだことがある。彼らは毎日同じ時刻に同じことが起こらないと不満を抱くのだ。このようなことを全て考慮して，私たちにはおそらく，狩りのために家を離れたり移動したりすることが危険に満ちていた太古の時代からの記憶があるのだろうと私は考えた。人々が恐れなかった唯一のことが，毎日こなしていたルーティンだった。それゆえ，ルーティンには心地よさを感じ，予期せぬことには不安を抱いたのだ。❹しかし，ルーティンはまた退屈をもたらすこともある。毎日同じこと，特に料理や洗濯といったおもしろくはないことをするのは，あまり楽しくない。このことを考慮すると，毎日自分を幸せにしてくれることは単なるルーティンではなく，自分が楽しめるルーティンであると気づいた。言い換えると，楽しめるルーティンが幸福を醸成するのである。❺バートランド・ラッセルは，その著書『幸福論』において，幸福は努力なしに得ることはできないと述べている。個人的には，私はこれに同意できない。それは，幸福とは単一のものであり，この単一のものを得るために人は懸命に努めなければならないと見なしている。私の意見では，幸福は単一のものではない。それは毎日，ルーティンに基づいて喜びをもたらしてくれる多くの小さな事柄を集めたものだ。人々はお金が自分たちに幸福をもたらしてくれると思っている。結婚が幸福をもたらしてくれると思っている。心配事からの解放が幸福をもたらしてくれると思っている。それらのどれもがきっと幸せを感じる結果になるだろうとは思うが，この感情は限られた期間しか持続しない。一度その状況に慣れてしまえば，幸福感は薄れてしまう。❻英語の「幸福」という語は不可算名詞である。私が考えるところではこれは誤りだ。それは可算名詞であるべきだと思う。私の意見では，総合的な幸福は，できるだけたくさんの小さな日常的幸福の数々を寄せ集めることによってのみ得られる。より多く小さな日常的幸福の数々があるほど，その人はより幸せになるだろう。しかし，私が考えるのは，それらの小さな幸福の数々を享受している間に幸せであると気づくことも必要であるということだ。もし人がそれらに気づかなければ，それらは単純に日常的なルーティンの一部になる。

(1)＜**適語選択**＞[1]続く4文から筆者が飼っていた犬が，ルーティンが大好きだったことが読み取れる。　[2]太古の時代の狩りや移動が何に満ちていたかを考える。　be full of ～「～に満ちている」　[3]2文後に must work hard to obtain ... とあることから判断できる。　effort「努力」　[4]前文で single thing「単一のもの」を否定しているので，それと対称をなす語が入る。　collection「集合，寄せ集め」　[5]freedom from ～「～からの解放」　[6]幸福感が薄れるのは，例えばお金があるといった「状況」に慣れてしまったとき。　become used to ～「～に慣れる」

(2)＜**正誤問題**＞下線部④はこのまま訳すと「もし人がそれら(＝これらの小さな幸せ)に気づけば，それらは単純に日常のルーティンの一部になる」となり，文脈上，この段落で述べられている主旨に合わない。小さな幸せがただのルーティンになってしまうのは，それらに気づかないときだと考えられるので，例えば，文前半を If one is not aware of them などに変更する必要がある。なお，下線部①の when doing の間には I am が省略されている。このように when 節など，‘時’や‘条件’などを表す副詞節の主語が主節の主語と同じ場合，副詞節の‘主語＋be動詞’は省略できる。

[2]〔長文読解総合―エッセー〕

≪全訳≫❶ジーボンス先生は，私が数学を好きなのは数学が確かなものだからだと言った。彼は，数学が問題を解くものであり，それらの問題が難しくて興味深いから私はそれが好きなのだと言った。[8]しかし，最後には常に明白な解答があった。そして，彼が言いたかったことは，人生においては最後に明白な解答などないのだから数学は人生のようなものではないということだった。私はこれが彼の言いたかったことだということを知っているが，それはこれが彼の言っていたことだからだ。❷[9]これはジーボンス先生が数を理解していない理由だ。❸モンティ・ホール問題という有名な話があり，それは私が言いたいことをよく説明しているのでこの本の中に含めた。❹アメリカの『パレード』という雑誌に「マリリンにきこう」というコラムがあった。そして，このコラムはマリリン・ボス・サバントによって書かれており，雑誌には，彼女はギネス世界記録の殿堂における世界一高いIQの持ち主と書かれていた。そして，コラムで彼女は読者から送られてきた数学の質問に答えていた。そして，1990年9月に次のような質問が，メリーランド州コロンビアのクレイグ・F・ウィテカーから送られてきた(しかし，これはいわゆる直接引用ではない，というのは，私の方でより簡潔に理解しやすいようにしているからだ)。❺「あなたがテレビのクイズ番組に参加しているとします。このクイズ番組では賞として車を獲得することが目的です。クイズ番組の司会者があなたに3つのドアを提示します。彼は，それらのドアの1つの後ろには車があり，他の2つのドアの後ろにはヤギがいると言います。彼はあなたに1つドアを選択するように求めます。あなたはドアを選びますがそのドアは開けられません。そして，クイズ番組の司会者はあなたが選ばなかったドアの1つを開けてヤギを見せます(というのも彼は全てのドアの後ろに何があるかわかっているからです)。それから，彼は，全てのドアが開けられて車かヤギを獲得する前に考えを変える最終チャンスがあると言います。だから彼は，あなたが考えを変えて代わりにもう一方の開かれていないドアを選びたいかどうか尋ねてきます。あなたはどうすべきでしょうか？」❻マリリン・ボス・サバントは，ドアの向こうに車があるチャンスは３分の２だから常に変更して最終のドアを選ぶべきだと言った。[10]しかし，もし直感を使うと，後ろに車がある可能性はいずれのドアでも等しいと考えて，その可能性は半々だと思ってしまうのだ。❼マリリン・ボス・サバントが自分が正しい理由を非常に注意深く説明しても，多くの人々が彼女は誤っていると，その雑誌に投書した。その問題に関して彼女が受け取った92パーセントの投稿が彼女は誤っていると言っており，それらの多くが数学者や科学者からのものだった。❽[11]しかし，マリリン・ボス・サバントは正しかった。それを解明できる方法は，次のように考えられる全ての結果を図解することによる。／ドアを１つ選ぶよう求められる／裏にヤギがいるドアを選ぶ／裏にヤギがいるドアを選ぶ／裏に車があるドアを選ぶ／とどまる／変える／とどまる／変える／とどまる／変える／ヤギを獲得する／車を獲得する／ヤギを獲得する／車を獲得する／車を獲得する／ヤギを獲得する❾以上より，あなたが変えれば，３回中２回は車を得られる。そして，変えなければ，３回中１回しか車を得られない。❿また，これは直感がときとして事態を悪化させる場合もあることを示している。そして，直感は人々が決断をするために生活の中で使っているものである。[12]しかし，論理が正答を導き出すのに役立つのだ。⓫これはまたジーボンス先生が誤っていて，数がときに非常に複雑でなかなか一筋縄ではいかないことも示している。[13]そして，それこそ私がモンティ・ホール問題を好きな理由なのだ。

(1)＜**適文選択**＞[8] 4を入れると，前文との間に「問題は難しくておもしろいが，最後には必ず明白な答えがある」という‘逆接’の関係が成り立つ。また，直後の文との間で人生と数学が対比されている。　[9]最終段落で「ジーボンス先生は誤っていた」と述べていることから，第１段落で紹介されたジーボンス先生の考えが，数を理解していないことに起因するものであることがわかる。[10]モンティ・ホール問題に対するマリリン・ボス・サバントの回答の一部。１を入れると，直前のマリリン・ボス・サバントの回答との間に‘逆接’の関係が成立する。次の段落でサバントが間違っているという投書が多く送られてきたという内容からも，サバントとは違う考え方が入るとわかる。　equal「等しい」　[11]ここからサバントが正しいことの説明が始まっている。　[12] 3を入れると，前の２文との間に直感と論理の対立関係が成立する。　logic「論理」　work out ～「(答え)を導き出す」　[13]直前の文は数字の複雑さに言及しており，それは筆者が数学を好きな理由と考えられる。　That is why ～「だから～，それが～である理由だ」

(2)＜**要旨把握**＞サバントによれば，司会者が１つのドアを開けた後での２回目の選択で選択を変えれば確率は３分の２になる(第６段落)。図の１番右が，２回目の選択で変更した結果としてヤギを得ていることから，２回目の選択で変更した他の２つの場合はどちらも車を獲得することになるので，CとEがcarになるとわかり，これがわかれば残りも決まる。

3〔**長文読解総合(英問英答形式)―エッセー**〕

≪**全訳**≫❶セント・ピーターズでは，日曜日の午前は手紙を書く時間だった。９時に学校全体が机に向かって１時間は自分の家の両親に向けて手紙を書くのに費やさなければならなかった。10時15分に，私たちは帽子とコートを身につけて校舎の外で２列の長い列になり，教会に向かってウェストン・スーパー・メアへと何マイルかを歩いていき，昼食時までは戻らなかった。教会通いは決して私の習慣にはならなかった。手紙の執筆は習慣になった。❷セント・ピーターズでのあのまさに最初の日曜日から32年後に母が亡《な》くなるまで，私は家から離れているときはいつも週に１回，ときにはもっと頻繁に，母に手紙を書いた。セント・ピーターズからは毎週書き(そうしなければならなかった)，次の学校のレプトンからも毎週，そしてイギリス空軍で飛行していた戦争の間は，ケニアやイラク，エジプトから毎週書いた。❸母の方はというと，それらの手紙をていねいにきっちりと緑のテープで束にして，その全てを取っておいていたのだが，これは彼女だけの秘密だった。母はそうしていることを決して私に話しはしなかった。1957年，彼女は自分が死にそうだとわかったとき，私は脊椎に大きな手術を受けてオックスフォードの病院に入院しており，彼女に手紙を書くことができなかった。そこで彼女は私と最後の会話ができるようにベッドの横に特別に電話を設置してもらっていた。当時，私自身がかなり深刻な状態にあったため，彼女は自分が死にそうだということを私に話さなかったし，その件については他の誰も話さなかった。彼女は単純に私の調子がどうかを尋ね，私がすぐによくなることを願い，愛情を伝えてくれた。彼女が翌日に亡くなるなんて私は思いもしなかったが，彼女自身はよくわかっていて最後に私に連絡して話がしたかったのだ。❹私が回復して家に戻ると，古い切手が貼られたままもとの封筒に入った，膨大な私の手紙のコレクションを受け取った。❺セント・ピーターズでは手紙の作成は真剣な作業だった。それは，他の何かというよりはスペルと句読点の授業だった，というのは，校長先生が授業中ずっと教室を回り，私たちが書いているものを読んで間違いを指摘したからだ。しかし，それは，私はかなり確信があるのだが，校長先生が関心を持っていた主な理由ではなかった。校長先生は私たちが学校について不快なことをいっさい言わないようにするためにそこにいたのだ。❻③したがって，学校のある期間に私たちが両親に何か不平を言うことは不可能だった。もし食事がひどいと思ったり，自分たちがしていない何かのために激しくたたかれたりしても，決して手紙でそう伝えたりはしなかった。それどころか，私たちはしばしばその逆のことをした。私たちの肩越しに私たちが書いたことを読んでいた危険な校長先生を満足させるために，学校についてのすばらしいことを伝え，B先生たちがどんなにすてきかということを長々と話したものだった。❼なにしろ，校長先生は巧妙な人間だった。彼は，私たちの両親にこんなふうに手紙が検閲されているとは思ってほしくなかったので，私たちが手紙自体のスペルの誤りを正すことを決して許さなかった。もし，例えば，私が ...last Tuesday knight we had a lecture... のように書いていたら，彼はこう言ったものだった。❽「夜をどうつづるか知らないのか？」❾「は，はい，先生，k-n-i-g-h-tです」❿「それは別のナイトだ，ばか者！」⓫「どのですか，先生？　僕には…僕にはわかりません」⓬「光り輝くよろいを着たやつだ！　馬の背中に乗った男だよ！　火曜日の夜はどうつづる？」⓭「僕は…僕は…僕はよくわかりません，先生」⓮「それはn-i-g-h-tだよ，君，n-i-g-h-tだ。今日の午後，残って私に50回書いてみなさい。だめだ，だめだ！　それ以上ぐちゃぐちゃにしたくないだろ！　自分が書いたままにしなければだめだ！」⓯こうして，疑いもしない両親たちはこの巧妙な手口で，手紙が決して誰かに見られたり検閲されたり，訂正されたりしていないという印象を受けていたのだ。

(1)＜**正誤問題**＞「下線部①～④で，文法的に正しくないものはどれか」―③　complain about～で「～について不平を言う」という意味なので，anything の前に about が必要。ここでは complain の後に to our parents「私たちの両親に」が挟まれた形。

(2)＜**要旨把握**＞「この文章によれば，どれが筆者の母親を最もよく描写しているか」―2．「彼女は自分が大変なときでも，息子を気遣った」　第3段落後半参照。　care for ～「～を気遣う」

(3)＜**単語の意味**＞「下線部(A)はどういう意味か」―2．「とても悪い」　直前の文より，不平が言えなかったことがわかる。食事がひどくても，それを手紙には書かなかったのである。 There is no way that ～「～ということはありえない」

(4)＜**適語句選択**＞「空所(B)に最も適切な句を入れなさい」―2．「先生たちがどんなにすてきかということを長々と話した」　同じ段落の前半で，手紙で学校についての不満は書けずその逆のことをしたと述べていることから，不満の反対の内容が入るとわかる。　go on about「～について長々と話す」

(5)＜**英文解釈**＞「下線部(C)はどういう意味か」―1．「手紙での knight という語が訂正されないままにしておかなければならない」　直訳は「それはあなたが書いたとおりで行かなければならない」。主語の It はつづりを間違えている knight という語を指す。第7段落第2文で，検閲が入っていることを親に知られないように，校長が手紙の間違いを生徒が直すのを許さなかったことが説明されており，下線部はそのことを表す校長の実際の発言である。　'leave＋目的語＋形容詞'「～を…(のまま)にしておく」

(6)＜**内容真偽**＞「この文章によれば，次の記述のうちどれが正しいか」　1．「筆者の家族の誰も彼に母親の死を知らせなかった」…×　第3段落第5文参照。筆者に知らせなかったのは，母親自身の死が近いこと。　2．「筆者は家にいるときでも毎週母親に手紙を書いた」…×　第2段落第1文参照。手紙を書いていたのは家を離れていたとき。　whenever「～のときはいつも」　3．「学校の周りを歩き回る野生のワニが何匹かいた」…×　第1段落第3文参照。ここでの crocodile は「2列の生徒の長い列」という意味。　4．「校長は生徒たちの両親に学校の悪い点を知ってほしくなかった」…○　第5段落最終文に一致する。

4～6〔**放送問題**〕放送文未公表

2024年度／栄東高等学校（第１回）

数学解答

1 (1)　9　　(2)　イ…－　ウ…1　エ…4
(3)　オ…3　カ…5
(4)　キ…5　ク…2　　(5)　4

2 (1)　ア…1　イ…3　ウ…6
(2)　エ…1　オ…7　カ…1　キ…0
ク…8
(3)　ケ…1　コ…9　サ…7　シ…2

3 (1)　ア…6　イ…0　ウ…4　エ…3
(2)　オ…4　カ…6
(3)　キ…2　ク…4　ケ…3

4 (1)　ア…2　イ…3　ウ…5　エ…6
(2)　オ…7　カ…3
(3)　キ…1　ク…2　ケ…5　コ…5
サ…3

5 (1)　ア…2　イ…3
(2)　ウ…2　エ…2　オ…3
(3)　カ…6　キ…5　ク…1　ケ…5
コ…3　サ…1　シ…8　ス…2
セ…3　ソ…9

1〔独立小問集合題〕

(1)＜**数の計算**＞与式$=(\sqrt{2}+\sqrt{3})^2\times\{3(\sqrt{2}-\sqrt{3})\}^2=(\sqrt{2}+\sqrt{3})^2\times3^2(\sqrt{2}-\sqrt{3})^2=3^2(\sqrt{2}+\sqrt{3})^2(\sqrt{2}-\sqrt{3})^2=3^2\times\{(\sqrt{2}+\sqrt{3})(\sqrt{2}-\sqrt{3})\}^2=9\times(2-3)^2=9\times(-1)^2=9\times1=9$

(2)＜**連立方程式**＞$\dfrac{6}{x+y}-\dfrac{5}{x-y}=3$……①，$\dfrac{3}{5x+5y}+\dfrac{6}{x-y}=-1$……②とする。$\dfrac{1}{x+y}=A$，$\dfrac{1}{x-y}=B$とおくと，①は，$6A-5B=3$……③となり，②は，$\dfrac{3}{5(x+y)}+\dfrac{6}{x-y}=-1$より，$\dfrac{3}{5}A+6B=-1$，$3A+30B=-5$……④となる。③×6＋④より，$36A+3A=18+(-5)$，$39A=13$，$A=\dfrac{1}{3}$となり，これを③に代入して，$6\times\dfrac{1}{3}-5B=3$，$-5B=1$，$B=-\dfrac{1}{5}$となる。よって，$\dfrac{1}{x+y}=\dfrac{1}{3}$，$\dfrac{1}{x-y}=-\dfrac{1}{5}$だから，$x+y=3$……⑤，$x-y=-5$……⑥となる。⑤＋⑥より，$x+x=3+(-5)$，$2x=-2$　$\therefore x=-1$　⑤－⑥より，$y-(-y)=3-(-5)$，$2y=8$　$\therefore y=4$

(3)＜**データの活用―階級値**＞各階級の相対度数の合計は1.00なので，20分以上30分未満の階級の相対度数は，$1.00-(0.24+0.32+0.12+0.04+0.03+0.01+0.01)=0.23$となる。生徒は2500人なので，各階級の度数は，０分以上10分未満の階級が$2500\times0.24=600$(人)，10分以上20分未満の階級が$2500\times0.32=800$(人)となり，同様にして，20分以上30分未満の階級以降は，順に，575人，300人，100人，75人，25人，25人となる。これより，30分未満は$600+800+575=1975$(人)，40分未満は$1975+300=2275$(人)だから，通学時間の短い方から2024番目の生徒が入っている階級は30分以上40分未満の階級であり，求める階級値は$(30+40)\div2=35$(分)となる。
≪別解≫$2024\div2500=0.8096$より，短い方から2024番目の生徒が入っている階級は，累積相対度数が初めて0.8096以上になる階級である。20分以上30分未満の階級の累積相対度数は$0.24+0.32+0.23=0.79$，30分以上40分未満の階級の累積相対度数は$0.79+0.12=0.91$より，累積相対度数が初めて0.8096以上になる階級は30分以上40分未満の階級だから，求める階級値は35分となる。

(4)＜**一次方程式の応用**＞容器Ａ，容器Ｂから取り出す食塩水の量をxgとする。容器Ａには２％の食塩水が150g，容器Ｂには10％の食塩水が100g入っているので，容器Ａ，容器Ｂからxg取り出し，それらを互いに他方の容器に戻すと，容器Ａは，２％の食塩水$150-x$gに10％の食塩水xgが加わり，容器Ｂは，10％の食塩水$100-x$gに２％の食塩水xgが加わることになる。これより，食塩水に含まれる食塩の量は，容器Ａが$(150-x)\times\dfrac{2}{100}+x\times\dfrac{10}{100}=3+\dfrac{2}{25}x$(g)，容器Ｂが$(100-x)\times\dfrac{10}{100}+$

$x\times\frac{2}{100}=10-\frac{2}{25}x$(g)となる。容器Aの食塩水の量は150gだから，濃度は$\left(3+\frac{2}{25}x\right)\div150\times100=2+\frac{4}{75}x$(%)と表せる。容器Bの食塩水の量は100gだから，濃度は$\left(10-\frac{2}{25}x\right)\div100\times100=10-\frac{2}{25}x$(%)と表せる。これらの濃度が同じになったことより，$2+\frac{4}{75}x=10-\frac{2}{25}x$が成り立ち，$150+4x=750-6x$，$10x=600$，$x=60$となる。よって，このときの濃度は$2+\frac{4}{75}x=2+\frac{4}{75}\times60=5.2$(%)である。

≪別解≫容器A，容器Bから同じ量の食塩水を取り出し，それらを互いに他方の容器に戻すと，容器A，容器Bともに同じ濃度になったので，戻した後の2つの容器の食塩水を混ぜてできる食塩水の濃度も同じ濃度となる。これは，最初の容器A，容器Bに入っていた食塩水を混ぜたものと同じである。最初の容器A，容器Bの食塩水に含まれる食塩の量は，それぞれ，$150\times\frac{2}{100}=3$(g)，$100\times\frac{10}{100}=10$(g)だから，混ぜてできる食塩水に含まれる食塩の量は$3+10=13$(g)であり，食塩水の量は$150+100=250$(g)だから，濃度は$\frac{13}{250}\times100=5.2$(%)となる。よって，戻した後の2つの容器の食塩水の濃度は5.2%である。

(5)**＜平面図形―面積＞**右図で，線分DEと線分GHの交点をI，線分BGと線分EFの交点をJとし，2点E，Gを結ぶ。四角形ABCDが平行四辺形より，AD∥BCであり，AE＝EB，DG＝GCだから，AD∥EG∥BCとなる。また，AB∥DCなので，四角形AEGD，四角形EBCGは平行四辺形となり，AD＝EG＝BCである。AE＝EBより，▱AEGD＝▱EBCG＝$\frac{1}{2}$▱ABCD＝$\frac{1}{2}\times12=6$となるので，△GDE＝△AED＝$\frac{1}{2}$▱AEGD＝$\frac{1}{2}\times6=3$となる。∠HID＝∠GIE，∠IDH＝∠IEGより，△HID∽△GIEとなり，DI：EI＝DH：EG＝$\frac{1}{2}$AD：AD＝1：2となるから，△GDI：△GIE＝DI：EI＝1：2である。よって，△GIE＝$\frac{2}{1+2}$△GDE＝$\frac{2}{3}\times3=2$である。同様にして，△EJG＝2だから，斜線部の面積は△GIE＋△EJG＝2＋2＝4である。

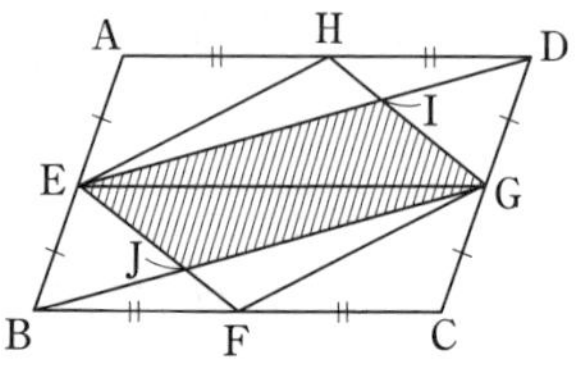

2 〔データの活用―確率―さいころ〕

≪基本方針の決定≫3個のさいころの出る目の数の組を考える。

(1)**＜確率＞**3個のさいころをA，B，Cとする。A，B，Cを同時に投げるとき，それぞれ6通りの目の出方があるから，目の出方は全部で$6\times6\times6=216$(通り)ある。このうち，得点が14点になるのは，3個とも異なる目のとき，全ての目の数の合計が得点となるから，目の数の組は3と5と6である。このときの目の出方は(A，B，C)＝(3，5，6)，(3，6，5)，(5，3，6)，(5，6，3)，(6，3，5)，(6，5，3)の6通りある。2個が同じ目で残り1個が異なる目のとき，同じ目の数の2倍が得点となり，最大で$6\times2=12$(点)だから，14点になることはない。3個とも同じ目のとき，同じ目の数の3倍が得点となるので，14点になることはない。よって，得点が14点となる場合は6通りだから，求める確率は$\frac{6}{216}=\frac{1}{36}$である。

(2)**＜確率＞**216通りの目の出方のうち，得点が12点となるのは，3個とも異なる目のとき，目の数の組は，1と5と6，2と4と6，3と4と5である。目の出方は，それぞれの目の組において，(1)の

3と5と6のときと同様6通りなので，$6\times3=18$(通り)ある。2個が同じ目で残り1個が異なる目のとき，$12=6\times2$ より，同じ目は6だから，目の数の組は，1と6と6，2と6と6，3と6と6，4と6と6，5と6と6である。1と6と6となる目の出方は(A，B，C)＝(1，6，6)，(6，1，6)，(6，6，1)の3通りあり，2と6と6，3と6と6，4と6と6，5と6と6 の場合もそれぞれ3通りあるから，目の出方は $3\times5=15$(通り)ある。3個とも同じ目のとき，$12=4\times3$ だから，目の数の組は4と4と4であり，目の出方は1通りある。以上より，得点が12点となる目の出方は $18+15+1=34$(通り)だから，求める確率は $\frac{34}{216}=\frac{17}{108}$ である。

(3)＜**確率**＞216通りの目の出方のうち，得点が6点になるのは，3個とも異なる目のとき，目の数の組は1と2と3であり，目の出方は6通りある。2個が同じ目で残り1個が異なる目のとき，$6=3\times2$ より，目の数の組は1と3と3，2と3と3，3と3と4，3と3と5，3と3と6であり，目の出方はそれぞれ3通りだから，$3\times5=15$(通り)ある。3個とも同じ目のとき，$6=2\times3$ より，目の数の組は2と2と2であり，目の出方は1通りある。よって，得点が6点となる目の出方は $6+15+1=22$(通り)ある。(2)より，得点が12点となる目の出方は34通りある。得点が18点となるのは，3個とも同じ目のとき，$18=6\times3$ より，目の数の組は6と6と6であり，目の出方は1通りある。得点が19点以上になることはないので，得点が6の倍数になる目の出方は $22+34+1=57$(通り)であり，求める確率は $\frac{57}{216}=\frac{19}{72}$ である。

3 〔平面図形―三角形と円〕

≪基本方針の決定≫(2)　△AHD∽△ABH であることに気づきたい。　(3)　△DEH＝△AHD＋△AHE－△AED である。△AED∽△ABC であることに気づきたい。

(1)＜**角度，長さ**＞右図で，円の中心をOとすると，線分 AH が円の直径なので，点Oは線分 AH の中点となる。点Oと点Eを結ぶ。$\overset{\frown}{AE}:\overset{\frown}{EH}=2:1$ より，$\angle AOE:\angle EOH=2:1$ だから，$\angle EOH=\frac{1}{2+1}\times180^\circ=60^\circ$ となり，$\overset{\frown}{EH}$ に対する円周角と中心角の関係より，$\angle EAH=\frac{1}{2}\angle EOH=\frac{1}{2}\times60^\circ=30^\circ$ である。$\angle AHC=90^\circ$ なので，

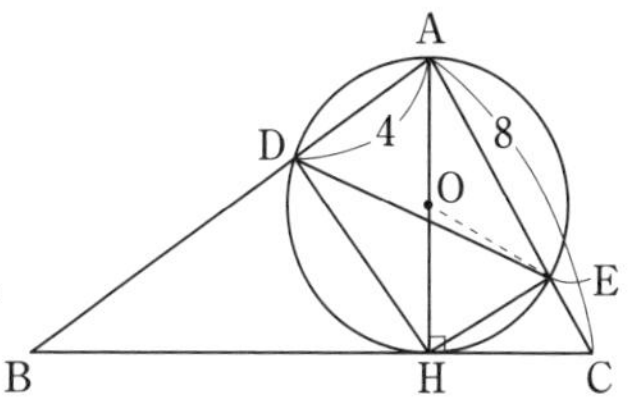

△AHC で，$\angle ACH=180^\circ-\angle EAH-\angle AHC=180^\circ-30^\circ-90^\circ=60^\circ$ となる。また，△AHC は3辺の比が $1:2:\sqrt{3}$ の直角三角形となるから，$AH=\frac{\sqrt{3}}{2}AC=\frac{\sqrt{3}}{2}\times8=4\sqrt{3}$ である。

(2)＜**長さ**＞右上図で，点Dと点Hを結ぶ。線分 AH が円Oの直径より，$\angle ADH=90^\circ$ であり，$\angle AHB=90^\circ$ なので，$\angle ADH=\angle AHB=90^\circ$ となる。また，$\angle HAD=\angle BAH$ だから，△AHD∽△ABH である。よって，HD：BH＝AD：AH となる。△AHD で三平方の定理より，$HD=\sqrt{AH^2-AD^2}=\sqrt{(4\sqrt{3})^2-4^2}=\sqrt{32}=4\sqrt{2}$ だから，$4\sqrt{2}:BH=4:4\sqrt{3}$ が成り立ち，$BH\times4=4\sqrt{2}\times4\sqrt{3}$ より，$BH=4\sqrt{6}$ となる。

(3)＜**面積**＞右上図で，△DEH＝△AHD＋△AHE－△AED である。$\angle ADH=90^\circ$ だから，$\triangle AHD=\frac{1}{2}\times AD\times HD=\frac{1}{2}\times4\times4\sqrt{2}=8\sqrt{2}$ である。$\angle EAH=30^\circ$ であり，線分 AH が円Oの直径より，$\angle AEH=90^\circ$ だから，△AHE は3辺の比が $1:2:\sqrt{3}$ の直角三角形である。これより，$EH=\frac{1}{2}AH=\frac{1}{2}\times4\sqrt{3}=2\sqrt{3}$，$AE=\sqrt{3}EH=\sqrt{3}\times2\sqrt{3}=6$ だから，$\triangle AHE=\frac{1}{2}\times AE\times EH=\frac{1}{2}\times6\times2\sqrt{3}=6\sqrt{3}$ である。次に，$\angle AHE=60^\circ$ だから，$\overset{\frown}{AE}$ に対する円周角より，$\angle ADE=\angle AHE=60^\circ$ である。

$\angle$ACB＝60°なので，$\angle$ADE＝$\angle$ACBである。また，$\angle$EAD＝$\angle$BACだから，△AED∽△ABCである。相似比はAD：AC＝4：8＝1：2だから，面積比は△AED：△ABC＝1^2：2^2＝1：4となる。△AHCは3辺の比が1：2：$\sqrt{3}$の直角三角形だから，HC＝$\frac{1}{2}$AC＝$\frac{1}{2}\times 8=4$であり，BC＝BH＋HC＝$4\sqrt{6}+4$となる。よって，△ABC＝$\frac{1}{2}$×BC×AH＝$\frac{1}{2}\times(4\sqrt{6}+4)\times 4\sqrt{3}=24\sqrt{2}+8\sqrt{3}$となるので，△AED＝$\frac{1}{4}$△ABC＝$\frac{1}{4}\times(24\sqrt{2}+8\sqrt{3})=6\sqrt{2}+2\sqrt{3}$である。以上より，△DEH＝$8\sqrt{2}+6\sqrt{3}-(6\sqrt{2}+2\sqrt{3})=2\sqrt{2}+4\sqrt{3}$となる。

4 〔関数―関数 $y=ax^2$ と一次関数のグラフ〕

≪基本方針の決定≫(2)　△OCDの面積をcを用いて表す。

(1)**<比例定数，面積>**右図1で，放物線$y=ax^2$はA$(-4,\ 32)$を通るので，$32=a\times(-4)^2$より，$a=2$となる。放物線$y=bx^2$はB$(2,\ 12)$を通るので，$12=b\times 2^2$より，$b=3$となる。次に，2点A，Bからx軸に垂線AH，BIを引くと，△OAB＝〔台形AHIB〕－△OAH－△OBIである。A$(-4,\ 32)$，B$(2,\ 12)$より，OH＝$0-(-4)=4$，AH＝32，OI＝2，BI＝12，HI＝$2-(-4)=6$だから，〔台形AHIB〕＝$\frac{1}{2}$×(AH＋BI)×HI＝$\frac{1}{2}\times(32+12)\times 6=132$，△OAH＝$\frac{1}{2}$×OH×AH＝$\frac{1}{2}\times 4\times 32=64$，△OBI＝$\frac{1}{2}$×OI×BI＝$\frac{1}{2}\times 2\times 12=12$となり，△OAB＝132－64－12＝56である。

図1

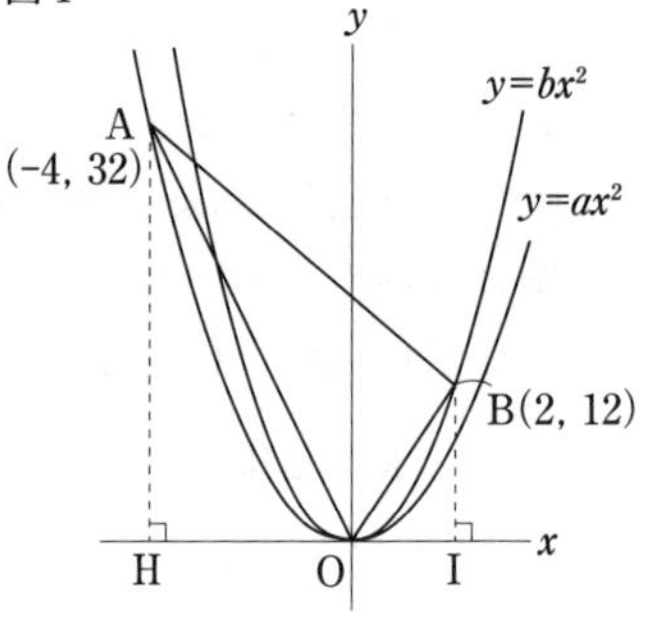

(2)**<比例定数>**右図2で，2点C，Dは放物線$y=cx^2$上にあり，x座標がそれぞれ2，－4だから，$y=c\times 2^2=4c$，$y=c\times(-4)^2=16c$より，C$(2,\ 4c)$，D$(-4,\ 16c)$である。これより，CI＝$4c$，DH＝$16c$だから，〔台形DHIC〕＝$\frac{1}{2}$×(DH＋CI)×HI＝$\frac{1}{2}\times(16c+4c)\times 6=60c$，△ODH＝$\frac{1}{2}$×OH×DH＝$\frac{1}{2}\times 4\times 16c=32c$，△OCI＝$\frac{1}{2}$×OI×CI＝$\frac{1}{2}\times 2\times 4c=4c$となり，△OCD＝〔台形DHIC〕－△ODH－△OCI＝$60c-32c-4c=24c$と表せる。(1)より，△OAB＝56だから，△OCD＝△OABのとき，$24c=56$が成り立ち，$c=\frac{7}{3}$となる。

図2

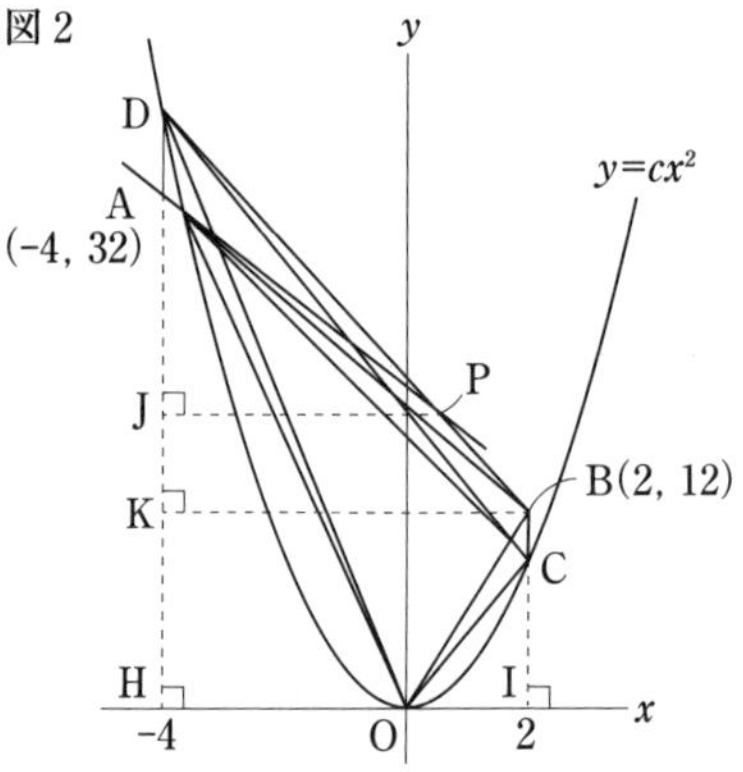

(3)**<座標>**右上図2で，点Aを通り四角形ACBDの面積を2等分する直線と線分BDの交点をPとする。(2)より，$c=\frac{7}{3}$だから，$4c=4\times\frac{7}{3}=\frac{28}{3}$，$16c=16\times\frac{7}{3}=\frac{112}{3}$となり，C$\left(2,\ \frac{28}{3}\right)$，D$\left(-4,\ \frac{112}{3}\right)$である。A$(-4,\ 32)$，B$(2,\ 12)$であり，辺AD，辺BCは$y$軸に平行なので，AD＝$\frac{112}{3}-32=\frac{16}{3}$，BC＝$12-\frac{28}{3}=\frac{8}{3}$となる。△ABD，△ABCの底辺をそれぞれAD，BCと見ると，高さはともにHI＝6であるから，△ABD＝$\frac{1}{2}$×AD×HI＝$\frac{1}{2}\times\frac{16}{3}\times 6=16$，△ABC＝$\frac{1}{2}$×BC×HI＝$\frac{1}{2}\times\frac{8}{3}\times 6=8$となり，〔四角形ACBD〕＝△ABD＋△ABC＝16＋8＝24となる。これより，

$\triangle APD=\dfrac{1}{2}$〔四角形ACBD〕$=\dfrac{1}{2}\times24=12$ となるので，$\triangle APD:\triangle ABD=12:16=3:4$ であり，$DP:DB=3:4$ である。点P，点Bを通り x 軸に平行な直線と直線DHの交点をそれぞれJ，Kとすると，$\triangle DPJ\backsim\triangle DBK$ となり，相似比は $DP:DB=3:4$ となる。よって，$JP:KB=DJ:DK=3:4$ である。$KB=HI=6$ だから，$JP=\dfrac{3}{4}KB=\dfrac{3}{4}\times6=\dfrac{9}{2}$ となり，点Pの x 座標は $-4+\dfrac{9}{2}=\dfrac{1}{2}$ である。また，$DK=\dfrac{112}{3}-12=\dfrac{76}{3}$ だから，$DJ=\dfrac{3}{4}DK=\dfrac{3}{4}\times\dfrac{76}{3}=19$ となり，点Pの y 座標は $\dfrac{112}{3}-19=\dfrac{55}{3}$ である。したがって，$P\left(\dfrac{1}{2},\ \dfrac{55}{3}\right)$ となる。

5〔空間図形―三角柱〕

≪基本方針の決定≫(2)　ひもが通る面を展開して考える。　(3)　頂点Aを含む方の立体は，2つの四角錐と1つの三角柱に分けられる。

(1)<**体積**>右図1で，点Cから辺ABに垂線CHを引くと，△ABCは正三角形だから，△ACHは3辺の比が $1:2:\sqrt{3}$ の直角三角形となる。よって，$CH=\dfrac{\sqrt{3}}{2}AC=\dfrac{\sqrt{3}}{2}\times2=\sqrt{3}$ となるから，$\triangle ABC=\dfrac{1}{2}\times AB\times CH=\dfrac{1}{2}\times2\times\sqrt{3}=\sqrt{3}$ となり，三角柱ABC-DEFの体積は $\triangle ABC\times AD=\sqrt{3}\times2=2\sqrt{3}$ である。

図1

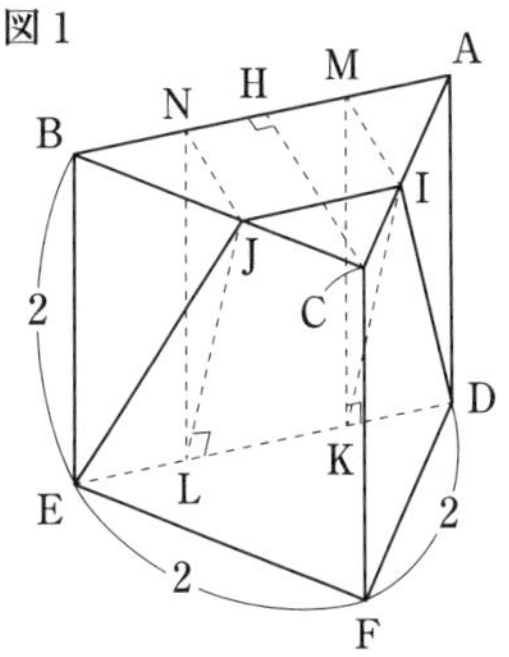

(2)<**長さ**>右図1で，頂点Dから辺AC，辺BCを通って頂点Eまでゆるまないようにかけたひもと，辺AC，辺BCの交点をそれぞれI，Jとする。このとき，ひもは面ACFD，面ABC，面BCFEを通るので，この3つの面を右図2のように展開すると，長さが最も短くなるとき，ひもは線分DEとなる。図1の三角柱ABC-DEFは，底面が1辺の長さが2の正三角形，高さが2だから，側面は1辺の長さが2の正方形である。よって，図2で，四角形ACFD，四角形BCF′Eは正方形である。また，△ABCは正三角形だから，図形の対称性より，AB∥DEとなる。これより，$\angle AID=\angle IAB=60^\circ$ となり，$\angle DAI=90^\circ$ だから，△ADIは3辺の比が $1:2:\sqrt{3}$ の直角三角形である。よって，$DI=\dfrac{2}{\sqrt{3}}AD=\dfrac{2}{\sqrt{3}}\times2=\dfrac{4\sqrt{3}}{3}$ となる。同様に，$EJ=\dfrac{4\sqrt{3}}{3}$ となる。さらに，$\angle ICJ=60^\circ$，$\angle CIJ=\angle AID=60^\circ$ より，△IJCは正三角形である。$AI=\dfrac{1}{2}DI=\dfrac{1}{2}\times\dfrac{4\sqrt{3}}{3}=\dfrac{2\sqrt{3}}{3}$ だから，$IJ=CI=AC-AI=2-\dfrac{2\sqrt{3}}{3}$ となる。以上より，求めるひもの長さは，$DE=DI+IJ+EJ=\dfrac{4\sqrt{3}}{3}+\left(2-\dfrac{2\sqrt{3}}{3}\right)+\dfrac{4\sqrt{3}}{3}=2+2\sqrt{3}$ である。

図2

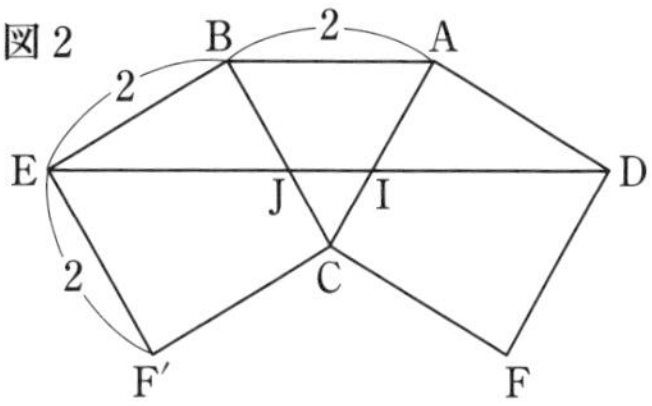

(3)<**面積，体積**>右上図1で，(2)より，AB∥IJであり，AB∥DEだから，IJ∥DEとなり，切断面の四角形DIJEは台形である。また，DI＝EJである。2点I，Jから辺DEに垂線IK，JLを引くと，四角形IJLKは長方形となり，$KL=IJ=2-\dfrac{2\sqrt{3}}{3}$ となる。さらに，IK＝JLとなり，DI＝EJ，$\angle IKD=\angle JLE=90^\circ$ だから，$\triangle DIK\equiv\triangle EJL$ である。これより，$DK=EL=(DE-KL)\div2=\left\{2-\left(2-\dfrac{2\sqrt{3}}{3}\right)\right\}\div2=\dfrac{\sqrt{3}}{3}$ となる。よって，△DIKで三平方の定理より，$IK=\sqrt{DI^2-DK^2}=\sqrt{\left(\dfrac{4\sqrt{3}}{3}\right)^2-\left(\dfrac{\sqrt{3}}{3}\right)^2}=$

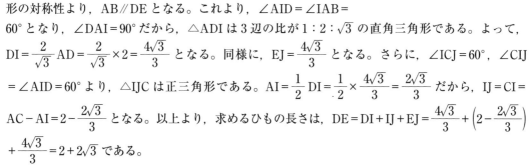

$\sqrt{5}$ となるから，切断面の面積は，〔台形 DIJE〕$=\frac{1}{2}\times(\mathrm{IJ}+\mathrm{DE})\times\mathrm{IK}=\frac{1}{2}\times\left\{\left(2-\frac{2\sqrt{3}}{3}\right)+2\right\}\times\sqrt{5}$ $=\frac{6\sqrt{5}-\sqrt{15}}{3}$ である。次に，三角柱 ABC-DEF を切断したときの頂点Aを含む方の立体は，立体 ABJIDE である。AB∥DE より，線分 IK，線分 JL を含み辺 DE に垂直な平面は辺 AB とも垂直になり，これらの平面と辺 AB との交点をそれぞれM，Nとすると，平面 IKM と平面 JLN は平行となり，頂点Aを含む方の立体は，四角錐 I-ADKM，三角柱 IKM-JLN，四角錐 J-BELN に分けられる。IM⊥〔面 ADEB〕なので，四角錐 I-ADKM は，底面を長方形 ADKM と見ると高さは IM である。△AIM は3辺の比が $1:2:\sqrt{3}$ の直角三角形なので，$\mathrm{IM}=\frac{\sqrt{3}}{2}\mathrm{AI}=\frac{\sqrt{3}}{2}\times\frac{2\sqrt{3}}{3}=1$ であり，〔四角錐 I-ADKM〕$=\frac{1}{3}\times$〔長方形 ADKM〕$\times\mathrm{IM}=\frac{1}{3}\times2\times\frac{\sqrt{3}}{3}\times1=\frac{2\sqrt{3}}{9}$ である。同様にして，〔四角錐 J-BELN〕$=\frac{2\sqrt{3}}{9}$ である。また，MK = AD = 2 だから，〔三角柱 IKM-JLN〕= △IKM × IJ $=\frac{1}{2}\times1\times2\times\left(2-\frac{2\sqrt{3}}{3}\right)=2-\frac{2\sqrt{3}}{3}$ である。したがって，頂点Aを含む方の立体の体積は，〔四角錐 I-ADKM〕+〔三角柱 IKM-JLN〕+〔四角錐 J-BELN〕$=\frac{2\sqrt{3}}{9}+\left(2-\frac{2\sqrt{3}}{3}\right)+\frac{2\sqrt{3}}{9}=\frac{18-2\sqrt{3}}{9}$ となる。

＝読者へのメッセージ＝

三平方の定理は，「ピタゴラスの定理」ともいわれます。ピタゴラスは，古代ギリシャの数学者です。ピタゴラスが創設したピタゴラス教団では，数学，幾何学，天文学，音楽の4つの学問を軸として研究を行っていました。

国語解答

一 問一 a…3 b…1 c…4 d…5 e…2
問二 A…3 B…4 C…2 D…1
問三 2，5 問四 1 問五 4
問六 5 問七 (i)…3 (ii)…1

二 問一 a…3 b…3 c…1
問二 1 問三 3 問四 2
問五 1 問六 4 問七 1
問八 4

三 問一 a…5 b…1 c…3
問二 4 問三 1 問四 4
問五 4 問六 5

一〔**論説文の読解―自然科学的分野―科学**〕出典：池内了『江戸の好奇心　花ひらく「科学」』。

≪本文の概要≫中国から輸入された数学を基礎とした和算は，日本独特の展開を見せた。西洋の数学も日本に入ってきたが，江戸の人々は，西洋数学の背景をなす数学的概念を取り入れることはなかった。和算は，力学や物理など自然科学とは関係せず，数学内部に閉じこもったまま進んだため，実に複雑で技巧を競い合うのみの問題に集中していった。和算家は，問題を解く技術的な手法に熱中し，数学に携わることに無上の喜びを見出したが，それを応用することは考えなかった。彼らは，美しい数学の問題を，才知を懸けて解決することを追い求め，演繹的論理と合理性より，帰納的推論と直観性に重きを置いたのである。鎖国時代ゆえの学問の閉鎖性があったとはいえ，身分を超えて多くの人々が無用の数学に打ち込んだすばらしさは評価すべきである。人々が和算の難問に取り組み，そこから新たな問題を考え出すという形で，まだ誰も到達していない新しい世界の発見を目指し，創造力を鍛えたことを考えると，感嘆の念を禁じえない。

問一＜漢字＞a．「特殊」と書く。1は「珠玉」，2は「朱色」，3は「殊勲」，4は「首尾」，5は「情趣」。　b．「円弧」と書く。1は「括弧」，2は「縁故」，3は「太鼓」，4は「孤独」，5は「個人」。　c．「租税」と書く。1は「粗品」，2は「祖父」，3は「阻止」，4は「租借」，5は「組織」。　d．「側面」と書く。1は「測定」，2は「促進」，3は「消息」，4は「規則」，5は「側近」。　e．「興(じ)」と書く。1は「熱狂」，2は「即興」，3は「近況」，4は「提供」，5は「布教」。

問二＜接続語＞A．和算は，「実に複雑で技巧を競い合うのみの問題に集中していったのである」が，そうはいっても，「そのことを反省して，和算を複雑化から一般化する方向で改造する試みも行われてはいた」のである。　B．和算が主に使われたのは「実生活に関係すること」で，生産技術や自然科学とは関係しないままであったうえに，「和算家は哲学や思想と縁が遠く」，問題を解く技術的な手法ばかりに熱中した。　C．和算家は，問題を解くのを楽しんだが，「幾何学としての理論的厳密性にはこだわらなかった」のであり，いうならば，「直観を重んじて理論的一貫性を重視しなかった」のである。　D．「和算全体がほとんど関流と言えないでもない」状態であったが，もともと流派というものは，「力量そのものよりも権威がものを言うようになってから形式を整えたもの」にすぎない。

問三＜文章内容＞流派とは，権威がものをいう時代になってから形式を整えたもので，「とりわけ秘伝として秘密にすべきものはなかったのに，『文も漏らすな』とか『他見他聞に逮ぶべからず』などの強い言葉で，流派の結束を求めようとしていた」のである（2…×）。しかし，流派といっても，数学の内容にほとんど相違はなく，「数式や記号の書き方に違いがあった程度」だった（5…×）。

問四＜文章内容＞和算が「複雑で技巧を競い合うのみの問題に集中していった」ことの反省として，例えば，安島直円は，「文章の多い和算の叙述を簡潔な数式によって表す形での近代化を試み」たり，和算で得られた円理の方法を一般化，単純化，統一化することに努めたりした。また，会田安明は，科学的に共通の方法によって和算を改革することを主張した。彼らには，和算は関孝和の時代よりも改革され進歩しているという自信があったのである。

問五＜文章内容＞「和算家は哲学や思想と縁が遠く，問題を解く技術的な手法ばかりに熱中」した。和算家は，「より困難な問題に挑んでその技を鍛えることに喜びを見出した」が，和算は力学や物理学の理論と結びつくことはなかった。和算はまさに，「高級な趣味の一つ」だったのである。

問六＜文章内容＞身分を超えた多くの和算愛好家が，ゲームとして和算の難問に取り組み，そこから新たな問題を考え出した。それによって「まだ誰もが到達していない新しい世界の発見を人々は目指し，創造力を鍛えた」という点を，「私」は，現代の人々がパズルや囲碁・将棋の教則本に夢中になることよりも「高級」だと考えている。

問七＜文章内容＞(ⅰ)演繹的論理とは，「ある命題から論理的に筋道を立てて物事を説明していく」ことであり，例えば，三角形の内角の和が一八〇度になるという命題を根拠にして，三角形の一つの角度を求めるという思考法である。　(ⅱ)近代科学は，「正しさの追究と有用さを第一義にして，ひたすら細分化・専門化の道を歩んできた」のであるが，そのような近代科学に取り囲まれて，私たちは息苦しさも感じている。和算家たちが，「より困難な問題に挑んでその技を鍛えることに喜びを見出し」たり，「美しい数学の問題を発見し，才知を懸けて解決することを追い求めることに熱中し」たりしたように，私たちは，「もっと人間臭く，もっと自由度の高い，もっと夢がある」科学を求めないではいられないのであり，和算は，「江戸の好奇心」をくすぐってきた「科学」といえるのである。

二〔小説の読解〕出典：冲方丁『はなとゆめ』。

問一＜語句＞a．「狼狽える」は，驚き慌ててまごつく，という意味。　b．「きょとん」は，状況がよくわからなくて目を見開いている様子。　c．「算段を講じる」は，あれこれ手段を工夫する，という意味。

問二＜慣用句＞Ⅰ．「耳を傾ける」は，注意して聞く，という意味。　Ⅱ．「熱に浮かされる」は，夢中になって見境がなくなる，という意味。　Ⅲ．「顔を出す」は，ここでは姿を現す，という意味。　Ⅳ．「比類無い」は，比べるものがないほどすばらしいさま。

問三＜文章内容＞「姿があらわ」になることを恐れ，「日があるうちに参上」できないでいる「わたし」の気持ちを気遣い，中宮様は格子をすっかり閉ざして，「わたし」を待っていたのである。

問四＜品詞＞「いわれては」の「れ」は，受身を表す助動詞である(1…×)。「お応えするしかありません」には，「お応えする」という謙譲語と，「ありません」という丁寧語が用いられている(2…○)。「ついに」は副詞で，用言「参上した」にかかる(3…×)。「明るい」は形容詞で，活用形は連体形である(4…×)。「参上したのでした」を単語に分けると，「参上し(動詞)／た(助動詞)／の(助詞)／でし(助動詞)／た(助動詞)」となる(5…×)。

問五＜文章内容＞「少納言」という官職での呼び方は，後々「わたし」を「半ば中﨟の身分で扱うことを意味して」いた。中宮様は，「わたし」の隠れた才能を「開花」させることを考えて，官職での呼び方を用いたのである。

問六＜文章内容＞「わたし」が掛け金を自ら外し，自分の能力を発揮することを，中宮様は望んでいると知り，「わたし」の胸に自信と喜びが沸き起こったのである。

問七＜文章内容＞「わたし」の中にある漢詩文への深い知識を読み取った中宮様は，「わたし」が「これまで閉じこもっていた格子を，自ら引き上げ」て，「その才能をその人自身に開花させ」ようと導いた。「優れた君主の気風と知恵とを身に備えておいで」の中宮様を，「わたし」は深く敬う気持ちになったのである。

問八＜表現＞質問に「一つとして間違わずに答えて」いる「わたし」を見て，中宮様は大きな才能を「発見したような喜び」を感じた（１…×）。まるで夜であるかのように格子をすっかり閉ざして，「わたし」がやってくるのを待っていた御座所の様子に，「わたし」は驚いてしまった（２…×）。「わたし」は，白居易の漢詩のありさまをそのまま現実に示したいという思いつきを，ごく自然に行動に移した（３…×）。格子を引き上げさせ，簾を掲げた「わたし」の思いがけない行動に，同僚の女房たちは驚き感嘆した（４…○）。この美しい内裏で，すばらしい「あるじと出会わせてくれた天命への喜びと感謝」で，「わたし」は震えるばかりだった（５…×）。

三〔古文の読解―随筆〕出典：清少納言『枕草子』。

≪現代語訳≫経などを習うとき，ひどくたどたどしく，忘れっぽくて，何度も何度も同じところを読むけれど，法師なら（上手なのは）当然のこととして，男でも女でも，すらすら簡単に読んでいるのを，あんなふうにいつになったらできるかしらと，思ってしまう。／病気になって臥せっているときに，笑ったり，おしゃべりしたり，何の心配もなさそうな様子で歩き回っている人を見るのは，ひどく〈羨ましい〉。／伏見稲荷神社に決心してお参りしたところ，中の御社の辺りで，とても苦しいのを我慢して登っているのに，ちっとも苦しそうでなく，遅れて来た人たちが，どんどん先に行ってお参りするのは，すごいと感心してしまう。二月の午の日の明け方急いで出発したのだけれど，坂の半ばまで登ったら，もう午前十時頃になってしまった。だんだん暑くさえなって，本当に苦しくて，どうして，こんなではないよい日もあろうに，何でお参りに来てしまったんだろうとまで思って，涙もこぼれて，疲れきって休んでいると，四十を過ぎたぐらいの女で，壺装束ではなく，ただ着物の裾をたくし上げている女が，「私は，七度詣でをしますよ。三度はもうお参りしました。あと四度くらい大したことではない。午後二時頃になる前に帰るつもりです」と道で出会った人に話して（坂を）下って行ったのは，普通のところだったら目にとめるはずもない女なのに，この人の身にたった今なりたい，と思ったことですよ。

問一＜現代語訳＞ａ．「ことわり」は，もちろんである，当然である，という意味。法師が経を上手に読めるのは当然のことである。　ｂ．「休み極ず」は，疲れ果てて休む，という意味。作者は，暑くて苦しく，どうしてお参りなどしたのだろうと涙まで落ちてきて，途中で休んでいた。
ｃ．「こと」は，ここでは，重大なこと，という意味，「に」は断定の助動詞「なり」の連用形，「あらず」は，動詞「あり」に打ち消しの助動詞「ず」がついたもの。四十を過ぎたぐらいの女は，七度詣でなど大したことではないと言って，すたすた坂を下って行った。

問二＜古文の内容理解＞作者は，経を覚えられなくて同じところを繰り返し読んでしまうので，簡単にすらすら読む人を見ると，あんなふうになるのはいつなのだろうと羨ましく思うのである。

問三＜古文の内容理解＞自分が病気で寝ているとき，心配事など何もない顔で歩いている人を見ると，羨ましいのである。係助詞「こそ」があるので，係り結びの法則により，形容詞「うらやまし」の已然形「うらやましけれ」となる。

問四＜古文の内容理解＞作者は，伏見稲荷大社に詣でたが，暑くてどうしようもなく苦しくて，どうしてお参りなどしたのだろうと涙まで落ちてきた。

問五＜古文の内容理解＞七度詣でをするという四十を過ぎたぐらいの女は，もう三度詣でたが，あと四度くらい大したことではないと道で出会った人に話して，坂を下って行った。疲れ果てた作者は，この女の身にたった今なりたいと思ったのである。

問六＜古文の内容理解＞経を覚えられない作者は，すらすら読める人を見ると，ああなりたいと思う。病気のときに物思いのなさそうな人を見ても，また坂道を歩くのに疲れきっているときに元気にすたすた歩く人を見ても，作者は，ああなりたいと羨ましく思うのである。

2024年度 栄東高等学校(第2回)

【英　語】（50分）〈満点：100点〉

（注意）**4**～**6**のリスニング問題は試験開始後15分経過した頃から放送される。放送時間は約12分である。

1　次の英文を読み，あとの問いに答えなさい。(文中の＊印の語(句)には注があります)

Board games create a world of joy and delight that many people *treasure. They're perfect for those rainy days when it's too wet to play outside. On such days, a round of Monopoly can transform an indoor day into a thrilling adventure. Sometimes, a grandmother might share a traditional Japanese game, creating a special memory. ①There could also be times when playing a game like *Go* with a grandfather becomes a fun lesson about Japan. It is no wonder why so many people like board games.

Board games have been a source of entertainment for more than 5,000 years. A long, long time ago, in Ancient Egypt, people enjoyed a game called Senet. It was a bit like today's checkers, but it used sticks instead of dice. The *aim was to be the first to (1) all the pieces off the board — much like the game of checkers. ②Looking at Senet, it's clear that games have been bringing joy to people for many years.

Playing board games is not just in the past. People today in every part of the world also love these games. They often (2) the culture and tradition of their *regions. In fact there are unique games in each region. In Africa, for example, a game called Mancala is popular. This game *involves moving small stones or seeds around in holes on a board. *Meanwhile, in India, there's a game known as Pachisi. In the West, this game is known as Ludo. Ludo is such a big hit in India that it's often played at parties and festivals. ③Each of these games, though different, share the same purpose — to bring fun and entertainment.

Today, even with many video games to play, the love for board games is growing again. One reason might be that board games allow people to sit together in one room and (3) with each other directly. They let us share a fun time and even laugh together. Importantly, board games can also teach us useful skills. For example, playing Scrabble can help us learn new words and how to spell them correctly. Monopoly can teach us about money and trading. So, board games can be a fun way to learn.

Technology is also starting to become a part of board games. Recent changes have made the way we play board games different. For example, *Augmented Reality (AR) uses special glasses to make the game (4) as if it's jumping out of the board. Artificial Intelligence (AI) can create computer *opponents who can think and make decisions. Interestingly, AI has even managed to win against human champions in complex board games like chess and *Go*, which makes board games even more exciting.

In the future, board games will (5) to offer endless fun. We expect new ideas like AR and AI to become even more popular. ④These technologies might even create games we can't yet imagine, with virtual pieces moving on their own and games responding to our actions in real time. Board games might start to look different, but they will still bring people together just like they always have. Board games are about having fun, making new friends, and enjoying a little friendly competition.

From ancient times to the modern day, from Africa to India, board games have *consistently brought smiles to faces, *sparked creativity, and built friendships. They have adapted through the ages, *evolving with technology and continuing to inspire joy and to ([6]) learning. The magic of board games is universal, proving that no matter where we are from, or how old we are, a good game can turn any day into adventure.

（注） treasure　～を大事にする　　aim　目的　　region　地域　　involve　～を伴う
meanwhile　一方では　　Augmented Reality　拡張現実　　opponent　相手
consistently　絶えず　　spark　～を刺激する　　evolve　進化する

(1) 英文の空所([1])～([6])に入れるのに最も適切なものを１～０の中から１つずつ選びなさい。ただし，同一のものを２回以上用いてはいけません。

1．enter　　2．tell　　3．reflect　　4．continue　　5．encourage
6．watch　　7．talk　　8．get　　9．stop　　0．look

(2) 英文の下線部①～④の中で，文法上あるいは文脈上，誤りがある英文が１つあります。その番号を答えなさい。解答は[7]にマークしなさい。

2 次の英文を読み，あとの問いに答えなさい。(文中の＊印の語(句)には注があります)

Apollo 13 launched from Kennedy Space Center in Florida at 2:13 p.m. on April 11, 1970. ([8]) However, after about 56 hours in space, an *oxygen tank in the *service module *exploded, causing another oxygen tank to fail. ([9])

Warning lights came on telling the astronauts that two of their three *energy cells in the service module had failed. ([10]) Without oxygen or electricity, the astronauts could not use or be in the service or *command module — they would have to move to an extra space on Apollo 13 called the *lunar module. In addition, the ground control team would have to figure out a way for the astronauts to save air, water, and energy, as well as a way for them to get home immediately.

([11]) Before they could give any instructions to the astronauts, however, they had to test each step to see if they would work in space. They sent instructions to Lovell, Swigert, and Haise to drink very little water, and to turn off all the heating systems to save power. ([12]) Although the spaceship had special machines to remove *carbon dioxide from the air, the square machines that were used in the command module would not fit the circle openings in the lunar module.

Using only the materials that the astronauts would have in the spaceship, ground control figured out a way to fit the square machines onto the circle openings. ([13]) And they were able to fix the carbon dioxide problem using just plastic bags, tape, and cardboard.

Finally, ground control and the astronauts had to do some very difficult math to figure out how Apollo 13, which was on a course to land on the moon, could turn around and come back to Earth. As Apollo 13 went around the moon, the astronauts lined up a course using the position of the sun and were able to get on a course to return home. Finally, on April 17, 1970, Apollo 13 landed in the Pacific Ocean near Samoa. Lovell, Swigert, and Haise were not able to complete their mission to the moon, but they returned home safe.

（注） oxygen　酸素　　service module　機械船　　explode　爆発する　　energy cell　電池
command module　指令船　　lunar module　月着陸船　　carbon dioxide　二酸化炭素

(1) 英文の空所(8)～(13)に入れるのに最も適切なものを1～6の中から1つずつ選びなさい。ただし，同一のものを2回以上用いてはいけません。

1．They sent instructions to the astronauts.

2．This was just the first event in a chain of failures that almost cost the astronauts their lives.

3．But the astronauts also noticed that the carbon dioxide *build-up inside Apollo 13 was starting to reach dangerous levels.

4．Ground control at the NASA office in Houston, Texas, worked around the clock to figure out how to get the astronauts safely home.

5．This was a major problem because all of the service module's electricity came from these cells.

6．The first two days in space went smoothly, with only slight problems.

（注） build-up 増加

(2) 次の1～4の英文の中で本文の内容に合うものを1つ選びなさい。解答は 14 にマークしなさい。

1．As soon as Apollo 13 left the earth, the oxygen tank in the service module exploded.

2．The astronauts were able to stay in the lunar module without any problems even when there was something wrong with Apollo 13.

3．The astronauts lined up the course to the earth by the position of the sun after they landed on the moon.

4．It was not possible for the ground control team to give the right direction to the astronauts to save them easily.

3 次の英文を読み，あとの問いに答えなさい。（文中の＊印の語(句)には注があります）

I had just gotten home from work that Friday night when my best friend, Olivia, called. She was crying so hard that I couldn't figure out at first what she was saying. Then I realized she was saying her husband Frank had moved out.

I called my husband, James, who was on a business trip to San Francisco. He agreed I should go see her for a few days, to help her through this difficult time. So I packed a small overnight bag. It would be a drive of about 4 hours to Albuquerque, and I wanted to get there by about midnight.

I finally got off the highway and started down the side roads that led to Olivia's house. I was approaching a small crossroads when a woman suddenly ran out into the street in front of my car. I screamed and *jammed on my brakes, hoping (15).

The car screeched to a stop, and I looked all around. Then I saw her, standing right next to my window, staring in at me. She had a face like a demon, with eyes glowing red. ①Her mouth was moving, and I could see her teeth were as sharp as *fangs. She began to *claw and *pound at my window, and I was pretty sure she was going to break the glass.

I *slammed my foot down on the *gas and the car *jerked forward. ②I was shocked to see the woman to run alongside, keeping up easily and even slamming her fist against the window every few seconds. I kept my foot on the gas, and eventually, I started to *pull ahead.

Soon I was at Olivia's house, and I ran up to her front door, pounding frantically and looking back toward the street. Olivia came running and opened the door to let me in.

"Shut it!" I screamed. "Shut it quick!" I raced past her into the safety of the house.

"What's the matter?" she asked, looking out into the front yard and then slamming and locking the door. She grabbed my hand and led me toward the kitchen table and poured me a glass of red wine. I sat down and took a few sips. A couple of minutes later, I was able to tell her what had happened. Olivia gasped and said, "Are (A)〔1. sure it　2. first saw　3. was at　4. that you　5. a crossroads　6. you　7. her〕?"

I nodded, puzzled. "Yes, but what does that have to do with it ?"

She looked worried. "It must have been *La Mala Hora*. It means 'the bad hour.' Oh, this is bad, honey," Olivia said. "*La Mala Hora* only appears at a crossroads when someone is going to die."

Ordinarily, I would have *scoffed, but still shocked at how fast the woman had run and how she had looked, I wasn't sure just what to think. Olivia went out to get my bag and sent me off to bed.

I woke up wondering if maybe it had been a bad dream, but (B)Olivia's look of concern told me otherwise. I began to get a panicked feeling that only increased as the day went on. I told Olivia I needed to get back home and calm down. She insisted on going with me. I told her I'd leave the next morning, ③because there was no way I was going to drive back in the dark past that same crossroads.

On Sunday we left soon after the sun came up. We had just made it home and were having some coffee when a police car pulled up and two officers got out. ④I looked out at them with a feeling of cold *dread and made Olivia answer the door. The look on her face as she walked back into the kitchen told me why they were there.

The officers came in then and spoke very gently to me. James had been *mugged as he walked back to his hotel from dinner late last night. He had been shot once in the head. He'd died on the way to the hospital, they said.

（注） jam on one's brakes　ブレーキを強く踏む　　fang　牙　　claw　～を爪でひっかく
pound　激しくたたく　　slam　～を強い力で踏む，たたきつける　　gas　（自動車の）アクセル
jerk　急に動く　　pull ahead　引き離す　　scoff　ばかにする　　dread　恐怖
mug　～を襲って金品を奪う

(1) Choose the best answer from those below to fill in (15).

1. I wouldn't hit her　　2. I wouldn't be late for the meeting
3. I could see James as soon as possible　　4. I wouldn't see anyone at the crossroads

(2) Which of the underlined sentences ①～④ is grammatically ***NOT*** correct ? 16

(3) Put the words or phrases of the underlined part (A) in the correct order. Indicate your choices for 17 and 18.

Are ＿＿ ＿＿ 17 ＿＿ 18 ＿＿ ＿＿ ?

(4) What does the underlined part (B) mean ? 19

1. What had happened last night made me awake.
2. What had happened last night was like a dream.
3. What had happened last night made me fall asleep.
4. What had happened last night was not a bad dream.

(5) Which of the following statements is true ? 20

1. James was robbed by someone after having dinner.
2. *La Mala Hora* always tells us when someone will die.
3. James' wife visited Olivia to talk about his serious accident.
4. James' wife saw a woman who had killed James on her way to Olivia's house.

リスニング問題 〈放送文は未公表につき掲載してありません。〉

4 これから二人の対話を聞き，質問に対する答えとして最も適切なものを１つずつ選びなさい。なお，対話と質問は２度読まれます。

21 1．He didn't finish his work. 2．He worked with his boss.
3．He worked late the night before. 4．He had an early morning meeting.

22 1．By bus. 2．By train. 3．By bicycle. 4．On foot.

23 1．The man and the woman live in Texas.
2．The woman needs three houses to live in.
3．The man doesn't want to buy three houses.
4．The man agrees with the woman's opinion.

5 これから短い英文を聞き，質問に対する答えとして最も適切なものを１つずつ選びなさい。なお，英文と質問は１度だけ読まれます。

24 1．Lower birth rate. 2．Greenhouse effect.
3．Shortage of energy. 4．Increasing crime rate.

25 1．Aaron lives in Shiga now. 2．Aaron goes to high school.
3．Aaron wants to run a company. 4．Aaron works as a chef at a restaurant.

26 1．"Nessie" was first seen in Scotland 50 years ago.
2．About 200 volunteers came from around Scotland.
3．The volunteers felt sure that "Nessie" was alive.
4．The volunteers used many kinds of technologies.

6 これから少し長めの英文を１つ聞き，４つの質問に対する答えとして最も適切なものを１つずつ選びなさい。なお，英文は２度読まれます。英文は今から20秒後に放送されます。

27 According to the passage, which of the following is true for basketball?
1．It was created by a teacher.
2．It is easy to know the rules.
3．It is watched by more than 30 million people.
4．It is the second most played sport in the United States.

28 According to the passage, what is the reason baseball is getting less popular among young people?
1．They think it takes much time. 2．They don't think it is interesting.
3．They don't think the rules are simple. 4．They think there are too many teams.

29 According to the passage, which of the following is the fourth most popular sport in the United States?
1．Soccer. 2．Baseball. 3．Basketball. 4．Ice hockey.

30 According to the passage, which of the following is true?
1．American football has been America's most popular sport for over 100 years.
2．Americans spend more time watching basketball games than baseball games.
3．Ice hockey has been losing its popularity because it is difficult to master.
4．Major League Soccer is one of the major sports leagues in the United States.

【数　学】（50分）〈満点：100点〉

（注意）　1　問題の文中の [ア]，[イウ] などには，特に指示がないかぎり，符号（－，±）または数字（0～9）が1つずつ入る。それらを解答用紙のア，イ，ウ，…で示された解答欄にマークして答えること。

2　分数形で解答する場合，分数の符号は分子につけ，分母につけてはいけない。例えば，$\dfrac{[エオ]}{[カ]}$ に $-\dfrac{4}{5}$ と答えたいときは，$\dfrac{-4}{5}$ とすること。

また，それ以上約分できない形で答えること。例えば，$\dfrac{3}{4}$ と答えるところを，$\dfrac{6}{8}$ のように答えてはいけない。

3　根号を含む形で解答する場合，根号の中に現れる自然数は最小となる形で答えること。例えば，$[キ]\sqrt{[ク]}$ に $4\sqrt{2}$ と答えるところを，$2\sqrt{8}$ のように答えてはいけない。

4　根号を含む分数形で解答する場合，例えば $\dfrac{[ケ]+[コ]\sqrt{[サ]}}{[シ]}$ に $\dfrac{3+2\sqrt{2}}{2}$ と答えるところを，$\dfrac{6+4\sqrt{2}}{4}$ や $\dfrac{6+2\sqrt{8}}{4}$ のように答えてはいけない。

1　次の各問いに答えよ。

(1)　$2024\times\left(\dfrac{20}{23}-\dfrac{20}{24}\right)\times\left(\dfrac{1}{20}-\dfrac{1}{22}\right)=\dfrac{[ア]}{[イ]}$ である。

(2)　$2(x^2+3x)-(5x-2)(x+3)=(x+[ウ])([エ]-[オ]x)$ である。

(3)　次の値は6人の生徒の10点満点のテスト結果である。

5，x，10，y，2，7（x，y は0以上の整数で，$x<y$ とする。）

このデータの中央値が平均値5.5よりも小さいとき，$x=$ [カ]，$y=$ [キ] である。

(4)　栄さんは学校から駅に向かって直線道路を秒速4mで走っていた。ここで，栄さんの忘れ物に気づいた先生が，学校から自転車で栄さんを追いかけ始めた。

自転車は出発から8秒間加速し，その後は一定の速さで走行した。自転車が学校を出発してから x 秒間に進んだ距離を y mとすると，x と y の関係は下の表のようになり，特に $0\leqq x\leqq 8$ の範囲では，y は x^2 に比例したという。

x（秒）	0 … 4 … 8 … 12 … 16
y（m）	0 … 8 … 32 … 96 … 160

自転車は，栄さんが学校を出発してから100秒後に追いついた。自転車が学校を出発したのは，栄さんが学校を出発してから [クケ] 秒後である。

(5)　AB＝3，BC＝5，CA＝4の三角形を，BCを軸に1回転してできる立体の体積は，$\dfrac{[コサ]}{[シ]}\pi$ である。

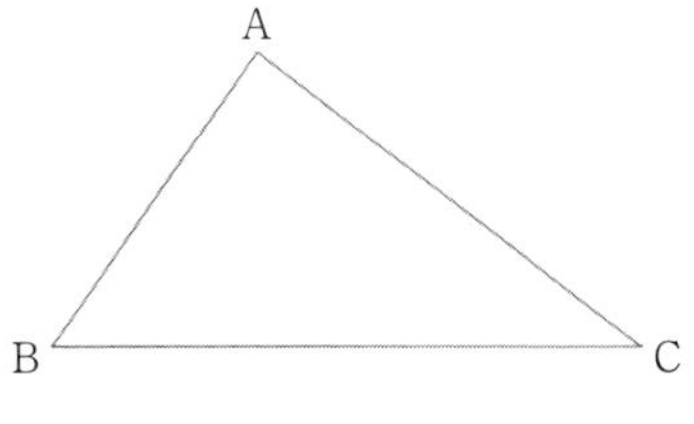

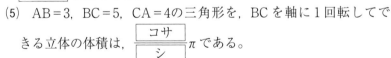

2　動点Ｐは初め下図の頂点Ａにあり，１秒毎に，他の３頂点のいずれかに等確率で移動することを繰り返す。

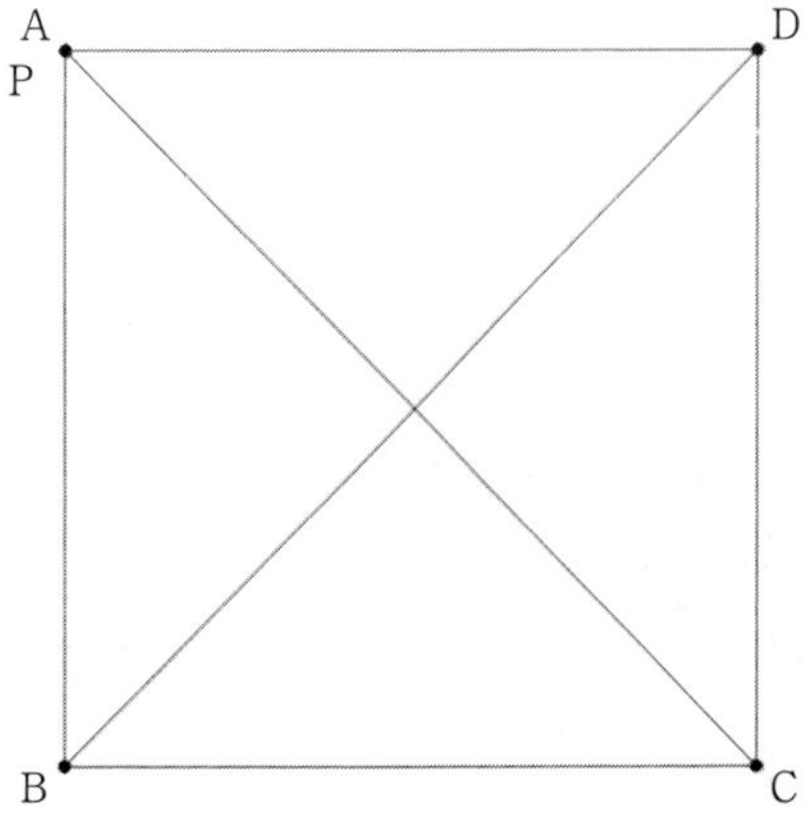

(1)　２秒後に点Ｐが頂点Ａにいる確率は $\dfrac{\boxed{\text{ア}}}{\boxed{\text{イ}}}$ である。

(2)　３秒後に点Ｐが頂点Ｂにいる確率は $\dfrac{\boxed{\text{ウ}}}{\boxed{\text{エオ}}}$ である。

(3)　４秒後に点Ｐが頂点Ａにいる確率は $\dfrac{\boxed{\text{カ}}}{\boxed{\text{キク}}}$ である。

3　図のように，長さが20の線分 AB を４等分する点を左から順に O_1，O_2，O_3 とし，O_1，O_2 を中心とする半径５の円を２つ描く。$\triangle AO_1C$ が $\angle AO_1C = 90°$ の直角二等辺三角形になるように点Ｃをとり，線分 BC と円 O_1 との交点をＥ，円 O_2 との交点をＤ，Ｆとする。

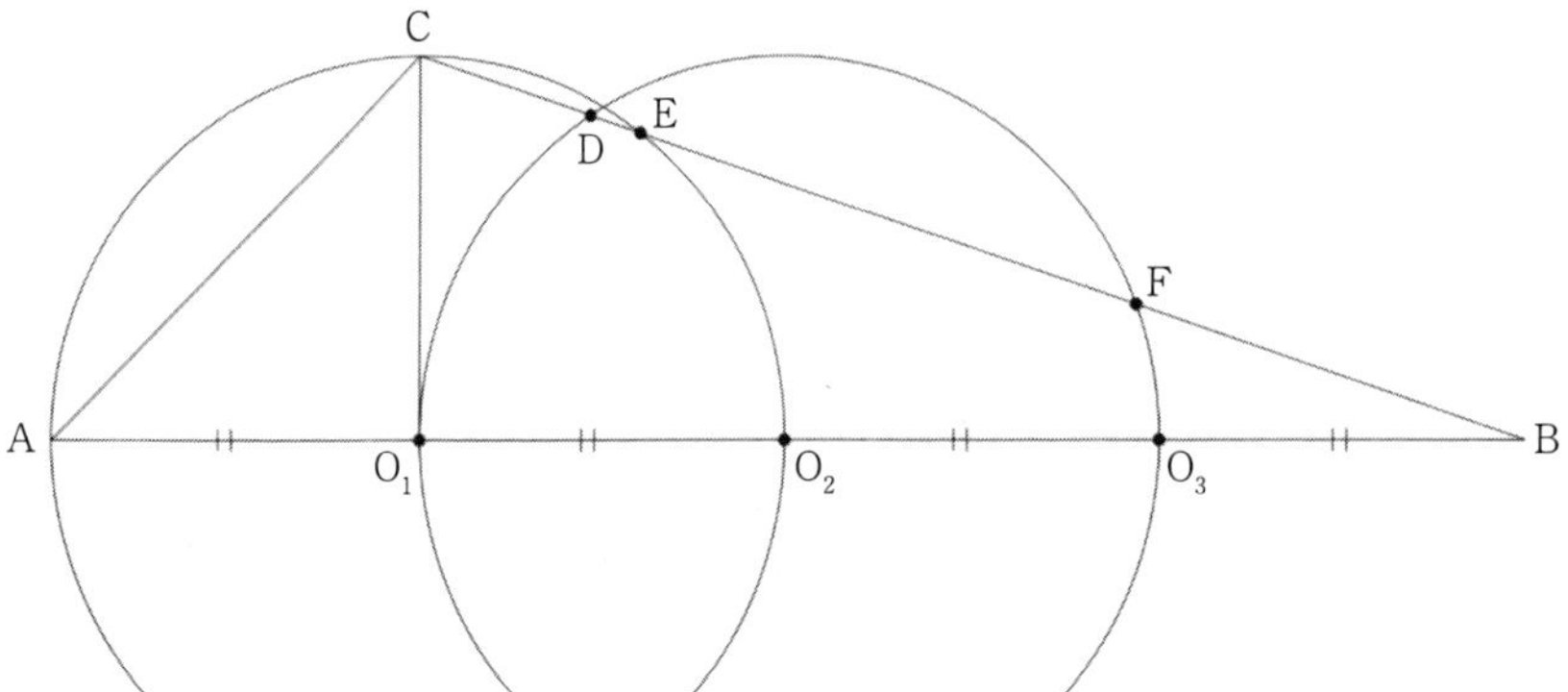

(1)　BC の長さは $\boxed{\text{ア}}\sqrt{\boxed{\text{イウ}}}$ である。

(2)　EO_2 の長さは $\boxed{\text{エ}}\sqrt{\boxed{\text{オ}}}$ である。

(3)　$\triangle O_1O_2D$，$\triangle O_2O_3F$ の面積をそれぞれ S_1，S_2 とするとき，$S_1 : S_2 = (\sqrt{\boxed{\text{カ}}} + \boxed{\text{キ}}) : (\sqrt{\boxed{\text{カ}}} - \boxed{\text{キ}})$ である。

4　図のように，2つの放物線 $y=\frac{14}{9}x^2$…①，$y=\frac{2}{9}x^2$…②があり，x 座標が t である①，②上の点をそれぞれA，Bとする。ただし，$t>0$ である。

点Aを通り，直線 OB に平行な直線を③とし，②と③の交点をC，Dとする。

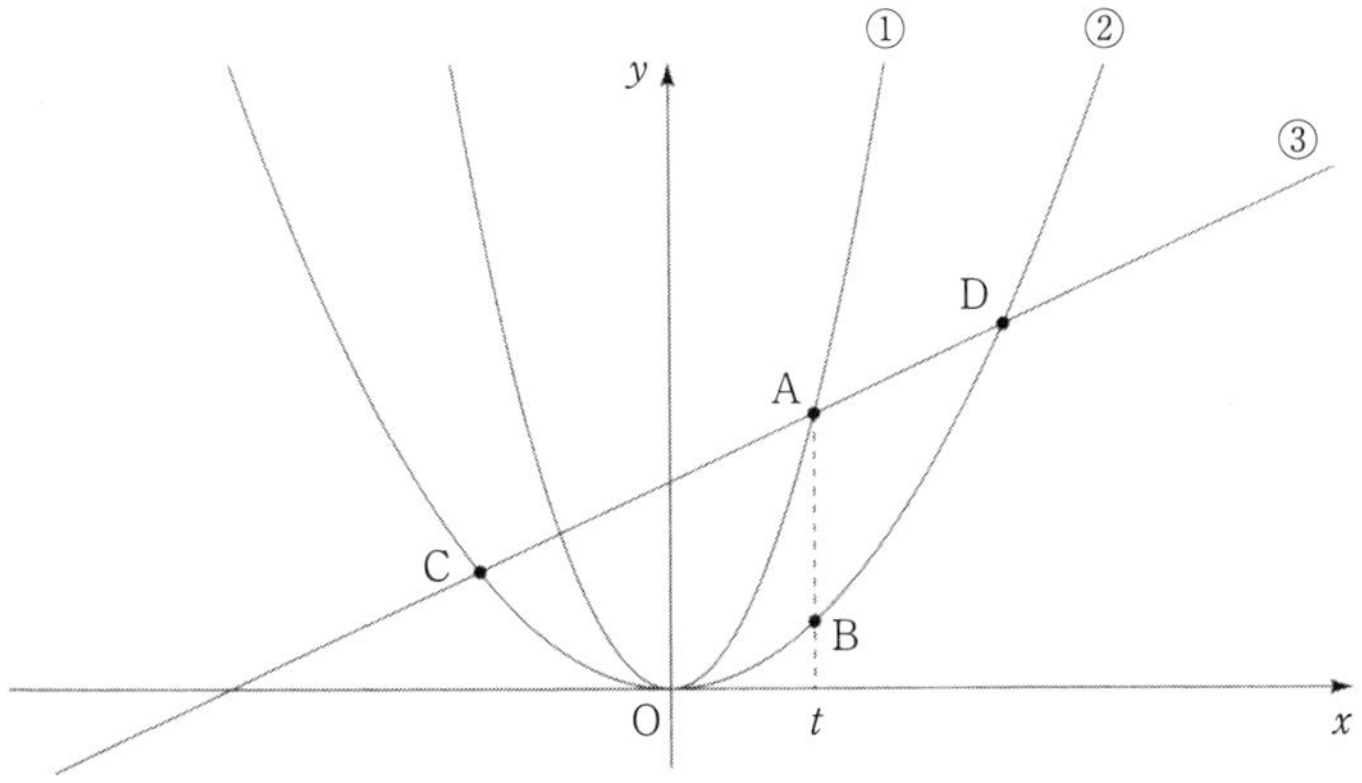

(1)　直線③の方程式は $y=\frac{\boxed{\text{ア}}}{\boxed{\text{イ}}}tx+\frac{\boxed{\text{ウ}}}{\boxed{\text{エ}}}t^2$ である。

(2)　△ABC の面積が54であるとき，四角形 OBDC の面積は $\boxed{\text{オカキ}}$ である。

(3)　(2)のとき，原点Oを通り四角形 OBDC の面積を2等分する直線と放物線②との，原点以外の交点の x 座標は $\boxed{\text{クケ}}$ である。

5　1辺の長さが4の立方体 ABCD-EFGH について，辺 AB の中点をM，辺 BF の中点をNとする。

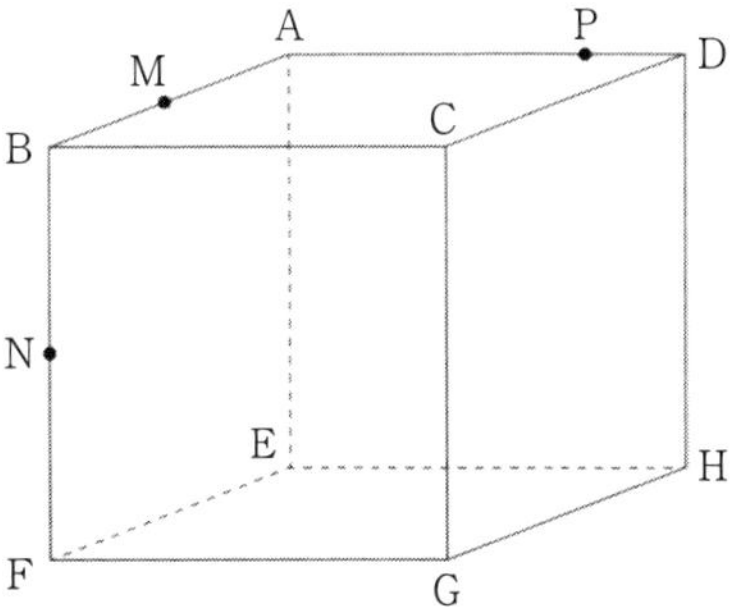

(1)　△AMN の面積は $\boxed{\text{ア}}$ である。

動点Pが辺 AD 上を毎秒1の速さでAからDまで動く。

(2)　2秒後にできる△PMN の面積は $\boxed{\text{イ}}\sqrt{\boxed{\text{ウ}}}$ である。

(3)　3秒後に，3点P，M，Nを通る平面で立方体を切断する。

切断面の周の長さは $\frac{\boxed{\text{エ}}}{\boxed{\text{オ}}}\left(\boxed{\text{カ}}\sqrt{2}+\sqrt{\boxed{\text{キク}}}\right)$ である。

2．かえって、喜ばしいだろう
3．かえって、望ましいだろう
4．思ったより、腹立たしいだろう
5．思ったより、恐ろしいだろう

問二 傍線部①とあるが、何について述べているのか。その説明として最も適当なものを、次の中から一つ選びなさい。㉚

1．伊家が漢詩に精通していないこと。
2．伊家が知房の和歌を褒めたこと。
3．伊家の失言が知房の怒りを買ったこと。
4．知房も伊家も実力不足な点があること。
5．知房が和歌では伊家にかなわないこと。

問三 傍線部②とはどういう者のことか。その説明として最も適当なものを、次の中から一つ選びなさい。㉛

1．和歌の実力が劣っていない者。
2．漢詩より和歌の方が下手な者。
3．人の褒め方が不得意な者。
4．相手に劣等感を抱いている者。
5．相手より実力が不足している者。

問四 傍線部③とあるが、その理由として最も適当なものを、次の中から一つ選びなさい。㉜

1．劣った者であっても、相手の良い点を見出し褒める行為は積極的にすべきだから。
2．優れた者が未熟者を批判するさまを見るのは、いたたまれないから。
3．力の劣る者にまで褒美を与えるとしたら、優れた者の努力が報われないから。
4．自分より優れた相手に適切な評価を下すことができるのは、素晴らしいことだから。
5．優れた者が称《たた》える言葉でさえ、相手にどう解釈されるかわからないから。

問五 空欄 X にあてはまる語として最も適当なものを、次の中から一つ選びなさい。㉝

1．能　2．器　3．情　4．劣　5．善

問六 本文を通して筆者が教訓として伝えたいのはどのようなことか。最も適当なものを、次の中から一つ選びなさい。㉞

1．相手の欠点を指摘するときは、美点を言うとき以上に注意しなければならない。
2．能力があって世間で評価されている者は、気軽に他人を褒めるべきではない。
3．他人の言動を評価するときには、状況をわきまえて慎重にするべきである。
4．自分がよかれと思ってした行為でも、状況次第では相手を困らせることがある。
5．能力があり世間に認められると、つい他人のことを見下してしまうことがある。

られていた「わたし」は、中宮が自分と信条を共有している可能性を感じつつも本心を確認できないでいた。その中宮から貴重な紙の束を授けられたことで、中宮が「わたし」と同じ思いを抱いていることを確信し、その期待に応えようと決意を新たにしている。

問八　波線部アからオについて、その説明として最も適当なものを、次の中から一つ選びなさい。㉖

1. 波線部ア「頑固な一夫一婦の信仰者と笑う」には、熱心な法華経の信者である「わたし」が恋愛にも熱心であることを女房たちが嘲笑している様子が表現されている。
2. 波線部イ「それは……、相手によりけりでございます……」には、仕えている中宮への本音を知られてしまい「わたし」が恐縮している様子が表現されている。
3. 波線部ウ「わたし自身が後宮の華やかさを損なってしまう」には、本来喜ばしいはずの妊娠を歓迎されず「わたし」が苦悩している様子が表現されている。
4. 波線部エ「なんとも無造作に下された賜り物」には、当時紙が高級品だったことから中宮がその紙を大変丁寧に扱っている様子が表現されている。
5. 波線部オ「受け取ることしかできませんでした」には、中宮からの提案に驚き、次々に湧き上がってきた複雑な感情を整理できないでいる様子が表現されている。

三

次の文章を読んで、後の問いに答えなさい。

われ、その能ありと思へども、人々にゆるされ、a世に所置かるるほどの身ならずして、人のしわざも、ほめんとせんことをも、いささか*用意すべきものなり。

*三河守知房所詠《みかはのかみともふさしよえい》の歌を、*伊家弁《これいへのべん》、感歎《かんたん》して、「優によみ給へり」といひけるを、知房、腹立して、「詩を作ることはかたきにあらず。和歌のかたは、すこぶるかれに劣れり。これによりて、かくのごとくいはるる。①もつとも*奇怪なり。今よりのち、和歌をよむべからず」といひけり。

b優の詞《ことば》も、ことによりて*斟酌《しんしやく》すべきにや。これはまされるが、申しほむるをだに、かくとがめけり。いはんや、②劣らん身にて褒美、cなかなか、かたはらいたかるべし。③よく心得て、*心操《しんさう》をもてしづむべきなり。人の[X]をいふべからず。いはんや、その悪をや。このこころ、もつとも*神妙か。

（『十訓抄』）

（注）*用意…注意。
*三河守知房所詠の歌…平安後期の役人、藤原知房が詠んだ和歌。
*伊家弁…藤原伊家。平安後期の歌人。
*奇怪…けしからぬこと。
*斟酌…あれこれと加減をすること。
*心操…心の持ち方、使い方。
*神妙…奥深く、心に響く味わいがあること。

問一　傍線部aからcの解釈として最も適当なものを、後の中からそれぞれ一つずつ選びなさい。

a　世に所置かるるほどの身ならずして　㉗
1. 土地を持ち、財産を占有しているような身ではなくて
2. 人々に悪いうわさをたてられるような身ではなくて
3. 人々に注目され、窮屈な思いをするような身ではなくて
4. 世間に身の置き所がないような身ではなくて
5. 世間で一目置かれるような身ではなくて

b　優の詞　㉘
1. 平易な言葉　2. 励ます言葉
3. 褒める言葉　4. 優しい言葉
5. 美しい言葉

c　なかなか、かたはらいたかるべし　㉙
1. かえって、見苦しいだろう

ながると知っているから。

5．特定の人への愛しか信じない自身の恋愛観は特殊だと自覚しながらも、中宮の理解によって自信を深めるとともに、自分に言い寄ってくる勝手な男性を冷たくあしらうことに確かな喜びを感じているから。

問四　空欄 X に入る言葉として最も適当なものを、次の中から一つ選びなさい。㉒

1．帝の一番の同志にならねばならない
2．帝を常に恋い慕わねばならない
3．帝へ最も忠誠を誓わねばならない
4．帝から最も愛されねばならない
5．帝と常に心を同じくせねばならない

問五　傍線部②からうかがえる、「わたし」との関係の説明として最も適当なものを、次の中から一つ選びなさい。㉓

1．自分は主君と仰ぎ見られる立場だが、「わたし」を母のように慕っている。
2．主君と女房と立場は違うが、とりとめのない会話を許せるほど信頼している。
3．自分の心を最も理解する女房であり、特別な存在として重用している。
4．冗談を言い合うほど親密だが、「わたし」の教養のなさには手を焼いている。
5．主君である自分に冗談を言う軽率な女房であり、その態度を見下している。

問六　傍線部③について、文法的な説明として正しいものを、次の中から一つ選びなさい。㉔

1．「たとえば」の品詞は接続詞である。
2．「誇るべき使命を授けられたとき」には付属語が四つ含まれている。
3．「あるいは」と「方々が」は修飾・被修飾の関係にある。
4．「この道をまっとうすると決心した」は三文節七単語から構成されている。
5．敬語は謙譲語と丁寧語が使われている。

問七　傍線部④とあるが、この時の「わたし」の心情として最も適当なものを、次の中から一つ選びなさい。㉕

1．「一乗の法」について教え諭された時から、中宮が「わたし」と同じく一途であることに不安で弱気になっているのではないかと感じつつも問いただせずにいた。その中宮から伊周が献上した大切な紙を授かったことで、中宮が不安な気持ちでいることが明確になり、人生の支えになるものを必ず書き上げようと決心している。

2．人に一番に愛されることこそが大切だという恋愛観を中宮と共有しているのは自分しかいないと考えるだけで、「わたし」は心が満たされる思いだった。その中宮から貴重な紙の束を冗談のような気軽さで渡されたことにより、かえって中宮の自分に対する期待の大きさを感じ取り、自信を持って仕事に臨もうとやる気になっている。

3．宮中でなかなか他の女房からの理解が得られず孤独感を抱いていた中、ただ一人自分の気持ちに寄り添ってくれた中宮を「わたし」は尊敬してやまなかった。その中宮から畏れ多くも名誉な使命を授かり意気が上がる反面、決死の覚悟で書かなければ多大なる期待には応えられないのではないかとの不安も拭いきれないでいる。

4．中宮は子を身ごもりながらも出仕を続ける「わたし」に目をかけてくれ、宮中での生活に心のゆとりをもたらしてくれる存在であった。その中宮から上質な紙の束を託されたことに畏れを抱きつつも、自らの使命をまっとうして中宮からの信頼をさらに厚くし、内裏における自分の地位をより強固なものにしようと意気込んでいる。

5．才能豊かで敬愛する中宮から特別な扱いを受け、自信を与えをォ受け取ることしかできませんでした。

ただ、

④命懸けで書いてみせよう。

闇雲にそう心に誓い、中宮様の笑顔を胸に［Ⅳ］。昂然《こうぜん》とした思いに頬を火照《ほて》らせながら辞去したわたしは、頂戴した紙を布で包ませ、それを胸に抱いて牛車《ぎっしゃ》に乗り、ｃしずしずと実家へ下がりました。

（沖方　丁『はなとゆめ』）

（注）＊法華経…仏教の経典の一つ。永遠の仏である釈迦をたたえ、法華一乗の立場を説く。

＊局…女房に与えられた部屋。

＊伊周…藤原伊周。定子の兄。

＊『史記』…中国・前漢の時代に司馬遷によって編纂《へんさん》された歴史書。全百三十巻。

＊道隆…藤原道隆。伊周と定子の父。

問一 傍線部ａからｃの語句の本文中における意味として最も適当なものを、次の中からそれぞれ一つずつ選びなさい。

ａ　あわよくば　⑰

1. 寂しそうならば　2. うまくいけば
3. 同情しながら　4. ひょっとすると
5. 思うがままに

ｂ　凝然となりました　⑱

1. 慌てふためきました　2. 頭が混乱しました
3. 他の人を頼りました　4. 心を落ち着かせました
5. 動けなくなりました

ｃ　しずしずと　⑲

1. ゆっくりと　2. 落ちつかないまま
3. 早々と　4. 不安を抱えて
5. 心を躍らせて

問二 空欄［Ⅰ］から［Ⅳ］に入る語句の組み合わせとして最も適当なものを、次の中から一つ選びなさい。⑳

1. Ⅰ 隠し　Ⅱ 抑え　Ⅲ 何の気なしに　Ⅳ 納めました
2. Ⅰ 隠し　Ⅱ 抱き　Ⅲ 興奮して　Ⅳ 浮かべました
3. Ⅰ 宥《なだ》め　Ⅱ 引かれ　Ⅲ 何の気なしに　Ⅳ 刻みました
4. Ⅰ 宥め　Ⅱ 抑え　Ⅲ 意図せずして　Ⅳ 浮かべました
5. Ⅰ 探り　Ⅱ 抱き　Ⅲ 意図せずして　Ⅳ 納めました
6. Ⅰ 探り　Ⅱ 引かれ　Ⅲ 興奮して　Ⅳ 刻みました

問三 傍線部①とあるが、その理由として最も適当なものを、次の中から一つ選びなさい。㉑

1. 中宮に目をかけられているとの自覚や過去の人生経験から生じる心の余裕から、自分の恋愛観を他人に揶揄《やゆ》されても軽く受け流すことができ、むしろその考えが間違っていないということを改めて実感できたから。
2. 他の女房からの厳しい中傷にも負けない自分の態度を中宮が面白がってくれたことで、自らに対する中宮の思いを改めて確認すると同時に、絶対的な恋愛を信じてきたこれまでの生き方に対して肯定感を深めたから。
3. 自分は内裏において中宮から気に入られている特別な存在だという誇りがあり、他の女房たちから自分の一途《いちず》な恋愛観に対して理解のない言葉をかけられたのをきっかけに、彼女らを見下す気持ちが強まったから。
4. 中宮に目をかけられていることで他の女房たちが嫉妬しているが、恋愛を含めた過去の経験から他人の嫉妬や揶揄が、むしろ上司の信頼を得て内裏での自分の立場を安泰にすることにつ

「帝は、これと同じ紙に、*『史記』という書物を写してお書きになるそうよ。わたくしの紙には何を書けばよいと思う?」

そうおっしゃるので、

「それでしたら、『枕』というところでございましょう」

わたしは本当に、[Ⅲ]そうお返事申し上げました。

『史記』というものが、巨大な歴史書であることは知っていましたが、実際に読んだことがあるのはごく一部だけで、それがどのようなものかは、ろくに知りません。

要は、ただ『しき』という言葉から、ふっと『敷』を連想したまででした。『畳を敷く』のであれば、『枕』の一つも欲しい。そういう冗談のつもりだったのです。

また、『枕』には、分厚いという意味合いもあります。何を書くにせよ、とにかく帝の『史記』に負けないほど分厚くなるような何かを、色々とお書きになってはいかがでしょう――。

本当に他愛のない、気軽な言葉です。

そしてそれが、あるいは全てを定めたのでしょうか。

他愛がないこと。気軽であること。

それらがまぎれもなく、夫を亡くしたわたしを救ってくれたように。

女房たちが、わたしの言葉を笑いました。②中宮様も笑っておられます。

かと思うと中宮様の柔らかで美しい手が、紙の載った机を、そっとわたしのほうへ押しました。

「では、あなたがもらって」

中宮様が、にっこり笑って、そうおっしゃいました。

エなんとも無造作に下された賜り物に、わたしはどうお応えすべきかもわからずb凝然となりました。

伊周様が献上された品を――一方では帝が受け取った品を、わたしに受け取れというのです。

しかも、わたしが口にしたばかりの『枕』という言葉の意味合いもそのまま、全部すっかり、気軽にわたしへお授け下さろうとするご様子です。

これこれのものを書け、というのではなく。

ただ真っ白い紙のまま、全てをわたしに委ねたのです。

そのとき、わたしは初めて、中宮様の笑顔が、ひどく嬉《うれ》しげであることに気づきました。

――お前はわたくしの同志である。

言わずともそう思って下さっているのではないか。そんなわたしの推測が、にわかに何の根拠もなく、確信に変わった瞬間でした。

なぜ畏れ多くも、わたしごときをそう思って下さるのか。咄嗟《とっさ》に幾つも考えが浮かびましたが、大事なのは理由ではありません。

中宮様の思いが、わたしに伝わった。その事実に、お応え申し上げねばならないのです。

「ありがたく頂戴いたします」

わたしと同じようにぽかんとしていた女房たちが、まじまじとわたしを見ました。

そのときの気分を、どう書き表せばよいのか、今もわかりません。

かつて*道隆様が催した積善寺の法要で、中宮様はわたしをすぐそばに座らせて下さいました。

そのとき以上の、喜びと、畏れと、幸福の思いが、いっぺんに押し寄せてきたのを今でも覚えています。

ただ嬉しいのではなく、ただ畏れ多いのでもない。

③たとえばそれは、主君と仰ぐ相手から誇るべき使命を授けられたときの幸福なのかもしれません。あるいは信仰に生きる僧や宮司といった方々が、この道をまっとうすると決心したときの喜びであったでしょうか。

あまりにわたしと中宮様にのみ当てはまり、他に比べるものがないせいで、そのときも今も、どうすれば人に説明できるか、わからないのです。

わからないまま、わたしは言葉少なに、恭しくその美しい紙の束笑いながらおっしゃいましたが、その口調は意外なほど厳しいものでした。

「駄目ですよ、清少納言。ひとたび言い切ったのです。元の心のままに押し通しなさい」

わたしはすっかり狼狽《ろうばい》し、

「イそれは……、相手によりけりでございます……」

小さくなりながら、つい抗弁してしまいました。

「それがいけないのです。自分にとって一番大切だと思える相手から、一番に愛されよう。そう心がけるものですよ」

まるで、教え諭す僧のようなおっしゃりようです。あるいは、同じ教えを修めようとする修行僧同士の、叱咤《しった》激励のようでもありました。

わたしはそのとき、ただ恐縮するばかりでした。

驚喜する思いに興奮したのは、御前を退き、＊局《つぼね》に戻ってからのことです。わたしはようやく、中宮様がまさにそのお志を共にする者として、わたしを見て下さったのだと気づきました。

「［ X ］」

それこそ中宮様が背負った、一族の悲願なのです。そしてまた、中宮様は誰よりも帝《みかど》のことを強く思っていらっしゃいました。

わたしが信じる「一乗の法」は、中宮様にとって、人生そのものといえるほど重大なことであったのです。だから中宮様は、わたしを同志と見て下さっているのではないか——。

畏《おそ》れ多いことでもありますから、中宮様にお尋ねするわけにもいかず、本当かどうかは確信が持てませんでした。でも中宮様ほどの御方から、そんなふうに思われているかもしれない。そう思うだけで胸が熱くなりました。はっきりとしたお言葉を賜ったわけでもないのですから、一方的な下々の思い込みであったとしても、それこそ十分に幸福でした。

けれどもその思いは、ほどなくして大きな衝撃とともに確信に変わりました。

それが、あの『枕』であったのです。

そもそも子を身ごもったからには、わたしは穢《けが》れを帯びているわけです。

なのに内裏へ出仕し、そのまま長々と御前で過ごしていられたのは、ひとえに中宮様のご厚意によるものでした。

後宮の華やかさが、わたしの不安を［ Ⅰ ］、心を大きくしてくれているのだということを、中宮様はわたし以上に正しく察して下さっていたのです。

しかしいつまでも甘えるわけにはいきません。このままでは、ウわたし自身が後宮の華やかさを損なってしまうのですから。

宰相の君をはじめ、若い右衛門《うえもん》など、他の女房たちからも勧められ、わたしは里へ下がるお許しを中宮様から賜りました。

「落ち着いたら、すぐに出仕するのですよ」

中宮様はおっしゃって下さり、わたしは心から感謝を述べ、家人に退出の準備をさせました。

そうして明日には内裏から下がろうというとき、＊伊周《これちか》様がいらっしゃって、一条帝と中宮様それぞれに贈り物をされたと聞いたのです。

何の贈り物だろうと興味を［ Ⅱ ］、退出のご挨拶を兼ねて御前に出たところ、中宮様のお手元に置かれていたのは、沢山の、真新しい上質な紙の束でした。

「よいものを頂いたわ。でもこんなにあって、何に使えばよいのかしら？」

中宮様は、女房たちに紙を見せてお笑いになっています。

わたしは、美しい白地を目にし、久々に「紙と畳」で元気になれる自分を思い出しました。

「実に素晴らしい品でございますね」

自分が賜ったわけでもないのに感動を込めて口にすると、中宮様はわたしをご覧になり、

がある。

3．客観性のある数値や数式がすべての真理を保証すると研究者が盲信することで、研究対象の固有の経験が一切捨象され、実態にそぐわない結論であっても尊重されてしまう恐れがある。

4．客観的なデータや論理的な法則性の正しさを追求しすぎることで、研究者自身が自然や他者と関わる経験が十分にできず、複合的な視点に基づく結論が得られなくなってしまう恐れがある。

二　次の文章は、中宮（天皇の正妻）定子に女房（貴人に仕える女性）として出仕していた「わたし」が夫を亡くした後、再び中宮に仕えはじめた頃の物語である。これを読んで、後の問いに答えなさい。

辛《つら》い恋はかつて嫌というほど味わいましたし、中宮様という栄誉と才能に満ちた方に目をかけて頂いたことが、わたしに大きな自信を与えていたのです。

「思う人から、一番に愛されるのでなければ、どうしようもないでしょう。そうでないなら憎まれたほうがまだましよ。二番目や三番目なんか、死んでも嫌だわ」

わたしはことあるごとに、そう口にするようになりました。夫を亡くしたからといって、勝手に哀れみ、ａあわよくば自分の恋人の一人にしてしまおうと考える殿方に、そうやって歌でも言葉でもお断り申し上げるのは、正直なところ、とても気分のよいものでした。

女房たちはそんなわたしを笑って、

「清少納言、一乗の法って感じね」

などといっていました。

＊法華経《ほけきょう》こそ、ただ一つの真理である、というのが「一乗の法」ですので、つまりわたしを、絶対的な恋愛を信じる、ア頑固な一夫一婦の信仰者と笑うのです。

そんなふうにからかわれても平気でしたし、①かえってその通りだと気持ちが大きくなったものでした。中宮様も、そんなわたしの様子を面白がって下さいます。それとともに、ときたま、わたしの心を試すようなことをされるようになりました。

あるとき、中宮様の御前に、殿上人《てんじょうびと》の方々がいらっしゃったときのことです。

わたしが廂《ひさし》の間《ま》の柱に寄りかかって女房たちと話していると、ふいに中宮様がわたしに向かって、ひょいと何かを投げ与えて下さいました。

それは幾重にも折られた紙で、開いてみると、

『お前を可愛《かわい》がろうか可愛がるまいか。人に一番に愛されていないというのは、どうなの？』

なんと、そんなことが書いてあります。

明らかにわたしの、「一乗の法」についてのお言葉でした。

もちろん一番に愛されるべきは、わたしの想い人であって、まさか中宮様からの思いについて常々、口にしていたわけではありません。

中宮様は筆と紙まで用意させて、わたしに返事を書かせようとします。わたしは驚き慌てて、

『九品蓮台《くほんれんだい》の間に入れるのでしたら、それはもう下品《げぼん》で十分でございます』

こう書いてお返し申し上げました。

蓮の台《うてな》に乗るというのは、つまり極楽浄土に往生するということです。

この蓮の台には上から下まで九つの階級がありますので、その下の下で構いません、というのが、そのとき中宮様にお返しできる精一杯の言葉でした。

中宮様はわたしをそばへ招くと、

「ずいぶん弱気になったものね」

生徒A　科学においては数値化していくことが絶対的に重要だと思っていたんだけど、文章を読んで新たな視点を得られた気がするよ。

生徒B　うん。「真理」という言葉が何回も出てきたけど、時代によって意味が全く変わってきたというのが面白かったな。

生徒C　そうだね。今では違和感があるけど、文中で紹介されたカール・リンネの植物図鑑も、当時においてはそれこそが一つの「真理」だったんだ。

生徒B　「自然の本性の定着」をめざしたはずなのに、「客観的とはいいがたい」と指摘されているのが興味深いね。

生徒D　たしかに。草花の「一般的な姿」を描いたと言っても、それは［　Y　］可能性があるんだよね。

生徒B　客観性は科学における真理の根拠とはなっていなかったんだね。それがだんだん客観性を追求するようになって、自然は神や人間から切り離され、その個別性すらも排除されるようになっていったんだ。

教　師　うまく流れを捉えていますね。そうした変化について、筆者は出典文章の別の箇所で次のように述べています。

> 自然科学、社会学、心理学は、人間の経験から独立したデータを求めることで、自然という客体、社会という客体、心という客体を生んだ。三つの客体が生まれるどのプロセスにおいても、人間の主体的な経験は消されていった。あるいは心理学においてそうであるように、経験そのものがデータとなって数値へと切り詰められていく。人間の経験は、感覚や感情、体の動きだけにとどまらない。対人関係のさまざまなやりとりや、社会の影響、自然とのやりとりを含みこむ。自然・社会・心の客体化を通じて自然・社会・心が「モノ」あるいはデータになるとき、経験という「やりとり」が視野の外へと消される。
> このとき一人ひとりの一人称的な経験と二人称的な交流の価値が切り詰められていく。

生徒D　なるほど、学問においては自然科学だけでなく、社会や人間の心理も客観化や客体化の対象となるわけだ。とは言っても、それによってどんな問題が生じるんだろうか。

生徒A　筆者の考えを踏まえてまとめてみると、「［　Z　］」ということなんじゃないかな。

教　師　そうですね。客観化すること自体が悪いというのではなく、学問に取り組む際の意識についての警鐘と受け止めた方が良さそうです。

(i)　空欄［Y］に入る内容として最も適当なものを、次の中から一つ選びなさい。⑮

1．神が創ったとされる「理想的な自然の姿」であって、その図と全く同じ色や形の植物はこの世に存在しない

2．特徴を強調した「あるべき自然の姿」であって、その図は植物が古来たどってきた進化の過程を反映していない

3．当時の人々が共有する「本来の自然の姿」であって、その図と神が創造した理想の自然の姿は全く一致しない

4．神が創造したはずの「美しい自然の姿」であって、その図が植物の真理を表すと信じられていたわけではない

(ii)　空欄［Z］に入る内容として最も適当なものを、次の中から一つ選びなさい。⑯

1．客観的に正しいデータを求めることこそが真理に近づく手段だと思い込むことで、他者による検証の余地がなくなり、結果的に研究者の主観に基づいた結論が導かれてしまう恐れがある。

2．誰にでも適用可能な法則こそが客観性だとみなすことで、個々が持つ特殊性や周囲との関係性が切り捨てられ、似たような結論ばかりが並んで研究成果が評価されにくくなる恐れ

科学者たちの意欲がある。

5．一九世紀に写真という新しい技術が生まれ、測定の精度が向上したことにより、科学界において客観性の確保を求める考え方が浸透していった。

問四　傍線部②とあるが、そう言えるのはなぜか。その説明として最も適当なものを、次の中から一つ選びなさい。⑫

1．科学に関する新たな発見を証明するには図像の存在が必要不可欠であるという科学者間の厳密な合意こそが、この研究者たちによる画像の修整や捏造を引き起こしたと考えられるから。

2．ありのままの実態を記録した画像が事象の客観性を裏付けるという社会的な合意を逆説的に捉えたことが、万能細胞の存在を証明する論文の捏造や修整につながったと推察できるから。

3．図像を多く用いることが客観性の確保に重要だという社会的な合意が当時の科学界において形成されていたからこそ、画像を加工したり、恣意的にデータを使ったりしやすかったから。

4．修整を施した論文を提示することは、画像さえあれば事象の客観性は保証されるという暗黙の合意に背く行為であり、研究者たちがかえって社会的制裁を受ける事態をもたらしたから。

5．万能細胞の存在を主張するために行われた画像の加工や捏造は、画像の存在が客観性を担保し、主張の説得力を高めるという世間の共通認識を前提として初めて意味をなすものだから。

問五　空欄 X に入る内容として最も適当なものを、次の中から一つ選びなさい。⑬

1．「それをどうやって測るか?」ではなく「事象にはどのような意味があるのか?」

2．「それは何か?」ではなく「事象と事象がどういう関係でつながっているのか?」

3．「それは実在するのか?」ではなく「事象の正しさをどのように証明できるのか?」

4．「それはどんな構造を持つのか?」ではなく「事象と事象が同じ構造のものなのか?」

5．「それはなぜ生じたのか?」ではなく「事象と事象がどう関連しているのか?」

問六　傍線部③についての説明として最も適当なものを、次の中から一つ選びなさい。⑭

1．自然そのものを対象化し、論理的な構造を解き明かそうとする人類の科学的な営みによって、人間がそれまで五感で捉えてきた自然本来のあり方が変容してしまったということを、分析的に指摘している。

2．かつては神が創造したと考えられていた崇高な自然を、人間が数値と式で客体化することによって、自然に本来内在する生命の神秘性が損なわれてしまっているということを、実感を込めて指摘している。

3．自然を科学的に探究し論理的な構造を解明することにより、自然を人間が支配できるという考えが生まれ、生態系の変化をもたらす環境破壊などにつながっているということを、批判的に指摘している。

4．自然の実態を解き明かすために法則性を追い求め、論理的に真理を導こうとする人類の営みが、かえってありのままの自然が持つ生の実感を失う結果をもたらすということを、皮肉を交えて指摘している。

5．あいまいさを含むはずの自然を科学の対象とし、機械によって正確かつ客観的に探究する営みが逆に、当初解明しようとしたはずの自然の本質を損なう結果につながるということを、警告的に指摘している。

問七　次に示すのは、この文章を読んだ教師と生徒が話し合っている場面である。これを読み、後の(ⅰ)・(ⅱ)の問いに答えなさい。

教師　医療や教育、政策の立案などあらゆる場面でデータが活用されている現代にあって、「客観性」の捉え方については皆さんにぜひ考えてもらいたいテーマです。

論理的な構造が支配する完全な客観性の世界が自然科学において実現したとき、自然は実はそのままの姿で現れることをやめ、数値と式へと置き換えられてしまう。③自然を探究したはずの自然科学は、自然が持つリアルな質感を手放すようになるだろう。雨や風の音や匂い、草木がeハンモしていく生命力は消えていく（もちろん事象のリアリティにこだわりつづける生物学者・生態学者もいるだろうが）。客観性の探究において、自然そのものは科学者の手からすり抜け、数学化された自然が科学者の手に残ったのだ。

（村上靖彦『客観性の落とし穴』）

（注）＊ダストンとギャリソン…ロレイン・ダストンとピーター・ギャリソン。いずれもアメリカの科学史家。

問一 傍線部aからeと同じ漢字を使うものを、後の中からそれぞれ一つずつ選びなさい。

a 「タイセキ」 1

1. 新しいショセキを出版する。
2. 大会で優れたジッセキを残す。
3. 経営陣のセキニンが問われる。
4. 旅行で地方のメイセキを巡る。
5. 貨物船のセキサイ量を調べる。

b 「キケイ」 2

1. キシュツの情報を分析する。
2. 横暴な主君にハンキを翻す。
3. スウキな運命に振り回される。
4. 記者会見への出席をキヒする。
5. キケイの活躍をお祈りします。

c 「トウタツ」 3

1. アットウ的な力で優勝する。
2. 用意シュウトウな彼に頼る。
3. 先生からクントウを受ける。
4. 進むかどうかカットウする。
5. 前人ミトウの記録に挑戦する。

d 「シュウネン」 4

1. 上司とのカクシツに悩む。
2. 徒競走で全力シッソウする。
3. 開店から三シュウネンを迎える。
4. 火災で森林がショウシツした。
5. 好きな科目をリシュウする。

e 「ハンモ」 5

1. 大きな荷物をウンパンする。
2. モハン的な高校生活を送る。
3. ハンバイ店に直接連絡する。
4. 先生にヒンパンに質問する。
5. ヤハンにふと目を覚ます。

問二 空欄 A から D に入る語として最も適当なものを、次の中からそれぞれ一つずつ選びなさい。ただし、同じものを二回以上用いてはいけません。6～9

1. つまり　2. たとえば　3. しかし　4. ただし

問三 傍線部①の「測定」に関する説明として**適当でないもの**を、次の中から二つ選びなさい。10・11

1. 一九世紀半ばまでに、人間の主観に基づいた証言に取って代わる形で、機械による客観的な測定が真理を保証する手段として定着していった。
2. 社会学者の松村一志は時代による測定の変遷について研究し、身体的な感覚の段階から機械によるデジタル化の段階まで六つに分けてまとめた。
3. 目盛りによって物質変化を測定するようになると、そこで得られた結果は研究者の手を離れて自立し、客観的なものとして認められるようになった。
4. 測定技術が進化した根底には、自然を神の権威や人間の証言から切り離して対象化し、ありのままに捉えようとする当時の然の理念を描くのではなく、自然そのものを客観的に描こうとするのだ。こうして客観性こそが真理であるという通念が生まれることになる。一九世紀半ばになると、「客観的な」図像をどのように作成するのかが、大きな課題になってくる。

　機械による客観的な測定はこの文脈のなかで生まれたものである。社会学者の松村一志は測定をおおむね時代順に並べて六段階に分けて整理している。

①感覚の段階……身体感覚によって確認する
②視覚化の段階……物質変化を目視する
③数量化の段階……物質変化に目盛りを与える
④誤差理論の段階……〔複数回測定して〕測定精度を誤差理論によって分析する
⑤指示・記録計器の段階……物質変化が目盛り上の指針の動きに変換され、記録される
⑥デジタル化の段階……数量をデジタル表示する

①から③は、判定者が重要になるから、証言によって結果を保証する必要がある。しかし④以降は機械が自動的に計測することになり、測定結果は研究者の手を離れて自立していく。つまり「より客観的」になる。

[C]、機械があったから客観性が追求されたわけではなく、むしろ客観性の追求への意志が先にあったようだ。たとえば一九世紀に発展しつつあった写真という新技術は、偽造・修復可能だ。写真技術ゆえに客観性が重視されるようになったわけではなく、機械的な客観性を目指す要請のほうが先に立ち、写真はその要請のために重宝されたのだ。

　客観性とは、人の目というあいまいなものに「邪魔されずに見る」ことを指すようになる。こうして機械的客観性が成立する。写真という機械を手にしたことによって「人間による判断から解放された表象を手にすることができる」と信じられたのである。自然は神からも人間からも切り離された、それ自体で成り立つリアリティとなる。自然を人間から切り離して正確に認識しようとする意志が、主観性への排除と客観性への(d)シュウネンを生んだのだ。

　一九世紀末から客観性はさらなる段階へと進む。測定や記録された図像の正確さに依拠した機械的客観性は、法則、記号をもちいた論理構造に主役の座を譲る。

　[D]、ゴットロープ・フレーゲ（一八四八―一九二五）に始まる一九世紀末からの現代数学の進展も、人間の操作とは無関係に成立している論理的な関係のなかに数学の基礎を求めるようになっていった。あるいは物理学においてはマックスウェル方程式のような構造が科学的な実在とみなされるようになった。測定ではなく方程式や論理式が客観性となる、ということだ。言い換えると、[X]に焦点が移るということである。

　一九世紀末から二〇世紀初頭に活躍した物理学者のアンリ・ポアンカレ（一八五四―一九一二）は次のように語っている。

「科学の客観的価値とは何か」と問うとき、その意味は「科学はものごとの本当の性質を教えてくれるか」ということではない。「科学はものごとの本当の関連を教えてくれるか」ということを意味する。

　個々の対象ではなく対象間の法則こそが客観性だとみなされるようになるのだ。法則性が重視されることで、人間の関与は一層抹消される。さらには法則の方程式にはどんな数値が代入されてもよいわけだから、個別の対象も抹消される。数式と数値だけが残るのだ。

　法則性の追求によって、あらゆる学問の成果は研究者の意識を離れて、客観的に保証されるようになる。図像も機械による測定も離れて、論理的な整合性こそが、自然の科学的真理を言い当てると考えられるようになるからだ。

二〇二四年度　栄東高等学校（第二回）

【国語】（五〇分）〈満点：一〇〇点〉

一　次の文章を読んで、後の問いに答えなさい。なお、本文には一部省略したところがある。

　近代的な意味での科学的探究が始まった一七世紀は、時間に余裕がある貴族たちが科学の中心だった。キリスト教会が強かった当時、聖書およびアリストテレスの教えが「古典」として絶対的な権威を持っていた。ところが近代の科学的探究は、（地動説を唱えたコペルニクスやガリレオの例を始めとして）教会が認定する真理とは相《あい》容《い》れない結果をもたらすことになる。このとき神の権威とは異なる権威が必要とされるようになる。一七世紀には、まず証言者の権威によって真理が保証された。「『人間の証言』を『事物の証拠』よりも優先する」のだ。

　しかしながら、次第に権威ある学者による証言に代わって、機器による測定によって真理が決められるようになる。ガリレオ（一五六四—一六四二）がピサの斜塔から重さの異なる大小の球体を落下させて同時に着地することを示し、「気体のタイaセキは圧力と反比例する」というボイルの法則で知られるロバート・ボイル（一六二七—一六九一）が空気ポンプ実験を行うというように、実験による客観性が生まれた。次第に目撃者の証言からは独立して、「客観的」に真理が成立することになる。

　その後、実験室が多くの大学で設置されるようになった一九世紀にいたる歴史のなかで、測定が重視されるようになる。

　①客観性の大事な要素であるこの測定についてもう少し歴史を振り返ってみよう。

　二〇一四年に、動物細胞をある種の酸に浸《つ》けることによって、あらゆる細胞へと分化しうる万能細胞になるという「発見」がなされた。［A］、それを証明した論文は画像の修整や捏造《ねつぞう》が明らかになり、論文が撤回された。このSTAP細胞事件は②図像が客観性を保証するという社会的な合意を逆手に取るものだったといえるだろう。

　科学は図像を多数用いてきた。顕微鏡を用いた細菌学や、fMRIのような大規模な機械によって臓器を撮影する医学や神経科学が顕著な例であろう。つまり現在でも図像は客観性を保証する手段となっている。同時にこの客観性は、写真を加工することや、都合のよい実験結果だけをデータとして採用することで比較的容易に結果をゆがめることができる。

　美しいデッサンを多数残した一八世紀から一九世紀前半までの自然科学は、実は目の前にあるサンプルを忠実に模写していたわけではなく、理想形を描いていたという。［B］客観性を求めたのではなく、自然の本性の定着をめざしてきたのだと、＊ダストンとギャリソンは論じている。偶然による誤差やbキケイに満ちた具体的自然ではなく、神が創造した自然が表すはずの美しい真実truth、理念を描くことが求められた。現代ならば「捏造」と言われる理想的な図像こそが、真理を表現するのだ。

　スウェーデンの博物学者カール・リンネが作成した植物図鑑も「客観的とはいいがたい」ものだったという。正確にサンプルを模写するのではなく、特徴を強調して草花の一般的な姿を提示するのだ。「リンネや啓蒙《けいもう》期の学者たちが依拠した規範は、客観性ではなく本性（自然）への忠誠（truth to nature）だったのである」。科学者とは、神が創造した自然の理念へと直観的に一気にcトウタツする人物のことだった。この直観を一八世紀の学者は図像化しているのだ。

　神の権威が弱くなるなか、一八世紀後半の啓蒙思想やフランス革命以降の西欧社会において、学問の真理は神が保証するものではなく、自然そのものの現れにおいて確かめられる必要が出てきた。自

2024年度／栄東高等学校（第２回）

英語解答

1 (1) [1]…8　[2]…3　[3]…7　[4]…0
[5]…4　[6]…5
(2) ③

2 (1) [8]…6　[9]…2　[10]…5　[11]…4
[12]…3　[13]…1
(2) 4

3 (1) 1　(2) ②
(3) [17]…3　[18]…4　(4) 4
(5) 1

4 [21] 3　[22] 2　[23] 4

5 [24] 1　[25] 1　[26] 4

6 [27] 1　[28] 2　[29] 1　[30] 3

1〔長文読解総合─説明文〕

≪全訳≫❶ボードゲームは多くの人々が大事にする楽しみと喜びの世界を生み出してくれる。それらは外では遊べない雨の日なんかにはもってこいだ。そういった日には，モノポリーの対戦が室内での１日をスリル満点の冒険へと変えてくれる。ときには，祖母が伝統的な日本のゲームを共有して，特別な記憶をつくってくれるかもしれない。祖父と碁のようなゲームをすることが，日本に関する楽しいレッスンになるときもあるだろう。かくも多くの人々がボードゲームを好むのも不思議ではない。❷ボードゲームは5000年以上の間，娯楽の源であり続けている。大昔，古代エジプトでは，人々はセネトと呼ばれるゲームを楽しんでいた。それはいささか今日のチェッカーのようであったが，サイコロではなく棒を使っていた。目的は，チェッカーのゲームと同じように，最初にボードから全てのコマを取り除くことだった。セネトを見れば，ゲームは長年人々に楽しさをもたらしてきていることは明らかだ。❸ボードゲームをすることは過去に限ったことではない。現代の人々も世界の至る所でそれらのゲームを好んでいる。それらはしばしば地域の文化や伝統を反映している。実際，各地域に独自のゲームがある。例えばアフリカでは，マンカラと呼ばれるゲームが人気だ。このゲームは，小さな石や種を動かしてボードの上の穴に入れていくものだ。一方で，インドにはパチーシとして知られるゲームがある。欧米ではこのゲームはルドーとして知られている。ルドーはインドで大ヒットしたのでパーティーや祭りでよくプレーされている。これらのゲームはそれぞれ，異なってはいるものの，楽しさと娯楽をもたらすという同じ目的を共有している。❹今日，プレーできるテレビゲームが多くあるが，ボードゲームへの愛好は再び高まっている。１つの理由は，ボードゲームによって人々は１つの部屋で一緒に座って互いに直接話すことができるからかもしれない。それらによって私たちは楽しい時間を共有し，一緒に笑うこともできるのだ。重要なのは，ボードゲームが私たちに役に立つ技能を教えてくれることもあることだ。例えば，スクラブルをすることは新しい単語や，それらの正しいつづり方を覚えるのに役立つ。モノポリーはお金と取引について教えてくれる。つまり，ボードゲームは楽しい学習法になるのだ。❺科学技術もボードゲームの一部になり始めている。昨今の変化は私たちのボードゲームの仕方を違ったものにしている。例えば，拡張現実（AR）は，ゲームがボードから飛び出しているかのように見せる特別な眼鏡を用いる。人工知能（AI）は，考えて決断することのできるコンピューターの対戦相手をつくることができる。興味深いことに，AI は，チェスや碁といった複雑なボードゲームで人間のチャンピオンに勝てるようにさえなっており，それがボードゲームをまたさらにおもしろくしている。❻将来，ボードゲームは無限の楽しみを提供し続けるだろう。AR や AI のような新しい発想がまたさらなる人気を博すと予想する。これらの科学技術は，仮想のコマが自ら動き，ゲームが私たちの動きにリアルタイムで反応するというような，私たちがまだ想像できないようなゲームをもつくり出すかもしれない。ボードゲームは異なった様相を呈し始めているかもしれないが，常にそうしてきたとおりに，やはり人々を結びつけるだろう。ボードゲームというのは，楽しんで，新しい友人をつくり，いくらか友好的な競争に興じることなのである。❼古代から現代まで，アフリカからインドまで，ボードゲームは絶えず笑顔をもたらし，創造力を刺激し，友情を築いてきた。科学技術とともに進化し，楽しさを鼓舞したり学びを促進したりし続けながら，時代を超えて適応してきた。ボードゲームの魔法は普遍的であり，出身地や年齢にかかわらず，すばらしいゲームはどんな日をも冒険に変えられることを示している。

(1)＜**適語選択**＞[1]ゲームの目的は「全てのコマを取り除くこと」だと考えられる。　get ～ off「～を取り除く，～を取り去る」　[2]この段落では，世界各地にはそれぞれ独自のボードゲームがあることを述べている。そうしたボードゲームは文化や伝統を「反映している」といえる。　reflect「～を反映する」　[3]ボードゲームをするとどういう状況になるか考える。空所を含む文は‘allow＋人＋to ～’「〈人〉が～するのを許す」の形で，空所を含む部分は前にある sit together in one room と and で並列されている。　talk with ～「～と話す」　[4]look as if ～で「～のように見える」という意味。　[5]前段落で昨今のボードゲームの進化が論じられ，直後の文でそのさらなる進化への期待が示されていることから考える。continue to ～で「～し続ける」。　[6]ボードゲームの歩みを振り返った文。第4段落後半の内容から，ボードゲームは学びを促進してきたことがわかる。　encourage ～「～を促進する，～を奨励する」

(2)＜**正誤問題**＞下線部③の主語 Each of ～は単数扱いなので，動詞 share には3単現の -s が必要。なお下線部①の could は‘過去’ではなく‘推量’を表す過去形なので，when節内の動詞 becomes の時制を一致させる必要はない。

[2]〔**長文読解総合―ノンフィクション**〕

≪**全訳**≫❶アポロ13号は，1970年4月11日午後2時13分にフロリダのケネディ宇宙センターから打ち上がった。[8]宇宙での最初の2日間は，軽微な問題があっただけで円滑に進んだ。しかしながら，宇宙での約56時間後，機械船内の酸素タンクの1つが爆発し，それによりまた別の酸素タンクも機能しなくなった。[9]これは宇宙飛行士たちの命を危うく犠牲にしかけた一連の故障の最初の出来事にすぎなかった。❷警告灯が点灯し，機械船内の3つの電池のうち2つが機能しなくなったことを宇宙飛行士たちに知らせた。[10]機械船の電気は全てそれらの電池で賄われていたので，これは大問題であった。酸素も電気もなければ，宇宙飛行士たちは機械船や指令船を使うことやそれらの中にいることができず，アポロ13号内の月着陸船と呼ばれる予備スペースに移らざるをえなくなりそうだった。加えて，地上管制チームは，宇宙飛行士たちが空気，水，そしてエネルギーを確保する手段，および，彼らが直ちに帰還する手段を見つけ出さねばならなくなりそうだった。❸[11]テキサス州，ヒューストンにある NASA の宇宙センターの地上管制は，宇宙飛行士たちを無事帰還させる方法を解明するために24時間体制で稼働した。しかしながら，宇宙飛行士たちに指示を出せるまでには，それらが宇宙でうまくいくのかどうかを確認するために各段階をテストしなければならなかった。彼らはラヴェル，スワイガート，ヘイズに対し，ごくわずかな水を飲み，動力を節約するために全ての暖房装置の電源を切るように指示を送った。[12]しかし，宇宙飛行士たちはアポロ13号内部で二酸化炭素の増加が危険なレベルに達し始めていることにも気がついた。宇宙船は空気中の二酸化炭素を取り除く特別な機械を搭載していたが，指令船内で用いられていたその四角形の機械は，月着陸船の円形の開口部に適合しなかった。❹地上管制は，宇宙飛行士たちが宇宙船内で所有している資材だけを用いて，四角形の機械を円形の開口部に合わせる方法を見つけ出した。[13]彼らは宇宙飛行士たちに指示を送った。そして，宇宙飛行士たちはビニール袋，テープ，それにボール紙だけで二酸化炭素の問題を修正することができた。❺最終的に，地上管制と宇宙飛行士たちは，月面着陸のための軌道にあったアポロ13号が，どうやって方向転換をして地球に戻ることができるかを解明するために非常に難しい計算をしなければならなかった。アポロ13号は月を周回していたので，宇宙飛行士たちは太陽の位置を利用して軌道を調整し，帰還するための軌道につくことができた。ついに，1970年４月17日に，アポロ13号はサモア付近の太平洋に着水した。ラヴェル，スワイガート，そしてヘイズは月での使命は遂行できなかったが，無事に帰還した。

(1)＜**適文選択**＞[8]直後のHoweverから，事態が悪化したことがわかる。空所には，直後の文と対立する，順調さを表す文が入る。　smoothly「円滑に」　[9]この前で最初の問題が発生しており，この後も次々と問題が生じていることから判断できる。　a chain of 〜「一連の〜」　[10]5にあるthese cellsが直前の文にあるtheir three energy cellsを指していると考えられる。　[11]直後の文の主語theyは文の内容から地上管制の構成員たちを指していると考えられる。また，直後の文にhoweverがあるので，この文の内容に対立するものを選ぶ。　around the clock「24時間ぶっ通しで」　figure out 〜「〜を解決する，〜を理解する」　[12]直後の文から，新たにcarbon dioxideの問題が発生したことがわかる。　[13]直前の文から，地上管制が問題の解決策を見つけたことがわかる。その後，指示を出したという流れである。　instruction「指示」

(2)＜**内容真偽**＞1．「アポロ13号が地球を出発するとすぐに，機械船内の酸素タンクが爆発した」…×　第１段落第３文参照。酸素タンクが爆発したのは56時間後である。　as soon as 〜「〜するとすぐに」　2．「アポロ13号に異変があっても，宇宙飛行士たちは問題なく月着陸船内にいることができた」…×　第３段落最終文参照。二酸化炭素を除去する機械を月着陸船で使用するのに問題があった。　3．「宇宙飛行士たちは月面に着陸後，太陽の位置によって地球への軌道を設定した」…×　第５段落第２文および最終文参照。途中で軌道修正し地球に戻ったので月面着陸はしていない。　4．「地上管制チームは，宇宙飛行士たちを救うために簡単には彼らに適切な指示を出すことはできなかった」…○　第３段落第１，２文および第５段落第１文の内容に一致する。指示を出すための多大な苦労が述べられている。

3〔**長文読解総合（英問英答形式）―物語**〕

≪**全訳**≫❶親友のオリビアが電話してきたあの金曜日の夜，私はちょうど仕事から帰宅したところだった。彼女はひどく泣いていたので最初は彼女の言っていることがわからなかった。その後，彼女の夫のフランクが出ていってしまったと言っているのがわかった。❷私はサンフランシスコに出張中の夫，ジェームズに電話をした。彼は，彼女がこの困難な時期を乗り越えるのを助けるために私が数日間彼女に会いに行くのを承諾してくれた。そこで，私は小さな宿泊用のバッグに荷物を詰めた。アルバカーキまでは車で４時間くらいかかりそうで，深夜頃までにはそこに到着したかった。❸やっと高速道路を降りて，オリビアの家に続く脇道を進んでいった。小さな交差点に差しかかると，１人の女性が急に走って通りの私の車の前に飛び出してきた。私は叫んで，[15]彼女をひいていないことを願いながら強くブレーキを踏んだ。❹車はキーと音を立てて止まり，私は辺りを見渡した。すると彼女が私の窓のすぐ横に立って，私をじっと見つめているのがわかった。彼女は鬼のような顔をし，目は赤く光っていた。彼女の口は動いており，歯が牙のように鋭いことがわかった。彼女は窓を爪でひっかいたり激しくたたいたりし始め，ガラスを割るだろうと私は思った。❺私はアクセルを力強く踏み，車は急発進した。女性が車の横をいとも簡単に離されずに走ってついてきて，数秒おきに窓にこぶしをたたきつけさえするのを目にして衝撃を受けた。私はアクセルを踏み続けて，ようやく引き離し始めた。❻まもなくオリビアの家に着くと，正面玄関へと駆け上がり，必死にノックしながら通りを振り返った。オリビアが走ってきてドアを開け，私を中に招き入れた。❼「閉めて！」と私は叫んだ。「早く閉めて！」　私は彼女の横を駆け抜け，安全な家へと入った。❽「どうしたの？」と彼女は尋ね，前庭を見に行き，それからドアをバタンと閉めて鍵をかけた。私の手を取りキッチンテーブルの方へ導いて，赤ワインを１杯注いでくれた。私は座って少しすすった。数分後には，起きたことを彼女に話すことができた。オリビアは息をのんで「(A)彼女を最初に見たのは交差点でだったのは確か？」と言った。❾私は困惑しながらうなずいた。「うん，でもそれが何の関係があるの？」❿彼女は不安そうだった。「それはラ・マラ・ホラに違いないわ。それは『悪い時』っていう意味なの。ああ，まずいわよ」とオリビアは言った。「ラ・マラ・ホラは誰かが死にそうなときにだけ交差点に現れるのよ」⓫ふだんなら私はばかにしただろうが，その女性の走る速さとその見た目にまだ衝撃を受けていて，どう考えたらいいのかわからなかった。オリビアは外に私のバッグを取りに行って，私をベッドまで連れていってくれた。⓬それはもしかしたら悪い夢だったのではないかと思いながら目覚めたが，オリビアの心配そうな表情がそうではないことを物語っていた。私は恐怖心を抱き始め，それは時が進むにつれ大きくなっていくばかりだった。私は家に帰って落ち着く必要があるとオリビアに話した。彼女は私と一緒に行くと言い張った。私はあの同じ交差点を暗い中車で通って戻るなどできるはずがなかったので，翌朝に出ると言った。⓭日曜日に，私たちは日が昇った後すぐに出発した。私たちは家に帰ったばかりでコーヒーを飲んでいると，警察の車がとまって２人の警官が外に出てきた。私は冷たい恐怖を感じながら外にいる彼らを見て，オリビアにドアに出てもらった。彼女がキッチンに歩いて戻ってきたときの表情が，なぜ彼らが来たかを物語っていた。⓮その後警官たちが入ってきて，とても優しく私に話しかけた。ジェームズが昨晩遅くに夕食からホテルに歩いて戻っていたとき，襲われて金品を奪われたのだった。頭部を一発撃たれていた。病院への道のりで亡《な》くなったと彼らは言った。

(1)＜**適文選択**＞「次のうち，空所[15]に入れるのに最も適した答えを選びなさい」―1.「彼女をひいていない(ことを)」　運転する車の前に１人の女性が飛び出してきたときに，ブレーキを踏みながら願ったことが入る。

(2)＜**正誤問題**＞「下線部①～④の文で，文法的に正しくないものはどれか」―②　②の to see 以下は「女性が横を走っているのを見て」という意味だと考えられるが，「…が～しているのを見る」は‘see＋人＋～ing’の形になるので，to run は running とする必要がある。

(3)＜**整序結合**＞「下線部(A)の語句を正しい順序に並び替えなさい。[17]と[18]に入れる選択肢を答えなさい」　Are で始まる疑問文であることから，Are you sure it とする(be sure (that) ～「～と確かに思う」を疑問文にした形で it の前には接続詞の that が省略されている)。that節の中は，‘主語＋動詞...’の形が入るので it に対応する動詞に was を置くと it was at となり，at の後には a crossroads が続く(at a crossroads で「交差点で」となる)。残りは that you first saw her とまとまり，これを最後に置く。この文は‘it is ～ that …’「…なのは～だ」と‘～’の部分を強調する強調構文である。　Are you sure it was at a crossroads that you first saw her?

(4)＜**英文解釈**＞「下線部(B)は何を意味するか」―4.「昨夜起こったことは悪い夢ではなかった」　otherwise は「別な方法で，それとは違って」という意味。文前半の「悪い夢だったのかもしれない」という願いとは違った現実をオリビアの表情が物語っていたということ。続く内容からも夢でなかったことは読み取れる。

(5)＜**内容真偽**＞「次の記述のうち，正しいものはどれか」　1.「ジェームズは夕食をとった後誰かに襲われた」…○　第14段落第２文の内容に一致する。　rob ～「～から奪う，～を襲う」　2.「ラ・マラ・ホラはいつも誰かが亡くなることを私たちに教えてくれる」…×　第10段落最終文参照。教えてくれるのではなく現れる。　3.「ジェームズの妻は彼の重大な事故について話すためにオリビアのもとを訪れた」…×　第２段落第２文参照。オリビアの苦境を支えるために訪れた。　4.「ジェームズの妻はオリビアの家に向かう途中でジェームズを殺した女性を見かけた」…×　第10段落最終文参照。妻が道中見た女性は，夫が亡くなる前兆となるラ・マラ・ホラだった。

[4]～[6]〔**放送問題**〕放送文未公表

数学解答

1 (1) ア…1　イ…3
(2) ウ…3　エ…2　オ…3
(3) カ…4　キ…5
(4) ク…6　ケ…9
(5) コ…4　サ…8　シ…5

2 (1) ア…1　イ…3
(2) ウ…7　エ…2　オ…7
(3) カ…7　キ…2　ク…7

3 (1) ア…5　イ…1　ウ…0
(2) エ…2　オ…5
(3) カ…6　キ…1

4 (1) ア…2　イ…9　ウ…4　エ…3
(2) オ…1　カ…0　キ…8
(3) ク…2　ケ…1

5 (1) 2　(2) イ…2　ウ…3
(3) エ…8　オ…3　カ…2　キ…1
ク…3

1 〔独立小問集合題〕

(1)＜**数の計算**＞$2024=8\times253=8\times11\times23$, $\frac{20}{23}-\frac{20}{24}=\frac{20\times24}{23\times24}-\frac{20\times23}{23\times24}=\frac{20\times24-20\times23}{23\times24}=\frac{20\times(24-23)}{23\times24}=\frac{20}{23\times24}=\frac{5}{23\times6}$, $\frac{1}{20}-\frac{1}{22}=\frac{22}{20\times22}-\frac{20}{20\times22}=\frac{2}{20\times22}=\frac{1}{20\times11}$ より，与式$=8\times11\times23\times\frac{5}{23\times6}\times\frac{1}{20\times11}=\frac{1}{3}$である。

(2)＜**式の計算―因数分解**＞与式$=2\times x(x+3)-(5x-2)(x+3)=2x(x+3)-(5x-2)(x+3)$だから，$x+3=A$とすると，与式$=2xA-(5x-2)A=A\{2x-(5x-2)\}=A(2x-5x+2)=A(2-3x)$となる。$A$をもとに戻して，与式$=(x+3)(2-3x)$である。

(3)＜**データの活用―中央値，平均値**＞6人の平均値が5.5点であることから，$\frac{5+x+10+y+2+7}{6}=5.5$が成り立ち，$24+x+y=33$，$x+y=9$となる。$x$，$y$は0以上の整数で，$x<y$だから，$(x,\ y)$の値の組は，㋐$(0,\ 9)$，㋑$(1,\ 8)$，㋒$(2,\ 7)$，㋓$(3,\ 6)$，㋔$(4,\ 5)$が考えられる。それぞれの場合で6人の点数を小さい順に並べると，㋐のとき(0，2，5，7，9，10)，㋑のとき(1，2，5，7，8，10)，㋒のとき(2，2，5，7，7，10)，㋓のとき(2，3，5，6，7，10)，㋔のとき(2，4，5，5，7，10)となり，中央値は，㋐，㋑，㋒のときは$\frac{5+7}{2}=6$(点)，㋓のときは$\frac{5+6}{2}=5.5$(点)，㋔のときは5点である。よって，中央値が5.5点より小さいのは㋔のときで，$x=4$，$y=5$である。

(4)＜**関数―時間**＞栄さんの速さは秒速4mで一定であり，栄さんが学校を出発してから100秒後に自転車が追いついたので，追いついた地点は学校から$4\times100=400$(m)の地点である。表より，自転車が進んだ距離が400mになるのは$x\geqq8$のときなので，一定の速さで走行しているときである。$x\geqq8$のとき，xの値が$12-8=4$増加すると，yの値は$96-32=64$増加するから，変化の割合は$\frac{64}{4}=16$である。よって，このときのx，yの関係は$y=16x+b$とおけ，$x=8$のとき$y=32$だから，$32=16\times8+b$，$b=-96$より，$y=16x-96$となる。これに$y=400$を代入すると，$400=16x-96$，$x=31$となるから，自転車が400m進んで栄さんに追いつくのは自転車が出発してから31秒後である。したがって，$100-31=69$より，自転車が出発したのは栄さんが出発してから69秒後である。

(5)＜**空間図形―体積**＞次ページの図で，$AB^2+AC^2=3^2+4^2=9+16=25$，$BC^2=5^2=25$より，$AB^2+AC^2=BC^2$が成り立つから，$\angle BAC=90^\circ$である。これより，$\triangle ABC=\frac{1}{2}\times AB\times AC=\frac{1}{2}\times3\times4=6$

であり，点Aから辺BCに垂線AHを引くと，AHは△ABCの底辺をBCと見たときの高さになるから，△ABCの面積について，$\frac{1}{2}\times5\times AH=6$が成り立ち，$AH=\frac{12}{5}$となる。よって，△ABCを辺BCを軸に1回転してできる立体は，底面の半径が$AH=\frac{12}{5}$，高さBHの円錐と，

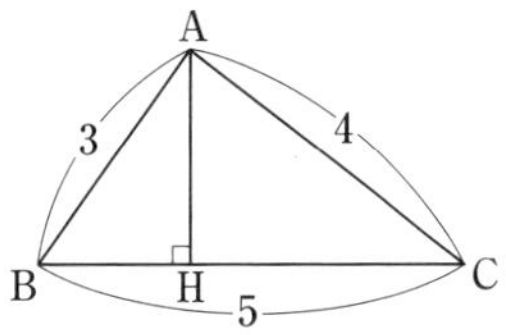

底面の半径が$AH=\frac{12}{5}$，高さCHの円錐を合わせた立体となる。したがって，求める体積は，$\frac{1}{3}\times\pi\times AH^2\times BH+\frac{1}{3}\times\pi\times AH^2\times CH=\frac{1}{3}\pi\times AH^2\times(BH+CH)=\frac{1}{3}\pi\times AH^2\times BC=\frac{1}{3}\pi\times\left(\frac{12}{5}\right)^2\times5=\frac{48}{5}\pi$となる。

2〔データの活用―確率―点の移動〕

≪基本方針の決定≫(2)　点Pが3秒後に頂点Bにいるためには，2秒後にはどこにいる必要があるかを考える。

(1)**＜確率＞**点Pがどの頂点にいるときも，その1秒後に移動する頂点は3通りあるから，2秒後までの点Pの移動の仕方は，全部で$3\times3=9$(通り)ある。このうち，2秒後に頂点Aにいる移動の仕方は，A→B→A，A→C→A，A→D→Aの3通りだから，求める確率は$\frac{3}{9}=\frac{1}{3}$となる。

(2)**＜確率＞**3秒後までの移動の仕方は，全部で$3\times3\times3=27$(通り)ある。3秒後に点Pが頂点Bにいるためには，2秒後に点Pは頂点A，C，Dのいずれかにいる必要がある。2秒後に頂点Aにいる移動の仕方は，(1)より3通りだから，3秒後に頂点Bにいる移動の仕方も3通りある。2秒後に頂点Cにいる移動の仕方は，A→B→C，A→D→Cの2通りだから，3秒後に頂点Bにいる移動の仕方は2通りある。2秒後に頂点Dにいる移動の仕方は，A→B→D，A→C→Dの2通りだから，同様に移動の仕方は2通りある。よって，3秒後に頂点Bにいる移動の仕方は$3+2+2=7$(通り)だから，求める確率は$\frac{7}{27}$となる。

(3)**＜確率＞**4秒後までの移動の仕方は，全部で$3\times3\times3\times3=81$(通り)ある。4秒後に点Pが頂点Aにいるためには，3秒後に点Pは頂点B，C，Dのいずれかにいる必要がある。3秒後に頂点Bにいる移動の仕方は，(2)より7通りあり，3秒後に頂点C，Dにいる移動の仕方も同様にそれぞれ7通りある。よって，4秒後に頂点Aにいる移動の仕方は$7\times3=21$(通り)あるから，求める確率は$\frac{21}{81}=\frac{7}{27}$となる。

3〔平面図形―円と三角形〕

≪基本方針の決定≫(2)　$\triangle EBO_2$と△ABCが相似であることに気づきたい。　(3)　$O_1O_2=O_2O_3$だから，これらの辺を底辺と見たときの$\triangle O_1O_2D$，$\triangle O_2O_3F$の高さがわかればよい。

(1)**＜長さ＞**右図で，$\triangle CO_1B$は$\angle CO_1B=90^\circ$の直角三角形であり，$CO_1=5$，$O_1B=5\times3=15$だから，三平方の定理より，$BC=\sqrt{CO_1{}^2+O_1B^2}=\sqrt{5^2+15^2}=\sqrt{250}=5\sqrt{10}$となる。

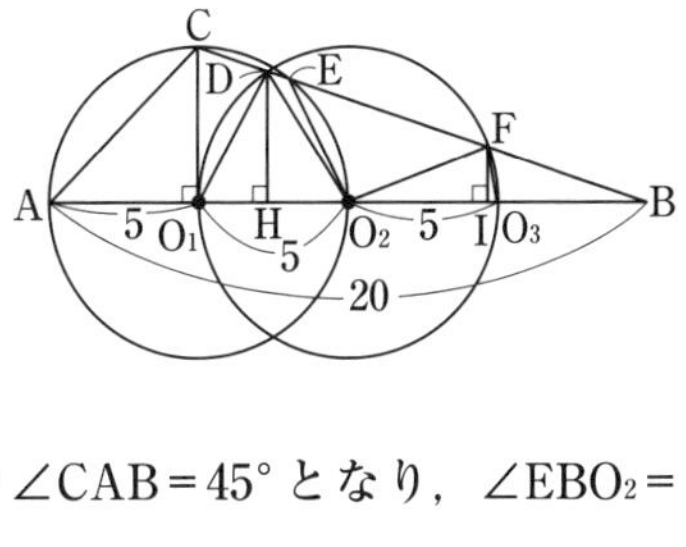

(2)**＜長さ＞**右図の円O_1で，$\overset{\frown}{CAO_2}$に対する中心角は$360^\circ-90^\circ=270^\circ$だから，中心角と円周角の関係より，$\angle CEO_2=270^\circ\times\frac{1}{2}=135^\circ$となる。よって，$\angle O_2EB=180^\circ-135^\circ=45^\circ$より，$\angle O_2EB=\angle CAB=45^\circ$となり，$\angle EBO_2=$

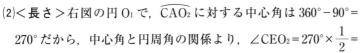

$\angle ABC$ だから，$\triangle EBO_2 \backsim \triangle ABC$ であり，$EO_2 : AC = BO_2 : BC$ が成り立つ。$\triangle AO_1C$ は直角二等辺三角形だから，$AC = \sqrt{2}O_1A = \sqrt{2} \times 5 = 5\sqrt{2}$ であり，$BO_2 = 5 \times 2 = 10$，(1)より $BC = 5\sqrt{10}$ である。よって，$EO_2 : 5\sqrt{2} = 10 : 5\sqrt{10}$ より，$5\sqrt{10}EO_2 = 5\sqrt{2} \times 10$，$EO_2 = \dfrac{50\sqrt{2}}{5\sqrt{10}} = 2\sqrt{5}$ である。

(3)＜**面積比**＞前ページの図で，2点D，Fから線分 O_1B にそれぞれ垂線 DH，FI を引く。$O_1O_2 = O_2O_3$ だから，$\triangle O_1O_2D$，$\triangle O_2O_3F$ の面積比は $S_1 : S_2 = DH : FI$ となる。$\triangle DHB \backsim \triangle CO_1B$ より，$DH : HB = CO_1 : O_1B = 5 : 15 = 1 : 3$ だから，$DH = x$ とおくと，$HB = 3x$ と表せる。よって，$HO_2 = HB - O_2B = 3x - 10$，$DO_2 = 5$ となるので，$\triangle DHO_2$ で三平方の定理 $DH^2 + HO_2{}^2 = DO_2{}^2$ より，$x^2 + (3x - 10)^2 = 5^2$ が成り立つ。これを解くと，$10x^2 - 60x + 75 = 0$，$2x^2 - 12x + 15 = 0$，解の公式より，$x = \dfrac{-(-12) \pm \sqrt{(-12)^2 - 4 \times 2 \times 15}}{2 \times 2} = \dfrac{12 \pm \sqrt{24}}{4} = \dfrac{12 \pm 2\sqrt{6}}{4} = \dfrac{6 \pm \sqrt{6}}{2}$ となる。$3x - 10 > 0$ より，$x > \dfrac{10}{3}$ だから，$x = \dfrac{6 + \sqrt{6}}{2}$ となる。同様に，$\triangle FIB \backsim \triangle CO_1B$ より，$FI = y$ とおくと，$IB = 3y$ と表せる。よって，$O_2I = O_2B - IB = 10 - 3y$，$FO_2 = 5$ となるので，$\triangle FIO_2$ で三平方の定理 $FI^2 + O_2I^2 = FO_2{}^2$ より，$y^2 + (10 - 3y)^2 = 5^2$ が成り立つ。これを解くと，$10y^2 - 60y + 75 = 0$，$2y^2 - 12y + 15 = 0$，$y = \dfrac{-(-12) \pm \sqrt{(-12)^2 - 4 \times 2 \times 15}}{2 \times 2} = \dfrac{12 \pm \sqrt{24}}{4} = \dfrac{12 \pm 2\sqrt{6}}{4} = \dfrac{6 \pm \sqrt{6}}{2}$ となる。$10 - 3y > 0$ より，$y < \dfrac{10}{3}$ だから，$y = \dfrac{6 - \sqrt{6}}{2}$ となる。以上より，$S_1 : S_2 = \dfrac{6 + \sqrt{6}}{2} : \dfrac{6 - \sqrt{6}}{2} = (6 + \sqrt{6}) : (6 - \sqrt{6}) = \sqrt{6}(\sqrt{6} + 1) : \sqrt{6}(\sqrt{6} - 1) = (\sqrt{6} + 1) : (\sqrt{6} - 1)$ である。

4 〔関数―関数 $y = ax^2$ と一次関数のグラフ〕

≪基本方針の決定≫(2)　$\triangle ABC$ の面積を t で表し，面積が54であることから t の値を求める。

(1)＜**直線の式**＞右図で，点Aは放物線 $y = \dfrac{14}{9}x^2$ 上，点Bは放物線 $y = \dfrac{2}{9}x^2$ 上にあり，x 座標はどちらも t だから，$A\left(t, \dfrac{14}{9}t^2\right)$，$B\left(t, \dfrac{2}{9}t^2\right)$ と表せる。これより，直線 OB の傾きは $\dfrac{2}{9}t^2 \div t = \dfrac{2}{9}t$ であり，直線③は直線 OB と平行だから，直線③の傾きも $\dfrac{2}{9}t$ となる。よって，その式を $y = \dfrac{2}{9}tx + b$ とおくと，$A\left(t, \dfrac{14}{9}t^2\right)$ を通るので，$\dfrac{14}{9}t^2 = \dfrac{2}{9}t \times t + b$，$b = \dfrac{4}{3}t^2$ となり，直線③の式は $y = \dfrac{2}{9}tx + \dfrac{4}{3}t^2$ である。

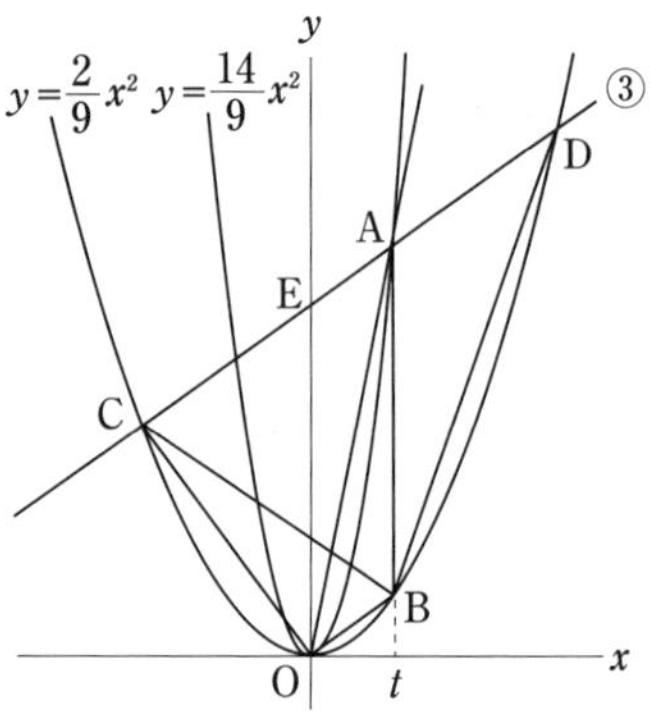

(2)＜**面積**＞右上図で，2点C，Dは放物線 $y = \dfrac{2}{9}x^2$ と直線 $y = \dfrac{2}{9}tx + \dfrac{4}{3}t^2$ の交点だから，2式から y を消去すると，$\dfrac{2}{9}x^2 = \dfrac{2}{9}tx + \dfrac{4}{3}t^2$ より，$2x^2 = 2tx + 12t^2$，$x^2 - tx - 6t^2 = 0$，$(x + 2t)(x - 3t) = 0$　$\therefore x = -2t, 3t$　よって，2点C，Dの x 座標はそれぞれ $-2t$，$3t$ だから，$y = \dfrac{2}{9} \times (-2t)^2 = \dfrac{8}{9}t^2$，$y = \dfrac{2}{9} \times (3t)^2 = 2t^2$ より，$C\left(-2t, \dfrac{8}{9}t^2\right)$，$D(3t, 2t^2)$ と表せる。(1)より，$A\left(t, \dfrac{14}{9}t^2\right)$，$B\left(t, \dfrac{2}{9}t^2\right)$ だから，$AB = \dfrac{14}{9}t^2 - \dfrac{2}{9}t^2 = \dfrac{4}{3}t^2$ であり，辺 AB を底辺と見たときの高さは，2点A，Cの x 座標より $t - (-2t) = 3t$ だから，$\triangle ABC = 54$ のとき，$\dfrac{1}{2} \times \dfrac{4}{3}t^2 \times 3t = 54$ が成り立つ。これを解くと，$t^3 = 27$，

$t^3=3^3$ より，$t=3$ となる。これより，$\frac{14}{9}t^2=\frac{14}{9}\times3^2=14$，$\frac{2}{9}t^2=\frac{2}{9}\times3^2=2$，$-2t=-2\times3=-6$，$\frac{8}{9}t^2=\frac{8}{9}\times3^2=8$，$3t=3\times3=9$，$2t^2=2\times3^2=18$ となるから，A(3, 14)，B(3, 2)，C(−6, 8)，D(9, 18)となる。さらに，$y=\frac{2}{9}tx+\frac{4}{3}t^2$ に $t=3$ を代入すると，直線③の式は $y=\frac{2}{3}x+12$ となるから，直線③と y 軸の交点をEとすると，E(0, 12)である。四角形OBDCを△COE，四角形EOBA，△ABDに分ける。△COEで底辺をOEと見ると，高さは点Cの x 座標より6だから，△COE$=\frac{1}{2}\times12\times6=36$ となる。四角形EOBAは平行四辺形で，底辺をOEと見ると，高さは点Bの x 座標より3だから，〔四角形EOBA〕$=12\times3=36$ である。△ABDでAB＝OE＝12を底辺と見ると，高さは2点B，Dの x 座標より $9-3=6$ だから，△ABD$=\frac{1}{2}\times12\times6=36$ となる。よって，〔四角形OBDC〕＝△COE＋〔四角形EOBA〕＋△ABD$=36+36+36=108$ である。

(3)＜x 座標＞(2)より，△COE＝△ABDだから，前ページの図で，原点Oを通り四角形OBDCの面積を2等分する直線は，平行四辺形EOBAの面積を2等分する。平行四辺形はその対角線で2等分されるから，この直線は直線OAである。A(3, 14)より，その傾きは $\frac{14}{3}$ だから，その式は $y=\frac{14}{3}x$ となる。この式と放物線 $y=\frac{2}{9}x^2$ の式から y を消去すると，$\frac{2}{9}x^2=\frac{14}{3}x$ より，$2x^2=42x$，$x^2-21x=0$，$x(x-21)=0$　$\therefore x=0,\ 21$　よって，求める交点の x 座標は21である。

5〔空間図形—立方体〕

図1

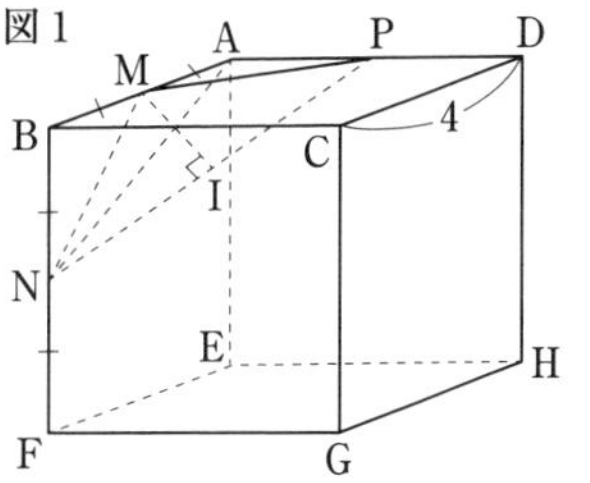

(1)＜面積＞右図1で，AM＝BM＝BN＝FN$=\frac{1}{2}$AB$=\frac{1}{2}\times4=2$ である。よって，△AMNは，底辺をAMと見ると高さはBNだから，△AMN$=\frac{1}{2}\times$AM$\times$BN$=\frac{1}{2}\times2\times2=2$ となる。

(2)＜面積＞動点Pは毎秒1の速さで動くから，2秒後のAPの長さは，AP$=1\times2=2$ となる。このとき，右図1で，△AMPはAM＝AP＝2の直角二等辺三角形であり，MP$=\sqrt{2}$AP$=\sqrt{2}\times2=2\sqrt{2}$ となる。また，△BMNはBM＝BN＝2の直角二等辺三角形だから，MN$=\sqrt{2}$BM$=\sqrt{2}\times2=2\sqrt{2}$ である。よって，△PMNはMP＝MNの二等辺三角形なので，点Mから辺PNに垂線MIを引くと，点Iは辺PNの中点となり，PI$=\frac{1}{2}\times$PNである。ここで，辺PNの長さを求める。△ABNで三平方の定理より，AN^2＝AB^2＋BN^2$=4^2+2^2=20$ となり，PA⊥〔面ABFE〕より，△ANPは∠PAN＝90°の直角三角形だから，PN$=\sqrt{\mathrm{AP}^2+\mathrm{AN}^2}=\sqrt{2^2+20}=\sqrt{24}=2\sqrt{6}$ となる。これより，PI$=\frac{1}{2}\times2\sqrt{6}=\sqrt{6}$ となるから，△MPIで，MI$=\sqrt{\mathrm{MP}^2-\mathrm{PI}^2}=\sqrt{(2\sqrt{2})^2-(\sqrt{6})^2}=\sqrt{2}$ である。したがって，△PMN$=\frac{1}{2}\times$PN$\times$MI$=\frac{1}{2}\times2\sqrt{6}\times\sqrt{2}=2\sqrt{3}$ である。

図2

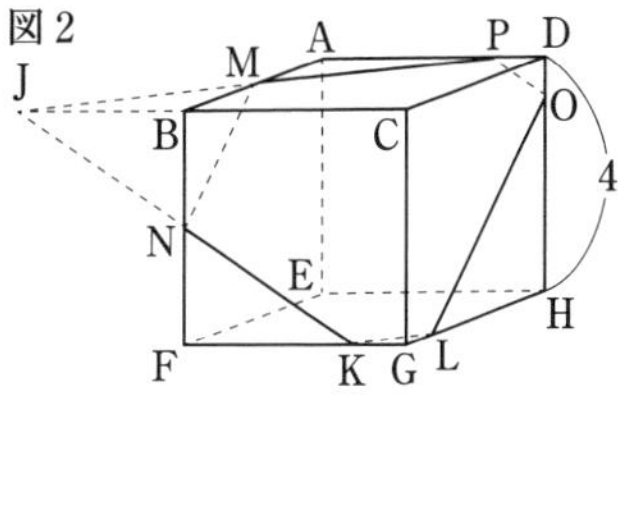

(3)＜長さ＞右図2で，3秒後のAPの長さは，AP$=1\times3=3$ である。直線PMと直線CBの交点をJ，直線JNと辺FGの交点をKとすると，点Kは3点P，M，Nを通る平面と辺FGとの交点である。また，3点P，M，Nを通る平面と辺GH，DHとの交点をそれぞれL，Oとすると，切断面は六角形PMNKLOであり，平行な2

平面を1つの平面で切ってできる2本の直線は平行だから，KL∥MP，OL∥MN となる。△APM で三平方の定理より，$PM=\sqrt{AM^2+AP^2}=\sqrt{2^2+3^2}=\sqrt{13}$ である。また，(2)より，$MN=2\sqrt{2}$ である。次に，AP∥JB で，AM＝BM より，△APM≡△BJM だから，BJ＝AP＝3 である。同様に，△BJN≡△FKN より，FK＝BJ＝3 となる。これより，△FKN で，$NK=\sqrt{FN^2+FK^2}=\sqrt{2^2+3^2}=\sqrt{13}$ である。また，KL∥MP より，△GKL∽△APM となり，相似比は，GK：AP＝(4－3)：3＝1：3 となる。よって，KL：PM＝1：3 より，KL：$\sqrt{13}$＝1：3 が成り立ち，$KL\times3=\sqrt{13}\times1$，$KL=\frac{\sqrt{13}}{3}$，GL：AM＝1：3 より，GL：2＝1：3 が成り立ち，$GL\times3=2\times1$，$GL=\frac{2}{3}$ である。さらに，OL∥MN より，△OLH は△BMN と同様に直角二等辺三角形であり，$OH=LH=GH-GL=4-\frac{2}{3}=\frac{10}{3}$ より，$LO=\sqrt{2}LH=\sqrt{2}\times\frac{10}{3}=\frac{10\sqrt{2}}{3}$ となる。そして，$OD=DH-OH=4-\frac{10}{3}=\frac{2}{3}$，PD＝AD－AP＝4－3＝1 より，△ODP で，$OP=\sqrt{PD^2+OD^2}=\sqrt{1^2+\left(\frac{2}{3}\right)^2}=\frac{\sqrt{13}}{3}$ となる。以上より，切断面の周の長さは，$PM+MN+NK+KL+LO+OP=\sqrt{13}+2\sqrt{2}+\sqrt{13}+\frac{\sqrt{13}}{3}+\frac{10\sqrt{2}}{3}+\frac{\sqrt{13}}{3}=\frac{16\sqrt{2}}{3}+\frac{8\sqrt{13}}{3}=\frac{8}{3}(2\sqrt{2}+\sqrt{13})$ である。

2024年度／栄東高等学校（第２回）

国語解答

一 問一 a…5 b…3 c…2 d…1
e…4
問二 A…3 B…1 C…4 D…2
問三 3，5 問四 5 問五 2
問六 4 問七 (i)…1 (ii)…3

二 問一 a…2 b…5 c…1
問二 3 問三 1 問四 4
問五 2 問六 2 問七 5
問八 5

三 問一 a…5 b…3 c…1
問二 2 問三 5 問四 5
問五 5 問六 3

一〔**論説文の読解―自然科学的分野―科学**〕出典：村上靖彦『客観性の落とし穴』。

≪本文の概要≫近代の科学的探究が始まった一七世紀には，神の権威とは異なる権威が必要とされるようになり，権威ある学者の証言によって真理が保証された。その後，機器による測定によって，客観的に真理が成立するようになった。一八世紀から一九世紀前半までの自然科学で用いられた図像は，神が創造した自然が表すはずの自然を描くことが求められ，客観的とはいいがたいものだった。一九世紀半ばになると，客観的な図像をどのように作成するかが課題になり，その頃発展しつつあった写真技術が重宝され，機械的客観性が成立した。一九世紀末からは，客観性は，さらなる段階へと進み，法則，記号を用いた論理構造に主役の座を譲る。さらに，法則性の追求によって，図像も機械による測定も離れて，論理的な整合性こそが，自然の科学的真理を言い当てると考えられるようになる。完全な客観性の世界が自然科学において実現したとき，自然はそのままの姿ではなく，数値と式へと置き換えられてしまう。客観性の探求において，自然そのものは科学者の手からすり抜け，数学化された自然が残ったのである。

問一＜漢字＞a．「体積」と書く。1は「書籍」，2は「実績」，3は「責任」，4は「名跡」，5は「積載」。　b．「奇形」と書く。1は「既出」，2は「反旗」，3は「数奇」，4は「忌避」，5は「貴兄」。　c．「到達」と書く。1は「圧倒」，2は「周到」，3は「薫陶」，4は「葛藤」，5は「未踏」。　d．「執念」と書く。1は「確執」，2は「疾走」，3は「周年」，4は「消失」，5は「履修」。　e．「繁茂」と書く。1は「運搬」，2は「模範」，3は「販売」，4は「頻繁」，5は「夜半」。

問二＜接続語＞A．二〇一四年にある「発見」が発表されたが，画像の修整や捏造が明らかになり，論文は撤回された。　B．一八～一九世紀前半までの自然科学における「デッサン」は，目の前にあるサンプルを忠実に模写するのではなく「理想形を描いていた」のであって，要するに，「客観性を求めたのではなく，自然の本性の定着をめざして」いたといえる。　C．機械が自動的に計測することにより，測定結果はより客観的なものになったが，もっとも，「機械があったから客観性が追求されたわけではなく，むしろ客観性の追求への意志」が先にあったようである。　D．「測定や記録された図像の正確さに依拠した機械的客観性は，法則，記号をもちいた論理構造に主役の座」を譲ったことの例として，現代数学の進展が「人間の操作とは無関係に成立している論理的な関係のなかに数学の基礎を求めるように」なったことや，「物理学においてはマックスウェル方程式のような構造が科学的な実在とみなされるようになった」ことが挙げられる。

問三＜文章内容＞物質変化に目盛りを与える段階では，判定者が重要になり，判定者の「証言によって結果を保証する必要」がある（3…×）。「機械的な客観性を目指す要請のほうが先に立ち，写真はその要請のために重宝された」のである（5…×）。

問四＜文章内容＞STAP細胞の「発見」は，「画像の修整や捏造」をすることで証明されたが，その証明は，「図像が客観性を保証するという社会的な合意」を利用したものであった。

問五＜文章内容＞一九世紀末から，「測定や記録された図像の正確さに依拠した機械的客観性は，法則，記号をもちいた論理構造」に主役の座を譲る。「測定ではなく方程式や論理式が客観性」となったのである。それは，「個々の対象ではなく対象間の法則こそが客観性だとみなされるように」なったということである。

問六＜文章内容＞「論理的な整合性こそが，自然の科学的真理を言い当てる」と考えられるようになると，「自然は実はそのままの姿で現れることをやめ，数値と式へ置き換えられてしまう」のである。そうなると，雨や風の音やにおいや植物たちが育っていく生命力といったリアルな質感は，自然科学の研究からこぼれ落ちてしまう。

問七＜文章内容＞(i)リンネが作成した植物図鑑は，「神が創造した自然が表すはずの美しい真実」を描いたものであり，正確なサンプルの模写ではなく，客観的とは言いがたいものだった。　(ii)「経験そのものがデータとなって数値へと切り詰められていく」と，「経験という『やりとり』が視野の外へと消される」のである。それは，研究者の実感や対象物の実態が失われることにもつながりかねないのである。

二〔小説の読解〕出典：冲方丁『はなとゆめ』。

問一＜語句＞a．「あわよくば」は，うまくいけば，という意味。　b．「凝然」は，じっとして動かない様子。　c．「しずしず」は，きわめて静かでゆっくりである様子。

問二＜表現＞Ⅰ．「宥める」は，心を静める，穏やかにする，という意味。　Ⅱ．「興味を引かれる」は，出来事などに関心を持つ，という意味。　Ⅲ．「何の気なしに」は，深く考えず気軽に行動する様子。　Ⅳ．「胸に刻む」は，強く心にとどめる，という意味。

問三＜文章内容＞「中宮様という栄誉と才能に満ちた方に目をかけて頂いたことが，わたしに大きな自信を与えていた」ので，「わたし」は，「思う人から，一番に愛される」ことを追求するという思いを堂々と口に出せたし，からかわれても平気だった。

問四＜文章内容＞中宮様は，帝から他の誰よりも愛されなければならないという，一族の悲願を背負っているので，「自分にとって一番大切だと思える相手から，一番に愛されよう」という「わたし」と同じ思いを持っているのだと，「わたし」は気づいた。

問五＜文章内容＞「本当に他愛のない，気軽な言葉」を「わたし」は口にした。「わたし」は，主君である中宮様に対して，他愛のない気軽な冗談を口にすることができ，中宮様もそれを笑って受けとめるように，二人は気の置けない関係だった。

問六＜品詞＞「たとえば」は，副詞(1…×)。「誇るべき使命を授けられたとき」には，「べき(助動詞)」，「を(助詞)」，「られ(助動詞)」，「た(助動詞)」の四つの付属語が含まれている(2…○)。「あるいは」は，いろいろな場合を列挙するときに用いる副詞(3…×)。「この(連体詞)／道(名詞)・を(助詞)／まっとうする(動詞)・と(助詞)／決心し(動詞)・た(助動詞)」は，四文節，七つの単語から成り立っている(4…×)。「しれません」，「でしょう」は，丁寧語(5…×)。

問七＜心情＞「わたし」は，以前に「自分にとって一番大切だと思える相手から，一番に愛されよう」と心がけるようにと中宮様に言われたとき，「中宮様は，わたしを同志と見て下さっているのではないか」と考えたものの，「確信を持て」ずにいた。しかし今回，「ただまっ白い紙」を「わたし」に授ける中宮様の笑顔を見て，「わたし」には，「お前はわたくしの同志である」と中宮様が言っているように感じられ，「主君と仰ぐ相手から誇るべき使命を授けられたときの幸福」が押し寄せてきた。そして「わたし」は，中宮様から託された期待に精いっぱい応えようと決心したのである。

問八＜表現＞「思う人から，一番に愛される」ことをことあるごとに口にする「わたし」は，法華経の信者のように「絶対的な恋愛を信じる，頑固な一夫一婦の信仰者」だとして，周りからからかわれた(1…×)。「一番に愛されるのでなければ，どうしようもない」とは，「わたし」の思い人についての話であって，まさか中宮様からの思いについて口にしていたわけではなかったので，「わたし」は狼狽してしまった(2…×)。「子を身ごもった」ことのある「わたし」が内裏へ出仕していたのは，ひとえに中宮様のご厚意によるものだったが，そろそろ里下がりの時期が近づいていた(3…×)。帝と中宮様に贈られた貴重な紙を，中宮様は，「わたし」の冗談を受けて，「わたし」の考えのままに使うようにと，いかにも気軽に「わたし」に下さった(4…×)。貴重な紙を中宮様が下さったことで，「わたし」の心には，「主君と仰ぐ相手から誇るべき使命を授けられたときの幸福」や，「この道をまっとうすると決心したときの喜び」が押し寄せてきたが，中宮様と「わたし」の間にある思いをどうすれば人に説明できるかわからず，「わたし」はただ紙を受け取ることしかできなかった(5…○)。

三〔古文の読解―説話〕出典：『十訓抄』一ノ五十七。

≪現代語訳≫自分は，その才能があると思っても，人に認められ，世間で一目置かれるような身ではなくて，人のしたことを，褒めようとすることは，少々注意が必要なものである。／三河守知房がよんだ和歌を，伊家が，感心して，「すばらしくおよみになった」と言ったのを，知房が，(聞いて)腹を立て，「漢詩をつくることは難しくはない。(だが，)和歌の方面では，(私は)すこぶる彼には劣っている。それで，こんなふうに言われるのだ。実にけしからぬことである。今後，(私は)和歌をよむつもりはない」と言ったという。／褒める言葉も，場合によってあれこれと加減をすることが必要なのではないだろうか。／これは(実力が)優れている方が，(相手を)褒めたのをまで，こんなふうにとがめられたのである。ましてや，(実力が)劣っている者が褒める(などということは)，かえって，見苦しいだろう。よく考えて，心の持ち方を慎重にすべきである。／人の〈善〉をも言うべきではない。ましてや，その悪を言ってよいわけがない。／この心の使い方は，実に奥深いものである。

問一＜現代語訳＞a.「所置く」は，一目置く，つまり敬意を払う，という意味。「るる」は，受け身の助動詞「る」の連体形。全体で，世間で敬意を払われるような存在ではなくて，という意味。　b.「優」は，勝っていること，優れていること。相手を褒める言葉であっても，場合によって人を傷つけることもあるから，加減が必要なのである。　c.「なかなか」は，ここでは副詞で，かえって，むしろ，という意味。「かたはらいたし」は，みっともない，苦々しい，いたたまれない，という意味。「べし」は，推量の助動詞。全体で，技量が劣った身で人を褒めるというのは，かえってみっともないことだろう，という意味。

問二＜古文の内容理解＞伊家が知房の歌を褒めたことに，知房は立腹し，実にけしからぬことだ，もう和歌はよまないと言ったのである。

問三＜古文の内容理解＞技量が優れている者が褒めたのでさえ，相手は立腹することもあるのである。まして技量が劣っているような身で人を褒めるのは，見苦しいのである。

問四＜古文の内容理解＞技量が優れている者が褒めたのでさえ，相手を傷つけることがある。まして技量が劣っているような身で人を褒めることは，よくよく気をつけなければならないのである。

問五＜古文の内容理解＞人を褒めるときには慎重になるべきで，人の善についても言うべきではないし，悪についてはなおさらである。

問六＜古文の内容理解＞人の優れたことをうかつに褒めるべきではなく，まして，劣ったところを言ってはいけないのである。他人を評価することは，よく考えて慎重にすべきである。

2024年度 栄東高等学校(特待生)

【英　語】（50分）〈満点：100点〉

（注意）［6］～［8］のリスニング問題は試験開始後15分経過した頃から約12分間放送されます。

［1］　次のそれぞれの英文(a)・(b)の空所に入る同じつづりの英単語を書きなさい。

(1)　(a)　The bus was delayed in a ten-mile (　　　).
　　(b)　Close the lid on the (　　　) jar before you put it away.

(2)　(a)　It's necessary to (　　　) your exhausted eyes.
　　(b)　How did you spend the (　　　) of the day ?

(3)　(a)　It took them about one month to (　　　) out how to start the equipment.
　　(b)　The population topped 30 million, a (　　　) equal to 24.0 percent of the national total.

(4)　(a)　"Mom, would you tell me how I should (　　　) the lettuce ?"
　　(b)　The film brought a (　　　) to his eye.

(5)　(a)　Do (　　　) us a visit next time you're in Japan.
　　(b)　More recently, a survey shows that just 9% of Americans primarily use cash to (　　　) for purchases.

［2］　次の英文を読み，文法的に誤りのある部分を1つ選び，下線部の番号を答えなさい。なお，誤りがない場合には⑤と記入しなさい。

(1)　I have a dream ①that I will become a physicist ②like Einstein ③after I ④will graduate from university.

(2)　The men ①whom I ②had met at the party before ③were seen ④driving from the scene.

(3)　My son, ①who dislikes ②going to the doctor, keeps ③putting off ④to receive dental treatment.

(4)　It is such ①a good weather ②that we should consider ③going for a boat ride ④on the lake.

(5)　The teacher announced ①which a paper needs ②submitting as part of the final assessment one week ③ago, but she hasn't completed it ④yet.

［3］　次の日本文に合うように，与えられた語(句)を空所に1つずつ入れて，英文を完成させなさい。解答は［あ］～［う］に入れるものを番号で答えなさい。ただし，文頭にくる語も小文字にしてあります。

(1)　彼女はピアノでその曲を何時間も練習しているが，まだ弾くのが難しい。
Despite practicing for hours, ［　］［　］［　］［あ］［い］［う］［　］.
1．has　　2．on the piano　　3．playing　　4．she
5．still　　6．that piece　　7．trouble

(2)　その指示が明確だったので，私たちは簡単にプロセスを理解することができた。
［　］［　］［　］［あ］［　］［い］［う］［　］ the process easily.
1．clear　　2．enough　　3．for　　4．the instructions
5．to　　6．understand　　7．us　　8．were

(3)　学習の成功における時間管理の重要性を先生は説明した。
The teacher explained ［　］［あ］［　］［い］［　］［　］［　］［う］

in their studies.

1. is　　2. it　　3. to　　4. how
5. manage　　6. important　　7. their time　　8. to succeed

(4) 今を生きる上で，過去の経験が一番重要だ。

Living in the present, [　　] [　　] [あ] [　　] [い] [う] [　　] [　　] in the past.

1. experienced　　2. important　　3. is　　4. more
5. nothing　　6. than　　7. what　　8. you've

(5) 新しいスマートフォンには大きな画面だけでなく，寿命が長いバッテリーがある。

The new smartphone [あ] [　　] [　　] [　　] [い] [う] [　　] [　　] battery life.

1. a larger　　2. a longer　　3. boasts　　4. but
5. has　　6. not　　7. only　　8. screen

4 次の英文を読み，設問に答えなさい。（＊印の語には注があります）

"Doesn't (1)it get tiresome, Mr. Kapasi, showing people the same thing every day ?" Mr. Das asked, rolling down his own window all the way. "Hey, do you mind stopping the car. I just want to get a shot of this guy."

Mr. Kapasi pulled over to the side of the road as Mr. Das took a picture of a barefoot man, his head wrapped in a dirty turban, seated on top of a cart of grain sacks pulled by a pair of *bullocks. Both the man and the bullocks were *emaciated. In the back seat Mrs. Das gazed out another window, at the sky, where nearly transparent clouds passed quickly in front of one another.

"I look forward to (2)it, actually," Mr. Kapasi said as they continued on their way. "The Sun Temple is one of my favorite places. In that way it is a reward for me. I give tours on Fridays and Saturdays only. I have another job during the week."

"Oh ? Where ?" Mr. Das asked.

"I work in a doctor's office."

"You're a doctor ?"

"I am not a doctor. I work with one. As an interpreter."

"(3)What does a doctor need an interpreter for ?"

"He has a number of Gujarati patients. My father was Gujarati, but many people do not speak Gujarati in this area, including the doctor. And so the doctor asked me to work in his office, interpreting what the patients say."

"Interesting. I've never heard of anything like that," Mr. Das said.

(4)Mr. Kapasi shrugged. "It is a job like any other."

(5)"But so romantic," Mrs. Das said dreamily, breaking her extended silence. She lifted her pinkish brown sunglasses and arranged them on top of her head like a tiara. For the first time, her eyes met Mr. Kapasi's in the rearview mirror : pale, a bit small, their gaze fixed but drowsy.

Mr. Das craned to look at her. "What's so romantic about it ?"

"I don't know. Something." She shrugged, knitting her brows together for an instant. "Would you like a piece of gum, Mr. Kapasi ?" she asked brightly. She reached into her straw bag and handed him a small square wrapped in green-and-white-striped paper. As soon as Mr. Kapasi put the gum in his mouth a thick sweet liquid burst onto his tongue.

"Tell us more about your job, Mr. Kapasi," Mrs. Das said.

"What would you like to know, madame ?"

"I don't know," she shrugged, munching on some puffed rice and licking the mustard oil from the corners of her mouth. "Tell us a typical situation." She settled back in her seat, her head tilted in a patch of sun, and closed her eyes. "I want to picture what happens."

"Very well. The other day a man came in with a pain in his throat."

"Did he smoke cigarettes ?"

"No. It was very curious. He complained that he felt as if there were long pieces of straw stuck in his throat. When I told the doctor he was able to prescribe the proper medication."

"That's so neat."

"Yes," Mr. Kapasi agreed after some hesitation.

"So these patients are totally dependent on you," Mrs. Das said. She spoke slowly, as if she were thinking aloud. "In a way, more dependent on you than the doctor."

"How do you mean ? How could it be ?"

"Well, for example, you could tell the doctor that the pain felt like a burning, not straw. The patient would never know what you had told the doctor, and the doctor wouldn't know that you had told (6)the wrong thing. It's a big responsibility."

"Yes, a big responsibility you have there, Mr. Kapasi," Mr. Das agreed.

Mr. Kapasi had never thought of his job in (7)such complimentary terms. To him it was a thankless occupation. The job was a sign of his failings. In his youth he'd been a devoted scholar of foreign languages, the owner of an impressive collection of dictionaries. He was a self-educated man. Now only a handful of European phrases remained in his memory, scattered words for things like saucers and chairs. English was the only non-Indian language he spoke fluently anymore. Mr. Kapasi knew it was not a remarkable talent. Sometimes he feared that his children knew better English than he did, just from watching television. Still, it came in handy for the tours.

（注） bullock : bull, ox　　emaciated : very thin

問1　下線部(1)が表すと考えられる職業を7字以内の日本語で答えなさい。

問2　下線部(2)が指し示すものとして最も適切なものを次の中から1つ選び，番号で答えなさい。

1．the same thing　　2．a shot of this guy

3．my favorite places　　4．tours

問3　下線部(3)の理由として適していないものを1つ選び，番号で答えなさい。

1．患者が自分の症状をうまく医者に伝えることができないから。

2．特殊な風土病があり，一般人が英語でそれを表現することが非常に難しいから。

3．言葉が特殊で，医者が患者の言わんとしていることを理解できないから。

4．Mr. Kapasi が住んでいる地域の特性上，医者の業務に支障が出るから。

問4　下線部(4)における Mr. Kapasi の心情を表すものとして当てはまらないものを1つ選び，番号で答えなさい。

1．戸惑い　　2．謙遜　　3．驚き　　4．落胆

問5　下線部(5)における Mrs. Das の心情の説明として最も適切なものを1つ選び，番号で答えなさい。

1．大して興味もない外国の風景に飽きていたところ，今までに聞いたことのない話題や視点に，

猛烈な興味がわいた。

2．外国の風景を楽しんでいたが，同乗者の興味が１つの話題に集中し，場の雰囲気を乱さないように当たり障りのない表現を用いた。

3．あまり関心がない道中で，自身の夫が興味を持った話題が，自分の退屈を少しでも解消してくれると感じた。

4．それなりに道中を楽しんでいたが，まったく違う話題を持っているMr. Kapasiのことが，とても魅力的に見えた。

問６　下線部(6)のthe wrong thingを簡潔に説明しなさい。

問７　下線部(7)が指し示すものを文章の中から３語で抜き出して答えなさい。

問８　文章におけるMr. Kapasiの心情の変化を表した最も適切なものを１つ選び，番号で答えなさい。

1．平穏→喜び→驚き　　2．退屈→興奮→失望

3．平穏→興奮→驚き　　4．退屈→喜び→失望

5　次の英文(Ⅰ)・(Ⅱ)を読み，設問に答えなさい。（*印の語(句)には注があります）

(Ⅰ)

People talk a lot about the importance of developing "resilience" nowadays. Resilience is the ability to *bounce back after something bad or difficult. Some people believe it's one of the most important life-skills. Psychologists say that, (　1　) people are born with different levels of resilience or acquire it through early childhood, it can also be learnt and practised later. This book aims to make you more resilient, first by tackling your worries and putting them in context, and second by offering strategies for dealing with stress.

Resilience will make you strong. It will help you thrive on positive stress and avoid negative stress. (2)You can't prevent bad things happening but you can do something about how you deal with them. You can learn to come back stronger.

(Ⅱ)

(3)The teenage years are when relationships with friends change and difficulties can crop up. There are many reasons. Moving to secondary school may break off some old friendships. Growing up means changing ; you and your friends may change in different ways, starting to like or dislike different things from each other and from before. People mature differently. Also, when you were younger some of your friendships were created by your parents. For example, you may have "gone round to play" with the children of their friends, but not because you chose them.

*"I get stressed about things changing with friends: losing friends and getting dragged into *fallouts."*

Fay, 16

"(4)*My biggest worry about the future is losing my friends once I have left school.*"

Andrew, 16

You are changing, too, with new views about what you want, how you feel and (　5　) you are comfortable with.

When you're a teenager, there's a lot of *competition for status, competition about physical appearance, competition to be "cool". There's pressure either to be different or to fit in. Human beings are incredibly complex creatures and all the things that *combine to create and maintain friendships are not things anyone can control. So, a lot of the friendship stuff is no one's fault at all.

"I wasted a lot of time worrying about what my
friends would think rather than being myself."
Pete, adult

"I remember finding it very hard to make friends
being the only new girl in a Spring term.
People assume because you're not ugly, quite clever
and good at sport (6)*that* *you must be happy and*
full of yourself but in fact you just want to make
friends like everyone else and people don't want to
be your friend."
Susan, adult

"I knew I'd never fit in with the people who wore
high heels and make-up. So I read Sartre and
*acquired a taste for black coffee and *angst.*
I didn't realize Simone de Beauvoir did all four until
it was too late. Don't choose, do it all!"
Anne Rooney, author

On top of friendship issues, there are new feelings of being physically attracted towards a boy or girl. These are powerful and distracting emotions which I'll talk about later.

All these changes are a necessary part of finding out who you are and who you want to be. You can't affect (7)that process, but you can recognise some of the problems and find ways to make them better or make yourself feel better.

（注） bounce back：stand up again
fallout：an angry quarrel or disagreement
competition：trying to be more successful or better than others
combine：come together　　angst：worry

問１　空所（１）に入れるのに最も適切なものを１つ選び，番号で答えなさい。

１．at first　　２．although　　３．in spite of　　４．since

問２　以下の文は，下線部(2)を和訳したものです。空所（ア），（イ）に適切な日本語を入れ，和訳を完成させなさい。

「（　ア　）はできないが，（　イ　）に関してできることはある。」

問３　下線部(3)はどのような時期ですか。文章に即して，空所に15～20字の日本語を入れなさい。

「（　　　　）時期。」

問4　下線部(4)の原因として最も適切なものを１つ選び，番号で答えなさい。

1．When he moves on to the next stage of his career after graduation, there is a chance that some relationships might come to an end.

2．Becoming an adult brings about some changes in one's own tastes or way of thinking, so he is likely to have trouble getting along with friends.

3．Most of his friends are the ones who his parents chose for him, so he doesn't know how to make friends.

4．He doesn't have enough confidence to stand the pressure of following his parents or adjusting himself to his new environment.

問5　空所（５）に入れるのに最も適切なものを１つ選び，番号で答えなさい。

1．when　　2．which　　3．where　　4．who

問6　下線部(6)と同じ使い方の that を１つ選び，番号で答えなさい。

1．Everyone thinks all that matters is where he himself wants to live.

2．It is clear from the fact that he did not reply that there is a problem.

3．We know from experience of our school days that music can change our mood.

4．I was so busy with a lot of work that our boss gave us that I couldn't have good sleep.

問7　下線部(7)の説明となるように，示された文字で始まる適語を入れなさい。ただし，下線部(イ)には同じ語が入るものとします。

the process of (ア)(d＿＿＿) (イ)(y＿＿＿) and finding some image of (イ)(y＿＿＿) to (ウ)(b＿＿＿)

問8　次の(1)・(2)に答えなさい。

(1)　(II)における「悩み」を抱える者に対し，筆者が与える可能性のある「助言」として最も適切なものを１つ選び，番号で答えなさい。

1．When friendships change or end, what is important is the relationship between both of you. No one is responsible for it.　Move on and find new friends.

2．You may mature faster (or more slowly) than your peer group, and this will make you feel disconnected.

3．Enjoy the situation where you are with someone you like and spend more time with one or two friends rather than a large group.

4．Be as prepared as you can be as early as you can.　Become like an athlete getting ready for a big competition — preparation is the key.

(2)　(1)のような「助言」を示すことによって，筆者は何を強化できると考えていますか。文章の中から１語で抜き出して答えなさい。

リスニング問題　〈放送文は未公表につき掲載してありません。〉

6　これから二人の対話を聞き，質問に対する答えとして最も適切なものを１つずつ選びなさい。なお，対話と質問は２度読まれます。

1．ア．Saturday.　　イ．Sunday.
　　ウ．Monday.　　エ．Tuesday.

2．ア．They don't like staying together.
　　イ．They enjoy doing activities separately.
　　ウ．They like both shopping and fishing.
　　エ．They want to stay at home on weekends.

3．ア．Rich people.　　イ．Foreign literature.
　ウ．Dinner at a restaurant.　　エ．The meaning of a word.

7　これから短い英文を聞き，質問に対する答えとして最も適切なものを１つずつ選びなさい。なお，英文と質問は１度だけ読まれます。

1．ア．In 1916.
　イ．In 1980s.
　ウ．In the late 1800s.
　エ．In the middle of the 20th century.

2．ア．Ships can't pass through the Panama Canal when it rains heavily.
　イ．Seawater usually helps to raise the water level in the Panama Canal.
　ウ．The water shortage caused the heavy traffic jam in the Panama Canal.
　エ．The Panama Canal uses one third as much water as New York City every day.

3．ア．Smart.　　イ．Fat.　　ウ．Angry.　　エ．Sad.

8　これから少し長めの英文を１つ聞き，４つの質問に対する答えとして最も適切なものを１つずつ選びなさい。なお，英文は２度読まれます。英文は今から20秒後に放送されます。

1．According to the passage, when is the chemical called glutamate released ?
　ア．Before working on a task.
　イ．Before looking at a computer screen.
　ウ．After having a break.
　エ．After spending much time thinking.

2．According to the passage, how do you feel when too much glutamate is released ?
　ア．Good.　　イ．Tired.　　ウ．Sleepy.　　エ．Refreshed.

3．According to the passage, why is a break good for you ?
　ア．It leads you to aggressive behavior.
　イ．It makes your brain work harder.
　ウ．It allows your brain to return to normal.
　エ．It helps you to finish a difficult task soon.

4．According to the passage, how many participants were asked to do the difficult tasks ?
　ア．16 participants.
　イ．40 participants.
　ウ．14 percent of the participants.
　エ．60 percent of the participants.

【数　学】（50分）〈満点：100点〉

1　次の各問いに答えよ。

(1) 図において，△ABC は∠ABC＝15°，∠BAC＝45°，BC＝2 であり，△EFC は△ABC を点Cを中心に時計回りに60°だけ回転させたものである。AB と EF の交点をDとするとき，3点C，D，F を通る円の半径を求めよ。

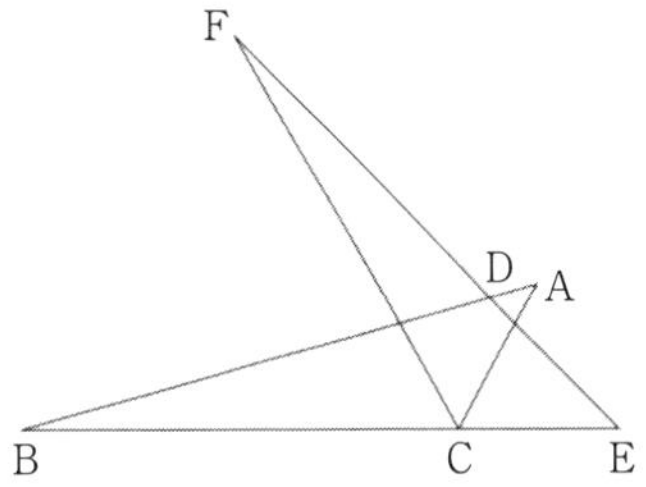

(2) 次の図は，10人の生徒が1題につき正解ならば4点，不正解ならば0点の○×問題に合計25題取り組んだ結果を箱ひげ図にまとめたものである。このとき，考えられる平均点の最大値を求めよ。

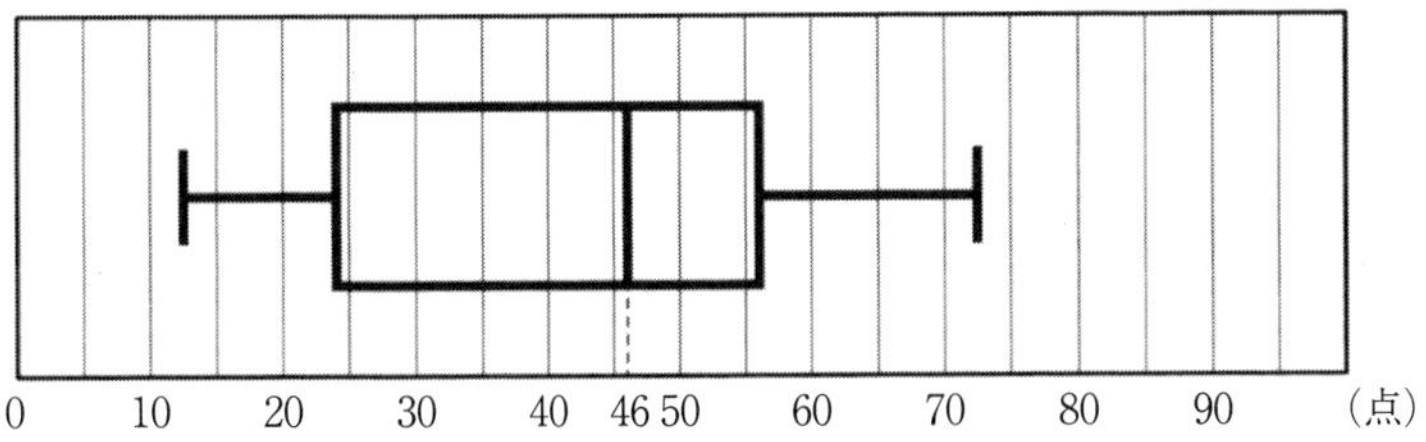

(3) 図において，△AOB は∠OAB＝30°，AO＝AB である。また，△AOB≡△ABC≡△ACD≡△ADE である。

　3点C，D，E がそれぞれ放物線 $y=ax^2$，$y=bx^2$，$y=cx^2$ 上にあるとき，$a:b:c$ を最も簡単な整数比で求めよ。

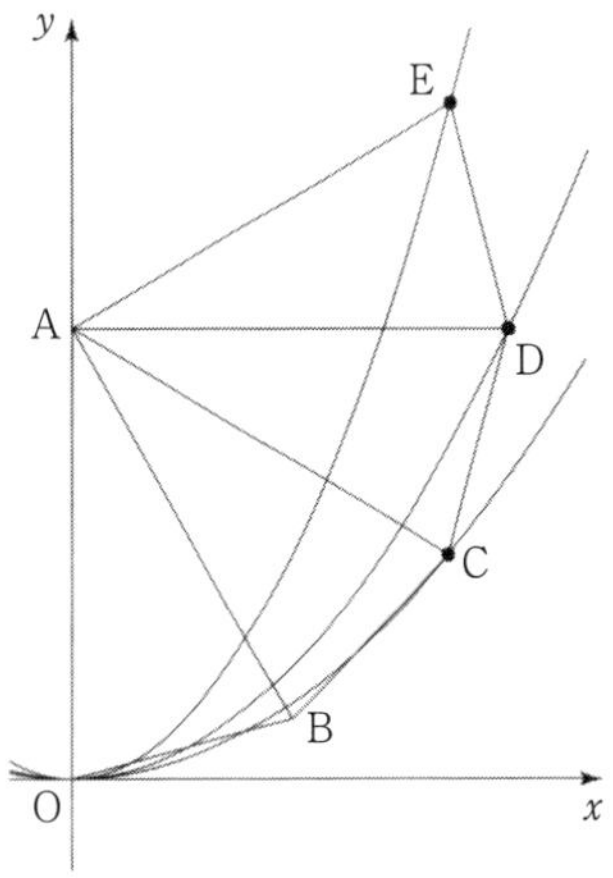

2　さいころを3回投げて出た目の数を順に a，b，c とし，ab および abc は出た目の数の積とする。また，＜n＞は n の正の約数の個数を表す。

　例えば，＜2＞は正の約数が1，2の2個なので，＜2＞=2となり，

　＜24＞は正の約数が1，2，3，4，6，8，12，24の8個なので，

　＜24＞=8となる。

(1) ＜ab＞=2となる確率を求めよ。

(2) ＜ab＞が奇数となる確率を求めよ。

(3) ＜＜ab＞＞が奇数となる確率を求めよ。

(4) ＜abc＞が奇数となる確率を求めよ。

3　AB＝8，BC＝$8\sqrt{2}$ である長方形ABCD において，辺AB の中点Mを通り辺BC に平行な直線と，辺BC の中点Nを通り辺AB に平行な直線の交点をOとする。頂点Bが点Oに重なるように長方形を折るとき，折り目と辺AB，BC との交点をそれぞれE，Fとする。（図1）

(1) 線分OE およびOF の長さを求めよ。

(2) 次のページの図2のように，図1の状態から点Fが点Oに重なるように折るとき，折り目とEF，FC との交点をそれぞれG，Hとする。△GOH の面積を求めよ。

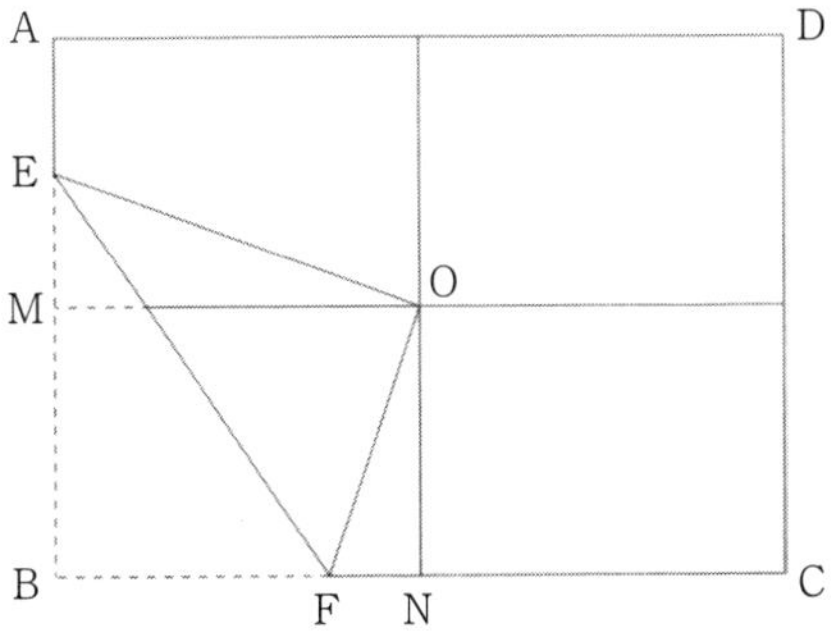

図1

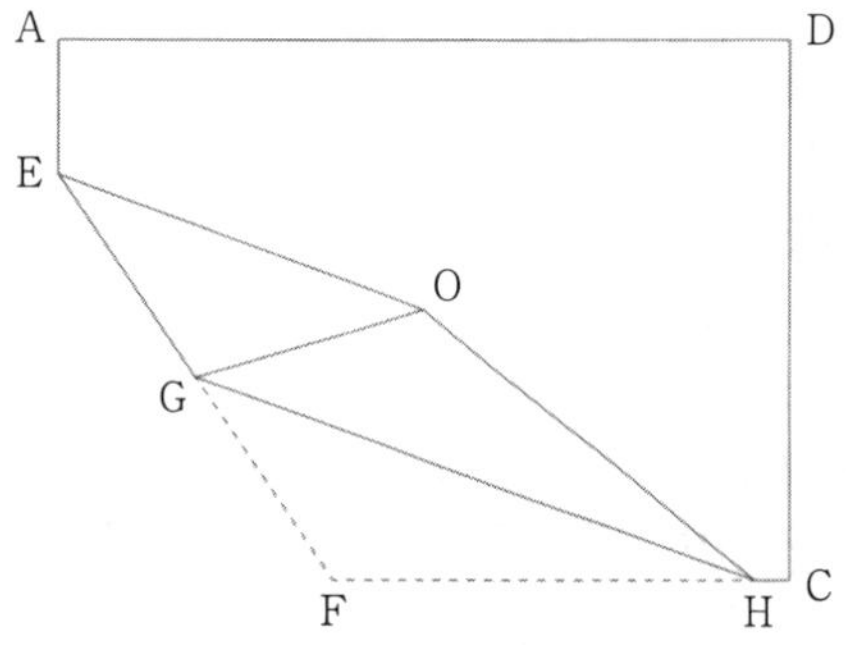

図2

4　Oを原点とする座標平面上に正八角形OABCDEFGがあり，放物線$y=x^2$は2頂点A，Gを通る。（図1）

また，頂点Aからy軸に垂線AHを下ろす。

(1)　$\dfrac{\mathrm{DH}}{\mathrm{AH}}$の値を求めよ。

(2)　四角形ABCDの面積を求めよ。

(3)　図2において，斜線部分の面積を求めよ。

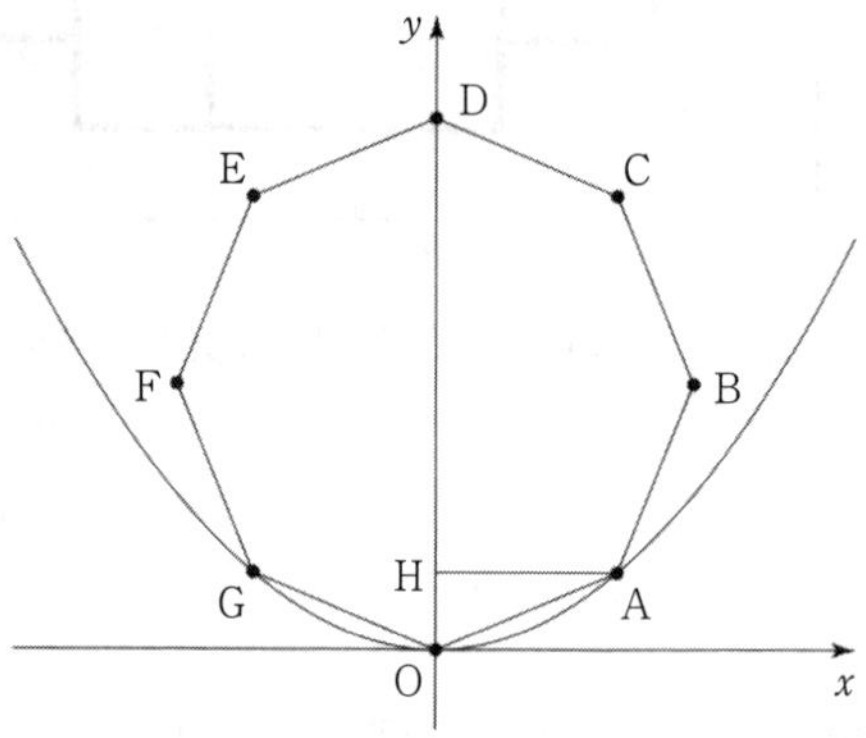

図1

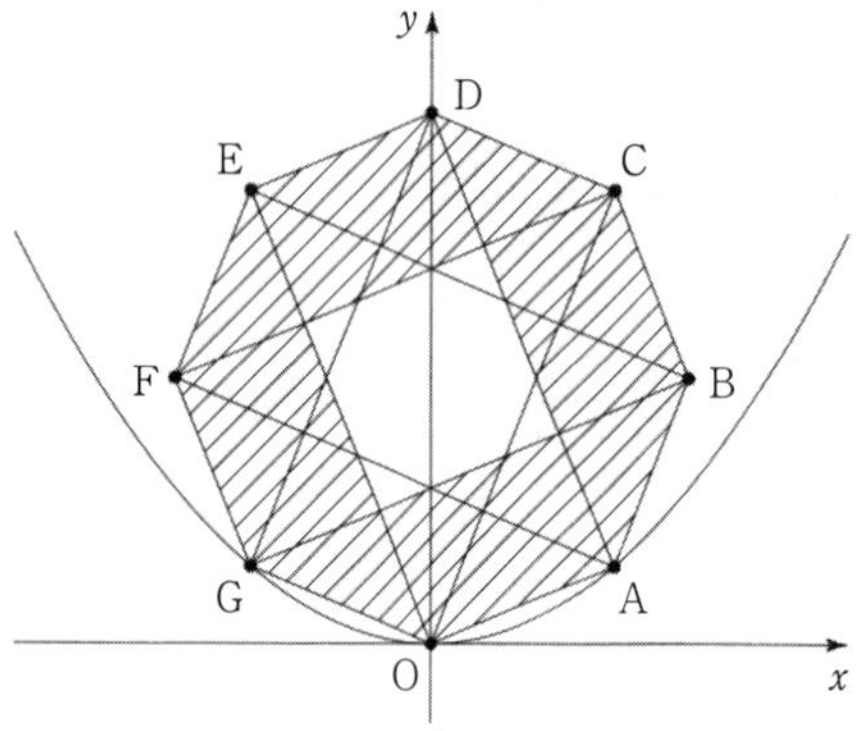

図2

5　1辺の長さが$2\sqrt{2}$の正四面体ABCDの4頂点が立方体の頂点と重なっている。（図1）

(1)　図1の立方体の1辺の長さを求めよ。

次のページの図2のように，辺AC，BC，BD，ADを3等分する点をそれぞれP_1，P_2，Q_1，Q_2，R_1，R_2，S_1，S_2とする。面$P_1Q_1R_1S_1$，面$P_2Q_2R_2S_2$で正四面体を分割し，辺ABを含む立体をX，辺CDを含む立体をY，残りの立体をZとする。

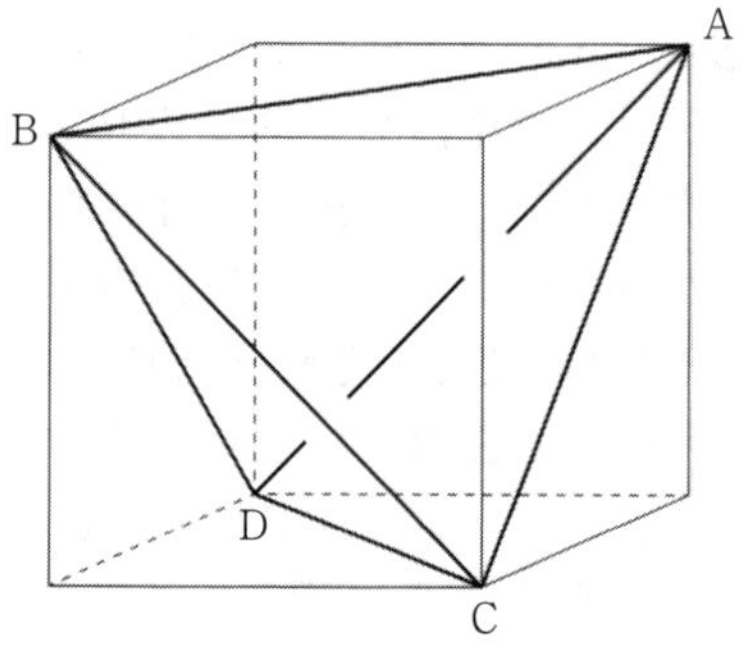

図1

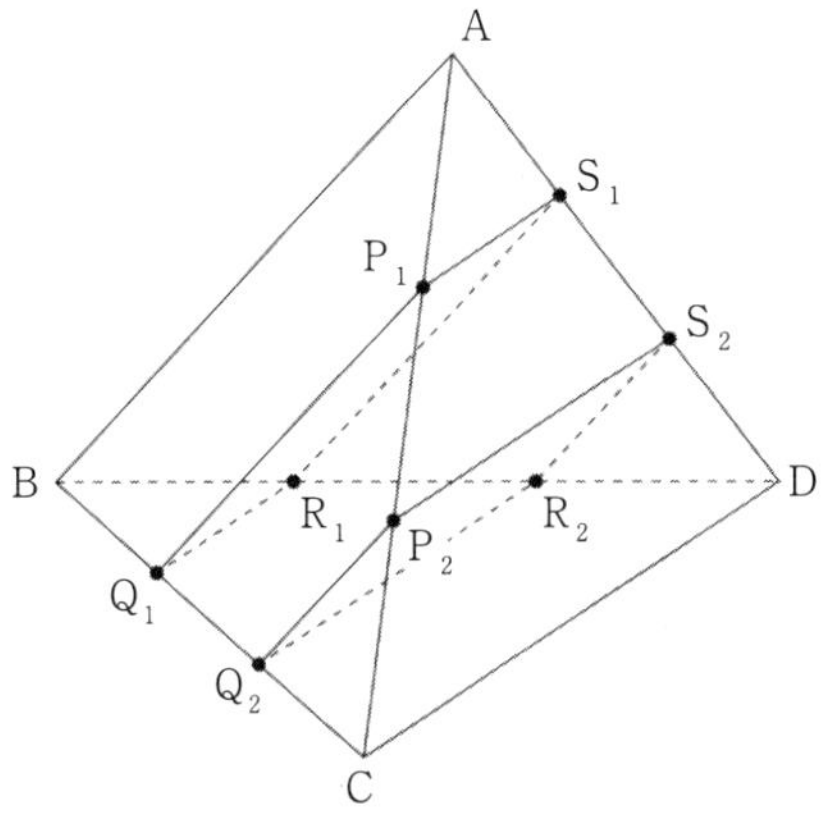

図 2

(2)　四角形 $P_1Q_1R_1S_1$ の面積を求めよ。

(3)　3つの立体の体積比 $X:Y:Z$ を最も簡単な整数比で求めよ。

【社　会】（40分）〈満点：50点〉

1　次の各問いに答えなさい。

問1　半径10cmの地球儀を作製したとき，本初子午線の長さを答えなさい。ただし，円周率はπとして計算しなさい。

問2　半径10cmの地球儀を作製し，その縮尺でロンドン中心の正距方位図法で世界全図を作製したとき，その外周の長さを答えなさい。ただし，円周率はπとして計算し，式または考え方も書きなさい。

問3　ジャワ島・スマトラ島・セイロン島・マダガスカル島のうち，赤道が通っている島を**すべて**答えなさい。あてはまるものが無い場合は，「なし」と答えなさい。

問4　次の表は，日本の都道府県別の※1海岸線延長の上位5位を示したものである。表中のa～cには，それぞれ「※2沖縄」「長崎」「※3北海道」のいずれかがあてはまる。a～cにあてはまる道県の組み合わせとして正しいものを，あとのア～カから1つ選び，記号で答えなさい。

（2020年度）

1位	a
2位	b
3位	鹿児島
4位	c
5位	愛媛

（矢野恒太記念会『日本国勢図会 2023/24』より作成）

※1…海岸線の長さ。
※2…尖閣諸島を含む。
※3…北方領土を含む。

ア．a－沖縄　b－長崎　c－北海道
イ．a－沖縄　b－北海道　c－長崎
ウ．a－長崎　b－沖縄　c－北海道
エ．a－長崎　b－北海道　c－沖縄
オ．a－北海道　b－沖縄　c－長崎
カ．a－北海道　b－長崎　c－沖縄

問5　世界の生活と環境について述べた文として正しいものを，次のア～エから1つ選び，記号で答えなさい。

ア．赤道の近くにある，標高が4000mを超えるアンデス山脈の高地では，年間の気温の変化が大きい。

イ．熱帯雨林気候の地域では，四季の変化があまりなく，一時的な強い風を伴うスコールという大粒の雨が降ることが多い。

ウ．ヨーロッパの南部に位置する地中海沿岸では，夏に雨が多く降り，冬に乾燥する地中海性気候がみられる。

エ．シベリアには永久凍土が広がっていて，この地域の建物の多くは湿気を避けるために高床になっている。

問6　次の表は，世界の畜産業における「牛の頭数」「鶏の羽数」「牛肉の生産量」「鶏肉の生産量」(2020年)の上位5か国を示したものである。表中のa～cには，それぞれ「アメリカ合衆国」「オーストラリア」「ブラジル」のいずれかがあてはまる。この表を見て，あとの各問いに答えなさい。

	牛の頭数	鶏の羽数	牛肉の生産量	鶏肉の生産量
1位	a	b	b	b
2位	インド	中国	a	中国
3位	b	インドネシア	中国	a
4位	エチオピア	a	アルゼンチン	ロシア
5位	中国	パキスタン	c	インドネシア

（矢野恒太記念会『世界国勢図会 2022/23』より作成）

(1)　表中のａ～ｃにあてはまる国の組み合わせとして正しいものを，次のア～カから１つ選び，記号で答えなさい。

ア．ａ―アメリカ合衆国　ｂ―オーストラリア　ｃ―ブラジル
イ．ａ―アメリカ合衆国　ｂ―ブラジル　ｃ―オーストラリア
ウ．ａ―オーストラリア　ｂ―アメリカ合衆国　ｃ―ブラジル
エ．ａ―オーストラリア　ｂ―ブラジル　ｃ―アメリカ合衆国
オ．ａ―ブラジル　ｂ―アメリカ合衆国　ｃ―オーストラリア
カ．ａ―ブラジル　ｂ―オーストラリア　ｃ―アメリカ合衆国

(2)　インドは「牛の頭数」が世界第２位にもかかわらず，「牛肉の生産量」がそれほど多くない。その理由を答えなさい。

問７　次のグラフは，国別の発電エネルギー源別割合(2019年)を示したものである。グラフのａ～ｄには，それぞれ「カナダ」「ドイツ」「ブラジル」「フランス」のいずれかがあてはまる。ａ～ｃにあてはまる国の組み合わせとして正しいものを，あとのア～カから１つ選び，記号で答えなさい。

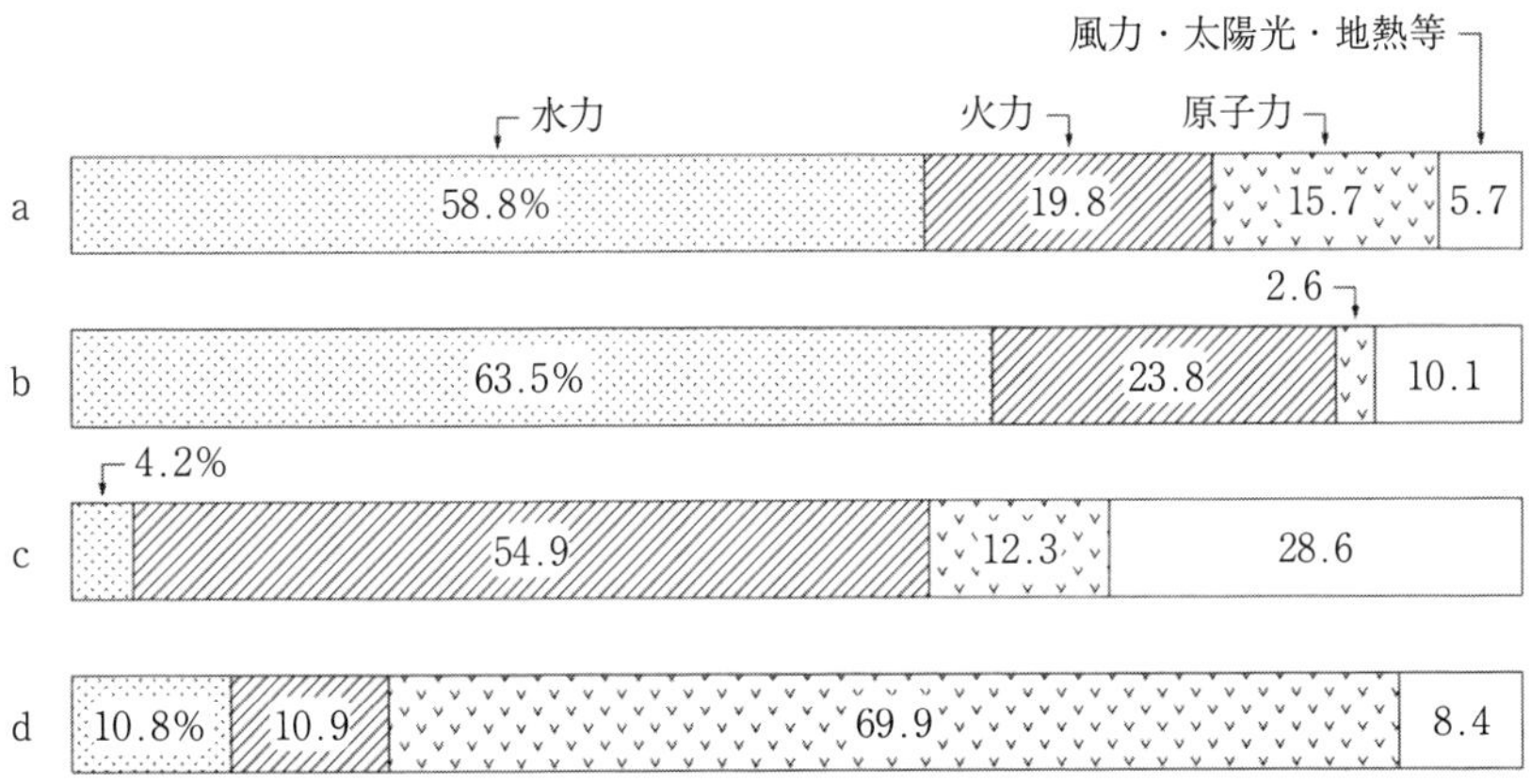

（矢野恒太記念会『世界国勢図会 2022/23』より作成）

ア．ａ―カナダ　ｂ―ドイツ　ｃ―ブラジル
イ．ａ―カナダ　ｂ―ブラジル　ｃ―ドイツ
ウ．ａ―ブラジル　ｂ―カナダ　ｃ―ドイツ
エ．ａ―ブラジル　ｂ―ドイツ　ｃ―フランス
オ．ａ―フランス　ｂ―ブラジル　ｃ―カナダ
カ．ａ―フランス　ｂ―カナダ　ｃ―ブラジル

問８　ヨーロッパ連合(EU)では，域内全体としての食料自給率を上げ，EU 域外からの輸入農産物にも対抗できるように共通農業政策をとってきた。しかし，近年その見直しが進められている。その理由を次の【語句】を**すべて**用いて説明しなさい。

【語句】　東ヨーロッパの国々　　補助金

問９　次の表は，都県別の年齢別人口割合(2022年10月１日現在)と合計特殊出生率(2021年)を示したものである。表中のａ～ｄには，それぞれ「愛知」「秋田」「沖縄」「東京」のいずれかがあてはまる。ａ～ｃにあてはまる都県の組み合わせとして正しいものを，あとのア～カから１つ選び，記号で答えなさい。

	０～14歳(％)	15～64歳(％)	65歳以上(％)	合計特殊出生率
a	10.9	66.3	22.8	1.08
b	9.3	52.1	38.6	1.22
c	12.6	61.7	25.6	1.41
d	16.3	60.2	23.5	1.80

(矢野恒太記念会『日本国勢図会 2023/24』より作成)

ア．ａ―愛知　ｂ―秋田　ｃ―東京
イ．ａ―愛知　ｂ―沖縄　ｃ―東京
ウ．ａ―愛知　ｂ―東京　ｃ―沖縄
エ．ａ―東京　ｂ―愛知　ｃ―沖縄
オ．ａ―東京　ｂ―秋田　ｃ―愛知
カ．ａ―東京　ｂ―沖縄　ｃ―秋田

問10　次の表は，都道府県別の産業別就業者割合(2020年10月１日現在)を示したものである。この表を見て，あとの各問いに答えなさい。

(％)

	第１次産業	第２次産業	第３次産業
a	0.4	15.0	84.6
b	2.7	26.1	71.2
c	6.3	16.9	76.8
d	3.9	14.4	81.7

(矢野恒太記念会『日本国勢図会 2023/24』より作成)

(1)　表中のａ～ｃには，それぞれ「東京」「広島」「北海道」のいずれかがあてはまる。ａ～ｃにあてはまる都道県の組み合わせとして正しいものを，次のア～カから１つ選び，記号で答えなさい。
ア．ａ―東京　ｂ―広島　ｃ―北海道
イ．ａ―東京　ｂ―北海道　ｃ―広島
ウ．ａ―広島　ｂ―東京　ｃ―北海道
エ．ａ―広島　ｂ―北海道　ｃ―東京
オ．ａ―北海道　ｂ―東京　ｃ―広島
カ．ａ―北海道　ｂ―広島　ｃ―東京

(2)　表中のｄにあてはまる都道府県名を答えなさい。また，その都道府県の第３次産業就業者の割合が高い理由を答えなさい。

２　次の各問いに答えなさい。

問１　世界の暦に関する説明として正しいものを，次のア～エから１つ選び，記号で答えなさい。
ア．日本では江戸時代にグレゴリオ暦が取り入れられ，この暦は現在も日本で用いられている。
イ．古代ローマのユリウス＝カエサルは，ローマの暦よりも正確な中国の暦を知り，ヨーロッパに伝えた。
ウ．古代メソポタミアでは，月の満ち欠けを基準とした太陰暦が用いられた。

エ．イスラーム暦9番目の月は「ラマダーン」と呼ばれ，1ヶ月間，食べ物をいっさい口にすることができない。

問2　文字に関する説明として正しいものを，次のア～エから1つ選び，記号で答えなさい。

ア．中国の殷では，甲骨文字を使用して，うらないの結果が記された。

イ．漢字を変形して日本語の発音をあらわせるように工夫したかな文字を用いて，『日本書紀』などの歴史書がつくられた。

ウ．熊本県の稲荷山古墳から出土した鉄剣には，「獲加多支鹵《ワカタケル》大王」の文字が刻まれている。

エ．卑弥呼は中国に使いを送り，皇帝から「漢委奴国王」の文字が刻まれた金印を授けられた。

問3　日本の文化に関する説明として正しいものを，次のア～エから1つ選び，記号で答えなさい。

ア．宋にわたった道元が，帰国後に臨済宗を広めた。

イ．『平家物語』は，各地をめぐった琵琶法師らによって広められた。

ウ．鈴木春信は，中国大陸にわたって水墨画の技術を学び，芸術性の高い作品を描いた。

エ．杉田玄白は，『古事記』を研究して『古事記伝』を著し，国学を大成した。

問4　次のア～オの出来事を，年代の古い順にならべたとき，**2番目**と**4番目**にくるものを，それぞれ記号で答えなさい。

ア．藤原道長が摂政となった。

イ．坂上田村麻呂が胆沢城を築いた。

ウ．大宝律令が制定された。

エ．後三条天皇が荘園の整理を行った。

オ．隋が中国を統一した。

問5　次のア～オの出来事を，年代の古い順にならべたとき，**2番目**と**4番目**にくるものを，それぞれ記号で答えなさい。

ア．フランシスコ＝ザビエルが鹿児島に到着した。

イ．マゼランの船隊が世界一周を達成した。

ウ．足利義昭が征夷大将軍に就任した。

エ．マルコ＝ポーロが元に到着した。

オ．正長の土一揆がおこった。

問6　江戸時代に関する説明として正しいものを，次のア～エから1つ選び，記号で答えなさい。

ア．将軍徳川家康は，幕領にキリスト教を禁止する法令を発布し，ポルトガル船の来航を禁止した。

イ．幕府は，禁中並公家諸法度で天皇や公家の行動を制限し，六波羅探題をおいて朝廷を監視した。

ウ．伊勢国の船乗りだった大黒屋光太夫は，嵐にあってアメリカに漂着した。

エ．蘭学者の渡辺崋山と高野長英は，外国船の打ち払いを批判する書物を著し，幕府によって処罰された。

問7　明治時代の文明開化において，活字印刷が発達した。この活字印刷の発達が日本国内に与えた影響を説明しなさい。

問8　不平等条約の改正に消極的だったイギリスは，1894年に日本と日英通商航海条約を結んだ。イギリスがこの条約を結んだ目的を，当時の国際情勢をふまえて説明しなさい。

問9　大正時代の日本に関する説明として正しいものを，次のア～エから1つ選び，記号で答えなさい。

ア．義務教育の年限が4年から6年に変更された。

イ．国際連盟の総会で満州(洲)国の建国が認められなかった日本は，国際連盟を脱退した。

ウ．加藤高明内閣が，満25歳以上の男子に選挙権を与える普通選挙法を成立させた。

エ．ロシアが，韓国における日本の指導権を認めた。

問10　昭和時代に関する説明として正しいものを，次のア～エから１つ選び，記号で答えなさい。

ア．原油価格の急騰などにより，戦後初のマイナス成長を記録した。

イ．小泉純一郎首相が平壌を訪問し，北朝鮮と国交正常化などの交渉を促進することで合意した。

ウ．「非自民連立」の内閣が成立し，自由民主党の一党支配が崩れた。

エ．株式や土地の価格が大幅に上昇するバブル経済が崩壊した。

3　栄太さんのクラスでは，次の表の通り，各班で１つテーマを選び，研究することになった。表を見て，あとの各問いに答えなさい。

1班	①日本国憲法について
2班	②外国人の人権について
3班	③地球環境問題について
4班	④為替相場について
5班	⑤消費者問題について
6班	⑥社会保障について
7班	⑦パレスチナ問題について
8班	⑧労働問題について
9班	⑨地方自治について

問１　下線部①に関して，次の文は，日本国憲法などでも採用されている人権保障に関する考え方について説明したものである。文中の(あ)にあてはまる語句を**漢字６字**で答えなさい。

> ある行為を犯罪として処罰するには，犯罪とされる行為の内容と科される刑罰が事前に法律に規定されている必要があるという考えを(　あ　)という。

問２　下線部②に関して，次の文は，外国人の人権に関するある法律について説明したものである。文中の(い)にあてはまる語句を**カタカナ**で答えなさい。

> (　い　)解消法で禁止されている「(　い　)」とは，特定の民族や国籍の人々に対して，排除することをあおり立てるもの，こうした人々に対して危害を加えようとするもの，また，こうした人々を著しく見下すような差別的な言動を指す。

問３　下線部③に関して，次のＡ・Ｂの文は，地球環境問題への取り組みについて述べたものである。内容が正しければ「正」，誤っていれば「誤」とした場合の組み合わせとして適当なものを，あとのア～エから１つ選び，記号で答えなさい。

Ａ．地球温暖化防止京都会議で，地球温暖化を防止することを目的に気候変動枠組条約が調印された。

Ｂ．パリ協定で，温室効果ガスの排出量の削減を先進国のみに義務付けた。

ア．Ａ　正　Ｂ　正　　イ．Ａ　正　Ｂ　誤

ウ．Ａ　誤　Ｂ　正　　エ．Ａ　誤　Ｂ　誤

問４　下線部④に関して，次のＡ～Ｃの文は，為替相場が与える影響について述べたものである。内容が正しければ「正」，誤っていれば「誤」とした場合の組み合わせとして適当なものを，あとの

ア～クから１つ選び，記号で答えなさい。

A．一般的に，円高は，日本の企業が海外に輸出する場合に有利である。

B．一般的に，円安は，外国人観光客を受け入れる日本の観光業界にとって有利である。

C．一般的に，円安になると，日本の企業の海外進出が増える。

ア．A　正　B　正　C　正
イ．A　正　B　正　C　誤
ウ．A　正　B　誤　C　正
エ．A　正　B　誤　C　誤
オ．A　誤　B　正　C　正
カ．A　誤　B　正　C　誤
キ．A　誤　B　誤　C　正
ク．A　誤　B　誤　C　誤

問５　下線部⑤に関して，立法や行政による消費者問題に関する取り組みについて述べた文として正しいものを，次のア～エから１つ選び，記号で答えなさい。

ア．欠陥商品により消費者が被害を受けたときの，生産した企業の責任について定めた，消費者保護基本法を制定した。

イ．消費者の不利益になる事実をわざと伝えなかった場合などに，消費者が契約を取り消すことができる，消費者基本法を制定した。

ウ．消費者相談や情報提供を行う消費生活センターが，各地方公共団体に設置された。

エ．消費者問題に取り組む組織として，消費者省が設置された。

問６　下線部⑥に関して，次の図は，社会保障のあり方について，税などの国民負担を横軸にとり，社会保障給付費を縦軸にとって，図式化したものである。現在の状況を図の●の位置としたとき，あとの文に書かれていることを行うと，●はア～エのどこに移動するか。適当なものを１つ選び，記号で答えなさい。

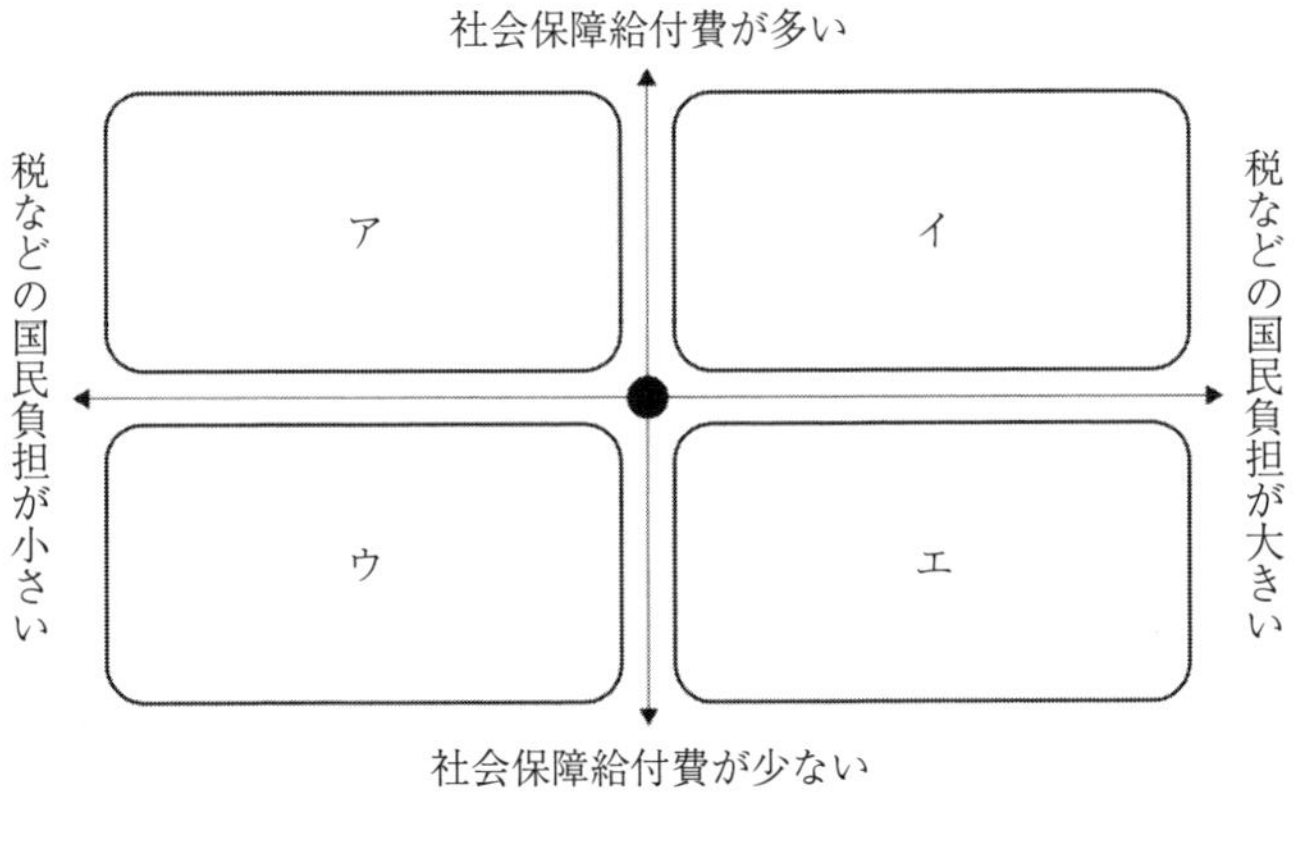

医療費の保険料を引き上げて，医療機関で支払う医療費の自己負担の割合を引き下げる。

問７　下線部⑦に関して，次の文の（う）にあてはまる語句を**カタカナ**で答えなさい。

ユダヤ人にとって帰るべき「約束の地」と考えられているパレスチナに再びユダヤ人の国家をつくろうとして，19世紀末に起こった運動を（　う　）という。

問8　下線部⑧に関して，次の文は，ある法律の抜粋である。この法律の名称を**漢字**で答えなさい。

第７条
　使用者は，次の各号に掲げる行為をしてはならない。
１．略
２．使用者が雇用する労働者の代表者と団体交渉をすることを正当な理由がなくて拒むこと。

問9　下線部⑨に関して，次の各問いに答えなさい。

(1)　市町村合併が進んだ理由として**もっともふさわしくないもの**を，次のア～エから１つ選び，記号で答えなさい。

ア．一つの市町村では対応しにくい課題が増えてきたから。
イ．悪化している財政を安定させようとしたから。
ウ．住民からの意見が届きやすくなるから。
エ．市町村の仕事の効率化を進めようとしたから。

(2)　次の文章中の(え)にあてはまる語句を**漢字**で答えなさい。

　さいたま市や横浜市などの政令指定都市に置かれる行政区は，市の一部であり，独立した地方公共団体ではない。これに対して，東京都の23区は(え)とよばれる地方公共団体の一つで，市とほぼ同じ権限を持っている。

【理　科】（40分）〈満点：50点〉

1　次の文章を読み，後の問いに答えよ。

地球の表面にある物体は，大気圧を受けている。一般に，地球の表面における大気圧の大きさは，約100,000Pa（1 m^2 あたり約100,000N＝約10 t の重さ）とされる。この値は大気圧を受けている位置の上にある大気の重さを反映しているため，高い山の頂上など高度が高い地域ほど小さくなる。以降，本問題では，高度が高くない地域を想定して，その大気圧を一定値 p_0[Pa]とする。

図1のように，水中にある直方体の物体Aの表面が，周囲の水から受ける圧力について考える。この物体Aの上面と下面の面積は S[m^2]で，高さは h[m]とする。また，物体Aの上面は，水面と平行で，水面から d[m]の深さにあり，水面は一様に大気圧 p_0[Pa]を受けている。

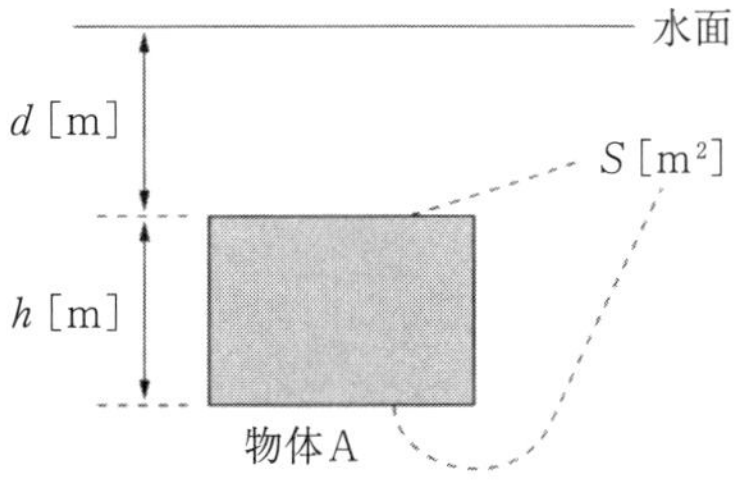

図1

ここで，水中の物体の表面が，周囲の水から受ける圧力の「大きさ」[Pa]と「向き」は次の【1】，【2】のように扱う。

【1】「大きさ」について

物体表面で一様ではなく，深さによって異なる。これは，水から受ける圧力が，物体表面上の着目位置の水の深さよりも上方にある「大気の重さ」と「水の重さ」の和から構成されていることによる。よって，具体的に，図1の状態の物体Aの上面について考えると，どこも深さが等しいため，水から受ける圧力の大きさはどこも等しい。そして，その大きさは「大気圧の大きさ p_0」と「底面積が1 m^2 で高さが d[m]の水の柱の重さ」の和で求めることができる。

【2】「向き」について

水中にある物体の表面の向きに関係なく，その表面を垂直に押す向きとなる。よって，具体的に，図1の状態の物体Aについて考えると，水から受ける圧力の向きは，上面・下面・側面によらず，面に対して垂直に物体Aの内部に向かって押す向きとなっている。

問1　図1の物体Aが水から受けている圧力のようすについて，適当なものを次のア～カから1つ選び記号で答えよ。なお，ア～カの矢印の長さは圧力の大きさを示している。

ア
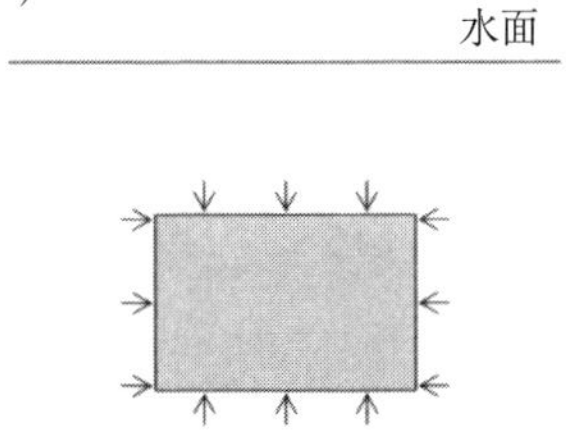

イ
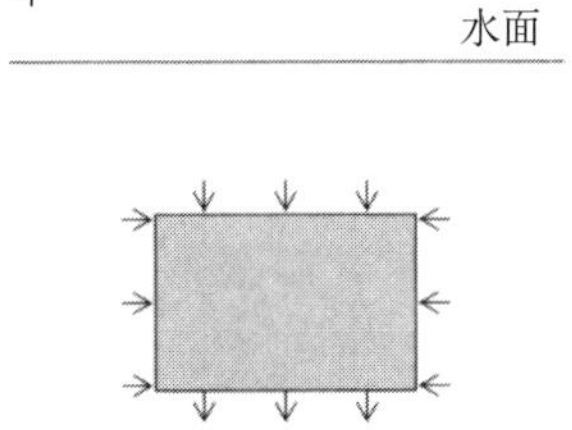

ウ
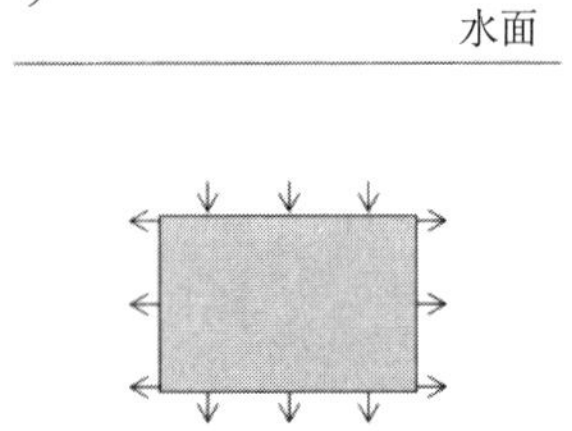

エ
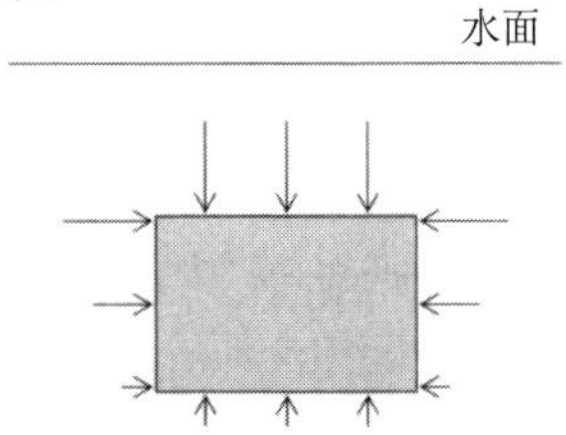

オ
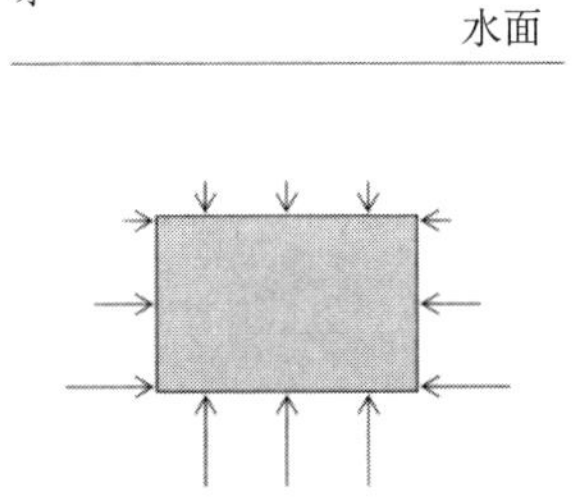

カ
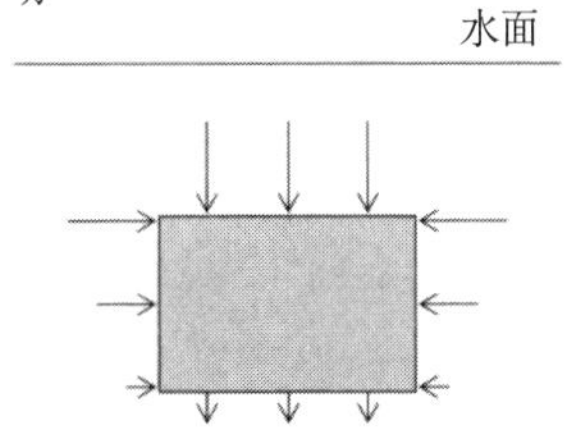

次のページの図2のように，大気中にある物体Aをばねばかりにつるしたところ，ばねばかりは M_0[N]を示していた。また，図3のように，物体Aをばねばかりにつるしたままで水中に沈め，静止しているとき，ばねばかりは M_1[N]を示していた。

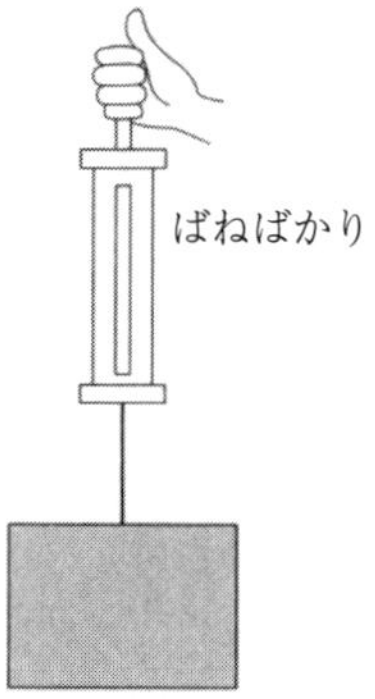

図2

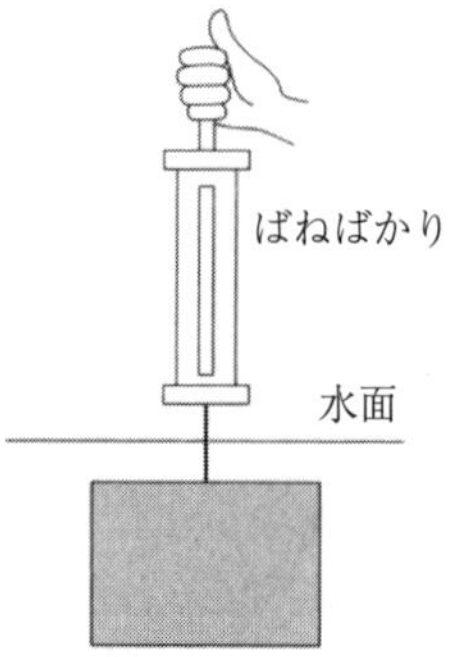

図3

問2　図3のとき物体Aが水から受けている浮力の大きさは何[N]か。M_0とM_1を用いて答えよ。

図4のように，地球の表面付近の物体が受ける重力の大きさ[N]は，その物体の質量m[kg]に比例し，その比例定数をgとして，「mg」と算出することができる。この定数gの値は，「重力加速度」とよばれ，地球上では一定の値で扱うものとする。

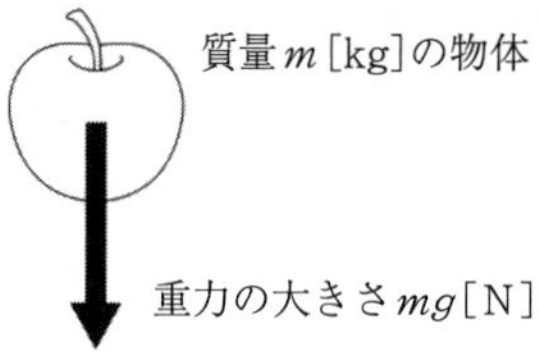

図4

なお，水圧を計算する過程で「水の重さ」を求める等，物体の重さ[N]（すなわち，物体が受ける重力の大きさ[N]）を計算する方法は，ここで示した方法「mg」に従うものとする。また，水の密度は，r[kg/m^3]とする。

問3　図1の物体Aと同じ形の水のかたまりを想定し，これを物体Bとする。物体Bが受ける重力の大きさは何[N]か。M_0とM_1を**用いず**に答えよ。

ここで，図5のように，図1の物体Aの部分が，物体Bに置きかわった状態を想定する。

問4　図5の物体Bの上面が上部の水から受ける圧力をp_1[Pa]とすると，物体Bの下面が下部の水から受ける圧力p_2は何[Pa]か。M_0，M_1，p_0を**用いず**に答えよ。

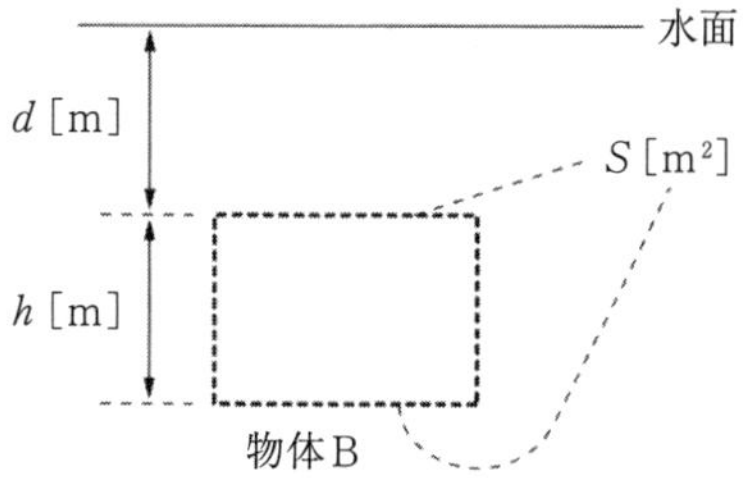

図5

ここで，図6のように，物体Bの高さをh[m]からH[m]へと変更した物体Cを想定し，この物体Cの上面の高さが水面の高さと一致している状態を考える。

問5　図6の物体Cについて述べた下の文章について，空欄[a]～[c]にあてはまる文字式は何か。M_0，M_1，p_1，p_2を**用いず**に答えよ。

物体Cの上面の上部には水がないため，上面が受ける圧力は[a][Pa]のみである。また，物体Cが受ける重力は[b][N]である。物体Cが受ける力のつりあいを考えると，物体Cの下面が受ける圧力は[c][Pa]である。この[c][Pa]は，水中の物体の表面のうち，水面からの深さH[m]の位置における水から受ける圧力の大きさ[Pa]の一般式とみることもできる。

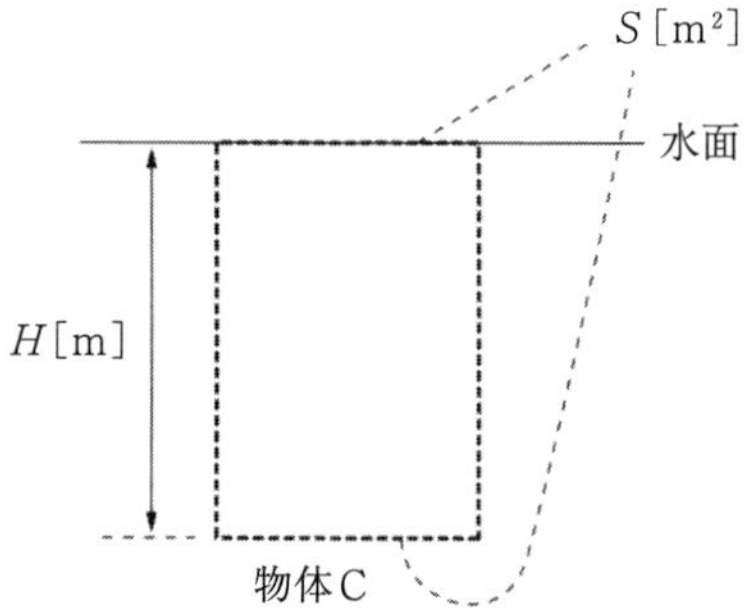

図6

問6　図1の物体Aの上面と下面が水から受ける圧力は，それぞれ何[Pa]になるか。M_0，M_1，p_1，p_2を**用いず**に答えよ。なお，水中の物体の表面が水から受ける圧力は，その面の向きやその物体の重さには関係がなく，**問5**[c]の一般式に従う。

一般に，水中の物体が受ける浮力は，**問6**で求めたような，物体の上面と下面の圧力の大きさの違いにより生じている。

問7　物体Aの体積をV[m^3]として，図1の物体Aが受ける浮力の大きさ[N]を求めよ。なお，M_0，M_1，p_1，p_2，S，hを**用いず**に答えよ。

2　次の文章を読み，後の問いに答えよ。

今から250年前の1774年，フランスのラボアジエ(Lavoisier)は，『化学反応において，反応物の質量の総和は，生成物の質量の総和に等しい。』という[　(A)　]の法則を発見した。

この法則は，以下の図1に示す装置(レトルトというガラス装置)を用いた実験により確認できる。その実験の流れを次に示す。ただし，(B)1つだけ「全質量を計測した」という手順が抜けている。

【実験の流れ】

① スズをレトルトの中に入れた。

② (C)栓をする前に，スズの入ったレトルトを加熱した。

③ スズの色が少し変わったところで加熱を止め，栓をした。

④ 室温まで冷却した。

⑤ この時点の全質量は，25.3236 g であった。

⑥ 再度，加熱を始めた。

⑦ 充分に加熱をした後，室温まで冷却した。

⑧ 冷却後，栓を一度開けた。

⑨ 空気がレトルト内に入り，再度栓をした状態での全質量が25.3245 g となった。

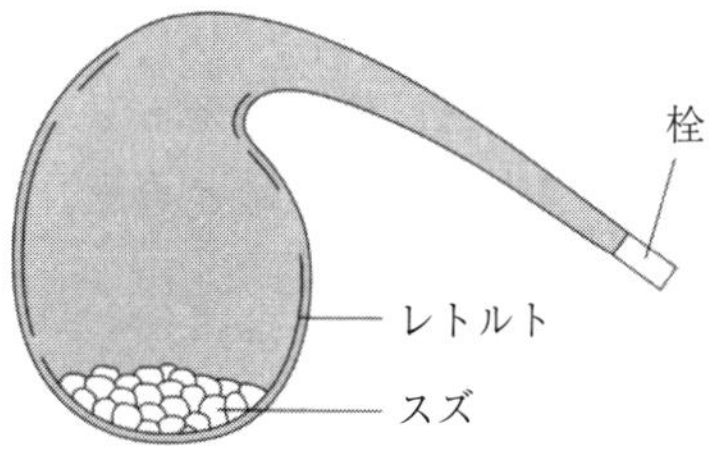

図1

問1　空欄[　(A)　]に入る適当な語句を**漢字**で書け。

問2　下線部(B)について，【実験の流れ】④〜⑨のうち，どの直後に全質量を計測するべきか。④〜⑨のいずれかで答えよ。

問3　下線部(C)について，栓をする前にレトルトを加熱するのはなぜか。以下の文の空欄にあてはまる適当な語句を書け。

レトルトに栓をした状態で加熱すると，レトルト内の空気が[　　　　]し，レトルトが破裂する可能性があるため。

[　(A)　]の法則は，中和実験でも確認できる。そこで，図2の装置を用いて実験を行った。ただし，図2では支持器具等を省略してある。また，混合した水溶液は完全に混ざるものとする。

【実験の流れ】

❶ 三角フラスコに質量パーセント濃度2.0％の水酸化ナトリウム水溶液を100 g 入れた。

❷ 滴下ろうとに質量パーセント濃度3.7％の塩酸を50 g 入れ，三角フラスコに接続した。

❸ 栓をして，全質量を計測したところ，424.32 g であった。

❹ コックを開け，滴下ろうとから塩酸をすべて滴下した。

❺ 滴下終了後，全質量を計測したところ変化はなかった。このとき三角フラスコ内の水溶液の pH は 7 であった。

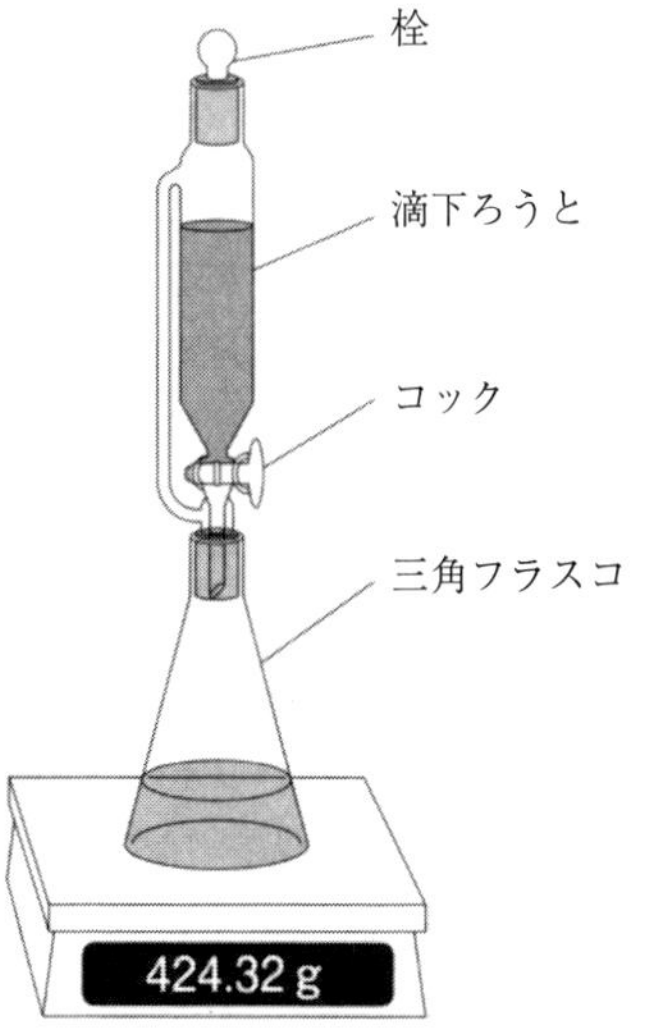

図2

問4　この中和実験で生じた水の質量[g]を答えよ。なお，❺の後の水溶液30 g には，固体が0.58 g 含まれていたものとする。

[　(A)　]の法則は*発泡する入浴剤(以降，入浴剤とよぶ)でも次のように確認することができる。水の入ったペットボトルと細かく砕いた入浴剤を用意し，全質量を計測する。この入浴剤をペット

ボトルに手早く入れてキャップを閉める。発泡がおさまってから全質量を再度計測すると，反応が進んでも全質量が変わらないことがわかる。

＊入浴剤は，クエン酸と重曹(炭酸水素ナトリウム)の粉末が固められている。これが水に溶けると，クエン酸と重曹が反応し，発泡する。

問5　図2の実験装置を用いて，次のア～エに示す2つの試薬をまぜる4つの実験を行った。そのうち3つの実験は，反応途中で自然に栓が外れて (A) の法則を確認する実験が成立しなかった。 (A) の法則を確認できた薬品の組み合わせとして適当なものをア～エから1つ選び記号で答えよ。なお，固体と液体を用いる場合は，固体を三角フラスコに，液体を滴下ろうとに入れるものとする。

ア　硫酸と水酸化バリウム水溶液

イ　塩酸と炭酸水素ナトリウム水溶液

ウ　二酸化マンガンと過酸化水素水(オキシドール)

エ　亜鉛と塩酸

問6　密閉された容器にスチールウール(鉄)を入れ，充分な量の酸素を封入して燃焼反応を行うことでも (A) の法則を確認できる。鉄と酸素の燃焼の化学反応式を例にならって書け。ただし，原子1個の質量比は Fe：O＝7：2であり，得られた酸化鉄は充分に反応が行われたものとする。また，生じた酸化鉄に含まれる酸素の質量は30％であった。なお，生じた酸化鉄の化学式は簡単な整数比で答えよ。

例　$2NaHCO_3 \rightarrow Na_2CO_3 + H_2O + CO_2$

3　次の文章を読み，後の問いに答えよ。

太陽光は地球上の生命にとって，無くてはならないものである。地球上の生命は，いずれもエネルギーが必要であり，このエネルギーを得るうえで太陽光が重要な役割を果たしている。植物は，太陽光を利用して葉で $_a$光合成を行い栄養分をつくる。その栄養分は維管束の(A)を通して運ばれ，全身の細胞のエネルギー源となっている。動物は，直接太陽光を使うことはできないが， $_b$食物連鎖を通じてエネルギー源になる栄養を得ている。つまり，ほぼすべての生物は太陽光由来のエネルギーを使って生活をしていることになる。

多くの動物は眼をもち，太陽光を利用することで周囲の情報を得ている。ヒトの場合，光が角膜を通過した後，(B)で大きく屈折し，(C)上に像を結ぶ。(C)には光を受け取る視細胞が並んでおり，受け取った情報を脳に送り周囲の情報を認識している。また，眼には入る光量を調節する機能もあり，カメラや光学顕微鏡でいう「しぼり」に相当する(D)によって調節されている。植物には眼とよばれる構造はないが，光を利用して周囲の情報を得ている。例えば，茎の成長する方向が光によって変化することや， $_c$種子が光を感知して発芽することなどがあげられる。

問1　文章中の空所(A)～(D)にあてはまる語句をそれぞれ**漢字**で答えよ。

問2　下線部aの光合成について説明した次の文のうち正しいものを次のア～オから**すべて**選び記号で答えよ。

ア　二酸化炭素や水から，でんぷんなどの有機物と酸素をつくる反応である。

イ　一般的に葉の表側より裏側で活発に行われる。

ウ　太陽光が直接当たらない雨や曇りの日では行われない。

エ　活発に行うと，植物体の乾燥重量(水分を除いた重量)は増えていく。

オ　光合成に必要な二酸化炭素や水は，主に気孔から取り入れている。

問３　下線部ｂについて，食物連鎖によってエネルギーだけでなく，炭素も移動していく。生産者，一次消費者，二次消費者，分解者および大気中を循環する炭素の流れの図として最も正しいものを次のア～カから１つ選び記号で答えよ。

ア

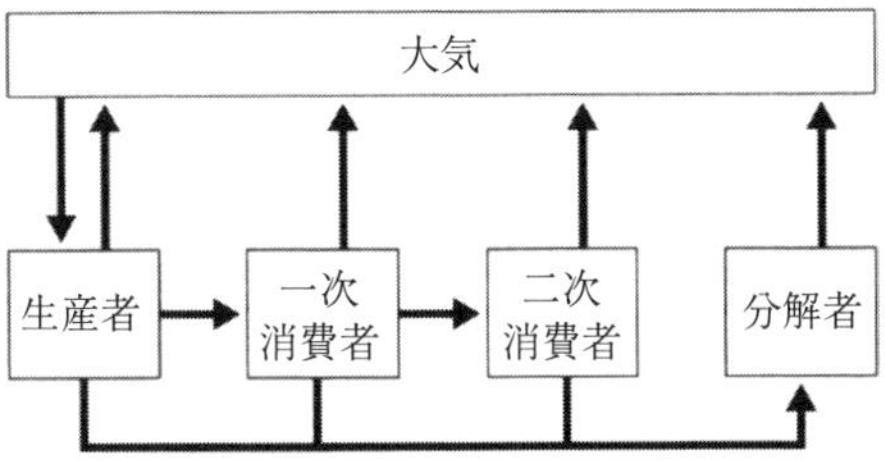

イ

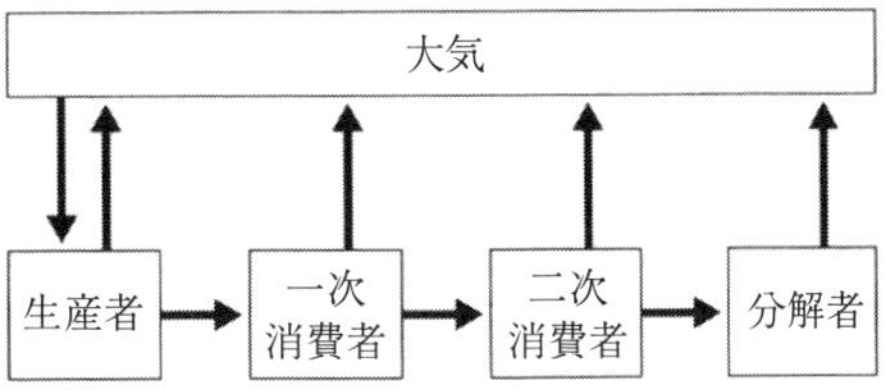

ウ

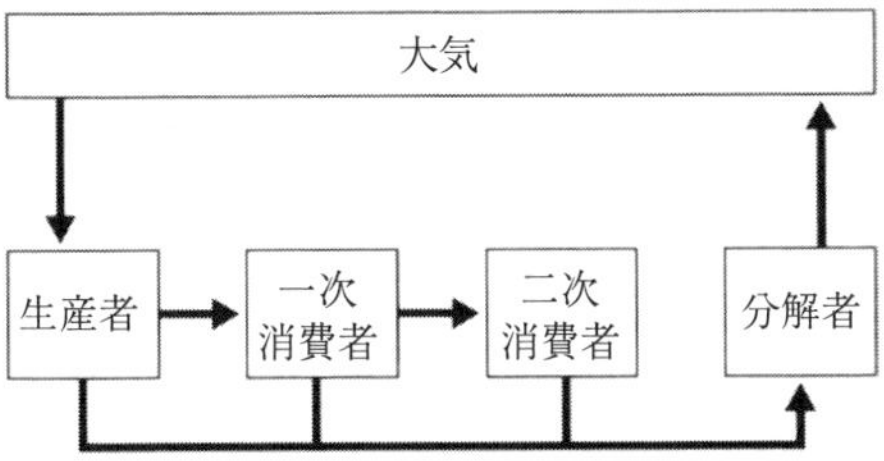

エ

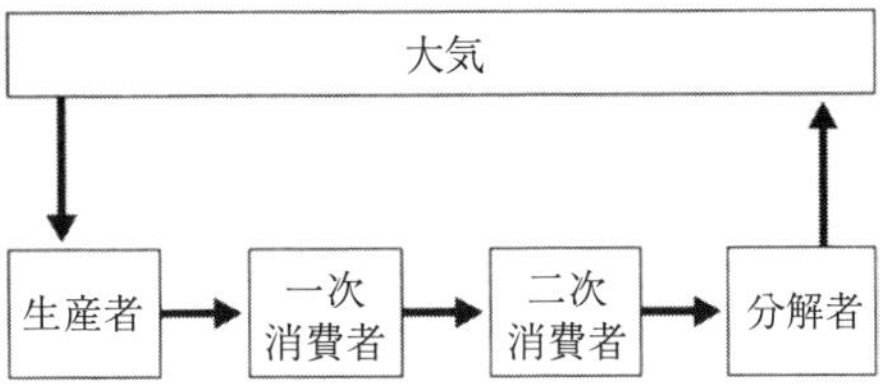

オ

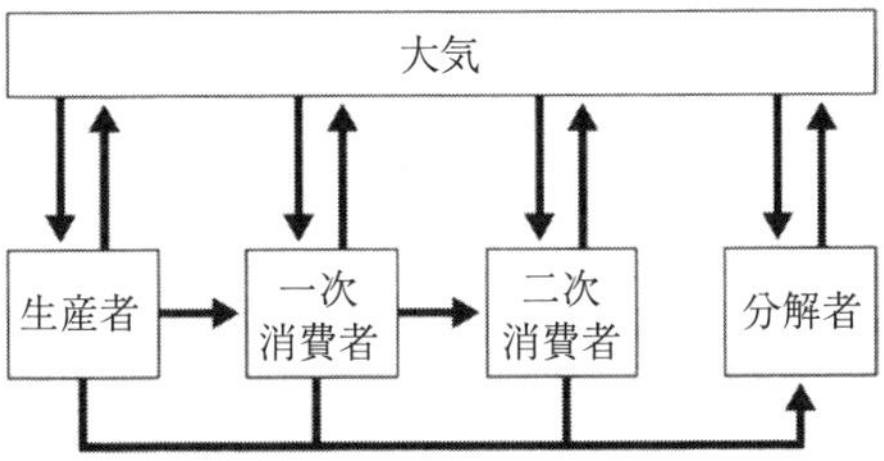

カ

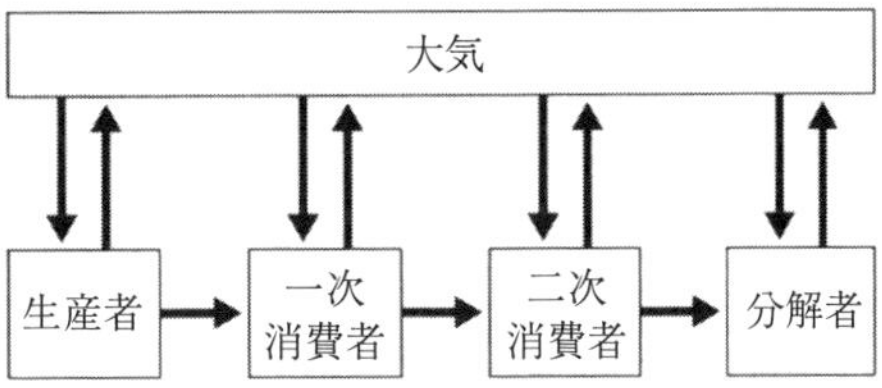

下線部ｃについて，種子の中には光発芽種子とよばれるものがあり，光が当たらないと発芽しない性質をもっている。この種子の性質を調べるために以下のような実験を行い，その結果を記録した。なお，どの実験も光以外の発芽に必要な条件は満たしているものとする。また，実験で種子に照射している「白色光」は，「青色光」「赤色光」「遠赤色光」を含めた様々な種類の光が混ざったものであり，それ以外の光は単一の種類の光である。

【実験と結果】

①　種子を暗所で１週間置いたところ，すべての種子が発芽しなかった。

②　種子に白色光を５分間照射したあと，暗所で１週間置いたところ，ほぼすべての種子が発芽した。

③　種子に青色光を５分間照射したあと，暗所で１週間置いたところ，すべての種子が発芽しなかった。

④　種子に赤色光を５分間照射したあと，暗所で１週間置いたところ，ほぼすべての種子が発芽した。

⑤　種子に遠赤色光を５分間照射したあと，暗所で１週間置いたところ，すべての種子が発芽しなかった。

⑥　種子に赤色光を５分間照射し，さらに遠赤色光を５分間照射したあと，暗所で１週間置いたところ，すべての種子が発芽しなかった。

⑦　種子に遠赤色光を５分間照射し，さらに赤色光を５分間照射したあと，暗所で１週間置いたとこ

ろ，ほぼすべての種子が発芽した。

問４　【実験と結果】の①～⑦から**誤っている**と判断できることを，次のア～オから１つ選び記号で答えよ。

ア　赤色光は発芽を促進し，遠赤色光は発芽を抑制している。

イ　白色光は発芽を促進するが，遠赤色光を照射するとその働きを打ち消す。

ウ　白色光や赤色光に限らず，赤色光を含む光であれば，発芽を促進する。

エ　赤色光と遠赤色光を同時に当てると，発芽する確率は50％になる。

オ　赤色光と遠赤色光を交互に照射することを繰り返した場合，最後に照射した光に従って発芽するかしないかが決まる。

太陽光には「青色光」「赤色光」「遠赤色光」などの様々な種類の光が含まれている。光には『波長』とよばれるものがあり，この違いを人間は色の違いとして認識している。地表に届く太陽光には様々な波長の光が含まれるが，特に強い光は波長が400～780nm（１nm は１mm の百万分の一）の範囲である。

葉緑体は様々な波長の光を均一に吸収するわけではなく，波長によって吸収率に差がある（図）。この図より，葉緑体は波長が450nm や670nm の光をよく吸収するが，540nm の光を比較的吸収しないことが分かる。植物はここで吸収した光を光合成に利用し，吸収しなかった光は反射または葉を透過していく。なお，青色光の波長は460nm，赤色光の波長は660nm，遠赤色光の波長は730nm であるとする。

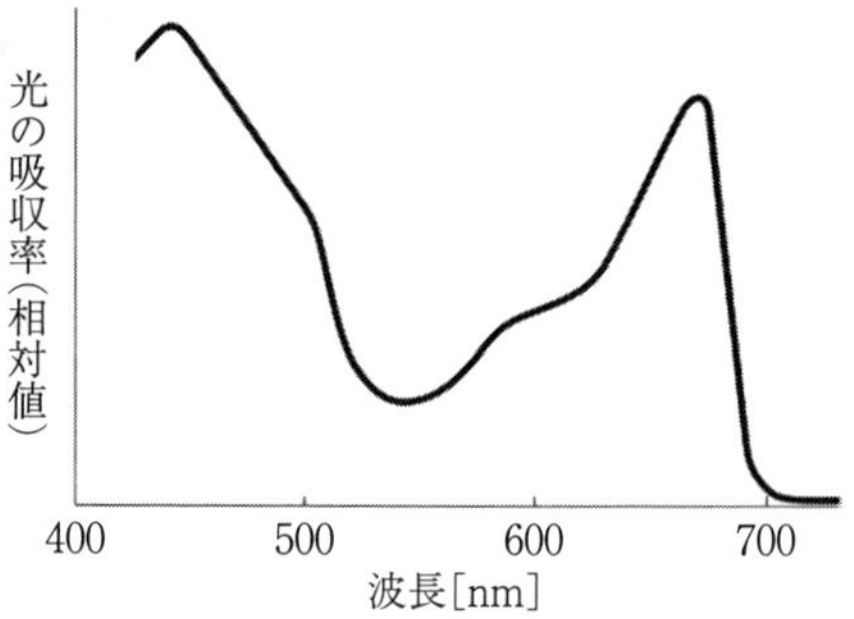

図

問５　図を参考にし，光発芽種子が特定の波長の光を受けると発芽が抑制されることは，生存戦略においてどのような意味があるか説明せよ。なお，説明には「赤色光」「遠赤色光」「光合成」という用語を**すべて使って**説明すること。

問６　【実験と結果】の①～⑦だけでは，この光発芽種子に対する青色光の作用は分からないが，図を合わせて考えると判断することができる。青色光はこの種子に対してどのような影響を与えると考えられるか。次のア～オから最も適当なものを１つ選び記号で答えよ。また，そのように判断した**理由**を説明せよ。

ア　赤色光と同じように発芽を促進する。

イ　赤色光と同じように発芽を抑制する。

ウ　遠赤色光と同じように発芽を促進する。

エ　遠赤色光と同じように発芽を抑制する。

オ　発芽の促進も，抑制もしない。

4　日本での天体の観察に関して，後の問いに答えよ。

問１　関東地方などの太平洋側で晴天の日に星空を観察する場合，冬季に比べて夏季の方が大気中の水蒸気が多く，星が見えにくいことが多い。夏季に水蒸気が多い**理由**を答えよ。

問２　江戸時代の俳人，与《よ》謝《さ》蕪《ぶ》村《そん》が詠《よ》んだ句に「菜の花や　月は東に　日は西に」がある。このときの月について，適当なものを次のア～オから１つ選び記号で答えよ。

ア　満月　　イ　新月　　ウ　上弦の月　　エ　下弦の月　　オ　三日月

問３　地球上から見る月と太陽は，ほぼ同じ大きさに見える。このことから，月の半径は何 km と推定できるか，**整数**で答えよ。なお，太陽の半径は68万 km，地球から太陽までの距離は地球から月までの距離の400倍とする。

次の表は，恒星ａ～ｆの名称，地球から見た場合の等級，および地球からの距離を表している。なお，等級が５小さくなるごとに，地球から見える明るさは100倍になる。つまり，等級が１小さくなるごとに，地球から見える明るさは約2.5倍になる。また，恒星の見かけ上の明るさは，観測をする位置からの距離の２乗に反比例するものとする。

表

記号	恒星名	等級	距離［光年］
a	北極星	2	430
b	シリウスA	-1.4	8.6
c	ベガ	0	25
d	リゲル	0.1	700
e	ベテルギウス	0.4	500
f	太陽	-26.7	0.000016

問４　地球から見たとき，恒星ａ(北極星)の10倍以上の明るさに見える恒星を，表中のｂ～ｆから**すべて**選び記号で答えよ。

問５　恒星ｃ(ベガ)が地球から250光年の位置にあるとすると，明るさは何等級に見えるか。**整数**で答えよ。

問６　恒星ａ～ｆのすべてが地球から同じ距離にあるとすると，２番目に暗く見える(２番目に等級が大きい)恒星はどれか。表中のａ～ｆから１つ選び記号で答えよ。

問三　空欄 X には「手紙」に関する語が入る。最もふさわしい語を考えて、漢字二字で答えなさい。

問四　傍線部②「見ぬ世の心際は見ゆる」とはどういうことか。その説明として最も適当なものを、次の中から一つ選びなさい。

ア．普段疎遠な人に思いがけず親近感をおぼえること

イ．先の見えない時代に持つべき心構えが分かること

ウ．会ったことのない人であっても本心が分かること

エ．故人が生前に伝えたかった気持ちを理解すること

オ．よく見知った人の本当の性格が明らかになること

問五　次の文章は、【文章Ⅰ】【文章Ⅱ】を勉強した生徒の「学習のまとめ」です。空欄に入る内容を考え、指定された字数で答えなさい。

　電子メールなどの通信手段が普及した現代にあって、手紙について深く考えさせられる内容でした。【文章Ⅰ】にある「あしこまでも行き着かざるらめど、心ゆく心ちこそすれ」という感覚は、情報が (i)（十字以内） 電子メールではなかなか味わえないものだと思いました。移動手段が限られていた当時の人々にとって、遠く離れた相手と手紙で思いを込めたやり取りができるということが、大変な喜びであった様子がうかがえます。

　また、手紙が記録に残るものであるという観点でみると、現代の通信手段に置き換えても共通する部分があると考えました。【文章Ⅱ】の「落ち散りぬれば、必ずあいなきこともあれば」というのは、過去にインターネットに書き込んだ内容が (ii)（十五字以内） という事態と重なると思います。【文章Ⅰ】から伝わる手紙の利点も、【文章Ⅱ】から得られる教訓も、今の時代と照らし合わせてみると大変興味深いと感じました。

りがとう。勉強になった。

(i) 空欄 X に入る単語として最も適当なものを、次の中から一つ選びなさい。

ア．神　イ．環境　ウ．境遇　エ．人工　オ．状況

(ii) 空欄 Y に入る内容を文がつながるように三十字以内で書きなさい。

(iii) 空欄 Z に入る内容として適当なものを本文中から二十一字で探し、始めと終わりの三字を書き抜きなさい。

三 次の【文章Ⅰ】・【文章Ⅱ】は「文《ふみ》」について述べている。それぞれの文章を読んで、後の問いに答えなさい。

【文章Ⅰ】

めづらしと言ふべきことにはあらねど、①文こそなほめでたきものには。はるかなる世界にある人の、いみじくaおぼつかなく、いかならむと思ふに、文を見れば、ただいまさし向ひたるやうにおぼゆる、いみじきことなりかし。わが思ふことを書きやりつれば、あしこまでも行き着かざるらめど、心ゆく心ちこそすれ。文といふことなからましかば、いかにbいぶせく、暮れふたがる心ちせまし。よろづのこと思ひ思ひて、その人のもとへ細々《こまごま》と書きておきつれば、おぼつかなさをもなぐさむ心ちするに、まして X 見つれば、命を延ぶべかめる、げにことわりにや。

（『枕草子』）

【文章Ⅱ】

すべて文はいつも＊けなるまじきなり。あやしく見苦しきことなども書きたる文の、思ひかけぬ＊反古《ほぐ》の中より出でたるにも、②見ぬ世の心際は見ゆるものぞかし。cただいまさしあたりて、はづかしからぬ人と思へども、落ち散りぬれば、必ずあいなきこともあれば、よく心得べきことなり。

（『十訓抄』）

（注）＊けなるまじきなり…普段のままであってはならない。
＊反古…不用になった紙。

問一 傍線部aからcの解釈として最も適当なものを、後の中からそれぞれ一つずつ選びなさい。

a おぼつかなく

ア．様子がわからず　イ．消息が途絶えて
ウ．不思議で　エ．不安ではなく
オ．あやふやな記憶で

b いぶせく、暮れふたがる心ち

ア．不思議で疑わしい気持ち
イ．驚き困惑した気持ち
ウ．心強く安心する気持ち
エ．不安がなく落ち着いた気持ち
オ．暗く落ち込んだ気持ち

c ただいまさしあたりて、はづかしからぬ人

ア．一緒にいても恥ずかしくない人
イ．いつも人前で恥ずかしがる人
ウ．今のところたいしたことのない人
エ．現在とても華やかで裕福な人
オ．見た目は立派に見えない人

問二 傍線部①の理由として最も適当なものを、次の中から一つ選びなさい。

ア．どんなに遠方であっても容易に手紙で思いを伝えることができるから。
イ．手紙を見ることによって相手と対面している気持ちになれるから。
ウ．自分は訪問しなくても手紙を送る相手が訪問してくれるから。
エ．相手がどんな状態であっても手紙を読むことで安心できるから。
オ．細かい文字で書くことによって多くの内容を伝達できるから。

に対し、残雪の話を聞いて、それぞれの運命は変えられないため、救える動物の治療に専念するべきだと考えることで自分を納得させようとしたから。

ウ．どのような動物の命を救うことが正しい選択なのか分からずに悩んでいたが、残雪の話を聞いているうちに以前より悩みが深まり考えがまとまらなくなり、強い言葉を使ってでもこの話題をやめさせたかったから。

エ．動物の命を救うのが獣医師の使命だと考えていたが、残雪の話を聞く中で、人間は動物の命を奪わなければ生きていけないことに気づき、その使命はペットに限定して考えるべきだという正解が分かったから。

オ．すべての動物の命について考えることが正しいと思っていたが、残雪の話を聞いてトイプードルはこの世での役割を終えたと思えるようになり、動物自身が不幸せでないならば悩む必要がないと分かったから。

問六　傍線部③について、このときの聡里の心情を六十字以内で説明しなさい。

問七　次に示すのは、この文章を読んだ生徒が話し合っている場面である。これを読み、後の(i)から(iii)の問いに答えなさい。

生徒A　残雪が話していた「カムイ」という考え方が興味深かった。

生徒B　うん、身の周りにある自然を崇めているんだね。でも聡里は人間の都合だけで言っている自分勝手な考えだと捉えて、「結局は自然を搾取してる」と言っていたね。

生徒A　そう。聡里の言うことも間違ってないよね。ただ、残雪が言ってた「人間の都合だったとしても、そこに感謝があるかないかで、同じ行為でも意味が違う」というところが気になってね。どういうことなんだろう。もう少し説明してほしかったな。

生徒B　実はこの文章を読んでからいろいろ気になったので、中川裕さんの『アイヌ文化で読み解く「ゴールデンカムイ」』という本を読んだんだ。アイヌ文化では人間をとりまいているほぼすべてのものをカムイと呼ぶらしい。自然のものだけではなく、家や舟、鍋や茶碗《ちゃわん》といった人間が作ったもの、ガスコンロの火なんかも、人間に役立つものはみんなカムイなんだ。

生徒A　残雪は「身の周りにある自然をカムイとして崇めていたらしい」と言ってたけど、自然だけじゃなくて、人間の周りにあって人間が生きるために何らかの関わりを持っているものがカムイなんだね。

生徒B　そうなんだよ。中川さんはカムイを説明するには「自然」ではなく「　X　」と捉えた方が分かりやすいと書いているんだ。

生徒A　なるほどね。聡里は人間も自然の一部だと考えたけど、「　X　」だと考えると人間がカムイに入らないこともよく分かるね。

生徒B　そうだね。残雪が「カムイを神々の世界に返す神聖な行為」と言っているけど、カムイはアイヌの世界に来ている時の仮の姿で、カムイが自分の世界に帰ってよい暮らしができるようにいろいろなお土産などを準備して送り返すものらしい。感謝をきちんと形にして返さないと、その後、自分たちの元へカムイは来なくなってしまうと考えられているんだ。

生徒A　感謝は思っているだけではだめなんだね。言い方は大げさかも知れないけど、感謝を形にして人間の側も犠牲を払うようにするってことだね。感謝があることで　Y　関係になるということか。

生徒B　そういうふうに考えられるんじゃないかな、と思ったんだ。

生徒A　いやあ、まさに　Z　をさせてもらったよ。あを、後の中からそれぞれ一つずつ選びなさい。

a　雲の上の存在
ア．接することのできない存在
イ．憧れの存在
ウ．人間の力の及ばない存在
エ．常に変化しつづける存在
オ．価値の高い存在

b　真顔
ア．真偽を探るような顔つき
イ．余裕のない真剣な顔つき
ウ．演技としての真面目な顔つき
エ．真心のこもった優しい顔つき
オ．持って生まれた真摯な顔つき

c　踏み込んだ
ア．核心に迫った　イ．強引に入り込んだ
ウ．鋭く切り込んだ　エ．深く立ち入った
オ．思い切った

問二　波線部を文法的に説明した文として正しいものを、次の中から一つ選びなさい。
ア．「ある」は連体詞で「写真」を修飾している。
イ．最も多く使われている品詞は動詞である。
ウ．全部で十三文節で構成されている。
エ．名詞が七語使われている。
オ．「見せてくれる」には受身の助動詞が使われている。

問三　空欄 A に入る言葉として最も適当なものを、次の中から一つ選びなさい。
ア．自分の知らないところで密かに観察されていたことを知った憤り
イ．小さな変化にも気づくほど自分のことを好きなのだと知った嬉《うれ》しさ
ウ．ずっと見つめられていたのにまったく気づいていなかったという羞恥
エ．いつもと変わらないのにどうして勘違いされたのだろうという疑問
オ．ほんの一瞬すれ違っただけなのになぜ分かったのだろうという困惑

問四　傍線部①について、残雪が「カムイ」の話をした理由を説明したものとして最も適当なものを、次の中から一つ選びなさい。
ア．獣医師として救えない命について考えることには意味はないので、自分たちはできるだけ多くの命を救う技術の習得に専念するべきだと伝えるため。
イ．多くの人が動物の命の在り方とは無縁の生活をしているので、獣医師を目指す自分たちだけは救えない命について考えなければならないと伝えるため。
ウ．救えない命があることを聡里が自分の問題として重く受け止めているので、自分たちには限界があるという現実を受け入れるしかないと伝えるため。
エ．あれこれと思い悩むこと自体には大した意味はないので、何事に対しても早めに自分の主張をしっかり持つことが大切であると伝えるため。
オ．聡里が厳しい現実に直面して身動きが取れなくなっていたので、今まで知らなかった新しい考え方を知り、状況を改善するべきだと伝えるため。

問五　傍線部②について、聡里はなぜ「正解」と言ったのか。その説明として最も適当なものを、次の中から一つ選びなさい。
ア．救うことのできない動物の命とどのように向き合うべきか悩んでいたが、残雪の話を聞いて唯一の正解はないと気づき、獣医師は救える命に力を傾注するという自分の考えが正しいと残雪に示したかったから。
イ．救うことのできない動物の命とどう向き合うのかという悩み

で、順番はなかなか回ってきそうにない。

「そうしようかなとは思ってる」

ただ動物病院で働いていると、辛い現実にも直面する。今回のようなことが起こった時、自分は伴侶動物の獣医師には向かないかもしれないとすぐに落ち込むのだと、残雪に伝える。

「無理しなくていいと思うよ。もし自分にできないことがあったら、できる人に代わってもらったらいいんだ。そのかわり、自分ができることは他の人のぶんまで頑張る。それでいいんじゃないかな」

「え……」

③聡里は両目を見開き、残雪の顔を真正面から見つめた。いまと同じことを、私は以前にも聞いたことがある。

――耐えられないなら、やらなくていい。やりたくないことは、できないって言えばいい。他の人に頼んでくれって、頭を下げればいいだけだ。

「どうしたの？」

「あ、ごめん。前にね、同じようなことを言われた記憶があって……。その時は『絶対にしなくてはいけないことなんて、この世の中には一つもない』って言われて、気持ちがちょっと楽になったんだ」

聡里たちの順が回ってきたので、メニューを指差しながら注文した。ハツ、モモ、ネギマ、カワ、ツクネをそれぞれ二本ずつ。さっきのザンギといい、残雪は鳥が好きなくせに鶏ばかり食べているなと、おかしくなる。

「誰？」

焼き鳥の入った透明のフードパックを二つ、店員から受け取りながら残雪がｂ真顔で訊いてきた。

「え、なにが？」

「聡里にそう言った人、誰かなと思って」

「ああ……。＊加瀬さんっていって、今年の三月に卒業した獣医学類の先輩だよ。いまサロマ湖近くの家畜診療所で、大動物の獣医師やってる」

できたての焼き鳥の匂いに食欲を刺激され、「どこで食べる？」と声を弾ませる。隣に立つ残雪は、フードパックを手に真顔のままだ。

「その加瀬さんが、聡里の好きな人？」

「へ……」

「前に言ってただろ？」

「ああ……うん。そうだよ」

そういえば残雪に話したことがあった。大雪の日に偶然会って、愚痴ってしまった。いじけて雪の上に倒れ込んでいた惨めな姿も見られている。

「いまも好きなんだ？」

「いやいや……加瀬さん、つき合ってる人がいるんだよ。＊静原さんって知ってる？　いま獣医学類の五年生で。ああでもやっぱり……」

いまも好きかも、と自分にだけ聞こえる声で呟《つぶや》いた。一馬が夏菜とつき合っていたとしても好きは変わらない。いま残雪に訊かれて再認識してしまった。

「ごめん、なんかｃ踏み込んだこと訊いて」

「全然いいよー、気にしないで」

お詫びにワイン奢《おご》る、と残雪がワインガーデンのほうへと足早に歩いていく。聡里は彼の後ろをついて歩きながら、一馬のことを思い出していた。

（注）＊ザンギ…唐揚げの類い。
＊サクラ…聡里がアルバイトしている動物病院で治療を受けた猫。新薬が効いて病気が治癒した。
＊伴侶動物…ペット。
＊加瀬さん…加瀬一馬。
＊静原さん…静原夏菜。

問一　傍線部ａからｃの語句の本文中の意味として最も適当なもの

ても、おれたちがイメージするようなa雲の上の存在としての神様ではなく、身の周りにある自然をカムイとして崇《あが》めていたらしい」

　アイヌの人々からすれば山や川、海などもカムイであり、それらを人間の力が及ばない存在として畏怖し、敬意を払っていたのだという。

「じゃあ私たちの周りには神がいっぱいいるってこと？」

「そうなるのかな。動物を食べたりその毛皮を利用したりすることは、カムイを神々の世界――アイヌ語でカムイモシリっていうんだけど、カムイモシリに返すこととされているんだ。カムイは人間の力が及ばない大きな存在であるとともに、人の役に立つものでもある」

「動物や植物、山とか川がカムイで、人間はそうじゃないの？　人間も自然の一部だよね」

「いや、人間はアイヌの世界で生きているからカムイではない。彼らの考えでは、アイヌとカムイの世界は別のもので、自分たちの周りにあるカムイは、なんらかの理由があってアイヌの世界に遣わされたとされている」

　樹木を切り倒してそれを船に造り直すことも、川で魚を釣って食べることも、熊の毛皮を防寒具として利用することも、カムイを神々の世界に返す神聖な行為なのだと残雪が教えてくれる。

「それって、人間の都合で言ってるだけじゃないの？　結局は自然を搾取してる」

「まあそうだね。でもたとえ人間の都合だったとしても、そこに感謝があるかないかで、同じ行為でも意味が違うように思うんだ」

　残雪の話を聞いている間に、揚げたてのザンギはすべて聡里の胃袋に収まった。アイヌの考え方をすれば、ザンギを食べる行為も、カムイを神々の世界に返すことなのだろう。たしかにそう考えることで生きるための行為に意味が生まれる。

「いま聡里が話していたトイプードルは、この世での役割を終えて死んでいったんだ。その犬も顎の骨を削ったり、あるいは顎そのものを失うまでして生き延びたくはなかったかもしれない」

　残雪の静かな声を聞きながら、聡里は視線を下げて自分の手元を見つめた。そこにはさっきまでザンギが入っていた空っぽの箱がある。

「そうだね……。救えない命より、救える命について考えるほうが、獣医師を目指す者としては②正解かもしれないね」

「いや、そうじゃなくて。おれは、動物の命の在り方を考えることに意味がないとは思わないよ。ただ人にはそれぞれ領域があるから」

「領域？」

「そう。私の領域。あなたの領域。彼、彼女の領域。そして人間がコントロールできない領域が、いわゆる神の領域といわれるものだよ、現実ってやつだ。獣医師にも領域があって、それはその人それぞれ、個々で違っていいんだと思う」

　自分だけの正解があっていい。他人の思考や感情に冒されない自分だけの領域を持って生きていくのは大事だと思う、と残雪が笑いかけてくる。

「ありがとう、残雪くん」

　友人と話をするだけで世界が広がるという経験を、聡里は大学に入って初めて体験していた。これまでなかった考えを知ると、自分を変えることができる。少し自由に生きられる。

　細い水流を放射状に散らし、朝露に濡《ぬ》れる蜘蛛《くも》の網のような模様を描く噴水を、聡里は残雪と一緒に眺めていた。夜が深まるにつれて、周囲の緑も濃くなっていくように感じる。

「もうちょっとなんか食おうか。実はおれ、まだ腹減ってて」

「いいねー。私、ワイン飲もっかな」

　噴水近くのベンチから、出店が多く並ぶ場所へと二人で戻った。

焼き鳥が食べたいと残雪が言い出したので、店を探して歩く。

「卒業したら、聡里は＊伴侶動物の道に進むの？」

　焼き鳥の出店を見つけると列の最後尾に並んだ。長い列だったの家を冷静に見極める判断力が不可欠だとする筆者からの強いメッセージが込められている。

二

次の文章は藤岡陽子『リラの花咲くけものみち』の一節である。岸本聡里《さとり》は関東地方の出身で、北海道にある大学の三年生である。獣医師を目指している彼女は動物病院でアルバイトをしており、この日、入院していたトイプードルが亡くなった。その出来事の帰りに偶然会った同じ学年の久保残雪《ざんせつ》から祭りに誘われ、一緒に出かけることにした。以下はそれに続く場面である。読んで後の問いに答えなさい。

「今日、なんかあった？」

揚げたての＊ザンギが熱すぎて、ふーふーと息をかけていると、残雪がぼそりと訊《き》いてきた。

「え、どうして？」

聡里は目を見開いて、彼の横顔を見つめた。

「中央通りで見かけた時、いつもと違う気がしたから」

大きく口を開き、残雪がザンギを放り込む。[A]と、こんなに熱い鶏肉《とりにく》を一口で食べたことへの驚きが同時に湧き上がる。

「バイト先の動物病院でなんかあった？　患獣が死んだとか」

ベンチに腰かけ人の行き来を見ていると、川の流れを眺めているような気分になった。緩やかな流れの中で、どの人も幸せそうな顔をしている。

「残雪くんはさ、救えない動物の命について考えたことある？　答えはないんだから、そんなの考えても意味がないって思う？」

聡里は残雪に、＊サクラとトイプードルの話を聞かせた。サクラは手を尽くして回復したが、トイプードルは死を待つしかなかった。その違いについて考えると苦しくなるのだと打ち明ける。なんども言葉を詰まらせ、長い話になったけれど、彼は途中で遮ることなく最後まで黙って聞いてくれた。

「動物の命はさ、救えないことのほうが多いんじゃないかな。でもそれはその動物の運命だし、おれたち人間が考えるほど不幸せなことではないように思うよ。たとえば産業動物は、初めから人間の食料になるために生まれてくる。それをいちいち憐《あわ》れんでいたら、この世の中は菜食主義者だらけになってしまうだろ？」

通り過ぎていく人たちに視線を向けながら、残雪は穏やかな口調で話す。

「それに、命が尽きることをマイナスに捉える感覚は人間だけのものかもしれないし」

「そうなの？　ほんとに？」

「いや、動物に訊いたことがないから断言はできないけど。……聡里は、アイヌ民族を知ってる？」

「聞いたことはあるけど、詳しくはわからない。そういえば綾華が前に、道内にある資料館のような場所を訪ねてたかも。白老町《しらおいちょう》だったかな、アイヌの文化や歴史を学べる施設があるんでしょ？」

一緒に行こうと誘われたけれど、電車を乗り継いで一時間半ほどかかると聞いて断った。その頃はアルバイトもしていなかったので、交通費のことを考えると遠出はできなかったのだ。

「白老町にある施設だと、『ウポポイ』だな。おれも行ったことがあるよ。アイヌをテーマにした国立のナショナルセンターで、敷地が十ヘクタールもある美しい場所だ」

アイヌの世界観や自然観を学べる場所だった、と残雪が携帯に保存してある写真を見せてくれる。展示物を見て歩いたり、歌や踊りを鑑賞できるホールがあったりで、テーマパークとしても楽しめるよ、と。

「そのアイヌ文化で、①おれはカムイという考え方が好きなんだ」

「カムイ？」

「うん、アイヌ民族は、動物や植物を神々の世界から遣わされるカムイ、つまりアイヌ語で神、と呼んでいたそうなんだ。神とはいっ人間性を疑うのはよくないとする風潮が起こりやすいから。

問五　傍線部③の説明として最も適当なものを、次の中から一つ選びなさい。

ア．自分の意思で自由に選択することをしんどいと思う反面、他者の選択という制約から生じるストレスの反動で自由を求め続けたいという矛盾が常に内在している性質。

イ．自ら責任を負うべき問題について考えることを本質的には面倒くさく感じて他人に委ねつつも、判断についてはあたかも自分の意思で下したように捉えたがる性質。

ウ．他人に決定権を委ねると自らの自由は失われてしまうが、自分の意思による決定にこだわると責任を負わなければならないというジレンマを維持しようとする性質。

エ．自ら選択し責任を負うことと、他人に選択を委ねることのどちらがエネルギーをより多く消費するかを脳が本能的に判断し、心理的負担が少なくなるようにする性質。

オ．本能的に楽をしたがる脳の機能に従い、他者からの制約によって自由がない状況に身を置くことで、自分の意思による選択がもたらす責任からは逃れようとする性質。

問六　傍線部④に関する説明として適当なものを、次の中から二つ選びなさい。

ア．自分が信じてきた政治家に疑念を抱き、別の人物に乗り換えることで生じる責任やリスクを、脳が本能的に回避しようとする性質が巧みに利用されている。

イ．意思決定のプロセスのほとんどは大衆の意思に委ねるが、核心に触れる重要な選択に限っては政治家が巧みに誘導することで、主導権を大衆に渡さないようにする。

ウ．政治家は大衆の選択が引き起こす結果を具体的に伝えず、都合よい解釈をさせる余地を残すので、自らの選択は間違っていないと大衆に思わせることができる。

エ．大衆が一斉に同じ動きを行うことで、共通の政治家を支持する仲間が多くいるという安心感につながり、だまされているという感覚を抱くことがなくなる。

オ．政治家が大衆に同じ動きを一斉に行わせることで、認知的不協和による感動や快感を生じさせ、その動きを受動的に繰り返すことへの抵抗感をなくすことができる。

カ．賛同していない大衆にも単純な動きを繰り返し行わせることで一体感を高め、無意識に気持ちを高揚させて抵抗なく政治家を受け入れるように仕向けている。

問七　傍線部⑤はどういうことを言っているのか。比喩を踏まえて八十字以内で答えなさい。

問八　波線部ⅠからⅥの説明として最も適当なものを、次の中から一つ選びなさい。

ア．波線部Ⅰで「個人」と言わず「個体」と表現しているのは、複数の視点から物事を考えるのが苦手という脳機能の性質が、人間の個性や性格には依拠しない人類共通の特徴であることを、脳科学の観点から説明するためである。

イ．波線部Ⅱは、社会的地位と経済力を兼ね備える人物は、将来的に社会にプラスをもたらしてくれるという根拠のない期待を寄せる人間が多いようでは、永久に真の民主主義は実現しないという筆者からの警告である。

ウ．物事の選択には多くのエネルギーが消費される事実を、波線部Ⅲ・Ⅳのように具体的な数値を示して説明することにより、重要度の低い選択は他人に委ねて効率的な生命活動を行おうとする脳の性質が強調されている。

エ．筆者が波線部Ⅴを興味深く感じているのは、ナチス・ドイツが「認知的不協和」という脳の機能にいち早く注目し、科学的な研究を進めることで効率的に政治活動を進めていたという事実に着目しているからである。

オ．波線部Ⅵには、若者が政治的に巧みに誘導されることで戦争に利用されたという悲劇を現代で繰り返さないためにも、政治ない、と一瞬立ち止まるくせをつけて欲しい。その人が正しいわけでもなんでもなく、⑤ただ脳内麻薬を分泌させられているだけなのだから。

脳は、誰かに共感したとき、「すばらしい人」の味方をしたとき、心地よく感じるようにできている。[E]、自分で考えて意思決定することをやめて、いつでも楽をしたいと思っている。脳は、自由が嫌いなのだ。

大衆が心地よく感じる人は、大衆の思考を止めてしまう。その人が大衆のゆるぎない支持を得たとき、次の戦争が起きるだろう。できれば、その人を政治家として選ばないだけの知性を、多くの人が持っていてほしいものだと願う。

（中野信子『脳の闇』）

（注）＊インセンティブ…ある作用を引き起こす原因。
＊効用関数…物、エネルギー、情報、サービスなどに対する満足度を数値におきかえる関数。
＊リテラシー…ある分野に関する知識・能力。
＊パラメータ…プログラムを実行する時に設定する指示事項。
＊アーキテクチャ…構造。
＊リソース…資源。

問一　傍線部aからeのカタカナを漢字に直しなさい。

問二　空欄[A]から[E]に入る語の組み合わせとして最も適当なものを、次の中から一つ選びなさい。

ア．A—そもそも　B—しかし　C—あるいは
D—むしろ　E—同時に
イ．A—しかし　B—そもそも　C—あるいは
D—同時に　E—むしろ
ウ．A—そもそも　B—むしろ　C—しかし
D—同時に　E—あるいは
エ．A—しかし　B—むしろ　C—そもそも
D—あるいは　E—同時に
オ．A—そもそも　B—しかし　C—むしろ
D—あるいは　E—同時に

問三　傍線部①の意味として最も適当なものを、次の中から一つ選びなさい。

ア．よいことはよい、悪いことは悪いとして公平な立場で判断すること。
イ．善と悪、それぞれの立場からは一定の距離を置き、中立を保つこと。
ウ．自分の思考に偏らずに、様々な視点から物事の善悪を判断すること。
エ．よいか悪いかの判断を、公的な立場の人間に委ねる態度をとること。
オ．善か悪かの根拠を明確にしつつ、論理的な思考を基に判断すること。

問四　傍線部②が生まれる理由として最も適当なものを、次の中から一つ選びなさい。

ア．各個人が公平な分配を求める雰囲気が社会に広まると、中立的な判断のもとに人々を統率できる人物がリーダーとしての素養があると判断され、支持を集めるようになるから。
イ．社会性を身につけ、中立を美徳と考えるようになった人々は、すべての個人に均等な分配を行い、経済的困難を解決に導く統率者の出現を盲目的なまでに信じるようになるから。
ウ．各個人に均等になるような分配は本来実現困難であるが、現代社会では人々を公平に扱ってくれるリーダーなら実現してくれるだろうという根拠のない幻想が蔓延《まんえん》しやすいから。
エ．社会性を獲得した人々は、各個人が満足できるような平等な分配に価値を見いだし、その調整や判断を円滑にこなせる人物に一方的な期待を抱いて根拠なく支持するようになるから。
オ．現代社会においては、各個人への均等な分配という困難な問題を解決する必要が常に生じるため、それを実現できる人物の

手はこの人でいいのか……。些細《ささい》なことから自分で責任を負うべき重大な問題まで、人は自ら決めることにしんどさと面倒くささを感じていて、誰かに決めてもらったほうが楽だと、本心では思っている。

選択の自由がない状況のほうがむしろ、負うべき責任や、余計なリスクのことを考えずに済むから、気持ちとしては楽なはずだ。無論、脳としても楽ができる。Ⅲ脳が占める重さは全身の2％程度と、意外なほど小さい。しかし、何度も言うようだが、使う＊リソースは膨大だ。Ⅳブドウ糖は全身の消費量の18％、酸素に至っては25％もの量を消費する。異様に燃費の悪い器官ではないだろうか？　こんなに燃費が悪くては、あまり活発に動かすのは生存することを第一に考えれば得策とはいえない。

誰かに決めてもらうとか制約があることを心地よく思うのには、これだけのメリットがある。ヒトは本来、できるだけ不自由でありたいと望んでいる。みずから進んで制約のある状況を選び、檻《おり》に入りたがる。［　C　］、制約がないと不安を感じ、不快感にさいなまれるはずだ。

誰もが本心では、誰かに意思決定を委ねたいと思っている。ほしいのは自由ではなくて、自分で決めているという実感だけだ。そしてできれば責任は負いたくない。

人間は、本質的には自由を回避していながら、それでも自由を求め続けるという葛藤状態のまま生きている。

③そんな人間の性質を利用してきた人たちは歴史上、枚挙に暇《いとま》がない。

心理学の世界ではいまだに、ナチス・ドイツの手法を元にした実験データが教科書的に教えられたりする。彼らがどこまで意図的に、［　D　］科学的にやっていたのかは別の議論に任せたいが、彼らのやったことの是非を抜きにして考えれば、その手法はおそろしいほどdセンレンされている。人間の認知の仕組みを巧妙に衝《つ》いたものであり、④彼らの手法に抗える人はごくわずかだろう。

まず、人間の意思決定のプロセスのうち、その一部を本人の意思に委ねる。これによって、プロセスすべてについて自分が決定したかのような感覚を持たせる。それがもたらした結果については、できる限り抽象的に、あいまいに伝え、その解釈の余地だけをたっぷりと与える。そうすれば、勝手に人間は、自分に都合のいいように、自分がそれまでに払ってきた労力を無駄にしない解釈をする。

さらには、身体と心の反応が違うとき、人間は心のほうを身体の反応に合わせて変えるという性質がある。認知的不協和というが、人間の脳はこれを自動的にやるように作られているので、身体や現実を、誘導したい方向に操作してやれば、人の心を思うように動かすことができるというわけだ。Ⅴハイル！　と挙手させる行動など、なかなか興味深い。こんな些細なことで、と思うかもしれないが、些細なことが重なって、共感や感動や快感は盛り上がっていく。些細なことであればあるほど、警戒心を起こさせることがないから、思考停止のきっかけとして適している。

こうして、人はやすやすとその掌《てのひら》の上で踊らされてしまう。特に若い人は、このマジックにかかりやすい。なぜなら、自分の意思で判断することをつかさどる前頭前皮質が未発達だからだ。それで、彼らは少年たち、青年たちを使う。

踊らされている人は、自分では踊らされているとは思わないものだ。もしかしたら薄々、奇妙だな、引っかかるな、くらいの感覚は持っているかもしれないが、eタイガイは「共感できる誰か」「自分の代わりに『信頼できる意思決定』をしてくれる誰か」を応援し、貢献できる快感に追いやられて、健全な批判をする思考機能は停止させられてしまう。

Ⅵこれは、歴史的な話に留まらない。

政治家やこれから政治家になろうとする誰かを見たとき、「この人を応援したい」と論理的な根拠無く思わされてしまうことがあるだろう。理由無く味方したい、この人についていきたい、という感じ。その気持ちを感じたら、これは、脳に仕掛けられた罠《わな》かもしれ

二〇二四年度
栄東高等学校（特待生）

【国　語】〈五〇分〉〈満点：一〇〇点〉

一　次の文章を読んで、後の問いに答えなさい。なお、本文には一部省略したところがある。

　自分の頭で考えるのが苦手な遺伝子型が存在することを示唆する研究がある。

　この遺伝子型の脳は、自分の拠《よ》って立つ思考の型やその基盤を一度決めてしまうと、それ自体を疑うことにかなりのエネルギーを使うことになり負担を伴うので、それ以外の立場からの視点を考慮することが困難になってしまう。ましてや①是々非々、といった物の見方をすることには相当な苦痛を伴うことだろう。

　また、自分がそうであるので、複数の視座を持って物を見る人に対しては、これを信用しないか、または攻撃を加えてその視点を一つに減じようと試みるだろう。複数の視座を持った人が存在すること自体が不快に感じられるはずだから。

　ただ、中立に物事を見ることそのものに*インセンティブは存在しない。だから、脳には元来そんな機能がない。Ⅰ各個体はその個体に適した（あるいは、都合の良い）ものの見方をするように自然に方向づけられている。［A］中立とはいったいなんなのか、定義してみろと言われて正確かつクリアに定義できる人はどのくらいいるだろうか、とも思う。予想しながらaラクタンする気持ちがどうしても生まれてくる。

　条件付きで、社会性を獲得して以降ならば、各個体にできるだけ*効用関数的に均等になるような分配の必要が生じ、これを巧みに裁定できる個体が好意的に見なされることから、中立（に見えること）の価値が上がる。その価値に乗ずる形で、②リーダーシップという虚構が生まれ、さして根拠があるわけでもないがなぜかその個体は支持を集め、幻のような、けれども抗《あらが》いがたい縦方向の社会構造の形成のbイチグウを成す重要な要因となる。

　ここまでの思考は、はじめてしまえば何十秒もかからないと思うが、はじめるのには心理的な負担が大きいのだろう。かくして、性善説へのcカジョウな期待が起こる。相手を疑ったり、自分にとってプラスになるものではないかもしれないという可能性を、その都度吟味しながら付き合うことは実に消耗することだからだ。

　大衆が十分に冷静で、*リテラシーがあり、社会的地位と経済力とに左右されない選択をできるという仮定が成立してこそ、民主主義というのは健全に機能する。そういう世界でなら理想主義的な人物はもちろん支持され、勝てるだろう。［B］、現実世界では*パラメータが異なる。その世界でのトライアルはなかなか大変なことだ。

　政治の世界は理性と性善説を建前とするように構築されていながら、運営そのものは本能とむき出しの欲でなされている。その*アーキテクチャがサバイバルのルールを独特なものにしている。Ⅱそう遠くはない将来、「あの時代は民主主義という時代遅れの制度が是とされていたんだよ」と語られる日が来るのかもしれない。

　自由である、ということは、先にも書いたように、一般的には良いことだとされているらしい。誰からも制約を受けず、自分の意思で選択し、何かを決めて、自分で責任を取る。理想的な響きだ。が、実は、自由である、ということは、私が勝手に負担に感じているばかりでなく、人間の脳にとって本質的に結構な負担なのだ。学術的には「認知負荷」と呼ばれる。

　脳に負担がかかる、という事象は、感覚としては「しんどい」「面倒くさい」と知覚される。選択の自由を礼賛していながら、本当は、他者に意思決定してもらうほうがいいと感じているわけだ。

　着るものを選ぶ、夕食のメニューを決める、デートの行き先を決める、いま株を売るべきか買うべきか、転職すべきか否か、結婚相

英語解答

1 (1) jam　(2) rest　(3) figure
(4) tear　(5) pay

2 (1) ④　(2) ⑤　(3) ④　(4) ①
(5) ①

3 (1) あ…7　い…3　う…6
(2) あ…2　い…7　う…5
(3) あ…6　い…1　う…8
(4) あ…4　い…6　う…7
(5) あ…6　い…8　う…4

4 問1　ツアーガイド　問2　1
問3　2　問4　4　問5　3
問6　(例)患者の言ったこととは違うこと
問7　a big responsibility　問8　1

5 問1　2
問2　ア　(例)悪いことが起こるのを防ぐこと
イ　(例)それらにどう対処するか
問3　(例)友人との人間関係が変化し，困難が生じる
問4　1　問5　4　問6　3
問7　(ア) discovering〔developing/defining〕
(イ) yourself　(ウ) be〔become〕
問8　(1)…1　(2) resilience

6 1　ウ　2　イ　3　エ

7 1　エ　2　ウ　3　ア

8 1　エ　2　イ　3　ウ　4　エ

数学解答

1 (1) $\frac{2\sqrt{3}}{3}$　(2) 45.2点
(3) 2：3：6

2 (1) $\frac{1}{6}$　(2) $\frac{2}{9}$　(3) $\frac{1}{3}$
(4) $\frac{19}{108}$

3 (1) $OE=6$，$OF=3\sqrt{2}$　(2) $\frac{27\sqrt{2}}{4}$

4 (1) $1+\sqrt{2}$　(2) $3\sqrt{2}-4$
(3) $26\sqrt{2}-36$

5 (1) 2　(2) $\frac{16}{9}$　(3) 7：7：13

社会解答

1 問1　10π

問2　長さ…$20\pi^2$

式または考え方　(例)図の半径は，問1で求めた本初子午線の長さと等しくなるため，外周の長さは$10\pi\times2\times\pi=20\pi^2$となる。

問3　スマトラ島　問4　カ

問5　イ

問6　(1)…オ

(2)　(例)インドの約8割の人々が信仰しているヒンドゥー教では，牛を神聖な動物と考えているため，牛肉を食べることが禁忌とされているから。

問7　イ

問8　(例)経済的に不安定な農業国が多い東ヨーロッパの国々がEUに加わったことにより，補助金の増加がEUの財政を圧迫するようになったから。

問9　オ

問10　(1)…ア

(2)　都道府県名…沖縄県

理由　(例)豊かな自然や独自の文化・歴史を生かした観光業が盛んだから。

2 問1　ウ　問2　ア　問3　イ

問4　2番目…ウ　4番目…ア

問5　2番目…オ　4番目…ア

問6　エ

問7　(例)新聞や雑誌が発行されるようになり，新しい思想が広まるうえで，大きな役割を果たした。

問8　(例)イギリスは東アジアでのロシアの南下を警戒しており，日本に接近する必要があったため。

問9　ウ　問10　ア

3 問1　罪刑法定主義

問2　ヘイトスピーチ　問3　エ

問4　カ　問5　ウ　問6　イ

問7　シオニズム　問8　労働組合法

問9　(1)…ウ　(2)…特別区

理科解答

1 問1 オ　問2 M_0-M_1 N
問3 $rShg$ N　問4 p_1+rhg Pa
問5 a…p_0　b…$rSHg$　c…p_0+rHg
問6 上面…p_0+rdg Pa
下面…$p_0+r(d+h)g$ Pa
問7 rVg N

2 問1 質量保存　問2 ⑦
問3 膨張　問4 0.95 g
問5 ア
問6 $4Fe+3O_2 \longrightarrow 2Fe_2O_3$

3 問1 A…師管　B…水晶体〔レンズ〕
C…網膜　D…虹彩
問2 ア，エ　問3 ア　問4 エ
問5 (例)赤色光が当たらずに遠赤色光が当たる状況は，種子の上に他の植物が葉を広げて光合成をしていることを示すため，発芽してもその後生育できない可能性が高い。そのため，発芽を抑制し，発芽に適した条件が整うのを待つことで，生存率が上がる。
問6 記号…オ
理由…(例)図より，青色光は赤色光と同じく光合成で利用されることがわかる。そのため，発芽を抑制するとは考えられない。また，実験③より，発芽を促進しているわけでもない。よって，種子の発芽に対して影響を与えていないと考えられる。

4 問1 (例)南寄りの湿った空気が流れ込みやすいため。
問2 ア　問3 1700km
問4 b，f　問5 5等級
問6 b

国語解答

一 問一 a 落胆　b 一隅　c 過剰
d 洗練　e 大概
問二 オ　問三 ア　問四 エ
問五 イ　問六 ウ，カ
問七 脳に負荷がかかる意思決定を他人に委ね，その人を応援することで得られる快感に溺れているだけで，主体的で論理的に判断するための思考機能が停止しているということ。(78字)
問八 オ

二 問一 a…ア　b…イ　c…エ
問二 エ　問三 オ　問四 ウ
問五 イ
問六 好きな加瀬さんから以前自分が落ち込んでいるときに言われて救いとなった言葉を，思いがけず残雪の口から聞いて驚いている。
(58字)
問七 (i)…イ
(ii) 人間が自然から一方的に搾取するのではない，対等な(24字)［関係］
(iii) 友人と～う関係

三 問一 a…ア　b…オ　c…ウ
問二 イ　問三 返事　問四 ウ
問五 (i) 一瞬で相手に届く
(ii) 拡散して思いがけず炎上する

2023年度 栄東高等学校（第１回）

【英　語】（50分）〈満点：100点〉

（注意） [4]～[6]のリスニング問題は試験開始後15分経過した頃から放送される。放送時間は約15分である。

[1]　次の英文を読み，あとの問いに答えなさい。（文中の＊印の語には注があります）

Do you often dream at night? Most people do. When they wake in the morning they say to themselves, 'What a strange dream I had! I wonder what made me dream that.'

Sometimes dreams are frightening. Terrible creatures threaten and pursue us. Sometimes, in dreams, wishes ([1]) true. We can fly through the air or float from mountain-tops. At other times we are troubled by dreams in which everything is confused. We are ([2]) and can't find our way home. ①The world seems to have been turned upside-down and nothing makes sense.

In dreams we act very strangely. We do things which we would never do when we're ([3]). We think and say things we would never think and say. Why are dreams so strange? Where do dreams come from?

②People have been trying to answer this since the beginning of time. But no one has produced a more satisfying ([4]) than a man called Sigmund Freud.、One's dream-world seems strange and unfamiliar, he said, because dreams come from a part of one's mind which one can neither ＊recognise nor control. He named this the 'unconscious mind.'

Sigmund Freud was born about a hundred years ago. He lived most of his life in ＊Vienna, Austria, but ended his days in London, soon after the beginning of the Second World War.

Freud was one of the great explorers of our time. But the new worlds he explored were inside man himself. ③For the unconscious mind is like a deep well, full of memories and feelings. These memories and feelings have been stored there from the moment of our birth — perhaps even before birth. Our conscious mind has forgotten them. We do not ＊suspect that they are there until some unhappy or ([5]) experience causes us to remember, or to dream dreams. Then suddenly we see a face we had forgotten long ago. We feel the same jealous fear and bitter disappointments we felt when we were little children.

This ([6]) of Freud's is very important if we wish to understand why people act as they do. For the unconscious forces inside us are at least as powerful as the conscious forces we know about. Why do we choose one friend rather than another? Why does one story make us cry or laugh while another story doesn't affect us at all? Perhaps we know why. ④If we do, the reasons may lie deep in our unconscious minds.

（注）　recognise＝recognize　　Vienna　ウィーン（地名）　　suspect　～に感づく

(1)　英文の空所([1])～([6])に入れるのに最も適切なものを１～０の中から１つずつ選びなさい。ただし，同一のものを２回以上用いてはいけません。

１．turn　　２．awake　　３．answer　　４．held　　５．discovery
６．pleased　　７．unusual　　８．lost　　９．come　　０．memory

(2)　英文の下線部①～④の中で，文法上あるいは文脈上，誤りがある英文が１つあります。その番号を答えなさい。解答は[7]にマークしなさい。

2　次の英文を読み，あとの問いに答えなさい。（文中の＊印の語には注があります）

Why can people live on the Earth but not on Mars or Venus ? The answer is all around us: our atmosphere. ([8]) The two most important gases are *nitrogen (78 per cent) and *oxygen (20 per cent). The other 2 per cent of our atmosphere is made of many other gases — and the most important of these gases for our climate is carbon dioxide (CO_2).

Our atmosphere is important because it gives us air, and we need air to live. But it has another important job. Because of our atmosphere, the Earth does not get too hot or too cold. Mars has a thin atmosphere and its temperature is about −50℃. Venus has a thick atmosphere and its temperature is about +460℃. ([9])

Two hundred years ago in France, a scientist called Joseph Fourier had some questions about the Sun and the Earth. When the Sun shines, the Earth becomes hot. ([10]) Why does the Earth not lose its heat ? In his garden, Fourier had a greenhouse (a building made of glass), and he put young plants in it because the air was warmer. He thought that the Earth's atmosphere was like the glass of a greenhouse. Warm air stays in a greenhouse because of the glass, and warm air stays on the Earth because of the atmosphere. We〔1. now than　2. more　3. knew　4. about　5. know much　6. the atmosphere　7. Joseph Fourier〕, but we still use his words (the 'greenhouse effect') today.

So why does the Earth not become cold ? How does the greenhouse effect work ?

Light from the Sun comes through the Earth's atmosphere and heats the Earth. ([11]) Not all of this heat from the Earth can go back through the atmosphere and escape into space. There are some gases in our atmosphere that stop the heat from escaping into space. ([12]) The most important of them is CO_2, which stays in the atmosphere for 100 years — much longer than any other greenhouse gas !

But what stops the hot places in the world from getting hotter and hotter ? And why do the cold places not get colder and colder ? ([13])

The water in the oceans moves around the world like a river. Warm water travels to cold places in the world, and makes them warmer. And cold water travels to warm places, and makes them cooler. Because there is so much water in the sea, this can make big changes to our climate.

（注） nitrogen　窒素　　oxygen　酸素

(1)　英文の空所([8])～([13])に入れるのに最も適切なものを１～６の中から１つずつ選びなさい。ただし，同一のものを２回以上用いてはいけません。

1. But this heat is different from the Sun's light.
2. But what happens at night, he asked himself, when the Sun is not shining ?
3. Our atmosphere is made of gases that are necessary for life.
4. To answer these questions we must learn a little about the sea.
5. The atmosphere of the Earth is somewhere between the two.
6. That is why these gases are called 'greenhouse gases'.

(2)　英文の〔　〕内の語(句)を並べかえ，英文を完成させなさい。解答は [14] と [15] に入れるものをそれぞれ答えなさい。

We ＿＿ [14] ＿＿ ＿＿ [15] ＿＿ ＿＿, but we still . . .

3 次の英文を読み，あとの問いに答えなさい。(文中の＊印の語には注があります)

Paul works with Anna Wain, Cora Turner, Linda Jones, Derek Halliday, and Roger Fox in the museum. Mr Balfour is the museum manager. Mr Yardley is an important businessman in the town. Mrs Gilbertson let the museum borrow a very valuable necklace, the Gilbertson necklace.

One day, the Gilbertson necklace was stolen! There was a security camera on the ceiling in every room, but the camera showing the necklace was covered by a newspaper.

The police arrived, and they began to ask questions.

'Can I use that room?' the Chief ＊Inspector asked Roger Fox. He pointed to the door of Mr Balfour's office, which was in the corner of the entrance room.

'Yes, I'm sure that will be all right,' said Roger. 'Mr Balfour will not be back for half an hour.'

Chief Inspector Craven and one of the policemen in uniform went across to Mr Balfour's room. 'Please wait until I ask you to come in,' the Chief Inspector told us. 'Mr Fox, I'll see you first, please.'

Roger followed them into Mr Balfour's room while the rest of us waited. I looked at the others. They all seemed shocked by the ＊theft of the necklace.

'This is terrible,' said Mr Yardley. 'Has anybody told Mrs Gilbertson?'

Cora Turner shook her head. 'Not yet,' she said. '①Perhaps we should wait for Mr Balfour to come back.'

'Yes, I think you're right,' said Mr Yardley. He looked at Anna. 'I came back to see how you were getting on with the new displays. I was on my way up the stairs when I heard the alarm.'

'Mrs Gilbertson is going to be very unhappy,' said Linda, sitting on the edge of the ticket desk.

'The thief has got away,' said Cora Turner. 'I noticed the dark TV screen at eleven o'clock, but several people left the building after that. Roger closed the museum doors at ten minutes past eleven. That gave the thief ten whole minutes to get away.'

The security television screens were behind the ticket desk. ②All the screens were shown rooms in the museum now, I noticed.

We all looked at one another. Each knew what the other was thinking. *Is the thief one of us?*

Roger came out of Mr Balfour's room. 'The Chief Inspector wants to see you next, Cora,' he said.

Cora looked nervous when she went in to see Chief Inspector Craven. Then we heard the museum doorbell ring and the other policeman in uniform opened the door. Two policewomen came in.

I knew one of them, but she didn't seem to recognize me. I was glad. (　A　)

'They're here to search everybody,' said Roger. 'The Chief Inspector told me.'

'Search!' said Linda.

Roger nodded. '③He wants to be certain we don't have the necklace on us,' he said.

'(B)They're not searching me!' said Linda.

'Then the police will think you're hiding something, Linda,' said Roger. 'They'll think you're the thief.'

'But how can I be the thief?' she said, angrily. 'I was at the top of the building in the main office, with Derek Halliday.' She suddenly looked embarrassed and her face became red. 'He — he was asking me to go to the cinema with him on Saturday night.'

Roger smiled. 'I hope you enjoy the film,' he said. 'But how do you know it was exactly eleven o'clock when he was in the office ?'

'Because Derek asked me how long it would be before Mr Balfour came back to the museum,' said Linda. 'I looked at the office clock and saw it was eleven o'clock. Then I told Derek that Mr Balfour was coming back in another hour.'

'Then you and Derek have nothing to worry about,' said Roger. 'You were both together when the theft happened.'

Linda looked unhappy, but I knew she was going to allow a policewoman to search her. She doesn't want the police to think she's a thief, I thought.

Cora came out of Mr Balfour's room and told Anna to go in next. Anna smiled at me when she went past. 'We don't have to worry, Paul,' she said. 'We were together when the necklace was stolen, weren't we ?'

④I watched her go into the little office. Anna went to the coffee machine and came back just before the security alarm went off, I thought. How do I know she didn't steal the necklace before she came back with the coffee ? But I didn't want to believe (C)that. I liked Anna.

（注） inspector 警部 theft 盗難

(1) Which of the underlined sentences ①～④ is grammatically ***NOT*** correct ? 16

(2) Fill in the blank（A）with the most appropriate answer. 17

1．There was nothing she wanted to let me know.
2．There was something she wanted to let me know.
3．There was nothing I didn't want her to remember.
4．There was something I didn't want her to remember.

(3) What does the underlined part (B) mean ? 18

1．I won't let them search me.
2．I want them to search me soon.
3．I haven't finished being searched by them.
4．I'm sure they don't think they need to search me.

(4) What does the underlined part (C) refer to ? 19

1．Anna told a lie to me.
2．Anna stole the necklace.
3．Anna didn't steal the necklace.
4．Anna went to the coffee machine.

(5) When is Mr Balfour going to come back to the museum ? 20

1．At about eleven. 2．At about eleven thirty.
3．At about twelve. 4．At about twelve thirty.

(6) According to the passage, which of the following statements is true ? 21

1．Linda felt relaxed because Roger understood that she was not the thief.
2．Everyone that worked at the museum thought the thief was a person outside.
3．Paul and Anna were together all morning on the day that the necklace was stolen.
4．The thief had a chance to leave the museum before Roger closed the museum doors.

リスニング問題 〈放送文は未公表につき掲載してありません。〉

4 これから二人の対話を聞き，質問に対する答えとして最も適切なものを１つずつ選びなさい。なお，対話と質問は２度読まれます。

22 1．Sad. 2．Easy. 3．Hungry. 4．Excited.

23 1．6:30 2．7:30 3．8:30 4．9:30

24 1．Attend a concert with the girl.
2．Give a live performance together.
3．Buy an electric guitar to teach her.
4．Visit the girl after school tomorrow.

5 これから短い英文を聞き，質問に対する答えとして最も適切なものを１つずつ選びなさい。なお，英文と質問は１度だけ読まれます。

25 1．Storms. 2．Seat belt. 3．Loud noise. 4．Radio waves.

26 1．It is less popular than rugby.
2．It started about 100 years ago.
3．University students from Ohio started it.
4．It was established for rugby at the beginning.

27 1．The Soviet Union launched two satellites in a year.
2．The Soviet Union and the U.S. worked together to launch satellites.
3．The U.S. surprised the world when their first satellite was launched.
4．The world's first man-made satellite was launched a few centuries ago.

6 これから少し長めの英文を１つ聞き，４つの質問に対する答えとして最も適切なものを１つずつ選びなさい。なお，英文は今から10秒後に放送されます。また，英文は２度読まれます。

28 Who do mosquitoes ***NOT*** like ?
1．A man running with sweat. 2．A man whose body temperature is high.
3．A woman having a baby. 4．A woman wearing darker color.

29 Which blood type do mosquitoes like ?
1．Blood type A.
2．Blood type O.
3．Both blood type A and blood type O.
4．Neither blood type A nor blood type O.

30 Which is true about mosquitoes ?
1．The males don't bite people.
2．Almost all of them bite humans.
3．They give blood to their children.
4．There are more than 4,000 types in the world.

31 Which is the best way for people to prevent mosquitoes from biting ?
1．Set a fishnet over your bed.
2．Do some exercise and stay healthy.
3．Use insect spray after getting bitten.
4．Cover their skin with clothes or something.

【数　学】 （50分）〈満点：100点〉

（注意）　1　問題の文中の [ア]，[イウ] などには，特に指示がないかぎり，符号（－，±）または数字（０～９）が１つずつ入る。それらを解答用紙のア，イ，ウ，…で示された解答欄にマークして答えること。

2　分数形で解答する場合，分数の符号は分子につけ，分母につけてはいけない。例えば，$\dfrac{[\text{エオ}]}{[\text{カ}]}$ に $-\dfrac{4}{5}$ と答えたいときは，$\dfrac{-4}{5}$ とすること。

また，それ以上約分できない形で答えること。例えば，$\dfrac{3}{4}$ と答えるところを，$\dfrac{6}{8}$ のように答えてはいけない。

3　根号を含む形で解答する場合，根号の中に現れる自然数は最小となる形で答えること。例えば，$[\text{キ}]\sqrt{[\text{ク}]}$ に $4\sqrt{2}$ と答えるところを，$2\sqrt{8}$ のように答えてはいけない。

4　根号を含む分数形で解答する場合，例えば $\dfrac{[\text{ケ}]+[\text{コ}]\sqrt{[\text{サ}]}}{[\text{シ}]}$ に $\dfrac{3+2\sqrt{2}}{2}$ と答えるところを，$\dfrac{6+4\sqrt{2}}{4}$ や $\dfrac{6+2\sqrt{8}}{4}$ のように答えてはいけない。

1　次の各問いに答えよ。

(1)　$23^2+23\times14-27\times13=$ [アイウ]

(2)　$x=2-\sqrt{5}$ のとき，$x^2+4x-17=[\text{エオ}]\sqrt{[\text{カ}]}$ である。

(3)　ある商品の価格は，先月，定価から x ％値上がりし，今月には，先月の価格から更に $3x$ ％値上がりした。結果，この２ヶ月で元の定価から $4.45x$ ％の値上がりとなった。$x=$ [キク] である。

(4)　下の図は，ある中学校の３年生37人の英語，数学，国語のテストの得点データを箱ひげ図で表したものである。70点以上の人数が最も多い教科の第３四分位数は [ケコ] である。

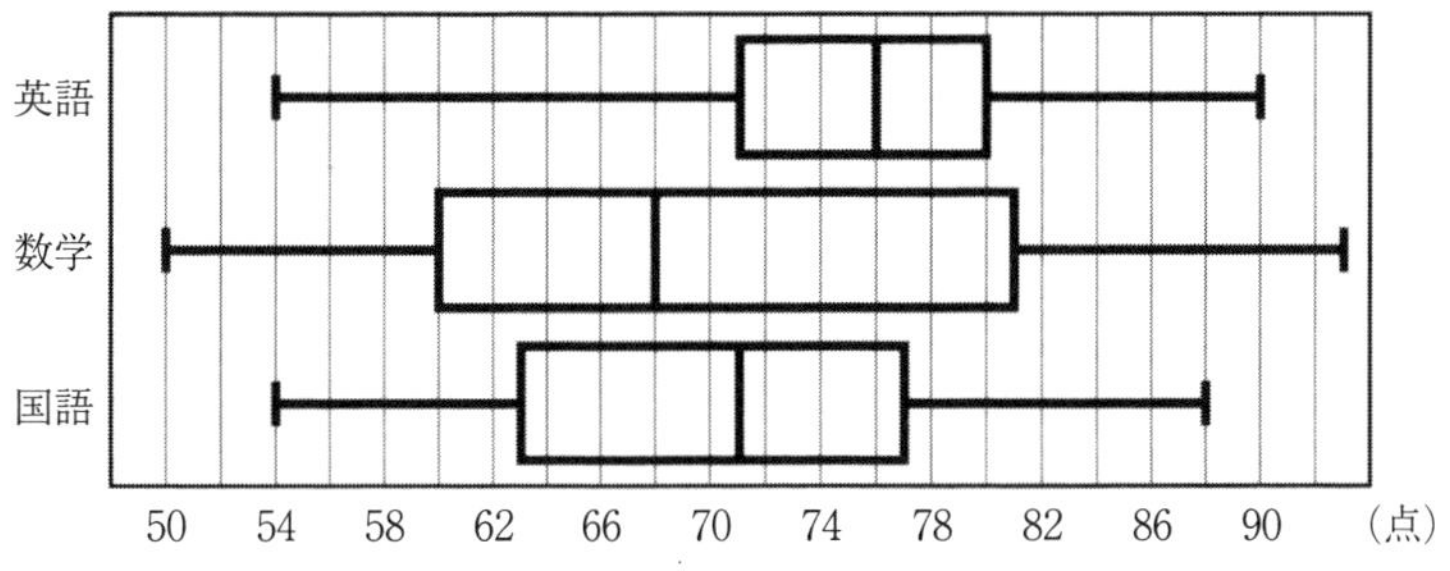

(5)　図のように，半径１の半円を点A，Bがそれぞれ中心Oと重なるように折ったとき，斜線部分の面積は $\dfrac{\sqrt{[\text{サ}]}}{[\text{シ}]}-\dfrac{\pi}{[\text{ス}]}$ である。

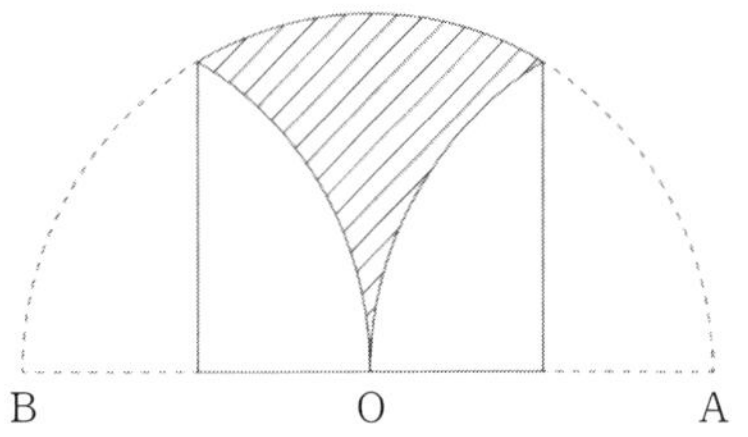

2　図のような数直線上を点Pが以下のルールに従って移動する。

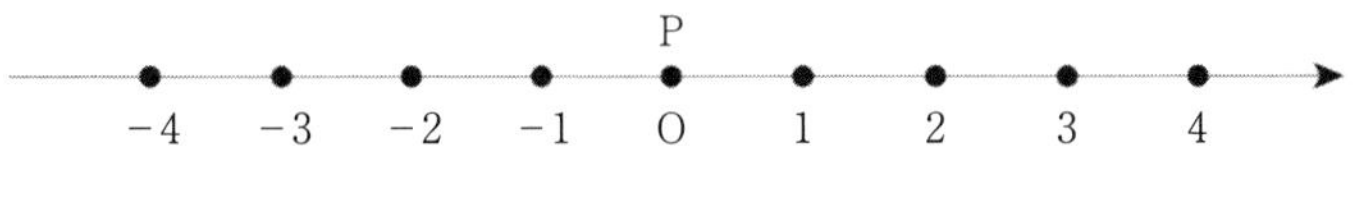

【ルール】

①　点Pは，はじめ原点Oにある。

②　２つのさいころA，Bを投げて出た目の数をそれぞれ a，b とし，

・aが3以下，bが奇数のとき，点Pは正の方向に1移動する。
・aが3以下，bが偶数のとき，点Pは正の方向に2移動する。
・aが4以上，bが奇数のとき，点Pは負の方向に1移動する。
・aが4以上，bが偶数のとき，点Pは負の方向に2移動する。

(1)　②の操作を2回行って，点Pが原点に止まる確率は $\dfrac{\boxed{\text{ア}}}{\boxed{\text{イ}}}$ である。

(2)　②の操作を3回行って，点Pが原点に止まる確率は $\dfrac{\boxed{\text{ウ}}}{\boxed{\text{エオ}}}$ である。

(3)　②の操作を5回行って，点Pが初めて原点に止まる確率は $\dfrac{\boxed{\text{カキ}}}{\boxed{\text{クケコ}}}$ である。

3　図のように，点Oを中心とする半径2の円周上に4点A，B，C，Dがある。直線BDは点Oを通り，$\angle\mathrm{BDC}=30^\circ$，$\mathrm{AB}=\mathrm{AC}$とし，直線BDと直線ACの交点をEとする。

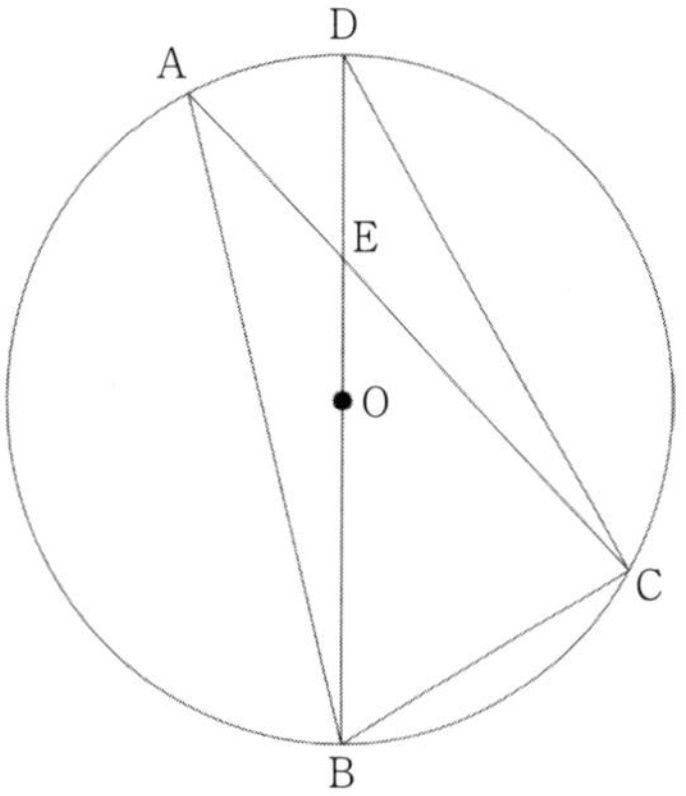

(1)　線分CDの長さは $\boxed{\text{ア}}\sqrt{\boxed{\text{イ}}}$ である。

(2)　線分CEの長さは $\sqrt{\boxed{\text{ウ}}}$ である。

(3)　△ABCと△OECの面積比は，$\boxed{\text{エ}}:(\boxed{\text{オ}}-\boxed{\text{カ}}\sqrt{\boxed{\text{キ}}})$ である。

4　図のように，放物線 $y=ax^2\,(a>0)$ 上に2点A，Bがあり，x座標はそれぞれ-4，6である。この2点を通る直線lとy軸の交点をCとする。

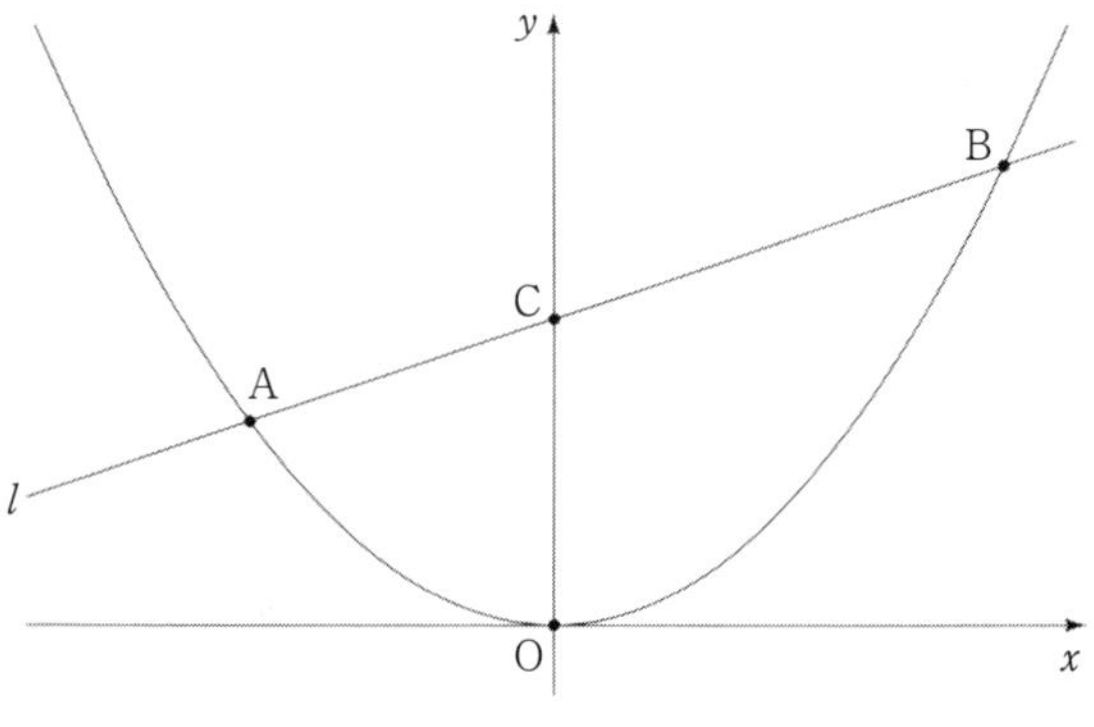

(1)　直線lの方程式は，$y=\boxed{\text{ア}}ax+\boxed{\text{イウ}}a$ である。

(2)　点Cを通り，lと直交する直線が△OABの面積を二等分するとき，$a=\dfrac{\boxed{\text{エ}}}{\boxed{\text{オ}}}$ である。

(3)　(2)のとき，△OABを直線lを軸に1回転させてできる立体の体積は $\boxed{\text{カキ}}\sqrt{\boxed{\text{クケ}}}\,\pi$ である。

5　図のような直方体 ABCD-EFGH について，AC＝5，AF＝$2\sqrt{5}$，AH＝$\sqrt{15}$ である。

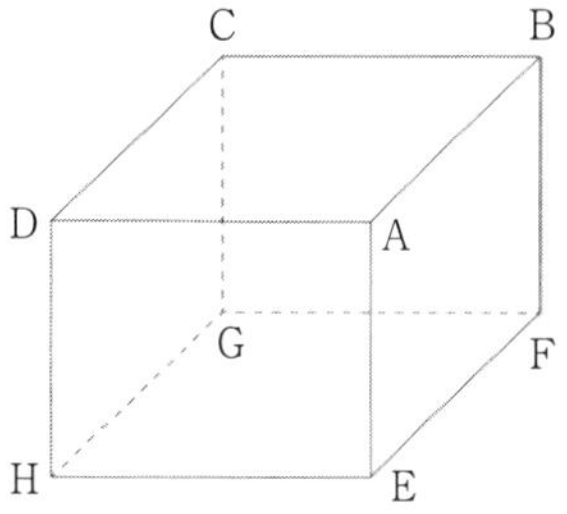

(1)　直方体の体積は $\boxed{\text{ア}}\sqrt{\boxed{\text{イウ}}}$ である。

(2)　△CFH の面積は $\dfrac{\boxed{\text{エ}}\sqrt{\boxed{\text{オカ}}}}{\boxed{\text{キ}}}$ である。

(3)　四面体 A-CFH の表面積は $\boxed{\text{クケ}}\sqrt{\boxed{\text{コサ}}}$ である。

にしたが、反対に自分の弱点と相手の強みを引き合いに出され、恥をかかされた。

3．蝿は自分の素晴らしさを誇って蟻を馬鹿にしたが、同様にやり返した蟻の姿を見て自分がいかに情けないことをしていたのかを悟った。

4．蝿は蟻に自分の体の弱さをからかわれたが、すかさず自分の方が優れている点を引き合いに出して言い返し、名誉を挽回《ばんかい》することができた。

5．蝿は蟻が人から嫌われていることをからかったが、直後に自分もまた人から嫌われていると蟻に気づかされ、いたたまれない気持ちになった。

立ち去りぬ。
その如《ごと》く、c いささか、我が身に技あればとて、②猥に人を侮ることなかれ。かれ又、己れを侮るものなり。

（『伊曾保物語』）

（注）＊百官卿相…多くの役人や大臣。
＊頂…頭の上。
＊和殿原…お前さん方。
＊沙汰…うわさ。

問一　傍線部aからcの解釈として最も適当なものを、後の中からそれぞれ一つずつ選びなさい。

a　天道に奉り　29

1. 天の神からいただき　2. 天の神のもとに参上し
3. 天の神に献上し　4. 天の神に申し
5. 天の神のお告げがあり

b　御辺はさやうにこそめでたく渡らせ給へ　30

1. 私はあなたが言うほどすばらしくはございません
2. 私はあなたと同じくらいに優れております
3. あなたはまったくおめでたい方でございます
4. あなたはそれほど人から愛されておりません
5. あなたはおっしゃる通り立派でいらっしゃる

c　いささか、我が身に技あればとて　31

1. 少し自分に権利があるからといって
2. 少し自分がよい行いをするからといって
3. 少し自分に優れた面があるからといって
4. わずかに自分の方が勝っているからといって
5. わずかに自分の方が慣れているからといって

問二　傍線部①のように蝿が主張しているのはなぜか。その理由として適当なものを、次の中から二つ選びなさい。32・33

1. どんなにおそれ多い食べ物であろうと真っ先に手を付けられるから。
2. どんなに悪事を働いても人間に殺されず逃れられるから。
3. どんな虫よりも天の神の近くまで飛んでいけるから。
4. どんなところであっても好き勝手に飛び回ることができるから。
5. どんなに過酷な気候の中でも元気に活動することができるから。
6. どんな食べ物でも蟻に先んじて嘗めることができるから。

問三　空欄 X に入る言葉として最も適当なものを、次の中から一つ選びなさい。34

1. 誇りける　2. つたなき　3. 嫌はるる
4. 殺さるる　5. 侮り給ふ

問四　本文の内容を踏まえると、蝿と蟻はそれぞれどうなると考えられるか。その説明として最も適当なものを、次の中から一つ選びなさい。35

1. 蝿は秋になると体が弱るが、蟻は春以上に元気に暮らすことができる。
2. 蝿は秋になっても春と変わらず元気だが、蟻は衰弱して動けなくなる。
3. 蝿は冬に向かって体が弱るが、蟻は蝿以上に衰弱し、感覚が鈍くなる。
4. 蝿は冬が近づくと弱るが、蟻は影響を受けないで暮らすことができる。
5. 蝿も蟻も秋になると感覚が鈍り始め、季節の変化にも気づけなくなる。

問五　傍線部②の教訓につながる、本文中の寓話《ぐうわ》に関する説明として最も適当なものを、次の中から一つ選びなさい。36

1. 蝿は自分が優れた存在であると自慢に思っていたが、蟻からの指摘を受けてそれがただの勘違いであったことに気づき、自信をなくしてしまった。
2. 蝿は自分が蟻よりも優れていると考えて自慢をし、蟻を馬鹿

1．「そのくせ」と「しかし」の品詞はともに副詞である。
2．「まるっきり」と「大事な」は修飾・被修飾の関係にある。
3．「話してくれない」の「ない」は、「宿題がない」の「ない」と同じ意味・用法である。
4．「あたしは…飛び出した」には動詞が四つ含まれている。
5．「言い負かされ」の「れ」と、「むくれて」の「れ」はともに受身を表す助動詞の連用形である。

問八　二重傍線部「ファミリーレストラン」は、「あたし」にとってどのような存在か。その説明として最も適当なものを、次の中から一つ選びなさい。㉗

1．多様な客層を包み込む懐の深さや店舗ごとの統一感が魅力で、高校生の頃に母と衝突して深夜に行き場をなくした時にも安心して過ごせた経験があり、今でも特別な気持ちを抱き続ける存在。
2．「あたし」の人生を規定したがる母親とは対照的に、豊富なメニューのように人生には多くの選択肢があることが大切だと教えられたことから、今でも敬意を持ち続けている存在。
3．看護師になるようにしきりに勧める母を納得させるという消極的な理由だけで選んだ職場なのに、そんな自分さえも受け入れる懐の深さに感銘を受け、今後も働きたいと素直に思える存在。
4．一人で子育てをする大変さは理解しつつも、母と同等の家事レベルを求められることに嫌気が差して逃げ出した「あたし」を受け入れてくれ、今でもその恩義を感じる存在。
5．店員同士の不快な人間関係があるにしても、メニューや客層、レイアウトに多様性があって毎回新たな出会いと満足感を与えてくれることから、感動せずにはいられない存在。

問九　波線部アからクについて、その表現や人物についての説明として最も適当なものを、次の中から一つ選びなさい。㉘

1．波線部ア「とっておきのお菓子を味わうように」では、耳中市の人々が他人の噂話を長い間温めて楽しんでいることが隠喩を用いて表現されている。
2．波線部イ「おばあちゃん、元気?」や波線部ク「仕事、早退したの?」は、過去に思いを巡らせている「あたし」を現在に引き戻すきっかけとなっている。
3．この文章では波線部ウ「しくしくと」や波線部エ「がくがく」のように意識的に擬音語を多く用いており、これにより人物や動作の描写が鮮明になっている。
4．波線部オ「あたしも振り返った」では、義父の小柳さんに話しかけた翼の声に「あたし」が思わず反応してしまっていることが分かる。
5．この文章は一人称の視点で描かれているが、波線部カ「(本人の弁)」や波線部キ「(これも本人の弁)」では「あたし」以外の語り手が登場していることが分かる。

三　次の文章を読んで、後の問いに答えなさい。

ある時、蠅《はへ》、蟻《あり》に向ひて誇りけるは、「いかに蟻殿。謹んで承れ。①我ほど、果報いみじきものは、世にあるまじ。その故は、a天道に奉り、或《ある》いは国王に供はる物も、先《ま》づ我、先に嘗《な》め試み、しかのみならず、＊百官卿相《けいしやう》の＊頂《いただき》をも恐れず、ほしいままに飛び上がり候ふ。＊和殿原《わとのばら》が有様、あつぱれ、つたなき有様」とぞ笑ひ侍りき。

蟻、答へて云《いは》く、「もつとも、b御辺《ごへん》はさやうにこそめでたく渡らせ給へ。但し、世に＊沙汰し候ふは、御辺ほど人に嫌はるるものなし。さらば、蚊ぞ蜂ぞなどのやうに、かひがひしく仇《あた》をもなさで、ややもすれば、人に殺さる。しかのみならず、春過ぎ夏去つて秋風立ちぬる比《ころ》は、漸《やうや》く翼を叩《たた》き、頭を撫《な》でて、手を摩《す》る様なり。秋深くなるに随《したが》ひて、翼よはり、腰抜けて、いと見苦しき、とぞ申し侍りき。我が身は　X　ものなれども、春秋の移るをも知らず、豊かに暮し侍るなり。猥《みだり》に人を侮り給ふものかな」と恥ぢしめられ、

て行動していることに対して怒っている。

5．男性に対し威厳や懐の深さを求める「あたし」は、ファミリーレストランで相談を受ける翼が気に食わないが、それでも「あたし」に好意を抱かせてしまうことに対して怒っている。

問四 傍線部②について、その説明として最も適当なものを、次の中から一つ選びなさい。㉓

1．「あたし」は田舎特有の濃密な人間関係から逃げ出そうか悩んでいたが、翼は「あたし」の考えに寄り添いつつも、他の町に行っても窮屈な状況が変わるわけではないと諭している。

2．「あたし」は自身の過ちが町中の人々に広まることを恐れていたが、翼は「あたし」の考えに共感しつつも、年長者の視点から過去の事実は変わらないので今後も窮屈だということを暗に示している。

3．「あたし」はこの町の雰囲気に嫌気が差していたが、翼は「あたし」の考えに一定の理解は示しつつも、窮屈な町になじもうとしない「あたし」の態度をそれとなく批判している。

4．「あたし」は世間が狭いことによる生きづらさを嘆いていたが、翼は「あたし」の考えに同調しつつも、「あたし」よりも多くの経験をしたことにより窮屈さを仕方ないものだと思っている。

5．「あたし」は自分の出身高校や家庭の事情に関して周囲に引け目を感じていたが、翼は「あたし」の考えに同情しつつも、自らは窮屈さを気にせず人生を楽観視するような年長者の余裕を見せている。

問五 傍線部③について、その理由として最も適当なものを、次の中から一つ選びなさい。㉔

1．義父の小柳さんや「あたし」が母の緊急事態に焦っているのに、翼は常に冷静な態度を取っていたことに苛立ちをおぼえ、口を利きたくなかったから。

2．義父の小柳さんの話し振りから母が重篤な病に侵されていると思い込み、母の容態を確認しようと病院に一刻も早く駆け込むことで頭がいっぱいだったから。

3．母の病気は実際には盲腸という命にかかわる病気ではなかったのに、義父の小柳さんがあえて病名を告げずに救急搬送された旨を伝えてきたことで気が動転していたから。

4．「あたし」を女手一つで育ててきたような強い母が倒れることなどあり得ないと思いつつも、義父の小柳さんの焦り方が尋常でなかったため、何も信用できなくなっていたから。

5．「あたし」の祖母が施設にいることを翼はすでに知っていて気にかけてくれているのに、母の病状を知られたらより心配させてしまうと思うと余計な言葉は発せなかったから。

問六 空欄［X］に入る文として最も適当なものを、次の中から一つ選びなさい。㉕

1．ふたりぶんの人生を生きなければならないだけでもつらいはずなのに、さらに妻と子供の人生を引き受けることになるなんて

2．自分の生きかたを決めるのは自分自身だって教わってきたからこそ、生きかたを決められない小柳さんは見るにたえないのだ

3．自分ひとりの人生をまっとうするのもけっこうたいへんなのに、あらかじめもうひとりぶんの人生を背負わされているなんて

4．医者の一家に生まれることは幸せなんだと勝手に思ってたけど、ふつうの人には分からない苦しみがそこには隠れてるんだな

5．あたしに対してはいつも明るくふるまってくれていたからこそ、あたしは小柳さんの暗い過去から目をそらしてしまっていた

問七 傍線部④について、その説明として最も適当なものを、次の中から一つ選びなさい。㉖

「レモンちゃん、ごはん食べた？　僕、まだなんだよー」

「……食べてない」

小柳さんはまるいお腹に手をやって「じゃあとりあえず、なんか食べるもの、買いに行こうか」と提案し、「いいかな？　すぐ戻るから。木綿子さん」と母を振り返った。

母は溜息《ためいき》をついて、頭を枕に戻す。ぽふ、というかすかな音がした。しばらくのあいだ、沈黙が続いた。ほんの数十秒だったのかもしれないが、あたしにはもっと長く感じられた。

「すこし、寝たほうがいいよ」

小柳さんがやさしく微笑《ほほえ》む。母は黙ったまま目を閉じて、頷いた。


（寺地はるな『大人は泣かないと思っていた』）

（注）＊ビバーチェ…「あたし」がアルバイトをしているファミリーレストラン。この日「あたし」は店長と揉《も》めた。

問一　傍線部aからcの語句の本文中における意味として最も適当なものを、後の中からそれぞれ一つずつ選びなさい。

a　なよっとしてた　⑰
1．男性に見切りをつけていた
2．頼りなさそうにしていた
3．元気がなくなっていた
4．女性の素振りをしていた
5．愛想を振りまいていた

b　身の程知らずな　⑱
1．場の雰囲気を読もうとしない
2．自分の立場をわきまえていない
3．消極的な態度を好まない
4．相手の気持ちを理解できない
5．自分がいるべき場所がない

c　眉をひそめて　⑲
1．不信感に心休まらなくて
2．相手の配慮に申し訳なくなって
3．憂鬱さから苦々しい顔をして
4．懸念事項から目を背けて
5．恐れ多さから表情が曇って

問二　空欄 Ⅰ から Ⅳ に入る語句の組み合わせとして最も適当なものを、次の中から一つ選びなさい。⑳

1．Ⅰ　掻《か》いた　Ⅱ　返して　Ⅲ　尖《とが》らせて　Ⅳ　しかめた
2．Ⅰ　掻いた　Ⅱ　接して　Ⅲ　噛んで　Ⅳ　そむけた
3．Ⅰ　膨らませた　Ⅱ　めぐらして　Ⅲ　尖らせて　Ⅳ　利かせた
4．Ⅰ　膨らませた　Ⅱ　返して　Ⅲ　かえして　Ⅳ　そむけた
5．Ⅰ　さすった　Ⅱ　接して　Ⅲ　噛んで　Ⅳ　しかめた
6．Ⅰ　さすった　Ⅱ　めぐらして　Ⅲ　かえして　Ⅳ　利かせた

問三　傍線部①について、この時の「あたし」の心情の説明として適当なものを、次の中から二つ選びなさい。㉑・㉒

1．「あたし」は恋心を抱いているというのに、翼がその心に気付かず、その上「あたし」の職場であるファミリーレストランに女性を連れてきてしまったことに対して怒っている。
2．噂が広まるのが早いことを言い訳にして、安っぽいファミリーレストランに同僚の女性を連れてくるという、大人としてのプライドが感じられないことに対して怒っている。
3．「あたし」の職場に同僚の女性を連れてきたことで、「あたし」の恋心は一方的だったことに気づかされた上に、平野さんに煮え切らない態度を取っていることに対して怒っている。
4．仕事の相談というのは口実で、本当は二人きりで会いたいという平野さんの気持ちを理解せず、合理的であることを優先し

技師になったのだそうだ。ちなみに小柳さんの名は「三四郎」という。

　小柳さんには実はもうひとり身体の弱い兄がいて、その子が二歳で亡くなってまもなく生まれてきたから「ほんとうは四男だけど、三男のぶんまで生きてほしい」という願いをこめて三四郎と名づけられたそうだ。

　それを聞いて、あたしはなんだかちょっと小柳さんに同情してしまった。［ X ］。

　なにか困ったことがおこるとゴム製のボールのような光沢のある頭部をぴしゃっと叩《たた》いて「あちゃー参ったー」とすぐ言う、女にはもてない（たぶん）が老人と子どもと犬猫に異常に好かれる小柳三四郎さんと母との結婚は、小柳一族の誰からも祝福されなかった。あたしという、連れ子がいたからだ。

　小柳さんが母のために、というか、耳中のブラック・ジャックこと小柳さんのお兄さんが弟の妻の入院のために手配した部屋には「特別個室」というプレートが付いていた。患者用のベッドの脇に付き添いの人用の折り畳みベッドがあらかじめ用意されていて、壁際に長椅子と、テレビと、簡易洗面台まである。

　すごいね、と点滴を受けながらストレッチャーで運ばれて来た母に言うと c眉をひそめて「すご過ぎて落ちつかないわ」と小声でもらした。

「いい機会だから、ここでゆっくり休んだらいいんだよ」

　前から思ってたけど働き過ぎなんだよ、木綿子さんはさあ、と小柳さんは唇を［ Ⅲ ］いる。母は看護師という自分の仕事に、たいへんな情熱と誇りを持っている。十八歳で家を出て、耳中市内の個人病院で看護助手として働きながら夜間の看護学校に通って資格を取った母は、三十歳の時ひとりであたしを産んだ。父親が誰なのかは、母しか知らない。訊ねても絶対に教えてくれない。

　女がひとりで生きていくには看護師がいちばんいい、と母は昔よく言っていた。あたしにも看護師になることを熱烈にすすめてきたのだが、断ってしまった。だって高校生の頃からずっと、大人になったらファミリーレストランで働くと決めていたから。

　母とあたしのふたり暮らしは、喧嘩《けんか》が絶えなかった。夜勤で留守にするあいだ、母はあたしに自分と同レベルの質と量の家事をこなすことを求めてきたし、できていないとすごく怒った。④そのくせ、他の部分ではまるっきり子ども扱いで大事なことをなんにも話してくれない。あたしはそのたびに母に反発し、しかし毎回言い負かされ、よくむくれて家を飛び出した。

　真夜中に飛び出したあたしを受け入れてくれる場所はファミリーレストランぐらいしかなかった。大きな街に住んでいる人には、もっとたくさん行き場があるんだろうか。でもあたしには、あそこしかなかった。

　ドリンクバーだけでだらだら粘る中高生のグループも、話し相手のいないおじいちゃんのひとり客も、子連れの主婦も、全部受け入れてしまう懐の深さがファミリーレストランにはある。ドレスコードもないし、パスタを箸で食べても誰も怒らない。雑炊からステーキまで取りそろえるメニューの豊富さというか雑多さ、どの地方のどの支店に入ってもほぼ同じような内装で統一されている安心感、全部が好きだ。ファミリーレストランをファミレスと略さずに呼ぶのは、あたしなりの敬意の表しかたなのだ。

「ク仕事、早退したの？」

　横たわったまま、母が病室のまんなかに突っ立っているあたしを見た。小柳さんはせっせと掛布団を直したり、点滴の位置を調節したりしている。

　クビになった、と言うと、母は「ハアァ？」と目をカッと見開く。

「なんで！」

「……理由は言えない」

　あんたねえ、と声を荒らげて、母はうっと顔を［ Ⅳ ］。手術あとが痛むのだろうか。小柳さんがベッドとあたしのあいだに割って入る。

小柳さんの第一声がそれだったので、嫌な予感しかしなかった。

どうしたの？　と言う声が裏返る。

「木綿子《ゆうこ》さんが倒れちゃったんだ」

　母が倒れたと言った後、義父である小柳さんはウしくしくと泣き出してしまった。やっとのことで聞き出した病院の名は母が現在勤めている病院ではなかったから、どうやら職場の外で倒れて、救急車で運ばれたらしい。小柳さんが現在勤めている、市外の病院とも違っている。

　時田翼は話を聞くと車を即座にUターンさせ、病院に連れていってくれた。転がるようにして車から降りる。玄関の前で、小柳さんが待っていた。あたしに気づくと、駆け寄ってくる。

「お母さんは？」

「今、処置を受けてる」

「小柳さん……お母さん……お母さんは」

なんの病気なの？　膝がエがくがく震える。

「教えて」

　教えて、お願い、と懇願する声もまた震えている。小柳さんは一瞬下を向いて、それから「……盲腸」と答えた。

「もうちょう」

　盲腸……なの？　と呟《つぶや》いたら、力が抜けた。小柳さんが電話口であまりにかなしそうに泣くので、命にかかわるような病気なのかと思っていた。

「でも、ものすごーく痛がってたんだよ？」

　小柳さんはむきになっている。

　でもだいじょうぶ、あの人は耳中のブラック・ジャックだからね、と小柳さんは自分の顔の横で手をグーにして上下に振った。

「あの人」とは小柳さんの兄のことだ。それを聞いてようやく、小柳さんの兄が耳中市でいちばん大きなこの総合病院の外科の先生であるということを思い出した。しかし、「腕の良い医師」という意味で言ったのだろうが、ブラック・ジャックはたしか無免許のお医者さんじゃなかったか。

「小柳さん」

　背後で声がした。小柳さんがはっとそちらを見る。オあたしも振り返った。時田翼が駐車場からこちらに向かって歩いてくるところだった。③礼も言わずに車を降りたことを、ようやく思い出す。

「ごめん、なんか、ただの盲腸だったみたい。命に別状はないらしい」

「ああ、そうなんだ」

　時田翼は頷《うなず》く。それはよかった、と笑う顔を見て、なぜかあたしもさっきの小柳さんみたいに泣きたくなった。じゃあ俺はこれで、と時田翼はあたしと小柳さんに頭を下げ、また車のほうに戻っていく。

　行こうか、と踵《きびす》を［　Ⅱ　］病院の夜間通用口に入っていく小柳さんの後ろ姿を見ながら、また太ったな、と思った。もともとふっくらしていたが、母と結婚して更に増量した。着ぐるみ感があるというか、むだにユーモラスな太りかたをしている。

　入院の手続きに呼ばれて小柳さんはいなくなってしまい、あたしは薄暗い病院の廊下の長椅子に座って、母の手術が終わるのを待った。

　母が小柳さんと結婚したのは五年前だ。診療放射線技師である小柳さんは、当時同じ病院に看護師として入ってきた母に、いわゆるひとめぼれをしたらしい。

「きれいだったからじゃないんだ、もちろんきれいだったけど。木綿子さんは仕事がてきぱきしてて、そりゃあもうかっこよかったんだ」とのことだ。アタックアタック猛アタックカ（本人の弁）のすえ母のハートを射止めキ（これも本人の弁）三か月という短期間で結婚に至った。

　小柳さんのお父さんはお医者さんで、長男も次男もお医者さんで、だから三男である小柳さんは「もういいかな」と思い、診療放射線

「あと、デートじゃないから」

サイドブレーキをおろしながら、時田翼は言う。平野さんはただの同僚だよ、とも。さっきの暗そうな女は平野さんというらしい。

「仕事のことで相談があるって言われたから話を聞いていただけだし」

だから、ごはんを食べて話を聞いた後は即解散できるように、各自自分の車を運転して店まで行ったほうが合理的だろうと思ったのだという時田翼の説明を聞きながら、バカじゃないのかと呆《あき》れた。「相談がある」なんて口実に決まっているではないか。ふたりきりで会うための。

それなのにファミリーレストランを選ぶなんて高校生じゃあるまいし！　女と！　ふたりっきりで！　食事をするのに！　そういう時はさ、大人っていうのは、もうちょっとこう雰囲気のあるお店を選ぶんじゃないのかな！　と①あたしはびしびしと時田翼を指さす。

「なんで怒ってるんだよ」

時田翼は困ったように頬を［　I　］。なんにたいしてこんなに怒っているのか自分でもよくわからないのに、説明なんかできるか。

「そんな『雰囲気のあるお店』に俺とふたりでいるところを他人に見られてへんな噂《うわさ》が立ったりしたら、平野さんがかわいそうだよ」

時田翼がアクセルを踏み、車はゆっくりと動き出す。

このまちでは噂が広まるのが異様にはやい。広まるのがはやいなら収束するのもはやいかと思いきやそうでもなく、みんないつまでもしつこく覚えている。そして何年経過しても、アとっておきのお菓子を味わうように話題にして楽しむ。

あたしは前に勤めていたファミリーレストランで、四十代のパートさん数名が同年代のその場にいないパートさんのことを「あの人ブスのくせに高校の頃学年でいちばんかっこいい男子に手紙を渡したらしいよ。そういうｂ身の程知らずなとこあるよね」と嘲笑している現場を目撃したことがある。

耳中市民の多くは、はじめて会う人にはまず出身高校を訊《たず》ねる。若者でも年寄りでも、みんなそうだ。高校がわかれば、たちまち身辺調査がはじまる。知り合いか、知り合いの知り合いにかならず同じ高校の出身者がいるから、そいつに「どんな人？」と訊ねて、過去をほじくりかえしたがる。あたしが高校一年の頃にクラスの男子と口論になって椅子をぶん投げたことなんかも、きっとどこかで語り継がれているのだろう。家庭の事情とともに。

それに、大人になってからも、通っていた高校のランクでなんとなく扱いが決まってしまうようなところがある。それはあたしのような高卒で働いている人間でも、時田翼のように大学まで進んだ人間でも、同じらしい。窮屈だな、と時々思う。

窮屈じゃない？　と一度だけ、時田翼に訊《き》いたことがある。あたしはいきなりそのひとことだけを口にしたから、「なにが？」と訊き返されるかと思ったが、時田翼はそうしなかった。ただ、ゆっくりと首を縦に振った。それから、②たぶんどこだってここと同じぐらい窮屈なんだよ、と答えたのだった。

そう言った時の時田翼はすごく疲れた顔をしていて、あたしはそれまではほとんど意識したことのなかった時田翼との十歳という年齢差をはじめて強烈に感じた。時田翼の頭の上には、あたしより十年ぶん多く、いろんな重たいものが乗っかっている。

「イおばあちゃん、元気？」

時田翼が前方に顔を向けたまま問う。施設には三週間に一度、会いに行く。このあいだ行った時は、みんなで折り紙をやっていた。うん、と短く答えると、時田翼はもうそれ以上は、なにも言わなかった。

「どっち？」

交差点に差しかかったところで訊ねられて、左、と答える。コートのポケットにつっこんでいたスマートフォンが鳴った。小柳さん、と画面に表示されている。

「はい」

「レモンちゃん？　あのね、落ちついて聞いてね」

ということを強調したかったから
4. 人間と動物の関係性の深さを象徴していて、両者が頻繁に出会うことで互いの生を支えている、抜き差しならない空間だということを示したかったから

(ii) 空欄 Z に入る内容として最も適当なものを、次の中から一つ選びなさい。⑮

1. 病原体が人間に及ぼす影響ばかりに目を向けるのではなく、生物の生と死にはあらゆる種が関係していることを認識し、真摯に研究に取りくんでいく姿勢が重要だ
2. 病原体が人間に及ぼす影響ばかりに目を向けるのではなく、それらを取り巻く様々な種の関係性や個別のつながりを、多様な視点で解き明かしていく姿勢が重要だ
3. 病原体が人間にどのような影響を与えるのかという分析を通じて、生物の生死を左右する根源的な問題に迫り、持続可能な世界の構築を目指していく姿勢が重要だ
4. 病原体が人間にどのような影響を与えるのかという分析を通じて、それらを取り巻く多様な種の関係性を解明し、貴重な生態系の維持につなげていく姿勢が重要だ

問七 本文の表現に関する説明として**適当でないもの**を、次の中から一つ選びなさい。⑯

1. 第3段落「～探ってみたい」「～読み替えてみたい」という部分では、先に紹介した見解について、論証の方向性や進め方が予告されており、次段落以降の論の展開が捉えやすくなっている。
2. 第4段落「九十七％がすでに死滅」、第5段落「毎年五〇〇万～一〇〇〇万トン」、第9段落「八七・六％が貧困層」など具体的な数値を随所に盛り込むことで、文章の内容に客観性が確保されている。
3. 第5段落「動物は～ねばねばした血が流れ出す」という一文は、炭疽がもたらす死の悲惨さを詳細に描写することで、牛や人間の生を支えるハゲワシの働きの大きさを際立たせる効果がある。
4. 第10段落「～食べ食べられ、使役し使役され、影響を与えられ」という部分では、能動態と受動態を重ねた表現を繰り返すことにより、人間と動物が不可分な関係であるという筆者の考えが強調されている。
5. 第13段落「～問いではないだろうか」「～次なる課題であろう」という表現では、それまで考察してきた内容とは逆方向の新たな問題を提起し、柔軟な視座を持つことの重要性が呼びかけられている。

二 次の文章を読んで、後の問いに答えなさい。

「さっきの女はどうしたの？」

「え。帰ったよ。自分の車で」
＊ビバーチェの駐車場で待ち合わせていたらしい。
「なんでそんなことすんの？　デートなら家に迎えに行ったりしないの？　そういうのって三十代だと普通なの？」

「自分の年代に照らし合わせて普通かどうかで行動しないから知らん。……あと三十代、三十代って強調されるの、ちょっと嫌」

「今の『ちょっと嫌』っていう言いかた！　なにそれ！」

すごく a なよっとしてたよ、女みたいだったよ、と言ってから、そうだ、見た目ではわからないけど時田翼のなかみが女だという可能性だってあるんだ、と思った。趣味がお菓子づくりというのもちょっと女の子っぽいし。それに、時田翼の家には短髪の体格の良い男がしょっちゅう遊びに来ていた。おばあちゃんの家にいるあいだに何度も見かけた。小学校から一緒の親しい友だちだと言っていたが、あれもほんとうは彼氏なのかもしれない。

時田翼が女を愛せないからあたしに興味がないのと、さっきの女とつきあっていることと、どちらのほうがあたしは傷つかずに済むだろう。

されていった。

3．抗炎症薬として人間や動物に鎮痛効果をもたらした一方、炭疽菌に対する免疫力を弱め、結果として致死性の高い疫病の流行を招いた。

4．人間や牛への鎮痛効果によって人々の生活を支えた一方、それらの死骸を食べる生物には毒性を発揮し、生態系の維持に深刻な危機が生じた。

5．牛の死骸から炭疽を取り除くハゲワシの働きが阻害された一方、牛の寿命が延びたことによって炭疽自体の被害は収束していった。

問五　空欄 X には次の一連の文が入る。正しく並べ替えたとき、二番目⑫と四番目⑬にあたる文を次の中からそれぞれ一つずつ選びなさい。

1．ハゲワシの減少に反比例するように、インドでは野良犬が増加している。

2．ハゲワシがいないとまた、南インドでは炭疽が健康問題を引き起こす懸念がある。

3．イヌもまた牛の死骸を片づけるが、ハゲワシのようなスピードと完璧さで片づけることはない。

4．それだけではない。

5．インドの人口の七割が農村に居住し、その大部分が家畜を飼っているため、家畜と人間はともに潜在的に炭疽の感染リスクに晒《さら》されている。

問六　次に示すのは、この文章を読んだ四人の生徒が話し合っている場面である。これを読み、後の(i)・(ii)の問いに答えなさい。

生徒A　この三年間、新型コロナウイルスに悩まされてきたから、ウイルスの話で〈あいだ〉と聞くとすぐに「ソーシャル・ディスタンス」という言葉が頭に浮かんだよ。

生徒B　ウイルスを他人にうつさないために必要な距離、ということだもんね。ただ、その言葉については「人と人との社会的なつながりを断たなければならないとの誤解を招きかねない」という指摘もあるんだって。物理的な距離を意味する「フィジカル・ディスタンス」という言葉に置き換えようという動きも出てきたそうだよ。

生徒C　へえ、そうなんだ。でも、文中で出てきた人と動物の〈あいだ〉って、単に物理的な空間を意味しているわけじゃない気がする。

生徒B　そういえば筆者もわざわざ、人間と動物が「『あう』空間」なんて表現を使っているね。これは、どうしてかな。

生徒D　その〈あいだ〉が Y じゃないかな。

生徒B　なるほどね。目に見えないものも含めて、僕たちが生きる世界って複雑に構成されているんだね。

生徒A　人間の生を支えるために牛に投与された薬でハゲワシが死に、そのハゲワシの死によって人間に死がもたらされる、とあったもんね。単に食物連鎖だけじゃない関係性によって人間の生は支えられているんだ。

生徒B　うん。だからこそ、感染症を巡る問題についても筆者は「 Z 」と考えているんだと思うよ。

生徒C　僕もそう思う。その考えを実践していけば、新型ウイルスとの共生のあり方のヒントも見えてくるかもしれないね。

(i)　空欄 Y に入る内容として最も適当なものを、次の中から一つ選びなさい。⑭

1．人間と動物を結びつける力を常にはらんでいて、そこで病原体が転移する可能性を含め、両者に影響を及ぼし得る空間だということを示したかったから

2．人間と動物の接触しようとする力をうまく吸収し、ちょうど均衡が保たれた、生物が共存するうえで最も適した空間だということを強調したかったから

3．人間と動物の直接の接触がなくても、病原体を介して個体に死をもたらしてしまう、科学の力を超えた恐るべき空間だ

はなく、人間以上の世界でそれを理解しようとし、気づかうべきだ、と。

（奥野克巳『絡まり合う生命』）

（注）本文中で筆者が参考にした文献（出版社省略）

＊木村敏…『自分ということ』（二〇〇八年）

＊トム・ヴァン・ドゥーレン…『Flight Ways : Life and Loss at the Edge of Extinction』（二〇一四年）

＊ジュールズ・ハワード…『動物学者が死ぬほど向き合った「死」の話：生き物たちの終末と進化の科学』（二〇一八年）

＊ピエール・ダルモン…『人と細菌：一七―二〇世紀』（二〇〇五年）

問一 傍線部aからeと同じ漢字を使うものを、後の中からそれぞれ一つずつ選びなさい。

a 「ホカク」 [1]

1. 子供をホイク園に通わせる。
2. 秋になってイナホが実る。
3. 脱走した犯人をホバクする。
4. 先輩の説明にホソクする。
5. ホソウしていない道路を歩く。

b 「ゾウショク」 [2]

1. ショクサン興業政策を進める。
2. 若者のシュウショク率が高い。
3. 華やかなソウショクを好む。
4. 家族でショクタクを囲む。
5. 学校の敷地にショクジュする。

c 「チクセキ」 [3]

1. 北海道でチクサン業を営む。
2. 先生の言葉にはガンチクがある。
3. 出来事をチクイチ報告する。
4. 僕と彼はチクバの友である。
5. 効率的な仕組みをコウチクする。

d 「シンシュツ」 [4]

1. 大型プールのスイシンを測る。
2. 出場選手の交替をシンコクする。
3. 裁判のシンリで真実が判明する。
4. 雑誌の人気企画をサッシンする。
5. 企業理念が社員にシントウする。

e 「カイタイ」 [5]

1. 健康のためにカイダンを利用する。
2. 大気汚染による環境ハカイを防ぐ。
3. 最も注目の映画がコウカイされる。
4. 内容をキョッカイしていたと気付く。
5. 時代遅れの制度をカイカクする。

問二 空欄 [A] から [D] に入る語として最も適当なものを、次の中からそれぞれ一つずつ選びなさい。ただし、同じものを二回以上用いてはいけません。 [6]～[9]

1. あるいは　2. かつて　3. ところが　4. また

問三 傍線部①「人間と動物の〈あいだ〉は縮まる。」とあるが、その例として**適当でないもの**を、次の中から一つ選びなさい。 [10]

1. 自然豊かな森林が都市開発によって伐採される。
2. 希少な海外の野生動物を国内で飼う人が増える。
3. 都市に出現するネズミに感染症の病原体が宿る。
4. キャンプ場以外の山林での野営がブームになる。
5. 地球温暖化の進展に伴い渡り鳥の分布が広がる。

問四 傍線部②「ジフロフェナク」が人間や動物にもたらした事態として最も適当なものを、次の中から一つ選びなさい。 [11]

1. 乳腺炎などの病気や歩行困難になった牛に投与することで働かせ続けることができるようになった一方、腎不全などの副作用が相次いだ。
2. 投薬された牛の死骸を食べたハゲワシが相次いで死滅した一方、ハゲワシを天敵とする牛やラクダ、水牛の棲息環境は改善

6 ハゲワシは、炭疽菌が芽胞を形成し拡散する前に、牛の死後数時間にその柔らかい組織を取り除いた。ハゲワシが、インドの一部で広がる炭疽などの疫病の拡大を喰い止めていたのである。［A］、ムンバイのパルシー教徒たちは、何百年もの間、「沈黙の塔」に死者を運んで、ハゲワシに死体をついばませて鳥葬を行ってきた。パルシーは自分たちの生の中に、ハゲワシの居場所をつくり出していたのである。牛と人間の間には相依の関係が築かれていた。

7 ［B］ここにジフロフェナクが登場する。ジフロフェナクは、一九六〇年代から人間に投与されるようになり、沈黙の塔で人間の死骸を片づけるハゲワシに影響を与えてはいたが、その後、歩行困難や、乳腺炎や出産困難になった牛にも投与されるようになり、そのことが、ハゲワシに腎不全による死をもたらすようになった。特に貧困層の人たちが、牛が老いて病気になった時にも牛を働かせ続けるためにジフロフェナクを必要とした。人間による牛への投薬が、牛を食べるハゲワシに死をもたらしたのである。

8 ［X］イヌは炭疽のような疫病を封じ込めないし、完全にeカイタイされない牛の死骸は水と環境を汚染する。

9 イヌの増加は問題を引き起こすリスクがある。野良犬はあちこちうろついて狂犬病ウイルスをまき散らし、人間だけでなく哺乳動物に痛みと死をもたらす。インドでは、年間一七〇〇万人がイヌに咬《か》まれる。狂犬病とは、約四〇〇〇年前に人類にもたらされた人類共通感染症である。ヒトだけでなく、すべての哺乳類が狂犬病ウイルスに感染し、致死率はほぼ一〇〇%だとされる。インドでイヌに咬まれる人の七五%が貧困層の人たちであり、狂犬病に罹《かか》るのは、そのうちの九六%だとされる。世界中で起きる狂犬病による人間の死の六割がインドで起きており、年間二万五〇〇〇～三万人が死亡する。そのうち八七・六%が貧困層で、そのほとんどが成人男性であるため、家族の経済的困難の度合いが高まる。

10 人間と動物はそれぞれ別個に生きているのではなく、食べ食べられ、使役し使役され、影響を与え与えられ、相依しながら絡まり合っている。［C］牛の死はハゲワシの生を支えていたが、人間の生のために牛に投与された薬によってハゲワシの死がつくり出されるだけでなく、ハゲワシの死は病原体を広く解き放つことにつながり、人間に苦しみと死を与えている。

11 病原体は、人間と、人間とともにある動物の〈あいだ〉に生じるように見える。人間と動物の〈あいだ〉は、「会・合・相・逢」などの「あう」空間であり［＊木村］、その空間は常に動因をもった力の場としてある。〈あいだ〉に現れ出た病原体は、転移された個体の中でゾウショクし、やがてその個体に死をもたらすかもしれない。私たちが住まう世界とは、ヴァン・ドゥーレンが描き出したように、人間や動物たち、動物たちが保有する病原体が、生まれ、生き、死んでいく世界なのである。

12 この人間以上の世界での多種の絡まり合いの中で、生きて死ぬハゲワシ、牛、人間すべてが、それぞれの生と死に対して重要な意味を担っている。しかし、「すべてはつながっているなどということは、ここでは役に立たない。…(中略)…むしろ、すべては何かにつながっていて、それがまた別のものにつながっている」。言い換えれば、「つながりの特異性と近さ、私たちが誰とどのように結びついているのかが重要なのである」。「生と死は、こうした関係性の内側で起きているのだ」［＊van Dooren］と、ヴァン・ドゥーレンは言う。

13 人間、動物、病原体が絡まり合って入り乱れ、死が生を支え、生はいつの間にか死を生むという、常ならざる人間以上の世界の根源的な探究が、私たちの前にある問いではないだろうか。病原体、人間、動物の相互作用を、その生と死をまるごと含めて探ることが、次なる課題であろう。［D］、こう言い換えてもいい。人間の世界に侵入した後だけの病原体を問題にし、狼狽《うろた》えるので

二〇二三年度 栄東高等学校（第一回）

【国　語】（五〇分）〈満点：一〇〇点〉

一　次の文章を読んで、後の問いに答えなさい。なお、設問の都合で本文の段落に[1]～[13]の番号を付してある。また、本文には一部改変・省略したところがある。

[1]　病原体ウイルスはもともと自然の中で宿主と共生していた。そうした自然環境の中に人間が入りこんだり、金儲《もう》けのために違法に野生動物をaホカクしたりすることで、①人間と動物の〈あいだ〉は縮まる。ウイルスは人間にうつり、人間の体内環境で爆発的にゾウbショクできる条件を備えていると、高い病原性を示す。そうなった時に、人間にとっては脅威となる。

（中略）

[2]　宿主から直接にせよ媒介動物をつうじてにせよ、個体に保有されている病原体に人間が触れ、それを人間が体内に取り入れる。そうだとすれば、病原体は、実際には、宿主か媒介動物の体内に保有されているのであるが、人間と野生動物の〈あいだ〉に存在していると考えたほうが分かりやすいのではないだろうか。病原体は、野生動物から人間に、その関係性をつうじてうつされるからである。関係性の生じる「場」を、ここで〈あいだ〉と呼んでみよう。

[3]　人間と動物の〈あいだ〉が十分にある時には、病原体は転移しない。〈あいだ〉が縮まることによって、病原体が人間に転移する確率が高まる。〈あいだ〉とは、モノの存在しない空白部ではない。それは、表面に出ている人やモノや現象に、裏面から作用を及ぼす力の場として見られるべきであろう［＊木村敏］。こうした見通しを踏まえて、人間と動物の〈あいだ〉にどのような力が働いて、病原体が活発な動きを見せるようになるのかを探ってみたい。以下では、環境哲学者Ｔ・ヴァン・ドゥーレンによるインドの人間、ハゲワシ、牛をめぐる記述を取り上げて、それを病原体が蠢《うごめ》きだす記述として読み替えてみたい［＊Thom van Dooren］。

[4]　インドの人たちは、かつてたくさんのハゲワシが川岸で、牛や、人間を含む他の動物の死骸に集っていた光景を覚えている。しかし今日、ハゲワシはほとんど見かけない。二十世紀末から、ハゲワシが食べる牛に投薬されるようになった「②ジフロフェナク」（関節炎、痛風、結石、外傷、生理痛、腰痛などに鎮痛効果があるとされる、非ステロイド系の抗炎症薬）のせいで、ハゲワシは今や絶滅の危機に瀕《ひん》している。インドにいる三種のハゲワシ――ベンガルハゲワシ、インドハゲワシとG. tenuirostris――の九七％がすでに死滅しているとされる。環境ＮＧＯ「バードライフ・インターナショナル」によれば、ベンガルハゲワシは、抗炎症薬が投与された家畜の死骸を食べることで体内にcチクセキするジフロフェナクのせいで九九％減少した［＊ジュールズ・ハワード］。

[5]　インドでは、牛は耕作、搾乳、重労働のために使役され、食べられることはなかった。そのため牛の死骸を食べるハゲワシにとって理想の棲《せい》息環境が用意されていた。かつては毎年五〇〇万～一〇〇〇万トンの牛・ラクダ・水牛が、ハゲワシの世話になっていた。一〇〇羽ほどのハゲワシによって、一頭の牛の死骸が三十分ほどできれいに片づけられた。牛が炭疽《そ》で死亡した時には、芽胞が土壌にdシンシュツし、そこに何十年も留まった後、風によって飛ばされるか、動物の消化管の中で広がった。炭疽は、古くから草食動物の群れを大量に殺し、人間にも感染して致命的な結果をもたらしてきた。動物は数時間で瀕《ひん》死状態になり、死骸は風船のように膨れ上がり、傷をつけると黒く濃いねばねばした血が流れだす［＊ピエール・ダルモン］。

2023年度／栄東高等学校（第１回）

英語解答

1 (1) [1]…9　[2]…8　[3]…2　[4]…3
[5]…7　[6]…5
(2) ④

2 (1) [8]…3　[9]…5　[10]…2　[11]…1
[12]…6　[13]…4
(2) [14]…2　[15]…1

3 (1) ②　(2) 4　(3) 1　(4) 2
(5) 3　(6) 4

4 [22] 4　[23] 2　[24] 4

5 [25] 4　[26] 2　[27] 1

6 [28] 4　[29] 2　[30] 1　[31] 4

1〔長文読解総合―説明文〕

≪全訳≫❶あなたは夜にしばしば夢を見るだろうか。ほとんどの人は見る。朝，目が覚めると彼らは思う。「なんて変な夢を見たのだろう！　なぜそんな夢を見たのだろう」❷夢はときには怖い。恐ろしい生き物が私たちを脅し，追いかけてくる。夢の中では，ときに願いがかなうこともある。空を飛んだり，山の頂上から浮かんだりする。全てが混乱した夢に悩まされたりもする。私たちは道に迷い，家に帰る道が見つからない。世界がひっくり返ってしまったように見えて，何も理解できない。❸夢の中で私たちはとても奇妙な行動をする。起きているときには決してしないようなことをする。決して考えたり言ったりしないことを考えたり言ったりする。なぜ夢はそんなに奇妙なのか。夢はどこからくるのだろうか。❹大昔から，人々はこれに答えようとしてきた。しかし，ジークムント・フロイトという人ほど，納得できる答えを出した人はいない。夢の世界が奇妙で未知なものに思えるのは，夢が自分では認識もコントロールもできない心の一部分に由来するからだ，と彼は言った。彼はこれを「無意識」と名付けた。❺ジークムント・フロイトは100年ほど前に生まれた。彼は人生の大半をオーストリアのウィーンで過ごしたが，その生涯を終えたのはロンドンであり，第二次世界大戦が始まった直後だった。❻フロイトは，現代の偉大な探検家の１人だった。だが彼が探検した新しい世界は，人間自身の内側にあった。無意識は深い井戸のようなもので，記憶や感情で満たされているからだ。これらの記憶や感情は，私たちが生まれた瞬間から，さらにはおそらく生まれる前から，無意識の中に蓄えられてきた。私たちの意識はそれらを忘れてしまっている。不愉快な経験や異常な経験によって思い出したり，夢を見たりするまでは，それらがそこにあると私たちは気づかない。そのときになって突然，ずっと以前に忘れていたものと向き合う。私たちは，子どもの頃に感じたのと同じ嫉妬に満ちた恐怖や苦い失望を感じる。❼フロイトのこの発見は，人がなぜそのように行動するのかを理解するのに，非常に重要である。私たちの中にある無意識の力は，私たちが知っている意識的な力と，少なくとも同じくらい強力だからだ。なぜ私たちはある友人を別の友人よりも選ぶのか。ある物語が私たちを泣かせたり笑わせたりする一方で，別の物語は私たちに全く影響を与えないのはなぜか。おそらく，私たちはその理由を知っている。もしそうでないとしたら，その理由は私たちの無意識の奥深くにあるのだろう。

(1)**＜適語選択＞**[1]come true「実現する」　[2]帰り道がわからない状態を表す語が入る。 be lost「道に迷う」　[3]空所を含む文の … do things which we would never do は「決してしないだろうことをする」という意味(この would never do は仮定法過去)。夢の中では起きているときにはしないようなことをするのである。　[4]前文の動詞 answer「～に答える」に注目。多くの人の答えの中でフロイトのものが最も優れていたことを示す文になる。　[5]ふだん忘れているものを呼び起こすのは「通常と異なる」経験。　[6]前段落はフロイトの学説の説明。それを「(フロイトの)この発見」とまとめている。

(2)<**正誤問題**>下線部④中の do は前文の know why を指すと考えられるが，無意識の中にあるはずの理由を知っていることになり矛盾する。よって do を don't に直す必要がある。なお下線部③の For は前置詞ではなく接続詞として‘理由’を表す用法。

[2]〔**長文読解総合―説明文**〕

≪全訳≫❶なぜ人は地球に住めるのに，火星や金星には住めないのか。その答えは，私たちの身の回りにある。大気だ。[8]大気は，生命に必要な気体でできている。最も重要な２つの気体は，窒素(78パーセント)と酸素(20パーセント)だ。大気の残りの２パーセントは他の多くの気体でできており，それらの気体の中で気候にとって最も重要なのは二酸化炭素(CO_2)だ。❷大気が重要なのは，それが私たちに空気をもたらすからであり，私たちは生きるために空気が必要だからだ。しかし，大気にはもう１つ重要なはたらきがある。大気のおかげで，地球は暑すぎたり寒すぎたりしない。火星は大気が薄く，気温はマイナス50℃ほどだ。金星は大気が厚く，その温度は約460℃だ。[9]地球の大気はこの２つの間にある。❸200年前のフランスで，ジョセフ・フーリエという科学者が太陽と地球に関するいくつかの疑問を抱いた。太陽が輝いているとき，地球は高温になる。[10]しかし，太陽が照っていない夜にはどうなるのかと彼は自問した。なぜ地球は熱を失わないのか。フーリエの庭には温室(ガラスでできた建物)があり，そこの空気は暖かかったので，若い植物を置いていた。彼は，地球の大気は温室のガラスのようなものだと考えた。ガラスのおかげで暖かい空気が温室にとどまり，大気のおかげで暖かい空気が地球にとどまる。私たちは大気に関して，ジョセフ・フーリエが知っていたよりもずっと多くのことを今では知っているが，彼の言葉(「温室効果」)を今日でも使っている。❹では，なぜ地球は寒くならないのか。温室効果はどのようにはたらいているのか。❺太陽からの光が地球の大気を通ってやってきて，地球を暖める。[11]しかし，この熱は太陽の光とは違う。地球からのこの熱が全て大気圏を通って宇宙に出ていくわけではない。大気中には，熱を宇宙へ逃がさないようにするいくつかの気体がある。[12]そのため，これらの気体は「温室効果ガス」と呼ばれる。その中で最も重要なのは二酸化炭素で，100年間も大気中にとどまるが，それは他のどの温室効果ガスよりはるかに長い。❻では，世界の暑い地域がどんどん暑くなるのを防いでいるものは何だろうか。また，寒い地域はなぜどんどん寒くならないのか。[13]これらの疑問に答えるには，海について少々学ばなければならない。❼海の水は，川のように世界中を移動する。温かい水は世界の寒い場所に移動し，その場所を暖める。また，冷たい水は暖かい場所に移動し，その場所を冷やす。海には大量の水があるため，このことが気候に大きな変化をもたらしうる。

(1)<**適文選択**>[8]３の内容は，この後に続く具体的な気体の説明の導入文になる。　[9]５の文末にある the two が，この前で説明されている火星(極度に寒い星)と金星(極度に暑い星)を指していると考えられる。　[10]２の内容は，太陽が出ている場合(前文)との対比となる。　[11]前の文で大気を通過する太陽の光について述べているが，直後では地球の熱について述べていることから判断できる。　[12]前文の熱を逃がさない気体についての記述は，温室効果ガスと呼ばれる理由と考えられる。　[13]４の these questions は，前の２文の疑問を受けていると考えられる。

(2)<**整序結合**>語群から，現代の私たちと過去のフーリエを比較する文になると推測できる。まず主語 We を受ける動詞となる語句 know much を置く。much は比較級を修飾できるので，次に more を置くのが本問のポイントとなる。その後に知る対象を示す about the atmosphere と現代であることを示すnowを含むnow thanを続ける。残りはJoseph Fourier knewとまとまり，これが現代との比較の対象となる過去の内容となる。 We know much more about the atmosphere now than Joseph Fourier knew, but we still ...

3 〔長文読解総合(英問英答形式)─物語〕

≪全訳≫❶ポールは，美術館でアンナ・ウェイン，コーラ・ターナー，リンダ・ジョーンズ，デレク・ハリデイ，ロジャー・フォックスと一緒に働いている。バルフォア氏は美術館の館長である。ヤードリー氏は町の有力な実業家である。ギルバートソン夫人は美術館に，大変貴重な首飾りであるギルバートソンネックレスを貸している。❷ある日，そのギルバートソンネックレスが盗まれた！ 全ての部屋の天井には防犯カメラがついていたが，ネックレスを映しているカメラは新聞紙で覆われていた。❸警察が来て，事情聴取を始めた。❹「あの部屋を使ってもいいですか？」 主任警部はロジャー・フォックスに尋ねた。彼は，入り口の部屋の隅にある，バルフォア氏のオフィスのドアを指さした。❺「ああ，それは大丈夫ですよ」とロジャーは言った。「バルフォアさんなら30分は戻ってこないでしょう」❻クレイブン主任警部と制服を着た警官の1人がバルフォア氏の部屋へ向かった。「入るように私が言うまでお待ちください」と主任警部は私たちに告げた。「フォックスさん，最初にあなたに伺いましょう」❼ロジャーは彼らに続いてバルフォア氏の部屋へ入り，残った私たちは待っていた。私は他の人たちに目を向けた。彼らは皆，ネックレスの盗難にショックを受けているようだった。❽「これはひどい」とヤードリー氏が言った。「誰かギルバートソン夫人には話したのかい？」❾コーラ・ターナーは首を横に振った。「まだです」と彼女は言った。「バルフォアさんが戻ってくるのを待った方がいいでしょうね」❿「ああ，そのとおりだと思う」とヤードリー氏は言った。彼はアンナを見た。「私は君が新しい展示品をどう扱っているかを見るために戻ってきたのだ。私が階段を上っている途中で警報器が鳴ったのだよ」⓫「ギルバートソン夫人はとても悲しむでしょうね」とチケット売り場の端に座っていたリンダが言った。⓬「泥棒は逃げたのよ」とコーラ・ターナーが言った。「私は11時に映像の画面が暗くなっているのに気づいたんだけど，その後で何人かが建物を出ていったわ。ロジャーが11時10分に美術館の出入り口を閉めたの。だから泥棒が逃げ出すのにまる10分あったわ」⓭警備の映像の画面は，チケット売り場の後ろにあった。②今は全ての画面が館内の部屋を映していることに私は気がついた。⓮私たちは皆，互いに顔を見合わせた。他の人が何を考えているか，誰もがわかっていた。泥棒は私たちの中にいるのか，ということだ。⓯ロジャーがバルフォア氏の部屋から出てきた。「主任警部が次は君に話を聞きたがっているよ，コーラ」と彼は言った。⓰クレイブン主任警部の所に入っていくとき，コーラは不安げに見えた。そのとき，美術館の入り口のベルが鳴るのが聞こえ，制服を着たもう1人の警官がドアを開けた。2人の女性警察官が入ってきた。⓱私はそのうちの1人を知っていたが，彼女は私に気づかないようだった。私はうれしかった。A彼女に思い出してほしくないことがあったのだ。⓲「彼女たちはみんなの体を調べるためにここに来たんだ」とロジャーが言った。「主任警部が僕にそう言ったよ」⓳「体を調べるですって！」とリンダが言った。⓴ロジャーはうなずいた。「彼は私たちがネックレスを持ってないことを確かめたいんだ」と彼は言った。㉑「私のことは調べさせないわよ！」とリンダが言った。㉒「そうすると警察は君が何かを隠していると思うだろうね，リンダ」とロジャーは言った。「警察は君が泥棒だと思うよ」㉓「でも，いったいどうしたら私が泥棒になるの！」と彼女は怒って言った。「私は本部のビルの最上階にいて，デレク・ハリデイと一緒だったのよ」 彼女は急に恥ずかしくなったようで，顔を真っ赤にした。「彼はね，彼は土曜の夜に一緒に映画を見に行こうと私を誘っていたの」**24**ロジャーはほほ笑んだ。「映画を楽しめるといいね」と彼は言った。「でも，彼がオフィスにいたのが11時ちょうどだと，どうしてわかるの？」**25**「デレクが，バルフォアさんが美術館に戻ってくるまでどのくらいかかるかきいてきたからよ」とリンダは言った。「私がオフィスの時計を見てみたら，11時だった。その後デレクに，バルフォアさんはあと1時間で戻ってくると言ったの」**26**「それなら，君とデレクが心配することは何もないさ」とロジャーは言った。「盗難があったとき，君たち2人は一緒にいたんだから」**27**リンダは不機嫌そうに見えたが，彼女は婦人警官が体を調べるのを許すつもりだと私にはわかっていた。彼女は警察に自分が泥棒だと思われたくないだろうと私は思った。**28**コーラがバルフォア氏の部屋から出てきて，アンナに次に入るように言った。アンナは私のそばを通り過ぎるとき，私に向かってほほ笑んだ。「心配する必要はないわ，ポール」と彼女は言った。「ネックレスが盗まれたとき，私たちは一緒にいたじゃないの」**29**私は彼女が小さなオフィスに入っていくのを見ていた。たしかアンナはコーヒーメーカーの所に行き，警報機が鳴る直前に戻ってきたのだった。彼女がコーヒーを持って戻ってくる前にネックレスを盗まなかったとどうしてわかるだろうか。でも私はそう思いたくはなかった。私はアンナのことが好きだったのだ。

(1)＜**正誤問題**＞「下線を引いた①～④の文で，文法的に正しくないものはどれか」―②　画面は部屋を「映している」はずなので，受け身形の were shown ではなく進行形の were showing が正しい。

(2)＜**適文選択**＞「空所(A)に最も適切な答えを入れなさい」　前の2文で，警察官に気づかれなかったことをポールが喜んでいることから，ポールは警察官に対して何かやましい点があったと考えられる。

(3)＜**英文解釈**＞「下線部(B)はどういう意味か」―1．「彼らに私の体を調べさせたりしない」　3人称を主語にした進行形で，話し手の意志を表す用法。これを知らなくとも，次の段落のロジャーの言葉から，何かを隠していると思われるような行動だと推測できる。

(4)＜**指示語**＞「下線部(C)は何を指しているか」―2．「アンナがネックレスを盗んだ」　How do I know で始まる前文は，「どうしてわかるか」→「わからない」という反語表現。コーヒーを取りに行ったアンナが警報器の鳴る直前に戻ってきたことから，アンナがコーヒーを取りに行った間にネックレスを取った可能性を否定できないとポールは考えている。しかし，ポールはアンナに好意を抱いているので，そのことを信じたくないのである。

(5)＜**要旨把握**＞「バルフォア氏が美術館に帰ってくるのはいつか」―3．「12時頃」　第25段落最後の2文参照。　'in＋時間の長さ'「(今から)～後に」

(6)＜**内容真偽**＞「この文章によれば，次の記述のうちどれが正しいか」　1．「リンダは，彼女が泥棒でないことをロジャーがわかってくれたので，気が楽になった」…×　第27段落第1文参照。不機嫌そうに見えたとある。　2．「美術館で働いている人は皆，泥棒は外部の人だと思っていた」…×　第14段落最終文参照。us は美術館で働いている人たちを指す。　3．「ネックレスが盗まれた日，ポールとアンナは午前中ずっと一緒にいた」…×　第28段落最終文および第29段落第2文参照。一緒にいたのは11時前後であり，午前中ずっとという記述はない。　4．「ロジャーが美術館の出入り口を閉める前に，泥棒は美術館を出るチャンスがあった」…○　第12段落最後の2文に一致する。

4～**6**〔**放送問題**〕放送文未公表

2023年度／栄東高等学校（第１回）

数学解答

1 (1) ア…5　イ…0　ウ…0
(2) エ…－　オ…8　カ…5
(3) キ…1　ク…5
(4) ケ…8　コ…0〔ケ…7　コ…7〕
(5) サ…3　シ…2　ス…6

2 (1) ア…1　イ…4
(2) ウ…3　エ…3　オ…2
(3) カ…1　キ…3　ク…2　ケ…5
コ…6

3 (1) ア…2　イ…3　(2) 6
(3) エ…2　オ…9　カ…5　キ…3

4 (1) ア…2　イ…2　ウ…4
(2) エ…1　オ…6
(3) カ…1　キ…6　ク…1　ケ…0

5 (1) ア…5　イ…3　ウ…0
(2) エ…5　オ…1　カ…1　キ…2
(3) ク…1　ケ…0　コ…1　サ…1

1〔独立小問集合題〕

(1)＜**数の計算**＞与式 $=23\times23+23\times14-27\times13=23\times(23+14)-27\times13=23\times37-27\times13=(10+13)\times37-27\times13=10\times37+13\times37-13\times27=370+13\times(37-27)=370+130=500$

(2)＜**数の計算**＞与式 $=x^2+4x+4-4-17=(x+2)^2-21$ として，$x=2-\sqrt{5}$ を代入すると，与式 $=(2-\sqrt{5}+2)^2-21=(4-\sqrt{5})^2-21=16-8\sqrt{5}+5-21=-8\sqrt{5}$ となる。

(3)＜**二次方程式の応用**＞もとの定価を a 円とする。x ％値上がりすると，もとの値段の $1+\frac{x}{100}$ 倍になるから，先月の価格は $a\left(1+\frac{x}{100}\right)$ 円である。今月の価格は先月の価格の $1+\frac{3x}{100}$ 倍になるから，$a\left(1+\frac{x}{100}\right)\left(1+\frac{3x}{100}\right)$ 円である。また，もとの定価から $4.45x$％値上がりすると，もとの定価の $1+4.45x\div100=1+\frac{445x}{10000}$（倍）になるから，今月の価格は $a\left(1+\frac{445x}{10000}\right)$ 円とも表せる。よって，$a\left(1+\frac{x}{100}\right)\left(1+\frac{3x}{100}\right)=a\left(1+\frac{445x}{10000}\right)$ が成り立つ。両辺を a でわって解くと，$\left(1+\frac{x}{100}\right)\left(1+\frac{3x}{100}\right)=1+\frac{445x}{10000}$，$1+\frac{1}{25}x+\frac{3x^2}{10000}=1+\frac{445x}{10000}$，$\frac{1}{25}x+\frac{3x^2}{10000}=\frac{445x}{10000}$，$400x+3x^2=445x$，$3x^2-45x=0$，$x^2-15x=0$，$x(x-15)=0$　$\therefore x=0,\ 15$　$x>0$ だから，$x=15$ である。

(4)＜**データの活用―箱ひげ図**＞$37\div2=18$ あまり１，$18\div2=9$ より，第１四分位数は低い方から９番目と10番目の得点の平均，中央値である第２四分位数は19番目の得点，第３四分位数は高い方から９番目と10番目の得点の平均となる。英語のテストの得点の第１四分位数は71点だから，低い方から10番目の得点は71点以上である。よって，英語が70点以上の人は $37-9=28$（人）以上いる。次に，数学のテストの得点の中央値は68点だから，数学が70点以上の人は $37-19=18$（人）以下となる。さらに，国語のテストの得点の第１四分位数が63点なので，低い方から９番目と10番目の得点の平均が63点となるが，中央値が71点，最小値が54点だから，例えば，低い方から９番目の得点が56点，10～18番目の得点が全て70点，19番目の得点が71点の場合も考えられる。この場合，国語が70点以上の人は $37-9=28$（人）となるから，国語が70点以上の人の最大の人数は28人となる。よって，70点以上の人数が最も多い教科は，英語のみか，英語と国語の両方になるから，求める第３四分位数は80点または77点である。

(5)＜**平面図形―面積**＞次ページの図のように，各点C，D，E，Fを定め，点Cと２点A，O，点Eと２点O，Bをそれぞれ結ぶ。図より，斜線部分は，△OACと△OBEとおうぎ形OCEを合わせた図形からおうぎ形AOCとおうぎ形BOEを除いた図形となる。点Aが中心Oと重なるように折ったので，OC＝AC＝OA となり，△OAC は正三角形である。同様に，△OBE も正三角形だから，∠AOC＝∠BOE＝60° より，∠COE＝180°－60°×2＝60° となる。よって，おうぎ形 OCE とおうぎ形 AOC とおうぎ形 BOE はいずれも半径が1，中心角が60°の合同なおうぎ形だから，面積は $\pi\times1^2\times\frac{60°}{360°}=\frac{\pi}{6}$ である。また，△OAC と△OBE は1辺が1の正三角形だから，面積は，$\frac{1}{2}\times1\times\left(1\times\frac{\sqrt{3}}{2}\right)=\frac{\sqrt{3}}{4}$ となる。したがって，斜線部分の面積は，$\frac{\sqrt{3}}{4}\times2+\frac{\pi}{6}-\frac{\pi}{6}\times2=\frac{\sqrt{3}}{2}-\frac{\pi}{6}$ である。

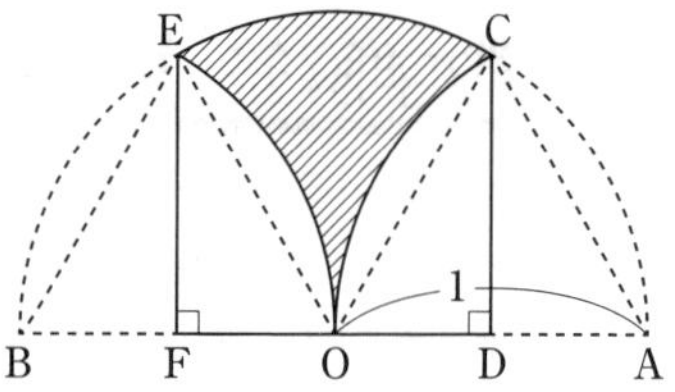

2〔データの活用―確率―さいころ〕

≪基本方針の決定≫(3)　2回の同一方向への移動量は最大で2＋2＝4だから，3回の同一方向への移動量が5になると点Pは原点に戻れない。途中の回で原点に戻る場合もあることに注意する。

(1)＜**確率**＞a が3以下，b が奇数となり，点Pが正の方向に1移動することを㋐，a が3以下，b が偶数となり，点Pが正の方向に2移動することを㋑，a が4以上，b が奇数となり，点Pが負の方向に1移動することを㋒，a が4以上，b が偶数となり，点Pが負の方向に2移動することを㋓とする。さいころの目は1～6で，3以下の目，4以上の目はともに3通りずつあるから，さいころを1回投げるとき，3以下の目が出るか4以上の目が出るかは同様に確からしい。また，奇数の目が出るか偶数の目が出るかについても同じく同様に確からしいから，②の操作を1回行うとき，㋐，㋑，㋒，㋓の4通りのどれになるかは同様に確からしい。よって，②の操作を2回行うとき，全部で4×4＝16(通り)の移動方法がある。このうち，点Pが原点に止まる場合は，(ⅰ)㋐と㋒が1回ずつの場合と，(ⅱ)㋑と㋓が1回ずつの場合である。(ⅰ)の場合，1回目，2回目の順に㋐→㋒のときと㋒→㋐のときがあるので，2通りある。(ⅱ)の場合も同様に2通りあるので，点Pが原点に止まる場合は2＋2＝4(通り)ある。したがって，求める確率は $\frac{4}{16}=\frac{1}{4}$ となる。

(2)＜**確率**＞操作を3回行うときの点Pの移動方法は，全部で4×4×4＝64(通り)ある。このうち，点Pが原点に止まる場合は，(ⅲ)㋐が2回，㋓が1回の場合と，(ⅳ)㋑が1回，㋒が2回の場合である。(ⅲ)の場合，1回目，2回目，3回目の順に㋐→㋐→㋓，㋐→㋓→㋐，㋓→㋐→㋐の3通りある。(ⅳ)の場合も同様に3通りあるので，点Pが原点に止まる場合は3＋3＝6(通り)ある。よって，求める確率は $\frac{6}{64}=\frac{3}{32}$ となる。

(3)＜**確率**＞操作を5回行うときの点Pの移動方法は，全部で 4^5＝1024(通り)ある。このうち，点Pが原点に止まる場合は，(Ⅰ)㋐が3回，㋒が1回，㋓が1回の場合，(Ⅱ)㋒が3回，㋐が1回，㋑が1回の場合，(Ⅲ)㋑が2回，㋒が2回，㋓が1回の場合，(Ⅳ)㋓が2回，㋐が2回，㋑が1回の場合である。(Ⅰ)～(Ⅳ)の場合のうち，5回目で初めて原点に止まるような㋐～㋓の順番を考える。(Ⅰ)の場合は，右上図1の8通りある。(Ⅱ)の場合は(Ⅰ)の場合と正の方向の移動と負の方向の移動が逆になるので，(Ⅰ)の場合と同様に8通りある。(Ⅲ)の場合は，右図2の18通りあり，(Ⅳ)の場合も18(通り)ある。よって，5回目で初めて原点に止まる場合は8×2＋18×2＝52(通り)あるから，求める確率は $\frac{52}{1024}=\frac{13}{256}$ となる。

図1

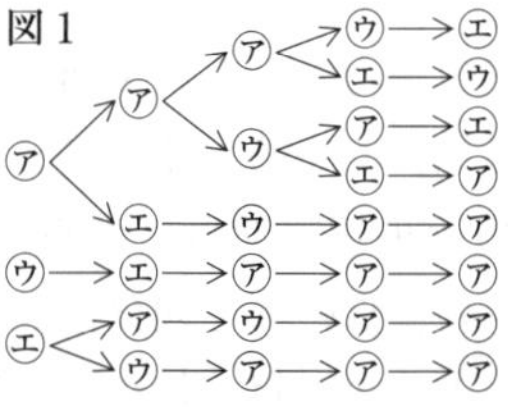

図2

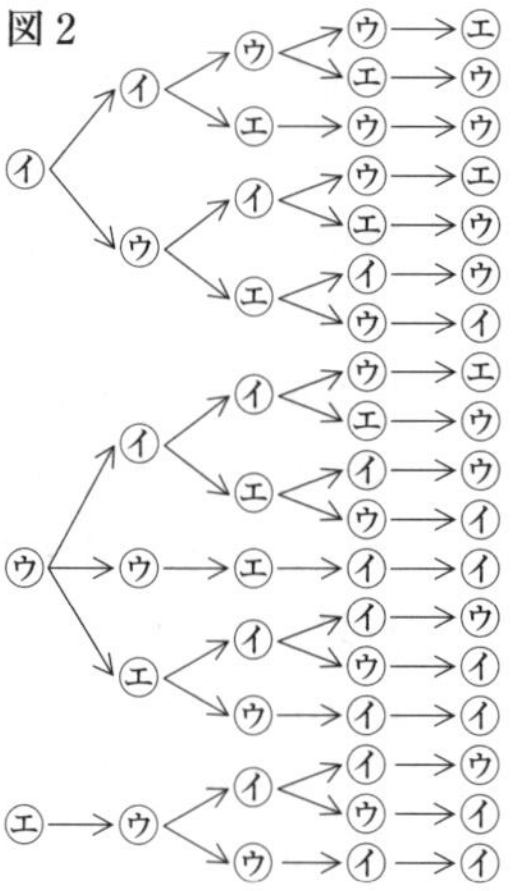

3 〔平面図形―円，三角形〕

≪基本方針の決定≫(3)　△ABC＝△ABE＋△CBE と考える。

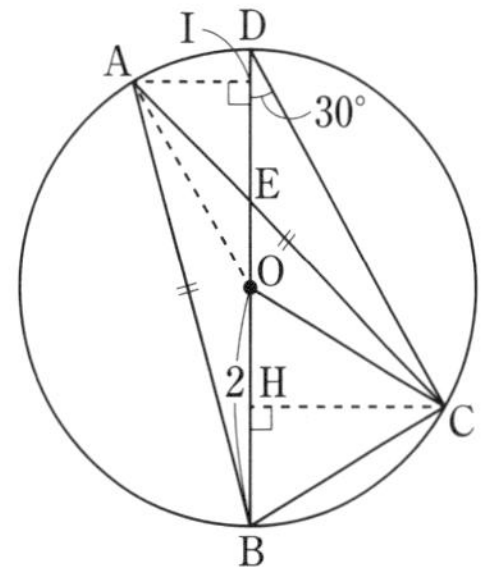

(1)**＜長さ＞**右図で，線分 BD は直径だから，∠BCD＝90° である。よって，∠BDC＝30° より，△BCD は３辺の比が $1:2:\sqrt{3}$ の直角三角形となる。したがって，BD＝2×2＝4 より，CD＝$\dfrac{\sqrt{3}}{2}$BD＝$\dfrac{\sqrt{3}}{2}\times4=2\sqrt{3}$ である。

(2)**＜長さ＞**右図で，$\overset{\frown}{\mathrm{BC}}$ に対する円周角より，∠BAC＝∠BDC＝30° であり，△ABC は AB＝AC の二等辺三角形だから，∠ABC＝∠ACB＝(180°－30°)÷2＝75° である。ここで，点Ｃから線分 BD に垂線 CH を引くと，∠CBH＝180°－30°－90°＝60°，∠BCH＝180°－90°－60°＝30° となる。よって，∠ECH＝75°－30°＝45° となり，△CEH は直角二等辺三角形だから，CE＝$\sqrt{2}$CH である。(1)より，BC＝$\dfrac{1}{2}$BD＝$\dfrac{1}{2}\times4=2$ となるから，CH＝$\dfrac{\sqrt{3}}{2}$BC＝$\dfrac{\sqrt{3}}{2}\times2=\sqrt{3}$ である。したがって，CE＝$\sqrt{2}$CH＝$\sqrt{2}\times\sqrt{3}=\sqrt{6}$ となる。

(3)**＜面積比＞**右上図の△BCH で，(2)より，BH＝$\dfrac{1}{2}$BC＝$\dfrac{1}{2}\times2=1$ であり，EH＝CH＝$\sqrt{3}$ だから，BE＝BH＋EH＝$1+\sqrt{3}$ である。よって，OE＝BE－OB＝$(1+\sqrt{3})-2=\sqrt{3}-1$ であり，△OEC＝$\dfrac{1}{2}$×OE×CH＝$\dfrac{1}{2}\times(\sqrt{3}-1)\times\sqrt{3}=\dfrac{3-\sqrt{3}}{2}$ となる。また，(2)より，∠ABD＝75°－60°＝15° だから，２点Ｏ，Ａを結ぶと，$\overset{\frown}{\mathrm{AD}}$ に対する円周角と中心角の関係より，∠AOD＝2∠ABD＝2×15°＝30° となる。ここで，点Ａから線分 BD に垂線 AI を引くと，△OAI は３辺の比が $1:2:\sqrt{3}$ の直角三角形となり，AI＝$\dfrac{1}{2}$OA＝$\dfrac{1}{2}\times2=1$ だから，△ABC＝△ABE＋△CBE＝$\dfrac{1}{2}\times(1+\sqrt{3})\times1+\dfrac{1}{2}\times(1+\sqrt{3})\times\sqrt{3}=2+\sqrt{3}$ となる。したがって，△ABC：△OEC＝$(2+\sqrt{3}):\dfrac{3-\sqrt{3}}{2}=(2+\sqrt{3})(2-\sqrt{3}):\dfrac{3-\sqrt{3}}{2}\times(2-\sqrt{3})=1:\dfrac{9-5\sqrt{3}}{2}=2:(9-5\sqrt{3})$ である。

4 〔関数―関数 $y=ax^2$ と一次関数のグラフ〕

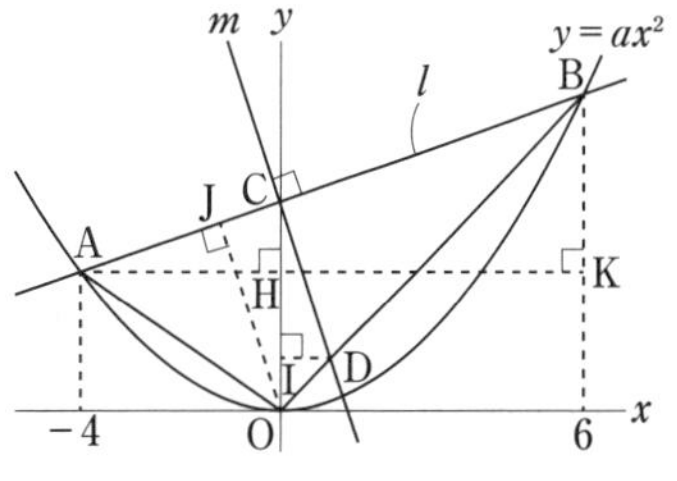

(1)**＜直線の式＞**右図で，２点Ａ，Ｂは放物線 $y=ax^2$ 上にあり，x 座標はそれぞれ－4，6 だから，$y=a\times(-4)^2=16a$，$y=a\times6^2=36a$ より，A$(-4,\ 16a)$，B$(6,\ 36a)$ となる。よって，直線 l の傾きは $\dfrac{36a-16a}{6-(-4)}=2a$ となるから，その式を $y=2ax+b$ とおくと，B$(6,\ 36a)$ を通るので，$36a=2a\times6+b$，$b=24a$ となる。よって，直線 l の式は $y=2ax+24a$ である。

(2)**＜比例定数＞**右上図の△OCA と△OCB で，辺 OC を共通の底辺と見ると，点Ａ，Ｂの x 座標より，高さはそれぞれ４，６だから，△OCA：△OCB＝4：6＝2：3 より，△OCB＝$\dfrac{3}{5}$△OAB である。また，点Ｃを通り，直線 l と直交する直線を m とすると，△OCA＜△OCB より，直線 m が△OAB の面積を２等分するとき，直線 m は辺 OB と交わる。直線 m と辺 OB の交点をＤとすると，△BCD＝$\dfrac{1}{2}$△OAB となる。よって，△OCD＝△OCB－△BCD＝$\dfrac{3}{5}$△OAB－$\dfrac{1}{2}$△OAB＝$\dfrac{1}{10}$△OAB より，△OCD：△OCB＝$\dfrac{1}{10}$△OAB：$\dfrac{3}{5}$△OAB＝1：6 だから，△OCD と△OCB で，底辺を OC と見たときの高さの比も 1：6 となるから，点Ｄの x 座標は点Ｂの x 座標の $\dfrac{1}{6}$ で，$6\times\dfrac{1}{6}=1$ である。さら

に，B(6, 36a)より，直線OBの傾きは $\frac{36a}{6}=6a$ だから，その式は $y=6ax$ であり，$x=1$ のとき，$y=6a$ より，D(1, 6a)となる。2点A，Dから y 軸に垂線AH，DIを引くと，△AHCと△CIDで，∠AHC＝∠CID＝90°であり，∠ACH＝∠ACD－∠ICD＝90°－∠ICD，∠CDI＝180°－∠CID－∠ICD＝180°－90°－∠ICD＝90°－∠ICDより，∠ACH＝∠CDIだから，△AHC∽△CIDである。したがって，AH：CI＝HC：IDとなり，A(－4, 16a)，C(0, 24a)，D(1, 6a)より，AH＝4，CI＝$24a-6a=18a$，HC＝$24a-16a=8a$，ID＝1だから，$4:18a=8a:1$ が成り立つ。これを解くと，$18a\times8a=4\times1$ より，$a^2=\frac{1}{36}$　$\therefore a=\pm\frac{1}{6}$　$a>0$ だから，$a=\frac{1}{6}$ である。

(3)＜**体積**＞前ページの図で，点Oから直線 l に垂線OJを引くと，△OABを，直線 l を軸に1回転させてできる立体は，底面の半径OJ，高さBJの円錐と，底面の半径OJ，高さAJの円錐を合わせた立体となる。その体積は，$\frac{1}{3}\pi\times\mathrm{OJ}^2\times\mathrm{BJ}+\frac{1}{3}\pi\times\mathrm{OJ}^2\times\mathrm{AJ}=\frac{1}{3}\pi\times\mathrm{OJ}^2\times(\mathrm{BJ}+\mathrm{AJ})=\frac{1}{3}\pi\times\mathrm{OJ}^2\times\mathrm{AB}$ で求められる。(2)より，$a=\frac{1}{6}$ のとき，$16a=16\times\frac{1}{6}=\frac{8}{3}$，$36a=36\times\frac{1}{6}=6$ だから，A$\left(-4,\ \frac{8}{3}\right)$，B(6, 6)である。ここで，点Bから x 軸に引いた垂線に点Aから垂線AKを引くと，AK＝6－(－4)＝10，BK＝$6-\frac{8}{3}=\frac{10}{3}$ となり，△AKBで三平方の定理より，AB＝$\sqrt{\mathrm{AK}^2+\mathrm{BK}^2}=\sqrt{10^2+\left(\frac{10}{3}\right)^2}=\sqrt{\frac{1000}{9}}=\frac{10\sqrt{10}}{3}$ となる。また，OC＝$24a=24\times\frac{1}{6}=4$ より，△OAB＝△OCA＋△OCB＝$\frac{1}{2}\times4\times4+\frac{1}{2}\times4\times6=20$ だから，△OABの面積について，$\frac{1}{2}\times\frac{10\sqrt{10}}{3}\times\mathrm{OJ}=20$ が成り立ち，OJ＝$\frac{6\sqrt{10}}{5}$ となる。よって，求める体積は，$\frac{1}{3}\pi\times\left(\frac{6\sqrt{10}}{5}\right)^2\times\frac{10\sqrt{10}}{3}=16\sqrt{10}\,\pi$ である。

5〔空間図形―直方体〕

図1

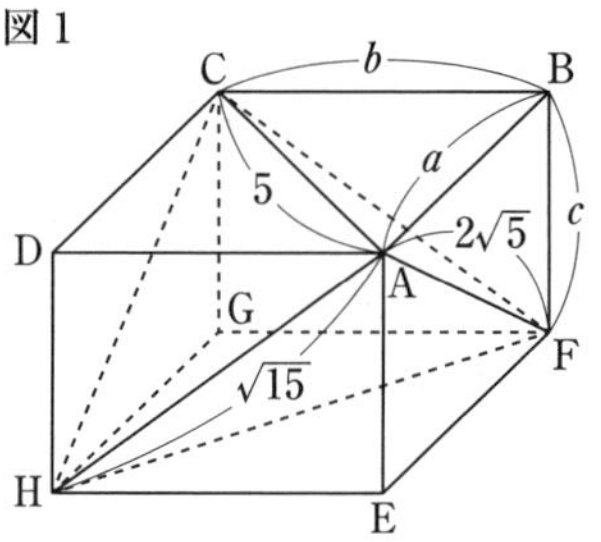

(1)＜**体積**＞右図1で，AB＝a，BC＝b，BF＝c とおく。△ABCで三平方の定理より，$a^2+b^2=5^2$ だから，$a^2+b^2=25$……①である。同様に，△ABFで，$a^2+c^2=(2\sqrt{5})^2$ より，$a^2+c^2=20$……②，△AEHで，$b^2+c^2=(\sqrt{15})^2$ より，$b^2+c^2=15$……③となる。①＋②＋③より，$2a^2+2b^2+2c^2=60$，$a^2+b^2+c^2=30$……④となるから，④－③より，$a^2=15$，④－②より，$b^2=10$，④－①より，$c^2=5$ となる。a，b，c はいずれも正の数だから，$a=\sqrt{15}$，$b=\sqrt{10}$，$c=\sqrt{5}$ である。よって，直方体の体積は $\sqrt{15}\times\sqrt{10}\times\sqrt{5}=5\sqrt{30}$ である。

図2

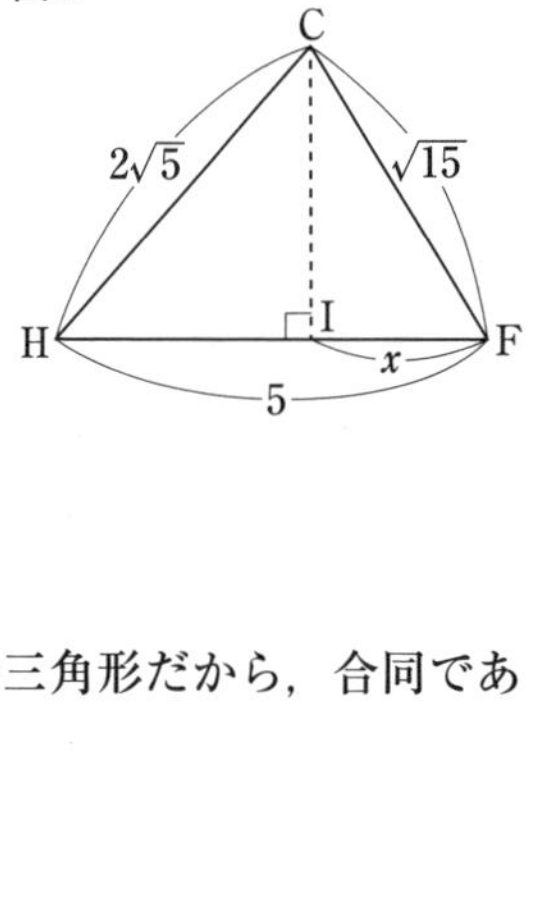

(2)＜**面積**＞右上図1で，CH＝AF＝$2\sqrt{5}$，CF＝AH＝$\sqrt{15}$，HF＝AC＝5である。右図2の△CFHで，点Cから辺HFに垂線CIを引き，IF＝x とおくと，△CIFで三平方の定理より，$\mathrm{CI}^2=\mathrm{CF}^2-\mathrm{IF}^2=(\sqrt{15})^2-x^2=15-x^2$，同様に，△CIHで，$\mathrm{CI}^2=\mathrm{CH}^2-\mathrm{HI}^2=(2\sqrt{5})^2-(5-x)^2=-5+10x-x^2$ となる。これより，$15-x^2=-5+10x-x^2$ が成り立ち，これを解くと，$x=2$ となるから，$\mathrm{CI}^2=15-2^2=11$ で，CI＞0より，CI＝$\sqrt{11}$ となる。よって，△CFH＝$\frac{1}{2}\times\mathrm{HF}\times\mathrm{CI}=\frac{1}{2}\times5\times\sqrt{11}=\frac{5\sqrt{11}}{2}$ である。

(3)＜**面積**＞四面体A-CFHの4つの面は全て3辺の長さが $\sqrt{15}$，5，$2\sqrt{5}$ の三角形だから，合同である。よって，求める表面積は △CFH×4＝$\frac{5\sqrt{11}}{2}\times4=10\sqrt{11}$ となる。

2023年度／栄東高等学校（第１回）

国語解答

一　問一　a…3　b…1　c…2　d…5　e…4
問二　A…4　B…3　C…2　D…1
問三　3　問四　4
問五　二番目　5　四番目　1
問六　(i)…1　(ii)…2　問七　5

二　問一　a…2　b…2　c…5
問二　1　問三　1，4　問四　4
問五　2　問六　3　問七　4
問八　1　問九　2

三　問一　a…3　b…5　c…3
問二　1，4　問三　2　問四　4
問五　2

一〔**論説文の読解―自然科学的分野―自然**〕出典；奥野克巳『絡まり合う生命　人間を超えた人類学』。

≪本文の概要≫病原体ウイルスはもともと自然の中で宿主と共生していた。その自然環境の中に人間が入り込み，人間と動物の間が縮まる。人間と動物の間が縮まれば，病原体が人間に転移する確率が高まるのである。インドのハゲワシは，抗炎症薬が投与された牛の死骸を食べることで体内にジフロフェナクが蓄積され，絶滅の危機に瀕している。ハゲワシはインドで広がる炭疽などの疫病の拡大を食い止めていた。貧困層の人々が老いた牛を働かせ続けるために必要としたジフロフェナクの投与は，ハゲワシに死をもたらし，家畜と人間は潜在的に炭疽の感染リスクにさらされることとなった。人間と動物は別個に生きているのではなく，食べ食べられ，使役し使役され，影響を与え与えられ，相依しながら絡まり合っている。人間，動物，病原体が絡まり合って入り乱れ，死が生を支え，生はいつの間にか死を生む。人間の世界に侵入した後の病原体を問題にしてうろたえるのではなく，人間，動物，病原体の相互作用を，丸ごと探っていく必要があるのである。

問一＜漢字＞a．「捕獲」と書く。1は「保育」，2は「稲穂」，3は「捕縛」，4は「補足」，5は「舗装」。　b．「増殖」と書く。1は「殖産」，2は「就職」，3は「装飾」，4は「食卓」，5は「植樹」。　c．「蓄積」と書く。1は「畜産」，2は「含蓄」，3は「逐一」，4は「竹馬」，5は「構築」。　d．「浸出」と書く。1は「水深」，2は「申告」，3は「審理」，4は「刷新」，5は「浸透」。　e．「解体」と書く。1は「階段」，2は「破壊」，3は「公開」，4は「曲解」，5は「改革」。

問二．A＜接続語＞ハゲワシは牛の死骸を食べることで炭疽などの疫病を食い止める役割を果たしていたのだし，他にも，パルシー教徒の鳥葬のように，インドの人々はハゲワシの居場所を自分たちの生の中につくり出していたのである。　**B＜接続語＞**ハゲワシと牛と人間の生と死は互いに依存する関係を築いてきたのだが，ジフロフェナクの投薬が始まったことで，この関係が壊され，牛の死骸を食べるハゲワシに死をもたらした。　**C＜表現＞**以前は，牛の死がハゲワシの生を支えていたが，ジフロフェナクの投与によりハゲワシに死をもたらし，病原体を広く拡散させることにつながった。　**D＜接続語＞**私たちにとって，病原体，動物，人間の相互作用を丸ごと考えることが次の課題であり，もしくは，人間の世界に侵入した後の病原体についてだけ対処するべきではないと理解することが課題だと言い換えてもいいのである。

問三＜文章内容＞「自然環境の中に人間が入り」込んで，「人間と動物の〈あいだ〉」は縮まった。「人間と動物の〈あいだ〉」が縮まるとは，森林が伐採されて人間が森林の中に入り込んだり，自然の中に入り込むことがブームとなって自然が荒らされたり，野生動物をペットとしたり，また人間の営為によって自然に暮らす動物の生態を著しく変化させたりすることなどをいうのである。

問四＜文章内容＞ジフロフェナクは，貧困層の人々にとって老いた牛を働かせるために必要な薬であった。しかし，牛へのジフロフェナクの投与が，牛の死骸を食べるハゲワシに死をもたらした。さらに，ハゲワシが減少することによって，炭疽などの疫病が拡大することとなったのである。

問五＜文脈＞人間によるジフロフェナクの牛への投与が，牛を食べるハゲワシに死をもたらした。ハゲワシは家畜の死骸を食べることで炭疽などの疫病を食い止めていたのであるから，ハゲワシがいなければ，炭疽の毒素が拡散する懸念がある(…２)。ハゲワシのいなくなったインドでは，家畜と人間は潜在的に炭疽の感染リスクにさらされているのである(…５)。炭疽菌の感染リスクにさらされるだけではない(…４)。ハゲワシの減少と反比例するようにインドでは野良犬が増加している(…１)。犬も家畜の死骸を片づけるものの，ハゲワシのようなスピードや完璧さはない(…３)。つまり，犬は炭疽を食い止めることができないのである。

問六＜文章内容＞(i)宿主に保有された病原体に触れ，人間が病原体を体内に取り入れる。宿主や媒介動物という野生動物と人間との関係が，互いに作用を及ぼし合う場を，筆者は〈あいだ〉と呼ぶのである。　(ii)この世界では，「人間，動物，病原体が絡まり合って入り乱れ，死が生を支え，生はいつの間にか死を生む」のだということを認識し，その相互作用を探ることこそ，感染症を理解するうえで必要なことである。

問七＜表現＞⑬段落では，⑫段落まで述べられてきた，人間と動物が「食べ食べられ，使役し使役され，影響を与え与えられ，相依しながら絡まり合っている」世界とそこに生じる病原体について，私たちはもう一度見直し，人間以上の世界として理解すべきだという筆者の思いが，結論として述べられている。

二〔**小説の読解**〕出典；寺地はるな『大人は泣かないと思っていた』。

問一＜語句＞ａ．力がなくて弱々しいさま。　ｂ．自分の能力，分際などをわきまえない，という意味。　ｃ．心の中に心配や不快感があって顔をしかめる，という意味。

問二＜慣用句＞Ⅰ．「頰を掻く」は，困っていることや照れていることを表す動作。　Ⅱ．「踵を返す」は，後戻りをする，引き返す，という意味。　Ⅲ．「唇を尖らせる」は，不平不満のある顔をする，という意味。　Ⅳ．「顔をしかめる」は，不機嫌，苦痛などのために顔にしわを寄せる，という意味。

問三＜心情＞「あたし」は，時田翼が「あたしに興味がない」から，「さっきの女」を平気で「あたし」の職場に連れてきたのだと傷つき，苛立っていた。しかも，「相談がある」という言葉が二人きりで会うための口実だとも気づかない翼の鈍感さに，「あたし」はあきれた。

問四＜文章内容＞「このまちでは噂が広まるのが異様にはやい」し，「みんないつまでもしつこく覚えている」と思い，「あたし」はここの暮らしを窮屈に感じていた。時田翼も，窮屈だと感じながら，いろいろな経験から，どこでも窮屈さはあると答えた。

問五＜文章内容＞「あたし」は，母が倒れたことを小柳さんから電話で知らされた。「小柳さんが電話口であまりにかなしそうに泣くので，命にかかわるような病気なのか」と思い込んだ「あたし」は，母の状態を確かめるのに夢中で，礼も言わずに車から降りたのである。

問六＜文章内容＞小柳さんには，二歳でなくなった兄がいた。小柳さんは，「ほんとうは四男だけど，三男のぶんまで生きてほしい」という願いを込めて三四郎と名づけられたのである。生まれたときからもう一人の分の人生まで背負わされたと考えると，「あたし」は小柳さんに同情してしまった。

問七＜品詞＞「あたしはそのたびに母に反発し，しかし毎回言い負かされ，よくむくれて家を飛び出した」には，「反発する」の連用形，「言い負かす」の未然形，「むくれる」の連用形，「飛び出す」の連用形の四つの動詞が含まれている(４…○)。「そのくせ」と「しかし」は，どちらも接続詞である(１…×)。「まるっきり」は，「子ども扱いで」を修飾しており，「大事な」は，「こと」を修飾している(２…×)。「話してくれない」の「ない」は，打ち消しの助動詞，「宿題がない」の「ない」は，形容詞である（３…×）。「言い負かされ」の「れ」は，受け身の助動詞，「むくれて」の「れ」は，動詞「むくれる」の連用形の活用語尾（５…×）。

問八＜文章内容＞母に反発し，「真夜中に飛び出したあたしを受け入れてくれる場所」は，ファミリーレストランしかなかった。「あたし」は，ファミリーレストランが，どんな客も受け入れどんなメニューも制限なく取りそろえることなどに安心感と愛着を抱くのであった。

問九＜表現＞「あたし」が「窮屈じゃない？」とだけ聞いたとき，時田翼はひどく疲れた顔をして「たぶんどこだってここと同じぐらい窮屈なんだよ」と答えて「あたし」を驚かせた。「あたし」が，翼の頭の上にはどんな「重たいもの」が乗っているのだろうと考えているとき，翼に急におばあちゃんのことをきかれて，「あたし」は我に返った。同様に，病室の真ん中で突っ立ったまま高校時代の自分について考えていたとき，母に言葉をかけられた「あたし」は，過去から引き戻されたのである。

三〔**古文の読解―仮名草子**〕出典；『伊曾保物語』中二十八。

≪現代語訳≫あるとき，蠅が，蟻に向かって誇って言ったことには，「ねえ蟻殿。よく聞きなさい。私ほど，幸運に恵まれたものは，世にあるまい。なぜなら，天の神に献上し，あるいは国王にささげる物も，まず私が，先になめて味見をするし，それだけではなく，多くの役人や大臣の頭の上であっても恐れることなく，好きなように飛び上がります。お前さん方のありさまは，なんとまあ，つまらないことだ」と笑っておりました。／蟻が，答えて言うには，「そのとおり，あなたはおっしゃるとおり立派でいらっしゃる。ただし，世間のうわさでは，あなたほど人に嫌われる者もない。それでも，蚊や蜂などのように，勢いよく人を刺すようなこともなく，どうかすると，人に殺される。それだけでなく，春が過ぎ夏が過ぎて秋風が立つ頃には，だんだん翼をたたんで，頭をなで，手をこするありさま。秋が深くなるにしたがい，翼は弱り，腰も抜けて，ひどく見苦しくなる，と言いますよ。私は〈つまらない〉者ですが，季節が移るのに影響されず，豊かに暮らしております。みだりに人を侮りなさることですね」と馬鹿にされて，（蠅は）立ち去った。／このように，少し，自分に優れた面があるからといって，みだりに人を侮ってはいけない。それは結局，自分を侮ることになるのだから。

問一＜現代語訳＞ａ.「奉る」は，差し上げる，という意味の謙譲語。　ｂ.「御辺」は，あなた，という意味。「さやう」は，そのよう，という意味。「めでたし」は，すばらしい，立派だ，という意味。「渡らせ給ふ」は，いらっしゃる，という意味の尊敬語。蟻は，蠅の自慢話を聞いて，あなたはそのとおりご立派だとほめたのである。　ｃ.「いささか」は，わずかばかり，という意味。「技」は，技術，能力，という意味。「あればとて」は，あるからといって，という意味。

問二＜古文の内容理解＞蠅は，神や王に差し上げる食物であってもまず自分がなめてみることができるし，役人や大臣の頭上も好きなように飛び回れると，蟻に向かって誇ったのである。

問三＜古文の内容理解＞「つたなし」は，劣っている，愚かだ，つまらない，という意味。蟻は，蠅のように，神や王に差し上げる食物をなめたり人の頭上を飛び回ったりはできず，蠅より劣っているようだけれど，季節の変化に関係なく豊かに暮らせていると言ったのである。

問四＜古文の内容理解＞蠅は，秋風が立つ頃にはだんだんと弱っていき，秋が深くなるにしたがって弱ってみすぼらしくなると，蟻は指摘した。だが蟻は，季節の変化とは関係なく豊かに暮らしているというのである。

問五＜古文の内容理解＞蠅は，自分が神や王に差し上げる食物をなめたり，役人や大臣の頭上を飛び回ったりできると自慢した。しかし蟻は，蠅が人に嫌われてよく殺されること，秋になると体が弱って大変見苦しくなることを指摘した。季節に関係なく豊かに暮らせている蟻に，蠅は恥をかかされて立ち去ったのである。

2023年度 栄東高等学校（第２回）

【英　語】（50分）〈満点：100点〉

（注意）［4］～［6］のリスニング問題は試験開始後15分経過した頃から放送される。放送時間は約15分である。

［1］　次の英文を読み，あとの問いに答えなさい。（文中の＊印の語(句)には注があります）

My involvement with Alaska traces back roughly 15 years, to when I was 18 years old, not much older than you are now.

From the time I was a child I ([1]) a love of Nature and animals, and many of the books I read as a young boy were about animals or exploratory adventures: for example, the science fiction fantasies of Jules Verne or the *exploits of Captain Arseniev in *Dersu Uzala*. ①All I kept thinking was that someday I wanted to do the same kind of things as the protagonists in those stories. Usually, as children grow up they *abandon dreams of that sort or their interests move in other directions; but in my case, perhaps I didn't grow up very much, because even after I entered college I continued to think the same way. Already during my *freshman year I ([2]) up my mind to go to Alaska. ②I can't clearly explain why I decided on Alaska. I think it was from some *vague yearning for the Nature of the Arctic region.

In those days, getting hold of materials about Alaska in Japan was very difficult, so I ([3]) some books and other materials from the United States. Among them was a photo book that I was very fond of. Day after day I would look at it without ever tiring of it, and each time I looked at it, there was one page in particular that I invariably "had" to see. It was an *aerial photograph, extremely beautiful, of an Eskimo village on a small island in the Arctic Ocean. ③The photo had been taken from a plane just as the sun was setting into the Arctic Ocean.

The reason I was so attracted to the photo was because I ([4]) it fascinating how people were living even in a place where there was nothing, at what seemed the end of the Earth. Like you, I ([5]) up in the city, and for that reason ④I found it easy to believe that people were living in a place like that. But as I kept thinking about it, I gradually came to want to visit that village. I read carefully through the explanation accompanying the photo, written in English, and found out that the village's name was Shishmaref. I then ([6]) out a map and located where in Alaska the village was, and from then on my feelings of wanting to go there became all the stronger.

（注）exploits　偉業　　abandon　～を捨てる
freshman year　１年生　　vague yearning　漠然とした憧れ
aerial photograph　空撮写真

(1)　英文の空所（[1]）～（[6]）に入れるのに最も適切なものを１～０の中から１つずつ選びなさい。ただし，同一のものを２回以上用いてはいけません。

１．made　　２．had　　３．saw　　４．lost　　５．obtained
６．found　　７．went　　８．set　　９．grew　　０．took

(2)　英文の下線部①～④の中で，文法上あるいは文脈上，誤りのある英文が１つあります。その番号を答えなさい。解答は［7］にマークしなさい。

2　次の英文を読み，あとの問いに答えなさい。

For a long time, people thought there was life on Mars. (8) He did not know what they were, but an American astronomer, Percival Lowell, saw them too, and decided that they were canals. There must be people on Mars, Lowell thought, and these Martians have built the canals to bring water from the icy Arctic in the north of Mars to the warmer south.

(9) A book called *The War of the Worlds*, written in 1898 by H. G. Wells, told the story of Martians coming to the Earth and beginning a war. In 1938 *The War of the Worlds* was heard on the radio in the United States as a piece of radio theater. Some people who heard it thought that it was true, and they drove away from the cities to escape the danger from the Martians.

Luckily, there are no tall grey Martians with dark eyes. When the first spacecraft flew past Mars in the 1960s, they sent back photographs of a dry place, covered with craters — as dead as our Moon. (10)

But then, in 1971, the spacecraft *Mariner 9* went much closer to Mars, and found something surprising. There were no canals on Mars, but there *were* old rivers ! (11)

So where has the water gone ? (12) These are very important questions, because if there is water on Mars, then perhaps there is life there too. And if there is water, perhaps one day humans can go there to live.

〔1. Mars show　2. photos　3. that　4. taken　5. on　6. of　7. there　8. the surface〕 *was* water there once — lots of it. The small rocks on the surface of Mars look like small rocks at the bottom of a river on the Earth. Scientists think a lot of the water floated away through the thin atmosphere into space. (13) If that is true, then there may already be very small life forms — bacteria — living in the rocks.

(1)　英文の空所(8)～(13)に入れるのに最も適切なものを１～６の中から１つずつ選びなさい。ただし，同一のものを２回以上用いてはいけません。

1. And is there any there now ?
2. There were no Martians, no straight lines.
3. In 1877, an Italian astronomer, Giovanni Schiaparelli, thought he saw some straight lines on Mars.
4. The idea of Martians was interesting and exciting.
5. But they hope that some of it is still there, frozen into the rocks under the ground.
6. There was no water in them now, but once, millions of years ago, they had been full of water.

(2)　英文の〔　〕内の語(句)を並べかえ，英文を完成させなさい。解答は 14 と 15 に入れるものをそれぞれ答えなさい。ただし，文頭にくる語も小文字にしてあります。

____ 14 ____ ____ ____ ____ 15 ____ *was* water there once — lots of it.

3　次の英文を読み，あとの問いに答えなさい。(文中の＊印の語(句)には注があります)

Taylor Anderson was an American English teacher from Richmond, Virginia. She came to Ishinomaki in 2008 and taught at seven elementary and junior high schools in the city. Nao met her when she was a student at Watanoha Junior High School. The city has an annual English speech contest. Two honored students are selected from each school and compete by making three-minute speeches at the city hall. Nao was one of the students. Taylor helped her write the speech.

Watanoha Junior High is located by the beach. Pine trees were planted as a shelter belt. Nao liked the sound of the wind from the ocean hitting the trees and drifting through the window. So Nao decided to talk about the garbage problem on the beach. During summer vacation in 2009, Taylor would stop by to help Nao with her speech. Although it didn't *fall under her job responsibilities, Taylor seemed to enjoy helping Nao prepare for her presentation.

Before she went to summer vacation, the teacher recorded the script and gave Nao the tape so she could practice by herself. Nao would echo her teacher's voice on the tape in preparation. On the day of the speech, Taylor unexpectedly appeared at the venue and gave Nao a letter full of encouragement in Japanese. Taylor's appearance gave the nervous 9th grader the confidence she needed to speak that day. It was evident that Taylor liked Nao, and as a teacher was sincerely dedicated to her profession. Nao felt her letter was one of the best she ever received.

・・・

When Nao had time to worry about her friend's safety after moving to Sendai, she sent an e-mail to Taylor. Nao knew even if her American friend was safe, she would have no way of communicating this to her. So when she didn't receive replies, she would remind herself, "It's OK. Look at me. Everybody believed that I was dead until I appeared on the third day. She just lost power, or her mobile phone itself, maybe."

Nao constantly checked the survivors' list online. Taylor's status remained "missing" for days. On March 22, Nao's uncle called her, telling her a newspaper article said that a missing American English teacher had been found dead. The uncle said the teacher might be Taylor. Nao instantly checked the website again, but it remained "missing." So she angrily replied that her friend was not dead.

Taylor's parents and closest friends had been desperately searching for her since March 11. The Japanese government *denied admission to the area because of the nuclear disaster at Fukushima. They could've come to the country, but not gone north. Taylor's father, Andy, gave all the information he could collect on his daughter to the Japanese *Embassy in Washington. He even prepared Google Maps showing where she lived and which route she usually took to work.

When the Anderson family found that they would be able to travel to the area, they booked flights for Taylor's father Andy, Taylor's younger brother Jeff, Taylor's younger sister Julz's husband Rhorie, and Taylor's boyfriend James to help out in the search in anyway they could. Scheduled to leave the house at 7:30 AM on March 21, it was 5:30 AM when the family received a call from the Embassy saying that her body had been found. The Andersons decided Jeff should stay with Taylor's mother Jeanne, and Rhorie with Julz, just Andy and James going to Japan.

Taylor's father Andy and her boyfriend James flew to Japan to confirm her death. James saw Taylor first and told Andy that she looked like she was sleeping and Andy thought she looked at peace. Three months after the tsunami a student of Taylor's recognized her bag in *a pile of rubble. The school sent it to the Anderson's and it had (20) in the bag. One was from James and the other from Nao. Taylor always carried them around with her. Taylor's cell phone was discovered at her apartment when her friends first entered her apartment. It was thought she was probably riding back to her apartment to retrieve it so she could call her friends and family.

（注） fall under　～に該当する　　deny admission to　～に入るのを拒否する
embassy　大使館　　a pile of rubble　がれきの山

(1) Choose the best description of Taylor Anderson. [16]

1. a teacher who had been in Ishinomaki since 2008
2. a private teacher for Nao
3. a teacher who fell in love with Japanese culture
4. a teacher who would participate in the speech contest

(2) What did Taylor think about Nao? [17]

1. She thought Nao had poor ability to make a speech.
2. She thought she wanted to support Nao.
3. She thought she could learn Japanese culture from Nao.
4. She thought Nao was familiar with world environmental problems.

(3) Why did Nao move to Sendai? [18]

1. Living conditions in Ishinomaki had changed.
2. Her parents had to work in Sendai.
3. She went to a senior high school in Sendai.
4. She had been bullied in some way.

(4) What did Andy do about the incident with Taylor? [19]

1. He made a call to the Japanese Embassy.
2. He asked James to go to Japan alone.
3. He confirmed Taylor's safety on the website.
4. He required Jeff to stay with Andy's wife.

(5) Which of the following words would best fill the gap at ([20])?

1. mobile phones　2. handkerchiefs　3. letters　4. house keys

(6) Which of the following statements is true? [21]

1. Nao asked Taylor to record the scripts of the speech.
2. Nao was unable to get in touch because her mobile phone was out of power.
3. Taylor's body was found nine days after the earthquake had hit in Japan.
4. Taylor wasn't carrying her own mobile phone when the earthquake hit.

リスニング問題　〈放送文は未公表につき掲載してありません。〉

4　これから二人の対話を聞き，質問に対する答えとして最も適切なものを１つずつ選びなさい。なお，対話と質問は２度読まれます。

[22]
1. They should be relaxed.　2. They are not very smart.
3. They watch YouTube too much.　4. They only watch educational programs.

[23]
1. A car ran into a truck.　2. A car ran out of the gas.
3. A truck ran through a red light.　4. A truck ran over a man near a bank.

[24]
1. A blue shirt for 50 dollars.　2. A white shirt for 53 dollars.
3. A blue sweater for 53 dollars.　4. A white sweater for 50 dollars.

5　これから短い英文を聞き，質問に対する答えとして最も適切なものを１つずつ選びなさい。なお，英文と質問は１度だけ読まれます。

[25]
1. A TV show.　2. A film festival.
3. A music session.　4. The Olympic Games.

26 1．運　2．和　3．災　4．北

27 1．We cannot raise animals.
2．We cannot eat medical plants.
3．We cannot develop some kind of drug.
4．We cannot keep the environment healthy.

6 これから少し長めの英文を1つ聞き，4つの質問に対する答えとして最も適切なものを1つずつ選びなさい。なお，英文は今から10秒後に放送されます。また，英文は2度読まれます。

28 Why did most people ***NOT*** buy electronic books？
1．Electronic books were too expensive.
2．Electronic books needed the Internet.
3．They were too tired to read electronic books.
4．They couldn't carry electronic books with them.

29 Which statement about e-readers is true？
1．New technology was introduced on display.
2．The screens are too bright for people to read e-readers.
3．They are so flexible that you can put them into your pocket.
4．The screens sometimes cannot be touched because of the heat.

30 According to the passage, what kind of people are buying e-readers？
1．People who take trips.
2．People who work from home.
3．People who used to hate reading.
4．People who teach at universities.

31 What can people do with e-readers？
1．Listen to music.　2．Read newspapers.
3．Make a phone call.　4．Watch TV programs.

【数　学】（50分）〈満点：100点〉

（注意）1　問題の文中の [ア]，[イウ] などには，特に指示がないかぎり，符号（−，±）または数字（0〜9）が1つずつ入る。それらを解答用紙のア，イ，ウ，…で示された解答欄にマークして答えること。

2　分数形で解答する場合，分数の符号は分子につけ，分母につけてはいけない。例えば，$\frac{[エオ]}{[カ]}$ に $-\frac{4}{5}$ と答えたいときは，$\frac{-4}{5}$ とすること。

また，それ以上約分できない形で答えること。例えば，$\frac{3}{4}$ と答えるところを，$\frac{6}{8}$ のように答えてはいけない。

3　根号を含む形で解答する場合，根号の中に現れる自然数は最小となる形で答えること。例えば，[キ]$\sqrt{[ク]}$ に $4\sqrt{2}$ と答えるところを，$2\sqrt{8}$ のように答えてはいけない。

4　根号を含む分数形で解答する場合，例えば $\frac{[ケ]+[コ]\sqrt{[サ]}}{[シ]}$ に $\frac{3+2\sqrt{2}}{2}$ と答えるところを，$\frac{6+4\sqrt{2}}{4}$ や $\frac{6+2\sqrt{8}}{4}$ のように答えてはいけない。

1　次の各問いに答えよ。

(1)　$2025\times2022-2024\times2021=$ [アイウエ]

(2)　$x=6+\sqrt{7}$，$y=1-\sqrt{7}$ のとき，$xy+3x-2y-6=$ [オ] である。

(3)　x％の食塩水100gに水ygを混ぜると2％の食塩水ができ，x％の食塩水200gに水ygを混ぜると3％の食塩水ができた。このとき，$x=$ [カ]，$y=$ [キクケ] である。

(4)　下の図は，ある市の1年間の平均気温を月毎にまとめたデータを，箱ひげ図で表したものである。このとき，四分位範囲が最も大きい市の中央値は [コサ] である。

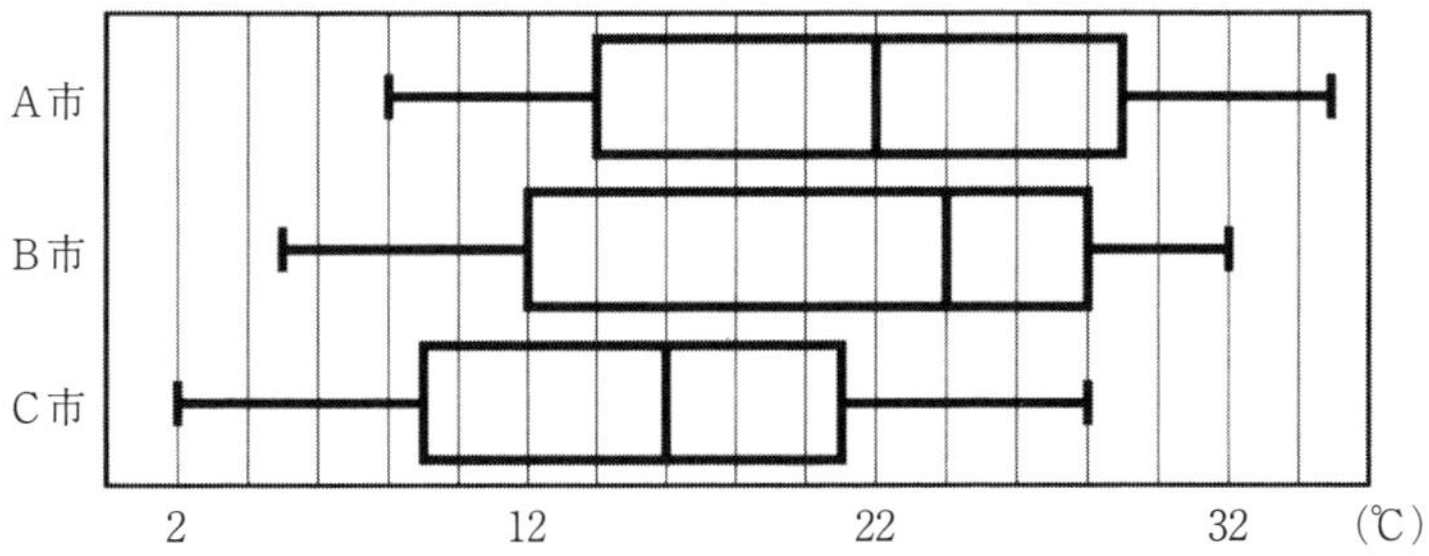

(5)　図のように，6個の正三角形からなる平行四辺形の面積が72のとき，斜線部分の面積は [シス] である。

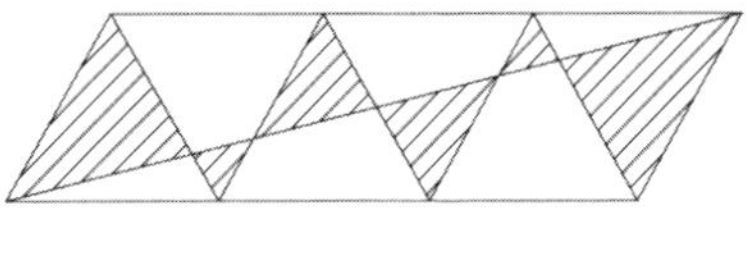

2　図のような数直線上を点Pが以下のルールに従って移動する。

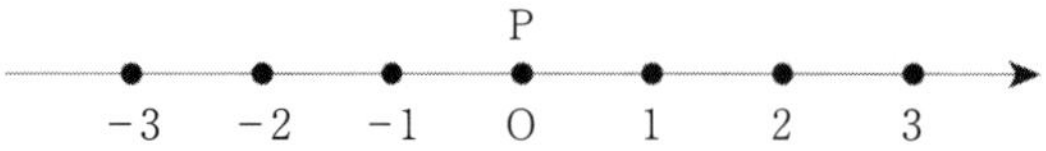

【ルール】

① 点Pは，はじめ原点Oにある。

② さいころを1回投げて，

・1，3，5の目が出たとき，点Pは動かない。

・2，4の目が出たとき，点Pは正の向きに1進む。

・6の目が出たとき，点Pは負の向きに1進む。

③ ②の操作毎に点Pがいる点の座標(数字)を記録する。

(1) さいころを2回投げたとき，記録した座標の値が異なる確率は $\dfrac{\boxed{\text{ア}}}{\boxed{\text{イ}}}$ である。

(2) さいころを3回投げたとき，記録した座標の値が2種類になる確率は $\dfrac{\boxed{\text{ウエ}}}{\boxed{\text{オカ}}}$ である。

(3) さいころを3回投げたとき，記録した座標の値が2種類以下になる確率は $\dfrac{\boxed{\text{キク}}}{\boxed{\text{ケコ}}}$ である。

3　図のように，AB＝5，BC＝12，CA＝13の直角三角形ABCに対して，∠Aの二等分線と辺BCの交点をDとする。また，辺AC上の点Eに対して，AEを直径とする円が辺BCと点Dで接している。

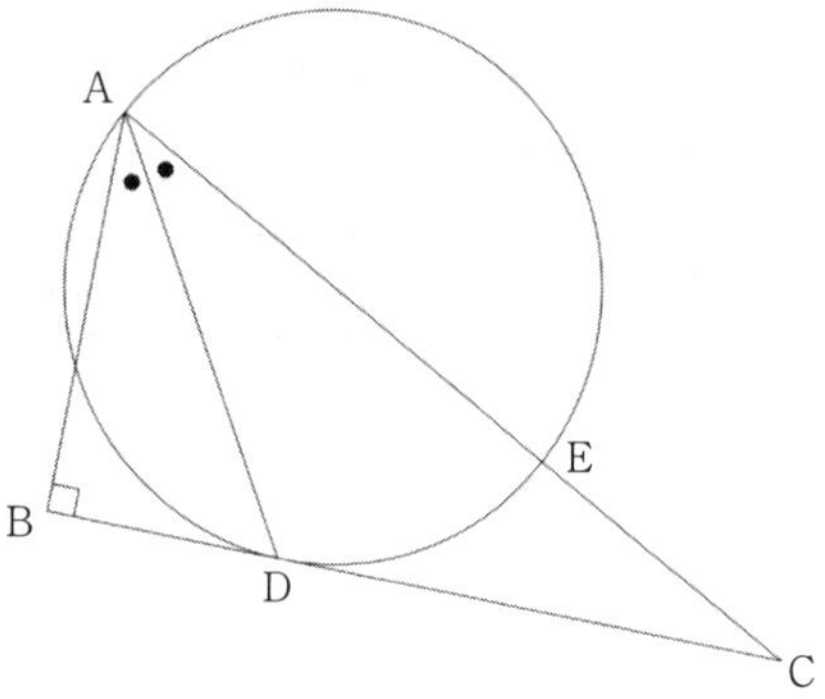

(1) 線分BDの長さは $\dfrac{\boxed{\text{アイ}}}{\boxed{\text{ウ}}}$ である。

(2) 線分AEの長さは $\dfrac{\boxed{\text{エオ}}}{\boxed{\text{カ}}}$ である。

3点A，B，Cを通る円と直線ADの交点をFとする。

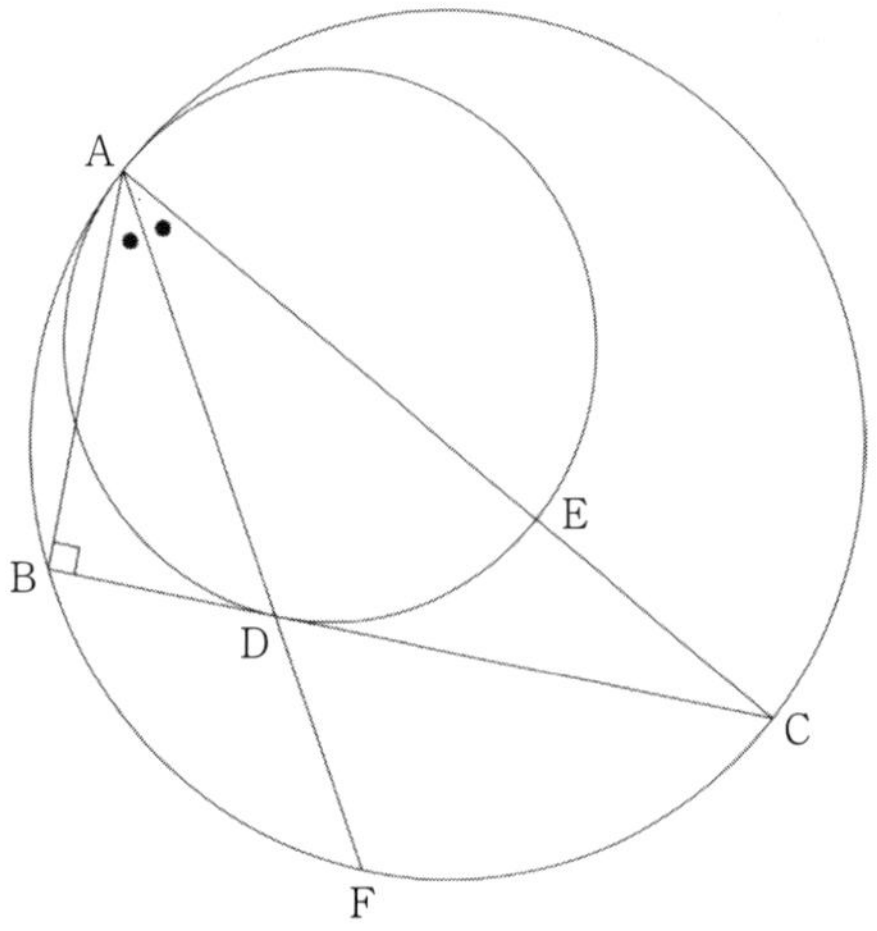

(3) △ADEと△BDFの面積比は $\boxed{\text{キク}}$: $\boxed{\text{ケコ}}$ である。

4　座標平面上の3点A(−1, 5), B(2, 2), C(4, 4)に対して，△ABCの周上または内部に点Pをとり，この点を通る放物線 $y=ax^2$ を考える。

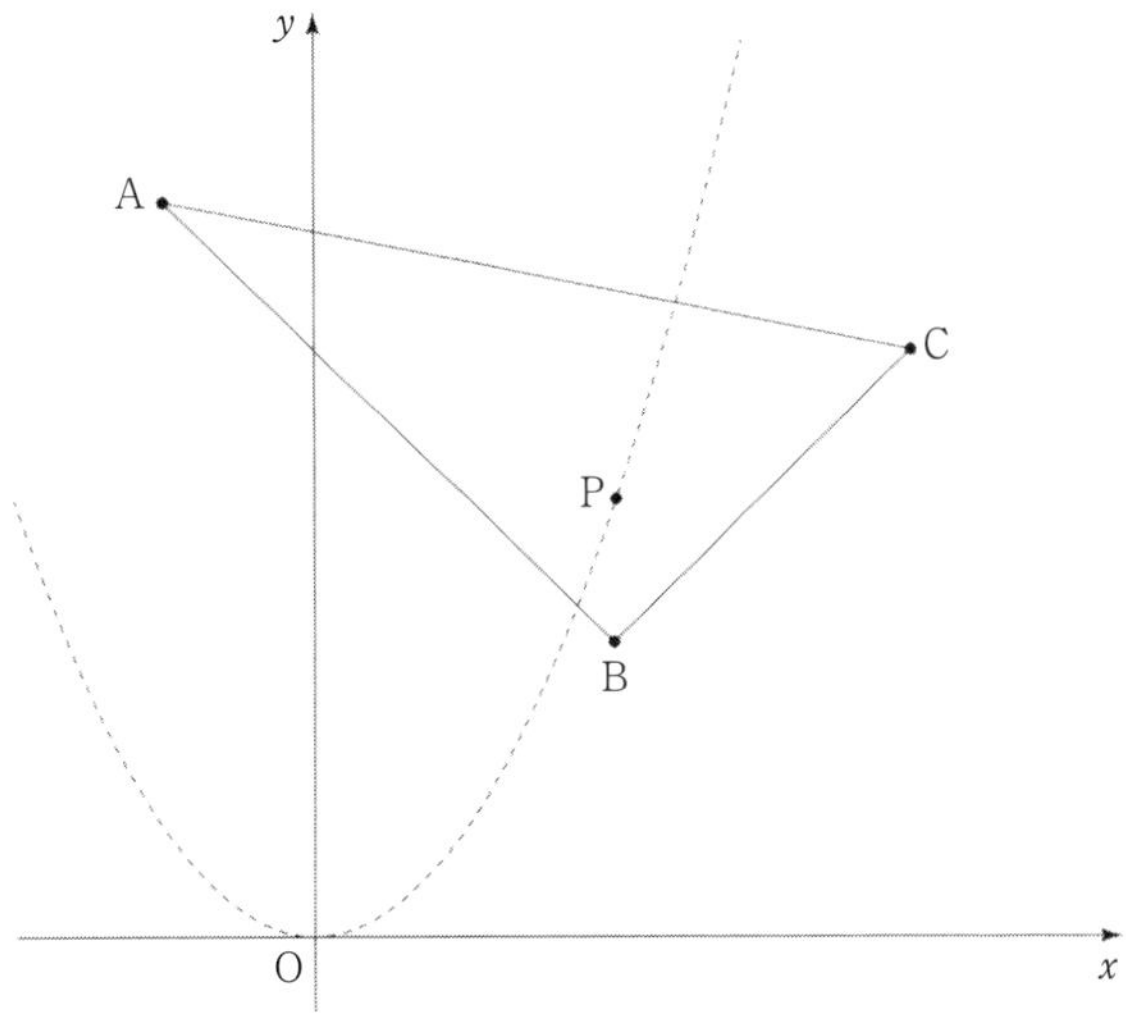

(1)　△ABCの面積は $\boxed{\text{ア}}$ である。

(2)　a の最小値は $\dfrac{\boxed{\text{イ}}}{\boxed{\text{ウ}}}$ である。

(3)　△ABCと△OAPの面積が等しくなるとき，a の取り得る値の範囲は $\dfrac{\boxed{\text{エ}}}{\boxed{\text{オ}}} \leqq a \leqq \boxed{\text{カ}}$ である。

5　図のように，2つの球を切断面が合同になるように切断して重ね，立体をつくる。球の半径をそれぞれ a, b とする。

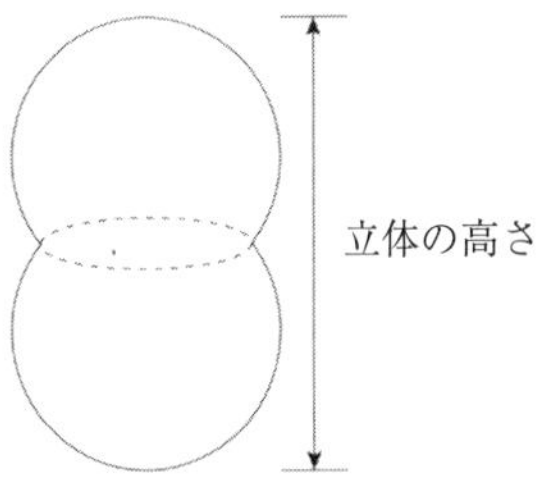

(1)　$a=b=2$ とする。重ねてできる立体の高さが6のとき，2つの球の切断面の面積は $\boxed{\text{ア}}\pi$ である。

(2)　$a=2$, $b=4$ とする。重ねてできる立体の高さが10のとき，2つの球の切断面の面積は $\dfrac{\boxed{\text{イウ}}}{\boxed{\text{エ}}}\pi$ である。

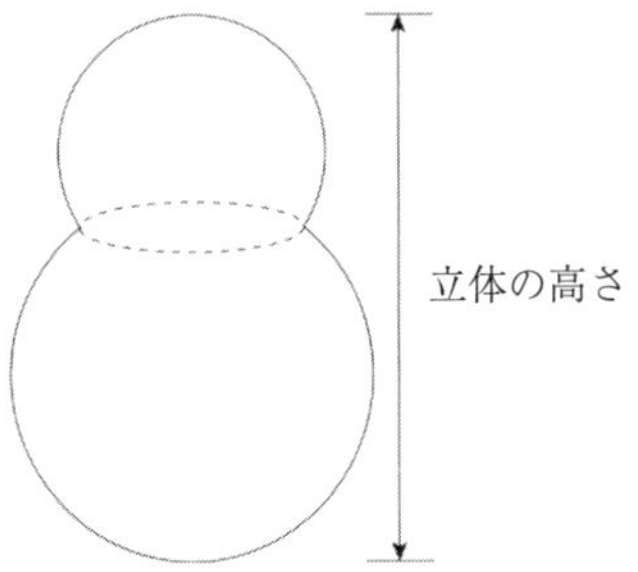

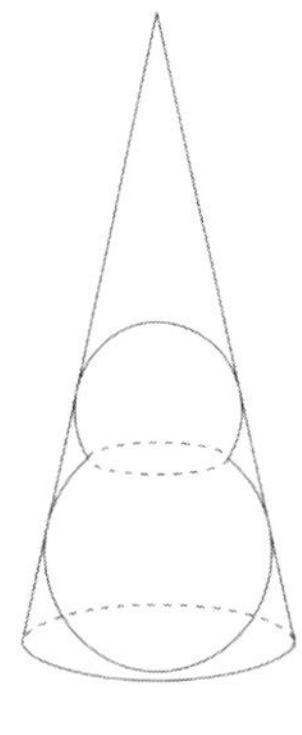

(3)　(2)の立体を直円錐の容器にまっすぐ入れたところ，2つの球はともに容器の側面に接し，大きい球は容器の底面に接し，立体は容器にすき間なく収まった。直円錐の体積は $\boxed{\text{オカキ}}\pi$ である。

問一　傍線部aからcの解釈として最も適当なものを、後の中からそれぞれ一つずつ選びなさい。

a　年たけたる親を山に捨てむとす　㉘

1．父は妻と不仲である親を山に捨てたくはないと思っている
2．父は妻と不仲である親を山に捨てようとしている
3．父は年老いた親を山に捨てたくはないと思っている
4．父は年老いた親を山に捨てようとしている
5．父は長年の慣習に従い親を山に捨てようと思っている

b　用ゐずして　㉙

1．父は息子の忠告を聞き入れないで
2．妻は夫の親を邪魔だと思って
3．父は親が役に立たない者だと思って
4．妻は息子の意見を受け入れないで
5．祖父は孫の発言を聞かないで

c　今は何にせむぞ　㉚

1．いまさら祖父を心配するな
2．まだ輿は使えるけれども
3．もう輿は必要ない
4．これからどうしようか
5．今から改良はできない

問二　傍線部①の主語にあたる人物として適当なものを、次の中から一つ選びなさい。㉛

1．元啓　2．元啓の父　3．元啓の母
4．元啓の祖父　5．世間の人

問三　傍線部②について、後の(i)・(ii)の問いに答えなさい。

(i)「これ」の内容として最も適当なものを、次の中から一つ選びなさい。㉜

1．親を捨てた時は痕跡を残してはいけないということ
2．一度使った道具を持ち帰ってはいけないということ
3．どんなに悪い親でも捨ててはいけないということ
4．いざという時には事前に準備した道具を使うということ
5．道に背いて老いた親を捨てるということ

(ii)　この状況を表す四字熟語として最も適当なものを、次の中から一つ選びなさい。㉝

1．愛別離苦　2．因果応報　3．一期一会
4．起死回生　5．取捨選択

問四　傍線部③と同じ人物を、次の中から一つ選びなさい。㉞

1．Ⅰ　2．Ⅱ　3．Ⅲ　4．Ⅳ　5．Ⅴ

問五　本文の内容に合致しているものとして最も適当なものを、次の中から一つ選びなさい。㉟

1．幼い元啓は自己の発言を契機に父に自身の行為の過失に気づかせ、そのことを改めさせた。その結果、祖父をも救出することができたので、世間から「孝孫」と誉め称《たた》えられた。
2．幼い元啓は父を捨てようとしたけれども、母に戒められてその過ちに気づいた。その結果、両親だけではなく祖父にまでも孝行を尽くしたので、世間から「孝養」と敬われた。
3．父の悪事に手を貸した幼い元啓は、自分は父のようにはなるまいと強く決心した。その結果、元啓は救い出した祖父のもとで善行を学んだので、世間から「賢人」と称えられた。
4．妻の言葉通りに行動した父は幼い元啓の諫めごとにより、自分の行為が犯罪であると気づいた。その結果、智恵ある息子を「孝養」と称えただけではなく、元啓の名を自ら世間に広めた。
5．幼い元啓は善悪の分別もつかない親のようにはなるまいと努力した。その結果、親に人としての心を取り戻させただけではなく祖父も救い出したので、世間から「孝孫」と言われた。

1．初めは夫から逃げ出して新たな生活をしている「わたし」への気遣いだと受け止めたが、隣人や千夜子との会話を経て、この言葉は「わたし」への翼なりのプレゼントなのだと気付いた。

2．初めは過去に固執し今を生きていない「わたし」への決別の言葉だと受け止めたが、隣人や千夜子との会話を経て、この言葉は今生きている「わたし」への最大限の励ましなのだと気付いた。

3．初めは「わたし」と翼の価値観の相違からきっぱりと別れを告げられたのだと受け止めたが、隣人や千夜子との会話を経て、この言葉は翼が送ってくれた「わたし」への応援なのだと気付いた。

4．初めは「わたし」の生き方に呆《あき》れた翼から皮肉を込めて暇乞《いとまご》いをされたのだと受け止めたが、隣人や千夜子との会話を経て、自分と一緒に新たな人生を歩もうという翼からのメッセージなのだと気付いた。

5．初めは第二の人生を生きる「わたし」と距離を置きたい翼からの最後の激励だと受け止めたが、隣人や千夜子との会話を経て、第三の人生を模索する「わたし」が進むべき道を示唆しているのだと気付いた。

問九　波線部アからキについて、その表現や人物についての説明として最も適当なものを、次の中から一つ選びなさい。㉗

1．この文章は基本的に「わたし」の視点から描かれているが、波線部ア「翼が、静かに言った。」のように、時折三人称の語り手が登場して小説が描かれることで人物の心情把握が容易になり、読者が文章に没入しやすくなっている。

2．翼とその父のふたり暮らしについて、翼は波線部イ「幸せな瞬間はある」とあるように肯定的に捉えており、これに対し波線部ウ「『瞬間』なのね」とあるように「わたし」が翼を冷やかしたことで、彼との間に衝突が起きている。

3．波線部エ「翼は花を摘まない。でも、わたしは花を摘む。」とあるが、これは肘差で暮らし続けるという選択をした翼と肘差を捨てて新たな町で生きるという選択をした「わたし」の人生観の違いを暗に示している。

4．波線部オ「ずけずけ訊く。」のように遠慮がなく、波線部カ「絶対に。」のように物を言い切る千夜子は「わたし」の性格と相対するが、この態度が結果として「わたし」の人生を好転させており、この小説のキーパーソンだと言える。

5．波線部キ「千夜子さんってほんとうに千夜子さんよね」とあるが、これは常に前だけを見て生きている千夜子への最高の賛辞であり、「わたし」が今後も千夜子とともに生きていく決意が表れている。

三

次の文章を読んで、後の問いに答えなさい。

＊漢朝に元啓《げんけい》と云《い》ふ者ありけり。年十一の時、Ⅰ父、妻が言葉に付きて、a年たけたる親を山に捨てむとす。元啓頻《しき》りに諫《いさ》むれども b用ゐずして、元啓と二人、＊あからさまに＊手輿《たこし》を作りて、持ちて深山《みやま》の中に捨てつ。元啓、「この輿を持ちて帰らむ」と云ふに、Ⅱ父、「c今は何にせむぞ、捨てよ」と云ふ時、「父の年老いたらむ時、また①持ちて捨てむずる為なり」と云ふ。その時、Ⅲ父心付きて、「我、父を捨つる事、実《まこと》に悪《あ》しきわざなり。②これをまなびて、我を捨つる事ありぬべし。由なき事をしつるなるべし」と、思ひ返して、Ⅳ父を具して帰りて養ひける。この事、天下に聞こえて、Ⅴ父を教へ③祖父を助けたる孝養の者なりとて、孝孫《かうそん》とぞ云ひける。いとけなき心中に、父を教へ、智恵深かりける事、まめやかの賢人なり。人の習ひ、良き事をば必ずしもまなばねども、あしき事をば習ふ事を、罪知らせける心、実にありがたくこそ。

（『沙石集』）

（注）　＊漢朝…中国の古代王朝。
＊あからさまに…間に合わせに。
＊手輿…前後二人で腰の辺りに持ち上げて人を運ぶ物。

2. 田鍋と一緒に暮らしていたことを恥ずかしいと思ってはいたが、千夜子に「別れて正解よ、そんな男」などと言われると自分の過去を否定された気がしたので、再び田鍋と暮らすことで自分が正しかったのだという自信を持とうとしている。

3. 話せば話すほど田鍋の短所ばかりが見えてきて盛り上がっていたが、千夜子に「別れて正解よ、そんな男」などと言われると田鍋の長所を認めたくなり、別れた相手への連絡にためらいを覚えつつも本人にその長所を伝えようとしている。

4. 田鍋との生活がいかに大変だったかを伝えるのに必死になっていたが、千夜子の「別れて正解よ、そんな男」などの発言を受けて冷静になったことで同居の失敗の原因を自分に求めるようになり、羞恥心から自己嫌悪へと陥ってしまっている。

5. これまで他人に話すことのなかった田鍋の話ができて気持ちが高ぶっていたが、千夜子に「別れて正解よ、そんな男」などと言われると別れたことが本当に正解だったのかが不安になっていき、田鍋に直接心の内を確認しようと思っている。

問五 傍線部③について、その説明として最も適当なものを、次の中から一つ選びなさい。㉓

1. 「しばらく」は形容詞の連用形で、「すると」を修飾している。

2. 「隣の部屋のガラス戸が閉められる音がした」に含まれる付属語は六つである。

3. 「閉められる音」の「られる」は「秋の気配が感じられる」の「られる」と同じ意味・用法である。

4. 「玄関の扉が開いて閉じる音も聞こえたから」は六文節十一単語から構成されている。

5. 「聞こえたから」の「から」は「今から練習をはじめる」の「から」と同じ意味・用法である。

問六 空欄 X に入る文として最も適当なものを、次の中から一つ選びなさい。㉔

1. きれいに咲けたらラッキーだし、咲けなかったら仕方ないと思えばいいのかもしれない

2. だからこそ咲けなかった花にも、わたしたちは思いを馳《は》せていくべきなのかもしれない

3. きれいに咲いてねと祈っている時間も、ほんとうは必要だったりするのかもしれない

4. どの場所で咲くことを選んでも、良いことと悪いことの総量は同じなのかもしれない

5. わざと咲けない場所に行くことも、わたしたちの人生では求められているのかもしれない

問七 傍線部④について、「わたし」がこのような反応をしたのはなぜか。その理由として最も適当なものを、次の中から一つ選びなさい。㉕

1. 後先考えずに常にすばらしい将来ばかりを見ている千夜子に対してやや皮肉めいたことを言ってみたが、思いがけない千夜子の返答に困惑したから。

2. 「わたし」とは違って自分が正しいと思う方向へと突き進んでいく千夜子を羨ましく思っていたが、千夜子も後悔することがあると知って少し安心したから。

3. 誰と話すときでも自分の考えをはっきり示す千夜子の態度を頼もしく思っていたが、千夜子も心の中で葛藤している時があると知ってその内容に興味を抱いたから。

4. この先には明るい未来しかないと思い込んでいる千夜子に対して棘《とげ》のある発言をしたが、千夜子も過去に執着する時があると知って自分の発言を反省したから。

5. 隣人との会話でも店の話でも過去を顧みず将来だけを考える千夜子の態度に好感を抱いていたが、千夜子も過去を振り返ることがあると聞いて驚いたから。

問八 二重傍線部について、この言葉を「わたし」はどのように受け止めたのか。その説明として最も適当なものを、次の中から一つ選びなさい。㉖

問一　傍線部aからcの語句の本文中における意味として最も適当なものを、後の中からそれぞれ一つずつ選びなさい。

a　傲慢な　⑰
1. おごり高ぶった　2. ひとりよがりな
3. 後先を考えない　4. 無責任な
5. 自由気ままな

b　うわのそら　⑱
1. まったく気兼ねしない様子
2. 集中力を欠いている様子
3. 腑《ふ》に落ちない様子
4. 無関心を装うかのような様子
5. いぶかしさを感じている様子

c　面食らった　⑲
1. 予想外の言動にしらけた
2. 無意識の言動に疑問を抱いた
3. 無遠慮な行動に興ざめした
4. 思いがけない出来事に驚いた
5. 束《つか》の間の出来事に恐怖を感じた

問二　空欄[Ⅰ]から[Ⅳ]に入る語句の組み合わせとして最も適当なものを、次の中から一つ選びなさい。⑳
1. Ⅰ 叩いた　Ⅱ そらす　Ⅲ 伏せて　Ⅳ 奪われた
2. Ⅰ 叩いた　Ⅱ 伏せる　Ⅲ 配って　Ⅳ 光らせた
3. Ⅰ 閉ざした　Ⅱ うるませる　Ⅲ 配って　Ⅳ 奪われた
4. Ⅰ 閉ざした　Ⅱ そらす　Ⅲ 落として　Ⅳ まるくした
5. Ⅰ 噤《つぐ》んだ　Ⅱ 伏せる　Ⅲ 伏せて　Ⅳ まるくした
6. Ⅰ 噤んだ　Ⅱ うるませる　Ⅲ 落として　Ⅳ 光らせた

問三　傍線部①について、この時の「わたし」の説明として最も適当なものを、次の中から一つ選びなさい。㉑
1. 「わたし」が逃げ出した後、元夫の面倒を見てくれている翼に軽率な物言いをしたことを反省すると同時に、大人になった息子の姿に過ぎた年月の長さを重ね、自分との間にはすでに隔たりがあったのだと感じている。
2. 離婚して以来頻繁に連絡を取っていなくても、自分の息子の考えていることくらいは理解できているとの自負があるのに、翼は「わたし」が何も分からないかのような話し方をしてくるので閉口してしまっている。
3. 元夫が病気になったことでその介護に追われている翼の話を聞くと何ともいたたまれない気持ちになると同時に、この元凶が「わたし」が逃げ出したことにあると思い、軽い気持ちで離婚したことを悔やんでいる。
4. 翼が結婚できない原因を父親との同居生活にあると決めつけたことは申し訳ないと思っているが、だからと言って「わたし」の話をさえぎってまで元夫の様子を伝えてくる必要も見出せず、ただ釈然としない気持ちでいる。
5. かつて泣き虫でか弱い子どもだった翼に当時の面影はなく、「わたし」の話に対して責め立てるような口調で反論する姿を見て、もはや「わたし」とは分かり合えない存在になってしまったと悔しさや憤りを抱いている。

問四　傍線部②について、この時の「隣人」の心情の説明として最も適当なものを、次の中から一つ選びなさい。㉒
1. 田鍋と一緒に暮らしていた時の不満を口にするうちに次第に興奮してきたが、千夜子の「別れて正解よ、そんな男」などの発言に対する反論を繰り返しているうちに自分の本心に気付かされ、恥ずかしさを覚えつつもよりを戻す決意をしている。

玄関の扉が開いて閉じる音も聞こえたから、外に出ていったのだろう。

「あたしたちに『なべりん』との電話を聞かれるのを警戒しているのよ、きっと」

千夜子さんは愉快そうににやにやしている。あのふたりどうなるんでしょう、と呟くと、さてどうなるんでしょう、と首を傾《かし》げた。

「チョコレートだとか紅茶だとか、そんなつまんないもので機嫌を取ろうとするような男のひと、あたしだったらお断りだけど」

でもまあ、あの隣のひとはあたしじゃないからねえ、と笑った。それからまたしばらく、黙ってお酒を飲んだ。

他人は自分ではないから、だからわたしたちにできることは、どちらを選ぶにせよ自分で納得できる道が見つかると良いんだけど、とぼんやり思うことぐらいなのだった。祈る、というほど切実なものではなく。

なにもかもうまくいく場所などどこにもない。［　X　］。生まれてから死ぬまでの時間で均《なら》してみれば。

「そういえば、ねえ」

突然、千夜子さんが口を開いた。「ちょっといい靴」を見つけたのだという。

「やわらかくて、ヒールが低くて、歩きやすそうで。でもすごく、優美で」

あれは若い娘さんより、中年期以降の女に似合う靴なのよ、カ絶対に。千夜子さんは「絶対に」のところに力をこめて言った。絶対に売れるから仕入れたいという。

「それに合わせて、店内のレイアウトもちょっと変えたいと思ってるんだけど」

今の感じだとね、どうも、と言いかけた千夜子さんは「なによ」と怪訝《けげん》な顔でわたしを見た。思わず頬に手を当てる。知らぬまに、微笑《ほほえ》んでいたらしかった。

「すがすがしいぐらい前しか見てないひとねえ、と思って」

千夜子さんは「ええ？」と首を傾げて、それから笑った。

「そんなこと、ないけど」

④そうなの？　千夜子さんでも過去を振り返ったりするの？　わたしが言うと「するわよ、そりゃあ」となんでもないことのように頷いて、いなり寿司を皿にとった。

「いろんなひとを傷つけもしたし、迷惑をかけたもの。でも過去があっての、今のあたし。だからどうせ頭をつかうなら、あの時こうしてたらどうなったかな、なんてことじゃなくて、今いるこの場所をどうやったらもっと楽しくできるか、ってことを考えたいのよね」

わたしは口をぽかんと開けていたようだ。ねえ広海さん、口が開いてるよ、と顔を覗《のぞ》きこまれて、はっとする。

「……息子も、そんなことを言ってたのよ、今日」

昔のことにたいして罪悪感を抱えるんじゃなくて、そうしてまで選びとったものを大切にして生きてくれるほうがいい、そのほうがずっといい。

あれは決別の言葉ではなかった。翼からのプレゼントだ。これまでのわたしと、これからのわたしへの。

「へえ。良い息子さん。良い男じゃない」

「良い息子さん」ではないところが千夜子さんらしい。キ千夜子さんってほんとうに千夜子さんよねと感心しつつ、明日出社したら「絶対に売れる」というその優美な靴を朝いちばんに見せてもらわなければと考えているわたしは実は今ちょっとばかり、わくわくしはじめている。

（寺地はるな『大人は泣かないと思っていた』）

（注）＊肘差…「わたし」がかつて住んでいた村。

＊田鍋…隣人の元交際相手。以前は隣人と一緒に暮らしていたが、破局して今は別々に暮らしている。

＊千夜子さん…「わたし」の中学の同級生で、中高年の女性向け洋品店を「わたし」と共同経営をしている。

摘まれた花は、摘まれない花より、はやく枯れる。だからエ翼は花を摘まない。でも、わたしは花を摘む。摘まれた花はだって、咲いた場所とは違うところに行ける。違う景色を見ることができる。たとえ命が短くても。

（中略）

時々、昔のことを思い出す。あのまま*肘差《ひじさし》にいたら、今頃どうなっていたかな、と。あれやこれやと不満を溜《た》めながら、それなりに生きていけたような気もしている。

このあいだお店に来てくれた八十四歳の女性のことも思い出す。ひ孫が生まれたと言っていたあのひと。お宮参りには行けたのだろうか。行けたのならいいな、と思う。行くのを渋っているご主人と一緒に。わたしが選ばなかった、選べなかった種類の未来を生きているひと。

隣の部屋から、がさごそと物音が聞こえる。続けて、ガラス戸が開かれる気配があった。隣人が帰宅したらしい。急いでわたしもベランダに出る。

煙草《たばこ》に火をつけていた隣人が、大あわてで顔を出したわたしを見て驚いたらしく、わっと叫んで後ずさりした。

ことの次第を話すと、目を［Ⅳ］。ほんのすこしうれしそうに笑ったように見えたのは気のせいだろうか。しかし部屋を間違えてプレゼントを届け続けていたくだりにさしかかると、はあ、と溜《ため》息《いき》をついた。

「バカですね、なべりんは」

言ってから、あ、という顔をした。*田鍋はどうやら、なべりんと呼ばれているらしい。

わたしが話している途中でベランダに出てきた*千夜子さんが「なんで別れたの?」「ねえなんで?」とオずけずけ訊《き》く。隣人はさすがにc面食らった様子だったが、それでも律儀に「なんていうんですかねえ、あのひとと結婚するの、不安になってきて」と答えた。一緒に暮らしていて、どちらも仕事をしているのに料理をつくるのは常に自分だ、掃除も洗濯も自分がやっている、その不満を伝えれば「わかったよ、手伝うよ」とくるわけですよ、と隣人は喋《しゃべ》っているうちに興奮してきたのか、ぺちんとベランダの手すりを叩《たた》く。

「おかしいでしょう? 自分が住んでる部屋の掃除だし、自分が使ったタオルや自分が穿《は》いたパンツの洗濯なのに『手伝う』って。どうしてそんなに他人事なのかなって」

他にもね、と隣人はまくしたてた。おもに「すべてにおいて田鍋（なべりん）が他人事みたいな態度」をとることに関する不満だった。

「……なんか、すみません。つい」

さんざん喋った後で、隣人が口に手を当てる。手すりにもたれかかってワインを飲んでいた千夜子さんが「いやあ、溜《た》まってたのねえ。不満が」としみじみ頷《うなず》いた。

隣人は友人が少ないのかもしれない。こういう話を聞いてもらえるような。隣人ぐらいの年齢だとそれぞれ家庭のことや仕事のことで忙しいから、話す機会に恵まれないだけかもしれないが。

「別れて正解よ、そんな男」

千夜子さんはせいかい、せいかい、と歌うように繰り返す。隣人は「えっ」と口ごもり「……でも、良いとこもあるんですよ、彼。やさしいし」と田鍋を庇《かば》う。

「でも、あなたから言わないとゴミも捨ててくれないんでしょう?」

「でも、肩もみとかしてくれたりもしますよ?」

「でも、とにかく他人事みたいな態度なんでしょう?」

「でも、それはあたしの伝えかたが悪かったのかもしれませんし」

隣人と千夜子さんによる、でも、でも、の応酬がしばらく続いて、隣人が唐突に「……彼に、電話してみます」と言った。②手すりをぎゅっと掴《つか》んで、俯いている。羞恥に耐えるような表情で。

「……いいと思うわよ。そうしなさい」

わたしは言って、千夜子さんがこれ以上よけいなことを口にしないように、部屋に押しこんだ。

③しばらくすると、隣の部屋のガラス戸が閉められる音がした。

く結んで、わたしの顔を見ている。

「七種類」

ア翼が、静かに言った。七種類、と繰り返してから、目を【Ⅱ】。

「お父さんが飲んでる薬、七種類あるんだ。毎食後と、食間のと、夜寝る前に、っていうのもある。しょっちゅう飲み忘れるし、管理がたいへんだ」

毎週土曜に、通院もしてる、と続けた。あぶなっかしいから運転はさせられないのだと。

翼が「お母さん」と顔を上げた。

「逃げてもいいとか、簡単に言うのはやめてほしいな」

「……そうね。真っ先にあのひとを捨てて逃げ出したわたしには、そんなふうに言う資格がないわよね」
①俯《うつむ》くと、ベンチに置かれた翼の手が見える。華奢《きゃしゃ》だけれどもわたしよりはるかに大きな手。女の子みたいな顔立ちの、泣き虫だった息子はもうどこにもいない。そう気づかされる。通学帽いっぱいに桜の花びらを拾って差し出してくれたあの子は。
「お母さんを責めてるわけじゃないんだよ」

本来お母さんが背負うべきだったものを俺が背負ってる、とかそんなことを言いたいわけでもないんだと、翼は首を大きく振る。

「お母さんは、自分は逃げた、あの家を捨てた、と思ってるのかもしれないけど、違うから。離婚したいっていうお母さんの意思を受け入れたのはお父さんの意思なんだし……それと同じ……同じだよ。あの家で暮らすことを、俺は毎日選び続けてるんだよ、自分で。自分の意思で。人間が人間を捨てることなんてほんとはできないんだよ、ゴミじゃないんだから捨てるとか捨てられるとか、そんなふうに……そんな言いかたやめてくれよ」

目を【Ⅲ】、ごめんなさい、と呟《つぶや》いたわたしの声は今にも消え入りそうだった。

わたしが捨てたまちとひと。それはたしかに、a傲慢な考えかただったかもしれない。

いや、こっちこそごめん、と翼は言って、小さく咳《せき》払いをした。

「でも、たぶんお母さんや世間のひとが想像してるような、みじめな暮らしをしてるわけじゃないって言いたかったんだ。三十二歳の息子と七十八歳の父親のふたり暮らしにだって、それなりにイ幸せな瞬間はあるんだよ。だから心配しないで」

「ウ『瞬間』なのね」

すぐ終わっちゃうのね、と確認するわたしの顔を、翼がふたたびじっと見る。

「そんなの誰とどこにいたって、そうだろ」

誰とどこにいたって、そう。

帰り道、ハンドルを握りながら、何度も耳の奥で息子の声がこだまする。帰り際に翼は、「お母さんはもう振り返らずに生きていけばいいよ」とも言った。昔のことにたいして罪悪感を抱えるんじゃなくて、そうしてまで選びとったものを大切にして生きてくれるほうがいい、そのほうがずっといい、と。

きっぱりとした決別の言葉だと思った。

その後翼は、自分の友人が結婚するかもしれない、という話を唐突にしはじめた。たぶん、場の空気を変えようとしてくれたのだと思う。息子が鉄腕と呼んでいる、やたら声の大きい元気な男の子のことは、わたしもよく覚えていた。鉄腕の両親から反対されていたらしいけど、なんだかお母さんのほうが急に「お父さんなんか無視して結婚しちゃいなさい」とか言い出したらしくてさ、という話を、ほとんどbうわのそらで聞いていた。

途中、有料道路のサービスエリアに車を停めた。自動販売機でつめたい緑茶を買って、車にもたれかかってそれを飲んだ。舗装されたアスファルトの割れ目に、西洋たんぽぽが咲いている。手を伸ばして、それを摘んだ。自動販売機に百円玉を落とす。小さいサイズのペットボトルの水を買って、水を半分捨ててからたんぽぽを挿した。車のドリンクホルダーにそれを置き、ふたたび車を走らせる。

(i) 空欄 Y に入る内容として最も適当なものを、次の中から一つ選びなさい。⑭

1．石場建てや蔵造りなど耐久性の高い建物を建てる高度な技術が成立した時期
2．歴史的町並みとして現在も伝わる伝統的な建物群の多くが建てられた時期
3．一般の町人の間で居心地の良い生活環境への改善が強く求められた時期
4．江戸を中心に各地で大規模な火災が相次ぎ、人々の防火意識が高まった時期

(ii) 空欄 Z に入る内容として最も適当なものを、次の中から一つ選びなさい。⑮

1．伝統的な建築技術で建てられた民家群は、文化財保護の観点から部分的な改修にとどめられていた
2．コンクリートは建築コストが高く、一般の町人は建て増しなど部分的な改良で対応するしかなかった
3．プライバシーを重視するのは戦後に広がった価値観で、戦前は伝統への批判が建て替えの主な要因だった
4．建物全体の建て替えが一気に進んだのは戦後であり、二十世紀前半は部分的な改造にとどまっていた

問七 この文章の構成・展開に関する説明として最も適当なものを、次の中から一つ選びなさい。⑯

1．この文章は、江戸時代の町並みに関する筆者の結論を第[1]段落で明示し、複数の具体例や専門家の見解を交えながらその論を裏付けていく構成をとっている。
2．この文章は、江戸時代の町並みに関する一般的な通念を第[1]段落で示し、それを単一の観点で徹底的に検証したうえで、第[17]段落で一気に覆す構成をとっている。
3．第[5]段落と第[11]段落では石場建ての民家の普及に関する同じ主張を繰り返すことによって、民家を持続させる社会の安定が長く続かなかったことが強調されている。
4．第[6]段落から第[10]段落の蔵造りの町並みに関する説明は、石場建て民家との違いを浮き彫りにすることで民家が耐久性を獲得した経緯を重層的に考察する仕掛けとなっている。
5．第[14]段落は、それまで説明してきた耐久性のある民家群について新たな論点を提示し、より発展的に考察を深めていく起点としての役割を果たしている。

二

次の文章を読んで、後の問いに答えなさい。


あのひととはどうなの、と言うと、翼は片眉を持ち上げた。

「いったい何年前の話だよ」

どうやら、とっくに別れてしまっていたらしい。

「どうして？　結婚すると思ってたのに」

どうして別れたの、ねえどうしてなの。突然、なにかをごまかすようにすごい勢いでおにぎりを食べはじめた息子を問いつめる。

「いいだろ、別に」

なに言ってるの全然よくないわよ、と首を振りながら、もしかしてあのひとのことが原因なのではないだろうか、と思った。

「お父さんのことが原因？　ひとり置いて家を出ていけないとか、考えてたんじゃないの？」

あるいは翼が父との同居を望んで、それを相手に拒まれたとか。きっとそうだ。そうに違いない。最近の若い女性は、親との同居など嫌がるに決まっている。

「バカね、翼。そんなこと気にしなくていいのに」

「違うって」

「あのね、子が親の面倒を見るべきだなんて、思わなくていいの。なんにもできないひとだけど、ひとりになったらなったで、なんとかするのよ。いいえ、なんとかしなきゃ。翼がひとりで全部背負う必要はないの」

逃げてもいいのよと言いかけて、口を　I　。翼が唇をかた

1. よって、真壁より大壁の形式の方が、民家の大敵である類焼の抑止という面では、より高い耐火性能をもつことになる。
2. これに対して、柱を塗り込めるように壁で覆い、柱が外に露出せずに壁で覆われた作り方が大壁だ。
3. 土壁や漆喰《しっくい》壁は、木部に対して火災に強い耐火性を持つ。
4. 真壁というのは、規則正しく柱が配置されたその柱と柱の間に壁を設けて、柱が見える形式をいう。
5. 民家の外壁の作り方に、真壁と大壁の違いがある。

問五 傍線部②「クライマックスと称した所以である」とあるが、筆者がそのように述べる理由として最も適当なものを、次の中から一つ選びなさい。⑬

1. 十九世紀から二十世紀前半は、耐久性の高い民家を建てる職人技術が十分に確立しただけでなく、保全意識の高まりや安定した経済状況などの多くの条件が揃ったことによって、江戸時代から続いてきた文化や社会の成熟ぶりが町並みに最も反映されていた時期だといえるから。
2. 十九世紀から二十世紀前半は、一般の民家にも寺社建築のような永続性が志向されたものの、社会や経済が成熟したことで潤沢な地域資源や費用を建築に注ぎ込めるようになり、耐久性を追求し続けた近世の職人技術の発展が集大成を迎えた時期だといえるから。
3. 十九世紀から二十世紀前半は、意匠性に富んだ石場建てや蔵造りの町並みが至るところで普及すると同時に、職人や町人らの民家保全に対する意識が高まったことによって、江戸の豪快な町人気質と調和した歴史的な町並みが質の高い生活文化として結実した時期だといえるから。
4. 十九世紀から二十世紀前半は、建築技術の向上や社会の安定、生活文化の発展によって支配層だけでなく一般の町人の民家も耐久性の高い民家を群として維持できるようになり、社会階層ごとに異なる類型を有していた近世民家の流れが終焉《えん》を迎えた時期だといえるから。
5. 十九世紀から二十世紀前半は、明治維新以降の近代的な生活様式への変化に伴い、石場建てのような伝統的な建築技法で造られた町並みが淘汰《とうた》されたことによって、江戸時代に生まれた職人技術や生活文化が民家の意匠に強い影響を与えた最後の時期だといえるから。

問六 次に示すのは、この文章を読んだ四人の生徒が話し合っている場面である。これを読み、後の(i)・(ii)の問いに答えなさい。

生徒A　蔵造りの町並みは地元の埼玉でも川越市に残っているね。観光名所にもなっているけど、通り沿いにずらりと蔵が並んでいて、重厚な感じがしたよ。

生徒B　川越に蔵造りの町並みができたのは「明治二十六年の大火」がきっかけだったそうだよ。火事で焼け残った建物が伝統的な蔵造りだったから、そこに着目した商人たちがこぞってそれを採用したんだって。

生徒C　明治二十六年ということは、十九世紀末か。筆者が注目する［Y］と重なるね。

生徒A　たしかにちょうどその時期だ。そう考えるとやはり貴重な文化財なんだね。でもそんな強固な民家群が全国的には長続きせず、急速に衰退してしまったのはなぜだろうか。

生徒D　明治になって近代的な価値観が入ってきたことが原因だと思う。プライバシー保護や生活の利便性向上のためには、抜本的に建物を造り替える必要があったはずだからね。大正時代のモダンな建築は鉄筋コンクリートのものが多いでしょ。

生徒B　いや、それはどうだろうか。民家に関して言えば［Z］というのが筆者の見解でしょう。伝統的な民家が備えていた柔軟性に関する言及もあったはずだよ。

生徒C　なるほど。建物の歴史的な流れを追うだけで、いろんな観点が出てきて面白いね。街歩きの楽しみが増えそうだよ。

宮本雅明が②クライマックスと称した所以である。

（中村琢巳『生きつづける民家』吉川弘文館）

（注）＊家別人別帳…現代の戸籍簿にあたるもの。
＊柱礎…建物の柱と、土台になる石。

問一 傍線部aからeと同じ漢字を使うものを、後の中からそれぞれ一つずつ選びなさい。

a 「タイゲン」[1]

1. ヨウゲンの種類と活用を学ぶ。
2. ゲンカクな性格の父に叱られる。
3. パソコンのデンゲンを入れる。
4. ゲンシ時代の生活に興味を持つ。
5. 厳しいゲンジョウを確認する。

b 「ショウゴウ」[2]

1. 彼の無実をショウメイする。
2. 小説のジョショウを書き終える。
3. 夏場はニッショウ時間が長い。
4. 無駄な部分をショウリャクする。
5. この地域はショウバイが盛んだ。

c 「ケンチョ」[3]

1. 理科の時間にケンビ鏡で観察する。
2. リーダーには大きなケンゲンがある。
3. 真面目でケンジツな生活を送る。
4. ケンセイ史上初の事態が起こる。
5. 彼のケンキョな姿勢に感心する。

d 「フゴウ」[4]

1. 正月に一年のホウフを語る。
2. 人類のフヘン的な課題に迫る。
3. フカクにも居眠りしてしまう。
4. 駅で東京行きのキップを買う。
5. 第三者がギョフの利を得る。

e 「ヨウソウ」[5]

1. 閉会式で今大会をソウカツする。
2. 進路について先生にソウダンする。
3. 大雨が降ることをソウテイする。
4. 頭の中でソウダイな計画を立てる。
5. 新たな企画のソウアンを練る。

問二 空欄[A]から[D]に入る語句として最も適当なものを、次の中からそれぞれ一つずつ選びなさい。ただし、同じものを二回以上用いてはいけません。[6]～[9]

1. さらに　2. つまり　3. たとえば　4. 一方で

問三 傍線部①「石場建ての民家」に関する説明として最も適当なものを、次の中から一つ選びなさい。[10]

1. 近世民家を代表する建築形式として全国で普及していった要因として、その耐久性の高さや建築のための費用の安さが指摘されている。
2. 建築技術の成立と同時に建物の保守管理技術が普及し、民家の耐久性が向上したことにより住民生活や社会の安定がもたらされた。
3. 掘立式の民家に比べて耐久性に優れているが、主流の建築形式として各地で普及するには技術の成立から一世紀以上の時間を要した。
4. 町役人や村役人など支配層の民家から一般町人の民家に広がった時期は、関東地方より関西地方の方が早かったとする研究記録がある。
5. 石場建てが普及した時期を検証することで、江戸時代の封建的な社会階層が建物の形式にどのように反映されていたかを知ることができる。

問四 空欄[X]には次の一連の文が入る。正しく並べ替えたとき、二番目[11]と四番目[12]にあたる文を次の中からそれぞれ一つずつ選びなさい。

く、民家全体に及ぶわけではない。

10 この通り側の蔵造りの町並みの普及もまた、民家が群として耐久性を獲得した事例のひとつである。そして、その普及時期をみると、さきほどの農家の石場建てと類似する傾向がある。[C]、蔵造りの町並みの普及は、江戸時代後期以降、より c ケンチョには明治時代にピークを迎えるという、やはり十九世紀に広くみられたものだった。

11 十七世紀（江戸時代前期）に支配層の民家から始動した石場建てへの技術改良が、およそ十九世紀（江戸時代後期）までには広く普及し、民家が群として耐久性を備えていった。そしてこのような技術の普及に、住まいを持続させる社会や生活の成熟があわさったとき、現在に伝わる耐久性のある歴史的集落や町並みが成立したのである。

12 この物的・社会的・生活的な成熟の時期は石場建ての普及からそうかからなかった。およそ十九世紀中期から二十世紀初頭にかけて、すなわち江戸時代後期から明治時代にかけての時代であった。現代に、歴史的町並みとして伝えられる全国各地の「伝統的建造物群保存地区」を構成する民家の建設年代をみると、およその時期に d フゴウする。

13 歴史的町並みとは、物的に耐久性を備えた民家が、安定的な社会経済および成熟した生活文化のもとで、群としてあたかも寺社建築のように記念的・永続的を志向して高い技術で建てられ、かつサステイナブルに維持がなされたものであった。一九九〇年代から精緻な町並み調査・保存対策を推進した都市史研究者である宮本雅明は、「地域の潤沢な天然資源を使い、技能に優れた職人の技を結集し、蓄積した富を注ぎ込み、永続性を目指して建設された」歴史的町並みを、社会・経済が町並みに結晶した文化の「クライマックス」と表現している。

14 石場建てであれ、蔵造りの町並みであれ、こうした群として耐久性を備えた民家は、実はその後に安定して存続したわけではなかった。それは続く二十世紀、急激な変化を伴う生活様式の近代化にさらされることとなったからだ。

15 居心地の良い生活環境への改善、プライバシーの重視、過酷な家事労働の脱却といった近代にうみだされた価値観は、伝統的な民家の空間を批判的に捉え、その改良を促す視点をうみだした。とくに農村部においては、大正時代の生活改善運動の名の下で、伝統的な民家の改良が組織的に目指されていくこともあった。

16 ただしこの改善運動が起こった二十世紀前半は、民家の堅牢《けんろう》な木組みを残しつつ、建て増しや内装の模様替え、設備の更新などの部分的な改修で変革の波を乗り越えることができた。これは先に述べた通り、伝統的な民家は、まるごと建て替えを施さなくとも、部分的な改造で環境向上を図ることができる柔軟性を備えていたからであった。[D]、こうした部分的改造による生活改善の方が、より安価でコンパクトに実現できたという現実的な要因もあったであろう。

17 ところがである。二十世紀後半の昭和戦後にもなるとヨウ e ソウが一変していく。民家の近代的な生活改善のために、構造体も含めた建物それ自体の建替えが急速に進展していくことになった。つまり、伝統的な民家やそれが群として普及した歴史的町並みが衰退するのは、江戸から明治へという近世・近代の変化においてではなく、むしろ昭和を境にした現象であったのだ。逆に明治は、伝統的な民家・町並みの系譜をより強固に受け継ぎ、耐久性を獲得する時代という、江戸からの延長として位置づけることができる時代だ。

18 このような歴史的な流れをながめてみると、日本で幾世代にもわたり受け継がれる民家が町並みを形成し、安定的に存続した時代は、実は十九世紀から二十世紀前半の百数十年間に過ぎなかったことが見えてこよう。

19 だが、この時期こそまさに、技術、社会、そして生活文化の発展が町並みを形成し維持することに結晶した成熟時代であった。

二〇二三年度 栄東高等学校（第二回）

【国語】（五〇分）〈満点：一〇〇点〉

一 次の文章を読んで、後の問いに答えなさい。なお、設問の都合で本文の段落に[1]～[19]の番号を付してある。

[1] 江戸時代の住まいは、その平面形式や意匠において、社会階層に対応した類型を有した。近世民家と呼ばれる所以《ゆえん》は、この江戸時代的な社会階層を民家の形式がタイａゲンしていたからでもある。そして今日、文化財指定を受けた近世民家は、そのような幅広い階層のなかでも、村役人（名主・庄屋《しょうや》）や町役人といった地域の支配層の住まいがほとんどである。民家が耐久性を備えたのはまずこの地域の支配層の住まい、すなわち近世民家から始動した。

[2] 全国の民家調査の実践を踏まえた宮澤智士によれば、現在まで残りうるような記念性と強固な構造をもった本格的な建築の成立は、関西で十七世紀中頃から後半、中部・関東・中国・四国地方で十七世紀後半と指摘されている。

[3] ただし、石場建てという技術的改良が支配層の民家にとどまらず、より幅広く本百姓や一般の町人の住まいへと広まるには、これよりもかなりの歳月が必要だった。①石場建ての民家が群として普及した時期は地域的な相違があるが、村ではおおむね十八世紀後期から十九世紀以降まで待たねばならなかった。

[4] [A]、江戸時代の信濃地方における＊家別人別帳や紀行文を網羅的に検討した箱崎和久は、＊柱礎形式がわかる民家の記述を分析し、掘立《ほったて》式から石場建てへの変遷時期を導いている。それによれば、十七世紀の村では掘立式の民家がほとんどだったものの、おおむね十八世紀後半から石場建てが過半数を占めはじめ、十九世紀には石場建てが村の大勢を占めたという。さらにこの普及時期について、有力な物証を提示するのは考古学である。多摩地域における掘立柱建物跡を遺物とｂショウゴウした研究では、十九世紀前期から中期を掘立式の建物が激減し、石場建て民家が激増する時期と評価する。むろん地域によってその時代は相違するものの、都市の影響が強い江戸近郊の村々においてでさえ、十九世紀にようやく耐久性のある石場建ての建物へと変革していったことがうかがえよう。

[5] [B]、石場建てに改良された民家が普及したとしても、すぐさま現在まで生き残るほど安定的に存続しうる集落・町並みが成立したわけではなかった。長持ちする建物をつくりあげる技術の普及とともに、それを維持し続けるメンテナンスの技術が備わり、さらに社会や生活の安定化といった様々な条件が揃《そろ》う必要があったからである。

[6] 民家が群として耐久性を獲得する時期を考えるうえで、「農家」における石場建ての普及と並んで江戸時代後期から普及していく「蔵造りの町並み」の成立という展開についても触れておきたい。

[7] [X]

[8] 民家の一角に、貴重な家財や食料を保管する土蔵を設けるのは、こうした火災に対する備えを意識した対策である。そして、この土蔵の形式が、通りの町並みを構成する民家で統一的に採用されたものが、蔵造りの町並みである。

[9] 蔵造りの町並みは、川越（埼玉県）、高岡（富山県）、会津若松（福島県）、村田や登米（宮城県）といった、東日本に多くみられるという地域性がある。関西においては、局所的に土蔵造りの町家がみられるが、町並みを形成するほどの普及はみられない。それに対して、東日本で蔵造りの町並みが普及した背景としては、その発生が江戸を中心に展開したという地理的な説明のほか、土蔵造りの豪快な意匠性が東日本の町人気質に調和したという意匠的好みからも説明されている。なお、土蔵造りの形式を備えるのは、あくまで類焼に晒《さら》される通り側の店舗のみに限定されることが多

英語解答

1	(1)	1…2	2…1	3…5	4…6				
		5…9	6…0						
	(2)	④							
2	(1)	8…3	9…4	10…2	11…6				
		12…1	13…5						
	(2)	14…4	15…3						
3	(1) 1	(2) 2	(3) 1	(4) 4					
	(5) 3	(6) 4							
4	22 3	23 1	24 3						
5	25 4	26 3	27 3						
6	28 4	29 1	30 1	31 2					

1〔長文読解総合―エッセー〕

≪全訳≫❶私とアラスカとの関わりは15年ほど前の18歳だったとき，今の皆さんとあまり変わらない年齢に遡る。❷私は子どもの頃から自然や動物が好きで，少年時代に読んだ本の多くは動物ものや探検ものだった。例えば，ジュール・ヴェルヌのSF小説や『デルス・ウザーラ』のアルセーニエフ隊長の偉業だ。私がずっと考えていたのは，いつかそういった物語の主人公と同じようなことをしたいということだった。普通，子どもは成長するにつれて，そういう類いの夢は捨てたり，興味が別の方向に向かったりするが，私の場合はあまり大人になれなかったようだ，なぜなら大学に入ってからも同じように考え続けていたからだ。大学１年のときにはすでに，アラスカに行くことを決めていた。なぜアラスカにしたのか，はっきりした理由は説明できない。北極圏の自然に対する漠然とした憧れだったのだろう。❸当時は日本でアラスカに関する資料を入手することは非常に難しかったので，私はアメリカから数冊の本や資料を入手した。その中に，私がとても気に入っていた写真集があった。毎日毎日，飽きることなく眺めたものだったが，それを見るたびに「必ず」見てしまうある１つのページがあった。それは，北極海に浮かぶ小さな島にあるエスキモーの村の空撮写真で，非常に美しいものだった。その写真は，ちょうど太陽が北極海に沈むときに，飛行機から撮影されたのだった。❹私がこの写真にそれほど引きつけられた理由は，地球の果てに思えるような何もない所でも，人の暮らし方は魅力的だったからだ。皆さんのように私も都会で育ったのだが，そのせいで④人がそういった場所に住んでいることが信じがたかった。しかしそのことを考えているうちに，私はしだいにその村に行ってみたくなった。私は写真に添えられた英語で書かれた説明をつぶさに読み，その村の名前がシシュマレフだと知った。そして私は地図を取り出して，その村がアラスカのどこにあるのかを突きとめ，そのとき以来，その村に行ってみたいという気持ちがいっそう強くなっていった。

(1)＜**適語選択**＞1 have a love of ～「～が好きだ」　2 make up ～'s mind「決心する」　3 'obtain *A* from *B*'「*B*から*A*を手に入れる」　4 'find＋目的語＋形容詞'「～を…だと思う」の構文。この文では形式目的語の it を用いて how 以下を受けている。　5 grow up「育つ」　6 take out ～〔take ～ out〕「～を取り出す」

(2)＜**正誤問題**＞下線部④を含む文の前文の記述から，その村は人間が住むには厳しい環境だと思われるので，下線部④の easy は hard にするべき。　'find it＋形容詞＋to ～'「～することは…だと思う」

2〔長文読解総合―説明文〕

≪全訳≫❶長い間，人々は火星には生命が存在すると考えていた。[8]1877年にイタリアの天文学者であるジョバンニ・スキャパレリは，火星の表面にいくつかの直線を見つけたと思った。彼にはそれが何かわからなかったが，アメリカの天文学者パーシバル・ローウェルもまたそれらを見て，運河だと判断した。火星には人がいるに違いない，そして火星の北にある氷で満ちた北極から暖かい南へ水を運ぶために，その火星人たちが運河をつくったのだとローウェルは考えた。❷[9]火星人という発想はおもしろく，わくわくするものだった。1898年にH.G.ウェルズによって書かれた『宇宙戦争』という本は，火星人が地球にやってきて戦争を始めるという話だった。1938年に『宇宙戦争』はラジオ劇の1つとしてアメリカで流された。それを聴いた人たちの中には，それを本当だと思い込んで，火星人の危険から逃れるために車で都市部を離れた人もいた。❸幸いなことに，黒い目をした背の高い灰色の火星人は存在しない。1960年代に最初の宇宙探査機が火星の横を通過したとき，私たちの月と同じようにひっそりとした，クレーターで覆われた乾いた場所の写真が送られてきた。[10]火星人はいなかったし，直線もなかった。❹しかし，1971年に宇宙探査機マリナー9号は火星にさらに接近し，驚くべきことを発見した。火星に運河はなかったが，古い川があったのだ。[11]今はそこに水はないが，かつて，何百万年も前には水が豊富にあった。❺では，水はどこにいったのか。[12]そして，今もそこに水はあるのか。これらはとても重要な問いだ，なぜならもし火星に水があれば，そこにも生命が存在するかもしれないからだ。もし水があれば，いつか人類が火星に行って暮らせるかもしれない。❻火星の表面で撮影された写真は，かつてそこに水が，それも大量の水があったことを示す。火星の表面の小さな岩は，地球上の川の底の小さな岩のように見える。科学者たちは，水の多くは薄い大気を通じて宇宙空間に流れていったと考えている。[13]しかし彼らは，その一部がまだ火星にあり，地中の岩石の中で凍っていることを望んでいる。もしそれが本当なら，非常に小さな生命体であるバクテリアがすでに存在し，岩の中に生息しているかもしれない。

(1)＜**適文選択**＞[8]直後の文のHeが，Giovanni Schiaparelliを，theyがsome straight linesを指すと考えられる。　[9]第2段落では，Martians「火星人」を題材に人々を興奮させた迫真のドラマについて描かれている。4はその導入文となる。　[10]前文の荒れ果てた火星の描写は，人や人工物の存在を否定するものと考えられる。　[11]前文のold riversは「以前川だったもの」の意味。つまり火星にかつて水があったことを示す証拠である。6のthemとtheyはどちらもこのold riversを受けている。　[12]直後のTheseから，疑問は複数あることがわかる。1のanyの後にはwaterが省略されている。　[13]次の文のthatが，5のthat以下の内容を受けていると考えられる。5のitは前文のthe waterを指す。

(2)＜**整序結合**＞まず文の主語を考える。Mars「火星」は単数なので，Mars showは‘主語＋動詞’にならない(showには3単現の-sが必要)。そこで主語にphotosを置き，これを過去分詞taken以下で修飾する形を考える。残りの語群でon the surface of ～「～の表面で」というまとまりができるのでこれを写真が撮られた場所と考え，photos taken on the surface of ～「～の表面で撮られた写真」とまとめる。‘～’にはMarsが入り，残りは‘show that＋主語＋動詞…’「～だと示す」の形となって，‘主語＋動詞’の部分は‘There＋be動詞＋主語…’「～がいる〔ある〕」の構文になる。　Photos taken on the surface of Mars show that there *was* water there once — lots of it.

3〔長文読解総合(英問英答形式)―ノンフィクション〕

≪全訳≫❶テイラー・アンダーソンは，バージニア州リッチモンド出身のアメリカ人英語教師だった。彼女は2008年に石巻に来て，同市内の７つの小中学校で教えた。ナオが彼女と出会ったのは，渡波中学校の生徒だったときだ。石巻市は毎年，英語スピーチ大会を開いている。各校から２人の栄誉ある生徒が選ばれ，市庁舎で３分間のスピーチをして競う。ナオはその１人だった。テイラーは彼女がそのスピーチを書くのを手伝った。❷渡波中学校は海岸近くにある。松の木が防風林として植えられていた。ナオは海からの風が木に当たる音や窓を吹き抜ける音が好きだった。そこでナオは，海岸のゴミ問題について話すことにした。2009年の夏休み，テイラーはナオのスピーチを手伝いに来てくれた。それは彼女の職責ではなかったが，ナオが発表の準備をするのを手伝うことを楽しんでいたようだ。❸先生が夏休みに入る前に，先生は原稿を録音し，ナオが１人で練習できるようテープを渡した。ナオはテープに入った先生の声をまねて準備をした。スピーチの当日，思いがけずテイラーは会場に現れ，日本語での励ましの詰まった手紙をナオに渡した。緊張していた中学３年生のナオは，テイラーが来てくれたことで，その日話すために必要だった自信を持つことができた。テイラーがナオを気に入っていること，そして教師として誠実に職業に取り組んでいたことは明らかだった。ナオは，彼女の手紙を今まで受け取った中で最高のものの１つだと感じた。❹ナオが仙台に移ってから，友人の安否を気遣う時間ができたとき，ナオはテイラーにＥメールを送った。そのアメリカ人の友人が無事であっても，それを自分に伝える方法がないことをナオは知っていた。だから返事がこなかったときは，自分に言い聞かせた。「大丈夫。私を見て。私が３日目に出てくるまで，みんな私が死んだと思っていたのだから。きっと(携帯の)電源が切れてしまったか，携帯電話自体をなくしてしまったのよ」。❺ナオは，生存者リストをインターネットで絶えず確認した。テイラーの状況は何日も「行方不明」のままだった。３月22日，ナオのおじさんから彼女に電話があり，行方不明のアメリカ人英語教師が死んでいるのが見つかったと新聞記事に書いてあることを告げられた。おじさんはその教師がテイラーかもしれないと言った。ナオはすぐにホームページを再び確認したが，「行方不明」のままだった。そこで彼女は怒って，友人は死んでいないと返事をした。❻テイラーの両親と親しい友人たちは，３月11日から必死で彼女を捜していた。福島の原発事故のため，日本政府はその地域への立ち入りを拒否していた。彼らは日本にこられたかもしれないが，北の方には行けなかっただろう。テイラーの父アンディは，集められるかぎりの娘の情報をワシントンの日本大使館に渡した。彼女がどこに住んでいて，ふだんどのルートで仕事に行っていたかを示すグーグルマップまで用意した。❼アンダーソン一家が現地に行けるとわかったとき，テイラーの父アンディ，弟ジェフ，妹ジュルズの夫ローリー，テイラーの恋人のジェームズが，捜索のためできることは何であれ手伝おうと飛行機を予約した。３月21日午前７時半に家を出る予定だったが，午前５時半に大使館から彼女の遺体が見つかったことを伝える電話が入った。アンダーソン一家は，ジェフがテイラーの母ジーンの，ローリーがジュルズのそばにいるべきだと考え，アンディとジェームズだけが日本へ行くことにした。❽テイラーの父アンディと恋人のジェームズは，彼女の死を確認するために日本へ飛んだ。まずジェームズがテイラーを見て，彼女は眠っているように見えるとアンディに言い，アンディは彼女が安らかでいるように見えると思った。津波の３か月後にテイラーの生徒の１人が，がれきの山の中にあった彼女のバッグに気がついた。学校はそれをアンダーソン家に送ったが，バッグの中には手紙が入っていた。１つはジェームズからで，もう１つはナオからだった。テイラーはそれらをいつも持ち歩いていたのだ。テイラーの携帯電話は，彼女の友人が初めて彼女のアパートに入ったときに見つかった。彼女はおそらく，友人や家族に電話できるように，携帯電話を取りにアパートに自転車で戻るところだったと思われる。

(1)＜**要旨把握**＞「テイラー・アンダーソンに関する最適な記述を選びなさい」―1．「2008年から石巻にいた教師である」　第1段落第1，2文参照。

(2)＜**要旨把握**＞「テイラーはナオのことをどう思っていたか」―2．「彼女はナオを支えたいと思った」　第2，3段落参照。ナオのスピーチの準備を献身的に手伝っている。

(3)＜**文脈把握**＞「なぜナオは仙台に移ったのか」―1．「石巻での生活状況が変化したから」　第4段落後半にナオが周囲に死んだと思われていたとあることから，ナオ自身も東日本大震災の被災者で3月11日には石巻にいたと推測できる。テイラーの遺体が見つかる3月21日の前に仙台に移っているので，3月11日直後の石巻の混乱を避けるために移動したと考えられる。

(4)＜**要旨把握**＞「テイラーの件でアンディは何をしたか」―4．「彼はジェフにアンディの妻とともにいるよう求めた」　第7段落最終文参照。テイラーの母とあるのは，テイラーの父アンディの妻と考えられる。

(5)＜**適語句選択**＞「空所20に入れるのに最も適した語はどれか」　空所20を含む文の次の文参照。1つは恋人から，1つは自分が手伝った生徒からのものとあることから，愛情や感謝の気持ちを伝える「手紙」が最適である。

(6)＜**内容真偽**＞「次の記述のうち，正しいものはどれか」　1．「ナオはテイラーにスピーチの台本を録音するように頼んだ」…×　第3段落第1文参照。ナオが頼んだという記述はない。　2．「ナオの携帯電話の電源が切れていたので，ナオは連絡が取れなかった」…×　第4段落最終文参照。電源が切れているというのはテイラーの携帯についてナオが考えたこと。　3．「日本で地震が起きてから9日後に，テイラーの遺体が発見された」…×　第7段落第2文参照。遺体発見の連絡は3月21日で10日後である。　4．「地震が起きたとき，テイラーは自分の携帯電話を持っていなかった」…○　最終段落最後の2文の内容に一致する。　retrieve「～を取り戻す」

4～**6**〔**放送問題**〕放送文未公表

2023年度／栄東高等学校（第２回）

数学解答

1 (1) ア…4　イ…0　ウ…4　エ…6
(2) 9
(3) カ…6　キ…2　ク…0　ケ…0
(4) コ…2　サ…4
(5) シ…2　ス…8

2 (1) ア…1　イ…2
(2) ウ…1　エ…1　オ…1　カ…8
(3) キ…3　ク…1　ケ…3　コ…6

3 (1) ア…1　イ…0　ウ…3
(2) エ…6　オ…5　カ…9
(3) キ…6　ク…5　ケ…3　コ…6

4 (1) 6　(2) イ…1　ウ…4
(3) エ…1　オ…2　カ…2

5 (1) 3　(2) イ…1　ウ…5　エ…4
(3) オ…1　カ…9　キ…2

1〔独立小問集合題〕

(1)＜数の計算＞$2020=a$ とおくと，$2025=2020+5=a+5$，$2022=2020+2=a+2$，$2024=2020+4=a+4$，$2021=2020+1=a+1$ となるから，与式$=(a+5)(a+2)-(a+4)(a+1)=(a^2+7a+10)-(a^2+5a+4)=a^2+7a+10-a^2-5a-4=2a+6$ となる。a をもとに戻して，与式$=2\times2020+6=4040+6=4046$ である。

(2)＜数の計算＞与式$=(6+\sqrt{7})(1-\sqrt{7})+3(6+\sqrt{7})-2(1-\sqrt{7})-6=6-6\sqrt{7}+\sqrt{7}-7+18+3\sqrt{7}-2+2\sqrt{7}-6=9$
≪別解≫与式$=x(y+3)-2(y+3)=(x-2)(y+3)=(6+\sqrt{7}-2)(1-\sqrt{7}+3)=(4+\sqrt{7})(4-\sqrt{7})=16-7=9$

(3)＜連立方程式の応用＞x％の食塩水100g に水 yg を混ぜてできる２％の食塩水の量は $100+y$g である。水を加えても含まれる食塩の量は変わらないので，このとき，x％の食塩水100g に含まれる食塩の量と，２％の食塩水 $100+y$g に含まれる食塩の量は等しい。よって，$100\times\dfrac{x}{100}=(100+y)\times\dfrac{2}{100}$ が成り立ち，$100x=200+2y$，$50x-y=100$……①となる。また，x％の食塩水200g に水 yg を混ぜてできる３％の食塩水の量は $200+y$g だから，同様に考えて，含まれる食塩の量について，$200\times\dfrac{x}{100}=(200+y)\times\dfrac{3}{100}$ が成り立ち，$200x=600+3y$，$200x-3y=600$……②となる。①，②の連立方程式を解く。①×3－②より，$150x-200x=300-600$，$-50x=-300$　$\therefore x=6$　これを①に代入して，$300-y=100$，$-y=-200$　$\therefore y=200$

(4)＜データの活用―中央値＞四分位範囲は，第３四分位数から第１四分位数をひいた差である。箱ひげ図において，第１四分位数は箱の部分の左端の値，第３四分位数は箱の部分の右端の値だから，Ａ市は，第１四分位数が14℃，第３四分位数が29℃であり，四分位範囲は $29-14=15$(℃)となる。同様にして，Ｂ市は，第１四分位数が12℃，第３四分位数が28℃より，四分位範囲は $28-12=16$(℃)，Ｃ市は，第１四分位数が９℃，第３四分位数が21℃より，四分位範囲は $21-9=12$(℃)となる。よって，四分位範囲が最も大きいのはＢ市である。Ｂ市の中央値は，箱ひげ図の箱の部分の中にある線の示す値であるから，24℃となる。

(5)＜平面図形―面積＞右図のように，各点をＡ～Ｍと定める。△ABC，△BCD，△CDE，△DEF，△EFG，△FGH が正三角形で，四角形 ABHG は平行四辺形だから，６個の正三角形は合同であり，AC＝BD＝CE

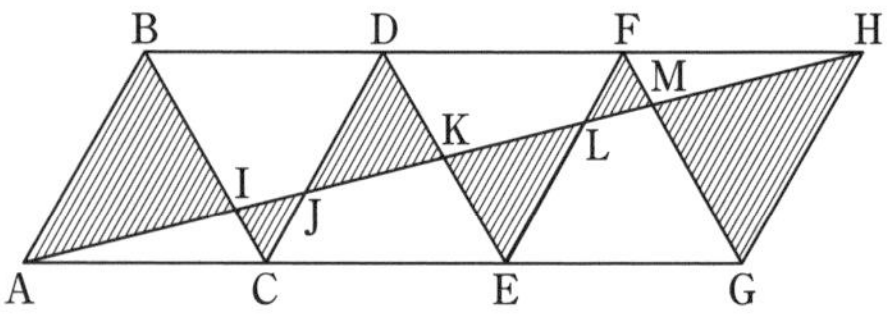

=DF=EG=FH である。∠BIH=∠CIA，∠IBH=∠ICA=60°より，△HBI∽△ACI だから，BI：CI=HB：AC=3BD：BD=3：1 である。これより，△ABI：△ACI=3：1 だから，△ABC=$\frac{1}{6}$▱ABHG=$\frac{1}{6}$×72=12 より，△ABI=$\frac{3}{3+1}$△ABC=$\frac{3}{4}$×12=9 となる。次に，∠AIB=∠JIC，∠ABI=∠JCI=60°より，△ABI∽△JCI である。相似比は BI：CI=3：1 だから，△ABI：△JCI=3^2：1^2=9：1 となり，△JCI=$\frac{1}{9}$△ABI=$\frac{1}{9}$×9=1 となる。さらに，∠CJI=∠DJK，∠JCI=∠JDK=60°より，△JCI∽△JDK となる。また，∠AJC=∠HJD，∠ACJ=∠HDJ より，△ACJ∽△HDJ となるから，CJ：DJ=AC：HD=BD：2BD=1：2 である。よって，△JCI と△JDK の相似比は CJ：DJ=1：2 だから，△JCI：△JDK=1^2：2^2=1：4 であり，△JDK=4△JCI=4×1=4 である。図形の対称性から，△LEK=△JDK=4，△LFM=△JCI=1，△HGM=△ABI=9 となるから，斜線部分の面積は(9+1+4)×2=28 である。

2 〔データの活用—確率—さいころ〕

≪**基本方針の決定**≫(1)　2回目に点Pが動く場合を考える。　(2)　場合分けをして考える。
(3)　記録した座標は，1種類か2種類である。

(1)<**確率**>さいころを2回投げるとき，目の出方は全部で6×6=36(通り)ある。このうち，記録した座標の値が異なるのは，2回目に点Pが動く場合である。2回目に点Pが動くのは，2，4，6の目が出たときなので，記録した座標の値が異なる目の出方は，1回目が6通り，2回目が3通りより，6×3=18(通り)ある。よって，求める確率は$\frac{18}{36}=\frac{1}{2}$となる。

(2)<**確率**>さいころを3回投げるとき，目の出方は全部で6×6×6=216(通り)ある。このうち，記録した座標の値が2種類になるのは，点Pが2回目に動かないとき，3回目で動けばよいから，目の出方は，1回目が6通り，2回目が1，3，5の3通り，3回目が2，4，6の3通りより，6×3×3=54(通り)ある。2回目に正の向きに1動くとき，3回目は動かないか負の向きに1動けばよいから，目の出方は，2回目が2，4の2通り，3回目が1，3，5，6の4通りより，6×2×4=48(通り)ある。2回目に負の向きに1動くとき，3回目は動かないか正の向きに1動けばよいから，目の出方は，2回目が6の1通り，3回目が1，2，3，4，5の5通りより，6×1×5=30(通り)ある。以上より，記録した座標の値が2種類になる目の出方は54+48+30=132(通り)だから，求める確率は$\frac{132}{216}=\frac{11}{18}$となる。

(3)<**確率**>さいころを3回投げるとき，記録した座標の値が2種類以下になるのは，1種類になるときか2種類になるときである。(2)より，さいころの目の出方は全部で216通りあり，記録した座標の値が2種類になる目の出方は132通りである。また，記録した座標の値が1種類になるのは，2回目，3回目とも点Pが動かないときである。このとき，2回目，3回目とも目の出方は1，3，5の3通りだから，記録した座標の値が1種類になる目の出方は6×3×3=54(通り)ある。以上より，記録した座標の値が2種類以下になる目の出方は132+54=186(通り)だから，求める確率は$\frac{186}{216}=\frac{31}{36}$である。

≪別解≫さいころを3回投げるとき，記録した座標は最大で3種類だから，記録した座標が2種類以下になるのは，3種類になる場合を除いた場合である。記録した座標が3種類になるのは，点Pが，2回目，3回目とも正の向きに1動くときか，2回目，3回目とも負の向きに1動くときである。2回目，3回目とも正の向きに1動くときの目の出方は6×2×2=24(通り)，2回目，3回目とも負の向きに1動くときの目の出方は$6\times1\times1=6$(通り)だから，記録した座標が3種類になる目の出方は$24+6=30$(通り)ある。よって，2種類以下になる目の出方は$216-30=186$(通り)となり，求める確率は$\frac{186}{216}=\frac{31}{36}$である。

3 〔平面図形―直角三角形と円〕

≪基本方針の決定≫(2)　△ABDと△ADEに着目する。　(3)　△ADCを基準にして考える。

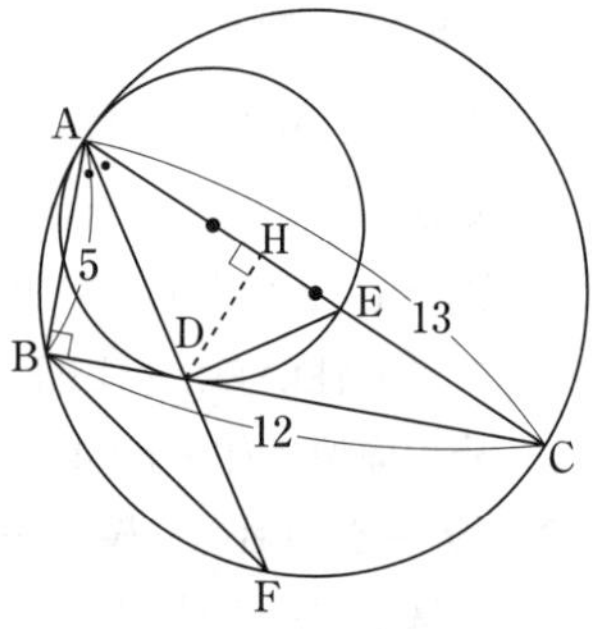

(1)**＜長さ＞**右図で，点Dから辺ACに垂線DHを引くと，AD＝AD，∠ABD＝∠AHD＝90°，∠BAD＝∠HADより，直角三角形の斜辺と1鋭角がそれぞれ等しく，△ABD≡△AHDとなるから，BD＝HDとなる。よって，△ABDと△ADCは，底辺をそれぞれAB，ACと見ると高さが等しいので，面積の比は底辺の比と等しくなり，△ABD：△ADC＝AB：AC＝5：13である。また，△ABDと△ADCの底辺をそれぞれBD，DCと見ると，高さはともにAB＝5となるので，同様にして，△ABD：△ADC＝BD：DCと表せる。したがって，BD：DC＝5：13となるので，$BD=\frac{5}{5+13}BC=\frac{5}{18}\times12=\frac{10}{3}$である。

(2)**＜長さ―相似＞**右上図で，点Dと点Eを結ぶ。線分AEは円の直径だから，∠ADE＝90°である。よって，∠ABD＝∠ADE＝90°，∠BAD＝∠DAEより，2組の角がそれぞれ等しく，△ABD∽△ADEとなるので，AD：AE＝AB：ADである。これより，$AE\times AB=AD^2$となる。(1)より$BD=\frac{10}{3}$だから，△ABDで三平方の定理より，$AD^2=AB^2+BD^2=5^2+\left(\frac{10}{3}\right)^2=\frac{325}{9}$である。したがって，$AE\times5=\frac{325}{9}$が成り立ち，$AE=\frac{65}{9}$となる。

(3)**＜面積比＞**右上図で，(2)より，$AE=\frac{65}{9}$だから，△ADE：△ADC＝AE：AC＝$\frac{65}{9}$：13＝5：9であり，△ADE＝$\frac{5}{9}$△ADCである。また，∠BDF＝∠ADCであり，$\overset{\frown}{FC}$に対する円周角より，∠FBD＝∠CADだから，△BDF∽△ADCとなる。相似比はBD：ADとなるので，面積比は△BDF：△ADC＝BD^2：AD^2である。(1)より$BD=\frac{10}{3}$，(2)より$AD^2=\frac{325}{9}$だから，△BDF：△ADC＝$\left(\frac{10}{3}\right)^2$：$\frac{325}{9}$＝4：13となり，△BDF＝$\frac{4}{13}$△ADCとなる。以上より，△ADE：△BDF＝$\frac{5}{9}$△ADC：$\frac{4}{13}$△ADC＝65：36である。

4 〔関数―関数 $y=ax^2$ と一次関数のグラフ〕

≪基本方針の決定≫(2)　点Pが点A，点B，点Cにある場合について考えてみよう。　(3)　点Pが直線OAに平行な直線上の点であることに気づきたい。この直線を考えてみよう。

(1)**＜面積＞**右図1のように，点Bを通りx軸に平行な直線と，点A，点Cを通りy軸に平行な直線の交点をそれぞれD，Eとすると，△ABC＝〔台形ADEC〕－△ADB－△BECとなる。A(－1，5)，B(2，2)，C(4，4)より，AD＝5－2＝3，CE＝4－2＝2，DE＝4－(－1)＝5，DB＝2－(－1)＝3，BE＝4－2＝2だから，〔台形ADEC〕＝$\frac{1}{2}\times(AD+CE)\times DE=\frac{1}{2}\times(3+2)\times5=\frac{25}{2}$，△ADB＝$\frac{1}{2}\times$

図1

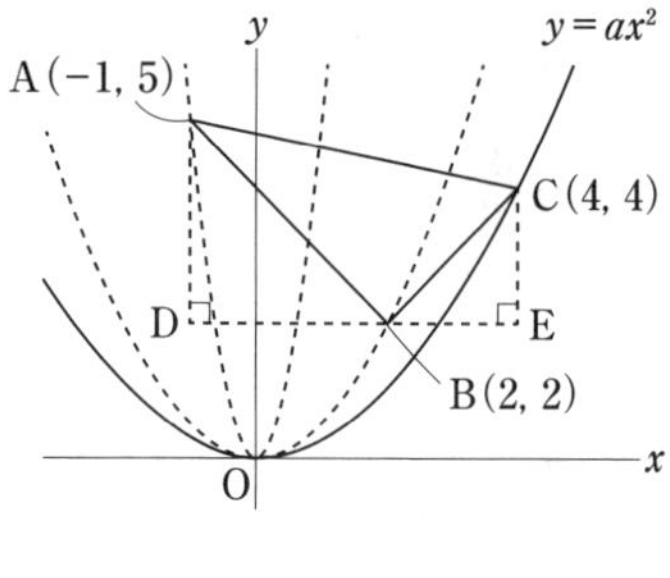

$DB \times AD = \frac{1}{2} \times 3 \times 3 = \frac{9}{2}$，$\triangle BEC = \frac{1}{2} \times BE \times CE = \frac{1}{2} \times 2 \times 2 = 2$ となり，$\triangle ABC = \frac{25}{2} - \frac{9}{2} - 2 = 6$ となる。

(2)＜**aの最小値**＞前ページの図1で，点Pが$A(-1,\ 5)$にあるとき，放物線$y=ax^2$は$P(-1,\ 5)$を通るので，$5=a\times(-1)^2$より，$a=5$となる。同様にして，点Pが$B(2,\ 2)$にあるとき，$2=a\times2^2$より，$a=\frac{1}{2}$となり，$C(4,\ 4)$にあるとき，$4=a\times4^2$より，$a=\frac{1}{4}$となる。$\frac{1}{4}<\frac{1}{2}<5$だから，点Pが点A，点B，点Cにあるときで，$a$の値が最も小さいのは，点Cにあるときである。放物線$y=\frac{1}{4}x^2$は△ABCと点Cのみを共有し，比例定数が$\frac{1}{4}$より小さいと共有する点はないから，aの値が最小となるのは，点Pが点Cにあるときで，$a=\frac{1}{4}$である。

(3)＜**aの値の範囲**＞右図2で，(1)より，$\triangle OAP = \triangle ABC = 6$である。$x$軸上の正の部分に，$\triangle OAQ = 6$となる点Qをとると，$\triangle OAQ = \triangle OAP$となるので，OA∥QPである。よって，点Pは，点Qを通り直線OAに平行な直線上で，△ABCの周上または内部にある点となる。$A(-1,\ 5)$より，直線OAの傾きは$\frac{0-5}{0-(-1)}=-5$だから，直線QPの傾きも-5となる。そこで，直線QPの式を$y=-5x+b$とおく。△OAQの底辺をOQと見ると，点Aのy座標が5より，高さは5だから，面積について，$\frac{1}{2}\times OQ\times5=6$が成り立つ。これより，$OQ=\frac{12}{5}$となるので，$Q\left(\frac{12}{5},\ 0\right)$である。直線$y=-5x+b$は点Qを通るので，$0=-5\times\frac{12}{5}+b$，$b=12$となり，直線QPの式は$y=-5x+12$である。$x=2$のとき，$y=-5\times2+12=2$だから，直線QPは$B(2,\ 2)$を通る。したがって，直線QPと線分ACの交点をDとすると，点Pは線分BD上の点となるので，aの値は，点Pが点Bにあるとき最小，点Dにあるとき最大となる。まず，点Pが点Bにあるとき，(2)より，$a=\frac{1}{2}$だから，aの最小値は$a=\frac{1}{2}$である。次に，$A(-1,\ 5)$，$C(4,\ 4)$より，直線ACの傾きは$\frac{4-5}{4-(-1)}=-\frac{1}{5}$だから，その式は$y=-\frac{1}{5}x+c$とおけ，点Cを通ることより，$4=-\frac{1}{5}\times4+c$，$c=\frac{24}{5}$となるので，直線ACの式は$y=-\frac{1}{5}x+\frac{24}{5}$である。点Dは2直線$y=-5x+12$，$y=-\frac{1}{5}x+\frac{24}{5}$の交点だから，2式から$y$を消去して，$-5x+12=-\frac{1}{5}x+\frac{24}{5}$より，$-25x+60=-x+24$，$-24x=-36$　$\therefore x=\frac{3}{2}$　これを$y=-5x+12$に代入して，$y=-5\times\frac{3}{2}+12$　$\therefore y=\frac{9}{2}$　これより，$D\left(\frac{3}{2},\ \frac{9}{2}\right)$であり，点Pが点Dにあるとき，$\frac{9}{2}=a\times\left(\frac{3}{2}\right)^2$より，$a=2$となるので，$a$の最大値は$a=2$である。以上より，求める$a$のとりえる値の範囲は$\frac{1}{2}\leqq a\leqq2$となる。

図2

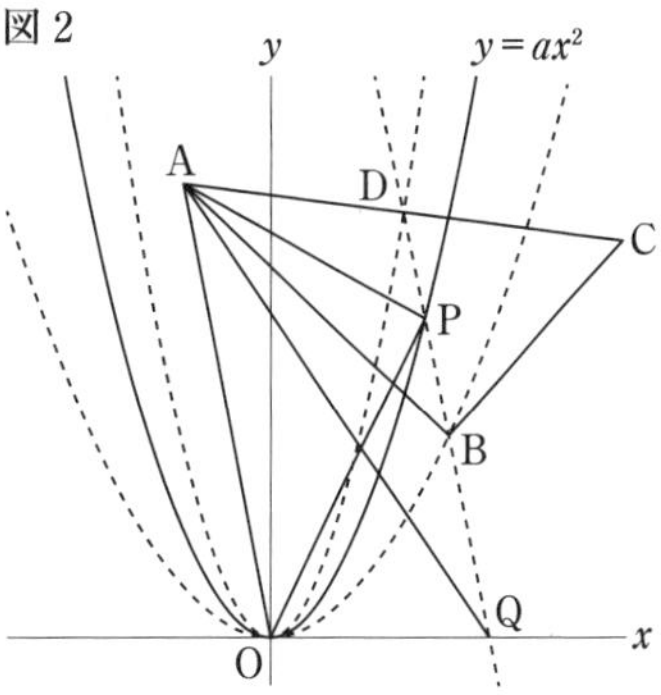

5〔空間図形―球〕

≪基本方針の決定≫(2)　三平方の定理を利用する。　(3)　円錐の頂点は，2つの球の中心を通る直線上にあり，大きい方の球は，円錐の底面の円の中心で接する。

⑴＜**面積**＞右図1のように，切断した2つの球の中心をO，Pとし，直線OPと2つの球の表面との交点をそれぞれA，B，ABと切断面との交点をC，切断面の周上の点をDとする。$a=b=2$より，$OA=OD=PD=PB=2$であり，立体の高さが6より，$AB=6$だから，$OP=AB-OA-PB=6-2-2=2$となる。よって，$OD=PD=OP=2$となるので，△OPDは正三角形となる。点Cは切断面の円の中心となり，ABは切断面に垂直だから，$DC\perp AB$となり，△OCDは3辺の比が$1:2:\sqrt{3}$の直角三角形となる。したがって，切断面の円の半径は$CD=\dfrac{\sqrt{3}}{2}OD=\dfrac{\sqrt{3}}{2}\times 2=\sqrt{3}$となるので，切断面の面積は$\pi\times(\sqrt{3})^2=3\pi$である。

図1

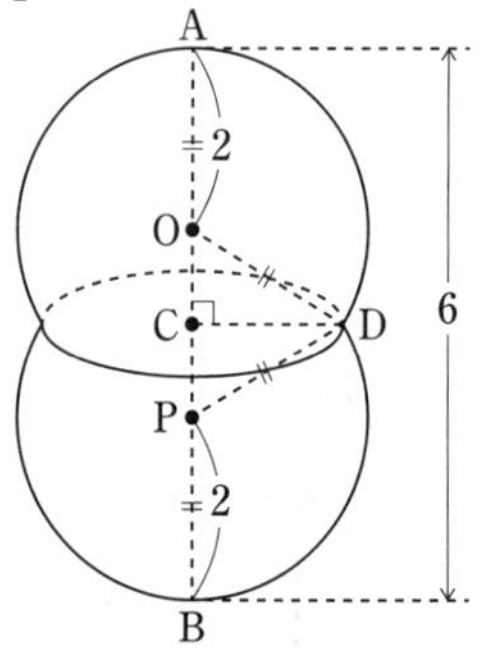

⑵＜**面積**＞右図2のように，切断した2つの球の中心をQ，Rとし，直線QRと2つの球の表面との交点をそれぞれE，F，EFと切断面との交点をG，切断面の周上の点をHとする。$a=2$，$b=4$より，$QE=QH=2$，$RH=RF=4$であり，立体の高さが10より，$EF=10$だから，$QR=EF-QE-RF=10-2-4=4$となる。⑴と同様に，点Gは切断面の円の中心となり，$HG\perp EF$である。$QG=x$とおくと，$GR=QR-QG=4-x$となる。△QGHで三平方の定理より，$GH^2=QH^2-QG^2=2^2-x^2=4-x^2$であり，△RGHで三平方の定理より，$GH^2=RH^2-GR^2=4^2-(4-x)^2=-x^2+8x$であるから，$4-x^2=-x^2+8x$が成り立つ。これを解くと，$8x=4$，$x=\dfrac{1}{2}$となるから，$GH^2=4-x^2=4-\left(\dfrac{1}{2}\right)^2=\dfrac{15}{4}$となり，切断面の面積は，$\pi\times GH^2=\pi\times\dfrac{15}{4}=\dfrac{15}{4}\pi$である。

図2

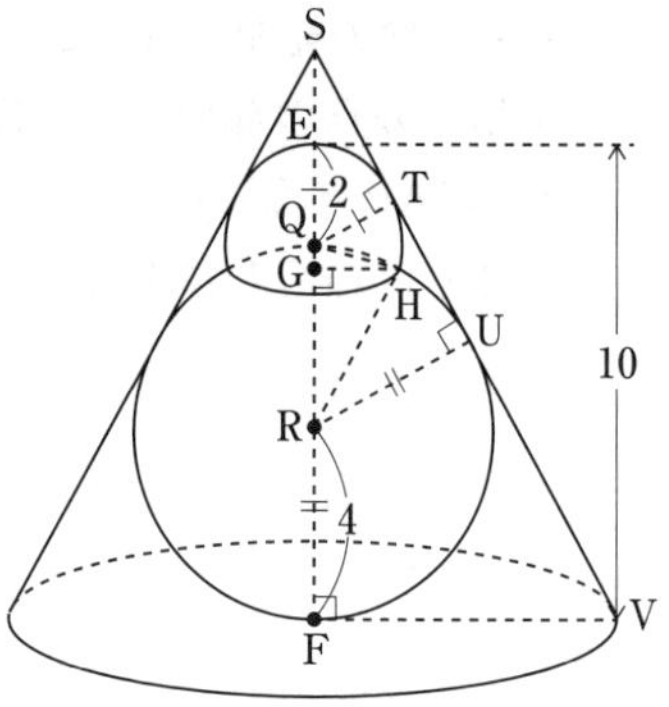

⑶＜**体積**＞右上図2で，立体は円錐の容器にまっすぐ入っているので，円錐の容器の頂点をSとすると，点Sは直線FE上の点となる。また，大きい方の球は円錐の容器の底面と点Fで接し，その点は底面の円の中心となる。円錐の1つの母線と球Q，球Rとの接点をそれぞれT，Uとし，その母線と底面との交点をVとする。$\angle QST=\angle RSU$，$\angle STQ=\angle SUR=90^\circ$より，$\triangle SQT\backsim\triangle SRU$だから，$SQ:SR=QT:RU$である。$SQ=y$とおくと，$SR=SQ+QR=y+4$であり，$QT=QE=2$，$RU=RF=4$だから，$y:(y+4)=2:4$が成り立つ。これより，$y\times4=(y+4)\times2$，$4y=2y+8$，$2y=8$，$y=4$となり，$SQ=4$である。よって，円錐の高さは$SF=SQ+QR+RF=4+4+4=12$となる。次に，△SQTで三平方の定理より，$ST=\sqrt{SQ^2-QT^2}=\sqrt{4^2-2^2}=\sqrt{12}=2\sqrt{3}$となり，$QT:SQ:ST=2:4:2\sqrt{3}=1:2:\sqrt{3}$となるから，△SQTは3辺の比が$1:2:\sqrt{3}$の直角三角形である。これより，$\angle QST=30^\circ$となり，$\angle SFV=90^\circ$より，△SFVも3辺の比が$1:2:\sqrt{3}$の直角三角形である。したがって，円錐の底面の半径は$FV=\dfrac{1}{\sqrt{3}}SF=\dfrac{1}{\sqrt{3}}\times12=4\sqrt{3}$である。以上より，円錐の体積は$\dfrac{1}{3}\times\pi\times(4\sqrt{3})^2\times12=192\pi$となる。

＝読者へのメッセージ＝

平方根の記号($\sqrt{\ }$)は，ドイツの数学者ルドルフによる1525年の著書で使われたのが最初といわれています。ルドルフは，上の横線のない記号(√)を使っていました。後に，フランスの数学者デカルトによって，今のような形になりました。

国語解答

一　問一　a…5　b…3　c…1　d…4　e…2
問二　A…3　B…4　C…2　D…1
問三　3
問四　二番目　4　四番目　3
問五　1　問六　(i)…2　(ii)…4
問七　5

二　問一　a…1　b…2　c…4
問二　5　問三　1　問四　1
問五　2　問六　4　問七　5
問八　3　問九　3

三　問一　a…4　b…1　c…3
問二　1　問三　(i)…5　(ii)…2
問四　4　問五　1

一〔**論説文の読解―文化人類学的分野―日本文化**〕出典；中村琢巳『生きつづける民家』。

≪本文の概要≫十七世紀に支配層の民家から始動した石場建てへの技術改良が，十九世紀までには広く普及し，民家は群として耐久性を備えていった。そして，技術の普及に，住まいを持続させる社会や生活の成熟が合わさり，現在に伝わる耐久性のある歴史的集落や町並みが成立した。しかし，群として耐久性を備えた民家は，二十世紀の急激な変化を伴う生活様式の近代化にさらされることとなった。近代に生み出された価値観は，伝統的な民家の空間を批判的にとらえ，その改良を促す視点を生み出した。そして二十世紀後半，建物それ自体の建て替えが急速に進展していくことになった。歴史的町並みが衰退するのは，昭和を境にした現象であり，明治期は，伝統的な民家・町並みを強固に受け継ぎ，耐久性を獲得する時代であった。十九世紀から二十世紀前半の百数十年こそが，技術，社会，生活文化の発展が町並みを形成し維持することに結晶した，成熟時代だったのである。

問一＜漢字＞a.「体現」と書く。1は「用言」，2は「厳格」，3は「電源」，4は「原始」，5は「現状」。　b.「照合」と書く。1は「証明」，2は「序章」，3は「日照」，4は「省略」，5は「商売」。　c.「顕著」と書く。1は「顕微」，2は「権限」，3は「堅実」，4は「憲政」または「県政」，5は「謙虚」。　d.「符合」と書く。1は「抱負」，2は「普遍」，3は「不覚」，4は「切符」，5は「漁夫」。　e.「様相」と書く。1は「総括」，2は「相談」，3は「想定」，4は「壮大」，5は「草案」。

問二＜接続語＞A．本百姓や一般の町人の住まいに，「石場建てという技術的改良」が広まるにはかなりの時間が必要で，例を挙げると，信濃地方で石場建ての民家が過半数を占めるようになったのは，「十八世紀後半」になってからであった。　B．十九世紀には「耐久性のある石場建ての建物」が普及していったことがうかがえるが，そうではあったものの，「すぐさま現在まで生き残るほど」安定的に存続しうる集落，町並みが成立したわけではなかった。　C．蔵造りの町並みの普及時期は，「農家の石場建てと類似する傾向」がある，すなわち，「十九世紀に」広く見られたという傾向がある。　D．伝統的な民家が近代化にさらされても「部分的な改修」にとどまったのは，伝統的な民家が，「部分的な改造で環境向上を図ることができる柔軟性を備えていた」うえに，「部分的改造による生活改善の方が，より安価でコンパクト」に実現できたという現実的な要因もあった。

問三＜文章内容＞十七世紀の村では掘立式の民家がほとんどだったものの，十九世紀には，耐久性のある石場建ての建築が，村の大勢を占めた。石場建てという技術改良が，支配層の民家にとどまらず本百姓や町人の住まいへと広まるには，一世紀以上の時間がかかったのである。

問四＜文脈＞民家の外壁のつくり方には，真壁と大壁の違いがある(…5)。真壁は，規則正しく配置された柱と柱の間に壁を設け，柱が見える形式である(…4)。これに対して，柱を塗り込め壁で覆う形式が大壁である(…２)。土壁や漆喰壁は，強い耐火性を持つ(…３)。だから，土や漆喰で木部を塗り込めた大壁形式は，真壁より高い耐火性を持つ(…１)。

問五＜文章内容＞「長持ちする建物をつくりあげる技術の普及とともに，それを維持し続けるメンテナンスの技術が備わり，さらに社会や生活の安定化といった様々な条件」がそろって，永続性を目指した歴史的町並みは，十九世紀中期から二十世紀初頭にかけて成熟し，「結晶した」のである。

問六＜文章内容＞(i)十九世紀末には，石場建てへの技術改良が広く普及し，そこへ住まいを維持させる社会や生活の成熟が合わさって，現在にまで伝わる「歴史的集落や町並みが成立」したのである。(ii)伝統的な民家は，「部分的な改造で環境向上を図ることができる柔軟性」を備えていたが，「二十世紀後半の昭和戦後」にもなると，近代的な生活改善のために，「建物それ自体の建替えが急速に進展」していった。

問七＜表現＞[1]～[13]段落では，近世民家が，強固な耐久性を持つ工法を獲得し，さらに社会や生活の安定を得て群として維持されてきた経緯が述べられている。しかし，[14]段落で，筆者は，群として耐久性を備え維持されてきた民家が，「急激な変化を伴う生活様式の近代化にさらされる」ようになったという歴史的な流れを指摘している。

[二]〔小説の読解〕出典；寺地はるな『大人は泣かないと思っていた』。

問一＜語句＞ａ.「傲慢」は，おごり高ぶって見下すこと。　ｂ.「うわのそら」は，他のことに心が奪われて，注意が向かないさま。　ｃ.「面食らう」は，予想もしなかったことに驚き戸惑う，という意味。

問二＜慣用句＞Ⅰ.「口を噤む」は，黙る，という意味。　Ⅱ・Ⅲ.「目を伏せる」は，相手から視線を外してうつむく，という意味。　Ⅳ.「目をまるくする」は，驚いて目を大きく見開く，という意味。

問三＜心情＞「わたし」は，家族と別れることを選んだ自分に代わり，元夫との暮らしを背負っている翼に，「逃げてもいい」と言う「資格がない」と思った。一方で，「女の子みたいな顔立ちの，泣き虫だった息子はもうどこにもいない」ことに気づき，「わたし」は，大人になった翼との距離を感じている。

問四＜心情＞別れた田鍋に対する不満を，隣人はあれこれ口にした。しかし，千夜子さんに「別れて正解よ，そんな男」と決めつけられて，「でも」と田鍋の「良いとこ」を言い返しているうちに，田鍋への本当の自分の気持ちに気づき，隣人は，田鍋ともう一度話そうと決心したのである。

問五＜品詞・ことばの単位＞「しばらく」は副詞で，動詞「する」を修飾している(１…×)。単語に分けると「隣／の／部屋／の／ガラス戸／が／閉め／られる／音／が／し／た」となり，付属語は，助詞「の」「が」が各二つ，助動詞「られる」「た」の六つである(２…○)。「閉められる」の「られる」は受け身の助動詞，「感じられる」の「られる」は自発の助動詞(３…×)。文節と単語に分けると「玄関・の／扉・が／開い・て／閉じる／音・も／聞こえ・た・から」の六文節十二単語になる(４…×)。「聞こえたから」の「から」は，原因・理由を表す接続助詞，「今から」の「から」は，起点を表す格助詞(５…×)。

問六＜文章内容＞どの場所で咲くことを選んでも，「なにもかもうまくいく場所などどこにもない」のである。摘まれた花は，咲いた場所と「違う景色を見ることができ」ても，「摘まれない花より，はやく枯れる」ことになる。よいことと悪いことの総量は，一生の「時間で均して」みれば，同じかもしれないのである。

問七＜文章内容＞「わたし」は，千夜子さんを「すがすがしいぐらい前しか見てないひと」だと思って感心していたので，「そんなこと，ないけど」と言われて，口を開けて驚いたのである。

問八＜文章内容＞「わたし」は，「お母さんはもう振り返らずに生きていけばいい」という翼の言葉を，「きっぱりとした決別の言葉」だと思った。しかし，隣人や千夜子さんとの会話を通して，翼の言葉は，昔のことに対して罪悪感を抱えるのではなく，選び取った道を大切に生きてほしいという，「これまでのわたしと，これからのわたし」への「プレゼント」だったのだと，「わたし」は気づいたのである。

問九＜表現＞「摘まれた花は，摘まれない花より，はやく枯れる」ため，枯れることがないように翼は花を摘まない。しかし，「わたし」は，たとえ命は短くても，摘まれた花が咲いた場所とは違う所に行き，違う景色を見ることができることを喜びと感じるだろうと思うのである。違う景色を見に家を出た「わたし」と，自分の意思で「あの家で暮らすことを，俺は毎日選び続けてる」と言う翼の人生観の違いが，花に対する違いに表されている。

三〔**古文の読解―説話**〕出典；無住法師『沙石集』(梵舜本)巻第三ノ六。

≪現代語訳≫漢王朝に元啓という者がいた。十一歳のときに，父が，妻の言うことを聞いて，年老いた親を山に捨てようとした。元啓は何度も諫めたが父は(息子の忠告を)聞き入れないで，元啓と二人で，間に合わせに手輿をつくり，(それを)使って(年老いた親を)奥深い山の中に捨てた。元啓が，「この輿を持ち帰りましょう」と言ったが，父が，「もう輿は必要ない，捨てよ」と言ったそのとき，(元啓が)「父が年老いたとき，また(この輿を)使って捨てるためです」と言った。そのとき，父は気づいて，「私が，父親を捨てたのは，本当にひどいことだ。(息子も)これをまねて，私を捨てることもきっとあるに違いない。よくないことをしてしまったようだ」と，思い直して，父親を連れて家に帰り養った。このことが，天下に広まって，(元啓は)父を教え導き祖父を助けた孝養の者だとして，孝孫と言った。幼い心中に，父を教え導き，知恵の深いことは，実に賢人である。人の習性として，よいことは必ずしもまねしないが，悪いことはまねすることを，罪と知らせた心は，本当にめったにないほどすばらしいものだよ。

問一＜現代語訳＞a.「たけたる」は，盛りが過ぎる，という意味の動詞「たく」の連用形に，存続の助動詞「たり」の連体形がついたもの。「捨てむ」の「む」は，意志の助動詞「む」の終止形。父は，年老いた父親を山に捨てようとしているのである。　b.「用ゐる」は，意見などを取り入れる，という意味。父は，元啓が諫める言葉を聞き入れなかったのである。　c.「今は」は，今となってはもう，という意味。「せむ」は，動詞「す」の未然形に，意志の助動詞「む」の終止形がついたもの。今となっては輿を何に使うつもりなのか，もう必要ないと，父は言ったのである。

問二＜古文の内容理解＞もう輿は必要ないと言う父に，元啓は，父が年老いたとき，私がこの輿で父を捨てるために使うのですと言った。

問三＜古文の内容理解＞(i)父は，自分が老いた父親を捨てたことを息子もまねて，今度はきっと自分が捨てられるだろうと思ったのである。　(ii)自分のしたことの報いが将来きっと返ってくるだろうと，父は気づいたのである。「因果応報」は，過去の因縁に応じて報いを受けること。

問四＜古文の内容理解＞父が自分の老いた父親を捨てようとしているのを，元啓は諫めたが，父は聞き入れなかった。しかし，輿を持ち帰ろうとした元啓の言葉を聞いて，父は，自分の父親，つまり元啓の祖父を連れ帰って養った。

問五＜古文の内容理解＞元啓は，父が祖父を山に捨てようとしていることを知り，父を諫めた。その諫めを聞き入れない父に，元啓は，父が年を取ったときに同じように捨てると言って，親を捨てることが悪いことであるのを気づかせた。父に過ちに気づかせ，祖父を救った元啓を，世間の人は「孝養の者」であるとして，「孝孫」と呼んでたたえたのである。

2023年度 栄東高等学校(特待生)

【英　語】 (50分) 〈満点：100点〉

(注意) 6～8のリスニング問題は試験開始後15分経過した頃から約15分間放送されます。

1　次のそれぞれの英文(a), (b)の空所に入る共通の英単語を書きなさい。

1. (a) The (　　　) on the clock showed the exact time at which the explosion occurred.
   (b) She waved both her (　　　) so that he could find her.
2. (a) She had such a (　　　) sleep that she did not wake even when they moved her.
   (b) The (　　　) of his footsteps behind me in the dark made me walk faster.
3. (a) Hundreds of people will (　　　) the street to watch the actor pass by.
   (b) My brother is in the same (　　　) of business as you are.
4. (a) I wish the number of people who can use (　　　) language would grow.
   (b) Shortness of breath can also be a (　　　) of a serious disease.
5. (a) (　　　) your money piece by piece to make sure it's all there.
   (b) I can (　　　) on my parents to help me.

2　次の各英文の中から正しい文を5つ選び，番号で答えなさい。解答の順序は問いません。

1. It might sound strangely, but it is true.
2. Please give me two more pencils.
3. Psychology is not so difficult subject as you imagine it is.
4. It being a fine day, I went out for a walk.
5. I was kept waiting nearly an hour.
6. Robots can handle some difficult tasks easier than humans.
7. The reason for his absence was that he thought he was not needed.
8. He has lived there for ten years by the end of this year.
9. I have no money to buy food by.
10. There is much room for improvements so far.

3　次の日本文に合うように，与えられた語(句)を空所に一つずつ入れて，英文を完成させなさい。解答は［あ］～［う］に入れるものを番号で答えなさい。ただし，文頭にくる語も小文字にしてあります。

1．彼女はあれ以来何の消息もありません。

［　　］［　　］［あ］［　　］［　　］［い］［う］ then.

1．has　　2．of　　3．been　　4．never
5．since　　6．heard　　7．she

2．天気がどうなるか，本当に知りたい。

I'd really like ［あ］［　　］［　　］［い］［　　］［　　］［　　］［う］.

1．like　　2．what　　3．be　　4．the
5．to　　6．weather　　7．know　　8．will

3．私は8時15分には，起きることにしていた。

I made [　] [あ] [　] [　] [い] [　] [う] [　] [　].

1. eight　2. get　3. a rule　4. it　5. at
6. quarter　7. to　8. up　9. past

4. 彼女をよく知れば，うまくやっていくのは難しくない。

The woman isn't [あ] [　] [　] [い] [　] [う] [　] [　] her well.

1. you　2. know　3. along　4. get
5. when　6. to　7. with　8. hard

5. 子どもだって，独りでいることがどんなに寂しいものか知っています。

Even a child [　] [あ] [　] [い] [　] [う] [　] [　].

1. alone　2. is　3. knows　4. be
5. it　6. how　7. to　8. lonely

4 次の英文を読み，設問に答えなさい。（*印の語(句)には注があります）

At home, she sat on the sofa with her hands in her coat pockets. Howard closed the door to the child's room. He got the coffee-maker going and then he found an empty box. He had thought to pick up some of the child's things that were scattered around the living room. (1) instead he sat down beside her on the sofa, pushed the box to one side, and leaned forward, arms between his knees. He began to *weep. She pulled his head over into her lap and patted his shoulder. "He's gone," she said. She kept patting his shoulder. Over his sobs, she could hear the coffee-maker hissing in the kitchen. "There, there," she said tenderly. "Howard, he's gone. He's gone and now we'll have to get used to that. To (2)being alone."

In a little while, Howard got up and began moving aimlessly around the room with the box, not putting anything into it, but collecting some things together on the floor at one end of the sofa. She continued to sit with her hands in her coat pockets. Howard put the box down and brought coffee into the living room. Later, Ann made calls to relatives. After each call had been placed and the party had answered, Ann would *blurt out a few words and cry for a minute. Then she would quietly explain, in a measured voice, what had happened and tell them about (3)arrangements. Howard took the box out to the garage, where he saw the child's bicycle. He took hold of the bicycle awkwardly so that it leaned against his chest. He held it, the rubber pedal sticking into his chest. He gave the wheel a turn.

Ann hung up the telephone after talking to her sister. She was looking up another number when the telephone rang. She picked it up on the first ring.

"Hello," she said, and she heard something in the background, a humming noise. "Hello!" she said. "For God's sake," she said. (4)"Who is this? What is it you want?"

"Your Scotty, I got him ready for you," the man's voice said. "Did you forget him?"

"You evil bastard!" she shouted into the receiver. "(5)How can you do this, you evil son of a bitch?"

"Scotty," the man said. "Have you forgotten about Scotty?" Then the man hung up on her.

Howard heard the shouting and came in to find her (6)with her head on her arms over the table, weeping. He picked up the receiver and listened to the dial tone.

"Drive me down to the shopping center," she said. "Howard."

"What are you saying ?"

"The shopping center. (7)I know who it is who's calling. I know who it is. It's the baker, the son-of-a-bitching baker, Howard. I had him bake a cake for Scotty's birthday. That's who's calling. That's who has the number and keeps calling up. To harass us about that cake. The baker, that bastard."

（注） weep : cry　　blurt out : speak out

問１　空所(1)に入れるのに最も適切な語を１つ選び，番号で答えなさい。

１．And　　２．But　　３．So　　４．While

問２　下線部(2)を言い換えた表現を同じ段落から２語で抜き出して答えなさい。

問３　下線部(3)を次のように説明した場合，空所に入る表現を漢字２字で答えなさい。

「(　　)が行われるときの詳細。」

問４　下線部(4)について，なぜこのように発言したのですか。その説明として最も適切なものを１つ選び，番号で答えなさい。

１．身代金を要求する電話が何度もかかってきていて，今回もその電話だと思ったから。

２．電話の背後の喧騒や騒音がうるさすぎて，相手の声が聞こえづらかったから。

３．何度もかかってくる電話にいら立っていて，その感情が抑えきれなかったから。

４．電話に出て問いかけたのにもかかわらず，相手が何もしゃべらなかったから。

問５　下線部(5)を和訳しなさい。

問６　下線部(6)について，この人物の姿勢を最も適切に表したイラストを１つ選び，番号で答えなさい。

問７　下線部(7)について，電話がかかってくる目的を最もよく表した１文を抜き出し，その始めの３語を答えなさい。

問８　文章における Ann の心情の変化を最も適切に表した選択肢を１つ選び，番号で答えなさい。

１．悲しみ→同情→憤り　　２．怒り→苦しみ→困惑

３．絶望→悲しみ→憤り　　４，同情→悲しみ→困惑

5 次の1970年代以降のアメリカの人種差別について述べた英文を読み，設問に答えなさい。(*印の語には注があります)

More politicians found they could become successful using *race to win votes and by pushing racist laws and policies. The kind of laws and policies these politicians were making created BIG problems for Black people.

But Black people, as always, pressed on. Pushed against the hate. And during this time, they would beat racism back with . . . a beat.

Hip-hop became the drumbeat for change and empowerment. Songs like Public Enemy's "Don't Believe the Hype" and "Fight the Power" were a (1a). For young Black people, those words weren't just titles, they were anthems. (2)They gave a feeling of Black power and pride. They called for Black people to resist racism and oppression. These songs were a protest of their own, a powerful critique of mainstream America and a reminder that the revolution for freedom had not ended.

Black Americans were (1b). And in pain. So pained and angered that they took over neighborhoods in Los Angeles and expressed their frustrations. Dr. King once said, "A *riot is the language of the unheard." Frustrated, angry and unheard, Black people burned stores and took merchandise. About ten thousand National Guard troops were brought in to stop the uprisings.

Even as Black people continued to resist, more racist laws and policies were created to *convince a new generation of Americans of the idea that Black people, not racism, were the problem.

＊＊＊

Years after desegregation became the law of the land (on (1c) if not in practice), (3)racists (a new way / a weapon / found / make / public education / to): (4)standardized testing. You probably know a lot about standardized tests. The kids take each year, especially in public schools, where they must write short essays and fill in the bubbles for answer A, B, C, or D to questions about reading comprehension, writing, math, and science.

They are "standardized," meaning that the same test is given to all kids in a state, no matter where they live or go to school. And, of course, this is exactly why they aren't fair.

Here's the thing: *Equality* and (5)*equity* are two words that look similar, but there is an important difference between them, especially when it comes to education. Equality is about kids having the same access. *Equity* is about kids having access *and* what *they* need to learn.

Standardized tests, while given equally, are not equitable.

Because they were never created with each student in mind.

Because they treat all students as if they are the same and have the same resources.

But the test results in *underfunded and *segregated schools (which of course aren't as good as results in schools where students have lots of resources!) are used to support the age-old racist idea that Black people aren't as smart as White people; that Black and White people are biologically different. And politicians found ways to place even more importance on these unfair tests, setting it up so that schools that got better results were rewarded with more resources. Which is a way of making sure (6).

And while mostly Black and Brown students were (1d) from this policy, segregationists and *assimilationists argued that the way to fix racism was to simply stop focusing on it.

(7)The No Child Left Behind Act put in place by President George W. Bush (son of President

George H. W. Bush) actually left lots of kids behind. Black kids. This policy decreased funding to schools when students were not making improvements on standardized tests. Schools attended by mostly Black students were already underfunded and lacked the resources of schools attended by mostly White students. Once again, policies like this reinforced the racist idea that Black people — Black children — were the problem. Not racist policies.

（注） race：groups that humans can be divided into
riot：people acting violently in a public place
convince：to make someone believe that something is true or right
underfunded：not be given enough money
segregated：only be attended by members of one sex, race, religion etc.
assimilationists：those who want people of other races to accept the basic habits, attitudes, and mode of life of their culture.

問1 空所(1a)～(1d)に入れるのに最も適切な語句をそれぞれ選び，番号で答えなさい。

(1a)	1．music	2．force	3．race	4．beat
(1b)	1．poor	2．singing	3．angry	4．successful
(1c)	1．paper	2．fire	3．board	4．reality
(1d)	1．harming	2．hurting	3．injuring	4．damaging

問2 下線部(2)を They の内容を明らかにして和訳しなさい。

問3 下線部(3)が意味の通る英文になるように，（ ）内の語句を並べ替えなさい。

問4 下線部(4)はどのような環境や状況で生徒たちが受験することにより「標準的」と呼ばれるのか。下の空所を25～35字の日本語で埋めて説明を完成させなさい。
「毎年すべての生徒たちが（　　　　）等しく受験した。」

問5 下線部(5)について，equity の例として最も適切なものを１つ選び，番号で答えなさい。
1．There were three students. One of them was left-handed. Today, the teacher gave the students three pairs of scissors for right-handed.
2．The government decided to give $100 to all the people, whether they are rich or poor.
3．The company gives the same salary to all the workers, even if there is difference in their work performance.
4．Every student is given this textbook, but the students who cannot see well enough will be given the one with large letters.

問6 空所(６)に入れるのに最も適切なものを１つ選び，番号で答えなさい。
1．politicians discuss the anti-racism law
2．the rich get richer and the poor get poorer
3．even poor students have enough resources
4．Black and Brown students get better results

問7 下線部(7)について，正しいものを１つ選び，番号で答えなさい。
1．黒人の子どものうち，標準テストの成績の低い子どもが補習に出席することを義務化した。
2．生まれつき白人の子どもたちに劣るといわれた黒人の子どもたちの成績向上に大きな成果をあげた。
3．黒人の子どもたちが多く通う，予算や資源に乏しい学校にとってはより状況を悪化させるものだった。
4．黒人の子どもたちに対する配慮が行き過ぎたため，白人の子どもたちに学力低下がみられた。

リスニング問題 〈放送文は未公表につき掲載してありません。〉

6 これから二人の対話を聞き，質問に対する答えとして最も適切なものを１つずつ選びなさい。なお，対話と質問は２度読まれます。

1．ア．The man and the woman just moved in.
　イ．The man and the woman have crossed the street.
　ウ．The man and the woman have lived there for a long time.
　エ．The man and the woman cut trees in front of their house.

2．ア．A nurse.　イ．A doctor.
　ウ．A teacher.　エ．A student.

3．ア．In 15 minutes.　イ．In 30 minutes.
　ウ．In 45 minutes.　エ．In 1 hour.

7 これから短い英文を聞き，質問に対する答えとして最も適切なものを１つずつ選びなさい。なお，英文と質問は１度だけ読まれます。

1．ア．Many foreign tourists are performing rakugo in English.
　イ．More and more foreign tourists are interested in rakugo.
　ウ．Rakugo helps foreigners understand their traditional culture.
　エ．Many foreigners are learning Japanese to understand rakugo.

2．ア．It is correct to say “Stay Positive” on Christmas Day.
　イ．It is wrong to say “Stay Positive” on Christmas Day.
　ウ．It is correct to say “Stay Positive” during the coronavirus pandemic.
　エ．It is wrong to say “Stay Positive” during the coronavirus pandemic.

3．ア．A golfer can carry 14 clubs in a game.
　イ．40 different types of clubs are used in golf.
　ウ．The 1 iron is most often used by golfers.
　エ．The 1 iron is used to hit the ball very far.

8 これから少し長めの英文を１つ聞き，４つの質問に対する答えとして最も適切なものを１つずつ選びなさい。なお，英文は今から10秒後に放送されます。また，英文は２度読まれます。

1．According to the passage, what is the reduced tax rate system used for？
　ア．Food and clothes.　イ．An overseas trip.
　ウ．An expensive car.　エ．A brand-name item.

2．According to the passage, why are cakes with chocolate on them ***NOT*** taxed in the UK？
　ア．They are getting more expensive to make.
　イ．They are popular for both children and adults.
　ウ．They are sold at 20% higher price than other sweet foods.
　エ．They are considered items that are necessary for daily life.

3．According to the passage, what did Proctor & Gamble say about Pringles？
　ア．They are made mainly from potatoes.
　イ．They are not potato chips but biscuits.
　ウ．They must be taxed because they are potato chips.
　エ．They must be sold at a low price because everybody loves potatoes.

4．According to the passage, what are shops having trouble with ?

ア．Tax rate is different for each item.

イ．Sales are down because of the confusing tax system.

ウ．Some sweet foods are taxed at the higher rate of 20%.

エ．Some countries have consumption tax rates of 20% or more.

【数　学】（50分）〈満点：100点〉

1　次の各問いに答えよ。

(1)　ある年の８月は，５回ある３つの曜日のうちの１つが日曜日である。このとき，前の月の７月に，５回ある３つの曜日に必ず含まれるのは何曜日か。

(2)　２乗の差が2023となる２つの自然数の組を全て求めよ。

(3)　図のように，四角形 ABCD は AB＝3，BC＝5 の長方形，AE＝1 である。線分 BE 上に点Ｐをとり，Ｐから辺 BC，CE に下ろした垂線の足をそれぞれＦ，Ｇとするとき，PF＋PG の値を求めよ。

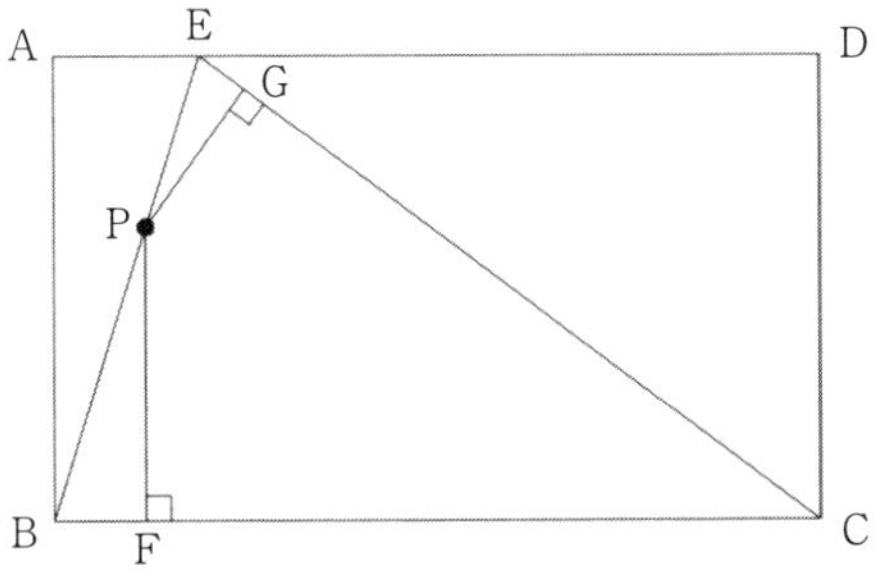

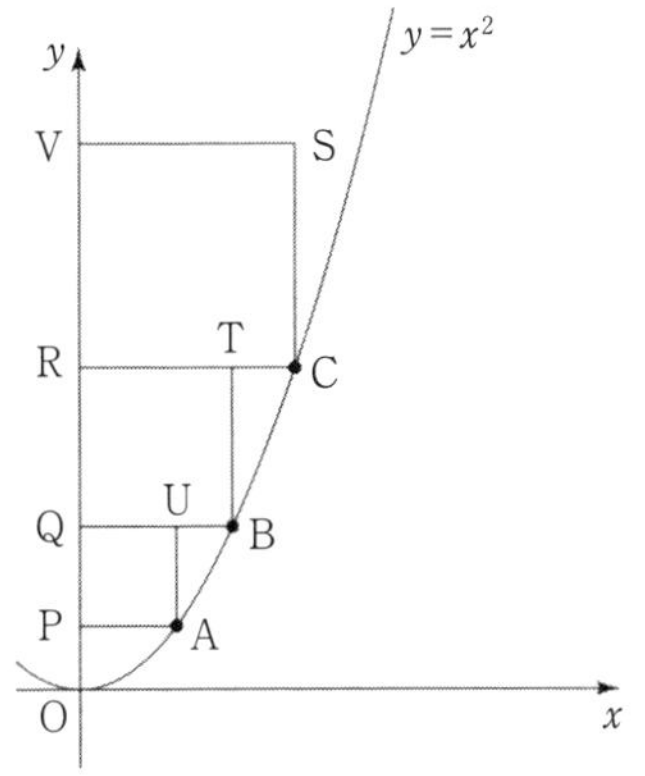

(4)　図において，四角形 AUQP，BTRQ，CSVR はいずれも正方形で，これらの面積比は２：３：r である。点Ａの座標と r の値を求めよ。

2　図のように，直方体を重ねた立体に対して底面に平行な各面をＡフロア，Ｂフロア，……とする。Ａフロアの頂点を A_1，A_2，A_3，A_4 とし，他のフロアの頂点も同様に定める。点Ｐは，はじめ A_1 にある。さいころを投げて，出た目に応じて以下のように点Ｐを動かす。

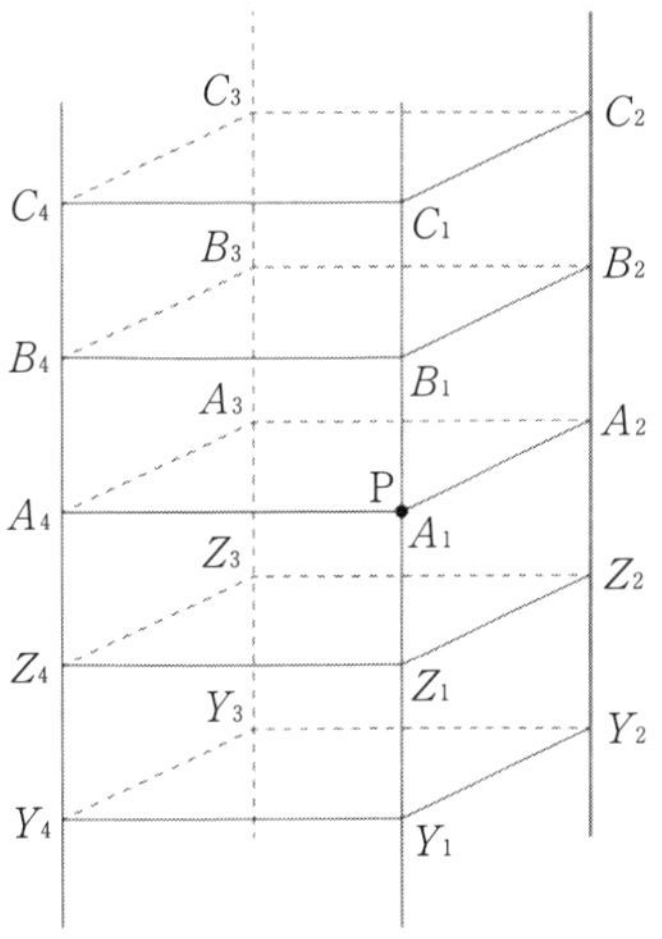

(i)　１～４の目が出たら，フロアの頂点を反時計回りに出た目の数の分だけ移動する。

(ii)　５の目が出たら，１つ上のフロアの真上の頂点に移動する。

(iii)　６の目が出たら，１つ下のフロアの真下の頂点に移動する。

例えば，さいころを３回投げて出た目が３，５，２のとき，点Ｐは $A_1 \to A_4 \to B_4 \to B_2$ と移動する。

(1)　さいころを２回投げて，点Ｐが B_3 にいる確率を求めよ。

(2)　さいころを３回投げて，点ＰがＡフロアにいる確率を求めよ。

(3)　さいころを４回投げて，点Ｐが B_3 にいる確率を求めよ。

3　図のように，∠A＝75°，∠C＝60°，AB＝$2\sqrt{6}$ の△ABC と，その外接円に対して，∠C の二等分線と辺 AB，外接円の交点をそれぞれＤ，Ｅとする。

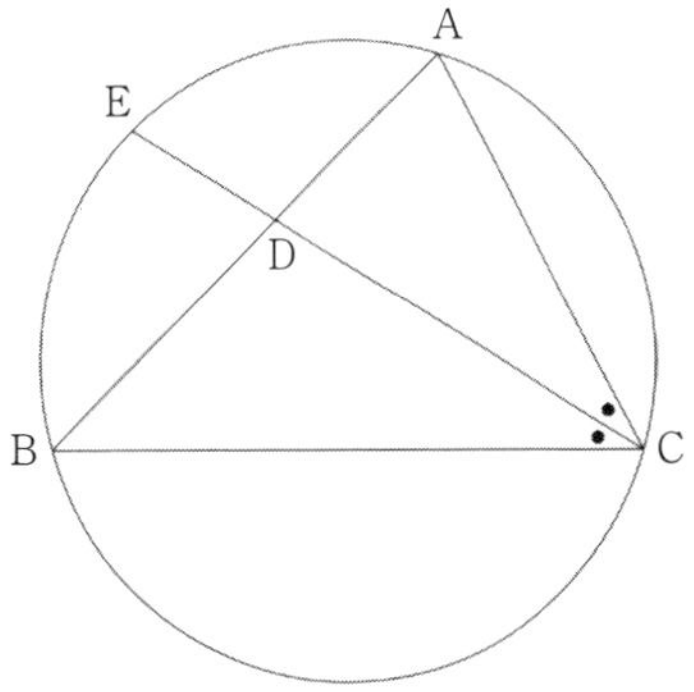

(1)　辺 BC，AC の長さをそれぞれ求めよ。

(2)　外接円から四角形 AEBC を除いた部分の面積を求めよ。ただし，円周率は π とする。

(3)　線分 DE の長さを求めよ。

4　図のように，2つの放物線 $y=x^2$，$y=-\frac{1}{2}x^2$ と直線 l_1：$y=\sqrt{3}x$ との交点をそれぞれA，Bとする。

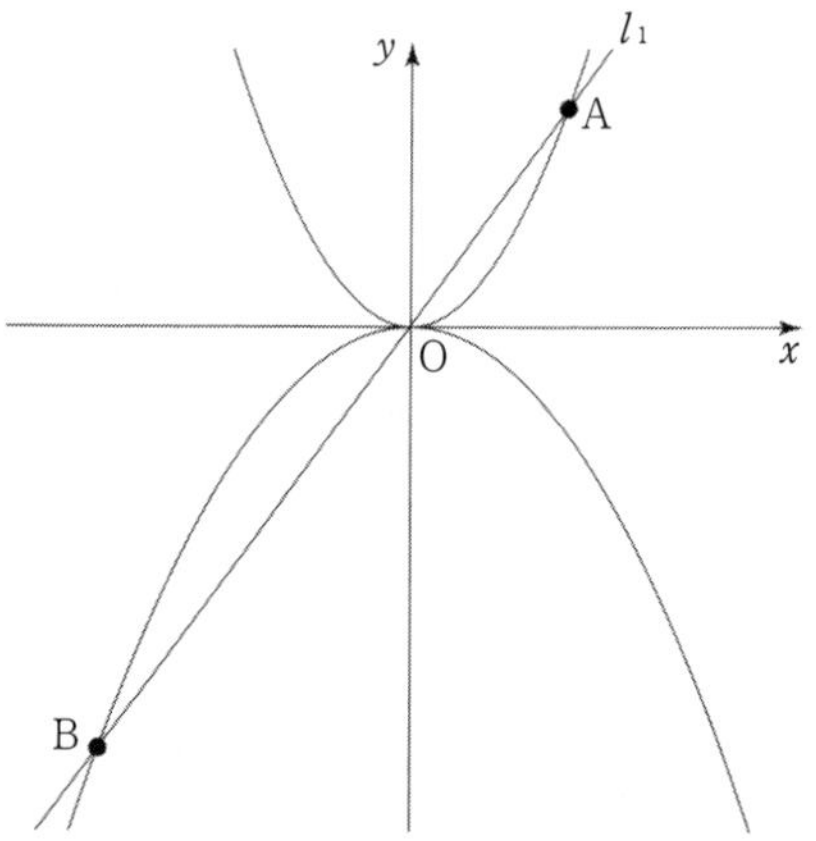

(1)　線分 AB の長さを求めよ。

(2)　直線 l_1 を原点Oを中心に反時計回りに90°回転した直線を l_2 とし，直線 l_2 と2つの放物線 $y=x^2$，$y=-\frac{1}{2}x^2$ との交点をそれぞれC，Dとする。四角形 ACBD の面積を求めよ。

(3)　直線 l_1 を原点Oを中心に反時計回りに15°回転した直線を l_3 とし，直線 l_3 と2つの放物線 $y=x^2$，$y=-\frac{1}{2}x^2$ との交点をそれぞれE，Fとする。四角形 AEBF の面積を求めよ。

5　図のように，1辺6の正三角形を底面とし，1辺6の正方形を側面とする三角柱 OAB-CDE を考える。辺 OA の中点Mを通り，面 CDE に垂直な面が，辺 OB，CD，CE と交わる点をそれぞれL，N，Kとする。また，MN と OD の交点をP，LK と OE の交点をQとする。

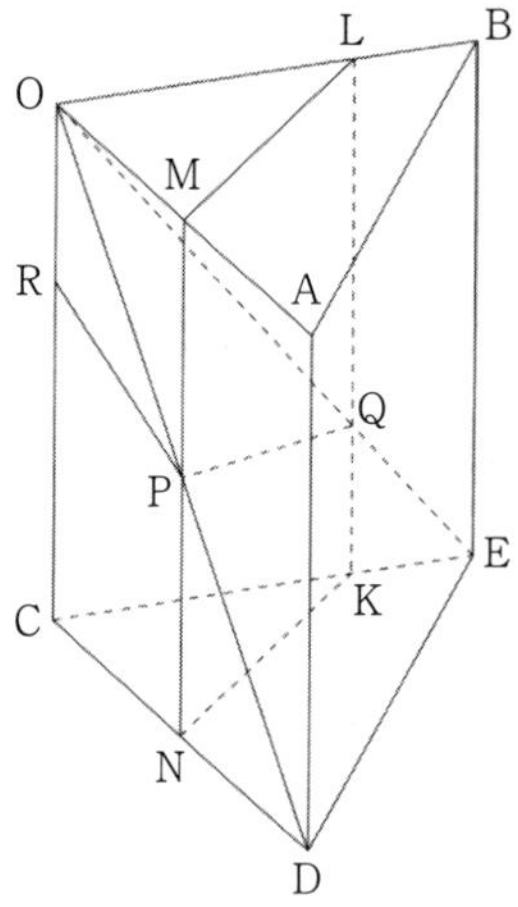

(1)　三角柱 OLM-CKN の体積と三角錐 O-CDE の体積が等しいとき，OL の長さを求めよ。

(2)　(1)のとき，辺 OC 上に OR＝2となる点Rをとる。△ORP の周および内部を動く点Xに対して，直線 XQ と面 CDE の交点をYとしたとき，点Yが描く図形の面積を求めよ。

(3)　点 A′ を直線 OB に関する点Aの対称点とする。YA′ の長さの最小値を求めよ。

【社　会】（40分）〈満点：50点〉

1　次の各問いに答えなさい。

問１　日本の領域は，国際法に基づいて定められてきた。「領域」を構成する３つの要素をすべて**漢字**で答えなさい。

問２　アフリカ諸国の多くは第二次世界大戦後独立したが，独立した後も紛争や内戦が続いた国も多くあった。その理由について，「国境」という語句を用いて説明しなさい。

問３　世界では国境をこえた移動を強いられる難民が増加している。難民に対して支援活動を行っている国連難民高等弁務官事務所の略称を，**アルファベット**で答えなさい。

問４　次の表は，穀物の輸出量上位５か国（2019年）を示したものである。表中の あ～う には，それぞれ「米」「小麦」「とうもろこし」のいずれかがあてはまる。また，表中のａ～ｃには，それぞれ「インド」「ウクライナ」「カナダ」のいずれかがあてはまる。この表を見て，あとの問いに答えなさい。

	あ	い	う
1位	ブラジル	ロシア	c
2位	アメリカ合衆国	アメリカ合衆国	タイ
3位	アルゼンチン	b	ベトナム
4位	a	フランス	パキスタン
5位	ルーマニア	a	アメリカ合衆国

（矢野恒太記念会『世界国勢図会 2021/22』より作成）

⑴　表中の あ～う にあてはまる穀物の組み合わせとして正しいものを，次のア～カから１つ選び，記号で答えなさい。

ア．あ―米　い―小麦　う―とうもろこし
イ．あ―米　い―とうもろこし　う―小麦
ウ．あ―小麦　い―米　う―とうもろこし
エ．あ―小麦　い―とうもろこし　う―米
オ．あ―とうもろこし　い―米　う―小麦
カ．あ―とうもろこし　い―小麦　う―米

⑵　表中のａ～ｃにあてはまる国の組み合わせとして正しいものを，次のア～カから１つ選び，記号で答えなさい。

ア．ａ―インド　ｂ―ウクライナ　ｃ―カナダ
イ．ａ―インド　ｂ―カナダ　ｃ―ウクライナ
ウ．ａ―ウクライナ　ｂ―インド　ｃ―カナダ
エ．ａ―ウクライナ　ｂ―カナダ　ｃ―インド
オ．ａ―カナダ　ｂ―インド　ｃ―ウクライナ
カ．ａ―カナダ　ｂ―ウクライナ　ｃ―インド

⑶　表中のフランスの首都の気候について説明した文として，最も適切なものを，次のア～エから１つ選び，記号で答えなさい。

ア．フランスの沿岸を北に向かって流れる海流と，西に向かって吹く風の影響を大きく受けた気候である。
イ．最も降水量が多い月でも100mmを下回り，年間を通して各月の降水量の差は小さい。
ウ．年間の平均気温は10℃を上回るが，冬は寒冷な日が多く，平均気温が０℃を下回る月もある。

エ．夏は高温になり平均気温が25℃前後に達する月もあるが降水量は少なく乾燥し，冬は温暖で降水量が多くなる。

問5　次の表は，金属鉱の生産国上位5か国(2017年)を示したものである。表中のア～エには，それぞれ「金鉱」「銀鉱」「銅鉱」「鉄鉱石」のいずれかがあてはまる。この表を見て，あとの問いに答えなさい。

	ア	イ	ウ	エ
1位	a	b	中国	c
2位	ブラジル	ペルー	a	ペルー
3位	中国	中国	ロシア	中国
4位	インド	ロシア	アメリカ合衆国	アメリカ合衆国
5位	ロシア	ポーランド	カナダ	コンゴ民主共和国

(矢野恒太記念会『世界国勢図会 2021/22』より作成)

(1)「金鉱」「銅鉱」にあてはまるものを，表中のア～エからそれぞれ1つずつ選び，記号で答えなさい。

(2) 表中のa～cにあてはまる国名を，それぞれ答えなさい。

問6　次のグラフは，「アメリカ合衆国」「ドイツ」「サウジアラビア」の国際移住者の出身国(2020年)を示したものである。グラフ中のa～cにあてはまる国の組み合わせとして正しいものを，あとのア～カから1つ選び，記号で答えなさい。

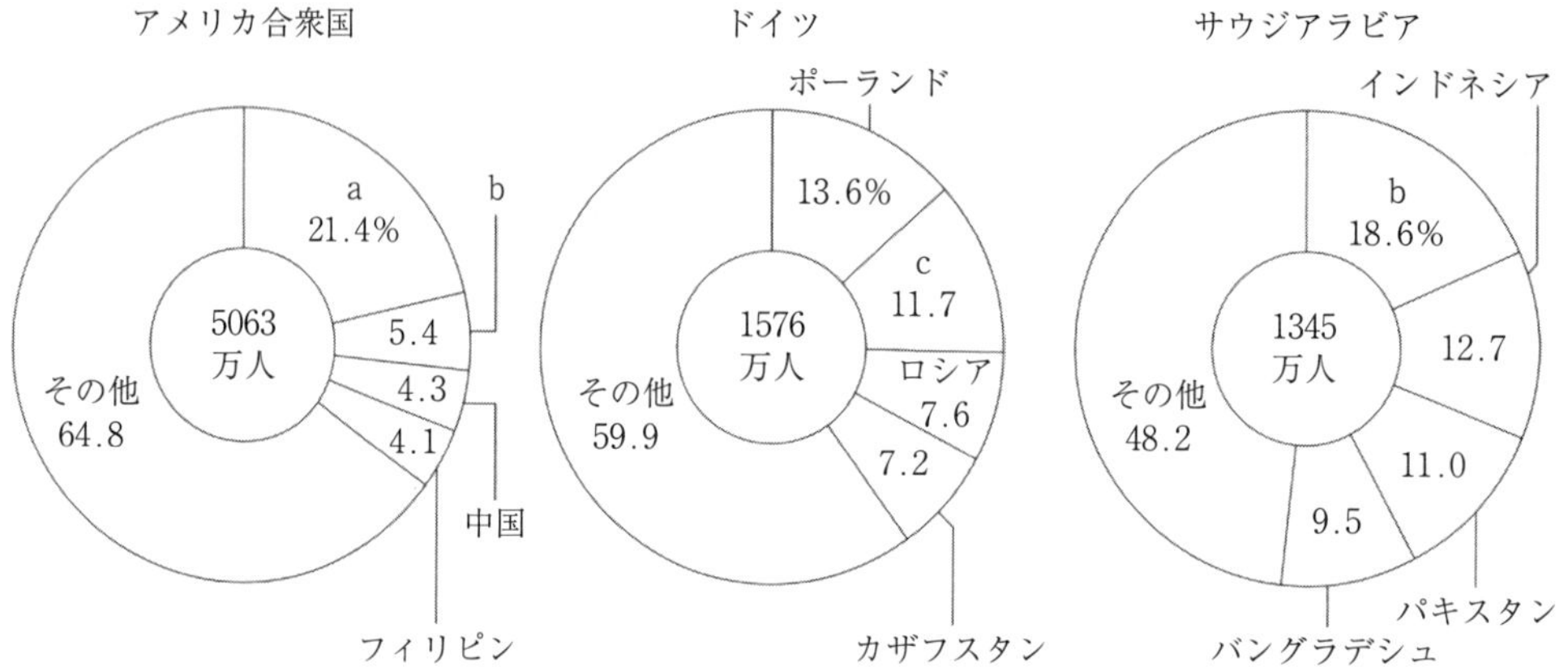

(矢野恒太記念会『世界国勢図会 2021/22』より作成)

ア．a－カナダ　b－インド　c－ブルガリア
イ．a－カナダ　b－ブラジル　c－トルコ
ウ．a－カナダ　b－ブラジル　c－ブルガリア
エ．a－メキシコ　b－ブラジル　c－トルコ
オ．a－メキシコ　b－インド　c－トルコ
カ．a－メキシコ　b－インド　c－ブルガリア

問7　次の文章中の空欄［a］・［b］にあてはまる最も適切な数値を，それぞれ**整数**(**算用数字**)で答えなさい。

東京への人口集中が進むと，住宅地はより地価の安い神奈川県や埼玉県，千葉県，茨城県などに広がっていった。こうして広がった東京大都市圏(都心から50kmの範囲内で，鉄道網に沿って市街地が発達した地域をさす)は，2021年現在日本の約［ a ］分の１の人口が集中する日本最大の大都市圏になっている。

東京大都市圏には，［ b ］つの政令指定都市があり，なかでも横浜市は370万人を超える人々が暮らしている。

（文章中の数値は，矢野恒太記念会『日本国勢図会 2022/23』を参照）

問８　日本の太平洋側の近海が優れた漁場になっている理由について，「海底」「黒潮」という２つの語句を用いて説明しなさい。

2　次の各問いに答えなさい。

問１　次のア～オの出来事を，年代の古い順に並べたとき，**２番目**と**４番目**にくるものを，それぞれ記号で答えなさい。

ア．ムハンマドがイスラム教を開いた。
イ．大宝律令がつくられた。
ウ．倭王武が中国の南朝に使いを送った。
エ．大陸から渡来した人々が，九州北部に稲作を伝えた。
オ．新羅が朝鮮半島を統一した。

問２　奈良時代に関する説明として正しいものを，次のア～エから１つ選び，記号で答えなさい。

ア．平城京南部に置かれた区画の中に，天皇の住居が建てられた。
イ．６歳以上の男子に２段，女子にはその３分の１の口分田が与えられた。
ウ．鑑真が遣唐使として派遣され，唐の高官となった。
エ．多賀城が置かれ，東北地方の政治や軍事の拠点となった。

問３　平安時代に関する説明として正しいものを，次のア～エから１つ選び，記号で答えなさい。

ア．アテルイが，征夷大将軍に任命された。
イ．空海は，高野山に金剛峯(峰)寺を建て，真言宗を広めた。
ウ．法華経の題目を唱えて阿弥陀仏にすがる浄土信仰がおこった。
エ．九州地方の大きな戦乱をしずめた源義家が，西国に勢力をのばした。

問４　鎌倉時代から室町時代に関する説明として正しいものを，次のア～エから１つ選び，記号で答えなさい。

ア．執権の北条時宗が，御成敗式目(貞永式目)を定めた。
イ．運慶らが，金剛力士像などの力強い彫刻作品を制作した。
ウ．京都で院政を行っていた後白河上皇が，承久の乱を起こした。
エ．観阿弥・世阿弥親子が，猿楽などの芸能を浄瑠璃として大成した。

問５　キリスト教に関する説明として正しいものを，次のア～エから１つ選び，記号で答えなさい。

ア．岩倉使節団が，スペイン国王とローマ教皇のもとへ派遣された。
イ．徳川家光は，幕領にキリスト教禁止令を発布した。
ウ．ルターは，ローマ教皇に破門されたが屈せず，宗教改革を進めた。
エ．織田信長は，南蛮貿易を行いながら，キリスト教の禁止を徹底した。

問６　江戸時代に関する説明として正しいものを，次のア～エから１つ選び，記号で答えなさい。

ア．幕府は銭座で永楽通宝を大量につくり，全国に流通させた。
イ．日本は日米修好通商条約で開国し，日本の主な輸出品は毛織物であった。
ウ．錦絵が流行し，坂田藤十郎が美人画で優れた作品を残した。

エ．越後屋呉服店は，薄利多売の新しい商法で繁盛した。

問7　欧米の国々に関する説明として正しいものを，次のア～エから1つ選び，記号で答えなさい。

ア．ナポレオンはヨーロッパの大部分を征服し，革命の理念を広めた。

イ．フランスはインド大反乱を鎮圧し，インド全土を掌握した。

ウ．アメリカはスエズ運河を建設し，資本主義国として急成長をとげた。

エ．スターリンは世界最初の社会主義を唱える政府をつくった。

問8　次のア～オの出来事を，年代の古い順に並べたとき，**2番目**と**4番目**にくるものを，それぞれ記号で答えなさい。

ア．第一次護憲運動が起こった。

イ．群馬県に富岡製糸場が建設された。

ウ．国家総動員法が公布された。

エ．太平洋戦争が始まった。

オ．福岡県に八幡製鉄所が建設された。

問9　第二次世界大戦後の日本に関する説明として正しいものを，次のア～エから1つ選び，記号で答えなさい。

ア．サンフランシスコ平和条約は，吉田茂内閣の時に調印された。

イ．日ソ中立条約が結ばれた年に，日本の国際連合への加盟が実現した。

ウ．ソ連による水爆実験で，日本の漁船の第五福竜丸が被ばくした。

エ．日本は中華民国と日中平和友好条約を結び，国交を正常化した。

問10　江戸時代の老中田沼意次は，株仲間の結成を積極的に奨励した。それによって幕府と株仲間には，それぞれどのような利点があったかを，解答欄に合うように説明しなさい。

3　栄太君のクラスでは，次の表の通り，各班で1つテーマを選び，研究することとなった。表を見て，あとの各問いに答えなさい。

1班	①人権保障について
2班	②国会と内閣について
3班	③国際政治について
4班	④市場メカニズムについて
5班	⑤景気対策について
6班	⑥環境問題について
7班	⑦司法制度について

問1　下線部①に関して，次の文は，憲法による人権の保障について説明したものである。文中の空欄(あ)にあてはまる語句を**漢字**で答えなさい。

> 憲法によって政治権力を制限して，国の政治権力から人権を守り，保障する考えを(　あ　)主義という。

問2　下線部②に関して，衆議院が解散してから内閣が成立するまでに行われるものを，次のア～カの中から**4つ**選び，**実際に行われる順**に答えなさい。

ア．国務大臣の任命　　　イ．内閣不信任決議

ウ．臨時会(臨時国会)の召集　　エ．特別会(特別国会)の召集

オ．内閣総理大臣の指名　　カ．衆議院議員総選挙の実施

問３　下線部③に関して，国家や国際法に関する説明として正しいものを，次のア～エから１つ選び，記号で答えなさい。

ア．主権国家には，一般的に国内の問題について他国から干渉を受けることがない内政不干渉の原則が認められている。

イ．国際司法裁判所では，争っている当事国双方の同意がなくても，裁判を行うことができる。

ウ．国際連合の総会の議決は，国連分担金に比例した票数で各国投票する。

エ．公海自由の原則は，長い間の慣行が法になった慣習法で，国際法に含まれない。

問４　下線部④に関して，完全競争市場では，商品の価格は需要量と供給量の関係により決定される。例えば，農家が生産した農作物を廃棄処分することがあるが，その理由として最も適当なものを，次のア～エから１つ選び，記号で答えなさい。

ア．供給量が需要量を大幅に上回ったことにともない，価格が上昇していたから。

イ．供給量が需要量を大幅に上回ったことにともない，価格が下落していたから。

ウ．供給量が需要量を大幅に下回ったことにともない，価格が上昇していたから。

エ．供給量が需要量を大幅に下回ったことにともない，価格が下落していたから。

問５　下線部⑤に関して，次のポスターは，物価対策や景気対策について栄太君のクラスでまとめたものである。ポスター中の空欄(い)～(え)にあてはまる語句の組み合わせとして正しいものを，あとのア～クから１つ選び，記号で答えなさい。

一般的な物価対策や景気対策について

～不景気の場合～

○デフレーションが起こり，通貨の価値が(　い　)。

○日本銀行

一般の銀行などがもつ国債などを(　う　)ことで，通貨量を調整しようとする。

○一般の銀行

企業や家計に貸し出す際の利子(金利)を(　え　)ようとする。

ア．(い)＝上がる　(う)＝買う　(え)＝上げ

イ．(い)＝上がる　(う)＝買う　(え)＝下げ

ウ．(い)＝上がる　(う)＝売る　(え)＝上げ

エ．(い)＝上がる　(う)＝売る　(え)＝下げ

オ．(い)＝下がる　(う)＝買う　(え)＝上げ

カ．(い)＝下がる　(う)＝買う　(え)＝下げ

キ．(い)＝下がる　(う)＝売る　(え)＝上げ

ク．(い)＝下がる　(う)＝売る　(え)＝下げ

問６　下線部⑥に関して，次のア～エの出来事を，**年代の古い順**に並べ，解答欄にあうように答えなさい。

ア．循環型社会形成推進基本法の制定

イ．国連環境開発会議(地球サミット)開催

ウ．環境庁の設置

エ．公害対策基本法の制定

問7　下線部⑦に関して，次の各問いに答えなさい。

(1)　日本の司法制度に関する説明として最も適当なものを，次のア～エから１つ選び，記号で答えなさい。

ア．裁判員裁判では，裁判官と裁判員で有罪か無罪かを決めるが，どのような刑罰にするかは裁判官だけで決める。

イ．行政裁判では，国民の権利や財産を侵した国家公務員や地方公務員について，懲役などの刑を求刑することができる。

ウ．民事裁判では，検察官が原告となって，被疑者を起訴することで裁判が始まる。

エ．刑事裁判では，犯罪被害者や遺族が審理に参加することができる。

(2)　次の文章中の空欄(お)にあてはまる語句を**漢字**で答えなさい。

（ お ）は，検察官がある事件を不起訴にしたことについて，それが適切かどうかを判断します。（ お ）は，国民の中からくじで選ばれた11人で構成されます。（ お ）で「不起訴不当」「起訴相当」の議決がなされると，検察官はその事件について起訴すべきかどうか，もう一度検討します。同じ事件に対して「起訴相当」の判断が２回出された場合，被疑者は必ず起訴されます。

【理　科】（40分）〈満点：50点〉

1　次の文章を読み，後の問いに答えよ。なお，電源やスイッチ，導線には抵抗がないものとする。

電圧20Ｖの電源Ｅ，スイッチS_1，S_2，抵抗値４Ωの抵抗R_1，抵抗値６Ωの抵抗R_2，抵抗値10Ωの抵抗R_3を用いて，図１のような回路をつくった。はじめ，S_1，S_2は共に開いていた。

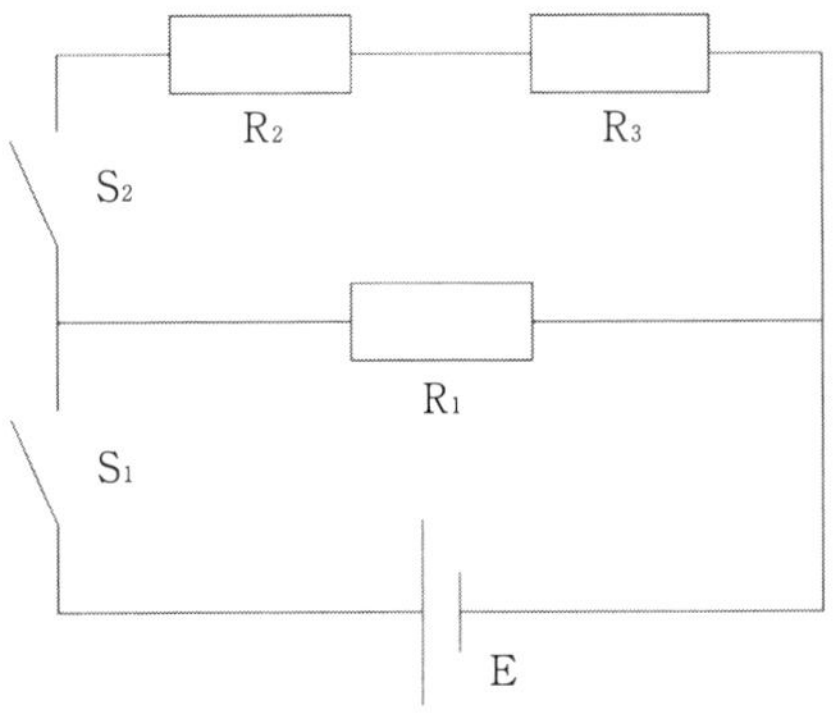

図１

問１　S_1だけを閉じたとき，R_1を流れる電流は何Ａか。

問２　S_1とS_2を両方閉じたとき，Ｅを流れる電流は何Ａか。また，R_3に加わる電圧は何Ｖか。

問３　S_1とS_2を両方閉じたとき，R_1での消費電力をP_1［W］，R_2での消費電力をP_2［W］，R_3での消費電力をP_3［W］とする。$P_1:P_2:P_3$を最も簡単な整数の比で表せ。

電圧V［V］の電源E′，抵抗値$2R$［Ω］の抵抗R_4，抵抗値$3R$［Ω］の抵抗R_5，抵抗値$4R$［Ω］の抵抗R_6を用いて，図２のような回路をつくった。

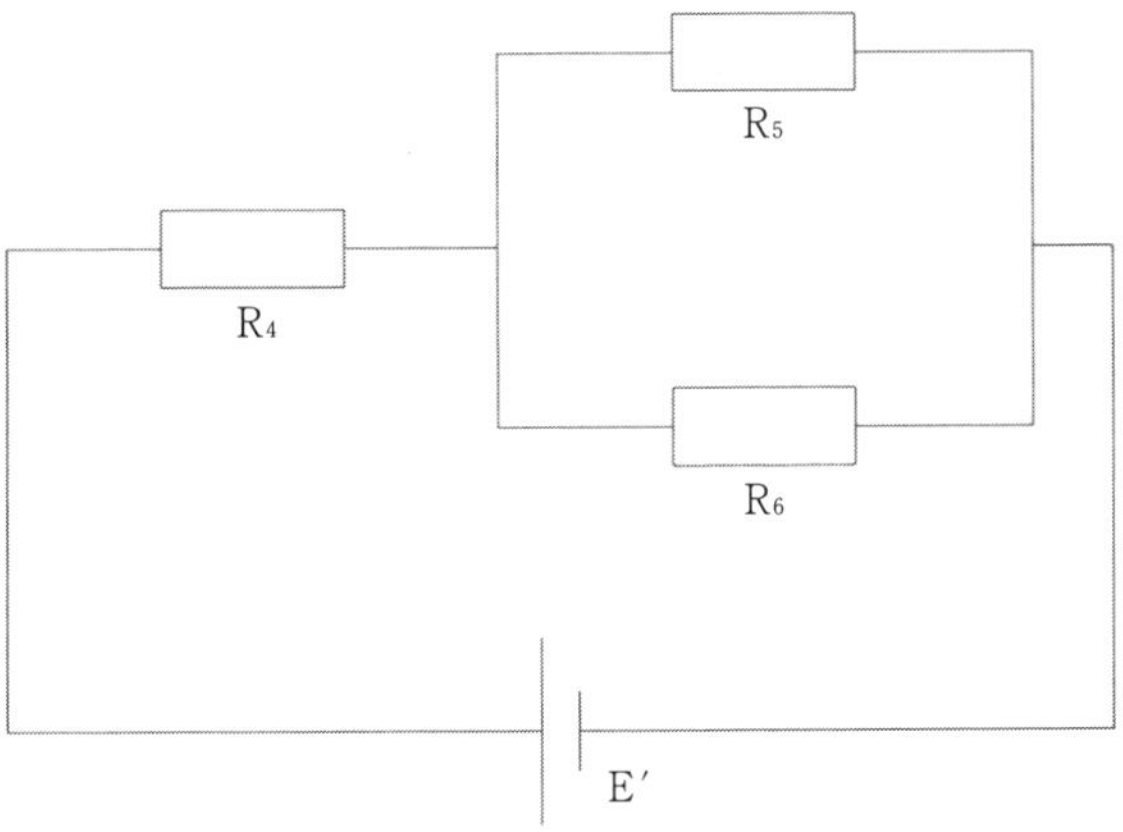

図２

問４　E′を流れる電流は何Ａか。なお，文字式の係数は，整数または分数で表すものとする。

太陽電池は，光エネルギーを電気エネルギーに変換している。ここで，太陽電池に照射する光の強度をPで固定したとき，太陽電池の出力電圧をV［V］，出力電流をI［A］とする。また，このVとIの関係は，図３のようになるとする。これは，正の定数をa，b，Eとしたとき，以下の２式が成り立つことを示している。

①　出力電圧VがE［V］以下のときの出力電流I［A］

$$I=aP$$

②　出力電圧VがE［V］より大きいときの出力電流I［A］

$$I=aP-\frac{1}{b}(V-E)$$

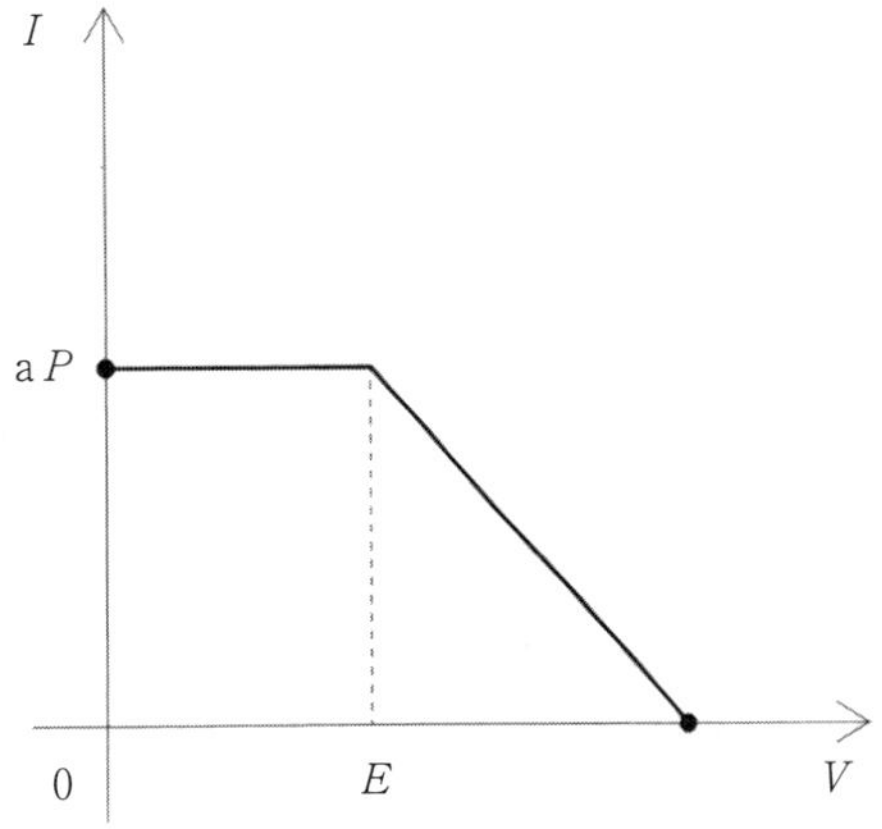

図３

この太陽電池と，抵抗値が変えられる抵抗器（可変抵抗器）を用いて，図４のような回路をつくった。照射する光の強度をPで固定し，可変抵抗器の抵抗値を変化させたところ，次のような結果を得た。

(i)　抵抗値がr[Ω]以下のとき，回路を流れる電流Iは抵抗値に関わらず，aP[A]という一定の値だった。

(ii)　抵抗値がr[Ω]より大きいとき，回路を流れる電流Iは抵抗値が大きくなるにつれて小さくなった。

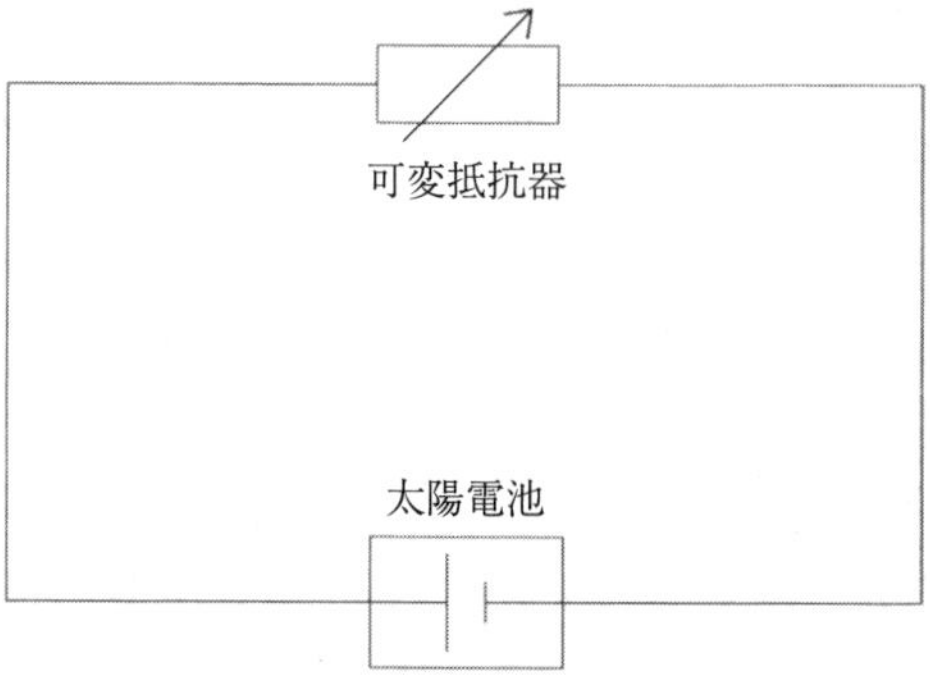

図4

問5　抵抗値がr[Ω]のときに電流Iの値が切り替わることから，このときの出力電圧Vは何[V]か。rを**用いず**に答えよ。

問6　抵抗値がr[Ω]以下の任意の値をとるとき，可変抵抗器での消費電力の最大値は何[W]か。rとEを用いて答えよ。

問7　抵抗値がr[Ω]より大きな任意の値をとるとき，その抵抗値をR[Ω]とする。このとき可変抵抗器での消費電力は何[W]か。RとEを用いて答えよ。なお，抵抗値rは正の定数bよりも十分に大きいものとする。これにより，$\frac{b}{r}$の値は限りなく0に近い値となるため，$\frac{b}{r}=0$として計算してよい。

2　次の文章を読み，後の問いに答えよ。なお，化学反応式を答える際は，以下の例に従うこと。

例　$2NaHCO_3 \rightarrow Na_2CO_3 + H_2O + CO_2$

一般に，固体の物質を加熱すると液体となり，さらに加熱を続けると気体となる。このような変化を物質の状態変化という。このうち，固体から液体に変化することを[A]といい，気体から液体に変化することを[B]という。

粒子1つ1つを丸で示し，固体，液体，気体それぞれの状態を考えると図1のように表すことができる。ほとんどの物質は，(C)液体から固体に変化すると体積が減少し，密度が増加する傾向にある。

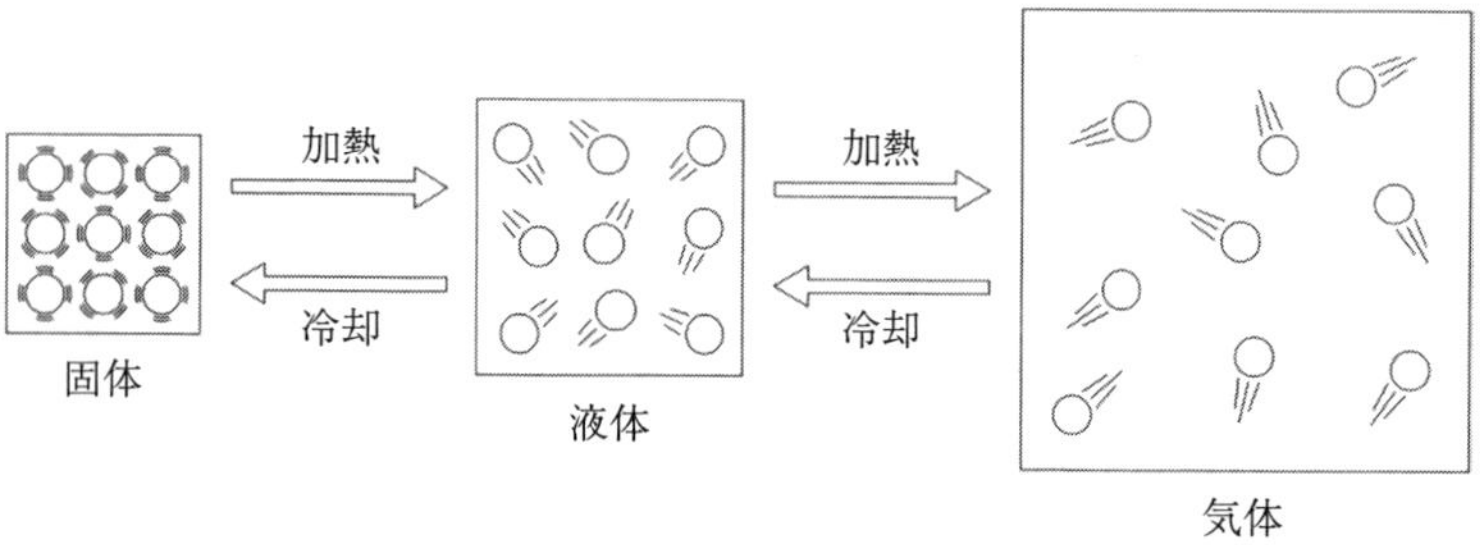

図1

近年注目されている燃料資源として，(D)メタンハイドレートが挙げられる。この物質は低温・高圧下において固体状態で存在し，メタン分子が複数の水分子で取り囲まれている構造をとる。地上に取り出すと，速やかに分解するため，取り扱いは容易ではないものの，日本近海の埋蔵量が莫大であることがわかっているため，現在も研究が進められている。

また，近年の話題といえば，環境に配慮した「(E)再生可能エネルギー」や「カーボンニュートラル」といった言葉が目立つようになってきた。

問1　空欄[A]，[B]に当てはまる語句を**漢字**で答えよ。なお，「気化」，「液化」，「固化」以外の語句で解答すること。

問2　下線部(C)に関連して，水をビーカーに入れ，冷却して氷にした後のビーカー内部を示した文として，最も適当なものを次のア～オから１つ選べ。ただし，大気圧下で測定したものとする。
ア　冷却前に比べ，固体になると体積が増加し，中央部はへこむ。
イ　冷却前に比べ，固体になると体積が増加し，中央部は膨らむ。
ウ　冷却前に比べ，固体になっても体積の増減はない。
エ　冷却前に比べ，固体になると体積が減少し，中央部はへこむ。
オ　冷却前に比べ，固体になると体積が減少し，中央部は膨らむ。

問３　下線部(D)に関連して，次の①～④に答えよ。

①　ガスバーナー(図２)の燃料には，メタンガスまたはプロパンガスを用いることが多い。ガスバーナーの使用方法に関する記述として**誤っているもの**を次のア～オから**２つ**選べ。
ア　(b)，(c)が閉まっていることを確認してから，(a)を開く。
イ　点火する際は，ガスバーナーの口に対して上から火を近づける。
ウ　(b)，(c)の調節ねじは，(d)の方向にまわすと開くことができる。
エ　点火後は(c)を押さえて(b)をまわし，空気の量を調節する。
オ　炎がオレンジ色の場合は，空気の量が多すぎる状態である。

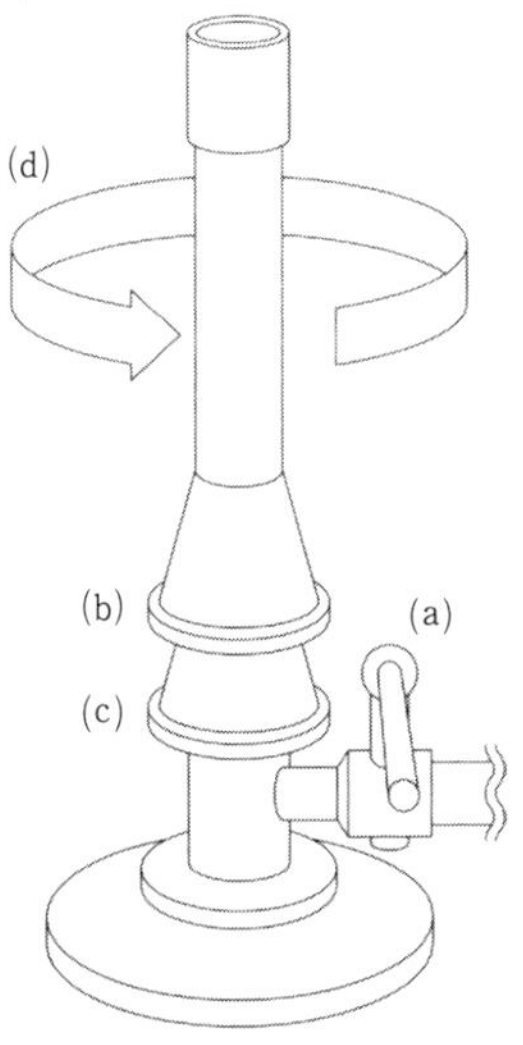

図２

②　天然ガスには，メタン CH_4 以外にもエタン C_2H_6 やプロパン C_3H_8 が含まれる。エタンが完全燃焼した際の化学反応式を書け。

③　メタンハイドレートは，メタン CH_4 と水 H_2O で構成されている物質である。メタン４分子を含むメタンハイドレートを完全燃焼させると，CO_2 ４分子と H_2O 31分子が存在することを確認した。よって，このメタンハイドレートの化学式は $4CH_4$・□ H_2O と表すことができる。この□に入る適当な整数値を答えよ。

④　固体のメタンハイドレート１m^3 を完全燃焼させ，生じた物質がすべて気体になったとき，生じた物質の体積は何 m^3 になるか。③の解答を用いて整数値で答えよ。なお，燃焼の前後で温度と圧力は０℃，１気圧(1013hPa)とし，物質の種類によらずこの温度と圧力で固体から気体になると体積は1890倍になるものとする。また，すべての気体は同じ温度，同じ圧力の場合，同じ体積に含まれる分子の数は同じであるとする。

問４　下線部(E)の「再生可能エネルギー」を利用した発電方法として，**誤っているもの**を次のア～カから１つ選べ。
ア　水力発電　　イ　風力発電　　ウ　原子力発電
エ　太陽光発電　　オ　地熱発電　　カ　バイオマス発電

3　次の文章を読み，後の問いに答えよ。

キクは日本の国花の一つであり，パスポートや五十円硬貨にも描かれている。キクは種子植物の中でも子葉の枚数により（　A　）類に分類され，さらに花弁の形状によって（　B　）類に分類することができる。また，キクの花は雄花・雌花の区別が（　C　）ため，（　D　）花に分類することができる。花の構造を知るためには，ルーペ又は双眼実体顕微鏡を用いて観察を行う。

キクの花芽形成と光には大きな関わりがあることが分かっている。このことについて以下の実験を行った。

【実験】
ある種のキクについて，24時間のうち明るい時間(明期)と暗い時間(暗期)の長さを図１のように変えて，花芽形成の有無を調べた。
①　明期を15時間，暗期を９時間にしたところ，花芽形成は行われなかった。

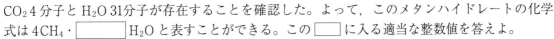

② 明期を13時間，暗期を11時間にしたところ，花芽形成は行われた。

③ 明期を15時間，暗期を9時間とし，明期が始まって12時間後に一時的に暗くしたところ，花芽形成は行われなかった。

④ 明期を13時間，暗期を11時間とし，暗期が始まって5時間後に一時的に光を当てたところ，花芽形成は行われなかった。

⑤ 明期を13時間，暗期を11時間とし，暗期が始まって30分後に一時的に光を当てたところ，花芽形成は行われた。

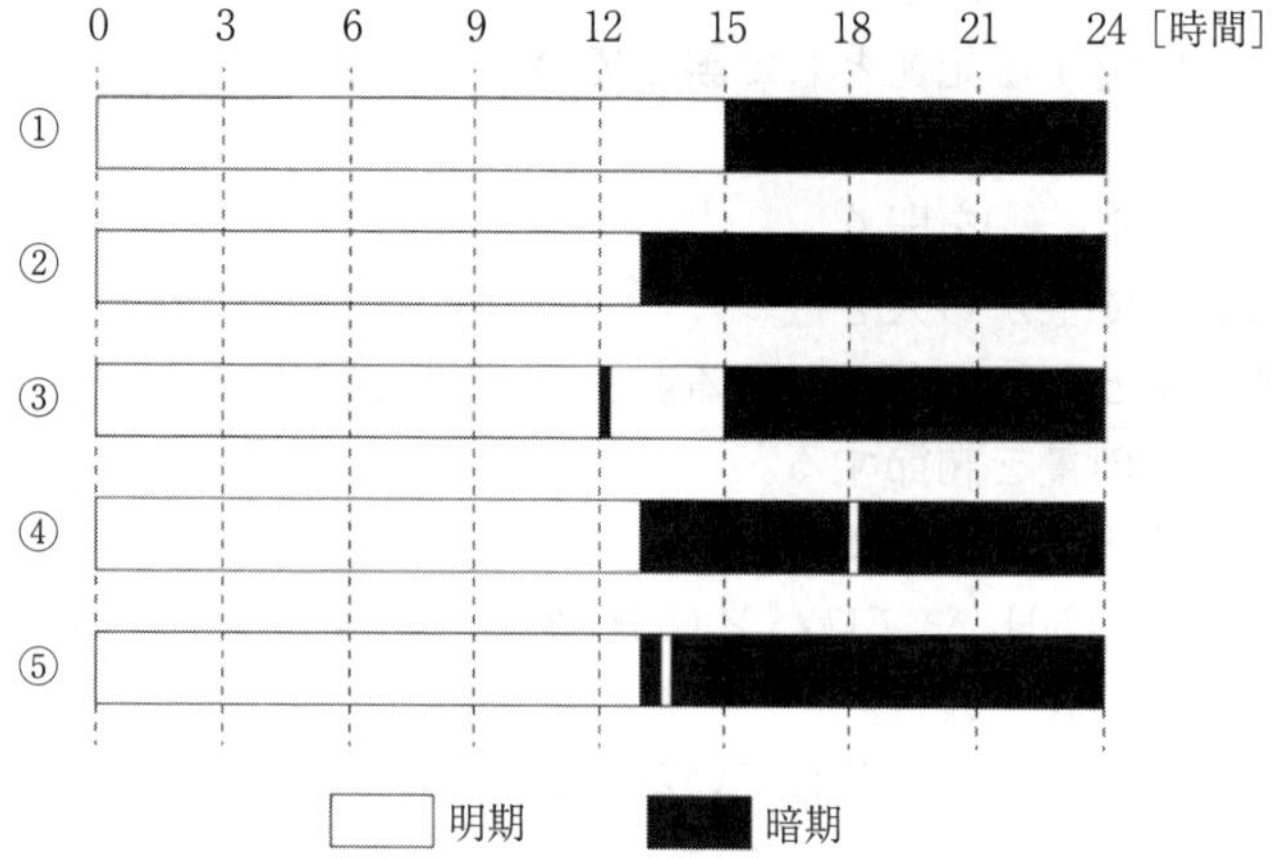

図1

問1 文章中の空欄（A）～（D）にあてはまる語句をそれぞれ答えよ。なお，空欄（C）については「ある」または「ない」のいずれかで答えよ。

問2 キクと同じく（D）花に分類できる植物を次のア～オから**すべて**選べ。

ア トマト　イ マツ　ウ トウモロコシ　エ エンドウ　オ バラ

問3 下線部のルーペや双眼実体顕微鏡について，**誤りを含むもの**を次のア～オから**2つ**選べ。

ア ピントを合わせるときは，観察するものとルーペの間の距離を調整する。

イ 観察するものが動かせるかどうかに関わらず，常に目とルーペの距離は変えない。

ウ 酢酸カーミン溶液で核を染色し，双眼実体顕微鏡を用いることで細胞分裂における染色体のようすを観察することができる。

エ 双眼実体顕微鏡のステージ上で右上に動かしたものは，視野の中でも右上に動くように見える。

オ ルーペで観察したものは立体的に見えるが，双眼実体顕微鏡で観察したものは平面的に見える。

問4 実験の結果から，このキクの花芽形成は何の影響を受けていると考えられるか。次のア～オから1つ選べ。

ア 合計した明期の時間　イ 連続した明期の時間　ウ 合計した暗期の時間

エ 連続した暗期の時間　オ 明期と暗期の順番

問5 「問4の答え」の感知には葉が関わっていると考えられている。このことを確かめるためには，明期を13時間，暗期を11時間とした環境でどのような実験を行い，どのような結果を得ることができれば良いか，記述せよ。

問6 種子をつくらない植物にシダ植物などがある。図2はワラビのある時期のスケッチである。これについて(1)名称と，(2)何から生じたものかをそれぞれ次のア～キから1つ選べ。

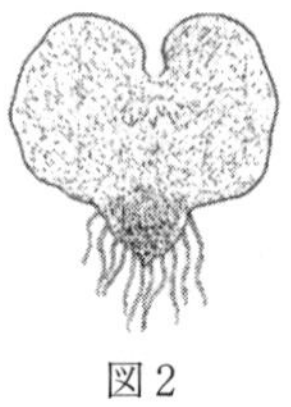

図2

ア 胞子　イ 胞子のう　ウ 胞子体　エ 精子　オ 卵　カ 前葉体　キ 受精卵

被子植物の花の構造は，同心円状に外側から内側に向かって，がく・花弁・おしべ・めしべとなっている。シロイヌナズナを用いて行われた実験により，この構造は異なる染色体上に存在する３つの遺伝子Ａ・Ｂ・Ｃが関与していることが分かった。なお，遺伝子Ａ・Ｂ・Ｃの働きが失われたものが，それぞれ遺伝子ａ・ｂ・ｃであり，遺伝子Ａは遺伝子ａに対して，遺伝子Ｂは遺伝子ｂに対して，遺伝子Ｃは遺伝子ｃに対して，それぞれ顕性(優性)である。遺伝子型 aabbcc の場合には，がく・花弁・おしべ・めしべの部分がすべて葉になった花状の構造が形成される。

また，遺伝子Ａ・Ｂ・Ｃについて分かっていることを以下にまとめた。

・遺伝子Ａのみが働くと，がくが形成される。
・遺伝子Ａと遺伝子Ｂがともに働くと，花弁が形成される。
・遺伝子Ｂと遺伝子Ｃがともに働くと，おしべが形成される。
・遺伝子Ｃのみが働くと，めしべが形成される。
・遺伝子Ａと遺伝子Ｃは互いに抑制しあう関係(遺伝子Ａが働かなくなると遺伝子Ｃは遺伝子Ａが働いていた領域でも働く。また，遺伝子Ｃが働かなくなると遺伝子Ａは遺伝子Ｃが働いていた領域でも働く。)である。

以上の内容から，遺伝子Ａ・Ｂ・Ｃは通常は図３のような領域で働いていると考えられている。また，遺伝子Ａが働かないシロイヌナズナ(遺伝子型 aaBBCC)の場合，同心円状に外側から内側に向かって，めしべ・おしべ・おしべ・めしべとなる花が形成された。

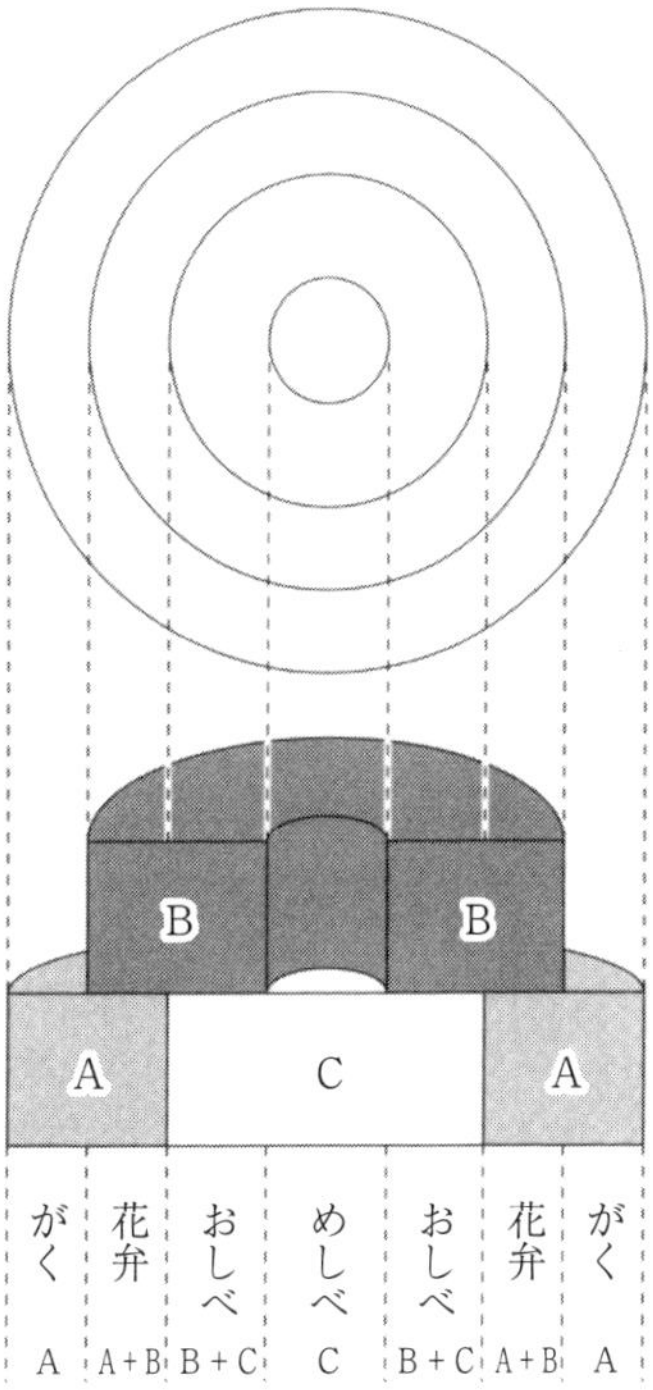

図３

問７　あるシロイヌナズナの花は，同心円状に外側から内側に向かって，がく・花弁・おしべ・めしべが形成されているが，３種類の遺伝子のうち１つが顕性遺伝子と潜性(劣性)遺伝子をあわせもっており，その遺伝子型は，AaBBCC・AABbCC・AABBCc のいずれかであるとする。このとき，どのような交配実験を行えば遺伝子型を特定できるか。考えられる実験方法を記述せよ。また，このシロイヌナズナが遺伝子型 AaBBCC であった場合について，この実験方法によって生じる結果を記述せよ。

4　次の文章を読み，後の問いに答えよ。

図は，ある地域における地層の断面図を表している。地層Ａが堆積した年代は古生代である。また，花こう岩Ｄは地層Ａに入り込んで固まっている。

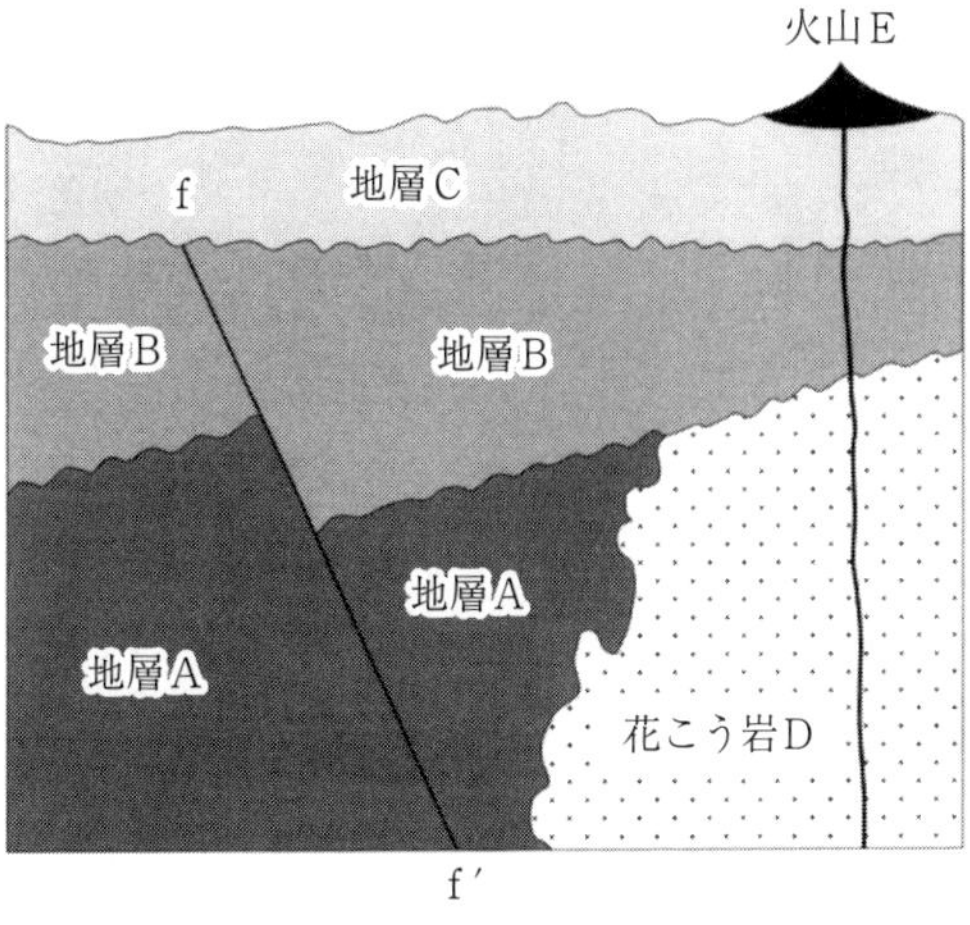

図

問１　図中の地層Ａから発見される化石として最も適当なものを，次のア～エから１つ選べ。

ア　三葉虫　　　　イ　アンモナイト
ウ　カヘイセキ　　エ　ナウマンゾウ

問２　図中の花こう岩Ｄには化石が含まれる可能性が低い。その理由を記述せよ。

問３　図中のｆ－ｆ′は何を表しているか。次のア～エから１つ選べ。

ア　しゅう曲　　イ　段丘
ウ　正断層　　　エ　逆断層

問4　火山が噴火をした場合に噴出する火山ガスの主成分は何か。次のア～エから1つ選べ。

ア　二酸化硫黄　　イ　二酸化炭素　　ウ　塩化水素　　エ　水蒸気

問5　図について，次のア～カを形成された順(古い順)に並べよ。

ア　地層A　　イ　地層B　　ウ　地層C　　エ　花こう岩D　　オ　火山E　　カ　f－f′

問6　図中のf－f′は，100万年間に200mのずれを生じているとする。1回の地震により2mのずれを起こすとすれば，このような地震は平均何年間隔で発生していることになるか。整数で答えよ。ただし，ずれは地震の時のみ起こるものとする。

岩石や鉱物には，時間の経過とともに別の元素に変わっていく「放射性同位体」が含まれている。この放射性同位体は，「半減期」とよばれる時間が経過すると初めに含まれていた量の半分になり，半減期の時間がもう一度経過すると含まれる量はさらに半分になるという性質がある。また，放射性同位体の半減期は元素によって異なる。

問7　ある岩石に含まれる，ある元素の放射性同位体の現在の量が，初めに含まれていた量を100とした場合，12.5であったとする。この放射性同位体の半減期をT[年]とすると，初めから何年経過していると推定できるか。次のア～エから1つ選べ。

ア　$2T$[年]　　イ　$3T$[年]　　ウ　$4T$[年]　　エ　$8T$[年]

イ．先陣となることを強く希望して
ウ．先陣にしてもらう依頼ができないで
エ．先陣にしてもらうことを強く依頼して
オ．先陣とする考えを持てないで

b　侍の主にはなり難し
ア．武士の統領にはなれない
イ．武士を雇うことはできない
ウ．武士として一人前にはなれない
エ．武士として結婚することはできない
オ．武士として鎌倉殿の元にはいられない

c　こはいかに
ア．子どものようではないか
イ．子どもはどうしたのか
ウ．子どもはどこにいったのか
エ．これはどういうことか
オ．これはどうすればよいのか

問二　傍線部①のように言ったのはなぜか。その説明として最も適当なものを、次の中から一つ選び記号で答えなさい。
ア．義経は指揮官なので、先陣の功名は配下の者に譲るべきだから。
イ．頼朝は指揮官なので、その命令を守って義経は鎌倉に戻るべきだから。
ウ．景時は指揮官なので、大将軍になるために宿敵義経を討ち取るべきだから。
エ．頼朝は大将軍であり指揮官とは違うので、安易に戦いに出るべきではないから。
オ．義経は大将軍でありその一言は重みがあるので、簡単に発言すべきではないから。

問三　傍線部②の内容として最も適当なものを、次の中から一つ選び記号で答えなさい。
ア．頼朝に作戦の決定権があること。
イ．義経に作戦の決定権があること。
ウ．景時に作戦の決定権があること。
エ．頼朝が大将軍であること。
オ．義経が大将軍であること。

問四　傍線部③はどのような意味か。最も適当なものを、次から一つ選び記号で答えなさい。
ア．大将軍になりたいのは私もみなと同じ思いだ
イ．鎌倉殿を討ち取りたいのは私もみなと同じ考えだ
ウ．戦いの場では私もみなと同じ一人の兵士だ
エ．この戦いでは私もみなと同じ指揮官の一人だ
オ．私の前ではみな同じ指揮官の一人だ

問五　次の文章は、『平家物語』の同じ部分を勉強した生徒の「学習のまとめ」です。空欄に入る内容を考え、指定された字数で答えなさい。

　読んで気づいたのは、会話文の一人称が［(i)　五字以内］だということです。最初読んだ時には誰が誰に向かって話しているのか全く分かりませんでしたが、これに気づいてからは内容が分かるようになりました。『平家物語』を読んでいく上で気をつけなければならないと思いました。

　内容で気になったのは、「おまえは日本一の馬鹿者だ」と言われた時、なぜ「鎌倉殿よりほか、別に主をば持ち奉らぬものを」と返したのだろうということでした。しかし、前段落の義経の発言に着目すると［(ii)　**義経・景時**の二語を用いて十五字以内］という意味になり、義経に対する皮肉になると分かりました。

ア．台風の夜に怖がって眠れないほど弱虫な孫に、自分が繰り返し読んだ作品を通じて、つらい状況の中でも逃げずにたくましく生きるよだかのようになってほしいとの思いを伝えたかったから。

イ．台風の今後の動向が心配で不安になっている孫に、自分が愛する作品を通して、天に昇ったよだかのように自分たちを守ってくれる存在がいることを示して安心するように諭したかったから。

ウ．台風を怖がって不安になっている泣き虫な孫に、不安な時に自分を支えてくれた作品を通じて、よだかのように何が起こっても最後に星になれば大丈夫であると教えたかったから。

エ．紙芝居の上演前で自分に反抗するほど不安になっている孫に、自分が深く理解している作品を通して、よだかのようなクセのある人物を描いた物語の読み解きを伝えられると考えたから。

オ．自分の演技に自信を持っていない孫に、自分にとって思い入れのある『よだかの星』を通じて、難しい作品の読み聞かせとはこのようにやるものだという手本を示したかったから。

問六　傍線部④について、この涙は「さっき」の涙とはどのように異なるか。その違いがわかるように六十字以内で説明しなさい。

問七　傍線部⑤について、なぜ笑みがこぼれたのか。その説明として最も適当なものを、次の中から一つ選び記号で答えなさい。

ア．自分が大切にしている宮沢賢治の紙芝居を勝手に触っているおばあちゃんを見て、突然部屋に入り込むことでびっくりさせるいたずらを思いついたから。

イ．宮沢賢治の作品をおばあちゃんが大切にしていることに改めて気づき、先ほどの気まずい雰囲気をほぐして仲直りをするための方法を思いついたから。

ウ．これまで自分を小ばかにしていたおばあちゃんが隠れてこそこそと紙芝居を触っているところを見つけ、今は自分が優位な状況にいると気づいたから。

エ．おばあちゃんに小ばかにされても言い返せたことに自信を持ち、今度は自分のものを勝手にいじっている相手の非を責められると感じたから。

オ．思った通りに宮沢賢治の作品に引き寄せられたおばあちゃんを見て、練習を重ねた自分の演技で長年の不満を晴らす機会が訪れたと思ったから。

問八　宮沢賢治の童話の題名を二つ答えなさい。なお、本文中に出てきた『よだかの星』『風の又三郎』は除くものとする。

三　次の文章は『平家物語』の一節である。源義経（判官《ほうがん》）と梶原景時は平氏への開戦の宣告を行う日に仲間割れを起こしている。これを読んで、後の問いに答えなさい。

その日、判官と梶原と、既に同士軍《いくさ》せんとす。

梶原進み出でて、「今日の先陣をば、景時に給ひ候へかし」。判官、「義経がなくばこそ」と宣《のたま》へば、梶原、「①まさなう候ふ。殿は大将軍にてましまし候ふものを」と申しければ、判官、「②それ思ひも寄らず。＊鎌倉殿こそ大将軍よ。義経は軍奉行を承つたる身なれば、③ただわ殿ばらと同じ事よ」とぞ宣ひける。

梶原、a先陣を所望しかねて、「天性この殿は、b侍の主にはなり難し」とぞつぶやきける。判官、「わ殿は日本一の＊嗚呼《をこ》の者かな」とて、太刀《たち》の柄《つか》に手をかけ給へば、梶原、「cこはいかに、鎌倉殿よりほか、別に主をば持ち奉らぬものを」とて、これも同じう太刀の柄に手をぞかけける。

（注）＊鎌倉殿…源頼朝。
＊嗚呼の者…馬鹿者。

問一　傍線部aからcの解釈として最も適当なものを、後の中からそれぞれ一つずつ選び記号で答えなさい。

a　先陣を所望しかねて

ア．先陣となる希望を持てないで

うまくいかなくて落ち込んだり、手痛い恋をしたり、だけどちゃんと立ち直ったよ。

ゴキブリのしとめ方や、里芋の炊いたんの美味《おい》しい作り方や、不安で押しつぶされそうなひとりの夜の乗り越え方だって身につけたよ。だから。

「見ててよ」

私は何にでもなれる。どこへでも行ける。蟹《かに》になって沢でささやき、象になって仲間を助け、鳥になって空を飛び、馬になって大地を駆ける。

拍子木を鳴らす。カチカチ、カチカチ。

「風の又三郎、はじまりはじまりーっ」

どっどど　どどうど　どどうど　どどう、
青いくるみも吹きとばせ
すっぱいかりんもふきとばせ

おばあちゃんは幼い女の子みたいにちょこんと座って、紙芝居に魅《み》入《い》っている。

その目は潤んで光って見えた。真っ暗な夜空で静かに輝く、小さな星みたいに。

どっどど　どどうど　どどうど　どどう

私は声を張り上げ、おばあちゃんを物語の中に連れていく。

嵐の日に現れた、風変わりな少年になって。

（青山美智子『月曜日の抹茶カフェ』）

問一　波線部「後片付けをすませて居間に戻る。」の文節数と単語数をそれぞれ漢数字で答えなさい。

問二　傍線部ａからｃの語句の本文中の意味として最も適当なものを、後の中からそれぞれ一つずつ選び記号で答えなさい。

ａ　やるせなさ

ア．悲しみや憤りをどうすることもできない気持ち
イ．寂しさと愛しさとが混じり合った気持ち
ウ．激しい怒りをどうしてよいか困惑する気持ち
エ．これ以上じっとしていられない気持ち
オ．理解されない孤独に耐えられない気持ち

ｂ　自責の念

ア．反抗する思い　　イ．批難する思い　　ウ．陶酔する思い
エ．感謝する思い　　オ．反省する思い

ｃ　まんじりともできず

ア．のんびりすることもできず
イ．助けを求めることもできず
ウ．じっとすることもできず
エ．まどろむこともできず
オ．声を上げることもできず

問三　空欄 ① に入る内容として最も適当なものを、次の中から一つ選び記号で答えなさい。

ア．自信を持ってくれた　　イ．小ばかにしてきた
ウ．元気になってくれた　　エ．いちゃもんをつけてきた
オ．興味を持ってくれた

問四　傍線部②とあるが、ここでこのように答えたのは光都にとって宮沢賢治の作品がどのような存在であるからか。六十字以内で説明しなさい。

問五　傍線部③について、「おばあちゃん」はなぜこの作品を選んだのか。その説明として最も適当なものを、次の中から一つ選び記号で答えなさい。

はしないのよ。大好きか、どうでもいいか、どっちかなの」

私は顔を上げる。雪乃さんはふっくら笑った。

「毎日夕方になるとタヅさん、テレビで全国の天気予報を見ててね。東京は雨だねとか、寒くないかねとか、つぶやいてるの。首都圏の地震速報なんて出ようものなら、それが震度2でも1でも、絶対安心だってわかるまで部屋をうろうろしてるのよ。光都ちゃん本人に訊《き》けばいいのにね」

そんなおばあちゃんの姿、想像もできなかった。

④さっきとは違う温度の涙が、食卓の上にぼとぼと落ちる。

私はおばあちゃんが……おばあちゃんが、嫌い、大好き、疎ましい、恋しい、背を向けたい、甘えたい。ぐちゃぐちゃだ、いつも。どうしようもない。

整理のつかない矛盾を抱えながら、苦しくて、離れたくて。

その一方で、すごくすごく心配で、元気でいてほしくて。

星になったよだかは、今はもう、ただ静かに燃えている。平安のうちに。

だけど私は星じゃない。生きてる。この地の上で。

だから誰かの言動に傷ついてしまうし、同じように誰かを傷つけてしまう。

でも、自分の力で必死に生きてたら、少しだけでもみんなを照らすことができるかな。それが私を「大丈夫」にしてくれるんじゃないかな。

またひとつ、きれいに皮を剝いた枇杷の実を、雪乃さんが私に向けた。私は小さく首を振る。

「自分で剝いてみる。ありがとう」

雪乃さんはにっこりとうなずき、手に持った実にかぷりと歯を当てた。

自分の部屋に戻ろうとして、入り口で私は足を止めた。

半分開いたドアから、おばあちゃんの後ろ姿が見える。

おばあちゃんは、紙芝居を手に取っていた。『風の又三郎』。ちょっとだけほほえんで、そのタイトルを愛《いと》おしそうに、そっとなでている。

宮沢賢治の作品は、ひとクセのある登場人物ばっかりだ。弱さも醜さも愚かさも抱えた彼らの姿は、きれいごとがなくてなまなましい。

不条理でどこかさびしくて、でも清らかで豊かな自然の理《ことわり》。恵みを受けながら畏れながら、自分ではどうしようもできない感情と対峙《たいじ》する。そんな宮沢賢治の世界に、私は惹かれてやまないのだ。

おばあちゃんの背中を見ていたら、⑤なんだか笑みがこぼれた。

そしてひとつ息を吸い、私はドアを勢いよく全開させる。

「おばあちゃん、また勝手に私の部屋に入って！　断りもなく私のものに触らないでよ」

おばあちゃんがギクリとこちらを向き、紙芝居からさっと手を離した。

「触ってへん。見てただけやで」

「うそばっか」

そうだ、こんなふうに、もっと言いたいことを言えばよかったんだ。ケンカすればよかったんだ。黙って秘めないで。小ばかにされてるなんて勝手に卑屈になったりしないで。

私はおばあちゃんをベッドの上に座るよう促す。怪訝《けげん》な顔をしながらも、おばあちゃんは素直に腰を下ろした。

私はベッドの向かいに置かれたカラーボックスの上の小物をデスクに移動させた。紙芝居フレームをその上に載せて、舞台を作る。

おばあちゃん、私、大きくなったよ。

もう泣き虫の小さな女の子じゃないよ。

自分で働いたお金で、家賃も食費も光熱費も払ってるよ。仕事が

「泣くんやない。よだかは、どんな鳥よりも美しいものになったんだ。なんでかわかるか。自分の力で必死に空をのぼったからやで！」

あれは絵本ではなかった。「宮沢賢治全集」のひとつで、文庫だった。おばあちゃんはそれを何度も繰り返し読んだのだろう。表紙はもうよれよれだった。

「もう誰からも傷つけられへんし、誰のことも傷つけへん。ただみんなを照らしてる。せやからもう大丈夫なんや、よだかは」

おばあちゃんは本に目を落としたまま言った。

そしてそれ以上の読み聞かせはしてくれず、横になったままひとりで読書を始めた。私は話しかけるのも申し訳なく、やることもなく、いつのまにか眠ってしまい、早朝に目が覚めたら隣でおばあちゃんが寝ていたのでびっくりした。

せやからもう大丈夫なんや、よだかは。おばあちゃんのあの声は、今でも耳の底にいる。

部屋にこもってから二時間ばかり経《た》って、喉が渇いたのでそっと台所に行った。居間におばあちゃんの姿はない。雪乃さんがすでに夕飯の仕込みをしていた。私は雪乃さんの隣に立つ。

「ごめん、やらせっぱなしで」

「いいのいいの。下ごしらえ、もう終わるから。枇杷《びわ》、食べる？」

千葉の実家から送られてきたのだという。私が答える前に冷蔵庫から枇杷のパックを取り出し、ざるに実をあけてさっと洗った。私はもう一度、居間を確認してから訊ねる。

「………おばあちゃんは？」

「部屋でちょっと寝るって」

やっぱり、どこか悪いんだろうか。私があんなこと言ったせいで、悪化したのかもしれない。

もし。もしおばあちゃんが、病気だったら。心臓がドクドクと早打ちした。私は思い切って雪乃さんに切り出す。

「あの……おばあちゃん、もしかして体調がよくない、とか？」

雪乃さんが、ぷ、とこらえきれなくなったように笑った。

きょとんとしていると、雪乃さんは枇杷をお皿に載せながら言う。

「ごめんごめん、笑ったりして。心配いらないわよ、珍しくお昼寝してるだけ。健康診断もばっちり優秀で、骨密度年齢なんて二十歳も若いんだから。もう、健康体そのものよ」

雪乃さんは食卓に座った。私もそれに倣って向かい合う。彼女は枇杷をひとつ手に取ると、器用な手つきでするすると皮を剝《む》き始めた。

「タヅさんね、今日光都ちゃんが来るから、嬉《うれ》しくて嬉しくて昨夜一睡もできなかったんだって。今朝だって何度も時計ばっかり見て、新幹線は予定通り走ってるかＪＲに確認の電話かけたり、家の外でちょっとでも物音がすると光都ちゃんじゃないかって窓からのぞいたりしてね。昼ごはんだって、何にしようかタヅさんがさんざん考えた献立よ」

それは私もうすうす気づいていた。私の好物ばかりだったこと。あの執念ともいえる錦糸卵の細さは、おばあちゃんの手によるものだということ。きれいに皮の剝けた実を、雪乃さんは私の方に差し出す。

「なのに、光都ちゃんが来たらあんなツンツンした態度とって。私、もうおかしくて」

私は枇杷を受け取る。みずみずしいその果肉は、口に含むと優しくて甘くて、さっぱりした酸味も感じられた。雪乃さんみたいだな、とぼんやり思う。

「タヅさん、かわいいひとよ。いつも光都ちゃんの話ばっかり」

「どうせ、悪口しか言わないでしょ」

照れ隠しもあって、私はそう答えた。雪乃さんはちょっと首を傾ける。

「悪口っていうか。タヅさんって、自分にとって魅力のない人の話

「さかあがりって、あんた。そんな昔のこと根に持ってたんか」

「持ってるよ、ずっと持ってるよ！　その無神経さが人をどれだけ傷つけてるか、おばあちゃんはぜんぜんわかってないんだよ！」

おばあちゃんは黙った。私も黙った。

耐えられなくなって、私は居間を飛び出す。お茶の入った湯呑《ゆの》みを三つ、お盆に載せて立っている雪乃さんの隣をすりぬけて。

自分の部屋で、私はベッドに寝転がってしばらくぼんやりしていた。

涙がこぼれた。おばあちゃんに対するaやるせなさが流れたあとは、ぴしぴしとb自責の念にかられた。

おばあちゃんって、いくつだっけ。たしか八十二歳だ。今さらあんなこと言って嫌な空気にすることなかった。今度いつ会うかわからないのに。

我慢ができなくて悟った。私は、他のことはどうでも、これだけはおばあちゃんに肯定してほしかったのだ。

私は起き上がり、紙芝居セットの入った袋に手を伸ばす。

東京から持ってきた木製の紙芝居フレーム。探して探して、こだわって、やっと見つけたお気に入りだ。ちょっと重いけど、絵の抜き差しがスムーズで、なによりもクラシックなデザインがすごくいい。お客さんを紙芝居の世界に惹《ひ》き込む、ムーディーな舞台になってくれる。

持ってきた作品は、どれも宮沢賢治だった。

あんたに宮沢賢治なんか理解できるんかね。おばあちゃんに刺された棘《とげ》が抜けない。自分の中の、いちばん柔らかいところを突かれた気がする。

宮沢賢治の読み解きが難しいことぐらい、私にだってわかっている。だから何作も、何度も何度も、読み込んだ。私なりに考えた。今だって、紙芝居を打つときはいつも考えてる。そして宮沢賢治の作品を、私は愛してる。子どものころから。

――――九歳のときだった。

仕事が忙しいなりに夜中には帰ってきていた両親が、あるとき出張になった。夕方から台風が来ていて、夜になると外でごうごうと大きな音がした。

お父さんもお母さんも、大丈夫かな。この家、吹き飛ばされちゃうんじゃないかな。電気を消すのも不安になって、私は自分の部屋を明るくしたまま、ベッドの中でcまんじりともできずにいた。

閉じたドアの隙間から光が漏れていることに気づいたのだろう、おばあちゃんが入ってきた。

「眠れへんのんか」

おばあちゃんが言った。私が布団をかぶったままうなずくと、おばあちゃんは「弱虫な子やねえ」とぶつぶつつぶやきながら行ってしまい、そしてすぐに戻ってきた。

「本でも読んだげるわ」

驚いた。おばあちゃんは、本を取りに行っていたのだ。掛け布団をはがすと無理やり私の横にもぐりこんできて、老眼鏡をかけ、本を開いた。

そしておばあちゃんは、声に出して物語を読み始めた。

宮沢賢治の『よだかの星』だった。

おばあちゃんがそんなことをしてくれたのは初めてで、さらに思いのほかおばあちゃんの朗読は迫力があって、私はどきどきしながら話を聞いた。

でも、そのときの私には、よだかはあまりにも苦しいキャラクターだった。姿が醜いと言われたり、羽虫を食べることがつらかったり、よだかは何も悪くないのに、ただ優しいのに、ひどい目に遭ってばかりだった。星になるラストにいたっては、こわくて悲しくて、泣いてしまった。ただでさえ心細い夜に、③おばあちゃんはなんでこの話を選ぶんだろうと思った。

するとおばあちゃんは、大きな声で私を叱った。

イ．異なる語源を持ち、本来は別々の動作を意味しているが、いずれも日本語のリズム感の特徴を表すという点で共通しており、日本人の感性や日常の仕草の根底にあるものを探るうえで重要な意味を持っている。

ウ．異なる動作を意味する言葉が由来であるが、ともに日本人の身体的特徴に合ったリズム感に基づく動作という意味では共通であり、さらには断絶し合うものが交互に掛け合うという日本人特有の会話の元にもなっている。

エ．鍛冶職人が相方の動作の裏で「相槌を打っ」てリズムを合わせる行為は、強拍で開始される日本語のリズム感とは相容《あいい》れないが、会話の相手に同意して「うなずく」時の正拍打ちのリズムとは完全に一致するといえる。

オ．語源は異なるが、二つの動作を分析した場合、ともに相手の発言を待ち構えてタイミングよく首を下向きに振るリズム感に基づいており、その意味で欧米人同士がコミュニケーションを行う場合のリズム感と対照的である。

問七　本文に示されている日本人の相槌の特徴を、解答欄に合うように五十字以内で説明しなさい。

二　次の文章を読んで、後の問いに答えなさい。

食事を終えると、私は台所で雪乃さんと並んで雑談をしながら、食器を洗ったり拭いたりした。後片付けをすませて居間に戻る。

おばあちゃんがロッキングチェアの背にもたれて目をつむっていた。軽く額に手を当てている。

今日最初に会ったときから思っていたけど、いまいち顔色がよくない。どこか具合が悪いんじゃないだろうか。胸のざわつきを抑えながら私は訊《たず》ねる。

「おばあちゃん、お茶飲む？」

おばあちゃんはうっすら目を開け「ああ」と答える。そして、台所に向かおうとする私に唐突に言った。

「紙芝居、どんなのやってるんだい」

私は振り返った。少し心が跳ねた。おばあちゃんが、［　①　］。

「宮沢賢治」

②私はその名前をくっきり縁取るように答える。するとおばあちゃんは「へえ！」と叫んで突き放すように言った。

「あんたに宮沢賢治なんか理解できるんかね。難しいよ、賢治を読み解くのは。まして他人様《ひとさま》に読んで聞かせようなんて、たいそうなことやで」

ずくん、と胸の奥で大きな音がした。暗い穴が開いたみたいだった。その穴に私が落ちていくのにも気づかず、おばあちゃんは饒舌《じょうぜつ》になる。

「大学に行って芝居をやり始めたって聞いたときもびっくりしたで。光都《みつ》は小さいころからぴいぴいぴい、よく泣く子やったし、バランス感覚が悪いのかしょっちゅう転ぶし、こないトロくて大丈夫かいなと思ってたからな。それが人前で演技するなんて、まあ、信じられへんわ」

小ばかにした笑い。いつものことだ。いつもの……。聞き流せばいい。

でもどうしても、できなかった。怒りなのか悲しみなのか、そのどちらもなのか、吹きこぼれそうな熱い憤りを止められなかった。

「………なんでなの？」

しぼりだすようになんとかそこまで言い、真顔になったおばあちゃんに私は声をぶつける。

「なんでいっつもそうやって、私のやることにケチつけるの！」

おばあちゃんは眉をひそめた。

「光都が失敗せえへんように、教えたげてんのやないか」

「おばあちゃんは私がどれだけがんばってもぜんぜん認めてくれない。子どものころからずっとそうだった。さかあがりができるようになったときも、読書感想文が入選したときも、難関って言われてた高校に受かったときも、なんだかんだ、粗捜しばっかりして」

く振って踊るように進む所作。

＊鉄砲…相撲で、脇を固めて左右の手で交互に、あるいは両手で一挙に突くこと。

＊シンコペーション…音楽で、強拍と弱拍の位置を本来の場所からずらし、リズムの規則的な流れに変化を与えること。

問一　傍線部aからeのカタカナを漢字に直しなさい。

問二　空欄[A]から[E]に入る語の組み合わせとして最も適当なものを、次の中から一つ選び記号で答えなさい。

ア．A　ところが　B　実は　C　たとえば
　　D　あるいは　E　また

イ．A　ところが　B　また　C　あるいは
　　D　たとえば　E　実は

ウ．A　実は　B　ところが　C　また
　　D　あるいは　E　たとえば

エ．A　ところが　B　あるいは　C　たとえば
　　D　また　E　実は

オ．A　実は　B　また　C　たとえば
　　D　あるいは　E　ところが

問三　傍線部①について、その説明として最も適当なものを、次の中から一つ選び記号で答えなさい。

ア．同じ側の手脚を同時に出す人を描いた壺がギリシアで見つかり、稲作が生活の基盤である日本人だけの伝統ではなく、人類共通の歩行法であると認知されるようになった。

イ．現在の歌舞伎や相撲において見られる特殊な歩き方は、稲作が生活の基盤であった日本において、重心のブレを防ぎ身体全体を安定させるものとして次第に広がっていった。

ウ．身体を安定させる場合の人類共通の歩行法であるが、稲作を中心とした日本人の生活様式に適していたことから、遊びや芸能にまで受け継がれるほどに定着していった。

エ．急な斜面を利用して稲作を行う必要があった日本人にとって、下向きの安定した歩行法が理にかなっており、それが徐々に日常生活の動作や仕草の中で取り入れられてきた。

オ．同じ側の手と脚を同時に出す歩行法は、古代においては万国共通のものだったが、身体の安定を重視する日本の伝統芸能において盛んに用いられることで特に進化してきた。

問四　傍線部②について、その理由として最も適当なものを、次の中から一つ選び記号で答えなさい。

ア．言語入門の参考書から日本語のリズム感を学んだとしても、それが日本人の相槌にどう結びつくのかを外国人が理解して効果的に実践するまでには至らないから。

イ．日本人のコミュニケーションの仕方を書物で深く学ぼうとしても、首を頻繁に動かして相手への同意を示すことは自己主張を美徳とする欧米人の気質にそぐわないから。

ウ．小刻みな相槌が、相手への同意を示すことから始める日本人のコミュニケーションに向いていることを、言語的なリズム感の観点から理解することは難しいから。

エ．相槌の仕方は言葉が使われている中で育まれたリズム感によるところが大きく、異なったリズム感を持つ人が実体験を伴わずに書物だけで習得することはできないから。

オ．顔の表情筋などを駆使して相手への同意を示す外国人にとって、首を打ち下ろす相槌の繰り返しが日本語特有のリズム感を生んでいることは理解しにくいから。

問五　傍線部③とあるが、このような基盤がヨーロッパでつくられた理由を、七十字以内で説明しなさい。

問六　傍線部④について、その説明として最も適当なものを、次の中から一つ選び記号で答えなさい。

ア．日本人と欧米人のコミュニケーション法を比較する上で、ともに重要な意味を持つ動作であるが、「うなずく」時のリズム感は、鍛冶職人が「相槌を打つ」場合のそれとは異なることを考えると同列に扱ってはならない。

逆に、②日本語を学ぶ外国人にとって、日本人の相槌の入れ方を学習することは、かなり難しいようである。相槌の打ち方、うなずき方は文法書には載っておらず、言語入門の参考書にもない。ところが文法書にない相槌の仕方こそは、日本語という言語のリズム感を象《かたど》るものなのである。相槌の打ち方、うなずき方は日本語と日本人の生の型の根、感性の型、日本人のリズムの基本を知るための重要なポイントでさえある。

　われわれが正拍打ちの相槌をする理由のひとつは、日本語が基本的に強拍から始まる言葉であるからである。名詞に冠詞がなく、強拍で開始される言語のリズムは、正拍を打つための準備の拍、始まりの前のいわゆる「前拍」をことさらに必要としない。前拍という概念自体、日常生活の上で希薄である。［E］多くのヨーロッパの諸言語にある冠詞は、最初に強拍を置かせない。それが前拍となって、言語のリズム感をつくり出すからである。このためヨーロッパの民謡は弱起で始まる曲、つまりアウフタクトの曲が多くなる。

　ヨーロッパの人々は、敏速に動くことを要する狩猟生活を基軸にしていた。そのことがリズム感に影響していったのであろう。ヨーロッパは一二世紀ごろから始まる大dバッサイによって多くの森が失われたが、もともと深い森林に黒々とeオオわれていた。狩猟・採集生活を行って生きていた彼らは、生活のために獲物を追って素早く走らなければならなかった。いつ跳び出してくるかわからない獲物を瞬時に見つけて追いかけるためには、筋肉を使って脚で大地を蹴り上げ、縦の、垂直方向の、つまり上方へと伸び上がる運動方向を蓄えていなければならなかった。狙いを定めて獲物に向かうためには、足は踏み出す前から既に次の運動を予測し、身体を備えておかなければならない。目は前を見据えて、常に次の行動への体勢を取るようにしていなければならない。全身の筋肉を瞬発性と、弾力性のある、重力の方向に反発するような方向を準備しておくことが、彼らの生のスタイルに適していた。それは日本の稲作が求める、安定した、水平方向へと動く向きとは異なるものであった。彼らのリズム感は、常に速やかに身体を欲する方向性へと向けられていなければならず、ここに③ヨーロッパにおける、進行性の強い、前方へと向かい、上下の方向に動く、瞬発性を蓄えた、粘って続いてゆくリズム感の基盤がつくられていた。

　ヨーロッパの諸言語は基本的に冠詞をもっている。冠詞は運動の前の準備の呼吸をつくるとともに、発声という運動のタイミングを取る働きをしている。つまり、西洋人がしばしば見せる上向きの相槌は、上向きのリズム感の反映である。そして冠詞は次の運動(あるいは発音)の準備を身体に意識させ、動作を待ち構えさせる呼吸が表れ出たものであるがゆえに、相槌を打っても彼らは日本人とは逆の、シンコペーションのタイミングで打つ人が多いことになる。

　正確に言うなら、④うなずくことと相槌を打つことは同じではない。うなずくはもともと「項(うなじ)」で、顔や頭に関する部分を表す「頁(おおがい)」を部首にもつ。「うなずく」はうなじを突く動作を意味していた。うなじを突くのが「うなずく」で、うなじを縦に振る動作であった。一方、「相槌を打つ」は鍛冶《かじ》屋の親方と弟子が交互に槌を打って刀を鍛えていたことに由来する。これが次第に相手の話に合いの手を入れる動作の「うなずく」ことに用いられるようになった。

　これらの語源は日本語のリズムの特徴をさらに見せてくれる。うなずくことは縦に動くうなじのこと、つまり首を使って顔という身体の末端部分を上下させることである。身体の末端を動かすわけである。また相槌は槌を打つ相手の裏を槌で打つことであるので、そこでは表と裏が交互に入れ替わる。しかし語源は違っても、相槌もうなずくことも、ともに断絶し合うものが交互に掛け合いながら交替して、末端を下に向けて動かすことがイメージとしてある。日本人はそのような動作をコミュニケーションの中で用いてきたのであった。

（樋口桂子『日本人とリズム感』）

（注）＊六方…歌舞伎で、役者が花道を引き上げるとき、両手両足を大き

二〇二三年度　栄東高等学校（特待生）

【国　語】〈五〇分〉〈満点：一〇〇点〉

一　次の文章を読んで、後の問いに答えなさい。

かつて日本人は、右手右脚、左手左脚を同時に出し、手と脚を同じ向きに動かして歩く歩き方、つまりいわゆる「①ナンバ歩き」という歩き方をしていたとされる。今でも梯子《はしご》をのぼるときにはわれわれは同じ側の手と足を出している。竹馬の歩き方もそうである。梯子が同じ側の手と脚を同時に運ぶのは、この方法が身体全体を安定させてくれるからである。ナンバ歩きのaコンセキは歌舞伎の＊六方や相撲の＊鉄砲などに残り、伝統として受け継がれて来ている。（中略）昔の日本においてこうした歩き方がさほど珍しいことでなかったとすれば、身体を揺さぶらずに安定して歩くことが、稲作を基調とする日本人の生のスタイルにかなっており、それが人々の普段の生活の中に組み込まれていたからであろう。

[A] このような歩き方は、ギリシアの壺《つぼ》絵などにも見られるもので、右脚と右手を同時に出し、左手と左脚を同時に出す歩き方自体は、何も日本独自のものではなかった。身体の安定を保とうとするとき、人間は自然とこのような歩行法を取る。生の基盤を稲作に置く日本人にとっては、身体のブレを防いで動くことが必須のものであった。急な斜面を耕して、水を引き、稲を植えるという労働をこなしていくために、安定を約束してくれる歩行法をしなければならなかった。[B]、ひねもす地に伏して働く稲作のためには、地面と並行する横方向に注意を払い、どっしりと着実に、下向きに、ときには後ずさりして安定を確保しながら進むことを優先しなければならなかった。

稲作を営むためには、ともに力を合わせて、強い拍をつくるのがお互いに分かりやすい。息を止めて、断絶をつくり、打ち付けるように第一拍目を揃《そろ》えて作業にbタズサわることは、同じ動作のリズムの共有に役立つのである。下に向かい、内側に引く方向性をもつ日本人の身体の型は、歩き方のみならず、日常生活の動作や仕草に影響を与える。

日本人の正拍揃えのリズムの基本的な方向は、今でも日常の無意識の仕草に顔を出す。[C] 相槌《あいづち》の方向、つまりうなずきの方向である。「まえがき」でも述べたように日本人の相槌の打ち方は、下に首を振る。上から打ち下ろすように打つ。テレビのショーや対談でも、コメントを聞く人はさかんに、首から下向きの相槌を打つ。相槌はかなり頻繁で小刻みで、タイミングは「正拍」に合わせられる。やはり正拍打ちのリズムが会話や対話の中で守られているのである。

ヨーロッパやアメリカのテレビ番組を見ると、彼らは相槌をそれほど多く打たないし、そもそもさほどうなずかない。相手に賛同するとき、相槌は首を振ることよりも、顔面の表情筋を使い、顔全体、身体全体で行う傾向が強い。さらに観察すると、アングロサクソン系の人々の場合、目の動きや眉毛の上げ方などの顔の動きによって、相槌を日本人の首振りに代えている。相手の言うことをもっともだとする賛同のサインは、まず目が行う。眉毛がぎゅっと上に上がる。[D] 顔の中心に筋肉を寄せるようにして、顔の表情筋をフル回転させて相槌の合図を送る。

首を振る場合でも彼らの相槌のタイミングは、日本人のようにリズムのはじめの、正拍に当たる部分で首を落とさない。＊シンコペーションを取るように、つまり「タン、タン、タン、タン」という具合に強拍と弱拍の位置を変えて、正拍と正拍の間の、いわゆる「ウラ拍」で相槌を取り、しかも首を下向きではなく上向きにうなずいている人は少なくない。

とはいうものの、もし日本人が日本人同士の談話の中でアメリカ人のような相槌を打つと、途端に座が白けてしまう。そしてどことなく、浮いた、異質な空気がcタダヨうということになるであろう。

2023年度／栄東高等学校(特待生)

英語解答

1 1 hands　2 sound　3 line
4 sign　5 count

2 2, 4, 5, 7, 10

3 1 あ…4　い…2　う…5
2 あ…5　い…4　う…1
3 あ…3　い…8　う…6
4 あ…8　い…3　う…5
5 あ…6　い…5　う…7

4 問1 2　問2 He's〔he's〕 gone
問3 葬式〔葬儀〕　問4 4
問5 (例)どうしてそのようなことができるの。
問6 1　問7 To harass us
問8 3

5 問1 1a…2　1b…3　1c…1
1d…2
問2 (例)ヒップホップの言葉は黒人の感情に力と誇りをもたらした。
問3 found a new way to make public education a weapon
問4 (例)住んでいる地域やどこの学校に通っているかにかかわらず，同じテストを(33字)
問5 4　問6 2　問7 3

6 1 ウ　2 エ　3 ウ

7 1 イ　2 エ　3 ア

8 1 ア　2 エ　3 イ　4 ア

数学解答

1 (1) 木曜日
(2) (1012, 1011), (148, 141), (68, 51)
(3) 3　(4) A(2, 4), $r=\dfrac{6+\sqrt{6}}{2}$

2 (1) $\dfrac{1}{18}$　(2) $\dfrac{11}{27}$　(3) $\dfrac{19}{324}$

3 (1) $BC=2\sqrt{3}+2$, $AC=4$
(2) $8\pi-6-4\sqrt{3}$　(3) $2\sqrt{3}-2$

4 (1) $6\sqrt{3}$　(2) $6\sqrt{3}$
(3) $18\sqrt{3}+27$

5 (1) 4　(2) $3\sqrt{3}$　(3) $3\sqrt{7}$

社会解答

1
問1　領土，領海，領空
問2　(例)植民地時代に，民族のまとまりを無視して引かれた境界線が国境となった結果，国内に複数の民族が混在することとなったため。
問3　UNHCR
問4　(1)…カ　(2)…エ　(3)…イ
問5　(1)　金鉱…ウ　銅鉱…エ
(2)　a…オーストラリア
b…メキシコ　c…チリ
問6　オ　　問7　a…4　b…5
問8　(例)海底地形が大陸棚となっていることや，黒潮と親潮がぶつかる潮目があることで，プランクトンが豊富で，多くの魚が集まるため。

2
問1　2番目…ウ　4番目…オ
問2　エ　　問3　イ　　問4　イ
問5　ウ　　問6　エ　　問7　ア
問8　2番目…オ　4番目…ウ
問9　ア
問10　幕府　(例)株仲間から営業税を徴収することができた。
株仲間　(例)営業を独占する特権が認められた。

3
問1　立憲　　問2　カ→エ→オ→ア
問3　ア　　問4　イ　　問5　イ
問6　エ→ウ→イ→ア
問7　(1)…エ　(2)　検察審査会

理科解答

1
問1　5 A
問2　Eを流れる電流…6.25A
R_3に加わる電圧…12.5V
問3　32：3：5　　問4　$\frac{7V}{26R}$A
問5　EV　　問6　$\frac{E^2}{r}$W
問7　$\frac{E^2}{R}$W

2
問1　A…融解　B…凝縮　　問2　イ
問3　①…イ，オ
②　$2C_2H_6+7O_2 \longrightarrow 4CO_2+6H_2O$
③　23　④　2450m^3
問4　ウ

3
問1　A…双子葉　B…合弁花
C…ない　D…両性
問2　ア，エ，オ　　問3　ウ，オ
問4　エ
問5　(例)暗期が始まって5時間後，葉以外に一時的に光を当てたとき，花芽形成が行われればよい。
問6　(1)…カ　(2)…ア
問7　方法…(例)自家受精させる。
結果…(例)同心円状に外側から内側に向かって，めしべ・おしべ・おしべ・めしべとなる花を生じる。

4
問1　ア
問2　(例)火成岩であるため，高熱により生物の成分が分解されるから。
問3　ウ　　問4　エ
問5　ア→エ→イ→カ→ウ→オ
問6　1万年　　問7　イ

国語解答

一

問一 a 痕跡 b 携 c 漂 d 伐採 e 履

問二 オ **問三** ウ **問四** エ

問五 狩猟生活において，いつ現れるかわからない獲物を追いかけるために，常に行きたい方向へ瞬間的に踏み出すための準備をしておく必要があったから。(68字)

問六 イ

問七 強拍から始まる日本語のリズム感に基づき，正拍のタイミングで首を上から下に打ち下ろすように動かす(47字)［という特徴をもつ。］

二

問一 **文節数** 四［文節］
単語数 七［単語］

問二 a…ア b…オ c…エ

問三 オ

問四 幼い頃におばあちゃんが読み聞かせてくれた記憶と結びつき，自分自身も繰り返し読んでいる大切な存在だから。(51字)

問五 ア

問六 おばあちゃんに対する自分の行動を責める涙と違い，おばあちゃんの自分への愛情を知り流した温かい涙である。(51字)

問七 イ

問八 (例)『銀河鉄道の夜』『注文の多い料理店』『どんぐりと山猫』『やまなし』『セロひきのゴーシュ』などのうち二つ

三

問一 a…ウ b…ア c…エ

問二 ア **問三** イ **問四** エ

問五 (i) 自分の名前
(ii) 景時にとって義経は将軍ではない

2022年度 栄東高等学校（第１回）

【英　語】（50分）〈満点：100点〉

（注意）　4～6のリスニング問題は試験開始後15分経過した頃から放送される。放送時間は約15分である。

1　次の英文を読み，あとの問いに答えなさい。（文中の＊印の語(句)には注があります）

About four hundred years ago, *pilgrims from England sat down to a large *feast with Native Americans in an area of Massachusetts that is known today as the city of Plymouth. This meal took place in November of 1621, and it is commonly (1) to be the "first" *Thanksgiving meal.

The pilgrims who had come from England were among the first Europeans to *settle America. However, their journey across the Atlantic lasted for sixty-six days, and when they (2) in the "New World," they were sick, hungry, and weak. They were also unfamiliar with the new land. ①<u>They did not know how to grow vegetables that would do well in the soil and climate</u>; they did not know how to hunt American animals; and they did not know the best way to get resources from the American forests. As the pilgrims *struggled to build shelter, find food, and found a town, a nearby tribe of Native Americans *offered to help the pilgrims. ②<u>The Native Americans taught the pilgrims how to grow corn, catch fish, and collect *sap from the trees.</u> They also (3) the pilgrims the various forest plants, teaching them which ones were poisonous and which ones weren't. In this way, the pilgrims came to understand how to live in the new country.

Almost a year later, the pilgrims' first corn crop was harvested successfully. To celebrate the harvest and to (4) the Native Americans who had helped them, the pilgrims hosted a large feast that lasted several days.

Historians say the local Wampanoag tribe attended the event, bringing with them five deer to eat. The pilgrims prepared for the meal by hunting wild birds. ③<u>Historians believe that the food that was eaten at the meal was prepared the traditional Native American way.</u>

Thanksgiving Day was officially (5) a *federal holiday in 1863, when President Abraham Lincoln signed the holiday into law. However, because the Civil War was going on at the time, the holiday was not celebrated nationwide until after the war ended.

④<u>The tradition of inviting friends and family to a Thanksgiving meal continue today.</u> In America, Thanksgiving is celebrated on the fourth Thursday in November. The classic Thanksgiving meal tries to *recreate what the Native Americans and pilgrims might have eaten on the first Thanksgiving meal. A roast turkey is the main course, with side dishes of yams, potatoes, corn, cranberry sauce, turkey gravy, and stuffing — a seasoned bread dish that is served either stuffed inside the turkey or on the side. A must-have dessert at Thanksgiving is pumpkin pie. This pie is often topped with whipped cream to (6) it extra sweetness.

（注）　pilgrim　最初の入植者　　feast　宴会　　Thanksgiving　感謝祭（の）
settle　～に定住する　　struggle to　～しようと奮闘する
offer to　～することを申し出る　　sap　樹液　　federal　連邦の
recreate　～を再現する

(1)　英文の空所(1)～(6)に入れるのに最も適切なものを１～０の中から１つずつ選びなさい。ただし，同一のものを２回以上用いてはいけません。

1．used　　2．live　　3．thought　　4．reached　　5．made
6．thank　　7．leave　　8．arrived　　9．showed　　0．give

(2) 英文の下線部①～④の中で，文法上あるいは文脈上，誤りがある英文が1つあります。その番号を答えなさい。解答は[7]にマークしなさい。

2　次の英文を読み，あとの問いに答えなさい。(文中の＊印の語(句)には注があります)

The Earth is very old. It has changed often during its long life, and it is still changing. Millions of years ago, when dinosaurs like *_Tyrannosaurus rex_ were alive, the Earth was much warmer. There was very little ice on the land or on the sea, even in the very north or the very south of the world. ([8])

There have been many changes since that time, sometimes to a warmer climate, sometimes to a colder one. About 20,000 years ago, for example, a time called an Ice Age began. There was ice over much of the world, and it was 3 kilometers deep over much of North America and Europe. And the sea was not as high as it is today. Our climate has changed many times, and it will change again.

Why does our climate change? ([9]) For example, the Earth moves around the Sun — this is called the Earth's orbit. Every few thousand years, the Earth changes its orbit around the Sun. The change happens slowly, and it brings the Earth near to the Sun or it takes it far away from the Sun. When this happens, it can finish an Ice Age — or it can start a new one.

([10]) An example of this is the *volcano of Krakatoa. When it erupted in 1883, the sky became dark over many countries, and stayed dark for months. And for more than a year, the Earth was 1 ℃ colder than before.

But now, for the very first time, people are changing the climate. In the year 1900, the Earth was 0.7 ℃ colder than it was in 2000, just one hundred years later. ([11]) Some people think that this is a small change. But think about this. A change of just 5 to 7 ℃ can start or finish an Ice Age.

([12]) The film _The Day After Tomorrow_ is about a change that happens very quickly. In the film, the Earth's climate changes in only a few days, and a new Ice Age begins in the north of the world.

Can the climate change like this? Scientists think that it can — but not as quickly as this. Scientists do not always agree. Some think that the climate is changing a lot, and some think that it is changing a little. Some think that it will change quickly, and some slowly. ([13]) The important question is this: how dangerous will the change be?

Al Gore, who worked next to President Clinton of the USA between 1993 and 2001, thinks that the change will be dangerous. In his film _An Inconvenient Truth_, 〔1．how　2．has　3．Al Gore　4．the Earth's climate　5．describes　6．changed〕. He has talked about the dangers of climate change for more than twenty years, but is he right? Is climate change a dangerous problem? Must we do something about it? And what can we do?

(注) _Tyrannosaurus rex_　ティラノサウルス　　volcano of Krakatoa　クラカタウ火山

(1) 英文の空所([8])～([13])に入れるのに最も適切なものを1～6の中から1つずつ選びなさい。ただし，同一のものを2回以上用いてはいけません。

1．Sometimes the change comes from outside the Earth.

2. Does climate change happen quickly or slowly ?

3. But all scientists agree that climate change is happening.

4. Changes can also come from inside the Earth.

5. And the sea was much higher than it is today.

6. This change did not happen because of the Earth's orbit — it happened because of us.

(2) 英文の〔　〕内の語(句)を並べかえ，英文を完成させなさい。解答は 14 と 15 に入れるものをそれぞれ答えなさい。

In his film *An Inconvenient Truth*, ＿＿ ＿14＿ ＿＿ ＿＿ ＿15＿ ＿＿.

3 次の英文を読み，あとの問いに答えなさい。(文中の＊印の語(句)には注があります)

*Sonia French and Charles Darrell decide to kill Sonia's husband, Robert. Sonia is bored with Robert, although he doesn't seem to realize this. Sonia and Charles are lovers for months, but Sonia thinks Robert will never give her a *divorce.*

*They hit on the idea for their murder plan when a police officer visits *the Frenches' house one evening. Charles is also there. The *inspector tells Robert that there have been several *burglaries near there and the burglar, who carries a gun, hasn't been caught. He also worries that Robert has a lot of silver.*

'What are you trying to say ?' asked Robert.

'I'm saying that it's sensible to be careful,' said the inspector. 'Very careful. ①Why not put your silver in the bank, until the burglar is caught ?'

'I don't want to do that,' said Robert.

The inspector tried not to sound angry. 'Well, I have warned you, sir,' he said. 'Please remember that.' The inspector left.

Three nights later, Sonia was lying awake in her bed. Robert was asleep. It was ten minutes to two. Sonia was excited. 'Ten minutes before Charles enters the house,' she thought.

And then she heard a noise. Glass breaking, ②followed by the sound of a window as it was pushed up.

Robert did not wake up. ③Sonia was waited until she heard the sound of Charles climbing through the open window, then she reached across to Robert's bed.

'Robert !' She was shaking him. 'Wake up. There's somebody downstairs !'

He sat up in bed, awake now. 'There *is* someone ! I'll have to go down, I suppose.'

He put on his old grey dressing-gown, and went out of the room. Sonia waited in the dark. It seemed a very long wait, but it was less than half a minute. Then a thin line of light appeared under the bedroom door. Sonia heard her husband give a sudden cry, then she heard a gun explode. Something — or someone — heavy fell to the floor, then a door was banged open, and there was the sound of running feet outside the house.

Sonia waited. ④'Charles must have time to escape before I call the police,' she thought.

She put on her bedside light and got out of bed. Now it was all over, she felt strangely calm. She knew (A)what she was going to say to the police. How soon could she marry Charles ? Six months from now ? They could go to Venice for a holiday, after they were married. She had always wanted to see Venice . . .

Then the door opened.

And Robert walked in.

(B)For a long moment, Sonia could only look at him, her stomach sick with fear. He looked back at her, silent, white-faced and untidy. But alive.

'What — what happened ?' she said.

'He got away,' said Robert. 'I'm afraid he's taken some of my best silver with him. I wish now I had listened to the inspector and sent it to the bank.'

'But I heard a gun,' said Sonia. 'I thought you — you're not hurt, Robert ?'

'No, Sonia, I'm not hurt,' said Robert. 'But I have some bad news. It's Charles. I think the dear, brave man was watching the house, and followed the burglar in, to try and help us. He's at the bottom of the stairs. I'm afraid he's dead.'

Sonia fell forwards, her eyes closing, and Robert caught her. He carried her to the bed, then went downstairs. When he reached the bottom, he had to step over (C)the body. He did this calmly, stepping around the blood on the carpet. But when he walked into the room where he kept his silver, (D)he wanted to cry. All of the best pieces were gone.

He closed the door. Before he telephoned the police, he was careful to clean the small gun that was in his dressing-gown pocket. Then he locked it inside his desk. He had taken care of the one problem in his usually very tidy life, and he wanted to make sure he would have no more trouble.

As the inspector said, (　　E　　).

（注） divorce　離婚　　the Frenches'　フレンチ夫妻の　　inspector　警部

burglary　強盗事件

(1) Which of the underlined sentences ①～④ is grammatically ***NOT*** correct ? [16]

(2) What does the underlined part (A) mean ? [17]

1. She was going to say to the police that the burglar had already gone.
2. She was going to say to the police that the burglar had killed Robert.
3. She was going to say to the police that she would marry Charles.
4. She was going to say to the police that Robert had killed Charles.

(3) What does the underlined part (B) mean ? [18]

1. She was surprised to see Robert's white face.
2. She was relieved because Robert was still alive.
3. She didn't understand why Robert was alive.
4. She was sad to know Charles had been killed.

(4) What does the underlined part (C) mean ? [19]

1. Sonia's body　　2. Robert's body
3. Charles' body　　4. the burglar's body

(5) What does the underlined part (D) mean ? [20]

1. He wanted to cry because his silver was stolen.
2. He wanted to cry because Sonia fell unconscious.
3. He wanted to cry because he killed Charles.
4. He wanted to cry because he knew Sonia and Charles were lovers.

(6) Fill in the blank (E) with the most appropriate answer. [21]

1. I should put the silver in the bank

2. it was sensible to be careful

3. the burglar has not been caught

4. I remember his warning me

リスニング問題 〈放送文は未公表につき掲載してありません。〉

4 これから二人の対話を聞き，質問に対する答えとして最も適切なものを１つ選びなさい。なお，対話と質問は二度読まれます。

22 1. He ate too much. 2. He lost his wallet.
3. He had a headache. 4. He cannot eat the spicy food.

23 1. The extra charge. 2. The room service.
3. The wrong change. 4. The payment method.

24 1. He is too busy to eat anything.
2. He is trying to lose weight safely.
3. He has broken up with his girlfriend.
4. He has something wrong with his stomach.

5 これから短い英文を聞き，質問に対する答えとして最も適切なものを１つ選びなさい。なお，英文と質問は一度だけ読まれます。

25 1. A parasol. 2. A raincoat.
3. An umbrella. 4. A pair of sunglasses.

26 1. In the bus. 2. In the library.
3. At the theater. 4. At the bus stop.

27 1. Because one of the members lost interest in playing music.
2. Because one of the members believed someone would take his place.
3. Because the band is said to be one of the most successful rock bands of all time.
4. Because the band didn't think they could continue to play or perform music anymore.

6 これから少し長めの英文を聞き，質問に対する答えとして最も適切なものを１つ選びなさい。なお，英文は二度読まれます。

28 Why did Mr. Iwazaki decide to make food samples?
1. Because real food got dirty.
2. Because real food got cold soon.
3. Because real food cost a lot to make.
4. Because real food needed a lot of time to make.

29 Why are food samples important for some foreign visitors?
1. Because they can take pictures of them.
2. Because they want to know a lot about Japan.
3. Because they don't know which menu is healthy.
4. Because they sometimes have difficulty reading menus in Japanese.

30 Why are food samples perfect for Japanese people?
1. Because they like beautiful and colorful things.
2. Because they are good at making food samples.

3. Because they enjoy the shape and color of food.

4. Because they export food samples to make a lot of money.

31 Which statement is true about the passage ?

1. Food samples today are not made of wax.

2. Mr. Iwazaki first saw food samples in Osaka.

3. Mr. Iwazaki tried to make tiny flowers with wax.

4. The first food sample was made by Mr. Iwazaki's wife.

【数　学】（50分）〈満点：100点〉

（注意）1　問題の文中の [ア]，[イウ] などには，特に指示がないかぎり，符号（－，±）または数字（0～9）が1つずつ入る。それらを解答用紙のア，イ，ウ，…で示された解答欄にマークして答えること。

2　分数形で解答する場合，分数の符号は分子につけ，分母につけてはいけない。例えば，$\dfrac{[エオ]}{[カ]}$ に $-\dfrac{4}{5}$ と答えたいときは，$\dfrac{-4}{5}$ とすること。

また，それ以上約分できない形で答えること。例えば，$\dfrac{3}{4}$ と答えるところを，$\dfrac{6}{8}$ のように答えてはいけない。

3　根号を含む形で解答する場合，根号の中に現れる自然数は最小となる形で答えること。例えば，[キ]$\sqrt{[ク]}$ に $4\sqrt{2}$ と答えるところを，$2\sqrt{8}$ のように答えてはいけない。

4　根号を含む分数形で解答する場合，例えば $\dfrac{[ケ]+[コ]\sqrt{[サ]}}{[シ]}$ に $\dfrac{3+2\sqrt{2}}{2}$ と答えるところを，$\dfrac{6+4\sqrt{2}}{4}$ や $\dfrac{6+2\sqrt{8}}{4}$ のように答えてはいけない。

1　次の各問いに答えよ。

(1)　$19^2+18^2+17^2-13^2-12^2-11^2=$ [アイウ]

(2)　$x=\sqrt{2}-2$ のとき，$x^2+4x+3=$ [エ] である。

(3)　ある店では，商品Aの価格を毎月変更している。1月の価格は10,000円で，2月の価格は1月の価格に比べて x ％値上げした。3月の価格は，2月の価格に比べて $2x$ ％値下げした。3月の価格が，1月の価格に比べて4.32％低いとき，$x=$ [オ] である。

(4)　下の図は，ある中学校の3年生25人の国語，数学，英語のテストの得点データを箱ひげ図で表したものである。60点以上の人数が最も多い教科の四分位範囲は [カ] である。

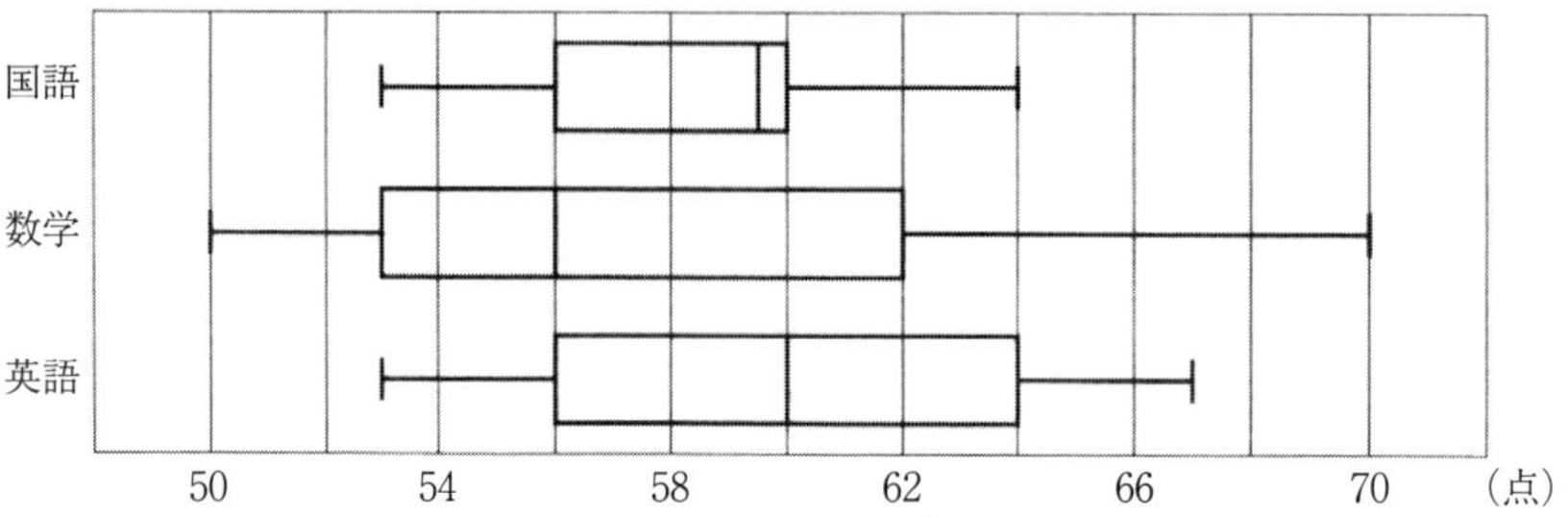

2　さいころを続けて3回投げて，1回目に出た目の数を x，2回目に出た目の数を y，3回目に出た目の数を z とし，$(x+y)\times z=A$ とする。

(1)　$A=4$ となる確率は $\dfrac{[ア]}{[イウ]}$ である。

(2)　A が奇数となる確率は $\dfrac{[エ]}{[オ]}$ である。

(3)　A が5の倍数となる確率は $\dfrac{[カキ]}{[クケコ]}$ である。

3　図のように，AB＝ACの△ABCが円に内接している。
また，円周上にBD＝BC，∠DBC＝90°となるように点Dをとる。BC＝6のとき，次の各問いに答えよ。

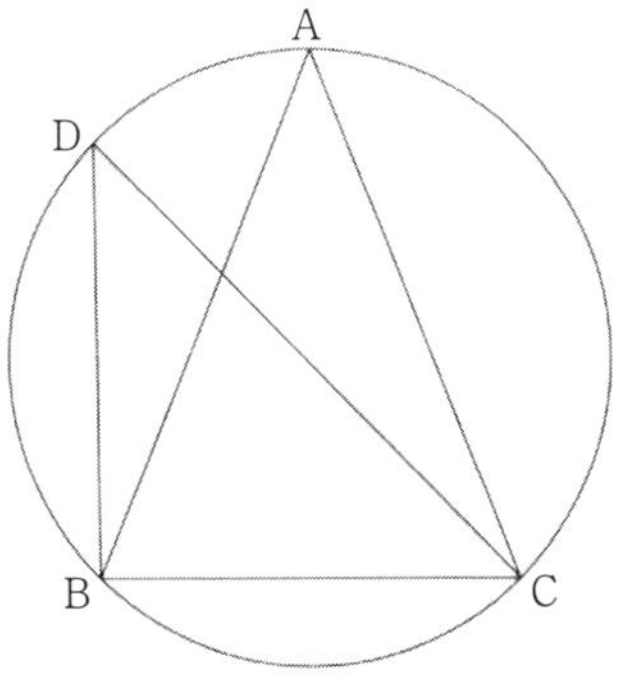

(1) 円の半径は $\boxed{\text{ア}}\sqrt{\boxed{\text{イ}}}$ である。
(2) △ABCの面積は $\boxed{\text{ウ}}\left(\sqrt{\boxed{\text{エ}}}+\boxed{\text{オ}}\right)$ である。
(3) 点Bを通りCDに垂直な直線とACの交点をEとする。△BDEの面積は $\boxed{\text{カ}}\sqrt{\boxed{\text{キ}}}$ である。

4　図のように，放物線 $y=ax^2\,(a>0)$ と四角形がある。四角形の４つの頂点のうち，３つが放物線上に存在し，そのうち１つは原点である。

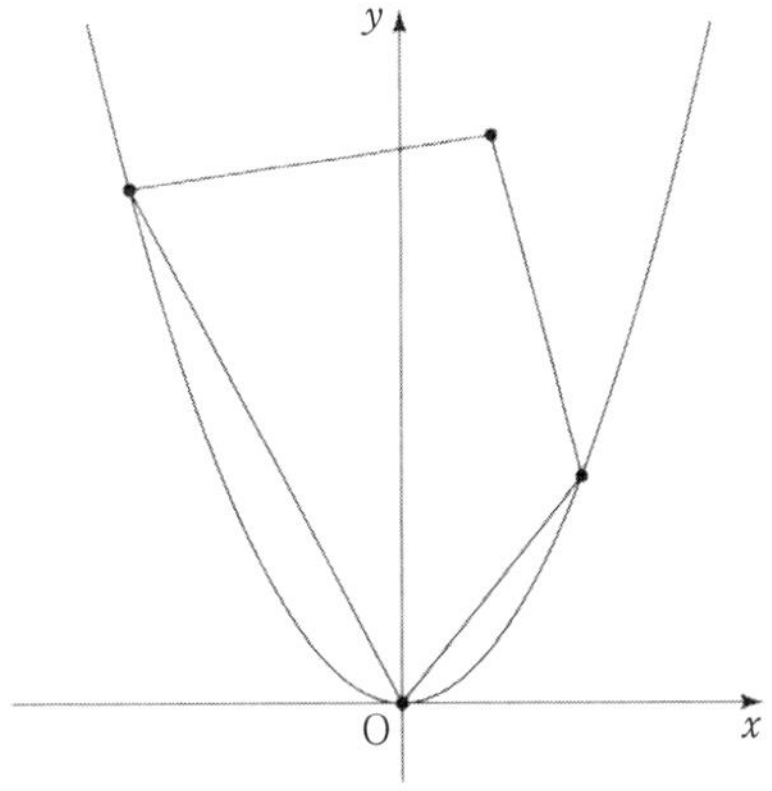

(1) 四角形が平行四辺形で，対角線の交点が(0，2)のとき，４つの頂点のうち放物線上に存在しない頂点の座標は($\boxed{\text{ア}}$ ， $\boxed{\text{イ}}$)である。
(2) $a=1$ とする。
四角形がひし形で，面積が16のとき，２本の対角線のうち長い方の対角線の長さは $\boxed{\text{ウ}}$ である。
(3) $a=\dfrac{1}{2}$ とする。
四角形が正方形のとき，１辺の長さは $\boxed{\text{エ}}\sqrt{\boxed{\text{オ}}}$ である。

5　図のように，底面が１辺の長さ３の正方形で，OA＝OB＝OC＝OD＝4の正四角錐O-ABCDがある。

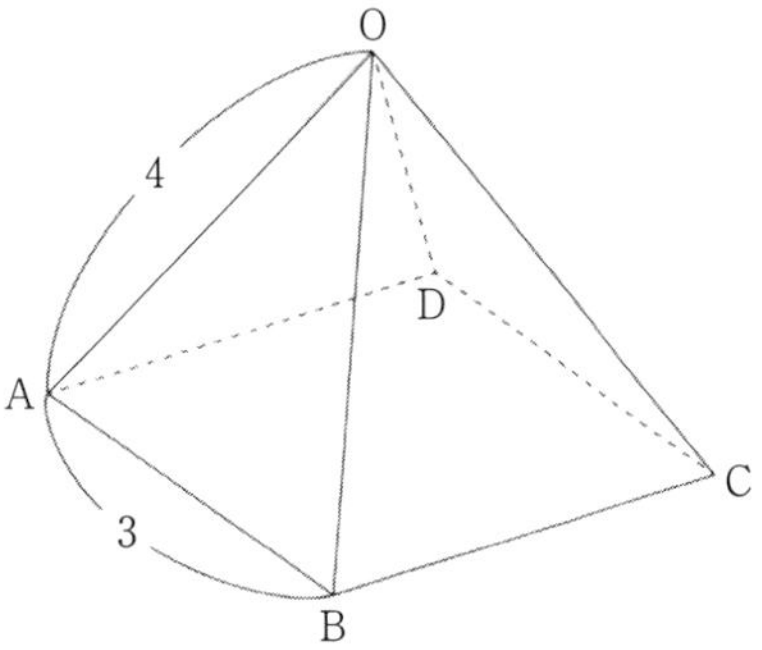

(1) 頂点Oから底面に下ろした垂線の長さは $\dfrac{\sqrt{\boxed{\text{アイ}}}}{\boxed{\text{ウ}}}$ である。
OAの中点をE，OBの中点をFとする。
(2) ２点E，Fを通り底面と平行な平面で正四角錐を切断したとき，頂点Oを含む立体の体積は $\dfrac{\boxed{\text{エ}}\sqrt{\boxed{\text{オカ}}}}{\boxed{\text{キク}}}$ である。
(3) 平面CDEFで正四角錐を切断したとき，頂点Oを含む立体の体積は $\dfrac{\boxed{\text{ケ}}\sqrt{\boxed{\text{コサ}}}}{\boxed{\text{シス}}}$ である。

2. この世に存在してはならない
3. 厳しく責め立ててはいけない
4. 凡人が話しかけてはいけない
5. 尋問して馬から下ろすべきだ

b　さればこそ　(28)

1. なんと気づかなかった　2. 偶然の出会いだ
3. さっぱりわからなかった　4. やはりそうだったのだ
5. やっと思い出した

c　郎等をいさめて、無為なりけり　(29)

1. 従者に争いごとを任せて、自分は何もせずに漫然と過ごした
2. 自分の従者をよく制したことによって、何事もなく無事でいられた
3. 従者と共に幽霊を退治したところ、それからは何も起こらなかった
4. 従者に助言するだけで自分は何もしなかったが、自然に有名になった
5. 従者をしかりつけたことによって、二人とも死なずに済んだ

問二　傍線部①について、致経の発言の内容として最も適当なものを、次の中から一つ選びなさい。(30)

1. 自分の父は田舎者であるので、きっと事情をわきまえずに無作法なふるまいをしたことだろう。
2. 愚か者で頑固な自分の父は、人を敬う心が欠けているので、わざと馬から降りなかったようだ。
3. 保昌のほうが身分が上であることを知らず、自分の父が馬から降りないという無礼を働いたようだ。
4. 自分の父は田舎出身であるので、よく知らないまま礼儀を欠いたふるまいをしても恥じることはない。
5. 愚かな父が先ほどの自分の態度について反省しているので、息子である私が代わりに謝りに来た。

問三　傍線部②について、その説明として最も適当なものを、次の中から一つ選びなさい。(31)

1. 虎のように激しく戦えば死んでしまうので、人である以上抗争は極力避けたほうがいいということ。
2. 武士が獰猛《どうもう》で残酷な虎のように戦えば、従者を含めてどちらの軍でも多くの死者が出るということ。
3. 虎のように勇猛な武士同士が戦うと、痛手を負うどころか互いに死なないでは済まないということ。
4. 強豪同士の戦いでは双方が共に死ぬことはあまりないが、必ず一方は倒れることになるということ。
5. 虎のように死ぬまで戦うのではなく、引き際をわきまえるのが人間同士の戦い方であるということ。

問四　傍線部③とは誰のことか。最も適当なものを、次の中から一人選びなさい。(32)

1. 保昌　2. 国司の郎等　3. 致経
4. 致頼　5. 頼信　6. 維衡

問五　本文の主旨に合致しているものとして最も適当なものを、次の中から一つ選びなさい。(33)

1. 経験を積んだ武士は、馬の立て方一つをとっても他の者とは一線を画した貫禄がある。
2. 非凡な才能を持つ者は、相手の所作から同様の雰囲気を感じ取るため侮らずに行動する。
3. 世に名を馳《は》せる武士は、凡庸な者のふりをして争いを避け、相手を傷つけないようにする。
4. 身なりや年齢といった表面上の要素だけで相手を見下す者は、すぐれた武士とは言えない。
5. 武術をきわめた非凡な勇将は、馬の立て方だけで相手を怖気《おじけ》づかせることができる。

い自分を責め、いたたまれなくなっている。

4．ばあちゃんが認知症を患っていると分かっていながらも強引に米作りを手伝うと言ってしまったことで、病気がさらに悪くなってしまい、全ては自分が計画した「ばあちゃん米作りプロジェクト」のせいだと自戒し後悔している。

5．お米の素晴らしさや米作りの大変さについて人生に語っていたばあちゃんを通じて、生きていく大変さや「家族」の素晴らしさについて教えられ、できたら自分も「家族」の一員として米作りをしたかったという切ない思いを抱いている。

問九 この文章を読んだ五人の生徒がそれぞれ意見を述べあった。本文の内容をふまえた発言として最も適当なものを、次の中から一つ選びなさい。㉖

生徒A 人物の容姿や行動の描写を極力少なくし、「た」という文末表現や観念的な言葉を多用することで、登場人物の複雑な心情を分析的、回想的に語り、ばあちゃんの異様な様子が効果的に描かれていると思います。

生徒B 表現ということでは、「……」「——」などの記号を作品全体に散りばめ、いくつかの話題を交錯させることで、物語の展開を重層的なものにし、ばあちゃんの異変の場面では不可思議な現象を最も印象的に演出していると私は思います。

生徒C 私は会話に注目しました。この小説は「ばあちゃん」を中心に何人かの人物が登場しますが、「なあ。おれらってさ、ラッキーじゃね？」など若者言葉を用いることで重くなりがちなテーマから脱し、一種の心理小説に仕立てていると感じました。

生徒D 私は構成に注目しました。本文の前半では人生たちの明るい様子を、後半ではばあちゃんの異様な行動を描いていますが、特に人生たちが部屋の中を見る場面では読点を多用し短い文にすることで、めりはりや緊張感が出て、ドラマチックな展開となっていると思います。

生徒E 二人が家に帰った場面では、「香り」「匂い」「足音」など五感に訴える表現を重ねたり、隠喩を用いてばあちゃんの異変を表現したりすることによって、現実離れした雰囲気が醸し出され、神秘的な現象が鮮やかに演出されていると思います。

1．生徒A　2．生徒B　3．生徒C
4．生徒D　5．生徒E

三

次の文章を読んで、後の問いに答えなさい。

丹後守《たんごのかみ》保昌《やすまさ》、任国に下向の時、与謝の山にて、白髪の武士一騎あひたりけり。木の下に少しうち入りて、笠をかたぶけて立ちたりけるを、国司の郎等いはく、「この老翁、なんぞ馬より下りざるや。奇怪なり。とがめ下ろすべし」といふ。ここに国司のいはく、「一人当千の馬の立てやうなり。ただものにあらず。aあるべからず」と制止して、うち過ぐるあひだ、三町ばかりさがりて、大矢右衛門《おほやうゑもんの》尉《じょう》致経《むねつね》、あまたの従類を具してあひたり。弓取り直して、国司に会釈のあひだ、①致経いはく、「ここに老翁や一人、あひ奉りて候ひつらむ。あれは愚父平五大夫《へいごだいふ》にて候ふ。堅固の田舎人にて、子細を知らず。さだめて無礼をあらはし候ふらむ」といひけり。致経過ぎてのち、国司、「bさればこそ。致頼《むねより》にてありけり」といひけり。

この党は、頼信《よりのぶ》、保昌、維衡《これひら》、致頼とて、世に勝《すぐ》れたる四人の武士なり。②両虎たたかふ時は、ともに死せずといふことなし。保昌、③かれが振舞《ふるまひ》を見知りて、さらに侮らず。c郎等をいさめて、無為なりけり。いみじき高名なり。

（『十訓抄』）

問一 傍線部aからcの解釈として最も適当なものを、後の中からそれぞれ一つずつ選びなさい。

a　あるべからず㉗

1．自ら下馬するのを待つべきだ

田端さんが認めてくれたので、米作りの手伝いを断念しようかと思ったが、自分では決断することができないので相談したところ、進むべき道筋をはっきりとつけてくれたから。

5．他人から初めて認めてもらった仕事を続けることと、ばあちゃんの田んぼの手伝いを両立できるか不安を感じていた人生の悩みを正面から受け止めたうえで、いずれもやり抜くことの大切さを説いて背中を押し、奮い立たせてくれたから。

問六　傍線部④について、その説明として最も適当なものを、次の中から一つ選びなさい。㉓

1．いつもと違ってばあちゃんの見送りや出迎えがなかったことに胸騒ぎを覚え、急いで部屋に向かって呼びかけてみたが返事がなく、ばあちゃんの体調に深刻な異変があったのではないかと心配して激しく動揺している。

2．いつもなら二人のために作ってくれる晩ご飯の匂いがするのにそれがなく、家の中も静まり返り真っ暗なので、志乃さんのところに立ち寄り遅くなったことにばあちゃんが腹を立てているのではないかと不安になっている。

3．近隣の人達に手伝ってもらってこれまでどうにか続けてきたばあちゃんの素晴らしい田んぼをこれからも維持しようとしていることが事前に知られてしまい、そのことでばあちゃんを苦しませてしまったのではないかと思い悩んでいる。

4．家の中が静まり返り真っ暗な様子と、つぼみが出かける時様子が変だったということから、ばあちゃんの認知症が急に悪くなって、部屋の中でとんでもないことをしているのではないかと恐怖の念に駆られている。

5．つぼみが出かける時いつものように見送ってくれなかったことを聞いて、自分たちがばあちゃんの米作りの大変さの話を無視して誰かに相談することを察知して、怒っているのではないかと懸念している。

問七　傍線部⑤について、この時のつぼみの心情の説明として最も適当なものを、次の中から一つ選びなさい。㉔

1．出かける時にばあちゃんに声かけだけではなく様子を見てから家を出ればよかったという後悔の念と、部屋の中の異様な光景から怖くなりどうしたらよいか分からない気持ち。

2．電気をつけ明るくなった部屋の様子が想像していたのとは全く逆で、ただならない気配が漂っており、あまりの恐怖から何が何だか分からなくなっている気持ち。

3．部屋の中のばあちゃんが血の気の引いた真っ白な顔をして、ばあちゃんの姿をした別の人に見え、その格好があまりにも気味悪く思えて非常に怖く不安な気持ち。

4．部屋の中のばあちゃんの異様な動作に驚嘆したのはもちろん、人生も生気を失ってしまってまともな行動がとれていないことから一層不安が募ってしまい、自分自身もどうしたらよいのか困り果てている気持ち。

5．ばあちゃんの異常とも思われる行動を目にして恐ろしくなり、傍《そば》にいる人生も冷静さを失っているために、このような状況にどのように対応したらよいか分からず誰かにすがりたい気持ち。

問八　傍線部⑥をみつめる人生についての説明として最も適当なものを、次の中から一つ選びなさい。㉕

1．ばあちゃんは田んぼを周囲の人から手伝ってもらって何とかやっていたが、病気を患ってしまったことで米作りを断念せざるを得なくなってしまったことを考えると、病気が憎らしく何もしてやれない自分の無力さを感じ圧倒されている。

2．米作りは大変なのでもう今年はやらないと決意していたばあちゃんにとって、本当は米作りや家族は大きな意味を持っており、それらに対する思いを抱えたばあちゃんの異変に強い衝撃を受けながら、眼前の現実にただ呆然《ぼうぜん》としている。

3．ばあちゃんの深い皺の刻まれた疲れ切った顔から、やはり米作りは大変なのだということを改めて実感させられると共に、人間的に壊れていってしまうばあちゃんの姿を前に何もできな

5．緊張から息が急に苦しくなる

問二　文章中の空欄 Ⅰ から Ⅳ に入る語句の組み合わせとして最も適当なものを、次の中から一つ選びなさい。⑲

1．Ⅰ　白熱しながら　Ⅱ　当然
　　Ⅲ　臥《ふ》し　Ⅳ　丸くして
2．Ⅰ　白熱しながら　Ⅱ　実は
　　Ⅲ　立ち向かい　Ⅳ　奪われて
3．Ⅰ　ひとしきり　Ⅱ　文句なく
　　Ⅲ　冒され　Ⅳ　凝らして
4．Ⅰ　ひとしきり　Ⅱ　当然
　　Ⅲ　立ち向かい　Ⅳ　奪われて
5．Ⅰ　十分に　Ⅱ　文句なく
　　Ⅲ　臥し　Ⅳ　丸くして
6．Ⅰ　十分に　Ⅱ　実は
　　Ⅲ　冒され　Ⅳ　凝らして

問三　傍線部①について、この時の人生の心情の説明として最も適当なものを、次の中から一つ選びなさい。⑳

1．自分を捨てて突然いなくなってしまった母に対して恨みを持っていたが、ばあちゃんの田んぼ作りを手伝うことでそのことを忘れようと思っていたところ、田端さんの厳格な意見を受けて意気消沈している。
2．仕事がうまくいかず家に引きこもりがちになっていた中で、自分から働くという決意に大きな意味があったが、田端さんの厳しい助言で、それまでの前向きな姿勢から一転しやる気が失せている。
3．自分では今やっている清掃の仕事と田んぼ作りを絶対両立できると確信していたが、両立はかなり難しいという田端さんからの指摘で頭の中が真っ白になり急に不安になっている。
4．仕事を続けながら田んぼ作りをすると結局はばあちゃんの負担が増してしまうという田端さんからの指摘で、迷いはあったものの田んぼ作りを手伝おうと決めつつあった思いが揺らいでいる。
5．田端さんから仕事を評価され、職場に必要不可欠な人材だと言われたことで、誰かに仕事を認められたことがなかった自分は多少有頂天になりつつも、どうしたらよいのか分からず困惑している。

問四　傍線部②について、その文法的な説明として最も適当なものを、次の中から一つ選びなさい。㉑

1．「むしろ」の品詞は接続詞である。
2．「もう自分はやめざるを得ない」は八単語から構成されている。
3．「決して」は呼応の副詞で、「得ない」がそれに応じている。
4．「手伝うなんて〜いたのだ」の中には動詞が五つある。
5．「諭していたのだ」の「た」と「だ」はともに過去を表す助動詞である。

問五　傍線部③について、その理由として最も適当なものを、次の中から一つ選びなさい。㉒

1．田端さんの話から、ばあちゃんが米作りの大変さを語っていたのは、人生たちに手伝うなどと言わないように諭していたのだと理解したが、どうしても腑《ふ》に落ちないところがあったので相談したところ、熱烈な意気込みで対応してくれたから。
2．田端さんの話から振り返ってみると、ばあちゃんが米作りを手伝うなと諭していたことは理解できたが、ばあちゃんの田んぼを手伝ってきた志乃さんから一緒に頑張ろうと言われたことで、不安は残りつつも勇気づけられたから。
3．「ばあちゃん米作りプロジェクト」は人生の長年の夢だったので、どうしても断念することができず、志乃さんだったら仕事と米作りとの両立に賛成してくれるだろうと思って相談したところ、否定せずに思い通りの結論を出してくれたから。
4．今まで誰かに何かを認められることがなかった人生のことをっぱって、つけた。

明るくなった部屋の中を見て、人生とつぼみはc息をのんだ。

部屋いっぱい、畳の上いちめんに、米が――正確には籾《もみ》が散らばっていた。ばあちゃんは、その真ん中に座りこんでいた。両手には、たくさんの籾がついた稲が握られている。ばあちゃんの周りには、籾と、ちぎり落とされた無数の稲わらが散乱している。

異様な光景に、人生もつぼみも、その場に凍りついてしまった。

ばあちゃん、と呼びかけたくても、声が喉に引っかかって出てこない。ばあちゃんは、何かずっとぶつぶつ口の中でつぶやきながら、稲から籾を引きちぎっている。電気がついたことも、人生たちが部屋に入ってきたことも、気づいていないかのようだ。

人生は、大きく息を吸って、吐いた。落ち着け。落ち着いて、声をかけるんだ。

「……ただいま、ばあちゃん。遅くなってごめん。これから一緒に晩飯、食べるだろ？」

努めて平静を装って、人生はようやくそう言った。しかし、声が震えてしまった。そこにいるのは、確かにばあちゃんだった。けれど、ばあちゃんではなかった。ばあちゃんの姿をした、見知らぬ人のようだった。

つぼみは真っ青になって、その場に立ち尽くしていた。不安のあまり、無意識に、⑤人生のセーターの裾をぎゅっと握っている。人生は、つぼみがおびえているのを意識しながら、心の中で、大丈夫だよ、と声をかけた。つぼみと、ばあちゃんと、両方に。

「ばあちゃん。囲炉裏《いろり》の部屋へ行こう。おれが、これから晩飯、作るから。ここじゃ寒いだろ。風邪引いちゃうよ」

人生は、ばあちゃんのそばへと近づいた。そして、その場にしゃがむと、ばあちゃんに向かって手を差し伸べた。

「さあ行こうよ、ばあちゃん」

うつむいていたばあちゃんの顔が、ゆっくりと、人生のほうを向いた。血の気の引いた、真っ白な顔。深い皺《しわ》の刻まれた、疲れ切った顔。たった一日で、何年もが経過したように感じられる顔だった。

「籾を……籾を……」

ばあちゃんの乾いた唇から、小さな声が漏れた。焦点の合わない目は、人生を見てはいなかった。人生を通して、別の誰かに、ばあちゃんは語りかけていた。

「種籾を選ばなくちゃ……ひと粒の籾から、たくさんのお米ができるんだもの……それを、食べさせなくちゃ……私の家族に」

枯れ枝のような手のひらから、幾粒もの籾がこぼれ落ちる。人生は、息を殺してみつめていた。⑥音もなく、静かに――ばあちゃんが壊れていくのを。


（原田マハ『生きるぼくら』）

問一 傍線部aからcの語句の本文中における意味として最も適当なものを、後の中からそれぞれ一つずつ選びなさい。

a 切々と ⑯
1. 心静かに落ち着いたさまで
2. 思い悩んでもだえ苦しむさまで
3. 誇らしく意気のあがるさまで
4. 心にせまって感じるさまで
5. 世事にこだわらず超然としているさまで

b 叡智 ⑰
1. 奇抜な知恵
2. その場に応じてとっさに出る知恵
3. 深くすぐれた知恵
4. 新しいものを作り出す知恵
5. 物事を正しく判断する知恵

c 息をの(む) ⑱
1. はっと驚いて思わず息をとめる
2. 呼吸をおさえるようにして注意を集中する
3. 呼吸をおさえてじっとしている
4. 息が苦しくなり大きく呼吸する

介護の仕事に専念できるよう、大変な農作業を、ひとりで黙々と続けているのだから。

　ばあちゃんの米作りを支えてくれたという、近隣の「若い衆」。しょうがねえなあと言いながら、米作りをあきらめ切れないばあちゃんの思いをくみとって手を貸してくれる。会ったことはないが、きっとカッコいい人たちだ。

　そして、誰よりも、ばあちゃん。

　夫や息子を失いながら、病に［Ⅲ］ながらも、「見知らぬ」人生やつぼみに、生きるｂ叡智《えいち》を与えてくれる。ほんとうに、カッコいい。ばあちゃんは、本物の大人だ。「大きな人」だ。

「なあ。おれらってさ、ラッキーじゃね？」

　明るい気分になって、人生は、運転席のつぼみに向かって語りかけた。

「なんにもわかんないおれらをさ、こっちに行ってみれば？　って教えてくれる『カッコいい大人』に囲まれててさ」

　ふふふ、とつぼみが笑い声を立てた。

「カッコいい大人かあ。あたしたちも、いつか、そういう大人になれたらいいよね」

　ただいまあ、と元気よく声を上げて、人生とつぼみはいつものように玄関へ入っていった。

　志乃さんのところに立ち寄ったので、いつもより一時間ほど遅くなってしまった。ばあちゃんは、ふたりの帰りに合わせて、夕食のしたくを整えてくれている。玄関の戸を開ければ、ふわりと味噌《みそ》汁の香りや、香ばしい焼き魚の匂いが漂ってくる。そして、ぱたぱたという足音とともに、ばあちゃんの困ったような笑顔が現れる。その瞬間までに、胸に「名札」をつけておく。ばあちゃんは、名札を確認してから、決まってこう言うのだ。おかえり、人生。おかえり、つぼみ。晩ご飯のしたく、できてるわよ。

　ところが、その日に限って、家の中にはおいしそうな匂いが立ちこめていなかった。ばあちゃんの足音も聞こえない。家の中は、しんと静まり返っている。どうやら、電気もついていない様子で、真っ暗だ。

「何、どうしたの？　ばあちゃん、出かけちゃったの？」

　人生はつぼみを振り向いて、そう訊《き》いた。つぼみは、おかっぱ頭を横に振った。

「あたしが出るときには、おばあちゃん、自分の部屋にいたみたいだけど。いってきます、って一応声もかけたし」

　それから、「あ、そういえば」と小さく声を漏らした。

「いつもみたいに見送ってくれなかったな。いってらっしゃいとも言わなかったし……」

　人生は不審に思いつつ、家の中に上がった。廊下の電気をつけ、敷板をみしみしと鳴らしながら、ばあちゃんの部屋へと急ぐ。その後を、つぼみが心細そうについていく。

「ばあちゃん、ただいま」

　きっちり閉められた襖《ふすま》の向こう側に向かって、人生は声をかけた。

　部屋の中はしんと静まり返って、返事がない。電気もついていないようだ。

　……まさか。

　④人生の胸の中で、ごとんと大きな石が動いたように心臓が鳴った。とてつもなく悪い予感が、体の中心を稲妻のように駆け抜けた。

　人生は、思い切って、襖をいっぱいに開けた。

　真っ暗な部屋の中に、さびしく点《とも》った廊下の裸電球の光が流れこんだ。次の瞬間、人生が目にしたのは、不思議な光景だった。

　部屋の真ん中に、ばあちゃんがいた。

　廊下に背を向けて、縁側に向かって正座している。畳いっぱいに、何かを広げている。人生は、目を［Ⅳ］、その様子をみつめた。

「おばあちゃん……？」

　恐る恐る、つぼみが声をかけた。が、正座をしたばあちゃんは、振り向かない。ぴくりとも動かない。人生とつぼみは、息を殺したまま、足音を忍ばせて部屋の中に入った。そして、電気のひもを引

つくよ」
①「前言撤回……」人生は、魂が抜けたような声でつぶやいた。
確かに、ばあちゃんも、どんなに田んぼ作り、米作りが大変か、a切々と語っていた。考えてみると、昨日の長い話は、お米のすばらしさについて人生たちに語り聞かせつつも、手伝ってほしいと願って話していたわけではなかった。②むしろ、こんなに大変なんだから、もう自分はやめざるを得ない、手伝うなんて決して言わないで――と諭していたのだ。

「麻生君、清掃の仕事もよくやってくれてるからさ。米作りがあるからって、もし君がこっちに来られなくなったら、うちとしては残念だしなあ」

田端さんの言葉には正直な響きがあった。仕事をして、誰かにそれを認められること自体が初めてだった人生にしてみれば、田端さんが自分を当てにしてくれていることは、むしろ喜ぶべきなのかもしれない。

なんとなくすっきりしないまま、事務所へ戻った。仕事と米作りの両立がはたして許されることなのか否か、総務の池本さんに相談してみようかとも思ったが、「そういうことなら社長に相談してみないと」と言われるような気もしたので、やめておいた。

結局、こういうことを相談するには、「めし」屋の志乃さんがいちばんいい。人生は、迎えにきたつぼみに頼んで、久米食堂に寄ってほしいと頼んだ。

「米作りのこと、相談すんの?」

勘のいいつぼみはそう言ったが、それ以上は突っこまず、久米食堂に立ち寄ってくれた。

相変わらず閑散とした店内で、志乃さんと人生とつぼみは、「ばあちゃん米作りプロジェクト」について、[Ⅰ]話しこんだ。

「なるほど。仕事と米作りの両立、本当にやり切れるかどうか、悩んでるわけだ」

人生の話をひと通り聞き終わると、志乃さんは組んでいた両腕を解いてテーブルの上に置いた。

「人生君、よくやってくれてるって、いい人紹介してくれてありがとうって、ついこないだ社長から連絡もらったのよ。おかげで私、このぺちゃんこ鼻がちょっと高くなったよ」

自分の鼻の頭をつついて笑った。人生は、照れて頭を掻《か》いた。つぼみの前で第三者に仕事ぶりをほめてもらうのは、正直、ちょっと嬉しかった。

「せっかくだから仕事はやめないでほしい。あんたにとっても、仕事を続けるってことは大事なことだと思うんだよ。そして、マーサさんを手伝ってあげるってことも、同じくらい大事なことだと思う」

大変かもしれないが、仕事と米作りを両立させる。それが志乃さんの結論だった。

こういうときに、③やはり志乃さんは頼りになる。ばあちゃんの田んぼのこと、ばあちゃんを孫ふたりが助けようとしていること、そして、人生が稲作を手伝っても仕事に支障がないように自分もサポートするからと、社長に伝えておくと言ってくれた。

「私も毎年、マーサさんの田んぼを手伝ってきたからわかるけど、やめちゃうのは惜しい。すばらしい田んぼだよ。去年、収穫後にいろんなことがありすぎて、正直、今年はどうかなと思ってたけど……あんたたちが手伝う気なら、そりゃあ私だって」

志乃さんの声は、うっすらと熱を帯びていた。志乃さんの話を聞いて、人生ばかりか、つぼみまで励まされたようだった。


（中略）


考えてみると、いまの自分は「カッコいい大人」に恵まれている。志乃さんは[Ⅱ]カッコいいのだが、清掃会社の社長だって、総務の池本さんだって、カッコいい。若い社員を堂々と受け入れ、わからないことはきちんと教えてくれる。あたりまえのことなのかもしれないけど、そんな大人に会ったのは初めてのことだった。

青峰寮の田端さん。お年寄りを支えて走り回っている。やっぱり、頼れるカッコいい大人だ。田端さんの奥さんも、カッコいい。夫が力して準備作業に当たることで、集団の帰属意識が高まり、人間関係の結びつきが強まった。

4．個人や集団がみずからの正当性を訴える宣誓の監視者として神仏が起請文に勧請され、対立の裁定を担うことで、人間の処罰に際して生じる負の感情を和らげた。

5．深山など未開の土地への人間の立ち入りを制限し、鳥獣の乱獲を厳しく処罰することにより、個人や集団同士が獲物をめぐって争う事態を回避した。

問六 空欄 X に入る内容として最も適当なものを、次の中から一つ選びなさい。⑭

1．人知を超えた力で人々の命を守っていた
2．緩衝材としての役割を果たしてきた
3．集団間の対立を巧みに仲裁していた
4．世俗的な存在として人々の身近にいた
5．近代化に伴ってその役目を変えてきた

問七 傍線部③がもたらしたことの説明として最も適当なものを、次の中から一つ選びなさい。⑮

1．都市の中心から神仏や死者のための施設がなくなったことで、日常生活の中でカミの存在を意識する機会がなくなり、トラブルの際にも宗教に頼らない人間が増えた。

2．現実社会がカミによる支配を離れ、人間中心の統治へと移行した結果、特権をめぐって住民同士が直接衝突する事態が頻発し、身分や貧富の差が生じるようになった。

3．現実社会と死後の世界が切り離され、人権の観念が人々の間で共有された一方、共同体や国家間の秩序維持のあり方が崩れ、他者への敵がい心を高める事態が増えた。

4．宗教的儀礼の重要性が薄れ、人々の神仏への信仰心が弱まった結果、個人が他者への関心を持たなくなり、住民同士が協力して共同体を維持することが困難になった。

5．非科学的なカミの支配が否定され、ヒューマニズムに基づく人権意識が浸透した一方で、無人島の領有権争いなど人類の手では解決できない問題が多発するようになった。

二

次の文章を読んで、後の問いに答えなさい。

いじめからひきこもりとなった二十四歳の麻生人生《あそうじんせい》は、母が突然いなくなり、残されていた年賀状の束から小学六年生の時離婚して家を出た父の母であるマーサばあちゃんのことを知り、蓼科《たてしな》へと向かう。以下はパートで清掃業務をしている人生が、仕事先の田端さんに悩みを相談している場面であるが、ばあちゃんが病気を患っている事は話していない。

田端さんは腕組みをして、黙って人生の話に耳を傾けていたが、やがて、

「そうか。そりゃ、大変なことをおばあちゃんに約束しちまったな」

そう言った。大変なこと、という部分に、人生は思わずぎくりとした。

「君はこの仕事も続けていくつもりだろう？　そうなると、米作りの作業は、早朝、帰宅後、休日に限られるわけだ。でも、農作業っていうのは、毎日やらなくちゃいけないし、日中の明るいときでないと難しい。結局、おばあちゃんや親戚の子に負担をかけることになるんじゃないのかな」

田端さんの意見は、手厳しいものだった。

おばあちゃんに期待をさせておきながら、結局あまり手を貸すことができなかったら、かえっておばあちゃんの負担が増すだけだ、と田端さんは言った。米作りは、高齢者には相当大変な作業だ。無理をして、おばあちゃんの体調が悪くなってしまったら取り返しがつかなくなる、と。

「悪いことは言わないから、前言撤回したほうがいいんじゃないかな。まだ作業は始まっていないんだから、いまならまだ取り返しが

4. あまりの事態にヘイコウする。
5. 彼のオウヘイな態度に腹を立てる。

b 「トげる」 ②
1. この砥石《といし》は包丁がよくトげる。
2. ついに富士山をノボり切った。
3. 試合に負けてトホウに暮れる。
4. トタンの苦しみをなめる。
5. 極秘の作戦をスイコウする。

c 「ジュンカン」 ③
1. 教育のイッカンで実施する。
2. 優勝旗がヘンカンされる。
3. 子供の授業サンカンに行く。
4. 様々な事情をカンアンする。
5. 本番でアッカンの演技をみせる。

d 「ヘダてた」 ④
1. カクシキの高さに戸惑う。
2. 二つのデータをヒカクする。
3. 制度カイカクに着手する。
4. 機械をエンカクで操作する。
5. カクイツ的な教育を改める。

e 「ハイジョ」 ⑤
1. 高齢者の食事のカイジョをする。
2. 規約違反の会員をジョメイする。
3. 長編小説のジョショウを読む。
4. ありのままにジョジュツする。
5. 通学路はジョコウして運転する。

問二 空欄 A から D に入る語として最も適当なものを、次の中からそれぞれ一つずつ選びなさい。ただし、同じものを二回以上用いてはいけません。⑥〜⑨

1. そのため　2. かつて　3. しかし　4. あるいは

問三 次の一文を入れるのに最も適当な箇所を、本文中の(1)から(5)の中から一つ選びなさい。⑩

人が住まない場所はカミの支配する領域だったのである。

問四 傍線部①について、その説明として最も適当なものを、次の中から一つ選びなさい。⑪

1. 目に見えない死者や神仏を超越的存在として崇《あが》め、都市の一等地に祀《まつ》ることで市民の信仰心や畏敬の念を強くかき立てていたということ。
2. 生活圏の中心に教会や寺社、墓地をつくることで死者や神仏との距離を縮め、共同体を運営する上で生じる責任や役割を共有していたということ。
3. 実在する生物よりも目に見えない死者や神仏への親近感を強め、法会や祭礼を通じて生の声に耳を傾けながら生活を営んでいたということ。
4. 人間が死者や神仏など不可視の存在を仲間として尊重し、現実社会を成り立たせるのに欠かせない重要な存在として捉えていたということ。
5. 死者や神仏だけでなく、動植物にも人間を超える優れた能力があるという認識を、同じ集団で生活する住民たちが分かち合っていたということ。

問五 傍線部②について、「カミ」・「神」が前近代の人間社会において果たしていた機能や役割に関する説明として適当でないものを、次の中から二つ選びなさい。⑫・⑬

1. 海峡に浮かぶ島に祀られ、人知を超える力で航海者の安全を守ることによって不可侵の存在となり、島の領有をめぐる国家間の衝突を未然に防いだ。
2. 社会生活上のトラブルで共同体間の対立が極限まで悪化した際、人々が神判という儀式を通じて神の意思を確認し、それに双方が従うことで紛争を解決した。
3. 定期的な祭礼を通じて人々がカミの存在を意識し、仲間と協仲裁をカミに委ねた。前近代の日本列島では、村の境界や日照りの際の川からの取水方法をめぐって共同体間でしばしば紛争が生じ、死傷者が出ることも珍しいことではなかった。その対立が抜き差しならないレベルにまで昂《たか》まったときに行われたものが、神判とよばれる神意を問う行為である。

神判の代表的なものに、盟神探湯《くかたち》がある。これは熱湯のなかに手を入れてなかの小石などを拾わせるものであり、対立する双方の共同体から代表者を選出し、負傷の程度の軽い方を勝ちとした。両者に焼けた鉄片を握らせる鉄火という方法もあった。勝利した側に神の意思があるとされ、敗者側もその裁定に異議を差し挟むことは許されなかった。神の実在に対するリアリティの共有が、こうした形式による紛争処理を可能にしたのである。

前近代の日本列島では、深山や未開の野には神が棲《す》むと考えられていた。そのため、そこに立ち入ったり狩りを行ったりするときには土地の神に許可をえる必要があった。かつて猟師の世界では、狩りのために山に立ち入るにあたって数々の儀礼を行うことが不可欠とされてきた。また山中でも、言動をめぐって多くのタブーが存在した。（3）

その背景には、人の住まない山は神の支配する領域であり、狩りという行為は神の分身、[A]神の支配下にある動物を分けていただく儀式という認識があった。[B]、狩りの対象は必要最小限に留め、獲物のいかなる部位も決して無駄にしないように努めなければならなかった。それが乱獲を防ぎ、獲物をめぐる集団同士の衝突を防止する役割を担ったのである。

カミは海峡をdヘダてた国家の間においても、[X]。朝鮮半島との間に浮かぶ沖ノ島には、四世紀以来の長期にわたる祭祀《さいし》の跡が残されている。日本から朝鮮半島と大陸に渡ろうとする航海者たちは、この島に降り立って、その先の海路の無事を神に祈った。

島も大海原も、その本源的な支配者はカミであると信じられていた。[C]辺境の無人島はその領有を争う場所ではなく、身と心を清めて航海の無事を静かにカミに祈る場所だった。島だけではない。王の支配する国家の間に広がる無人地帯も、その本源的所有者はカミだった。（4）

だが、近代に向けて③世俗化の進行とカミの世界の縮小は、そうしたカミと人との関係の継続を許さなかった。人の世界からは神仏だけでなく、死者も動物も植物もハイeジョされ、特権的存在としての人間同士が直に対峙《たいじ》する社会が出現した。人間中心主義としてのヒューマニズムを土台とする、近代社会の誕生である。

近代思想としてのヒューマニズムが、人権の拡大と定着にどれほど大きな役割を果たしたかについては＊贅言《ぜいげん》する必要もない。[D]、近代化は他方で、わたしたちが生きる世界から、人物間、集団間、国家間の隙間を埋めていた緩衝材が失われていくことを意味した。体に棘《とげ》をはやした人間が狭い箱に隙間なく詰め込まれ、少しの身動きがすぐさま他者を傷つけるような時代が幕を開けた。

明治期の北海道に典型的なように、カミが支配した山や大海や荒野は「無主」の地とよばれ、人間の支配の手が伸び、分割され目にみえない境界線が引かれた。（5）荒涼たる砂漠や狭小な無人島の帰属をめぐって、会ったこともない「国民」間で負の感情が沸騰するような現象が日常化するのである。

（佐藤弘夫『日本人と神』一部省略）

（注）＊カミ…筆者は「聖なるもの」を意味する「カミ」と、日本の「神」とを区別して表記している。
＊勧請…神仏のおいでを願うこと。
＊贅言…むだな言葉。

問一 傍線部aからeと同じ漢字を使うものを、後の中からそれぞれ一つずつ選びなさい。

a 「ヘイセツ」[1]
1. 二つの乾電池をヘイレツでつなぐ。
2. ヘイメン上に二本の直線を引く。
3. 有力な企業同士がガッペイする。

二〇二二年度 栄東高等学校（第一回）

【国　語】（五〇分）〈満点：一〇〇点〉

一　次の文章を読んで、後の問いに答えなさい。

かつて人々は死者を大切な仲間として扱い、対話と交流を欠かさなかった。死者だけではない。神や仏など目に見えぬもの、人を超えた存在と空間・時間を分かち合い、そのために都市と社会のもっとも重要な領域を提供した。

わたしは今世紀に入ったころから、各地の史跡をめぐり歩くようになった。よく行くのは古都や神社仏閣である。国内だけでなく、ヨーロッパの中世都市やインドの寺院、インドネシアのボロブドゥール、カンボジアのアンコール・ワットなどアジアの遺跡もたびたび訪れた。

わたしたちは都市というと、人間が集住する場所というイメージをもっている。（1）しかし、実際に古今東西の史跡に足を運んでみると、街の中心を占めているのは神仏や死者のための施設である。

中世ヨーロッパでは、都市は教会を中心に建設され、教会には墓地がaヘイセツされていた。日本でも縄文時代には、死者は集落中央の広場に埋葬された。有史時代に入っても、寺社が都市の公共空間の枢要に位置する時代が長く続いた。そうした過去の風景を歩いていると、現代が、日常の生活空間から人間以外の存在を放逐してしまった時代であることを、改めて実感させられる。

前近代の日本列島では、①人々は目に見えない存在、自身とは異質な他者に対する生々しい実在感を共有していた。神・仏・死者だけではない。動物や植物までもが、言葉と意思の通じ合う一つの世界を構成していた。超越的存在と人間の距離は時代と地域によって異なったが、人々はそれらの超越的存在＝＊カミのまなざしを感じ、その声に耳を傾けながら日々の生活を営んでいた。

カミは単に人とこの空間を分かち合っていただけではない。②社会のシステムが円滑に機能する上で不可欠の役割を担っていた。定期的に開催される法会や祭礼は、参加者の人間関係と社会的役割を再確認し、構成員のつながりを強化する機能を果たした。祭りという大きな目的に向けての長い準備期間のなかで、人々は同じ集団に帰属していることが決して偶然ではないことを自覚し、自分たちをここに居合わせるようにしむけたカミのために、一致協力して仕事を成しbトげる重要性を再確認していくのである。

自分たちの周囲を振り返ってみればわかるように、人間が作る集団はそれがいかに小さなものであっても、その内部に感情的な軋轢《あつれき》や利害の対立を発生させることを宿命としている。共同体の人々は、宗教儀礼を通じてカミという他者へのまなざしを共有することによって、構成員同士が直接向き合うことから生じるストレスと緊張感を緩和しようとした。

中世に広く行われた起請文には、集団の秩序維持に果たした神仏の役割が端的に示されている。起請文とは、ある人物ないしは集団がみずからの宣誓の真実性を証明するために、それを神仏に誓った文書であり、身分階層を問わず膨大な数が作成された。起請文の末尾には監視者として神仏が＊勧請《かんじょう》され、起請破りの際にはそれらの罰が身に降りかかる旨が明記された。双方の言い分が対立したとき、起請文を作成した上で二人を堂社に籠もらせ、先に体に異変が起こった方を負けとする方法もしばしば取られた。

だれかを裁かなければならなくなったとき、人々はその役割を超越的存在に委ねることによって、人が人を処罰することに伴う罪悪感と、罰した側の人間に向けられる怨念のジュンcカンを断ち切ろうとした。カミによって立ち上げられた公共の空間は、羊水のように集団に帰属する人々を穏やかに包み込み、人間同士が直《じか》にぶつかりあうことを防ぐ緩衝材の役割を果たしていたのである。（2）

カミが緩衝材の機能を果たしていたのは、人と人の間だけではなかった。集団同士の対立が極限までエスカレートすると、人はその

英語解答

1 (1) 1…3　2…8　3…9　4…6
5…5　6…0
(2) ④

2 (1) 8…5　9…1　10…4　11…6
12…2　13…3
(2) 14…5　15…2

3 (1) ③　(2) 2　(3) 3　(4) 3
(5) 1　(6) 2

4 22 4　23 1　24 3

5 25 3　26 4　27 4

6 28 1　29 4　30 3　31 1

1 〔長文読解総合─説明文〕

≪全訳≫❶400年ほど前，現在ではプリマスという都市として知られるマサチューセッツ州の地域で，イングランドからの最初の入植者たちがアメリカ先住民との盛大な宴席に出た。この食事会は1621年の11月に行われ，一般にはそれが「最初の」感謝祭の食事であると考えられている。❷イングランドから来ていた入植者は，アメリカに定住した最初のヨーロッパ人に含まれる。だが，大西洋を渡った彼らの旅は66日間続き，彼らが「新世界」に着いたとき，彼らは病み，飢えて，衰弱していた。彼らはまた，その新しい土地をよく知らなかった。その土壌や気候に適した野菜の育て方を知らなかった。アメリカの動物をどう狩るかを知らなかった。そしてアメリカの森から資源を得る最良の方法も知らなかった。入植者が住居を建てたり，食料を見つけたり，町をつくるのに苦労していると，近くの先住民の部族が入植者への助力を申し出た。先住民は入植者にトウモロコシの育て方，魚の捕まえ方，そして木から樹液をとる方法を教えた。彼らは入植者にさまざまな森の植物を見せ，どれが有毒でどれが有毒でないかを彼らに教えもした。こうして入植者は新しい国での暮らし方を知った。❸１年近くたち，入植者にとって初めてのトウモロコシが順調に収穫された。その収穫を祝い，彼らを助けてくれた先住民に感謝するため，入植者は数日にわたる盛大な宴会を催した。❹歴史学者によれば，地元のワンパノアグ族がその行事に出席し，食べるための鹿を５匹連れてきた。入植者は野鳥を狩って食事の準備をした。その食事会で食べられた食料は伝統的な先住民のやり方で調理されたと歴史学者たちは考えている。❺感謝祭が公式に連邦の休日にされたのは1863年で，そのときエイブラハム・リンカーン大統領が署名してその休日が法制化された。しかし，当時は南北戦争中だったため，その休日が国中で祝われたのは戦争が終わった後だった。❻感謝祭の食事に友人や家族を招く伝統は現在も続いている。アメリカでは感謝祭を祝うのは11月の第４木曜日だ。古典的な感謝祭の食事は，先住民と入植者が最初の感謝祭の食事会で食べたであろうものを再現しようとしている。焼いた七面鳥が主菜で，副菜はヤムイモ，ジャガイモ，トウモロコシ，クランベリーソース，七面鳥の肉汁，そしてスタッフィング(七面鳥の中に詰め物を入れるか，横に添えられて出される，調味料で味付けされたパン料理)だ。感謝祭で絶対食べなくてはならないデザートはカボチャのパイだ。甘みを加えるため，しばしばこのパイにはホイップされたクリームがのせられる。

(1)<適語選択>1 “*A* is thought to be *B*”「*A* は *B* と考えられている」の形。主語の it は文頭の This meal を指し，形式主語構文ではないことに注意。　2 文の前半に「大西洋を渡った」とあるので，「新世界」に着いたと考えられる。arrive の後にくる前置詞は，国などの比較的広い場所には at ではなく in が使われる。なお，reach は「～に到着する」の意味では他動詞なのでここでは不適切。　[3]先住民が入植者に伝えたことを具体的に述べた部分。‘show＋人＋物’「〈人〉に〈物〉を示す」の形。　[4]宴会を開いたのは，彼らを助けてくれた先住民に感謝の気持ちを伝えるためと考えられる。　[5]「感謝祭の日が祝日にされた」という意味になると推測できる。‘make＋*A*＋*B*’「*A* を *B* にする」を受け身にした‘*A* is made *B*’の形である。　[6]ホイップクリームはパイに甘さを加えると考えられる。‘give＋*A*＋*B*’「*A* に *B* を与える」の形。

⑵＜正誤問題＞④は主語が The tradition で３人称単数，また文末に today とあり現在の出来事を表すと考えられるので，動詞 continue には‘３単現’の -s が必要。

2〔長文読解総合―説明文〕

≪全訳≫❶地球はとても古い。その長い歴史の中で地球はたびたび変化し，今も変化し続けている。何百万年も前，ティラノサウルス・レックスのような恐竜が生きていた頃，地球はずっと暖かかった。世界の最北端や最南端であっても，陸や海にはほとんど氷がなかった。[8]そして海面は現在よりもずっと高かった。❷その時代から，ときに暖かい気候に，ときに寒い気候になり，さまざまな変化があった。例えば約２万年前には，氷河期と呼ばれる時代が始まった。世界の大部分に氷があり，北アメリカやヨーロッパでは深さが３キロある所も多かった。また海面の高さも今ほど高くなかった。気候は何度も変化してきたし，これからも再び変化するだろう。❸なぜ気候は変化するのか。[9]ときには気候変化が地球の外から起きてくることがある。例えば，地球は太陽の周りを回っていて，これは地球の軌道と呼ばれる。数千年ごとに，地球は太陽の周りの軌道を変える。その変化はゆっくりと起こり，地球を太陽に近づけたり，太陽から遠ざけたりする。こういったことが起こると，それが氷河期を終わらせるかもしれないし，新しい氷河期をもたらすかもしれない。❹[10]変化は地球の内部からも起こりうる。その例はクラカタウ火山だ。1883年にクラカタウ火山が噴火したとき，多くの国で空が暗くなり，何か月も暗いままだった。さらに１年以上にわたって，地球の気温は以前よりも１℃下がった。❺しかし今，史上初めて，人類が気候を変動させている。1900年の地球は，わずか100年後の2000年よりも0.7℃寒かった。[11]この変化は地球の軌道のせいで起きたのではなく，私たちのせいで起きた。これを小さな変化だと考える人々がいる。しかしこれを考えてほしい。わずか５～７℃の変化で，氷河期が始まることもあれば終わることもあるのだ。❻[12]気候変動はすばやく起こるのか，それともゆっくりと起こるのか。映画「デイ・アフター・トゥモロー」は，非常に速く起こる変化を描く。この映画では地球の気候がわずか数日で変化し，新たな氷河期が世界の北方で始まる。❼気候はこのように変化するのだろうか。科学者たちは，それはありうると考えているが，これほど急速ではない。科学者たちの意見は必ずしも一致しない。気候は大きく変化していると考える人もいれば，少ししか変化していないと考える人もいる。気候は急速に変化すると考える人もいれば，ゆっくりだという人もいる。[13]だが，全ての科学者は気候変動が起こっていることで一致している。重要な問題は，その変化がどれほど危険になるのかということだ。❽1993年から2001年にかけてアメリカのクリントン大統領の側近として働いていたアル・ゴアは，この変化は危険になると考えている。彼の映画『不都合な真実』の中で，アル・ゴアは地球の気候がどのように変化してきたかを描いている。彼は20年以上にわたって気候変動の危険性を語ってきたが，彼は正しいのだろうか。気候変動は危険な問題なのだろうか。私たちはそれに対して何かをしなければならないのだろうか。そして私たちには何ができるのだろうか。

(1)<適文選択>[8]数百万年前の地球上に氷がほとんどなかった時代について述べている部分。氷が少ないため海面が高かった。　[9]この段落で説明されているのは地球の気候に太陽が及ぼす影響。これは地球外からの影響である。　[10]この後に具体例として挙げられている火山活動は，地球内部による気候への影響である。　[11]この段落では，人間の活動による気候への影響が述べられている。　[12]第6，7段落では気候変動の速さがテーマになっている。2はその導入文となる。[13]前の2文では科学者の間の意見の不一致が描かれているが，その一方で，気候変動の存在では一致しているという文脈を読み取る。

(2)<整序結合>In his film とあるので，アル・ゴアが制作に関わっていると考え(実際には脚本を書き主演している)，‘主語＋動詞’を Al Gore describes とする。ここで疑問詞 how に注目すると，describes の目的語が‘疑問詞＋主語＋動詞’の語順の間接疑問で how the Earth's climate has changed とまとまる。　Al Gore describes how the Earth's climate has changed.

3 〔長文読解総合(英問英答形式)―物語〕

❶ソニア・フレンチとチャールズ・ダレルは，ソニアの夫ロバートを殺すことを決心する。ソニアはロバートにうんざりしているのだが，ロバートはそれに気づいていないようだ。ソニアとチャールズは何か月も愛人関係にあるが，ソニアはロバートが決して自分と離婚しないだろうと思っている。❷ある晩，1人の警察官がフレンチ夫妻の家を訪ねてきたとき，2人は殺害計画のアイデアを思いつく。そこにはチャールズもいる。警部はロバートに，近所で強盗事件が何件か起きており，銃を持った強盗が捕まっていないと語る。彼はまた，ロバートが大量の銀貨を持っていることを心配している。❸「何がおっしゃりたいのですか？」とロバートは尋ねた。❹「用心することが賢明だと申し上げています」と警部は言った。「十分に用心することです。強盗が捕まるまで，銀貨を銀行に預けてはいかがでしょう？」❺「そうはしたくないですね」とロバートは言った。❻警部は自分の怒りを感じさせないように努めた。「いいですか，私はあなたに警告しましたよ」と彼は言った。「それは覚えておいてください」　警部は立ち去った。❼3日後の夜，ソニアはベッドで横になったまま目を覚ましていた。ロバートは眠っていた。2時10分前だった。ソニアは興奮していた。「チャールズが家に入ってくるまであと10分だわ」と彼女は思った。❽そのとき，音が聞こえた。ガラスが割れ，続いて窓が押し上げられる音がした。❾ロバートは目を覚まさなかった。ソニアは開いた窓からチャールズが上がってくる音が聞こえるまで待つと，ロバートのベッドに手を伸ばした。❿「ロバート！」　彼女は彼を揺すっていた。「起きて。下に誰かいるわ！」⓫彼は目を覚ますとベッドの中で起き上がった。「確かに誰かいるぞ！　下りていかないとだめみたいだな」⓬彼は古い灰色のガウンを着て，部屋から出ていった。ソニアは暗闇の中で待った。とても長い間待ったように思えたが，30秒にも満たなかった。そして，寝室のドアの下に細い光の線が現れた。ソニアは夫が突然叫び声を上げたのを聞き，そして銃声を聞いた。重たい何か――あるいは誰か――が床に崩れ落ち，それからドアがバタンと音を立てて開けられ，家の外を走る足音がした。⓭ソニアは待った。「私が警察を呼ぶ前にチャールズには逃げる時間がないといけないわ」と彼女は思った。⓮彼女はベッドの脇のライトをつけて，ベッドから出た。全てが終わった今，彼女は不思議と落ち着いていた。彼女は警察に何を言うべきかわかっていた。チャールズとの結婚まであとどれくらいかかるだろう。今から半年後か。結婚したら，休暇をとってベニスに行けるだろう。彼女はベニスを見てみたいといつも思っていた…。⓯そのときドアが開いた。⓰そして，ロバートが入ってきた。⓱ソニアはしば

らくの間，恐怖で胃が痛くなる思いをしながら，彼を見つめることしかできなかった。彼は彼女を見つめ返した。黙ったまま，青白い顔で，髪はぼさぼさだった。だが，生きていた。⓲「何が，何があったの？」と彼女は言った。⓳「やつは逃げたよ」とロバートは言った。「僕の一番いい銀貨を少しばかり持っていったようだ。今さらだが，警部の言うことを聞いて，銀行に入れておけばよかったな」⓴「でも，銃声が聞こえたわ」とソニアは言った。「私はあなたが…，あなた，けがをしていないのね，ロバート？」㉑「ああ，ソニア，僕にけがはないよ」とロバートは言った。「でも悪い知らせがある。チャールズのことだ。あの親切な，勇気ある男がこの家を見守っていて，僕たちを助けようと強盗の後から家に入ってきたのだろう。彼は階段の下だ。死んでるようだ」㉒ソニアは目を閉じて前のめりに倒れ，ロバートが彼女を支えた。ロバートは彼女をベッドに運ぶと，下の階に下りていった。下に着くと，彼は死体をまたがなければならなかった。彼は平静にそれを行い，カーペットについた血をよけて足を運んだ。しかし，銀貨をしまっていた部屋に入ると，彼は泣きたくなった。最高の品々が全てなくなっていたのだ。㉓彼はドアを閉めた。警察に電話をかける前に，ガウンのポケットに入っていた小さな銃を念入りに掃除した。そして，その銃を机の中にしまって鍵を掛けた。彼は，いつもの上々な生活の中で起きていた1つの問題を解決したので，これ以上決して問題が起きないようにしたかった。㉔あの警部が言ったように，E用心することが賢明なのだ。

(1)＜正誤問題＞「下線部①～④の文章のうち，文法的に正しくないものはどれか」―③　「待つ」を意味する wait は自動詞なので，was waited ではなく waited が正しい。

(2)＜文脈把握＞「下線部(A)は何を意味するか」―2．「彼女は警察に強盗がロバートを殺したと言うつもりだった」　彼女とチャールズによるロバートの殺害計画は，近所で頻発していた強盗事件を利用したものと推測できる(第2段落)。チャールズが強盗の仕業に見せかけてロバートを殺し，彼女も口裏を合わせようとしていたのである。

(3)＜文脈把握＞「下線部(B)は何を意味するか」―3．「彼女はなぜロバートが生きているのかわからなかった」　第14段落後半で彼女がチャールズとの結婚生活を思い描いている。つまり彼女はロバートの殺害計画が成功したと考えていた。そこにロバートが現れたので，驚きのあまり言葉を失っていたのである。

(4)＜語句解釈＞「下線部(C)は何を意味するか」―3．「チャールズの遺体」　前の段落の最後の2文で，チャールズは階段の下で死んでいるとロバートが言っている。これは，最後の2段落で，ロバートがチャールズを殺したことを暗示することによって裏付けられている。

(5)＜文脈把握＞「下線部(D)は何を意味するか」―1．「自分の銀貨が盗まれたので，彼は泣きたかった」　直後の文が理由と考えられる。be gone は「なくなった」の意味。

(6)＜適文選択＞「空欄(E)を最も適切な答えで埋めなさい」　ロバートが銃を入念に掃除して片付けている場面を描写する内容が入る。ロバートは，妻と不倫をしていたチャールズを強盗の仕業に見せかけて銃殺した。それを警察に悟られないよう，用心に用心を重ねて銃の後処理をしているのである。As the inspector said とあるように，第4段落で警部が同じことを言っている。　sensible「賢明な」

4～**6**〔放送問題〕放送文未公表

2022年度／栄東高等学校（第１回）

数学解答

1 (1) ア…5　イ…4　ウ…0

(2) 1　(3) 4　(4) 8

2 (1) ア…1　イ…5　ウ…4

(2) エ…1　オ…4

(3) カ…7　キ…1　ク…2　ケ…1

コ…6

3 (1) ア…3　イ…2

(2) ウ…9　エ…2　オ…1

(3) カ…9　キ…2

4 (1) ア…0　イ…4　(2) 8

(3) エ…2　オ…2

5 (1) ア…4　イ…6　ウ…2

(2) エ…3　オ…4　カ…6　キ…1

ク…6

(3) ケ…9　コ…4　サ…6　シ…1

ス…6

1〔独立小問集合題〕

(1)＜数の計算＞与式$=(19^2-11^2)+(18^2-12^2)+(17^2-13^2)=(19+11)(19-11)+(18+12)(18-12)+(17+13)(17-13)=30\times8+30\times6+30\times4=30\times(8+6+4)=30\times18=540$

(2)＜数の計算＞$x^2+4x+3=(x+3)(x+1)$と因数分解して$x=\sqrt{2}-2$を代入すると，与式$=(\sqrt{2}-2+3)(\sqrt{2}-2+1)=(\sqrt{2}+1)(\sqrt{2}-1)=(\sqrt{2})^2-1^2=2-1=1$となる。

(3)＜二次方程式の応用＞商品Ａの１月の価格は10000円で，２月は１月に比べてx%値上げしたので，２月の価格は$10000\times\left(1+\frac{x}{100}\right)=10000+100x$（円）と表せ，３月は２月に比べて$2x$%値下げしたので，３月の価格は$(10000+100x)\times\left(1-\frac{2x}{100}\right)=-2x^2-100x+10000$（円）と表せる。また，３月の価格は１月の価格に比べて4.32%低いので，$-2x^2-100x+10000=10000\times(1-0.0432)$が成り立つ。これを解くと，$-2x^2-100x+10000=10000-432$，$2x^2+100x-432=0$，$x^2+50x-216=0$，$(x+54)(x-4)=0$より，$x=-54$，4となり，$x>0$だから，$x=4$である。

(4)＜データの活用―四分位範囲＞図より，国語と数学の中央値は60点より低く，英語の中央値は60点である。人数が25人だから，中央値は得点を小さい順に並べたときの13番目の値となる。これより，60点以上の人数は，国語と数学ではそれぞれ12人以下となり，英語では13人以上となるので，60点以上の人数が最も多い教科は英語である。よって，四分位範囲は，第３四分位数と第１四分位数の差だから，英語の第１四分位数は56点，第３四分位数は64点より，四分位範囲は$64-56=8$（点）である。

2〔データの活用―確率―さいころ〕

(1)＜確率＞さいころを続けて３回投げるとき，目の出方は全部で$6\times6\times6=216$（通り）あるから，x，y，zの組は216通りある。$x+y\geqq2$より，$A=4$となるのは，$(x+y,\ z)=(2,\ 2)$，$(4,\ 1)$のときである。$(x+y,\ z)=(2,\ 2)$のとき，$x+y=2$となるのは，$(x,\ y)=(1,\ 1)$だから，$(x,\ y,\ z)=(1,\ 1,\ 2)$の１通りである。$(x+y,\ z)=(4,\ 1)$のとき，$x+y=4$となるのは，$(x,\ y)=(1,\ 3)$，$(2,\ 2)$，$(3,\ 1)$の３通りあるから，$(x,\ y,\ z)$の組も３通りある。よって，$A=4$となるx，y，zの組は$1+3=4$（通り）あるから，求める確率は$\frac{4}{216}=\frac{1}{54}$である。

(2)＜確率＞Ａが奇数となるのは，$x+y$とzの値がともに奇数になるときである。$x+y$が奇数となるのは，一方が奇数で他方が偶数のときである。奇数は1，3，5の３通り，偶数は2，4，6の３通りあるから，$x+y$の値が奇数となるのは，xが奇数でyが偶数のときが$3\times3=9$（通り），xが偶数でyが奇数のときも９通りある。よって，$x+y$の値が奇数となるのは$9+9=18$（通り）あり，それぞれに対して，zの値は奇数で３通りあるから，Ａが奇数となるx，y，zの組は$18\times3=54$（通り）ある。したがって，求める確率は$\frac{54}{216}=\frac{1}{4}$である。

(3)＜確率＞Aが5の倍数となるのは，$x+y$とzの値の少なくとも一方が5の倍数のときである。$z=5$のとき，$x+y$がどのような値でもAは5の倍数となるので，x，yの組が$6\times6=36$(通り)より，x，y，zの組も36通りある。zの値が5以外のとき，$x+y$の値は5の倍数となるので，$x+y=5$，10となる。$x+y=5$のとき，$(x,\ y)=(1,\ 4)$，$(2,\ 3)$，$(3,\ 2)$，$(4,\ 1)$の4通りあり，$x+y=10$のとき，$(x,\ y)=(4,\ 6)$，$(5,\ 5)$，$(6,\ 4)$の3通りある。よって，$x+y$の値が5の倍数となるのは$4+3=7$(通り)あり，それぞれに対して，zの値は$z=1$，2，3，4，6の5通りあるから，x，y，zの組は$7\times5=35$(通り)ある。したがって，Aが5の倍数となるx，y，zの組は$36+35=71$(通り)あるから，求める確率は$\frac{71}{216}$である。

3〔平面図形―三角形と円〕

≪基本方針の決定≫(3)　相似な三角形を利用する。

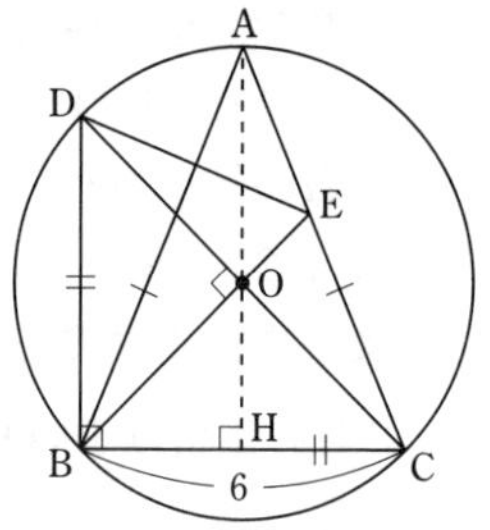

(1)＜長さ＞右図で，$\angle DBC=90^\circ$より，線分CDは円の直径である。また，BD＝BCより，△DBCは直角二等辺三角形だから，$CD=\sqrt{2}BC=\sqrt{2}\times6=6\sqrt{2}$となる。よって，円の半径は$\frac{1}{2}CD=\frac{1}{2}\times6\sqrt{2}=3\sqrt{2}$である。

(2)＜面積＞円の中心をOとすると，右図で，点Oは辺CDの中点である。点Aから辺BCに垂線AHを引くと，△ABCはAB＝ACの二等辺三角形だから，点Hは辺BCの中点となり，線分AHは中心Oを通る。また，△DBCは直角二等辺三角形で，$\angle BCD=45^\circ$であり，$\angle OHC=90^\circ$だから，△OHCも直角二等辺三角形となる。よって，$OH=CH=\frac{1}{2}BC=\frac{1}{2}\times6=3$となり，(1)より，$OA=3\sqrt{2}$だから，$AH=OA+OH=3\sqrt{2}+3=3(\sqrt{2}+1)$となる。したがって，$\triangle ABC=\frac{1}{2}\times BC\times AH=\frac{1}{2}\times6\times3(\sqrt{2}+1)=9(\sqrt{2}+1)$である。

(3)＜面積＞右上図で，△DBCはBD＝BCの直角二等辺三角形だから，点Bを通り辺CDに垂直な直線は円の中心Oを通る。△ABCと△BECにおいて，$\angle EBC=\frac{1}{2}\angle DBC=\frac{1}{2}\times90^\circ=45^\circ$となり，$\overset{\frown}{BC}$に対する円周角より，$\angle BAC=\angle BDC=45^\circ$だから，$\angle BAC=\angle EBC$である。また，共通な角より，$\angle ACB=\angle BCE$だから，2組の角がそれぞれ等しく，△ABC∽△BECである。△ABCはAB＝ACの二等辺三角形だから，△BECはBE＝BC＝6の二等辺三角形となる。△BDEで，底辺をBE＝6と見ると，高さは(1)より$OD=3\sqrt{2}$だから，$\triangle BDE=\frac{1}{2}\times BE\times OD=\frac{1}{2}\times6\times3\sqrt{2}=9\sqrt{2}$である。

4〔関数―関数と図形〕

≪基本方針の決定≫四角形の対角線の交点の座標を利用する。

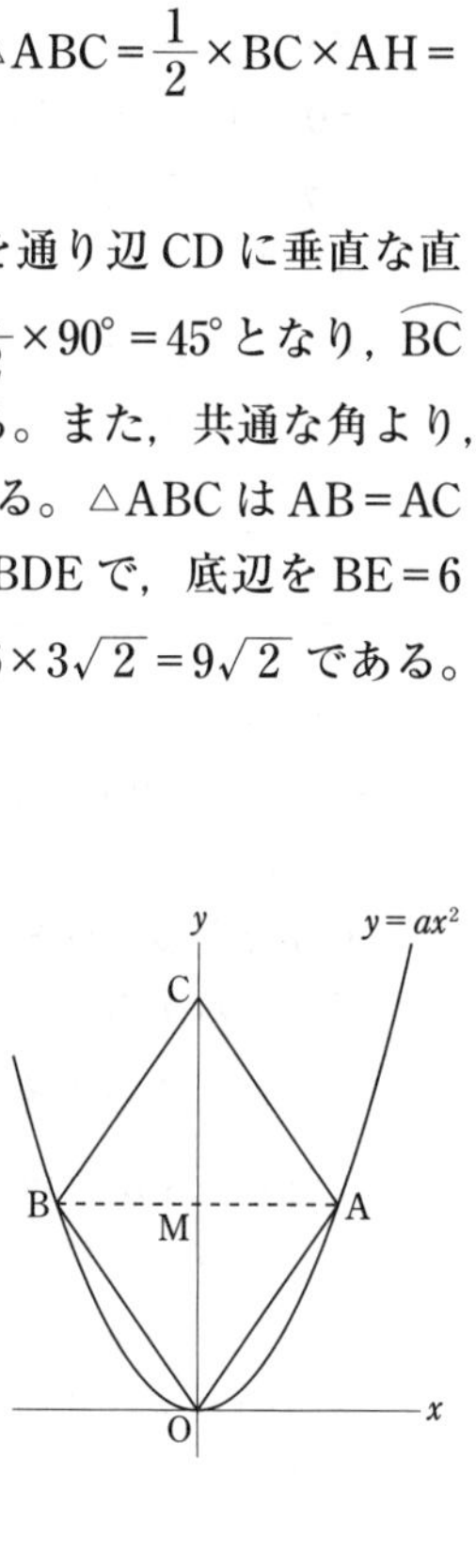

(1)＜座標＞四角形の対角線の交点をMとすると，M(0，2)のとき，四角形の1つの頂点は直線OM上，つまり，y軸上にある。また，平行四辺形の対角線はそれぞれの中点で交わるので，四角形は右図のようになり，y軸上の頂点をCとすると，CM＝OM＝2より，OC＝2＋2＝4となる。よって，放物線上に存在しない頂点の座標は(0，4)である。

(2)＜長さ＞放物線上に存在し，原点ではない頂点をA，Bとする。与えられた図より，2点A，Bのx座標の符号は異なるので，四角形OACBがひし形となるとき，OA＝OBで，2点A，Bはy軸について対称なので，対角

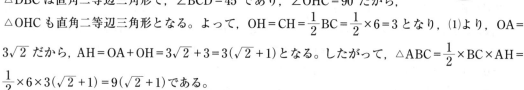

線の交点Mは⑴と同様にy軸上にある。よって，四角形OACBは前ページの図のようになり，点Aのx座標をtとすると，$a=1$のとき，点Aは放物線$y=x^2$上にあるので，$A(t,\ t^2)$となり，点Bはy軸について点Aと対称な点だから，$B(-t,\ t^2)$となる。これより，$AB=t-(-t)=2t$となり，$M(0,\ t^2)$である。また，$CM=OM=t^2$より，$OC=t^2+t^2=2t^2$となるから，ひし形OACBの面積は$\frac{1}{2}\times AB\times OC=\frac{1}{2}\times 2t\times 2t^2=2t^3$と表され，これが16なので，$2t^3=16$が成り立つ。これを解くと，$t^3=8$，$t^3=2^3$より，$t=2$となる。したがって，$AB=2t=2\times 2=4$，$OC=2t^2=2\times 2^2=8$より，長い方の対角線の長さは8である。

⑶＜長さ＞前ページの図で，点Aのx座標をsとすると，$a=\frac{1}{2}$のとき，点Aは放物線$y=\frac{1}{2}x^2$上にあるので，$A\left(s,\ \frac{1}{2}s^2\right)$となる。四角形OACBが正方形となるとき，△OAMは直角二等辺三角形だから，OM＝AMとなり，$\frac{1}{2}s^2=s$が成り立つ。これを解くと，$s^2-2s=0$，$s(s-2)=0$より，$s=0$，2となり，$s>0$だから，$s=2$である。したがって，$OA=\sqrt{2}AM=\sqrt{2}\times 2=2\sqrt{2}$である。

5〔空間図形―正四角錐〕

≪基本方針の決定≫⑶　面OBDで2つの三角錐に分けて考える。

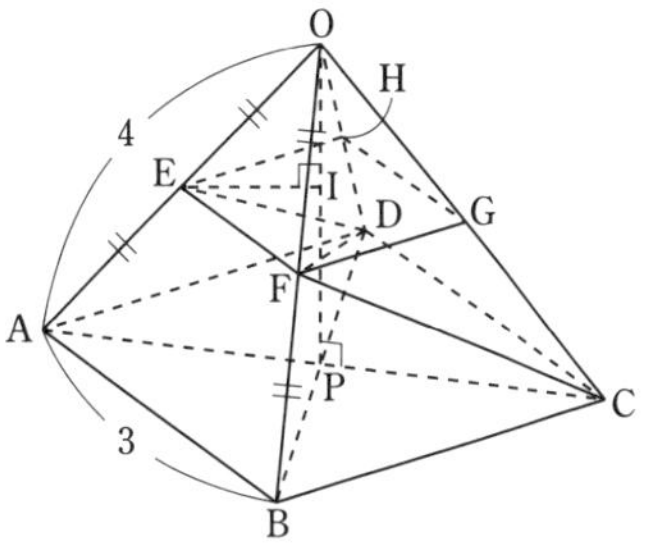

⑴＜長さ＞右図で，立体O-ABCDは正四角錐だから，頂点Oから底面ABCDに垂線OPを引くと，点Pは正方形ABCDの対角線の交点と一致する。△ABCは直角二等辺三角形だから，$AC=\sqrt{2}AB=\sqrt{2}\times 3=3\sqrt{2}$となり，$AP=\frac{1}{2}AC=\frac{1}{2}\times 3\sqrt{2}=\frac{3\sqrt{2}}{2}$となる。よって，△OAPで三平方の定理より，$OP=\sqrt{OA^2-AP^2}=\sqrt{4^2-\left(\frac{3\sqrt{2}}{2}\right)^2}=\sqrt{\frac{23}{2}}=\frac{\sqrt{46}}{2}$となる。

⑵＜体積＞右図で，2点E，Fを通り底面と平行な平面と辺OC，ODとの交点をそれぞれG，Hとする。〔面ABCD〕∥〔面EFGH〕より，正四角錐O-ABCDと立体O-EFGHは相似となり，相似比はOA：OE＝2：1だから，体積比は$2^3:1^3=8:1$となる。⑴より，$OP=\frac{\sqrt{46}}{2}$だから，求める立体の体積は，$\frac{1}{8}$〔正四角錐O-ABCD〕$=\frac{1}{8}\times\frac{1}{3}\times 3\times 3\times\frac{\sqrt{46}}{2}=\frac{3\sqrt{46}}{16}$である。

⑶＜体積＞右上図で，立体O-CDEFを平面OBDで三角錐C-OFDと三角錐E-OFDに分ける。点Eから面OBDに垂線EIを引くと，〔面OAC〕⊥〔面OBD〕より，点Iは線分OP上にある。三角錐C-OFDと三角錐E-OFDの底面を△OFDと見ると，高さはそれぞれCP，EIである。△OFDと△OBDの底辺をそれぞれ辺OF，辺OBと見ると，高さが等しいから，△OFD：△OBD＝OF：OB＝1：2となる。⑴より，$BD=AC=3\sqrt{2}$，$OP=\frac{\sqrt{46}}{2}$だから，$\triangle OFD=\frac{1}{2}\triangle OBD=\frac{1}{2}\times\frac{1}{2}\times 3\sqrt{2}\times\frac{\sqrt{46}}{2}=\frac{3\sqrt{23}}{4}$である。また，$CP=AP=\frac{3\sqrt{2}}{2}$である。さらに，EI∥APより，△OEI∽△OAPだから，EI：AP＝OE：OA＝1：2より，$EI=\frac{1}{2}AP=\frac{1}{2}\times\frac{3\sqrt{2}}{2}=\frac{3\sqrt{2}}{4}$となる。したがって，求める立体の体積は$\frac{1}{3}\times\triangle OFD\times CP+\frac{1}{3}\times\triangle OFD\times EI=\frac{1}{3}\times\frac{3\sqrt{23}}{4}\times\frac{3\sqrt{2}}{2}+\frac{1}{3}\times\frac{3\sqrt{23}}{4}\times\frac{3\sqrt{2}}{4}=\frac{9\sqrt{46}}{16}$である。

2022年度／栄東高等学校（第１回）

国語解答

一 問一 a…3 b…5 c…1 d…4
e…2
問二 A…4 B…1 C…2 D…3
問三 ⑷ 問四 4 問五 1，5
問六 2 問七 3

二 問一 a…4 b…3 c…1
問二 3 問三 4 問四 2
問五 5 問六 1 問七 5
問八 2 問九 4

三 問一 a…3 b…4 c…2
問二 1 問三 3 問四 4
問五 2

一〔論説文の読解―文化人類学的分野―日本文化〕出典；佐藤弘夫『日本人と神』「神のゆくえ」。

≪本文の概要≫かつて人々は，死者や神や仏など，目に見えぬもの，人を超えた存在と空間・時間を分かち合っていた。前近代の日本列島では，神・仏・死者だけでなく，動物や植物までもが，言葉と意思の通じ合う一つの世界を構成し，人々はカミの実在感を共有して日々の生活を営んでいた。カミは，個人間，集団間，国家間において，人間どうしが直接ぶつかり合うことを防ぐ緩衝材の役割を果たしていた。深山や未開の野は神が棲む領域と考えられ，島や大海原，また無人島や国家間の無人地帯など人の住まない領域も，その本源的な所有者はカミだった。だが，近代になると，人の世界からは神仏も死者も動物も植物も排除されて，特権的存在としての人間どうしが直接対峙する社会が出現した。近代思想としてのヒューマニズムは，人権の拡大と定着に大きな役割を果たしたが，近代化は他方で，私たちが生きる世界から，人物間，集団間，国家間の隙間を埋めていた緩衝材が失われていくことを意味し，人間がすぐに他者を傷つけるような時代が訪れたのである。

問一＜漢字＞a．「併設」と書く。1は「並列」，2は「平面」，3は「合併」，4は「閉口」，5は「横柄」。　b．「遂(げる)」と書く。1は「研(げる)」，2は「登(り)」，3は「途方」，4は「塗炭」，5は「遂行」。　c．「循環」と書く。1は「一環」，2は「返還」，3は「参観」，4は「勘案」，5は「圧巻」。　d．「隔(てた)」と書く。1は「格式」，2は「比較」，3は「改革」，4は「遠隔」，5は「画一」。　e．「排除」と書く。1は「介助」，2は「除名」，3は「序章」，4は「叙述」，5は「徐行」。

問二．A＜接続語＞「狩りという行為」は，「神の分身」または「神の支配下にある動物」を分けていただく儀式として認識されていた。　B＜接続語＞「狩り」が「神の分身，あるいは神の支配下にある動物を分けていただく儀式」であると認識されていたので，「狩りの対象は必要最小限に留め，獲物のいかなる部位も決して無駄にしないように」努めなければならなかった。　C＜表現＞昔，「辺境の無人島」は，「その領有を争う場所」ではなく「身と心を清めて航海の無事を静かにカミに祈る場所」だった。　D＜接続語＞「近代思想としてのヒューマニズム」は「人権の拡大と定着」に「大きな役割を果たした」けれども，「近代化」は他方で，「わたしたちが生きる世界から，人物間，集団間，国家間の隙間を埋めていた緩衝材が失われていくこと」を意味した。

問三＜文脈＞「辺境の無人島」は「身と心を清めて航海の無事を静かにカミに祈る場所」であったし，島だけではなく，「王の支配する国家の間に広がる無人地帯」も，「その本源的所有者」はカミだった。人が住んでいない場所はどこも，「カミの支配する領域」だったのである。

問四＜文章内容＞「目に見えない存在，自身とは異質な他者」とは，「神・仏・死者」や「動物や植物」である。前近代の日本列島の人々は，「それらの超越的存在＝カミのまなざしを感じ，その声に耳を傾けながら日々の生活を営んでいた」のである。

問五＜文章内容＞「島も大海原も，その本源的な支配者はカミであると信じられて」おり，カミが本源的に所有している「辺境の無人島」は「その領有を争う場所」ではなく，「身と心を清めて航海の無事を静かにカミに祈る場所」だった（1…×）。「深山や未開の野」に立ち入ったり狩りを行ったりするときには，「土地の神に許可をえる必要」があり，「狩りの対象は必要最小限に留め，獲物のいかなる部位も決して無駄にしないように努め」なければならないということが，「乱獲を防ぎ，獲物をめぐる集団同士の衝突を防止する役割」を担っていた（5…×）。

問六＜文章内容＞前近代の日本では，カミは，「社会のシステムが円滑に機能する」うえで「人間同士が直にぶつかりあうことを防ぐ緩衝材の役割」を果たしていた。そのことは，「海峡を隔てた国家の間においても」同様だった。

問七＜文章内容＞近代に向けて「世俗化の進行とカミの世界の縮小」が進むと，「人の世界からは神仏だけでなく，死者も動物も植物も排除され，特権的存在としての人間同士が直に対峙する社会が出現」した。近代社会の「土台」である「ヒューマニズム」は，「人権の拡大と定着」に大きな役割を果たした。その一方，近代化は，「わたしたちが生きる世界から，人物間，集団間，国家間の隙間を埋めていた緩衝材が失われていく」ことを意味し，「体に棘をはやした人間が狭い箱に隙間なく詰め込まれ，少しの身動きがすぐさま他者を傷つけるような時代」が始まったのである。

二〔小説の読解〕出典；原田マハ『生きるぼくら』「ひと粒の籾」。

問一．a＜語句＞「切々」は，思いがひしひしと心に迫ってくるさま。　b＜語句＞「叡智」は，物事を深くさとることのできる，優れた知恵のこと。　c＜慣用句＞「息をのむ」は，はっと驚いて息を止める，という意味。

問二＜表現＞Ⅰ．志乃さんと人生とつぼみは，しばらく話し込んだ。　Ⅱ．志乃さんは，間違いなくカッコいい。　Ⅲ．ばあちゃんは，病気にかかりながらも，生きる叡知を与えてくれる。　Ⅳ．人生は，よく見ようとしてじっとその様子を見つめた。

問三＜心情＞人生は，ばあちゃんの米づくりの作業を手伝う気になっていた。しかし，そのことを田端さんに話すと，田端さんは「おばあちゃんに期待をさせておきながら，結局あまり手を貸すことができなかったら，かえっておばあちゃんの負担が増すだけだ」と指摘し，「前言撤回したほうがいい」と言った。人生は，そう言われると否定も反論もできず，手伝おうという気持ちが揺らいだ。

問四＜品詞・ことばの単位＞1．「むしろ」は，副詞。　2．「もう自分はやめざるを得ない」を単語に分けると，「もう／自分／は／やめ／ざる／を／得／ない」となる。　3．「決して」は呼応の副詞で，それに応じているのは「言わない」の「ない」である。　4．「手伝うなんて決して言わないで——と諭していたのだ」の中には，動詞は「手伝う」「言う」「諭す」「いる」の四つある。　5．「諭していたのだ」の「た」は過去を表す助動詞，「だ」は断定を表す助動詞である。

問五＜文章内容＞人生は，「田端さんが自分を当てにしてくれていることは，むしろ喜ぶべきなのかもしれない」とも思ったが，「なんとなくすっきりしない」気持ちだった。しかし，志乃さんは，仕事と米づくりの両立が大変なのは承知しつつ，仕事を続けることも米づくりを手伝うことも，「同じくらい大事なこと」だと言ってくれた。志乃さんは人生の気持ちを理解したうえで人生を応援してくれたのであり，これで人生は，決心が固まったのである。

問六＜心情＞今日はばあちゃんは，見送りも出迎えもしてくれなかった。家の中には夕食のにおいも立ち込めていないし，足音も聞こえない。電気もついていないらしく真っ暗で，いつもとは明らかに様子が違うのである。そのため，人生は，「不審」に思いつつばあちゃんの部屋へ急ぎ，襖の向こう側に向かって声をかけたが，返事はなく，電気もついていないようであった。人生は「……まさか」と思い，それまでの「不審」は一気に強い不安になったのである。

問七＜心情＞ばあちゃんの部屋の「異様な光景」に，人生もつぼみも「凍りついて」しまった。人生も声が出ないほど落ち着きを失っており，ようやく声をかけてもその声は「震えて」いた。つぼみも衝撃を受け，強い不安にかられたが，人生が平静さを失っているのがわかると，その不安はさらに強くなり，どうしたらよいのかわからなくなった。どうしようもなく心細くて，誰かにすがりつきたいような思いで，つぼみは，人生の着ている「セーターの裾」を握りしめたのである。

問八＜心情＞ばあちゃんは明らかに異変の生じた状態で「種籾を選ばなくちゃ……ひと粒の籾から，たくさんのお米ができるんだもの……それを，食べさせなくちゃ……私の家族に」と言って稲から籾を引きちぎっていたが，その手のひらからは籾がこぼれ落ちていた。人生は，それを見て，ばあちゃんの米づくりや家族への思いの強さに改めて気づかされた。しかし，今目の前にある状況は異様で衝撃的であり，人生はただじっとばあちゃんを見つめているしかなかった。

問九＜表現＞文章は，米づくりをしているばあちゃんに対する，人生の思いに終始焦点が当てられている。前半は人生らが「カッコいい」人々に支えられていることが明るく描かれているのに対し，後半は，ばあちゃんの異変が，短い文を重ねてドラマチックに描かれている。

三〔古文の読解―説話〕出典；『十訓抄』三ノ十一。

≪現代語訳≫丹後守の保昌は，任国に下向するとき，与謝の山で，馬に乗った一人の白髪の武士と行き合った。(その武士は)木の下に少し入って，笠を傾けて(顔が見えないようにして)立っていたので，国司(＝保昌)の従者たちが，「この老人は，なぜ馬から降りないのか。けしからぬことだ。とがめて降ろそう」と言う。そこで国司は，「一騎当千の馬の立て方である。ただ者ではない。(とがめて馬から降ろすようなことは)あってはならない」と言って制止して，通り過ぎていくうちに，三町ほど遅れて，大矢右衛門尉致経が，大勢の従者を連れて(くるのと)行き合った。(致経は威儀を正して)弓を取り直して，国司に会釈し，致経が，「ここで一人の老人が，お会い申し上げたことでしょう。あれは私の父の平五大夫でございます。全くの田舎者で，事情をわきまえておりません。きっとご無礼を申し上げたことでしょう」と言った。致経が通り過ぎた後，国司は，「やはりそうだったのだ。(あの老武士は)致頼であった」と言った。

この武士たちは，頼信，保昌，維衡，致頼といって，世に優れた四人の武士である。二頭の虎が戦うときは，ともに死なないということはない。保昌は，相手の振る舞いを見てとって，決して侮らなかった。従者たちを制止し，無事だった。(保昌の行為は，)大変賞賛された。

問一＜古文の内容理解＞a．従者は，老人をとがめて馬から降ろそうと言ったが，保昌は，そのようなことをしてはならないと制止した。　b．保昌は，出会った老武士をただ者ではないと思ったが，案の定，それは致頼という優れた武士だった。　c．保昌は，出会った老武士をとがめて馬から降ろそうと言った従者を制止したからこそ，無事でいることができた。

問二＜古文の内容理解＞先ほど保昌が出会った老武士について，致経は，あれは自分の父であり，父は全くの田舎者で事情をわきまえておらず，きっと無礼なことをしただろうと言った。

問三＜古文の内容理解＞二頭の虎が戦うときは，二頭とも死なないということはない，つまり両方とも死んでしまう。それと同じことで，勇猛な武士が衝突して戦いになると，互いに死なずに済むことはない。

問四＜古文の内容理解＞保昌は，出会った老武士を見て，一騎当千の馬の立て方であることからただ者ではないと判断した。そして，後の致経の発言から，老武士は致頼だったことがわかった。

問五＜古文の内容理解＞保昌は，国司という高い地位にある。しかし，出会った老武士の振る舞いを見てただ者ではないと判断し，相手を侮るような行動には出なかった。そのようなことができたのは，保昌が非常に優れた人物だったからであり，だからこそ人々にも賞賛されたのである。

2022年度 栄東高等学校（第2回）

【英　語】（50分）〈満点：100点〉

（注意）[4]〜[6]のリスニング問題は試験開始後15分経過した頃から放送される。放送時間は約15分である。

[1]　次の英文を読み，あとの問いに答えなさい。（文中の＊印の語（句）には注があります）

I think that before I came to Japan, the word 'beverage' had never once passed my ([1]). I knew the word, of course — ①but I very much doubt that I had ever used it. In Japan, however, people who spoke English seemed to use the word a lot. At first I thought it was simply one of the *oddities of Japanese English — but I was wrong — it was, as American friends were quick to inform me, American English. Since those days I have had several misunderstandings with this word, and all together they make an interesting history.

My first surprise, as I just mentioned, was that people used the word at all — I had always thought of it as overly formal and half-way to being *obsolete. In England the word 'beverage' is not used much, even on menus; it is used sometimes in *descriptive writing, sometimes in advertising, and perhaps most frequently in humorous writing, and is used to give a more formal or exotic feeling in contrast to the more ([2]) 'drink'. Once I got used to the idea that using the word 'beverage' was not a joke or a mistake, I was then given ([3]) surprise — I was informed that 'beverage' has a more specific meaning than 'drink', that it means 'cold non-alcoholic drinks.' Knowing that 'beverage' comes from the Latin *bibere*, meaning 'to drink' (hot or cold), I assumed that this must be some sort of ([4]). But it wasn't. I asked American friends (again) and they looked at me like I was some sort of *idiot (again), and said of course it was a word used for cold non-alcoholic drinks, ②and by the way, which *backwoods, out-of-the-way planet did I grow up on? Well, you learn something every day, I suppose, but at least I could insist that in backwoods, out-of-the-way England 'beverage', if anyone used the word at all, could mean any kind of drink.

③And there the discussion rested, until recently. Lately, I have noticed a tendency for American speakers on the television to prefer far more formal-sounding word choices than I would expect in Britain. People say 'return' instead of 'go back', people say 'seek' instead of 'look for', people use 'facilitate' instead of 'help', and so on. I even noticed this effect in British friends living in the United States — that they started to make more ([5]) word choices in their everyday speech. Very interesting. I recently ran a check in a computer *corpus of 10 million words of British conversational English — not one single example of 'beverage' came up — but when I checked American English — lots of ([6]). And surprisingly, many of the example sentences which came up in the American sample were talking about warm drinks, and even alcoholic drinks. ④Clearly things have never changed.

（注）　oddities　奇妙なところ　　obsolete　すたれている　　descriptive　記述的な　　idiot　愚か者
　　backwoods, out-of-the-way　進歩の遅れた，へんぴな　　corpus　文例データベース

(1)　英文の空所（[1]）〜（[6]）に入れるのに最も適切なものを１〜０の中から１つずつ選びなさい。ただし，同一のものを２回以上用いてはいけません。

1．words	2．hits	3．important	4．lips	5．formal
6．mistake	7．unique	8．common	9．another	0．idea

(2) 英文の下線部①～④の中で，文法上あるいは文脈上，誤りのある英文が１つあります。その番号を答えなさい。解答は [7] にマークしなさい。

2 次の英文を読み，あとの問いに答えなさい。

Fast-food restaurants are everywhere. They're by freeways, in small towns, and big cities. They are called "chain restaurants." They are part of a group of restaurants owned by big companies. The hamburgers you can buy in Tokyo〔１．can buy　２．as　３．the　４．same　５．the ones　６．taste　７．you〕from the same company in San Francisco. People come back again and again to eat their favorite food. Some fast-food restaurants serve only Mexican food (tacos), Asian food (sushi), and Italian food (pizzas). ([8])

Fast food is made for people in a hurry. Many people don't have time to go into a restaurant and sit down, order food, and wait for it to be cooked. ([9]) Students studying for exams, friends having pizza parties, and truck drivers all stop at fast-food restaurants.

And fast-food restaurants aren't expensive. People can save money. They are popular for everyone, from the very rich to the very poor. People grow up eating fast food. ([10]) They go to their favorite fast-food restaurant because they know that if they order the burger, it will be as delicious as they remembered it in fourth grade.

([11]) Busy people enjoy traditional dishes sold from small carts and tables set up on sidewalks all over the world. You can have noodles in Asia. Try falafel in the Middle East. Or enjoy a hot dog from one of New York's famous hot-dog stands.

Fast-food restaurants make almost $570 billion a year. The first fast-food restaurant sold fish and chips in London in 1860. After Americans built highways across their country, people began driving everywhere. "Drive-in" restaurants became popular. People parked their cars. ([12])

Why do people keep coming back to their favorite fast-food chain restaurants? Well, fast food is cheap, delicious, and easy. ([13]) And they know that their favorite food will always taste the same — in London and Yokohama.

(1) 英文の空所([8])～([13])に入れるのに最も適切なものを１～６の中から１つずつ選びなさい。ただし，同一のものを２回以上用いてはいけません。

１．Moms get fast food for their families after working late.
２．Then waitresses on roller skates came to the cars and took food orders.
３．And not all fast-food restaurants are modern.
４．Others specialize in fish and chips, donuts, bagels, fried chicken, or ice cream.
５．It's perfect for people in a hurry without a lot of money.
６．Even rich people still love the taste of a fast-food sandwich they enjoyed in elementary school.

(2) 英文の〔　〕内の語(句)を並べかえ，英文を完成させなさい。解答は [14] と [15] に入れるものをそれぞれ答えなさい。

The hamburgers you can buy in Tokyo ＿＿ ＿＿ [14] ＿＿ ＿＿ [15] ＿＿ from the same company in San Francisco.

3　次の英文を読み，あとの問いに答えなさい。（文中の＊印の語（句）には注があります）

Ada was the daughter of celebrities — famous from the day she was born. Her father was the *legendary poet, Lord George Gordon Byron, and her mother was Lady Anne Isabella "Annabella" Milbanke, a woman who (A)adored math.

Annabella was worried that her daughter would grow up to be foolish and *unpredictable like her famous father — with good reason. Lord Byron's world was filled with chaos. He liked to gamble and he had many *love affairs. Unable to live with Byron any longer, Annabella took baby Ada and went to live with her parents.

(B)Annabella did not want Ada's imagination to run free, and she wanted to make sure that Ada shared her love of math. Annabella told the people who looked after Ada to only speak the truth to her. She tried so hard to keep Ada from thinking about fantastical, *nonsensical things, but being curious, Ada wondered about them anyway.

・・・

Byron might have been unpredictable, but he had other qualities that made him an exceptional poet. Like her father, Ada was inventive and always *observing. These *traits would help her to achieve great things when she grew up. As a young girl, Ada watched birds to figure out how they were able to fly. She wondered about the clouds in the sky, and was *intensely interested in everything she saw and everywhere she went.

(C)No matter how hard Annabella tried, she couldn't squash Ada's curiosity. Ada showed a strong desire to understand how things work. She was especially curious about rainbows, as she wanted to discover the science behind them, not just admire their beauty. Ada spent a lot of time studying rainbows, and noticed that if you look at the sky after it rains you might see one. Sometimes, Ada looked closer and saw a second rainbow. To find out why this happened, she wrote to her tutor, William Frend.

Ada wanted to know why all the rainbows she had seen were curve-shaped, why they seemed to form part of a circle, and how second rainbows are made. She *instinctively knew how the colors of a rainbow are separated, but could not grasp why the colors appear differently when there are two rainbows in the sky.

William had also tutored Ada's mother, Annabella. He was a traditional academic who taught his students "*certainty, not uncertainty," only wanting to focus on scientific fact.

William only wanted to teach Ada about things that were certain, so he agreed to answer her questions about rainbows.

It's likely that he would have explained that the second rainbow is caused by a double reflection of sunlight inside raindrops — rather than the single reflection of sunlight inside raindrops that makes a single rainbow.

The angle of light from the double reflection means that the second rainbow looks like it's upside down. The colors go from violet on the outside to red on the inside, the opposite of a normal rainbow!

William's explanation should have satisfied Ada's curiosity about rainbows, but she always had more questions about other topics. Whether she asked her tutors these questions, or later found her answers in books, Ada never stopped wanting to know more about how things worked.

Ada lived during a time when scientific study was not *encouraged in girls. However, she did not let (D)that, or her mother's attempts to discourage her, stop her search for answers. Ada's thoughts had no bounds — she was always *determined to learn as much as she could.

We know that Ada's curiosity and endless questions led her to imagine one of the most important inventions of our world — the programmable computer.

（注） legendary 伝説的な　unpredictable きまぐれな　love affairs 色恋沙汰
nonsensical ばかげた　observing 洞察力の鋭い　trait 特徴
intensely 強烈に　instinctively 直感的に　certainty 確実なこと
encourage ～を奨励する　determined 確たる意志を持った

(1) What does the underlined word (A) mean ? [16]

1. hated　　2. loved
3. understood　　4. was not good at

(2) What is the reason for the underlined part (B) ? Fill in the blank of the following sentence. [17]

Annabella was afraid that her daughter Ada (　　　　　).

1. would not succeed as an athlete
2. would be a better mathematician than she was
3. would not think what her mother said was true
4. would be an unpredictable person like her husband

(3) What does the underlined part (C) mean ? [18]

1. Annabella tried to get Ada to study mathematics hard, but Ada didn't become interested in it.
2. Annabella tried teaching Ada about rainbows, but it was difficult for Ada to understand what Annabella said.
3. Though Annabella tried to discover the science behind beautiful rainbows, she couldn't find any answers.
4. Though Annabella tried to stop Ada from being interested in anything, it was too difficult for Annabella to do that.

(4) According to the passage, how can the two types of rainbows be seen ? [19]

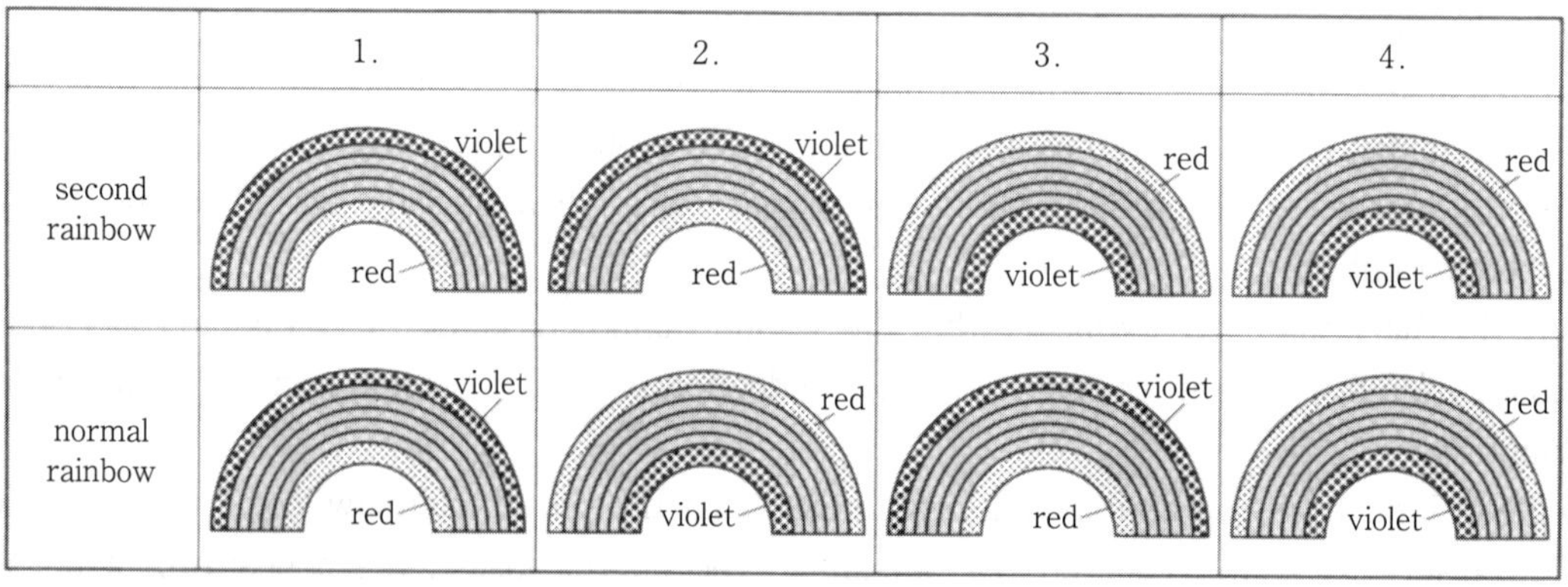

(5) What does the underlined part (D) refer to ? [20]

1. the fact that it was a time when scientific study was not encouraged in girls
2. some books in which she found answers to her questions
3. Ada's curiosity and endless questions about different topics
4. William's explanation about how the colors of a rainbow are separated

(6) Which of the following statements is true ? [21]

1. Ada's father was not only a great poet but also a successful mathematician.
2. Every time William was asked a question by Ada, he found the answer in books.
3. Ada was able to imagine the programmable computer because she had curiosity and strong desire to understand how things worked.
4. William taught both Ada and her mother why rainbows were curve-shaped.

リスニング問題 〈放送文は未公表につき掲載してありません。〉

4 これから二人の対話を聞き，質問に対する答えとして最も適切なものを１つ選びなさい。なお，対話と質問は二度読まれます。

[22] 1. He lost his bag. 2. His bag was fixed.
3. He called the police. 4. He bought a new bag.

[23] 1. He is late for the test.
2. He has a bad stomachache.
3. He doesn't remember the test day.
4. He has entered a wrong classroom.

[24] 1. Her will is important.
2. She should support her parents.
3. It is difficult for her to live alone.
4. She must decide what to study now.

5 これから短い英文を聞き，質問に対する答えとして最も適切なものを１つ選びなさい。なお，英文と質問は一度だけ読まれます。

[25] 1. The World Cup. 2. The Olympic Games.
3. Major League Baseball. 4. Inter-High School Championships.

[26] 1. At 3:30. 2. At 3:35. 3. At 4:05. 4. At 4:10.

[27] 1. Children should study before they sleep.
2. Children should study after they wake up.
3. Children should not watch TV in the morning.
4. Children should not use smartphones before studying.

6 これから少し長めの英文を聞き，質問に対する答えとして最も適切なものを１つ選びなさい。なお，英文は二度読まれます。

[28] What is Atlantis ?

1. A city which was built under the sea.
2. A city which people today have never seen.
3. A city which many famous scientists were born in.
4. A city which was attacked two thousand years ago.

[29] According to the passage, what can we do today thanks to modern technology ?

1. Find an unexplored land.
2. Live on the bottom of the sea.
3. Travel around the world by ship.

4. See the inside of a ship that disappeared under the sea.

30 What was found underwater close to the shore in Italy ?

1. Lost towns.
2. A famous ship.
3. New types of animals.
4. Bones of ancient people.

31 Why did the author mention the *Titanic* in the passage ?

1. To tell the secret about the ocean.
2. To explain why the disaster happened.
3. To show what modern science cannot do.
4. To say that a lost city could be found in the future.

【数　学】（50分）〈満点：100点〉

（注意）1　問題の文中の [ア]，[イウ] などには，特に指示がないかぎり，符号（−，±）または数字（0～9）が1つずつ入る。それらを解答用紙のア，イ，ウ，…で示された解答欄にマークして答えること。

2　分数形で解答する場合，分数の符号は分子につけ，分母につけてはいけない。例えば，$\dfrac{\boxed{エオ}}{\boxed{カ}}$ に $-\dfrac{4}{5}$ と答えたいときは，$\dfrac{-4}{5}$ とすること。

また，それ以上約分できない形で答えること。例えば，$\dfrac{3}{4}$ と答えるところを，$\dfrac{6}{8}$ のように答えてはいけない。

3　根号を含む形で解答する場合，根号の中に現れる自然数は最小となる形で答えること。例えば，$\boxed{キ}\sqrt{\boxed{ク}}$ に $4\sqrt{2}$ と答えるところを，$2\sqrt{8}$ のように答えてはいけない。

4　根号を含む分数形で解答する場合，例えば $\dfrac{\boxed{ケ}+\boxed{コ}\sqrt{\boxed{サ}}}{\boxed{シ}}$ に $\dfrac{3+2\sqrt{2}}{2}$ と答えるところを，$\dfrac{6+4\sqrt{2}}{4}$ や $\dfrac{6+2\sqrt{8}}{4}$ のように答えてはいけない。

1　次の各問いに答えよ。

(1)　$\dfrac{2022^2-2021^2}{156^2-155^2}=$ [アイ]

(2)　$a-b=4$，$a^2-b^2=128$ のとき，$a=$ [ウエ]，$b=$ [オカ] である。

(3)　ある店で買い物をしたら，消費税込みの合計金額が16,320円であった。レシートを見ると，税抜き合計金額の4割には10％，6割には8％の消費税がかかっていた。税抜き合計金額は [キクケコサ] 円である。

(4)　下の図は，ある中学校の3クラスA，B，Cの身長測定のデータを箱ひげ図で表したものである。3クラスとも在籍は30人である。160cm以上の人数が最も多いクラスの第1四分位数は [シスセ] である。

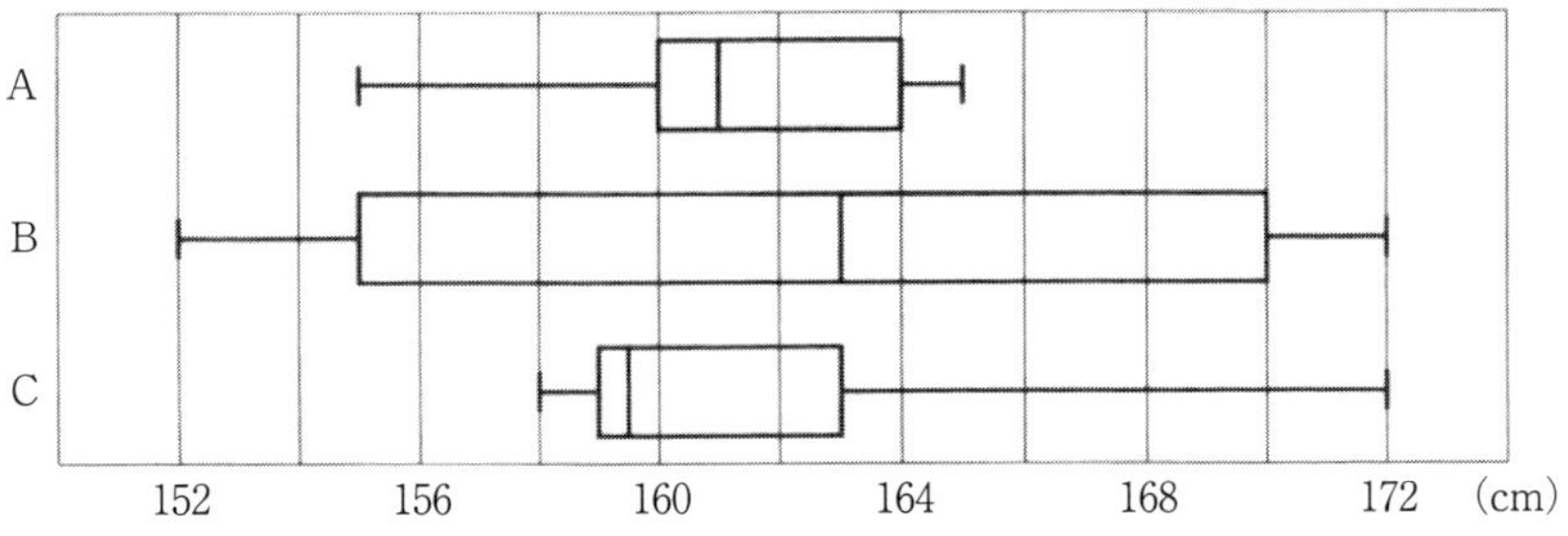

2　図のように，さいころが1の面を上面にして置かれている。このさいころを以下のルールにしたがって置き直す。

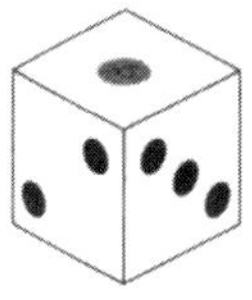

＜ルール＞

4つの側面から1つの面を選び，その面が上面になるようにさいころを置き直す。このとき，どの側面が選ばれる確率も同様に確からしい。

(1)　さいころを2回置き直したとき，上面が1の目である確率は $\dfrac{\boxed{ア}}{\boxed{イ}}$ である。

(2)　さいころを3回置き直したとき，上面が1の目である確率は $\dfrac{\boxed{ウ}}{\boxed{エ}}$ である。

(3)　さいころを４回置き直したとき，上面が１の目である確率は $\dfrac{\boxed{オ}}{\boxed{カキ}}$ である。

3　図のように，点Oを中心とする２つの円があり，大きい円の半径は５，小さい円の半径は３である。大きい円の直径 AB に対して，点Aを通る弦 AC が小さい円とDで接している。

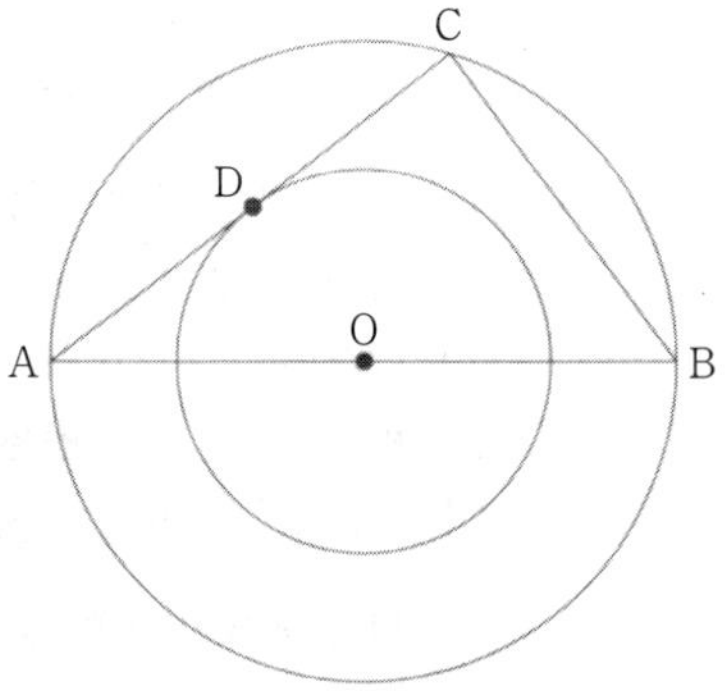

(1)　BC＝ $\boxed{ア}$ である。

線分 BD と OC の交点をEとする。

(2)　OE＝ $\dfrac{\boxed{イ}}{\boxed{ウ}}$ である。

(3)　△ODE の面積は $\boxed{エ}$ である。

4　図のように，放物線 $y=x^2$ 上に２点A，Bがあり，x 座標はそれぞれ－3，２である。

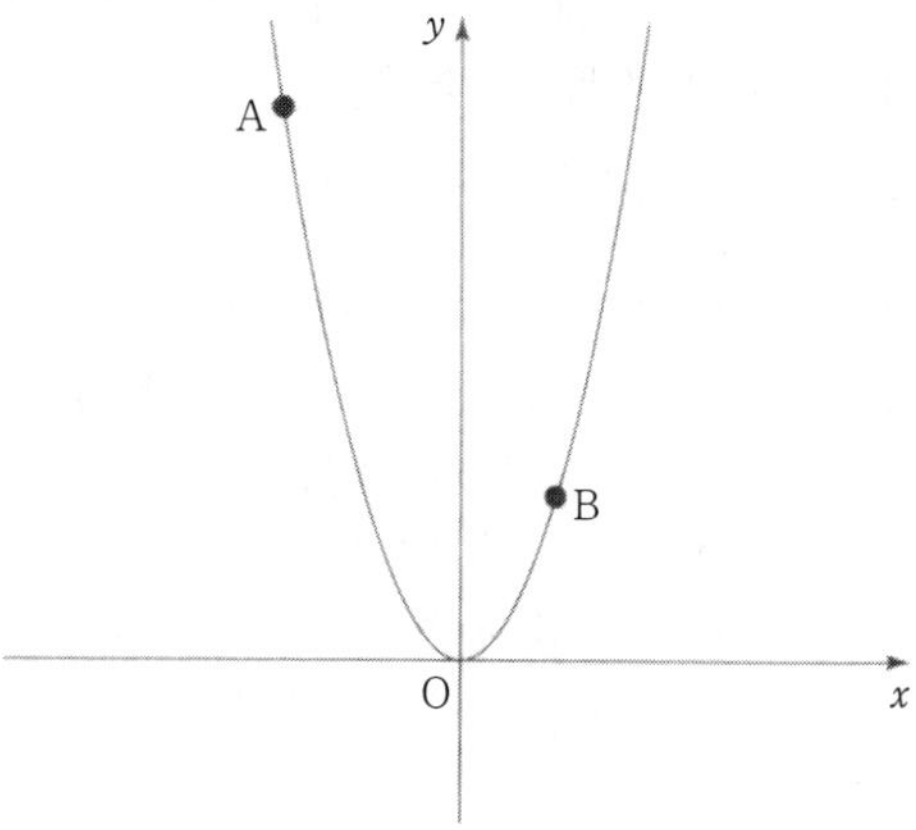

(1)　△OAB の面積は $\boxed{アイ}$ である。

(2)　放物線上に点Bと異なる点Cを，△OAB の面積＝△OAC の面積となるようにとる。点Cの座標は($\boxed{ウエ}$, $\boxed{オカ}$)である。

(3)　四角形 OACB の面積を２等分する y 軸と平行な直線と，放物線の交点は $\left(\dfrac{\boxed{キク}}{\boxed{ケ}}, \dfrac{\boxed{コ}}{\boxed{サ}}\right)$ である。

5　図のように，AB＝1，AD＝1，AE＝2の直方体 ABCD-EFGH が球に内接している。（直方体の８つの頂点が球面上にある。）

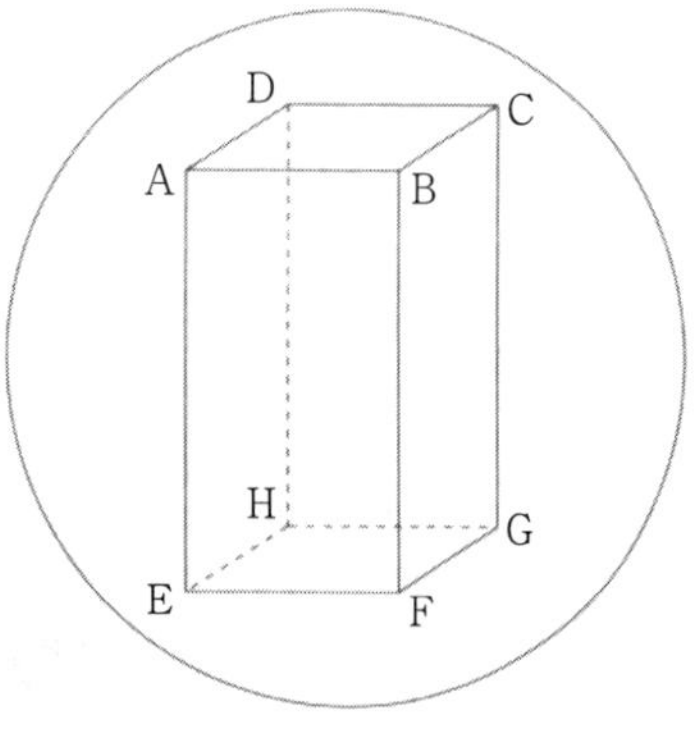

(1)　球の半径は $\dfrac{\sqrt{\boxed{ア}}}{\boxed{イ}}$ である。

(2)　３点A，C，Fを通る平面でこの立体を切断したとき，球の切断面の面積は $\dfrac{\boxed{ウエ}}{\boxed{オカ}}\pi$ である。

(3)　頂点Bから(2)の切断面に下ろした垂線の足をＩとするとき，FI＝ $\dfrac{\boxed{キ}\sqrt{\boxed{ク}}}{\boxed{ケ}}$ である。

1. あえて権力者の指示通りに動かないことで、身分に関係なく周囲の注目の的となることができる。
2. 本来嘘をつくことは悪行だが、人を助けるためにつく嘘は善行として認められ、周囲に評価される。
3. 他人の罪を自ら率先して被るという善行を積めば、その先の自分の待遇が確実に保障される。
4. 周囲からの評価を気にせず、機転を利かせて人を助ける思いやりのある人には神仏のご加護がある。
5. どんなに人々から馬鹿にされていても、身分の高い人に認められれば一転して評価が上がる。

やつは必ず＊冥加《みやうが》あるべきものなり。人の罪蒙《かうむ》るべきことの、罪を知りて、みづから、痴のものとなれる、やんごとなき思ひはかりなり」とぞほめられける。

まことに久しく君に③仕へ奉りて、cことなかりけり。

（『十訓抄』）

（注）＊かの韋仲将が、凌雲台に上りけむ心地…中国の魏の国の韋仲将が、高楼凌雲台の額を書くために七、八十メートルの空中につり上げられたという話。本文の「九重の塔」の高さもほぼ同じ。

＊時人…その当時の人々。

＊冥加…知らず知らずのうちに神仏のご加護を被ること。

問一　傍線部aからcの解釈として最も適当なものを、後の中からそれぞれ一つずつ選びなさい。

a　定綱朝臣、ことにあふべき由、聞こえたり　㉖

1．定綱が罰せられるだろうという話が広まった

2．定綱が帝に申し開きをしたことが噂《うわさ》になった

3．定綱がずさんな修理をしたと噂になった

4．定綱が金を牛の皮にすり替えたと話題になった

5．定綱がもう一度修理をするという話になった

b　かくやありけむとおぼゆ　㉗

1．これ以上に恐ろしかったのだと思われる

2．忘れないように書き留めておいたと思われる

3．これほど怖かったのだろうかと思われる

4．罪なき人を助けるためであったと思われる

5．高い所は危険だと考えていたと思われる

c　ことなかりけり　㉘

1．人を助けることはなかった

2．他人の罪を被《かぶ》ることはなかった

3．離れることがなかった

4．神仏のご加護に事欠かなかった

5．平穏無事に過ごした

問二　傍線部①について、仏師は何をするために上ったのか。最も適当なものを、次の中から一つ選びなさい。㉙

1．噂通り九重の塔の金物の部分が牛の皮で作られていたならば、金物に交換する必要があるため。

2．九重の塔の金物の部分が牛の皮で作られているという、世間の噂が事実であるかどうかを確かめるため。

3．自らの忠誠心を帝に見せることによって、今後も長きにわたって帝に仕えられるようにするため。

4．高いところが苦手なふりをして噂の真偽を確かめずにすませることで、定綱に恩を売るため。

5．定綱の名誉のために、九重の塔の金物の部分が牛の皮で作られているという噂は嘘《うそ》であると確認するため。

問三　傍線部②について、このようになった理由として最も適当なものを、次の中から一つ選びなさい。㉚

1．白河院は、九重の塔の途中で引き返してきたことを謝りもせずただ泣き続ける仏師を見てかわいそうだと思ったから。

2．白河院は、主人である定綱が処罰されないために必死に臆病者を演じている仏師の機転を素晴らしいと思ったから。

3．白河院は、仏師が怖がるほどの高さの塔ならば牛の皮であっても誰も確認する人はいないだろうと判断したから。

4．白河院は、今後も帝に仕えたいと訴える仏師を見て危険なところに上る仕事を任せてしまったことを反省したから。

5．白河院は、高所に対する恐ろしさで涙を流し震えながら弁明する仏師の様子を聞いて許してやろうと思ったから。

問四　傍線部③の動作の主体として最も適当なものを、次の中から一人選びなさい。㉛

1．白河院　2．定綱　3．仏師

4．韋仲将　5．顕隆

問五　本文の主旨に合致しているものとして最も適当なものを、次の中から一つ選びなさい。㉜

ではありませんが。そして小説の最後のあたりにはこんな文章があります。

> 「出来レースだったみたいですね。大方裏でリベートでももらってるんじゃないかなあ。つまんないポスターが選ばれて、みんな呆《あき》れ返ってますよ。もうこの業界、馬鹿ばっかり」
> 「はあ、そうですか」
> 　電話口でディレクターが盛大に愚痴をこぼしていた。すれたものの言い方に同調したくないので、曖昧に返事をしてかわした。「何かあったらまたお願いします」と言われたが、あてにするまいと自分に言い聞かせた。なんとなく、熱が冷めたのだ。
> 　とがっていたものが、しんなりと折れていく感じがした。ハリネズミが針を寝かせるような。あるいは角のあったチーズが溶けていくような――。気持ち全体が、丸みを帯びている。
> 　不思議なことに、あまりくやしくなかった。あんなに一所懸命に描いたイラストなのに。まあいいか、と鷹揚《おうよう》に構えている。

では、これらもふまえて、この小説について話し合ってみましょう。

生徒A　出来レースだったってことは、最初から春代は負ける運命にあったんだね。それを分かっていながらも仕事の依頼をしなければいけないディレクターもある意味ではかわいそうだし、一所懸命に描いた見事な作品が採用されないのはさぞかし残念だっただろうな。

生徒B　そう考えると最後の「まあいいか」は春代の最後の抵抗や、強がりなのかもしれないね。「とがっていたもの」が「折れてい」っているんだから、「不思議なことに、あまりくやしくなかった」なんて思ってはいないよ。

生徒C　本当にそうかな。「鷹揚に構えている」って書いてあるんだから、春代は次の作品製作に向けて気持ちを切り替えているんだよ。このディレクターからの仕事には「あてにするまい」ってあるから期待していないかもしれないけどね。

生徒D　ところで、ここで春代がコンペティションで負けたということは、栄一の店の売り上げは上々だと考えられる。春代のポスターが選ばれていたら、そこから店の売り上げが下がっただろうし、春代は負けてしまったけどそれで良い側面もあったかもね。

生徒E　熱が冷めた春代が編集者を驚かせるのは、きっと栄一が店を閉めて新たな事業をスタートさせる時だろうな。この店を続けている間も春代は仕事の依頼主が最低限求めるようなレベルの作品は描くはずではあるけどね。

1．生徒A　2．生徒B　3．生徒C
4．生徒D　5．生徒E

三

次の文章を読んで、後の問いに答えなさい。

白河院の御時、九重の塔の金物を、牛の皮にて作れりといふこと、世に聞こえて、修理したる人、a 定綱朝臣《さだつなのあそん》、ことにあふべき由《よし》聞こえたり。仏師なにがしといふもの召して、「たしかに、まこと、そらごとを見て、ありのままに奏せよ」と仰せられければ、承りて、①上りけるを、なからのほどより、帰り下りて、涙を流して、色を失ひて、「身のあればこそ、君にも仕へ奉れ。肝心失せて、黒白見分くべき心地も侍らず」といひもやらず、わななきけり。君、聞こしめして、笑はせ給ひて、②ことなる沙汰なくて、やみにけり。

＊かの韋仲将《ゐちゆうじやう》が、凌雲台《りよううんだい》に上りけむ心地も、b かくやありけむとおぼゆ。

＊時人《じじん》、いみじき痴《をこ》のためしにいひけるを、顕隆卿《あきたかきやう》聞きて、「こ

1．「最初の客はこのビルのオーナーだった」は五文節十単語から構成されている。

2．「つまり」の品詞は接続詞である。

3．「温厚そうな」の「そうな」は伝聞を表す助動詞の連体形である。

4．「どうやら」の品詞は連体詞である。

5．「気に入られているらしい」の「らしい」は「その服はいかにもかわいらしい」の「らしい」と同じ意味・用法である。

問六　傍線部④について、その理由として最も適当なものを、次の中から一つ選びなさい。㉒

1．人を選ばずアルバイトを採用するなど経営者としての力に疑問符が付くため、今後の経営が上手くいくか不審がっている春代をよそ目に、栄一は人望だけを武器に営業しているから。

2．新しく店を開くというある種の賭《か》けに出ているはずなのに、その危機感も覚えずに仕事をする栄一を見ていると、春代の将来までもが暗いような気がしてきたから。

3．後先考えず始めた店で無計画な人材採用など経営上の問題が見えてきたのに、栄一には危機感が乏しく能天気な様子であることに、先行きへの不安や苛立ちが募ったから。

4．アルバイトの人柄に難がある上、適材適所の人材配置のできない栄一にもより不安感を抱いてしまい、今後は春代が先頭に立って経営を指揮していかねばならないと感じたから。

5．春代自身忙しい中で店を手伝っているにもかかわらず、無意識とはいえ癇《かん》に障る発言をする上に、勘定の計算さえもできないことで栄一に対して徐々に怒りを覚えはじめたから。

問七　空欄 X に入ることばとして最も適当なものを、次の中から一つ選びなさい。㉓

1．わたしの頭にアイデアがどんどん湧き出てくる

2．仕事が軌道に乗っている夫を調子付かせない

3．あなたがカン違いしてわたしを見下さない

4．むしろあなたの才能を引き出してくれる

5．夫が仕事でコケても一人で生きていける

問八　波線部アからオについて、その説明として最も適当なものを、次の中から一つ選びなさい。㉔

1．波線部アでは、批判をされて少し腹を立てていた春代が、陣中見舞いをもらったことでその批判もすっかり忘れ、今後もこの編集者とともに仕事がしたいと心から思っていることが表現されている。

2．波線部イでは、過去の作品ファイルを広げて見返してみると、編集者の指摘が的を射ているのではないかと思わざるを得ないが、同時に信じたくもないという心の葛藤が表現されている。

3．波線部ウでは、必ずしも仕事ができるとは言えない夫ではあるが、他者からの信頼を得ることにおいて非常に優れており、その点では春代が栄一を尊敬してやまないことが表現されている。

4．波線部エでは、栄一の持つ博愛の精神に対して春代は皮肉を言ってやりたいと思ったが、社長夫人が口出しをしすぎるのは夫の精神衛生上良くないと思い、何とか自制したことが強調されている。

5．波線部オでは、頭の中にアイデアが消えても浮かぶ様子を、「波立つ」「鎮まり」「映し出される」といった言葉に置き換えつつ、直喩を用いることでその思考の迷いのなさが強調されている。

問九　次の会話は、二重傍線部に関する教師の発言を聞いた生徒達が意見を述べ合ったものである。本文の内容をふまえて正しく解釈している生徒を、次の中から一人選びなさい。㉕

教師　二重傍線部では雑誌のカバーイラストを描く将来を想像していますが、この小説の続きを読むと、春代に広告ポスターの依頼という大きな仕事の話が来たようですね。コンペティションだから春代のイラストの採用が決まったわけ

b　気を揉(む)　⑯

1. あれこれと心配して苛立《いらだ》つ　2. 心が休まらず疲弊する
3. 気が気でなくてやつれる　4. 思い悩んで塞ぎ込む
5. 不安から目を背ける

c　猪突猛進　⑰

1. 唐突な思い付きを実行に移すこと
2. 躍起になって視野が狭くなること
3. 向こう見ずに突き進むこと
4. 間髪を容《い》れずに急進すること
5. 不意を突いて走り出すこと

問二　文章中の空欄 Ⅰ から Ⅳ に入る語句の組み合わせとして最も適当なものを、次の中から一つ選びなさい。⑱

1. Ⅰ 成す　Ⅱ ひそめた　Ⅲ 貸した　Ⅳ 利いた
2. Ⅰ 成す　Ⅱ 曇らせた　Ⅲ 組んだ　Ⅳ 晴れる
3. Ⅰ 立てる　Ⅱ 吊り上げた　Ⅲ 貸した　Ⅳ 晴れる
4. Ⅰ 立てる　Ⅱ ひそめた　Ⅲ 打った　Ⅳ 置けない
5. Ⅰ 売る　Ⅱ 曇らせた　Ⅲ 組んだ　Ⅳ 置けない
6. Ⅰ 売る　Ⅱ 吊り上げた　Ⅲ 打った　Ⅳ 利いた

問三　傍線部①について、このような表現をしているのはなぜか。その説明として最も適当なものを、次の中から一つ選びなさい。⑲

1. 今回の作品が非常に優れたものだという認識ではいたが、普段は電話かメールのやりとりしかしない編集者がわざわざ訪問してきたことに疑心暗鬼になっているから。
2. たまには雰囲気の異なる作品を描き上げようと意気込んで創作した結果、案の定編集者の目に留まっていることをほくそ笑んでいるが、それを表情には出せないから。
3. 自分が晩成型のクリエーターだという自覚はあったが、その指摘をしてほしいがために編集者からの賛辞をあえて受け入れず、さらなる言葉を待っていたから。
4. 編集者の発言は大変な褒め言葉であったため、春代は恐れ多いという思いを抱きつつも、今回の作品の出来栄えのよさには自分でも自信があったから。
5. 今回の作品の出来栄えがよいことは紛れもない事実であるが、編集者が言うほどの優れたものではなく、自分はさらによい作品を作れるという自負心があるから。

問四　傍線部②について、その説明として最も適当なものを、次の中から一つ選びなさい。⑳

1. 出来栄えのよい作品を作れるのは春代の実力そのものであるが、そういった作品を作れる周期は栄一のベンチャースピリットにあふれている時期とも合致しており、この閃きは夫婦の心がシンクロしている象徴だと言える。
2. 周期的に変わったイラストを描いているという意識はなかったものの、たしかにチャレンジ精神に富んだ製作をしていると認識していた時期はあり、それが栄一の退職の時期と重なるため、この閃きは栄一が与えてくれた好機だと言える。
3. クリエーターの本能によって描かれる優れた作品は編集部の話題を集めるが、その作品を作ることができるのは栄一が故意に春代の不安を煽《あお》るようなことをするからであり、この閃きは生きていくために危機回避する本能によるものだと言える。
4. 編集者からの指摘で過去の作品を振り返ると、たしかに作品の出来がいい時期が周期的にやって来ており、その製作時期が栄一が新規事業を始めるときと一致しているため、この閃きは自分が無意識に家計を支えようとした結果だと言える。
5. 冒険的な作品を描いている自覚がないのは晩成のクリエーターだからであり、また栄一が新規事業を立ち上げたがるおかげで春代も刺激をもらって作品の出来栄えがよくなっているので、この閃きは夫婦二人三脚によるものだと言える。

問五　傍線部③について、その文法的な説明として最も適当なものを、次の中から一つ選びなさい。㉑

品だけを買っていった。初日の売り上げは五万円にも満たなかった。ますます不安が募る。

　唯一感心したのは、栄一の好かれっぷりだった。主婦たちは賑やかに品定めをしながら、すぐに栄一と打ち解けた。春代は、栄一が営業マンとして重宝がられる理由がわかった。人に警戒心を抱かせないのだ。

「来週になれば、運河沿いのタワーマンションの入居が始まるから、そこが最初の勝負どころだね。五百戸の引っ越しだから、そのうちの一割が来てくれればそれだけで大繁盛だよ」

　栄一はあくまでも前向きだった。

「そうそう。さっさと稼いで逃げましょう。わはは」

　沼田が胸をそらせて笑う。無口な塚本は黙って注文書を捌《さば》いていた。

　家に帰ってイラストの仕事に取りかかると、次々とアイデアが浮かび、依頼された五点のカットをわずか二時間で仕上げることができた。ォ波立っていた湖面が鏡のように鎮まり、そこに何かが映し出される、そんな感じなのだ。しかもすべて出来がいい。筆に迷いがないことが自分でもわかり、イラスト全体が勢いにあふれていた。

　うーん、またまた編集部で話題になるかも——。機嫌がよくなり、思わずハミングする。春代は弾む気持ちを抑えられなかった。

「なんか、うれしそうじゃん」栄一が仕事部屋をのぞきにきた。

「鼻歌なんか唄っちゃってさ」

「ねえねえ、このイラスト、どう?」

「君が描いたの?」

「わたしじゃなきゃ誰が描くのよ」

「背後霊とかさ」

「もう少し気の［Ⅳ］こと言えば?」

　軽蔑の目で答えつつ、栄一の軽口にふと考え込んだ。背後霊はともかく、何かが降りてくる感じはある。自分の胸にしまっておくのももったいないので、栄一にここ最近の仕事の好調ぶりについて話してみた。作品のインスピレーションが自然と湧いてくること、過去の例を調べてみると、それが栄一が事業を始めた時期と奇妙に一致していること。

「きっと夫婦だからシンクロしてるんだよ。夫のベンチャースピリットに刺激されて、眠っていた才能が目を覚ますんじゃないかな」

　栄一がしたり顔で言った。まるで感謝しなさいと言わんばかりの態度だ。

「ちがうと思う。［X］ように、きっと神様が配慮してくれてるのよ」

　春代が言い返すと、栄一は松本清張のように下唇をむき、部屋を出て行った。

　口からでまかせに言ったことだが、春代は案外当たっているのではないかと思った。我が家の危険度を本能が感知し、補おうとしているのだ。栄一が事業に失敗したとしても、春代から離婚する気はない。愛しているから、とまでは情熱的でないけれど、いないとかなり淋《さび》しいからだ。

　ともあれ、満足のゆく作品が描けたときは気分がいい。いつか雑誌のカバーイラストを描くようになったりして——。春代はしばし甘い空想に浸った。

（奥田英朗『夫とカーテン』）

（注）＊アジびら…激しい調子のことばを用いて、人々を扇動する目的で書かれた宣伝びらのこと。

問一　傍線部aからcの語句の本文中における意味として最も適当なものを、後の中からそれぞれ一つずつ選びなさい。

a　異才の片鱗　⑮

1．業界内で異端な人物の一人
2．人並み外れた才能の一端
3．優れた才女としての一面
4．他者とは違う才能の一部分
5．作風の異なるもののうちの一作品

たときだ。相談もなく突っ走る栄一に、一人でｂ気を揉《も》んでいた覚えがある。

もう一枚、毛筆に初めてチャレンジした作品を見てみた。三年前の秋といえば……。そうだ。栄一がアパレル会社を辞めて同窓会幹事代行業を始めると言い出した時期だ。

春代はファイルを広げたまま眉を[Ⅱ]。イこれは……。いや、単なる偶然だろう。

ほかの作品もチェックした。しかし記憶をたどるごとに、出てくるのは栄一のことばかりだった。いい作品を描いているときは、決まって栄一が会社を辞めて事業を始めた時期と一致するのだ。

なんなのだ、この奇妙な符合は。栄一の起業が自分にいい作品を描かせているとでもいうのだろうか。あのｃ猪突猛進《ちょとつもうしん》の亭主が――。

適当な感想が浮かんでこなかった。春代は作品ファイルを見ながら一時間以上も呆然《ぼうぜん》としていた。

いよいよ栄一の店が開店した。春代は家でじっとしていられなくて手伝いに行った。既存のマンションや公団には開店セールのチラシを配布していた。春代が作った手書きのチラシだ。栄一が塚本に作らせたものはアングラ劇団の＊アジびらのようで、見るに見かねて春代が手を[Ⅲ]のだ。

「お客さん、来るといいね」毎度のことながらどきどきした。成功すればマンションと子作りだ。いつの間にか春代まで夢を見ている。

「来るんじゃない？」栄一は呑気《のんき》だ。

「来ますよ。財布握ってわんさか来ますよ。わはははは」

沼田が大口を開けて笑う。春代はどうしてもこの下品な男が好きになれなかった。店の金を持ち逃げされやしないかと、そんな縁起でもないことまで考えている。

③最初の客はこのビルのオーナーだった。つまり大家だ。温厚そうな老夫婦が「がんばってね」と励ましてくれ、玄関マットを買っていった。どうやら栄一は気に入られているらしい。だいいち前の会社の社長から花輪が届いていた。ウ人望だけはメジャーリーグ級なのだ。

しかしそれ以降は、まったく客が来なかった。通りを歩くのはサラリーマンかＯＬばかりである。そもそも住宅街も商店街もないのが品川駅前だ。

春代は通りに出て、店を眺めてみた。ディスプレイは悪くない。表にはセール品のカーペットが立てかけられ、賑《にぎ》わいはある。ただし店員が多過ぎる。一人客は入りづらいだろう。栄一が隣にやってきた。

「呼び込みでもするの？」

「馬鹿言ってるんじゃないの。それより店員が景色を壊してる。客がいないときは奥の事務室に待機させた方がいいと思う」

「わかった。じゃあそうする」

「ところで、どうして二人も雇ったわけ？」

「だってカーペットの配達なんかは二人じゃないとできないし、その最中も店番は必要だし」

「だったら、配達のときだけ学生バイトを都合つければいいことじゃない」非難する口調で言った。

「そうか。そうだったね」

④頭が痛くなってきた。まずは沼田に辞めてもらわなければ。できれば塚本もチェンジしたい。

「あのね。気立てのいい若い女の子を見えるところに配置して、あなたは奥で雑務をしながら待つ。お客さんが来たら、あなたが出ていって商品を勧める。このやり方じゃないとだめ」

「じゃあ塚本さんをレジに置くわけだね」

エ気立てがよければね――。そう言いたいのを堪《こら》え、吐息を漏らした。浮気の心配をしなくて済むのは助かるが、栄一は女に対して博愛の精神が過ぎる。

自分の仕事があるのに、一日店で世話を焼いてしまった。来た客は、少し離れた場所にある公団の主婦グループが数組で、バーゲン識としてペットへの思いやりが染みついている証拠だと思う。

1．生徒A　2．生徒B　3．生徒C
4．生徒D　5．生徒E

二

次の文章を読んで、後の問いに答えなさい。

編集者からは期待通りの反応が返ってきた。あまりに出来栄えがよいので、特集の扉ページに使いたいと言ってきたのだ。ギャラも余計に払ってくれると言う。そしていつもは電話かメールのやりとりだけなのに、「たまにはご挨拶にうかがいたい」と春代の住む町までやってきた。駅前の喫茶店で向かい合う。

「大山さん、なにやら新境地を切り拓いたって感じですね」編集者が上機嫌で言った。「知らない人が作品を見たら別人かと思うでしょうね」

「そんな……」春代が苦笑して首を振る。①もちろん謙遜だ。

「いやあ、クリエーターという人種は、どこかで一皮剥《む》けるものなんですよ。大山さんの場合は今がそれなのかもしれませんね」

「わたし、もう三十四ですよ」

「いやいや、晩成の方が本物なんですよ。イラストレーターは若くして名を［ Ⅰ ］人が多いけど、そういう人は飽きられるのも早いですからね。その点、大山さんは本物だ」

褒められて春代もその気になった。もしかしたら人気イラストレーターとして名前が売れるかもしれない。

「でも、ぼくは編集部に来て一年ほどですが、前からいる連中に聞いたら、大山さんはときどきa異才の片鱗《へんりん》を見せてたそうですね」

「そうなんですか?」春代が眉を寄せる。それは初耳だった。

「周期的に変わったイラストを描いて、部内で話題になっていたらしいんですよ。やっぱりクリエーターは本能で描くんですね」

春代は考え込んだ。そう言われれば、思い当たる節がないわけではない。ときどき②妙な閃《ひらめ》きがあって、小さな冒険をしてきた。自分でもいいのか悪いのかわからないものもあったが、気に入った作品も多々あった。

「こういうことを言うと失礼ですが、ここ半年ほどは大山さんもマンネリかなあって思うこともあったんですよ。まあ、今だから言うんですけどね」

春代はややむっとした。水準以上のものを描いてきたつもりなのに。

「ああ、ごめんなさい。悪くはないんですよ。つまり、仕上がりが予想できたって意味で……」

「ええ。そうかもしれませんね」

「編集者は驚きたいんですよ。新しいものを見たいんですよ。だから傑作が送られてくると、こっちもうれしくなって陣中見舞いをしたくなるわけです」編集者がそう言いながら、床に置いてあった紙袋を持ち上げた。「フォションのクッキーです。仕事の合間にでもつまんでください」

「きゃあー」春代は声を上げていた。ア続いて鼻の奥がつんとくる。感激の気持ちと共に勇気が湧いてきた。仕事を続けてきてよかった。やりがいがあってこその人生だ。

家に帰って春代は過去の作品ファイルを広げた。編集者の言った「周期的に変わったイラストを描いて――」という言葉が気になったのだ。

調べてみると、確かに冒険している時期と、そうでない時期とに分かれていた。

なんでだろう――。窓の外の景色を見ながら考えに耽《ふけ》る。

ふと思い立ち、気に入っている作品の製作時期をチェックしてみた。雑誌は月号でわかるし、パンフレットは欄外に小さく発行日が記されている。

これを描いたとき、自分は何をしていたんだっけ。一昨年の夏といえば……。そうだ。栄一がリース会社を辞めて出前代行業を始め

1．中古車販売におけるクルマのような、ある目的を達成するための手段として用いられる動物とは異なり、人間は目的であり尊ぶべきであるという潜在意識があるから。

2．人間が隷属的な扱いを受けることは悪であるという共通認識があるので、同胞意識を抱いていない動物がその役割を担っても同情をよせる必要はないと感じているから。

3．人間は主体的に値札を外すことのできる自律した尊ばれるべき存在であるが、動物は他者への依存で自由を得る存在であり、自分の力で物事を判断することが不可能だから。

4．人格的な存在である人間はその存在自体が尊ばれるものであると自覚しており、それとは対照的な存在である動物にはどんな悪行もまかり通ると考えているから。

5．動物とは異なる目的的存在である人間は、動物を自分たちとは異なる個性なき生命体としか認識しておらず、その動物を手段として扱うことが常識化してしまっているから。

問六　傍線部③について、カントの考えを述べたものとして最も適当なものを、次の中から一つ選びなさい。⑬

1．人間の生活に悪影響を及ぼすような残虐な動物実験を禁止する一方で、人間の目的的な人格が尊重されるような残酷さは許容すべきであるとしている。

2．生きた動物を残酷に扱うことは人間の道徳に反することであるとする一方で、生きた個性のある存在ではない動物であれば神聖な目的のために利用すべきだとしている。

3．人間生活において目的を達成する手段としての動物利用は正当化する一方で、動物に対する道徳的感情が脅かされるような動物実験は正当化していない。

4．医学などの発展を目的とした動物実験を認める一方で、人間が生活するうえで自律的道徳に反するような動物への非道な行為は認めていない。

5．人間が動物に対して行う残酷な振る舞いは黙認する一方で、その振る舞いが道徳に反した目的のないものである場合は行為の改善を促すべきだとしている。

問七　傍線部④について、このあと本文で「動物福祉的な見方」について筆者の意見が述べられる。教師の発言を参考に、筆者が考える「動物福祉的な見方」について正しく解釈していない生徒を、次の中から一人選びなさい。⑭

教師　このあと本文では、「動物福祉的な見方」についてこう述べられています。

> 現代の常識である動物福祉的な見方というのは、動物を人間の手段として利用することを前提にしながら、動物に対してできる限り思いやりのある扱いをするというものである。カント同様に、動物が人間同様に目的視されることはないが、かといって全く好き勝手に扱って虐待をしてはならないという考え方である。

この引用文とこれまで読んできた本文をふまえて、「動物福祉的な見方」について話し合ってみましょう。

生徒A　現代では、動物虐待を悪行だとして罰する法律があるよね。これはまさに「動物福祉的な見方」と大いに関係があると思う。

生徒B　確かにそうだね。この法律が施行されていることからも、現代では人々の間に動物を思いやる心が浸透しているようだ。

生徒C　僕は新聞やニュースで、マウスを利用した実験をしている人たちを見たことがあるよ。これって、人間がマウスを手段として利用しているから、法律違反にはならないよね。

生徒D　なるほど。仮にマウスの実験が成功して人間の生活が向上すれば、違法にはならないということだね。

生徒E　ペットとして飼っているハムスターにマウスの実験と同じようなことをしたら心が痛むのは、わたしたち人間の常

＊カント…ドイツの哲学者。

問一 傍線部aからeと同じ漢字を使うものを、後の中からそれぞれ一つずつ選びなさい。

a 「ブンケン」 [1]
1. 彼はケンビキョウで観察した。
2. どうぞごケントウください。
3. 彼女が下した判断はケンメイだった。
4. 特産品をケンジョウした。
5. 何事もケイケンしてみなければわからない。

b 「ソウシシャ」 [2]
1. 生存キョウソウは予想以上に激しい。
2. 演劇の舞台にソウショクを施す。
3. 各学級のソウイ工夫が随所に見られる。
4. 私の兄はソウメイな人だ。
5. ソウゴに依存しあう関係。

c 「ケイヤク」 [3]
1. 昔からテイケイしている会社がある。
2. この坂道のケイシャは急だ。
3. 教室のケイコウトウが切れそうだ。
4. 先生の言葉をケイキに行動を改善した。
5. 見慣れたコウケイだ。

d 「ショウサン」 [4]
1. 国が事実としてショウニンした。
2. 試合前に肩をコショウしてしまった。
3. 万歳をショウワする。
4. タイショウ的な図形である。
5. 些細なことからソショウに発展した。

e 「ヨウニン」 [5]
1. なんともケイヨウしがたい物体だ。
2. 沖縄ミンヨウに触れたい。
3. しばらくの間キュウヨウしていた。
4. ドウヨウを隠しきれていない。
5. 国からのヨウセイには従おうと思う。

問二 空欄 A から D に入る語として最も適当なものを、次の中からそれぞれ一つずつ選びなさい。ただし、同じものを二回以上用いてはいけません。[6]～[9]

1. つまり　2. 例えば　3. そして　4. しかし

問三 傍線部①とはどういうことか。その説明として最も適当なものを、次の中から一つ選びなさい。[10]

1. 人間と動物の本源的な繋《つな》がりが科学技術の発展により明らかになったため、人間は権威ある独立した存在だという伝統的な思想とは切り離して考えるべきだということ。
2. 科学や文明の発展によって動物と人間との強固な関係性が顕著になり、これまでの人間の独自性を説くような伝統的な思想とは異なるものとして考えた方がよいということ。
3. 人口爆発がもたらした動物科学への影響は深刻な環境破壊の一因となっており、動物との共存が可能であった伝統的な思想とは一線を画すものであるということ。
4. 以前から文明の進歩については予見されていたが、現代の動物科学の成長は人間の想像をはるかに超えるもので、伝統的な思想とは差がありすぎるということ。
5. 人間と動物との関連性が失われた現代においては、動物を利用するという手段を取らざるを得ず、そこに伝統的な思想との繋がりは見出せないということ。

問四 次の一文を入れるのに最も適当な箇所を、本文中の(1)から(5)の中から一つ選びなさい。[11]

まさにそのような人間が奴隷なのであり、このような奴隷売買が制度化されていたのが奴隷制社会だった。

問五 傍線部②について、その理由として最も適当なものを、次の中から一つ選びなさい。[12]

く厩舎《きゅうしゃ》だった。　B　その本質は同じである。カントにとって馬は、現代の我々にとってはクルマと同じである。つまりそれは乗るための移動手段であり、取引によって売買される物件であって、生きた個性ある存在ではないのである。カントにとって動物は人間のような人格ではなくて、物としての物件だったのである。(3)

カントが人間を目的として扱うべきだというのは、それが人格だからである。目的は手段あってこその目的である。ある何かを目的として尊ぶためには、遠慮なく使える手段が必要である。人間は目的であるから、もっぱら手段として無造作に使ってはいけない。人間をもっぱら手段として扱うことの最たるものは、人間をあたかも物件のように、値段を付けて売買することである。(4)

カントは人間は生まれながらに平等であるという近代社会の理念を体現する哲学者の一人として、人間の本質をそれが手段化されえない人格であるとみなし、悪しき奴隷制の過去と決別した。しかしカントの奴隷制に対する否定は、本当は不十分だった。確かに彼は人間の隷属を徹底的に否定したが、それは動物の隷属と表裏一体だったからである。②もはや人間の首に値札がかけられることはなくなったが、馬は相変わらず売り買いの対象とされているのである。

　C　これは全くカントに限ったことではない。何となれば今現在に至っても、馬の売買は変わることなく続いているからである。つまりこれは、人類は同胞に関しては奴隷的に隷属させることの悪を常識としてあまねく浸透させることができたのに、こと動物に関してはそうではないということである。そしてこの現在の常識を悪弊として告発することが、後にみるように、動物倫理学の主要な理論内容となるのである。(5)

とまれ、カントにあっては人間と対照的にもっぱら物件としてしか認められなかった動物であるが、③ではそうした物としての動物は、物であるがために人間が自由気ままに扱ってよいとカントはみていたのだろうか?

決してそんなことはなかったのである。先にみたように、カントにとって道徳の根拠は自律であり、道徳として課せられる義務は、他者から強制されるものでなく、自分自身の義務である。そしてカントははっきりと、動物を残酷に扱うことは人間の自分自身に対する義務に背くことであるとした(『人倫の形而上学』「徳論」「倫理学の原理論」第一七節)。

ところが、カントが動物に対する非道を禁じたのは、あくまでそれが人間自身の心のあり方に影響を及ぼすからという理由であるに過ぎない。　D　動物に残酷な振る舞いをすると動物の苦痛に対する同情心が鈍くなり、それが人間同士の道徳感情に悪影響を与えるからだというのだ。動物それ自体が道徳的配慮の目的ではないということである。カントは一方で、単に知識を増やすためだけにする苦痛の多い動物実験は、それをしなくても同様の目的に達せられるのならばするべきではないとしておきながらも、他方で動物実験の目的自体はdショウサンに値し、生きた動物を実験に使う生体解剖者の行為は残虐であるが、この残虐な行為も動物が道具になることによって正当化されるとしている。つまり、できれば残酷な動物実験をするべきではないが、それ以外に目的に達する方法がなければ、神聖な目的のために残酷さはeヨウニンされるとしているのである(『コリンズ道徳哲学』)。これはまさに動物が人格ではなくて物件だからで、もし人間ならば、たとえ医学の発展のためという大義名分があったとしても、残酷な生体解剖をカントが許容することはないだろう。それは人間が動物と異なり、手段的な物件ではなく、目的的な人格だからである。

こうしたカントの考えは、単に代表的な哲学者による典型的な伝統的動物観として重要なだけではなく、現在の我々にとって動物を扱う上での常識となっている④動物福祉的な見方に通じるところが多く、その意味でも興味深い。

(田上孝一『はじめての動物倫理学』)

(注)　＊ラスコー洞窟の壁画…フランス南部にある、死にゆく男とさまざまな動物が描かれた壁画。

二〇二二年度 栄東高等学校（第二回）

【国語】（五〇分）〈満点：一〇〇点〉

一 次の文章を読んで、後の問いに答えなさい。

人間はその発生の当初から常に動物とのかかわりの中でその生を紡いできた。＊ラスコー洞窟の壁画で有名なように、絵画の最初のモチーフも動物であった。人類はこれまで動物について莫大《ばくだい》な思索を重ね、宗教ブンaケンをはじめとして、哲学や文学の中にその考えを示してきた。当然倫理学史にあっても、動物への探求は連綿として続いていた。

しかし現代の学問としての動物倫理学では、こうした伝統的思想との連続性以上に①断絶の面が大きい。それは動物をめぐる現代の状況が、過去の思想家には想像も付かないレベルのものになっているということに起因する。

一つは動物関連科学の飛躍的な発展である。動物と人間の連続性は後でみるように、すでに先駆者によって予見されてはいたが、現代の科学は人間と動物との本源的な連続性を分子生物学的なレベルにまで精緻《せいち》化した形で証明している。このことは、人間と動物との断絶に立脚して人間の独自性を説いてきた旧来の伝統がもはや維持不可能になっていることを示唆する。

もう一つは産業革命後の文明発展、特に二〇世紀に入ってからの人口爆発が、人間社会における動物の位置を根本的に変えてしまったということである。人間は常に動物を利用しようとするため、多数の人口にはそれに見合う数に動物が増えないといけない。そのため人類は莫大な数の動物を新たに誕生せしめた。その主要な種類は家畜であり、家畜の総数は今や地球人口を軽く凌駕《りょうが》するほどに膨れ上がっている。この結果、人間の動物利用が人間に利便性をもたらすだけに留まらずに、その副作用として深刻な環境破壊の一因となってしまっている。増えすぎた人口と伝統的な動物利用のライフスタイルは、人類にとって持続可能性を脅かすものへと転化してしまっている。（1）

この時代状況に呼応するように、動物倫理学は伝統的な動物観を相対化し、それを現代社会にふさわしいものへと変えようとすることを問題意識の前提としている。では伝統的な動物観とはどのようなものであったか。

動物倫理学が相対化しようとする動物観は、単に伝統的なだけではなく、一般的な常識としては今も強固な前提として広く浸透しているような考え方である。動物は人間に似ているところも多々あるが、しかしその類似は表層的なものであり、本質的な深いレベルでは人間とは異なる存在だという見方である。

この動物観は古来のものだが、現代に直結する近代の思想家たちにも堅持されていた。［A］、まさに近代を代表する哲学者の一人である＊カントに、その典型をみることができる。

カントは先に、規範倫理学の主要学説の一つである義務論のbソウシシャとしてその倫理学説を瞥見《べっけん》したが、自律としての自由を本質とする人間はカントにとって、人格的な存在者でもあった。人格的であるというのはそれが単なる手段として扱われてはならない目的的なものであることを意味する。人格としての目的的存在であることに人間の尊厳の根拠がある。倫理的義務の遂行は人格的存在としての人間の尊厳を守り高める行為だというのが、カントの人間観であり、倫理観でもあった。（2）

ではこのカントは、人間ならぬ動物をどう考えていたのか?

この点で興味深いのは、カントが債権について説明する際に、馬の引き渡しに関するcケイヤクを例示していることである（『人倫の形而上学《けいじじょうがく》』「法論」第二一節）。現代であれば中古車の売買にあたるような場面である。クルマを引き取れば完全に自分の物になるが、いまだ取引先のガレージにある場合は、所有権は不安定だという話をしている。カントではクルマではなく馬であり、ガレージではな

英語解答

1 (1) 1…4　2…8　3…9　4…6
5…5　6…2
(2) ④

2 (1) 8…4　9…1　10…6　11…3
12…2　13…5
(2) 14…4　15…7

3 (1) 2　(2) 4　(3) 4　(4) 2
(5) 1　(6) 3

4 22 1　23 2　24 1

5 25 2　26 1　27 1

6 28 2　29 4　30 1　31 4

1〔長文読解総合―エッセー〕

≪全訳≫❶日本に来る前は，「beverage(飲料)」という言葉は私の口から一度も出たことはなかったと思う。もちろんその言葉は知っていたが，使ったことがあったかは，はなはだ疑問だ。しかし日本では，英語を話す人たちはこの言葉をよく使っているようだった。最初，私はこの言葉を奇妙な和製英語の１つだと思っていたのだが，私が間違っていた。アメリカ人の友人がすぐに教えてくれたように，それはアメリカ英語だったのだ。その頃以来，私にはこの言葉についていくつかの誤解があったが，全体としてはおもしろい経験になっている。❷私が最初に驚いたのは，先ほど述べたように，人々がこの言葉をとにかくよく使うことだった。私はいつも，この言葉はあまりに堅苦しく，半ば廃れたものと思っていた。イングランドでは「beverage」という言葉はメニューですらあまり使われない。それはときに説明文で，ときに広告で，そして一番多いのはおどけた文章の中で使われ，「飲み物」というもっとよく使われている表現とは対照的に，より改まった，あるいは一風変わった感じを与えるために使われる。「beverage」という言葉を使うのが冗談でも間違いでもないという考え方に慣れたとたんに，私はさらに驚かされることになった。「beverage」には「飲み物」よりも具体的な意味があり，「冷たいノンアルコール飲料」を意味すると教えられたのだ。「beverage」が(熱くても冷たくても)「飲む」を意味するラテン語の「bibere」が語源になっていると知っていたので，これはある種の間違いに違いないと思った。だがそうではなかった。私が(再び)アメリカ人の友人に尋ねたところ，彼らは(再び)何だか私が愚か者であるかのような目で見て，もちろん冷たいノンアルコール飲料に使われる言葉だけど，君はどこのへんぴな惑星で育ったのと言った。人は毎日何かを学ぶものだとは思うが，少なくとも，へんぴなイングランドでは，誰であれ「beverage」という言葉を使えば，それはどんな種類の飲み物も意味すると私は断言できる。❸そこでこの話は終わっていた，最近までは。私は近頃，テレビに出てくるアメリカ人は，イギリスでは考えられないほど堅い響きのある言葉を選ぶという傾向に気がついた。(「戻る」ことを)「go back」ではなく「return」，(「探す」ことを)「look for」ではなく「seek」，(「手助けする」ことを)「help」ではなく「facilitate」などと言う。アメリカに住んでいるイギリス人の友人たちにもこの影響があり，彼らが日常生活で話すときにより堅い言葉を選び始めると気がついた。とても興味深い。私が最近，コンピュータでイギリス英語の話し言葉1000万語を集めたコーパスで調べたところ「beverage」という用例は１つも出てこなかったが，アメリカ英語を調べてみると，多くの検索結果が出てきた。そして驚くべきことに，アメリカ英語の用例で出てきた例文の多くは，温かい飲み物，さらにはアルコール飲料の話だった。明らかに昔から変わったのだ。

(1)<適語選択>1次の文の，I very much doubt that I had ever used it に注目。doubt は「～でないと思う」という意味。pass ～'s lips は「～の唇を通り過ぎる」から「(言葉)が口から出る」

という意味だが，その意味を知らなくても前後の文脈から推測できる。　[2]空所を含む文ではbeverage「飲料」という言葉がformal「堅苦しい」やexotic「珍しい，風変わりな」だと言っている。それと対照的にdrink「飲み物」はcommon「ありふれた」言葉であると考えられる。　in contrast to ～「～と対照的に」　[3]同じ段落の冒頭でMy first surprise「最初の驚き」が述べられており，空所の後では「別の，もう１つの」驚きについて述べられている。　[4]筆者は「beverage」の語源であるラテン語は飲み物の温度にかかわらず「飲む」という意味だということを知っていたので(文の前半)，冷たいノンアルコール飲料というのは「間違い」だと考えたのである。　assume「(当然)～だと思う」　[5]同じ文の前半にあるthis effect「この効果」はアメリカで堅く響く言葉が好まれること(前の２文)を指す。その結果としてどのような言葉を選ぶかを考える。　[6]次の文にmany of the example sentences「用例の多く」とあるので，アメリカ英語ではbeverageの用例がたくさん見つかったとわかる。このhit(s)は「(検索時の)検索結果，ヒット」という意味。

(2)<正誤問題・要旨把握>④の前で，現在のアメリカ英語の用例では，温かい飲み物やアルコール飲料の意味で「beverage」が使われていると述べられているが，第２段落中盤からは，冷たいノンアルコール飲料を意味していたことがわかる。状況は変化しているのである。

[2]〔長文読解総合―説明文〕

≪全訳≫❶ファストフード店はどこにでもある。高速道路沿いにも，小さな町にも，大きな都市にも。これらは「チェーンレストラン」と呼ばれる。これらは大企業が所有するレストラングループの一部だ。東京で買うことのできるハンバーガーは，サンフランシスコにある同じ会社から買えるものと同じ味がする。好きな食べ物を食べるために何度も足を運ぶ人々がいる。ファストフードのレストランの中には，メキシコ料理(タコス)やアジア料理(すし)，イタリア料理(ピザ)のみを提供するところもある。[8]フィッシュ・アンド・チップスやドーナツ，ベーグル，フライドチキン，アイスクリームなどを専門とする店もある。❷ファストフードは，急いでいる人々のためにつくられている。レストランに行って席に座り，料理を注文して，調理されるのを待つ時間がない人は多い。[9]母親は遅くまで働いた後，家族のためにファストフードを買う。試験勉強をしている学生，友達とピザパーティーをしている人，そしてトラック運転手は皆ファストフード店に立ち寄る。❸ファストフード店は高くない。人々はお金を節約できる。大金持ちからとても貧しい人まで，誰にでも人気のある店だ。人々はファストフードを食べて育つ。[10]お金持ちでも，小学生の頃においしく食べたファストフードのサンドイッチの味がいまだに大好きだ。彼らはお気に入りのファストフード店に行く。なぜならハンバーガーを注文すれば，それは小学４年生のときの記憶と同じくらいおいしいと知っているからだ。❹[11]また，全てのファストフード店が現代的というわけではない。忙しい人々は，世界各地の歩道に設置された小さなカートやテーブルで，伝統的な料理を楽しむ。アジアでは麺類が食べられる。中東ではファラフェルを食べてみよう。あるいはニューヨークの有名なホットドッグスタンドの１つでホットドッグを食べよう。❺ファストフード店の年間売上は約5700億ドルだ。最初のファストフード店は，1860年にロンドンでフィッシュ・アンド・チップスを販売した。アメリカ人が国中に高速道路を建設した後，人々はどこへでも車で行くようになった。そして，「ドライブイン」のレストランが人気となった。人々は車をとめた。[12]すると，ローラースケートを履いたウェイトレスが車にやってきて，料理の注文を取った。❻なぜ人々はお気に入りのファストフード・チェーン店にいつも戻ってくるのだろうか。そう，ファストフードは安くて，おいしくて，手軽だからだ。[13]それは急いでいてあまりお金がない人には最適だ。そして彼らは，お気に入りの食べ物はいつも同じ味だとわかっている，ロンドンでも横浜でも。

(1)<適文選択>[8]前の文のSomeと，4のOthersに着目。‘Some ～. Others ….’「～もあれば，…もある」の形である。　[9]この後には，忙しくて食事に時間をかけられない人々の例が挙げられている。母親について述べる1がその最初の例となる。　[10]前後の内容から，子ども時代とファストフードの関わりに関する内容が入る。　[11]この段落では伝統的な料理について述べられている。「現代的ではない」という内容の3はその前置きとなる。 modern「現代的な」　[12]ドライブインのレストランについて述べた部分。2にあるthe carsは，直前のtheir carsを受けている。　[13]安くて手軽なファストフードは，お金と時間がない人に最適だという文脈を読み取る。

(2)<整序結合>The hamburgers you can buy in Tokyo「東京で買えるハンバーガー」までがひとまとまりの主語と考え，動詞にtaste「～な味がする」を置く。また，the same as ～「～と同じ」というまとまりができ，‘～’に主語のThe hamburgersを受けるthe onesを置けば，残りはthe onesを修飾する関係代名詞節のyou can buyとまとまる。 The hamburgers you can buy in Tokyo taste the same as the ones you can buy from the same company in San Francisco.

3 〔長文読解総合(英問英答形式)―伝記〕

≪全訳≫❶エイダは，有名人の娘だった。生まれたその日から有名だった。父親は伝説の詩人ジョージ・ゴードン・バイロン卿，母親はレディ(貴婦人)・アン・イザベラ・“アナベラ”・ミルバンクで，数学をこよなく愛した女性だった。❷アナベラは，娘が有名な父のように分別のない気まぐれな人間に育ってしまうことを心配していたのだが，それなりの理由はあった。バイロン卿の世界は混沌に満ちていた。賭け事が好きで，色恋沙汰も多かった。これ以上バイロンと暮らしていけなくなったアナベラは，赤ちゃんのエイダを連れて両親のもとに身を寄せた。❸アナベラは，エイダの想像力が自由にはたらくことを望まず，自分の数学を愛する気持ちをエイダにも持たせたかった。アナベラはエイダの世話をする人たちに，エイダには真実であることしか話さないように言った。彼女は，エイダに空想的でばかげたことを考えさせまいと一生懸命だったのだが，好奇心旺盛なエイダはそういったことに思いを巡らせた。❹バイロンは気まぐれだったかもしれないが，彼には彼を非凡な詩人ならしめた資質もあった。父親と同様，エイダは独創的で，常に観察していた。これらの特質はエイダが大人になったときに，大きなことを成し遂げるのに役立つだろう。少女時代のエイダは，どうやって空を飛べるのか理解しようと鳥を観察していた。空に浮かぶ雲に思いを巡らせ，見るもの，行くところ全てに強い関心を持った。❺アナベラがどれほどがんばっても，エイダの好奇心をつぶすことはできなかった。エイダは，物事の仕組みを理解したいという強い欲求を持っていた。特に虹に関心を持ち，虹の美しさに感動しただけでなく，その背景にある科学を知りたいと思った。エイダは虹の研究に多くの時間を費やし，雨が降った後に空を見ると虹が見えるかもしれないことに気づいた。エイダがよく見てみると2つ目の虹が見えることがときどきあった。それがなぜ起こるのかを知りたくて，エイダは家庭教師のウィリアム・フレンドに手紙を書いた。❻エイダは，彼女が見てきた虹がどれもなぜ曲線形なのか，なぜ円周の一部のように見えるのか，2つ目の虹はどうやってできるのかを知りたかった。エイダは虹の色がどうやって分かれるのかは直感として知っていたが，空に2つの虹があるとなぜ色が違って見えるのかはわからなかった。❼ウィリアムは，エイダの母であるアナベラの家庭教師もしていた。彼は昔風の学者で，生徒には「不確実なことより確実なことを」と教え，科学的事実に目を向けることだけを欲していた。❽ウィリアムは，エイダに確実なことだけを教えたいと思っていたので，虹についての質問に答えることにした。❾彼はおそらくこう説明したのではないか。2つ目の虹は，1つの虹をつくるような雨粒の中での太陽光の１度の反射ではなく，雨粒の中で太陽光が２重に反射することでできるのだ，と。❿２重の反射による光の角度によって，２つ目の虹は逆さまのように見える。色は外側の紫から内側の赤へと変わり，普通の虹とは逆になるのだ。⓫ウィリアムの説明は虹についてのエイダの好奇心を満たしてくれるはずだったが，エイダは常にさらに多くの疑問を他のテーマに関して持っていた。それらの疑問を家庭教師にしようが，後に本で答えを見つけようが，エイダは物事の仕組みをさらに知りたいと思わずにはいられなかった。⓬エイダは少女たちに科学的な研究が奨励されていなかった時代に生きた。しかし彼女はそういったことや，母親が彼女を諦めさせようとしたことがあったからといって，答えを探し求めることをやめなかった。エイダの思考には限界がなく，彼女は常にできるだけ多くのことを学ぼうと決めていた。⓭エイダの好奇心と果てしない疑問が，世界で最も重要な発明の１つであるプログラム可能なコンピュータという発想へと彼女を導いたことを，私たちは知っている。

(1)＜単語の意味＞「下線部(A)の単語はどういう意味か」―２．「大好きだった」　adore は「～が大好きだ」の意味。第３段落第１文の her love of math「数学への彼女の愛」から推測できる。

(2)＜文脈把握＞「下線部(B)の理由は何か。次の文の空所を埋めなさい」　「アナベラは，娘のエイダが(　　)ことを恐れていた」―４．「彼女の夫のように気まぐれな人間になる」　第２段落第１文参照。下線部は‘want＋人・物など＋to ～’「〈人・物など〉に～してほしいと思う」の形の否定文。run free「自由に走る」とは想像力を「自由にはたらかせる」ということ。下線部の imagination「想像力」は詩人であった父の資質と考えられる。

(3)＜英文解釈＞「下線部(C)はどういう意味か」―４．「アナベラはエイダが何事にも興味を持たないようにしたかったが，それはアナベラにとってあまりにも難しかった」　アナベラはエイダの好奇心を抑えつけたかったが(第３段落)，エイダは物事の仕組みに興味を持ち，さまざまなことに好奇心を示した(第５段落)。　‘no matter＋疑問詞 ～’「たとえ～でも」　squash「押しつぶす」　curiosity「好奇心」

(4)＜要旨把握＞「この文章によると２種類の虹はどのように見えるか」―２　第10段落参照。upside down「逆さまに」とあるので，２番目の虹と１番目の虹は色の並びが逆になることに注意。

(5)＜指示語＞「下線部(D)は何を指すか」―１．「少女たちに科学的研究が奨励されていない時代だったこと」　本文は‘let＋目的語＋動詞の原形’「～に…させる」の形(‘目的語に that と her mother's attempts to discourage her が並列されており，その後に‘動詞の原形’の stop が続いている)。that は前文の少女たちに不利な時代背景を指すと考えれば，そういう時代背景や母の妨害といった障害もエイダを止めることはできなかった，となり文意が通る。　discourage「～を妨げる」

(6)＜内容真偽＞「次の記述のうち，正しいものはどれか」　１．「エイダの父親は，偉大な詩人であると同時に，成功した数学者でもあった」…×　数学者であったという記述はない。　２．「ウィリアムはエイダに質問されるたびに，本で答えを見つけていた」…×　そのような記述はない。　３．「エイダがプログラム可能なコンピュータにつながる想像力を持てるようになったのは，物事の仕組みを理解したいという好奇心と強い欲求があったからだ」…○　最終段落および第５段落第１，２文に一致する。　４．「ウィリアムはエイダにも母親にも，虹が曲線形である理由を教えた」…×　母親に教えたという記述はない。

4～**6**〔リスニング問題〕放送文未公表

数学解答

1 (1) ア…1　イ…3
(2) ウ…1　エ…8　オ…1　カ…4
(3) キ…1　ク…5　ケ…0　コ…0
サ…0
(4) シ…1　ス…6　セ…0

2 (1) ア…1　イ…4
(2) ウ…1　エ…8
(3) オ…3　カ…1　キ…6

3 (1) 6　(2) イ…5　ウ…3
(3) 2

4 (1) ア…1　イ…5
(2) ウ…－　エ…5　オ…2　カ…5
(3) キ…－　ク…3　ケ…2　コ…9
サ…4

5 (1) ア…6　イ…2
(2) ウ…2　エ…5　オ…1　カ…8
(3) キ…4　ク…2　ケ…3

1〔独立小問集合題〕

(1)＜数の計算＞与式$=\frac{(2022+2021)(2022-2021)}{(156+155)(156-155)}=\frac{4043\times1}{311\times1}=13$

(2)＜連立方程式＞$a-b=4$……①，$a^2-b^2=128$……②とする。②の左辺を因数分解して，$(a+b)(a-b)=128$……②′　①を②′に代入して，$(a+b)\times4=128$，$a+b=32$……③　①＋③より，$2a=36$　$\therefore a=18$　これを③に代入して，$18+b=32$　$\therefore b=14$

(3)＜一次方程式の応用＞税抜き合計金額をx円とする。税抜き合計金額の４割は$\frac{4}{10}x=\frac{2}{5}x$(円)，６割は$\frac{6}{10}x=\frac{3}{5}x$(円)と表せ，それぞれ10％，８％の消費税がかかって合計金額が16320円となるから，$\frac{2}{5}x\times\left(1+\frac{10}{100}\right)+\frac{3}{5}x\times\left(1+\frac{8}{100}\right)=16320$が成り立つ。これを解くと，$\frac{2}{5}x\times\frac{110}{100}+\frac{3}{5}x\times\frac{108}{100}=16320$，$220x+324x=8160000$，$544x=8160000$，$x=15000$(円)となる。

(4)＜データの活用―第１四分位数＞図で，A，B，Cの３クラスとも在籍は30人であり，$30=15+15=(7+1+7)+(7+1+7)$より，第１四分位数は身長が低い方からかぞえて８番目の人の身長である。Aクラスの第１四分位数は160cmだから，Aクラスには160cm以上の人が，$30-7=23$(人)以上いる。BクラスとCクラスの第１四分位数は160cm未満だから，BクラスとCクラスの160cm以上の人は，$30-8=22$(人)以下である。よって，160cm以上の人数が最も多いクラスはAクラスだから，求める第１四分位数は160cmである。

2〔データの活用―確率―さいころ〕

≪基本方針の決定≫さいころの目は，向かい合う面の目の和が７になる。

(1)＜確率＞さいころの側面は４つあるので，さいころを２回置き直したときの置き直し方は全部で$4\times4=16$(通り)ある。このうち，２回置き直したときに上面が１の面であるのは，１回目の置き直しで，４つの側面のうちのいずれか１つの面が上面になり，２回目の置き直しで，側面にあった１の目の面が上面になる場合だから，$4\times1=4$(通り)ある。よって，求める確率は$\frac{4}{16}=\frac{1}{4}$となる。

(2)＜確率＞さいころを３回置き直したときの置き直し方は，全部で$4\times4\times4=64$(通り)ある。このうち，３回置き直したときに上面が１の面であるのは，１の目の面が，１回目と２回目の置き直しで側面にあり，３回目の置き直しで上面になる場合である。１回目の置き直しでは，必ず１の目の面は側面になり，上面になる面は４通りある。さいころの１の目の面と向かい合う面は６の目の面で，このとき，６の目の面も側面にあるから，２回目の置き直しで，１の目の面が側面になるのは，１の目の面と６の目の面以外が上面になるときで，２通りある。そして，３回目の置き直しで，側面にあった1の目の面が上面になるから，上面になる面は1通りである。以上より，3回置き直したときに上面が1の面である場合は，$4\times2\times1=8$(通り)あるから，求める確率は$\frac{8}{64}=\frac{1}{8}$となる。

(3)＜確率＞さいころを4回置き直したときの置き直し方は，全部で$4\times4\times4\times4=256$(通り)ある。このうち，4回置き直したときに上面が1の面であるのは，(i)1の目の面が，1回目と2回目，3回目の置き直しで側面にあり，4回目の置き直しで上面になる場合と，(ii)1の目の面が1回目の置き直しで側面にあり，2回目の置き直しで下面，3回目の置き直しで側面，4回目の置き直しで上面になる場合，(iii)1の目の面が1回目の置き直しで側面にあり，2回目の置き直しで上面，3回目の置き直しで側面，4回目の置き直しで上面になる場合である。(i)の場合は，$4\times2\times2\times1=16$(通り)あり，(ii)の場合は，2回目の置き直しで6の目の面が上面になるので，$4\times1\times4\times1=16$(通り)，(iii)の場合は，$4\times1\times4\times1=16$(通り)ある。よって，4回置き直したときに上面が1の面であるのは，$16+16+16=48$(通り)あるので，求める確率は$\frac{48}{256}=\frac{3}{16}$となる。

3 〔平面図形―円〕

≪基本方針の決定≫(1)，(2)　2つの線分OD，BCの関係に着目する。　(3)　高さの等しい三角形の面積比は底辺の比と等しいことを利用する。

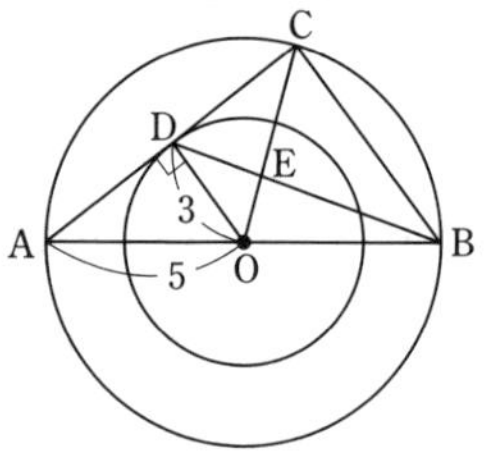

(1)＜長さ＞右図で，2点O，Dを結ぶ。△ABCの辺ACは大きい円の弦であり，点Dで小さい円に接しているから，OD⊥ACである。よって，点Dは辺ACの中点である。また，中心Oは直径ABの中点だから，△ABCで中点連結定理より，$BC=2OD=2\times3=6$となる。

(2)＜長さ＞右図の△ABCで，中点連結定理より，OD∥BCだから，△ODE∽△CBEである。よって，OE：CE＝OD：CB＝1：2だから，$OE=\frac{1}{1+2}OC=\frac{1}{3}\times5=\frac{5}{3}$である。

(3)＜面積＞右上図の△ODEと△ODCで，OE，OCをそれぞれの底辺とすると高さは等しいから，(2)より，△ODE：△ODC＝OE：OC＝OE：(OE＋CE)＝1：(1＋2)＝1：3である。よって，$\triangle ODE=\frac{1}{3}\triangle ODC$である。したがって，△ODCで三平方の定理より，$DC=\sqrt{OC^2-OD^2}=\sqrt{5^2-3^2}=\sqrt{16}=4$となり，$\triangle ODC=\frac{1}{2}\times3\times4=6$となるから，$\triangle ODE=\frac{1}{3}\times6=2$である。

4 〔関数―関数$y=ax^2$のグラフ〕

≪基本方針の決定≫(1)　△OABをy軸で2つに分ける。　(2)，(3)　2直線OA，BCの位置関係に着目する。

図1

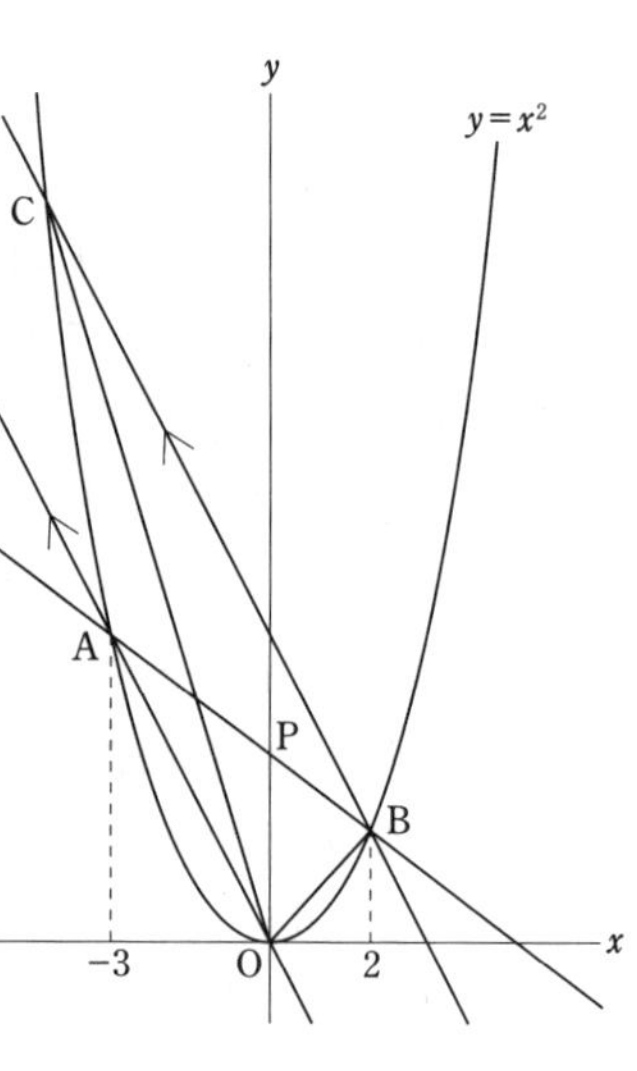

(1)＜面積＞右図1のように，直線ABとy軸との交点をPとして，△OAB＝△OAP＋△OBPと考える。点A，Bは放物線$y=x^2$上にあってx座標はそれぞれ-3，2だから，$y=(-3)^2=9$，$y=2^2=4$より，A$(-3,\ 9)$，B$(2,\ 4)$となる。これより，直線ABの傾きは$\frac{4-9}{2-(-3)}=-1$であるから，直線ABの式は$y=-x+b$とおけ，点Bを通ることより，$4=-2+b$，$b=6$となる。よって，OP＝6であり，これを底辺としたときの△OAP，△OBPの高さは，2点A，Bのx座標より，それぞれ3，2だから，$\triangle OAB=\frac{1}{2}\times6\times3+\frac{1}{2}\times6\times2=15$となる。

(2)＜座標＞右図1で，△OAB＝△OACのとき，OAを共通の底辺とすると高さは等しいから，BC∥OAである。(1)でA$(-3,\ 9)$より，直線OAの傾きは$\frac{9-0}{-3-0}=-3$となるから，直線BCの傾きも-3である。よって，直線BCの式は$y=-3x+c$とおけ，B(2，4)を通ることより，$4=-3\times2+c$，$c=10$となるから，その式は$y=-3x+10$となる。点Cはこの直線と放物線$y=x^2$の交点だから，2式からyを消去して，$x^2=-3x+10$，$x^2+3x-10=0$，$(x+5)(x-2)=0$より，$x=-5$，2となる。したがって，点Cのx座標は-5であり，$y=(-5)^2=25$となるから，C$(-5,\ 25)$である。

(3)<座標>まず，四角形OACBの面積を求める。右図2のように，直線BCとy軸の交点をQ，点Aを通りy軸に平行な直線と直線BCとの交点をRとして，〔四角形OACB〕=〔四角形OARQ〕+△ACR+△OQBと考える。ここで，OA∥QR，OQ∥ARより四角形OARQは平行四辺形だから，底辺をOQと見ると，直線BCの切片よりOQ=10，高さは点Aのx座標より3となり，〔四角形OARQ〕$=10\times3=30$である。△ACRの底辺をAR=OQ=10と見ると，高さは点A，Cのx座標より，$-3-(-5)=2$だから，△ACR$=\frac{1}{2}\times10\times2=10$となり，△OQBの底辺をOQ=10と見ると，△OQB$=\frac{1}{2}\times10\times2=10$である。以上より，〔四角形OACB〕$=30+10+10=50$だから，$\frac{1}{2}$〔四角形OACB〕$=\frac{1}{2}\times50=25$である。これは△OQBの面積より大きく，四角形OARBの面積$30+10=40$より小さいから，四角形OACBの面積を2等分するy軸と平行な直線は線分OA，QRと交わる。そこで，この直線と線分OA，QRとの交点をそれぞれS，Tとする。四角形OSTQは平行四辺形であり，面積が$25-10=15$より，底辺をOQ=10，高さをhとすると，$10\times h=15$が成り立ち，$h=\frac{3}{2}$となるから，直線STの式は$x=-\frac{3}{2}$である。よって，この直線と放物線$y=x^2$の交点の座標は，x座標が$-\frac{3}{2}$なので，$y=\left(-\frac{3}{2}\right)^2=\frac{9}{4}$より，$\left(-\frac{3}{2},\ \frac{9}{4}\right)$である。

図2

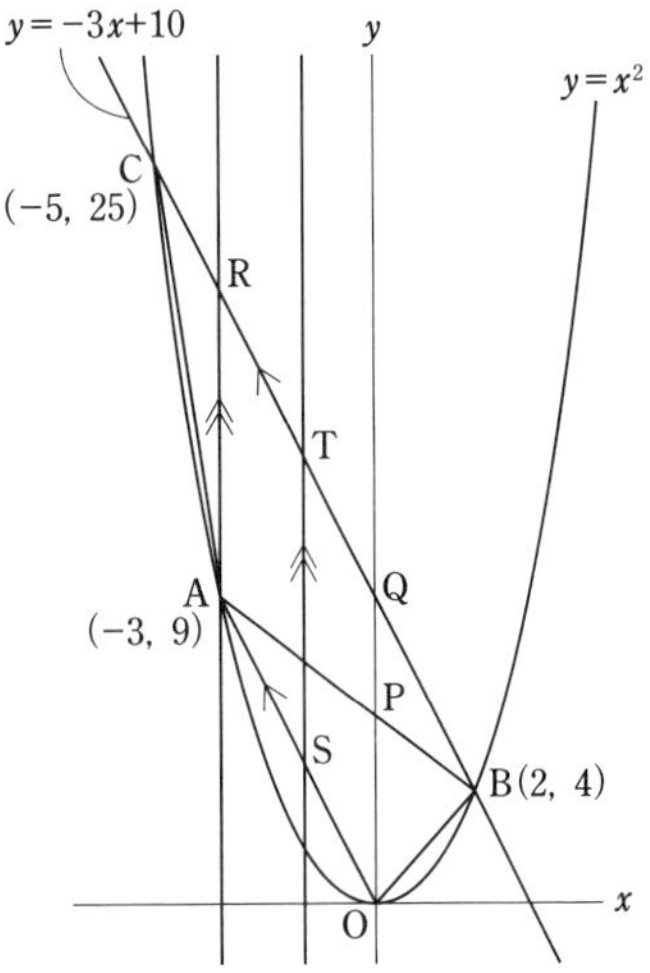

5 〔空間図形―球，直方体〕

≪基本方針の決定≫球の中心と直方体ABCD-EFGHの頂点を通る平面に着目する。

(1)<長さ>右図1で，球の中心をOとする。球Oと直方体ABCD-EFGHは，4点D，B，F，Hを通る平面について対称だから，この平面で切ったときの切り口は，右図2のようになる。このとき，四角形DBFHは長方形であり，対角線の交点は球の中心Oと一致するから，図2の円の半径OBが球の半径である。図1で，△ABDは直角二等辺三角形だから，$\mathrm{BD}=\sqrt{2}\mathrm{AB}=\sqrt{2}\times1=\sqrt{2}$である。よって，図2の△BDHで三平方の定理より，$\mathrm{BH}=\sqrt{\mathrm{BD}^2+\mathrm{DH}^2}=\sqrt{(\sqrt{2})^2+2^2}=\sqrt{6}$となるから，$\mathrm{OB}=\frac{1}{2}\mathrm{BH}=\frac{1}{2}\times\sqrt{6}=\frac{\sqrt{6}}{2}$である。

図1

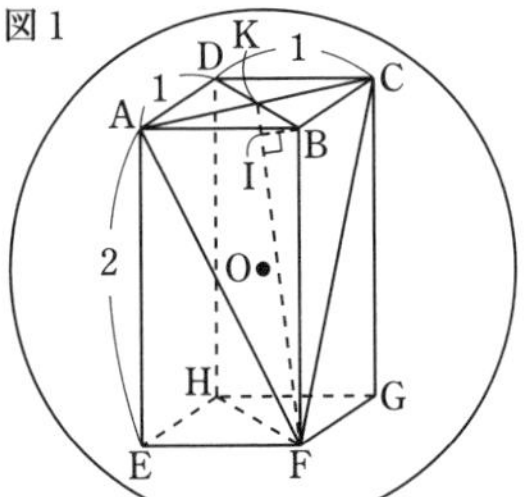

図2

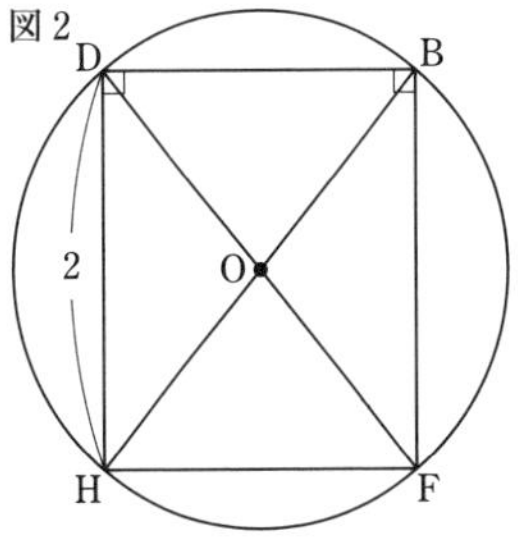

(2)<面積>右上図1の3点A，C，Fを通る平面で球Oと直方体ABCD-EFGHを切ると，球Oの切り口は次ページの図3のような円になる。円の中心をPとする。また，点Kは図1の正方形ABCD

の対角線の交点である。図形の対称性より，AF＝CF で，△AFC は二等辺三角形である。図1の △ABF で三平方の定理より，$AF^2=AB^2+BF^2=1^2+2^2=5$ であり，$AK=\frac{1}{2}AC=\frac{1}{2}\times\sqrt{2}=\frac{\sqrt{2}}{2}$ だから，図3の △AFK で三平方の定理より，$FK=\sqrt{AF^2-AK^2}=\sqrt{5-\left(\frac{\sqrt{2}}{2}\right)^2}=\sqrt{\frac{9}{2}}=\frac{3\sqrt{2}}{2}$ となる。ここで，円Pの半径を x とすると，$PF=PA=x$，$PK=FK-PF=\frac{3\sqrt{2}}{2}-x$ となるから，△APK で三平方の定理 $PK^2+AK^2=PA^2$ より，$\left(\frac{3\sqrt{2}}{2}-x\right)^2+\left(\frac{\sqrt{2}}{2}\right)^2=x^2$ が成り立つ。これを解くと，$\frac{9}{2}-3\sqrt{2}x+x^2+\frac{1}{2}=x^2$，$-3\sqrt{2}x=-5$，$x=\frac{5}{3\sqrt{2}}$ となる。よって，円Pの面積は $\pi\times\left(\frac{5}{3\sqrt{2}}\right)^2=\frac{25}{18}\pi$ である。

図3

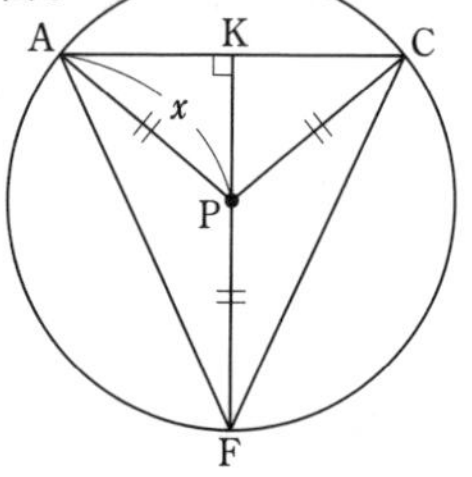

(3)＜長さ＞前ページの図1で，図形の対称性より，点Iは線分FK上にある。このとき，△BIF と △KBF で，∠BIF＝∠KBF＝90°，∠BFI＝∠KFB より，2組の角がそれぞれ等しいから，△BIF∽△KBF である。よって，FI：FB＝FB：FK より，$FI:2=2:\frac{3\sqrt{2}}{2}$ が成り立ち，$FI\times\frac{3\sqrt{2}}{2}=2\times2$ より，$FI=\frac{4\sqrt{2}}{3}$ となる。

≪別解≫図1で，(2)より，$BK=AK=\frac{\sqrt{2}}{2}$ だから，△KFB の面積について，$\frac{1}{2}\times\frac{3\sqrt{2}}{2}\times BI=\frac{1}{2}\times2\times\frac{\sqrt{2}}{2}$ が成り立ち，$BI=\frac{2}{3}$ となる。よって，△BIF で三平方の定理より，$FI=\sqrt{BF^2-BI^2}=\sqrt{2^2-\left(\frac{2}{3}\right)^2}=\sqrt{\frac{32}{9}}=\frac{4\sqrt{2}}{3}$ である。

2022年度／栄東高等学校（第２回）

国語解答

一 問一　a…4　b…3　c…4　d…4　e…1
問二　A…2　B…4　C…3　D…1
問三　2　問四　(4)　問五　5
問六　4　問七　4

二 問一　a…2　b…1　c…3
問二　1　問三　4　問四　4
問五　1　問六　3　問七　5
問八　2　問九　5

三 問一　a…1　b…3　c…5
問二　2　問三　5　問四　3
問五　4

一〔論説文の読解―哲学的分野―哲学〕出典；田上孝一『はじめての動物倫理学』「動物倫理学とは何か」。

≪本文の概要≫動物倫理学は，伝統的な動物観を相対化し，それを現代社会にふさわしいものへと変えようとする。伝統的な動物観とは，人間と動物とは本質的に異なるという見方であり，この見方は，近代の思想家にも堅持されていた。例えばカントは，人間を単なる手段として扱ってはならない目的的な存在と見なす一方，動物は物としての物件だと考えた。とはいえ，カントも，人間は動物を自由気ままに扱ってよいと考えていたわけではなく，動物を残酷に扱うことには批判的であった。しかし，カントが動物に対する非道を禁じたのは，それが人間自身の心のあり方に影響を及ぼすからであり，動物自体が道徳的配慮の目的になっていたわけではない。そのため，単に知識を増やすためだけにする動物実験は，それをしなくても同様の目的を達成できるのならすべきではないとしながらも，動物実験の目的自体は称賛に値し，残虐な行為も，動物が道具になることによって正当化されるとした。カントの考えは，現在の我々にとって動物を扱ううえでの常識となっている動物福祉的な見方に通じるところが多い。

問一＜漢字＞a.「文献」と書く。1は「顕微鏡」，2は「検討」，3は「賢明」，4は「献上」，5は「経験」。　b.「創始者」と書く。1は「競争」，2は「装飾」，3は「創意」，4は「聡明」，5は「相互」。　c.「契約」と書く。1は「提携」，2は「傾斜」，3は「蛍光灯」，4は「契機」，5は「光景」。　d.「称賛」と書く。1は「承認」，2は「故障」，3は「唱和」，4は「対称」，5は「訴訟」。　e.「容認」と書く。1は「形容」，2は「民謡」，3は「休養」，4は「動揺」，5は「要請」。

問二＜接続語＞A．古来の動物観が「現代に直結する近代の思想家たちにも堅持されていた」例として，カントが挙げられる。　B．カントの例では「クルマではなく馬であり，ガレージではなく厩舎だった」けれども，話の「本質は同じ」である。　C．カントは「人間は生まれながらに平等である」として「悪しき奴隷制の過去と決別」したが，「馬は相変わらず売り買いの対象とされて」いるのであり，これは全く「カントに限ったこと」ではない。　D.「動物に対する非道」が「人間自身の心のあり方に影響を及ぼす」という理由は，要するに，「動物に残酷な振る舞いをすると動物の苦痛に対する同情心が鈍くなり，それが人間同士の道徳感情に悪影響を与えるから」ということである。

問三＜文章内容＞伝統的思想では，「人間と動物との断絶に立脚して人間の独自性を説いて」きた。しかし，現代の科学は「人間と動物との本源的な連続性」を証明し，伝統的思想が「維持不可能」となっていることを示唆する。「現代の学問としての動物倫理学」は，このような科学の発展に基づいて，「伝統的思想」とはつながりのないものになっている。

問四＜文脈＞人間を専ら手段として扱うことの最たるものは，「人間をあたかも物件のように，値段を付けて売買すること」である。その「あたかも物件のように，値段を付けて売買」された人間が「奴隷」であり，「このような奴隷売買が制度化されていたのが奴隷制社会だった」のである。これに対し，カントは「人間の本質をそれが手段化されえない人格であるとみなし，悪しき奴隷制の過去と決別」した。

問五＜文章内容＞カントのように考えれば，「人間の本質」は「手段化されえない人格」であり，人間を「手段」と見なして「値段を付けて売買すること」はできない。しかし，カントにとって動物が「人間のような人格ではなくて，物としての物件だった」ように，「馬」は人間とは異なる存在と見なされ，その「馬」を「手段」として売買の対象にすることは，「常識」になっている。

問六＜文章内容＞カントは「動物を残酷に扱うこと」は否定したが，それは「人間同士の道徳感情に悪影響を与える」からであり，「動物それ自体」を「道徳的配慮の目的」とはしなかった。カントは，「単に知識を増やすためだけにする苦痛の多い動物実験」は「するべきではない」としながら，他方で「動物実験の目的自体」は「称賛」に値し，他に方法がなければ「神聖な目的のために残酷さは容認される」とした。

問七＜文章内容＞カントは，「動物実験」について，他に方法がなければ，動物が人間の目的達成のための「道具」になることを認めた。この考えは，現在の我々の「動物福祉的な見方」に通じるところが多い。「動物福祉的な見方」は「動物を人間の手段として利用することを前提」としつつ，「動物に対してできる限り思いやりのある扱いをする」という見方である。この見方で動物実験を認める根拠になっているのは，動物実験が成功して人間に何らかのプラスになるか否かではなく，人間が動物をあくまで「手段」として利用するという点である。

二 〔小説の読解〕出典；奥田英朗『夫とカーテン』。

問一．ａ＜語句＞「異才」は，並外れた才能のこと。「片鱗」は，多くの中の少しの部分のこと。
ｂ＜慣用句＞「気をもむ」は，あれこれ心配して思い悩むこと。　ｃ＜四字熟語＞「猪突猛進」は，向こう見ずに，猛然と進むこと。

問二＜慣用句＞Ⅰ．よい評判が立って有名になることを，「名を成す」という。　Ⅱ．心配や不快感によって顔をしかめることを，「眉をひそめる」という。　Ⅲ．手伝うこと，手助けをすることを，「手を貸す」という。　Ⅳ．しゃれていることを「気が〔の〕利《き》く」という。

問三＜文章内容＞春代は，編集者の言葉を身に余る褒め言葉として受け取ってはいる。しかし，一方で，自分でも作品はよくできたと思っているので，あくまで控えめに振る舞っているだけである。

問四＜文章内容＞調べてみると，「確かに冒険している時期と，そうでない時期とに分かれて」おり，「いい作品を描いているときは，決まって栄一が会社を辞めて事業を始めた時期と一致」していた。春代は，それを栄一と話すうちに，「我が家の危険度を本能が感知し，補おうと」した結果「いい作品」ができていたということだと思った。

問五＜ことばの単位・品詞＞「最初の客はこのビルのオーナーだった」を単語・文節に分けると，「最初・の／客・は／この／ビル・の／オーナー・だっ・た」と分けられる。「つまり」は，副詞。「温厚そうな」の「そうな」は，様態を表す助動詞。「どうやら」は，副詞。「気に入られているらしい」の「らしい」は，推量を表す助動詞，「その服はいかにもかわいらしい」の「らしい」は，「かわいらしい」という形容詞の一部。

問六＜心情＞栄一の店には，最初の客の後は全く客が来なくなった。春代は，何が問題なのかと考えてみて，「店員が景色を壊してる」ことに気づき，さらに「二人も雇った」ことに対する疑問も浮かんだ。しかし，春代が危機感を覚えてあれこれ考えているのに，栄一はその危機感を共有しているふうでもなく，気楽な様子である。そのため春代は，不安に加えていら立ちも感じた。

問七＜文章内容＞春代は，「作品のインスピレーションが自然と湧いてくること，過去の例を調べてみると，それが栄一が事業を始めた時期と奇妙に一致していること」を栄一に話した。それに対して栄一は「夫のベンチャースピリットに刺激されて，眠っていた才能が目を覚ますんじゃないか」と言ったが，春代は，「我が家の危険度を本能が感知し，補おうとしているのだ」と考えた。

問八＜表現＞春代は，気に入っている作品の一枚目も二枚目も「栄一が会社を辞めて事業を始めた時期と一致」していて，「周期的」に「いい作品を描いて」いたことに気づいたが，「ほかの作品もチェック」して確かめたいと，にわかには信じられないことが表現されている(イ…○)。

問九＜文章内容＞春代が「いい作品」を描く時期と，栄一が会社を辞めて事業を始めた時期が一致するのは，「我が家の危険度を本能が感知し，補おうとしている」からである。そうだとすれば，春代が「何かが降りてくる感じ」があって，編集者を驚かせるような「いい作品」が描けるのは，次に栄一がまた新たな事業を始めるときだと考えられる。

三 〔古文の読解─説話〕出典；『十訓抄』十ノ七十七。

≪現代語訳≫白河院の御代に，九重の塔の金物を，牛の皮でつくったといううわさが，世に流れて，修理をした人(である)，定綱朝臣が，罰せられるだろうという話が，広まった。(院が)仏師なにがしという者をお呼びになって，「間違いなく，真偽を見て，ありのままに申し上げよ」と仰《おお》せになったので，(仏師は)承って，(塔に)上ったが，半分ほどの所から，戻って下りてきて，涙を流して，顔色も失せて，「この身が無事であればこそ，帝にもお仕え申し上げることができるのです。(あまりに高くて)気も心も失せて，白黒を見分けることができるとも思えません」と言い終えることもできず，震えていた。院は，お聞きになって，お笑いになって，特に処罰もなく，そのままで終わってしまった。

あの韋仲将が，凌雲台に上ったときの気持ちも，このようであったのだろうかと思われる。

その当時の人々は，(仏師のことを)大変な馬鹿者の話だと言っていたが，顕隆卿は(その話を)聞いて，「こいつは必ず神仏のご加護を被るはずの者だ。誰かが罪を被りそうだという，処罰の話を聞き知って，自分から，馬鹿者になったのであり，実にすばらしい思慮である」とお褒めになった。

(その仏師は)本当に長く院にお仕え申し上げて，平穏無事に過ごした。

問一＜古文の内容理解＞ａ．「ことにあふ」は，ここでは，処罰される，という意味。　ｂ．「かく」は，このよう，という意味で，ここでは仏師が塔の高さに恐怖を感じて途中で下りてきたときの気持ちを指す。「や」は，疑問を表す助詞。「けむ」は，過去の推量を表す助動詞。「おぼゆ」は，思われる，という意味。　ｃ．「ことなし」は，平穏無事である，何ごともない，という意味。

問二＜古文の内容理解＞塔の金物を牛の皮でつくったといううわさが流れた。仏師は，そのうわさが「まこと」か「そらごと」か，真偽を確かめるようにという院の仰せを承って，塔に上った。

問三＜古文の内容理解＞仏師は，院の仰せを承って塔に上ったが，途中で下りてきてしまった。院の仰せに従わなかった以上，処罰されてもしかたないところであるが，院は，仏師が顔色を失って泣きながら弁明する様子を聞いて同情し，許してやろうと思い，罰することはなかったのである。

問四＜古文の内容理解＞仏師は，院の仰せに結果的には従わなかったが，罰せられることがなかっただけでなく，顕隆卿が言ったとおり，その後も長く院に仕えて平穏無事に過ごすことができた。

問五＜古文の内容理解＞塔の金物を牛の皮でつくったといって，定綱朝臣が処罰されるらしいという話が広まったとき，仏師は，事の真偽を確かめる役を仰せつかって塔に上ったが，恐怖を感じて途中で下りてきて，涙を流して震えていた。当時の人々は馬鹿者の話だと言っていたが，顕隆卿は，仏師は，自分が馬鹿者になることで誰かが罰せられないようにしたのだと解釈し，仏師には神仏の加護があるだろうと言った。その言葉どおり，仏師はその後長く院に仕えることができた。

2022年度 栄東高等学校(特待生)

【英　語】 (50分)〈満点：100点〉

(注意) 6～8のリスニング問題は試験開始後15分経過した頃から約15分間放送されます。

1 次のそれぞれの英文(a), (b)の空所に入る共通の英単語を答えなさい。

1. (a) The trial is expected to (　　) until the end of the week.
   (b) The (　　) thing she needed was more work.
2. (a) The (　　) on the trees turn from green to red.
   (b) The plane (　　) for New York at 17:30.
3. (a) A (　　) is a bomb which is hidden in the ground or in water.
   (b) That was not his failure, but it was (　　).
4. (a) We had to (　　) him for his sexual harassment.
   (b) When did people start to cook with (　　)?
5. (a) I'll give you a (　　) before I come home.
   (b) The temple bell would (　　) loudly at six every evening.

2 次の各英文の中から正しい文を5つ選び，番号で答えなさい。解答の順序は問いません。

1. The Olympic Games are held every four years.
2. You should change your thoughts for positive one.
3. This is the way by which we solved the problem.
4. We were shocking to hear that Mr. Tanaka got married.
5. I'm not sure whether I should tell you something about the accident.
6. Some people love spicy food while others don't.
7. The house he recommended is too small for us to live in.
8. The population of India is about ten times as large as Japan.
9. The thief was seen enter the jewelry shop.
10. No matter how carefully I explained, my daughter didn't understand it.

3 次の日本文に合うように，与えられた語(句)を空所に1つずつ入れて，英文を完成させなさい。解答は［あ］～［う］に入れるものを番号で答えなさい。ただし，文頭にくる語も小文字にしてあります。

1. 君は愚かにも父親を怒らせてしまったね。

［　］［　］［　］［あ］［　］［い］［う］［　］［　］.

1. foolish　2. get angry　3. it　4. make
5. of　6. to　7. was　8. you
9. your father

2. 外出してはいけないと何度言えば分かるの。

［　］［あ］［　］［　］［い］［　］［　］［う］ to go out?

1. I have　2. do　3. how　4. many times
5. not　6. tell　7. to　8. you

3．その新しい先生はいくつなんだろうね。

［　　］［　　］［ あ ］［　　］［　　］［ い ］［　　］［ う ］?

1．do　　2．how　　3．is　　4．old

5．teacher　　6．the new　　7．think　　8．you

4．この世の中で友達が一番大切である。

［　　］［ あ ］［　　］［ い ］［　　］［ う ］［　　］ in the world.

1．important　　2．is　　3．more　　4．nothing

5．than　　6．there　　7．your friends

5．言うまでもないが，感染症が大流行している間，マスクを着用したほうがいい。

［　　］［ あ ］［　　］［　　］［ い ］［　　］［　　］［ う ］［　　］ during the pandemic.

1．be　　2．goes　　3．it　　4．masks

5．saying　　6．should　　7．that　　8．without

9．worn

4　次の英文を読み，設問に答えなさい。（*印の語(句)には注があります）

I remember a black *Labrador Retriever named Lady. My father said she was the best dog for *retrieving ducks that he'd ever seen. When Lady was about three years old she got pregnant for the first time, and by the time duck season came along she was really big — it looked like she was going to have puppies any day now — but my father took her out hunting anyway, and (1)Lady, for her part, was all for it. She'd rather go duck hunting than eat.

My father waited down by the river all day long before he saw any ducks. (2)He was a patient man. Most hunters would have given up and gone home, but he was determined to stay there in his *duck blind until it was too dark to see. Well, (3)his patience paid off this time: along around sunset, here came a flock of about a hundred ducks flying low over the river. My father just kept pumping his shotgun and firing, and he was pretty sure he'd got himself ten or twelve ducks before he was through.

Lady jumped right in the water, of course, and swam out after the ducks, and (4)that was the last my father saw of her. He waited for nearly an hour, calling and whistling for her until it was pitch dark out, and still there was no sign of her anywhere. When my father got home that night he was actually in tears. He kept blaming himself for letting Lady go out in that cold water when she was in such a delicate condition. He figured (5)the weight of all those puppies must have dragged her down.

The next morning my father and I went back to the river with a canoe. He said we were going to go out and try to (6)recover Lady's body so we could bury her in the back yard. My father always got very sentimental when one of the dogs died, you see, and he liked to give them a good Christian *burial.

Well, we got to the river and were setting the canoe in the water when all of a sudden we heard a bark. We looked up, and there was Lady, swimming toward us with three ducks between her jaws and seven little puppies paddling along behind her. And the amazing thing was that each one of the puppies had a duck in its mouth, too.

I know (7)it's hard to believe, but I was there. I saw it with my own eyes.

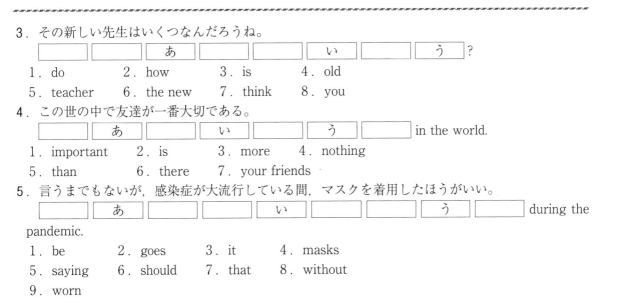

（注） Labrador Retriever：one kind of dogs　　retrieving：bringing back
duck blind：a place to hide for hunting ducks　　burial：grave

問1　下線部(1)を具体的に表した部分を同じ段落から5語で抜き出して答えなさい。

問2　下線部(2)の様子を説明したものとして，最も適切な選択肢を次の中から1つ選び，番号で答えなさい。

1．天候が悪いのにも関わらず，狩りをすると決めたら獲物を得るまで決して動かない様子。
2．他の狩人が引き上げそうな中で，具合が悪くなっても狩りをし続けるくらい意志が強い様子。
3．天候が悪いことに加えて，体調もすぐれないのに，一度決めたことを決して曲げない様子。
4．他の狩人が引き上げそうな中で，真っ暗になっても狩りのために耐え忍ぶ様子。

問3　下線部(3)と言えるのはなぜですか。その理由を20字以内の日本語で説明しなさい。

問4　下線部(4)の指し示す内容を次のように説明した場合，空所に入る日本語を12字以内で答えなさい。

「Lady が（　　　　）カモを追い求めていったこと。」

問5　下線部(5)の説明として，最も適切な選択肢を次の中から1つ選び，番号で答えなさい。

1．お腹にいる子犬の重さに耐えきれなくなり，Lady がおぼれてしまった，ということ。
2．Lady の体調が思わしくないため，具合が悪くなっておぼれてしまった，ということ。
3．Lady が連れてきていた子犬たちが足手まといとなり，うまく泳げずにおぼれてしまった，ということ。
4．回収してくるカモの数が多すぎて，そのためうまく泳げなくなり，Lady がおぼれてしまった，ということ。

問6　下線部(6)と同じ使い方の recover を用いた選択肢を次の中から1つ選び，番号で答えなさい。

1．She has recovered from a bad cold.
2．He recovered his love for his girlfriend.
3．We recovered many plastic bottles in the park.
4．They will recover their pride for the next game.

問7　下線部(7)を次のように言いかえた場合，空所に入る語を答えなさい。

it is hard to believe that Lady and her puppies were not (　　　).

問8　次の4つの英文のうち，文章の内容に**合わない**選択肢を1つ選び，番号で答えなさい。

1．Lady was very good at retrieving ducks and liked to go hunting with the author's father very much.
2．Lady almost gave puppies on the day the author's father took her out for hunting, and drowned in the river.
3．Lady was loved by the author's father so much that he cried when he thought she was drowned in the river.
4．Lady and her puppies survived for a night and retrieved ten ducks from the river.

5　次の英文を読み，設問に答えなさい。（*印の語(句)には注があります）

What does the brain do? (1)Some Ancient Greeks thought the brain was simply an organ for cooling the blood (a bit like a *car radiator cools water).

But of course, nowadays we know that the brain has a quite different purpose. We know that the brain is closely connected to the mind. We know that what happens in the brain (2)affects what happens in the mind, and that what happens in the mind affects what happens in the brain.

Many drugs illustrate how what happens in the brain can affect what happens in the mind.

For example, by subtly changing what's going on in my brain, a pain-killing drug can make my experience of pain *vanish. 〔　1　〕

Scientists have also discovered that by directly *stimulating the brain in different ways they can produce *certain sorts of experience in the mind, such as visual experiences. For example, they have discovered that by applying a tiny *electrical current to an area at the back of the brain they can cause a person to experience a flash of light. 〔　2　〕

So there's no doubt that what happens in the brain can affect what happens in the mind. And (3)<u>the reverse</u> is true, too. What happens in the mind can affect what happens in the brain.

For example, a scientist will tell you that when you decide to turn this page, something happens in your brain. Your brain sends *electrical impulses down to the muscles in your arm. These impulses make the muscles move, making your hand turn the page . . . like that. That movement of your arm was caused by something that happened in your brain.

So scientists have shown that the mind and the brain are closely connected. Still, most of what goes on inside the brain remains a mystery. For the brain is *incredibly* complex. It is *buzzing with chemical and electrical activity.

Here's a *weird fact about minds: (4)<u>they seem to be *hidden*</u> in a very peculiar way. Suppose I take a look at something bright purple: my bright purple pen, for example.

No one else can get inside my mind and have my experience of that colour along with me. Only *I* can have my experience.

Of course, other people may have experiences that are *just like* mine. 〔　3　〕 If you look at my pen you will *no doubt have a similar experience of its colour. But (5)<u>your experience is yours and my experience is mine.</u>

In other words, it's as if my mind has a super-strong wall around it: a wall that prevents others from getting in.

All my experiences, thoughts, feelings and so on are locked away behind this wall. My mind seems to be like a secret garden, a (6)<u>(hidden / only I / place / which / within)</u> can roam.

Indeed, the inside of my mind seems to be hidden from others in a way that even the inside of my brain is not. Brain surgeons could *X-ray my brain, of course.

They could even cut open my *skull and look at what's going on in my brain. 〔　4　〕

（注）car radiator：the part of the engine which is filled with water in order to cool the engine
vanish：disappear　stimulating：making a part of the body become active
certain sorts of：a kind of　electrical current：a flow of electricity through wire
electrical impulses：short electrical signals　buzzing：filled　weird：strange
no doubt：clearly　X-ray：take a X-ray picture　skull：the bones of a person's head

問１　下線部(1)を和訳しなさい。

問２　下線部(2)とほぼ同じ意味を表す語を１つ選び，番号で答えなさい。

１．cause　２．influence　３．produce　４．guess

問３　下線部(3)とはどのようなことか。その説明として適切なものを<u>**２つ**</u>選び，番号で答えなさい。

１．あまりのおいしさに，もう１つチョコレートを手に取った。

２．急にボールが飛んできたので，思わず目をつぶった。

３．ひざの下の部分をたたいたら，足が動いた。

4．不意に続きが気になって，本のページをめくった。

問4　下線部(4)とはどういうことか。空所に10字以内の日本語で答えなさい。

自分がした経験は(　　　　)ということ。

問5　下線部(5)とはどういうことか。**適切でない**ものを1つ選び，番号で答えなさい。

1．It is doubtful whether your experience can be linked with others'.

2．It is impossible to understand clearly what other people are thinking about.

3．Preventing others from getting in your mind leads to closing your mind.

4．You do not necessarily have the same feeling even if you see the same object as others.

問6　下線部(6)を意味が通るように並べ替えなさい。

問7　上記の英文からは次の1文が抜けています。最も適切に入る場所を〔1〕～〔4〕より1つ選び，番号で答えなさい。

抜けている英文

But it seems that not even a brain surgeon can get inside the realm of my mind.

リスニング問題　〈放送文は未公表につき掲載してありません。〉

6　これから二人の対話を聞き，質問に対する答えとして最も適切なものを1つ選びなさい。なお，対話と質問は二度読まれます。

1．ア．I think so.　　　イ．It was all gone.

　ウ．You weren't there.　　エ．Most of it was not eaten.

2．ア．The man must have the wrong number.

　イ．The man cannot remember how to order pizza.

　ウ．The man is going to order some pizza over the phone.

　エ．The man might be angry because he received the wrong item.

3．ア．9:30.　イ．9:35.　ウ．9:40.　エ．9:45.

7　これから短い英文を聞き，質問に対する答えとして最も適切なものを1つ選びなさい。なお，英文と質問は一度だけ読まれます。

1．ア．Japan.　イ．China.　ウ．Korea.　エ．Cambodia.

2．ア．He is one of the most successful racing drivers in the world.

　イ．He worked hard to help his son to be a successful racing driver.

　ウ．He practiced so hard that he didn't have enough time to play with his son.

　エ．He had to raise a lot of money to buy his son a go-kart as a Christmas present.

3．ア．12.　イ．18.　ウ．24.　エ．42.

8　これから少し長めの英文を聞き，質問に対する答えとして最も適切なものを1つ選びなさい。なお，英文は二度読まれます。

1．What do scientists say about "overchoice"?

ア．It may make people happy.

イ．It cannot make people sad.

ウ．It will make people confused.

エ．It should make people satisfied.

2．What do people who have too many choices often worry about?

ア. Choosing the right items.
イ. Choosing the wrong goods.
ウ. Choosing the right time.
エ. Choosing the wrong colors.

3. What is the difficulty people today have ?
ア. They are too poor to make the right decision.
イ. They must choose a product from their favorite company.
ウ. They are so busy that they cannot read the product labels.
エ. They feel unhappy because they have little information about products.

4. Which is the best example of "overchoice" ?
ア. A patient with diseases doesn't know which medicine to take first.
イ. A woman is wondering if she should buy some food for dinner or not.
ウ. A student cannot choose between a paper dictionary and an electronic dictionary.
エ. A boy cannot decide which book to borrow from a library for his summer vacation.

【数　学】（50分）〈満点：100点〉

1　次の各問いに答えよ。

(1)　次の式の値を求めよ。

$$\frac{1}{1+\sqrt{2}}+\frac{1}{\sqrt{2}+\sqrt{3}}+\frac{1}{\sqrt{3}+2}+\cdots\cdots+\frac{1}{\sqrt{20}+\sqrt{21}}$$

(2)　周の長さが32で，２本の対角線の和が20であるひし形の面積を求めよ。

(3)　図のような，円周上の５点A，B，C，D，Eについて，$\overset{\frown}{AB}=\overset{\frown}{BC}$，$\overset{\frown}{AE}=\overset{\frown}{ED}$である。また，弦BEと弦AC，ADの交点をそれぞれF，Gとする。BF＝4，GE＝2のとき，線分AFの長さを求めよ。

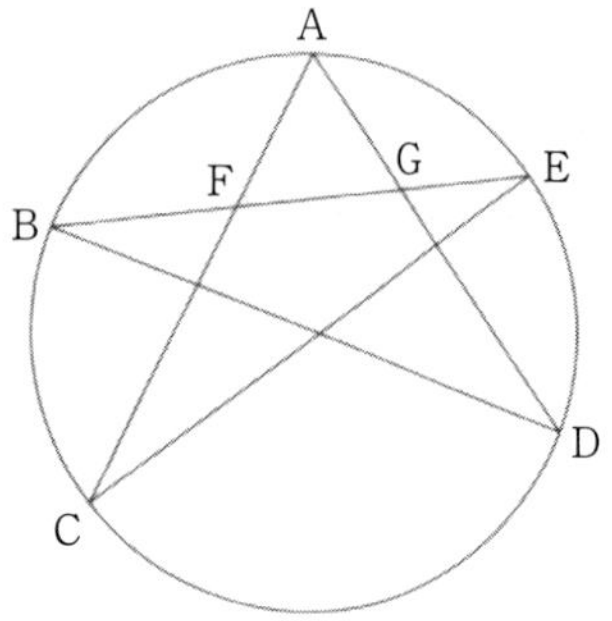

2　動点Pは，右の図形上を隣接する点から点へ１秒毎に移動する。どの点に移動するかは，隣接する点の数により等確率で決定される。

例えば，点Aからは隣接する点B，O，Fのいずれかへそれぞれ$\frac{1}{3}$の確率で移動する。また，点Oからは点A～Fのいずれかへそれぞれ$\frac{1}{6}$の確率で移動する。

動点Pは，はじめ点Aにある。

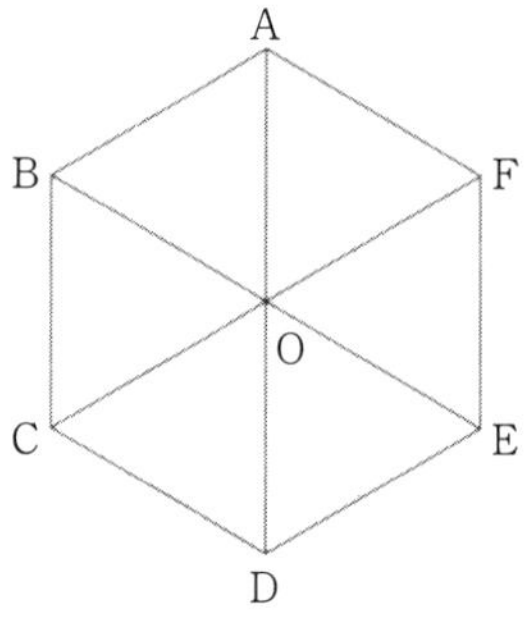

(1)　はじめから２秒後に，動点Pが点Aにある確率を求めよ。

(2)　はじめから３秒後に，動点Pが点Aにある確率を求めよ。

(3)　はじめから４秒後に，動点Pが点Aにある確率を求めよ。

3　図のように，AB＝3，AD＝5の長方形ABCDをEDを折り目にして折ると，点Aが辺BC上の点Fと重なった。次に，DGを折り目にして折ると，辺DCはDFと重なり，点CはDF上の点Hと重なった。

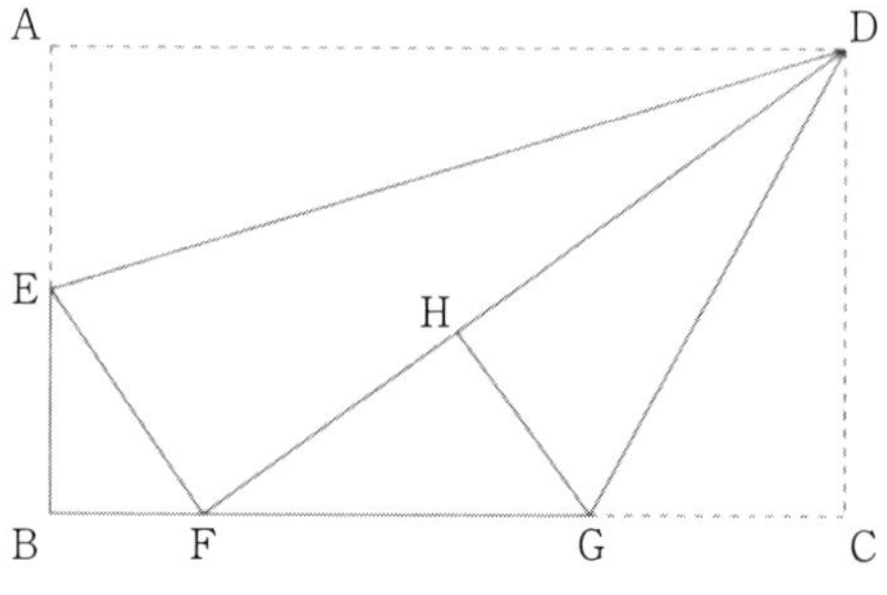

(1)　∠EDGの大きさを求めよ。

(2)　EF，GHの長さをそれぞれ求めよ。

(3)　EGの長さを求めよ。

(4)　４点A，E，F，Dを通る円の中心をP，４点D，H，G，Cを通る円の中心をQとする。PQの長さを求めよ。

4 図のように，2次関数 $y=\frac{1}{2}x^2$ のグラフと傾き1の直線が，異なる2点A，Bで交わっている。A，Bから x 軸に下ろした垂線の足をそれぞれC，Dとする。また，点Aの x 座標を $a(a<0)$ とする。

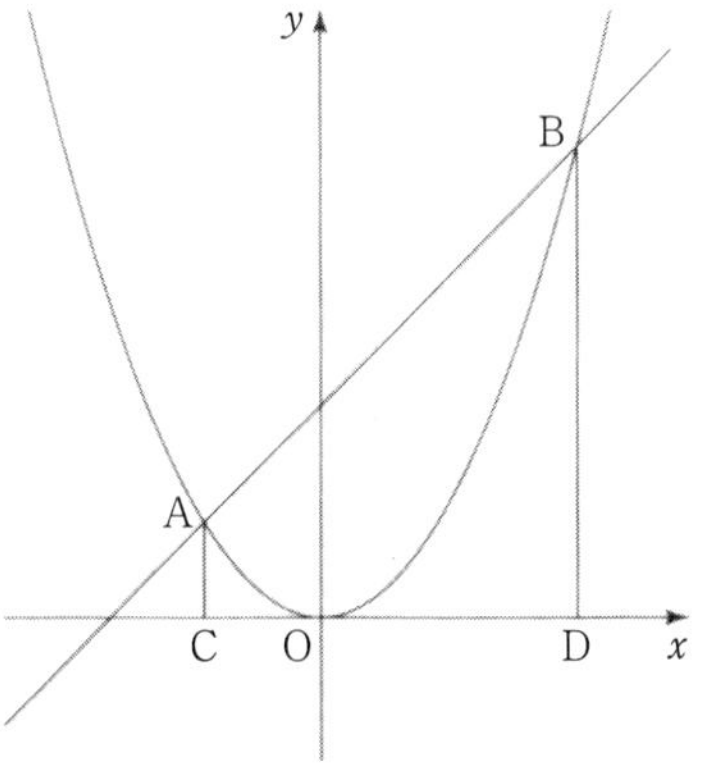

(1) 点Bの x 座標を a を用いて表せ。
(2) △ACO∽△ODB となるとき，a の値を求めよ。
(3) (2)のとき，△OAB の面積を求めよ。

5 図のように，1辺の長さが6の正三角形を底面とし，高さが h である三角柱 ABC-DEF と，OP＝OQ＝6 の直角二等辺三角形を底面とし，OP⊥OR，OQ⊥OR で，高さが h である三角錐 R-OPQ がある。このとき，∠RPQ＝60° である。

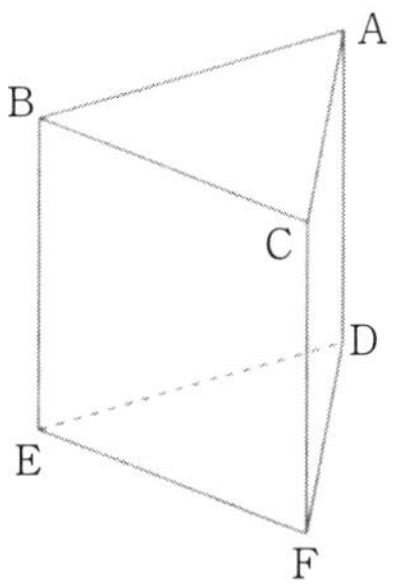

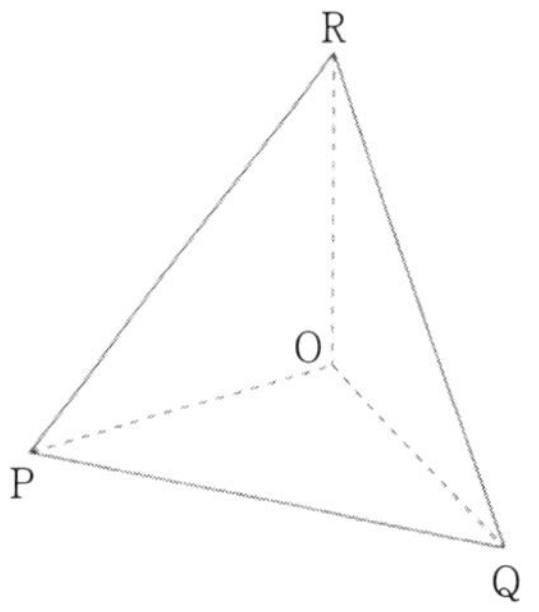

(1) 高さ h を求めよ。

辺 DE と辺 OP が重なるように2つの立体を机の上に置き，EQ と DF の交点をMとする。

(2) $\frac{\mathrm{EM}}{\mathrm{MQ}}$ を求めよ。
(3) 2つの立体の重なった部分の体積を求めよ。

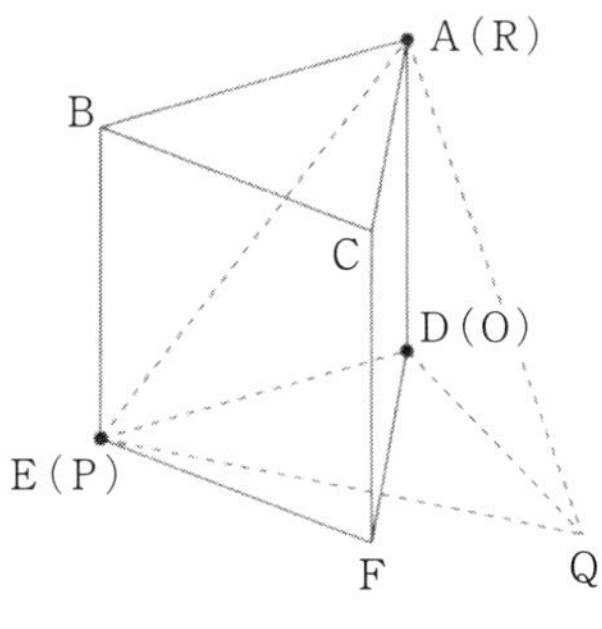

【社　会】（40分）〈満点：50点〉

1　次の各問いに答えなさい。

問１　現地日時４月30日午前10時にハワイを出発した飛行機が，８時間かけて東京に到着した。この時の東京の到着日時を解答欄にあうように答えなさい。なお，ハワイの標準時は西経150度で決められている。また，サマータイムは考慮しなくてよい。

問２　次々と発生した積乱雲が列をなし，同じ場所を通過したり停滞したりすることで生じる降水域のことを何というか，**漢字５字**で答えなさい。

問３　次の表は，人口千人あたりの自然増加率を示したものである。表中のａ～ｄには，それぞれ「日本」「アメリカ合衆国」「ドイツ」「フランス」のいずれかがあてはまる。この表を見て，あとの問いに答えなさい。

国名	自然増加率（※‰）	調査年
a	3.9	2015年
b	1.9	2018年
c	−2.0	2018年
d	−3.6	2018年

※‰（パーミル）は千分率で，1000分の１を１とする単位。

（矢野恒太記念会『世界国勢図会 2020/21』より作成）

(1)　自然増加率とは何か，簡潔に説明しなさい。

(2)　表中のａ～ｃの組み合わせとして正しいものを，あとのア～カから１つ選び，記号で答えなさい。

ア．ａ―アメリカ合衆国　ｂ―フランス　ｃ―日本
イ．ａ―アメリカ合衆国　ｂ―フランス　ｃ―ドイツ
ウ．ａ―アメリカ合衆国　ｂ―ドイツ　ｃ―日本
エ．ａ―フランス　ｂ―アメリカ合衆国　ｃ―ドイツ
オ．ａ―フランス　ｂ―アメリカ合衆国　ｃ―日本
カ．ａ―フランス　ｂ―ドイツ　ｃ―日本

問４　次の表は，100人あたりの移動電話契約数の推移を示したものである。表中のａ～ｃには，それぞれ「日本」「イギリス」「チリ」のいずれかがあてはまる。表中のａ～ｃの組み合わせとして正しいものを，あとのア～カから１つ選び，記号で答えなさい。

（件）

国名	2000年	2010年	2018年
a	73.7	120.9	118.4
b	52.4	95.9	141.4
c	22.2	116.3	134.4

（矢野恒太記念会『世界国勢図会 2020/21』より作成）

ア．ａ―日本　ｂ―イギリス　ｃ―チリ
イ．ａ―日本　ｂ―チリ　ｃ―イギリス
ウ．ａ―イギリス　ｂ―日本　ｃ―チリ
エ．ａ―イギリス　ｂ―チリ　ｃ―日本
オ．ａ―チリ　ｂ―日本　ｃ―イギリス
カ．ａ―チリ　ｂ―イギリス　ｃ―日本

問5　世界の宗教について述べた次のア～エの文のうち，正しいものを1つ選び，記号で答えなさい。

ア．仏教は，インドで生まれたので，現在のインドでも最も多くの人々に信仰されている。

イ．イスラム教は，イスラム教徒の商人によって広められ，現在のカンボジアでは最も多くの人々に信仰されている。

ウ．キリスト教は，ヨーロッパの人々による布教活動や植民地支配の影響を受け，フィリピンでは広く信仰されるようになった。

エ．ユダヤ教は，現在のイスラエルで生まれたので，現在のイスラエルにはユダヤ教徒しか居住していない。

問6　日本のエネルギーについて述べた次のア～エの文のうち，正しいものを1つ選び，記号で答えなさい。

ア．1960年代にエネルギー革命が進行し，化石燃料の中心は石炭から石油に転換したため，現在石炭はほとんど利用されなくなった。

イ．1980年代に石油危機が発生して石油の価格が高騰したため，その後代替エネルギーの研究と開発が行われるようになった。

ウ．再生可能エネルギーの研究と実用化が行われ，2019年現在では風力発電は太陽光発電を上回る発電量を持つようになった。

エ．新たなエネルギー源として，近海に埋蔵されるメタンハイドレートから天然ガスを取り出す研究が進められている。

問7　次の文章中の空欄［a］～［c］に入るべき最も適切な語句の組み合わせを，あとのア～カから1つ選び，記号で答えなさい。

> ブラジルでは16世紀から［a］の大農園が開かれ，先住民やアフリカ系の人々が労働力になっていた。19世紀には［b］を栽培する大農場がつくられた。ブラジルは，［b］の輸出に依存したモノカルチャー経済の国だったが，近年では［b］だけでなく，［c］や［a］やオレンジの生産も行っている。

ア．a－コーヒー豆　b－さとうきび　c－大豆

イ．a－コーヒー豆　b－大豆　c－さとうきび

ウ．a－さとうきび　b－コーヒー豆　c－大豆

エ．a－さとうきび　b－大豆　c－コーヒー豆

オ．a－大豆　b－コーヒー豆　c－さとうきび

カ．a－大豆　b－さとうきび　c－コーヒー豆

問8　次の表は，日本が各国から輸入している品目の金額上位5位までのもの(2020年)を示したものである。表中のa～dには，それぞれ「オランダ」「チリ」「フランス」「ベトナム」のいずれかがあてはまる。表中のa～cの組み合わせとして正しいものを，あとのア～カから1つ選び，記号で答えなさい。

	品目(金額上位5品目)
aからの輸入品	機械類・衣類・はきもの・魚介類・家具
bからの輸入品	機械類・医薬品・肉類・チーズ・科学光学機器
cからの輸入品	医薬品・機械類・ぶどう酒・航空機類・バッグ類
dからの輸入品	銅鉱・魚介類・ウッドチップ・モリブデン鉱・ぶどう酒

(矢野恒太記念会『日本国勢図会 2021/22』より作成)

ア．a－オランダ　b－チリ　c－フランス

イ．a－オランダ　b－フランス　c－チリ
ウ．a－チリ　b－オランダ　c－フランス
エ．a－チリ　b－フランス　c－オランダ
オ．a－ベトナム　b－オランダ　c－フランス
カ．a－ベトナム　b－フランス　c－オランダ

問9　次の文章中の空欄［a］～［d］に入るべき適切な語句をそれぞれ答えなさい。

> 国境には，山脈や河川，湖や沼，海洋などを利用した自然的国境と，緯線や経線，建造物などを利用した人為的国境がある。
> 自然的国境の例としては，フランスとスペインの国境である［a］山脈や，タイとラオスの国境である［b］川などがある。
> 人為的国境の例としては，［c］とスーダンの国境である北緯22度線や，東西ドイツに分断されていた頃の旧東ドイツの首都に建設された［d］の壁などがある。

問10　オーストラリアの鉄鉱石は露天掘りとよばれる方法によって採掘されている。露天掘りは，大規模な鉱産資源が地表近くに多く存在することが前提となる採掘方法である。この採掘方法の優れていることと，この採掘方法によって懸念されていることをそれぞれ答えなさい。

2　次の各問いに答えなさい。

問1　7世紀末までに起こった出来事として正しいものを，次のア～エから1つ選び，記号で答えなさい。
ア．壬申の乱に勝利した中大兄皇子が即位して，天武天皇になった。
イ．大陸から移り住んだ人々によって，稲作が九州北部に伝えられた。
ウ．才能ある人物を役人に取り立てるため，十七条の憲法がつくられた。
エ．倭の奴国の王は，漢の皇帝から「親魏倭王」の称号を授けられた。

問2　次のア～オの出来事を，年代の古い順にならべかえ，**2番目**と**4番目**にくるものを，それぞれ記号で答えなさい。
ア．藤原道長が摂政になった。
イ．墾田永年私財法が出された。
ウ．白河上皇の院政が始まった。
エ．都が長岡京に移された。
オ．菅原道真が遣唐使の停止を建議した。

問3　鎌倉時代に関する説明として正しいものを，次のア～エから1つ選び，記号で答えなさい。
ア．京都で院政を行っていた後白河上皇が，承久の乱を起こした。
イ．阿氐河荘の農民は，地頭湯浅氏の行いを訴えるための訴状をつくった。
ウ．北条時宗は，裁判の基準を御家人に示すため御成敗式目を定めた。
エ．日蓮は「南無阿弥陀仏」と唱えれば，人も国家も救われると説いた。

問4　室町時代に関する説明として正しいものを，次のア～エから1つ選び，記号で答えなさい。
ア．鎌倉府が置かれ，足利氏一族が鎌倉公方となり関東を支配した。
イ．将軍足利義昭の時に細川氏と山名氏が対立し，応仁の乱が始まった。
ウ．浄土真宗は，五山と称される重要寺院を中心に幕府の保護を受けた。
エ．島津氏が保護した足利学校には，儒学を学ぶ多くの人々が集まった。

問5　16世紀から17世紀に起こった出来事として正しいものを，次のア～エから1つ選び，記号で答

えなさい。

ア．ルイ16世は，王政廃止を訴えた革命政府によって処刑された。

イ．イギリスは，アヘンを厳しく取り締まった清に対して軍艦を送った。

ウ．ルターは，聖書をドイツ語に訳して出版して支持を広げた。

エ．ロシアは，近代化の必要にせまられて農奴解放令を発布した。

問６　江戸時代に関する説明として正しいものを，次のア～エから１つ選び，記号で答えなさい。

ア．寺社奉行・町奉行・遠国奉行の三奉行が，政務を分担した。

イ．大久保利通は，江戸城桜田門外で水戸藩浪士などに暗殺された。

ウ．水野忠邦は，物価を上げるために，株仲間の解散を命令した。

エ．杉田玄白らは，西洋の解剖書を翻訳した『解体新書』を著した。

問７　19世紀から20世紀に起こった出来事として正しいものを，次のア～エから１つ選び，記号で答えなさい。

ア．スエズ運河が開通し，汽船が国際的な交通手段として発達した。

イ．毛沢東は三民主義を唱え，近代国家の建設を目指す運動を始めた。

ウ．ポーツマス条約により，日本は山東省の権益を中国に返還した。

エ．ヒトラー率いるナチスはエチオピアを占領し，これを併合した。

問８　次のア～オの出来事を，年代の古い順にならべかえ，**２番目**と**４番目**にくるものを，それぞれ記号で答えなさい。

ア．開拓使の施設などを関係者に安く払い下げようとした事件が起こった。

イ．日本が国際連盟を脱退した。

ウ．憲政会総裁の加藤高明を総理大臣とする連立内閣が成立した。

エ．第１回帝国議会が開催された。

オ．国家総動員法が公布された。

問９　昭和時代に関する説明として正しいものを，次のア～エから１つ選び，記号で答えなさい。

ア．浜口雄幸首相は，満州国の承認に反対する態度をとり，暗殺された。

イ．サンフランシスコ平和条約が締結され，同年日本は国際連合に加盟した。

ウ．日中共同声明が発表され，日本は中華人民共和国との国交を正常化した。

エ．ベトナム戦争の影響で，警察予備隊がつくられた。

問10　日露戦争での日本の勝利によって，インドやベトナムなどのアジア諸国でどのような動きが見られたか説明しなさい。

３　栄太君のクラスでは，次の表の通り，各班で１つテーマを選び，研究することになりました。表をみて，あとの各問いに答えなさい。

１班	①社会保障制度について
２班	②財政危機について
３班	③一票の格差について
４班	④裁判員制度について
５班	⑤金融について
６班	⑥消費者問題について
７班	⑦発展途上国の貧困問題について

問1　下線部①について，次の文は，社会保障制度に関するものである。文中の空欄(あ)・(い)にあてはまる数字または適語をそれぞれ答えなさい。

> わが国の社会保障制度の一つに，（　あ　）歳以上の人が加入し，介護が必要になったときに，介護サービスを受けられる制度がある。これは，社会保障制度の四つの柱のうちの（　い　）に含まれる。

問2　下線部②に関して，財政危機状況について確認するための資料として最も適切なものを，次のア～エの中から1つ選び，記号で答えなさい。

ア．輸出額から輸入額を引いた額の年度ごとの推移を示したグラフ

イ．国内総生産を総人口で割った額の年度ごとの推移を示したグラフ

ウ．歳入に占める間接税と直接税の割合の年度ごとの推移を示したグラフ

エ．歳入に占める国債発行額の割合と国債残高の年度ごとの推移を示したグラフ

問3　下線部③について，次の資料は，一票の格差に関するものである。この資料を見て，あとの各問いに答えなさい。

> 次の表は，参議院議員選挙の時の，架空の選挙区A，B，Cの定数と有権者数を示している。A，B，Cの選挙区のうち，有権者の一票の価値の差が最大となるのは（　う　）の選挙区間であり，（　え　）倍の差がある。

選挙区	定数	有権者数(人)
A	6	5,400,000
B	4	1,200,000
C	2	900,000

(1)　資料中の空欄(う)にあてはまる選挙区の組み合わせとして正しいものを，次のア～ウから1つ選び，記号で答えなさい。

ア．AとB　　イ．AとC　　ウ．BとC

(2)　資料中の空欄(え)にあてはまる数字として正しいものを，次のア～オから1つ選び，記号で答えなさい。

ア．約1.3　　イ．2　　ウ．3　　エ．4　　オ．6

問4　下線部④について，次の文は裁判員制度に関するものである。この文を読み，あとの各問いに答えなさい。

> 裁判員制度の対象となり得るのは，（　お　）であり，裁判員は（　か　）裁判所で行われる第一審にのみ参加する。一つの事件の裁判を，原則として6人の裁判員と3人の裁判官が一緒に担当して，裁判員と裁判官が話し合って，被告人が有罪か無罪か，有罪の場合はどのような刑罰にするかを決める。き意見がまとまらない場合は多数決で決定するが，有罪と判断する場合は多数側に裁判官が1人以上含まれている必要がある。

(1)　文中の空欄(お)・(か)にあてはまる言葉の組み合わせとして正しいものを，ア～カから1つ選び，記号で答えなさい。

ア．お－刑事事件　　か－簡易

イ．お－刑事事件　　か－地方

ウ．お－民事事件　　か－簡易

エ．お－民事事件　　か－地方

オ．お—刑事事件・民事事件の両方　か—簡易
カ．お—刑事事件・民事事件の両方　か—地方

(2) 文中の下線部きに関して，裁判員裁判の結果，**有罪**となる場合を，次の表のア～カから**すべて**選び，記号で答えなさい。

	裁判官		裁判員	
	有罪	無罪	有罪	無罪
ア	0人	3人	5人	1人
イ	1人	2人	4人	2人
ウ	1人	2人	3人	3人
エ	1人	2人	2人	4人
オ	2人	1人	3人	3人
カ	2人	1人	2人	4人

問5　下線部⑤に関して，不良債権の説明として最も適切なものを，次のア～エから1つ選び，記号で答えなさい。

ア．業績が悪い企業に対して貸し出されている資金のこと。
イ．返却期限が迫っている資金のこと。
ウ．貸し出した資金が回収できない金融機関に対して，政府が貸し出した資金のこと。
エ．金融機関が貸し出した資金のうち，回収困難となった資金のこと。

問6　下線部⑥に関して，消費者問題に関する記述として**誤っているもの**を，次のア～エから1つ選び，記号で答えなさい。

ア．製造物責任法は，製造物の欠陥によって損害を被った場合に，消費者が製造業者などの過失を証明することを条件として，損害賠償の請求ができる仕組みを定めている。
イ．アメリカ合衆国のケネディ大統領は，消費者の権利として，「安全を求める権利」「知らされる権利」「選択する権利」「意見を反映させる権利」の4つを提唱した。
ウ．クーリング・オフとは，例えば訪問販売などによって契約をした後に，消費者が契約を解除したいと考えたとき，一定条件の下で一定期間内であれば，一方的に契約申し込みの撤回を行うことができる制度である。
エ．政府のさまざまな省庁に分かれていた消費者行政を一元化するために，消費者庁が設置された。

問7　下線部⑦に関して，発展途上国の貧困問題に関する次の文の空欄(く)にあてはまる語句を，**カタカナ**で答えなさい。

> 貧困問題の解決のためには，援助だけでなく，人々の自立をうながし，支える取り組みも必要である。例えば，貧しい人々に新しい事業を始めるための少額のお金を貸し出す(　く　)の取り組みは，女性に現金収入を得る機会をあたえるなど，大きな成果を上げるようになっている。

【理　科】（40分）〈満点：50点〉

1　次の文章を読み，後の問いに答えよ。ただし，糸とばねの質量は無視できるものとする。また，100[g]の物体にはたらく重力の大きさを1[N]とする。

図1のように，おもりを台はかりにのせ，ばねAの下端に取り付けた。ばねAの上端には，天井との間にばねBが取り付けられ，また，壁との間に水平になるように糸が張られている。この状態でおもりは静止していた。このとき，ばねAは鉛直に4[cm]伸びており，台はかりの目盛りは50[g]を指していた。

ばねAとばねBは，ともに自然長6[cm]のばねで，ばねAは1[N]あたり2[cm]伸び，ばねBは1[N]あたり1.5[cm]伸びるものとする。

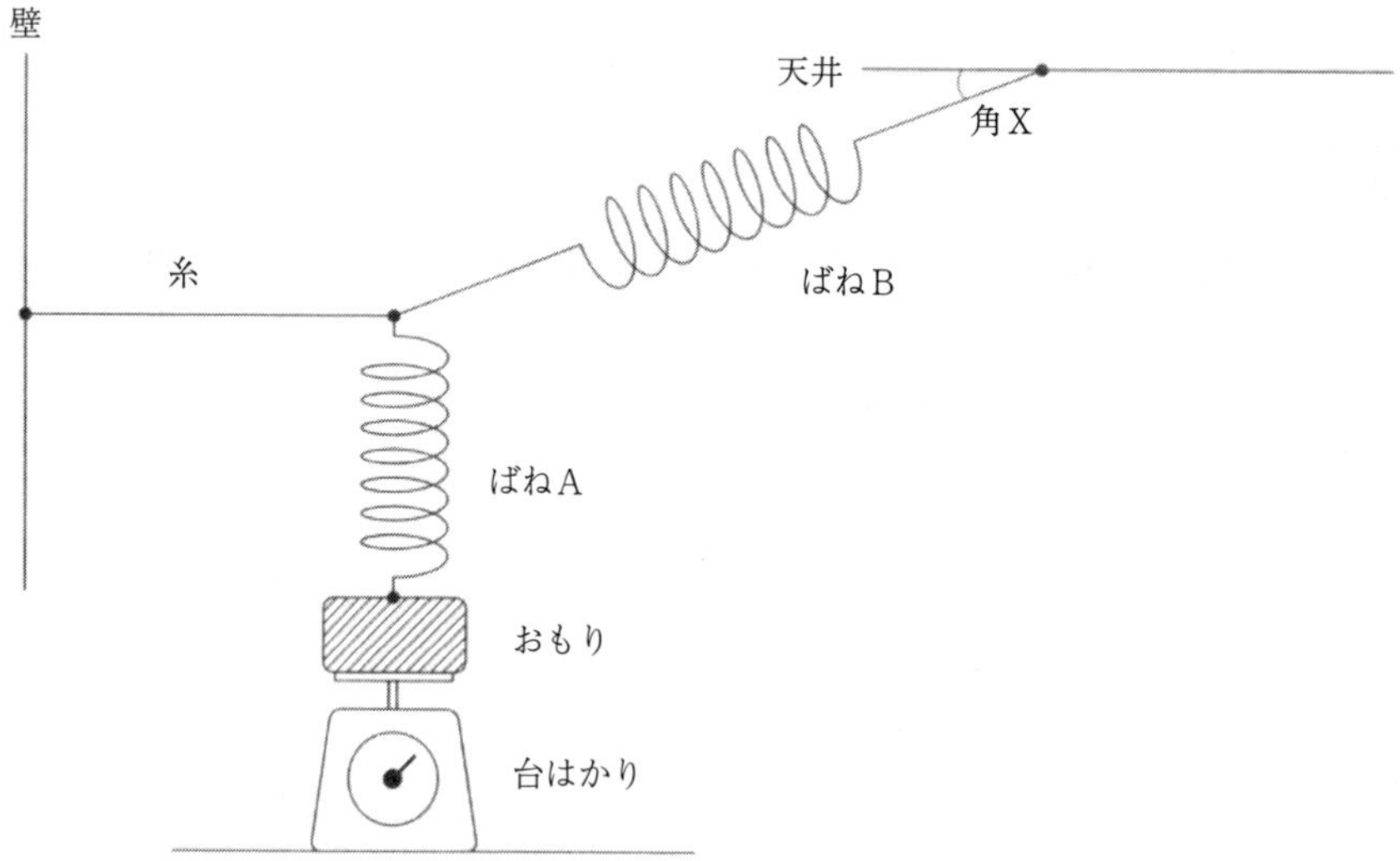

図1

問1　おもりの質量は何[g]か。

問2　ばねBの長さが12[cm]のとき，天井とばねBのなす角Xは何度か。

問3　ばねBの長さが12[cm]のとき，糸が引く力(張力)の大きさは何[N]か。ただし，必要があれば$\sqrt{2}=1.4$，$\sqrt{3}=1.7$を用いて計算し，小数で答えよ。

このように，物体にはたらく力がつり合っているとき，物体は静止し続ける。力のつり合いは，上下や左右などの反対向きの力が，同じ大きさではたらいている条件で成立する。このことは，対象となる物体を質点《しってん》(大きさを考えず点とみなす物体)として扱う場合は必ず成立するが，剛体《ごうたい》(大きさや形をもつ変形しない物体)として扱う場合は，必ずしも成立するわけではない。

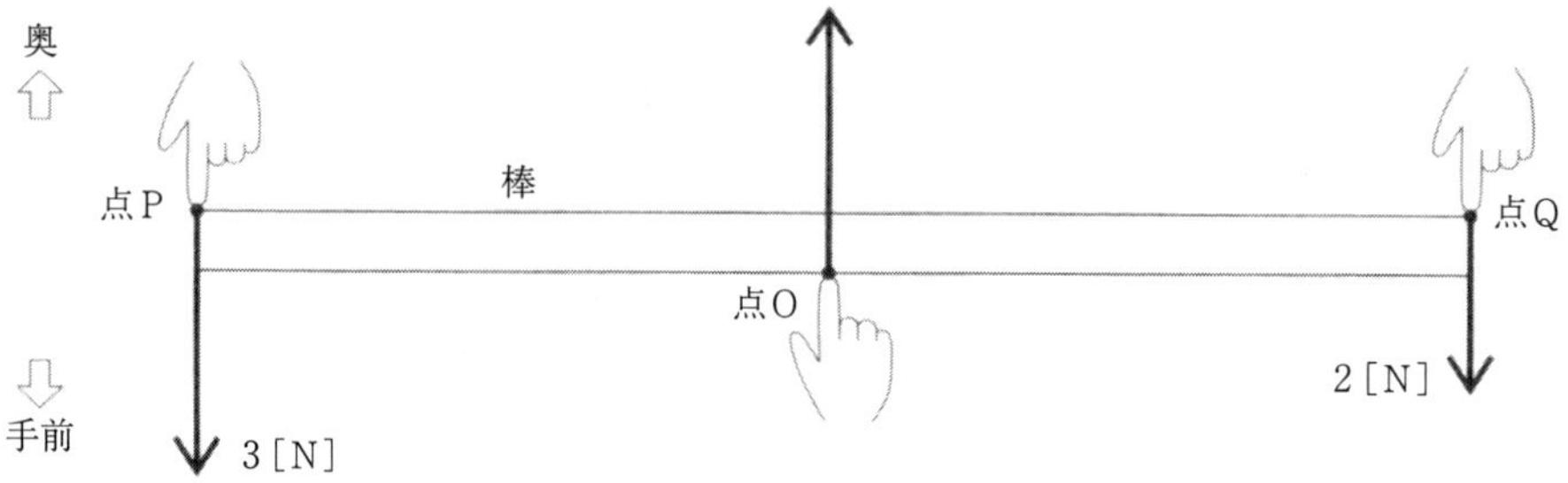

図2

図2は，摩擦のない水平な面の上に長さ90[cm]の棒を置いたところを上から見たものである。

この棒を剛体とみなして考える。図２のように，棒の中心である点Ｏ，棒の両端である点Ｐ，点Ｑに水平向きに力をくわえるとする。点Ｐでは手前向きに３[Ｎ]，点Ｑでは手前向きに２[Ｎ]の力をくわえるとき，点Ｏに奥向きに［　(ア)　］[Ｎ]の力をくわえると，上述の質点に対するつり合いの条件をみたす。しかし，これでは剛体である棒は静止せず，点Ｏを回転軸とみると(イ)｛時計回り・反時計回り｝の回転をしてしまう。このように，剛体の静止について考えるときには力のつり合いの条件だけではなく，回転をしない条件も考えなければならない。

問４　文中の［(ア)］に当てはまる適切な数値はいくらか。また，(イ)に当てはまる語句を丸で囲め。

剛体を回転させようとする力のはたらきのことを「力のモーメント」とよぶ。この力のモーメントの大きさは「力の大きさ」と「回転軸から力の作用線までの距離」の積で求めることができる。例えば，図３のように，一端を回転軸Ｏで固定し，平行移動はできないが回転軸Ｏを中心として回転できる質量の無視できる棒を考える。このとき，大きさ６[Ｎ]の力が回転軸Ｏから0.5[m]の距離ではたらいているので，６[Ｎ]×0.5[m]という計算から３[Ｎ・m]が求められる(単位は「ニュートン・メートル」と読む)。そのため，力のモーメントは「回転軸Ｏを中心に時計回りに３[Ｎ・m]」ということができる。この棒を回転しないようにするには，逆回転かつ同じ大きさ，すなわち「回転軸Ｏを中心に反時計回りに３[Ｎ・m]」の力のモーメントが必要である。このような，物体が回転をしない条件は，一般に「どの点を回転軸とみても，時計回りのモーメントの和が反時計回りのモーメントの和に等しい」といわれている。また，図４のような場合は，回転軸から力の作用「点」までの距離0.5[m]ではなく，回転軸から力の作用「線」までの距離0.3[m]を用いて計算する必要がある。これより，６[Ｎ]×0.3[m]という計算から1.8[Ｎ・m]が求まり，力のモーメントは「回転軸Ｏを中心に時計回りに1.8[Ｎ・m]」ということができる。

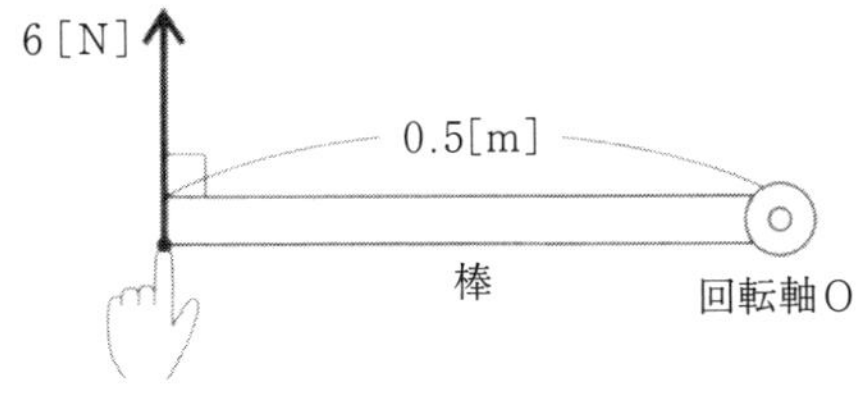

図３

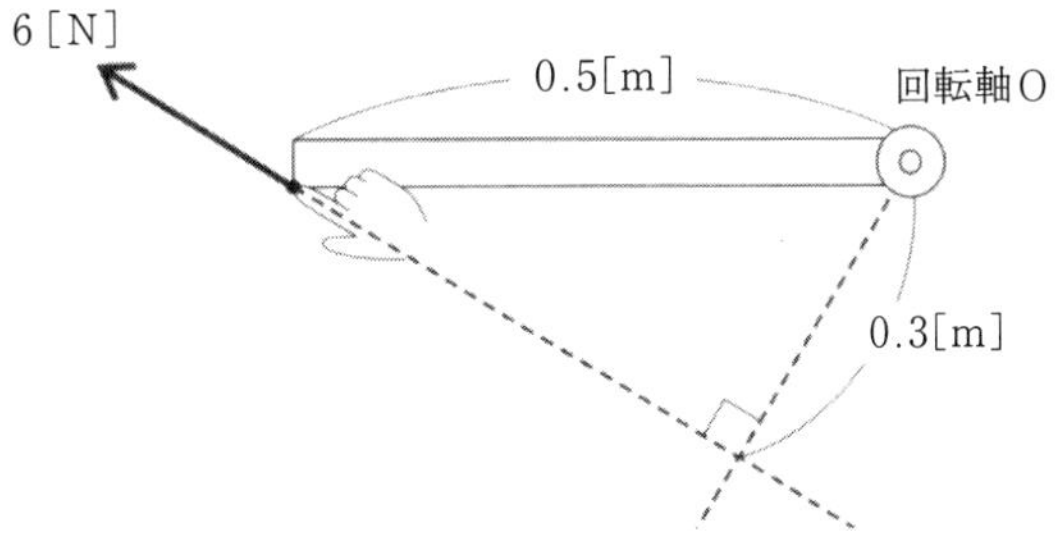

図４

問５　図２において，点Ｐにくわえる力の作用点を，ある点Ｒにずらすと棒が回転しない条件を満たした。PR間の長さは何[cm]か。ただし，くわえる力の大きさと向きは変化しないものとする。

図５のように，額縁に入れた写真や賞状を壁に飾るときは，額の上部を紐《ひも》で壁に吊《つ》り，額の下部は鴨居《かもい》や長押《なげし》に固定した額受金具の上に乗せる。このとき，額縁は下向きにはたらく重力と上向きにはたらく額受金具からの垂直抗力で，上下方向の力がつり合っており，上下に平行移動することはない。しかし，紐で吊られていなければ，額受金具との接点を軸として回転してしまう。そのため，紐が引く力も含めた力のモーメントを考え，額縁が静止する条件をみたす必要がある。

ここでは図６のように，額受金具を回転軸とし，額縁の代わりに太さの無視できる長さ0.6[m]，質量500[ｇ]の棒を考える。棒は上下左右に平行移動することはできないが，回転軸を中心として回転できるものとする。また，壁と棒のなす角が30度になるように棒の上端と壁の間を水平に糸で張り，棒の重心(重力の作用点)は棒の中心にあるものとする。

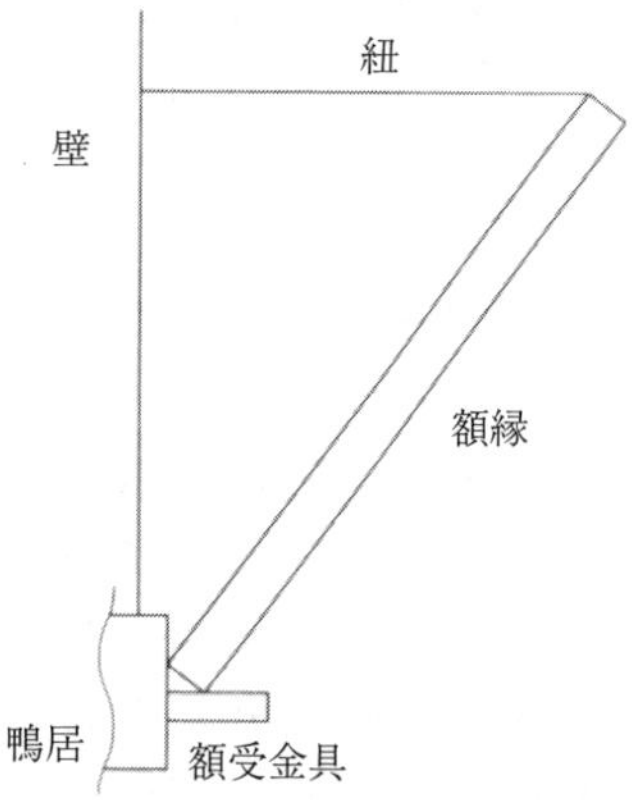

図5

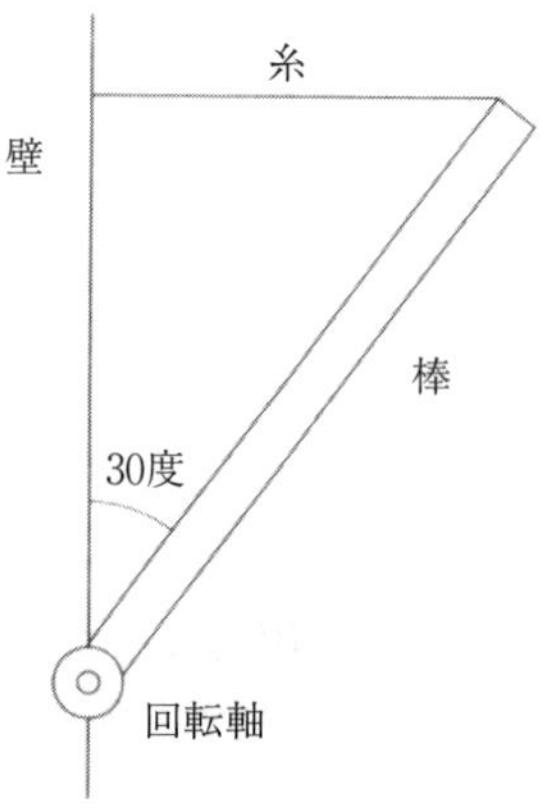

図6

問6　糸が引く力(張力)の大きさは何[N]か。ただし，平方根を含む場合は小数に直さず平方根のまま扱い，割り切れない計算の場合は分数で答えよ。

問7　回転軸が棒にくわえる力の大きさは何[N]か。ただし，平方根を含む場合は小数に直さず平方根のまま扱い，割り切れない計算の場合は分数で答えよ。

2　次の文章を読み，後の問いに答えよ。

気体A～Fは，アンモニア，塩素，酸素，水素，二酸化硫黄，二酸化炭素，硫化水素の7種類のうちいずれか6種類である。A～Fを同質量の空の透明な500mLのペットボトルにそれぞれ満たし，ふたをした。それぞれの気体の特定をするために以下の実験1～8を行った。なお，化学反応式を答える際は，以下の例に従うこと。

例　$2NaHCO_3 \rightarrow Na_2CO_3 + H_2O + CO_2$

〔実験1〕　A～Fの色を確認したところ，Fは黄緑色であったが，それ以外の気体は無色透明であった。

〔実験2〕　ペットボトルのふたを開け，それぞれのにおいを嗅《か》いだところ，B，Fは刺激臭，Dは腐卵臭であった。それ以外の気体は無臭であった。

〔実験3〕　A～Fが入っている500mLのペットボトルと同様のものを用意し，乾燥した空気を封入した。乾燥した空気とA～Fの重さを比較したところ，A，Bは乾燥した空気より軽く，C～Fは乾燥した空気より重かった。

〔実験4〕　A～Fが入ったペットボトルにそれぞれ水100mLを入れ，すばやくふたをしてよく振ったところ，B，D，E，Fはペットボトルがへこんだ。

〔実験5〕　実験4終了後の液体を少量取り出し，その液性を調べたところ，Bはアルカリ性，D，E，Fは酸性であった。

〔実験6〕　A：C＝2：1の体積比で混合し，点火すると，大きな音を発生させて反応し，無色透明の液体を生じた(液体Gとする)。

〔実験7〕　食塩水を電気分解すると，AとFが体積比1：1で生じた。

〔実験8〕　A：F＝1：1の体積比で反応させると，水によく溶け，酸性を示す気体を生じた(気体Hとする)。

問1　気体Aを発生させるためには，亜鉛とうすい硫酸をふたまた試験管に入れて反応させる。薬品の入れ方と気体の捕集方法の組合せとして適切なものを，次のア～エから1つ選び記号で答えよ。

①

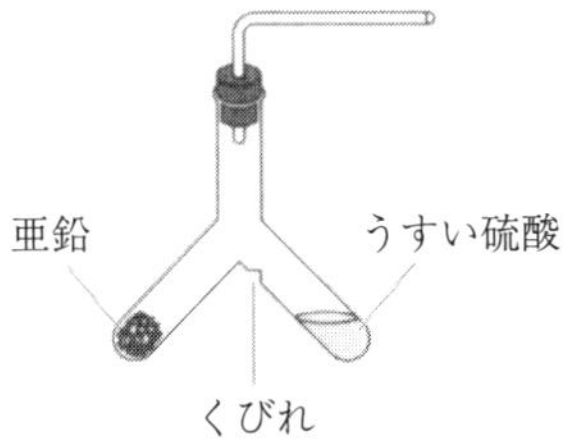

②

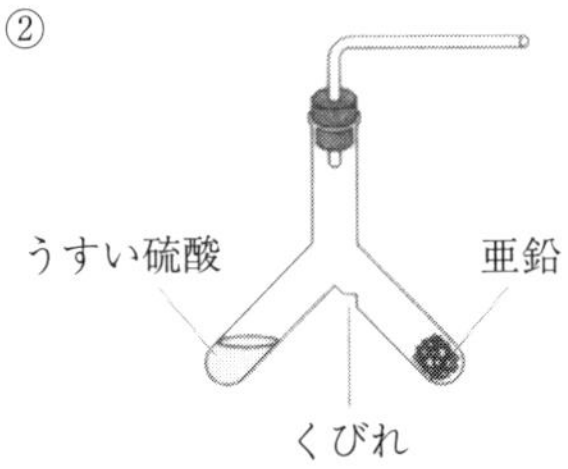

③

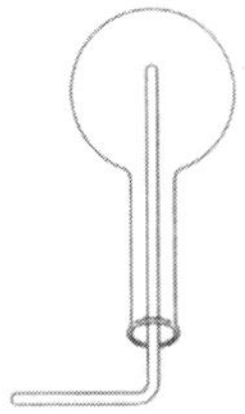

④

	薬品の入れ方	気体の捕集方法
ア	①	③
イ	①	④
ウ	②	③
エ	②	④

問2　塩化アンモニウムと水酸化カルシウムを混合して加熱すると，気体Bが発生する。このときの化学反応式を書け。

問3　酸化銀を加熱することで，気体Cを生じる。このときの化学反応式を書け。

問4　気体Dの物質名を書け。

問5　気体Eについて述べた文として，**誤りを含むもの**を次のア～カから**すべて**選び記号で答えよ。

ア　石灰水に吹き込むと白く濁り，さらに吹き込むと濁りが消える。
イ　石灰石を水に入れると発生する。
ウ　消火剤として利用されている。
エ　地球温暖化の原因の一つとされている。
オ　空気中に含まれる体積の割合は，およそ4％である。
カ　この物質の固体は，常温常圧の環境下で，固体から気体へ直接変化する。

問6　気体F，液体G，気体Hについて述べた文として，**誤りを含むもの**を次のア～カから1つ選び記号で答えよ。

ア　気体Fは，漂白作用を持つことから，脱色する際に用いられている。
イ　気体Fは，有毒であるため，実験室で発生させるときは換気を十分に行う必要がある。
ウ　液体Gは，塩化コバルト紙を青色に変色させる。
エ　液体Gは，固体にすると密度が小さくなる。
オ　気体Hは，気体Bと反応して白煙を生じる。
カ　気体Hは，硝酸銀水溶液に加えると白色沈殿を生じる。

問7　地球の環境問題に関する文として，**誤りを含むもの**を次のア～オから1つ選び記号で答えよ。

ア　化石燃料を燃やすことで，その中に含まれる物質が酸化され，窒素酸化物や硫黄酸化物が放出される。これらの物質は，酸性雨の原因となる。
イ　冷蔵庫に用いられたフロンは，オゾン層を破壊し，生態系への影響があるため，規制されている。

ウ　ペットボトルに代表されるプラスチック製品は，加工性，耐薬品性に優れているとともに，自然に分解されるため埋め立てに利用されている。

エ　紙おむつに利用される吸水性ポリマーは，水を保持できるプラスチックであり，砂漠化した土地の緑化への利用が期待される。

オ　水質汚染の原因となる工業用排水は，環境に対して十分に配慮した処理が必要である。

3　次の文章を読み，後の問いに答えよ。

ヒトは全身に酸素や栄養分を運ぶために血液の流れを利用している。血液は通常体重の13分の１ほど存在し，血液のうち55％は液体成分である血しょうで，残る45％が血球である。血球のうち一番多いのが赤血球で，血液１mm^3あたり400～500万個存在している。赤血球内には酸素を運搬するため，（　Ａ　）というタンパク質が多量に存在しており，そのタンパク質中には（　Ｂ　）という金属が存在している。

赤血球の寿命は100～120日程度，白血球や血小板は主に２～３週間程度で，常に新しい血球が（　Ｃ　）で作られている。また，古くなったり，はたらきが失われたりした赤血球は脾臓《ひぞう》に運ばれた際に破壊される。

血液が全身を移動することができるのは，心臓がポンプの役割を果たしているからである。心臓から血液が移動する流れは肺循環と体循環に分かれる。肺循環では心臓から送り出された血液が，肺動脈を通って肺に向かう。血液は枝分かれする血管内を流れていき，最終的には肺胞の周りを通る毛細血管内で酸素を受け取る。その後，血液は毛細血管が合流した肺静脈を通り心臓に戻る。体循環では心臓から送り出された酸素を多く含む血液が，大動脈を通って全身に運ばれていく。

問１　文中の空所（Ａ）～（Ｃ）にそれぞれ適語を入れよ。

問２　ヒトの血球について説明した次の文のうち，**誤りを含むもの**を次のア～オから**すべて**選び記号で答えよ。

ア　通常，赤血球は血管外に出られないが，白血球は血管外に出られる。

イ　白血球には核があるが，赤血球や血小板には核が無い。

ウ　赤血球・白血球・血小板のうち，一般的に数が一番少ないのは血小板である。

エ　白血球は免疫，血小板は血液凝固に関わる。

オ　赤血球は赤色，白血球は白色，血小板は無色である。

問３　ヒトの赤血球の直径は約7.5μm（１μm＝0.001mm）である。これよりも一般的に大きいものを次のア～カから**すべて**選び記号で答えよ。

ア　ミトコンドリア　　イ　ゼニゴケの胞子　　ウ　ゾウリムシ

エ　乳酸菌　　オ　血小板　　カ　ヒトの卵

問４　心臓が１回の拍動で70mLの血液を全身に送り，１分あたりの心拍数が80回としたとき，１分間で全身に供給する酸素量は何mLになるか。ただし血液100mL中には（　Ａ　）が15ｇ含まれており，１ｇの（　Ａ　）は大動脈では1.5mLの酸素と，大静脈では0.4mLの酸素と結合しているものとする。

問５　肺胞への体外の空気の流入はどのようにして起こるか。横隔膜という言葉を使って２行以内で説明しなさい。

問６　哺乳類や鳥類は肺循環と体循環が完全に分かれているが，魚類は循環が１つしかなく，心臓から送り出された血液はえらで酸素を受け取り，そのまま全身に酸素を運ぶ。もしヒトの循環が魚類と同じように１つしかなく，心臓から送り出された血液が肺で酸素を受け取り，そのまま心臓に戻らず全身に向かうとする。この場合，魚類に比べて複雑な構造をしたヒトの体の隅々まで酸素を届けることは難しい。その理由を２行以内で説明しなさい。

4　次の文章を読み，後の問いに答えよ。

2021年の８月は，わずか５日間程で降水量が1000mmを超える雨が観測されたり，40℃を超える気温が観測されたりするなど，気象情報から目が離せない月となった。図１，図２は，連続する２日間の同じ時間帯の天気図である。

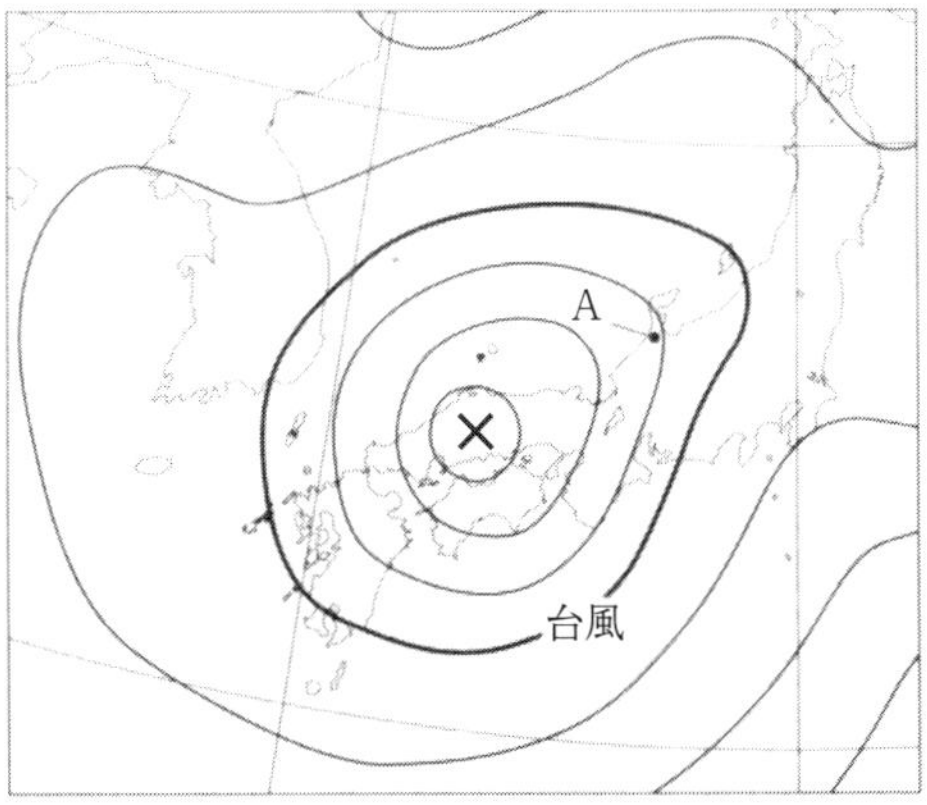

図１　８月のある日の天気図

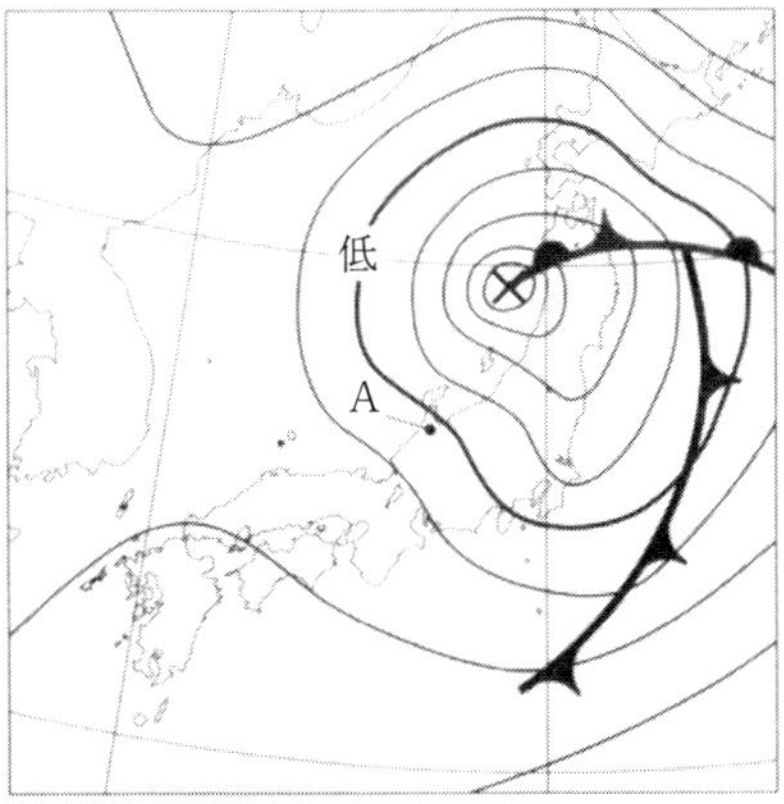

図２　翌日の天気図

問１　図１の台風は，その後日本海を進み，図２の低気圧になった。この低気圧は，「熱帯低気圧」，「温帯低気圧」のどちらか。**図２より判断できる理由**もあわせて答えよ。

問２　図１と図２の天気図のとき，地点Ａ（石川県金沢市）の地上における風向について，最も近い組合せを次のア～エから１つ選び記号で答えよ。

ア　図１：東　図２：東　　イ　図１：東　図２：西

ウ　図１：西　図２：東　　エ　図１：西　図２：西

問３　図１の日は，地点Ａで午前11時前に気温が36.1℃まで上がった。原因として考えられる現象名を答えよ。なお，地点Ａの東側から南側には山地がある。

ここで，**問３**で答えた現象について検証をしてみよう。例えば，標高０ｍにある温度20℃，湿度74.6％の空気が，標高1500ｍの山を越えて風下側の標高０ｍの地点に達したとする。このとき，雲が発生しているのは風上側のある地点から山頂までであり，この２地点間の空気の温度は標高差100ｍにつき0.5℃変化していたとする。なお，雲が発生していない場合には，空気の温度は標高差100ｍにつき１℃変化するものとする。

問４　表を用いて，下の(1)～(3)の問いに答えよ。なお，計算結果が割り切れない場合には，**小数第一位を四捨五入して整数で**答えよ。

表　気温と飽和水蒸気量の関係

気温[℃]	0	2.5	5	7.5	10	12.5	15	17.5	20	22.5	25	27.5	30	32.5	35
飽和水蒸気量[g/m^3]	4.9	5.8	6.8	8.0	9.4	11.0	12.9	14.9	17.3	20.0	23.1	26.5	30.4	34.7	39.6

(1)　風上側で雲が発生し始める標高[ｍ]を答えよ。

(2)　風下側の標高０ｍに達した空気の温度[℃]を答えよ。

(3)　風下側の標高０ｍに達した空気の湿度[％]を答えよ。

問５　図１の台風の進路は，日本列島の南東にある高気圧から影響を受けたと考えられる。この高気圧の名称を答えよ。

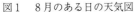

に、やってくるのが夜になってしまったことを歯がゆく思う気持ち。

問五　本文の内容として最も適当なものを、次の中から一つ選びなさい。

ア．左大臣が自らの地位に酔いしれてわがままを通していたので、以長は自分の不利益を顧みずに左大臣の悪事を暴き、社会的な制裁を与えた。

イ．左大臣はものの道理に従って正しい判断を下していたが、臣下である以長にとって左大臣の命令は厳しすぎたため、それが反抗の契機となった。

ウ．左大臣は己の権威を笠に着て屁理屈《へりくつ》をこねたが、のちに以長にそれを逆手に取られ、自分の非を認めなければならない事態に陥ってしまった。

エ．以長は自分の立場も考えずに左大臣に対して言いがかりをつけたが、左大臣がその文句を寛容に受け入れたため、この一件は円満に解決した。

オ．左大臣が以長に対して有無を言わせぬ厳しい命令をすることも、以長が左大臣に遠慮のない物言いをすることも、互いに対する信頼ゆえであった。

（『宇治拾遺物語』）

（注）＊大膳亮大夫…宮内省に属する役所の次官。
＊蔵人…天皇の側近くに仕え、大小の雑事をつかさどる蔵人所という役所の役人。
＊物忌…不吉やけがれの予兆があったとき、それを避けるために、若干日の間飲食や行為を慎み、身体を清めて謹慎するという昔の習慣。
＊かいだて…楯《たて》を並べて通行を防ぐもの。
＊仁王講…『仁王経』を読経する法会。特に物忌のときに行われた。
＊高陽院の方の土戸…屋敷の裏門のほうの、土または漆喰《しっくい》を塗って作った引き戸。
＊舎人…天皇・皇族や貴人に仕え、雑事をつかさどる者。
＊やうれ、おれらよ…やい、おまえたち。
＊職事…蔵人頭（長官）・蔵人の総称。
＊左府…左大臣のこと。
＊盛兼…大臣家の家来。
＊くはくは…これはこれは。

問一 傍線部a・bの解釈として最も適当なものを、後の中からそれぞれ一つずつ選びなさい。

a 世にある者の、物忌といふ事やはある

ア．国に仕える者にも、物忌ということが起こるのは承知している
イ．国を治める者が、物忌などという迷信を恐れてはならない
ウ．国に仕える者は、物忌ということを厳に注意する必要がある
エ．国を治める者が、物忌ということを言い訳にしてよいはずがない
オ．国に仕える者が、物忌などと言っていては職務が行えない

b 舎人二人居て、「人な入れそと候ふ」とて

ア．舎人が二人、御門のところに座っていて、「誰も入ることはできません」と言って
イ．舎人が二人、高陽院の土戸のところにいて、「人を入れるなというご命令です」と言って
ウ．舎人が二人、御門の隙間を防いで、「誰もここからは入れるわけにはいきません」と言って
エ．舎人が二人、高陽院の土戸のところにいて、「以長様はお入れするなとのことです」と言って
オ．舎人が二人、高陽院の土戸のところで、「招いた人だけを入れなさいとの仰せです」と言って

問二 波線部iからiiiの動作の主体として最も適当なものを、次の中からそれぞれ一人ずつ選びなさい。

ア．以長　イ．左大臣　ウ．童子
エ．僧　オ．舎人　カ．盛兼

問三 傍線部①について、以長はなぜ「急ぎ参」ったのか。五十字以内で説明しなさい。

問四 傍線部②には左大臣のどのような気持ちが込められているか。最も適当なものを、次の中から一つ選びなさい。

ア．自分は物忌のために屋敷にこもって慎んでいるのに、同じく物忌の以長が自分の屋敷にこもらずに堂々とやってきたことを責める気持ち。
イ．自分は物忌のために早くから屋敷にこもっていたのに、共に物忌をすることになっていた以長が夜遅くに来たことを不愉快に思う気持ち。
ウ．自分が重い物忌のために屋敷にこもって慎んでいる最中なのに、以長が押し掛けて来て大声で話をしていることを非難する気持ち。
エ．以長の物忌が非常に重いことを心配して「たしかに参られよ」と急がせたのに、夜も更けてからやっと来たことをとがめる気持ち。
オ．以長を呼び出したにもかかわらず、以長が物忌を恐れたため

ウ．波線部Ⅲでは、出版業界の人らしからぬ格好をし、仕事のできる雰囲気も持ち合わせているナリキヨが、それにいかにも適した真面目な名前だと「私」が感じたことが強調されている。

エ．波線部Ⅳでは、手軽な連絡手段がある中電話でやりとりするというナリキヨの時代遅れな仕事の流儀に苛立ちをおぼえている「私」は、「アナログ人間」という比喩的表現を用いて彼の仕事のやり方を批判している。

オ．波線部Ⅴでは、これまで事務的なやりとりしかなかったナリキヨと他愛のない会話をしていることに「私」は驚きと喜びを感じており、その感情を再確認するために心の中で自分自身へ呼びかけている。

問八　次の会話は、この文章を読んだ生徒達が意見を述べ合ったものである。本文の内容を誤って解釈している生徒を、AからEの中から一人選びなさい。また、そのように考えられる理由を答えなさい。

生徒A　この小説は「私」の視点で書かれていて、場面ごとに佐和田さんがどんなふうに知覚したり思考したりしたかが主観的に表現されていると思う。彼女の心情の変化も比較的分かりやすいよね。

生徒B　そうだね。特に成澤さんに対する印象は終始、率直な言葉で表現されていて、彼の人となりがしっかりとイメージできる。佐和田さんにとって成澤さんはやっぱり、他の人とは違った特別な存在なんだろうな。

生徒C　名前の呼び方も興味深いよ。前半で佐和田さんは「ナリキヨさん」と呼んでいるけど、後半の会話文では「成澤さん」になっている。しばらく会わないうちに、少し距離が生じたことが暗に示されているね。

生徒D　それにしても、たまに出てくる比喩表現が秀逸だよ。電話での連絡を依頼してきた成澤さんへの疑問と抗議の気持ちを、大勢の人が一斉に声をそろえる「シュプレヒコール」にたとえたのは面白かった。

生徒E　たしかに。「さっとバッグを膝に置く」とか「カップのコーヒーが冷たくなる前に」とか、あえて間接的な言い回しを使っているのも、読者にその状況や人物の心情を深く捉えさせる巧みな技術と言えるよね。

三

次の文章を読んで、後の問いに答えなさい。

これも昔、＊大膳亮大夫《だいぜんのすけのたいふ》橘以長《たちばなのもちなが》といふ＊蔵人《くらうど》の五位ありけり。宇治左大臣殿より召しありけるに、「今明日は、堅き＊物忌《ものいみ》を仕《つかまつ》る事候《さぶら》ふ」と申したりければ、「こはいかに。a世にある者の、物忌といふ事やはある。たしかに参られよ」と、召しきびしかりければ、恐れながら参りにけり。

さる程に、十日ばかりありて、左大臣殿に、堅き物忌出で来にけり。御門の狭間《はさま》に＊かいだてなどして、＊仁王講行はるる僧も、＊高陽院《かやのゐん》の方《かた》の土戸《つちど》より、童子なども入れずして、僧ばかりぞ参りける。御物忌ありと、この以長聞きて、①急ぎ参りて、土戸より参らんとするに、b＊舎人《とねり》二人居て、「人な入れそと候ふ」とて、立ち向《むか》ひたりければ、「＊やうれ、おれらよ、召されて参るぞ」といひければ、これらもさすがに＊職事《しきじ》にて常に見れば、力及ばで入れつ。i参りて、蔵人所に居て、何となく声高《こわだか》に物いひ居たりけるを、＊左府《さふ》聞かせ給ひて、「この物いふは誰ぞ」と問はせ給ひければ、＊盛兼《もりかね》申すやう、「以長に候ふ」と申しければ、「いかにかばかり堅き物忌には、夜部《よべ》より参り籠《こも》りたるかと尋ねよ」と仰せければ、行きて②仰《おほせ》の旨をiiいふに、蔵人所は御所より近かりけるに、「＊くはくは」と大声して、はばからず申すやう、「過ぎ候ひぬる比《ころ》、わたくしに物忌仕りて候ひしに、召され候ひき。物忌の由《よし》を申し候ひしを、物忌といふ事やはある。たしかに参るべき由仰せ候ひしかば、参り候ひにき。されば物忌といふ事は候はぬと知りて候ふなり」と申しければ、iii聞かせ給ひてうち頷《うなづ》き、物も仰せられでやみにけりとぞ。

イ．「私」の知っている彼とは異なる姿でやって来たナリキヨに対して動揺するとともに、「私」の喜ぶような発言をしてくれたことにますます動揺していたが、七年前と変わらぬ冗談に昔を思い出したから。

ウ．来場者たちに不快な思いをさせて焦っていた中で、予想外の来場者により一層の焦りが出てきていたにも関わらず、ナリキヨが以前のように冗談を言ったことで「私」は冷静さを取り戻したから。

エ．久しぶりのナリキヨとの再会に平静さを失うとともに、「私」の初の個展にやって来てくれたことに感動と緊張感を覚えていたことで、思いがけない冗談に反応できなかったから。

オ．何気ない会話からかつての関係性を取り戻せたことに安堵《あんど》している「私」に対して、ナリキヨは少しの緊張感を覚えており、それを解消しようと冗談を言っているのだと「私」は気づいてしまったから。

問四　空欄［X］に入る表現として最も適当なものを、次の中から一つ選びなさい。

ア．私自身ではなく、他者の想念によって私の描くものは値打を補充されていた

イ．肯定と否定の狭間《はざま》で揺れ動く私自身に、私は少し酔っていたのかもしれない

ウ．他者の存在こそ私の存在を規定するのだと、その時初めて気づいたのである

エ．プロになりきれない私を、否定的な意見がプロへと押し上げようとしていた

オ．私の抱く闇を他者に見せることで、一筋の光が差し込むことを期待していた

問五　傍線部③について、ナリキヨが「話の早い人だった」ことがなぜ「私」にとって「幸い」だったのか。五十字以内で説明しなさい。

問六　傍線部④について、その説明として最も適当なものを、次の中から一つ選びなさい。

ア．これまではそれなりに上手く仕事相手と付き合ってきた「私」は、ナリキヨの忖度《そんたく》のない物言いに仕事がうまくいかない気がしていたが、「仕事のパートナー」という言葉に息をのむとともに、強い感動を覚えている。

イ．断る理由のない仕事に少し期待をしつつ臨んだ打ち合わせであったが、「私」のガードの固さを指摘してきたナリキヨに一瞬ひるまされ、さらに次の言葉がまさに芯を食ったような指摘だったため、人を見る目の高さに感銘を受けている。

ウ．これまでの「私」の態度は仕事相手から誤解されがちだったが、ナリキヨはその態度に対して直接的に質問を投げかけてくる上に、極めて真っ当な意見を述べてくるため、「私」はひどく衝撃を受けている。

エ．「私」の作品についてネット上での評価もかなり率直ではあったが、ナリキヨの発言はそれ以上に率直で鋭かったため、「私」は強い警戒心を抱くとともに、核心を突かれて心から感心している。

オ．これまでの仕事相手は私の言葉や態度をただ素直に受け止めてくれていたが、それらの仕事相手とは対極にいるようなナリキヨは「私」が言葉に表していない部分を示唆的に指摘してくるため、「私」は不安に駆られている。

問七　波線部ⅠからⅤについて、その説明として最も適当なものを、次の中から一つ選びなさい。

ア．波線部Ⅰでは、ゲリラ豪雨の日以来のナリキヨとの思いがけない再会に舞い上がる「私」の様子が表現されており、「私」のナリキヨへの思いの深さを読者にさりげなく印象付けている。

イ．波線部Ⅱでは、大学生が住むにしては広くゆとりのある部屋であるが、そこに住むことのできるくらいイラストレーターの仕事が自分の思い通りにいっていることが表現されている。

ナログ人間か。私の頭にうずまいていた不満と抵抗のシュプレヒコールは、しかし、時と共に少しずつ鎮まっていった。慣れたのだ。初めのうちはb杓子《しゃくし》定規な一報にすぎなかった会話も、回数を重ねることで多少なりとも砕けたものに変わった。

連載開始からふた月を経たある日、「今、渡しましたので」「お待ちしています」の惰性的なやりとりのあとで、ナリキヨさんがふと言った。

「佐和田さんのところは大丈夫ですか。さっきヤフーニュースを見たら、世田谷区、大雨警報が出てましたよ」

電話の子機を耳に当てたまま、私は窓ごしに暗い空を仰いだ。たしかに雨は降っている。が、それほど荒れているふうもない。

「このあたりは大丈夫そうです」

しかし、その約一時間半後、いつもより少し遅れてナリキヨさんから受領の報を受けたとき、マンションの五階にある私の部屋はゲリラ豪雨の直撃中だった。

「来ました、来ました。成澤さんの声もよく聞こえないくらい」

「すごい音ですね。こっちまで響きます」

「バイク便のお兄さん、大丈夫でしたか」

「大丈夫じゃなさそうでした。途中でやられたみたいで、パンツまでずぶ濡れと。身を挺《てい》して挿画を守ったそうです」

滝のような雨で外界から遮断され、一抹の心細さをおぼえていたのか、あるいは逆に高ぶっていたのか——雨音の妨害にもかかわらず、私はその日、ナリキヨさんといつになく多くの言葉を交わした。このぶんじゃ花火大会も中止でしょうね。お出かけの予定だったんですか。いいえ、家の窓から見えるんです。うちの窓からは富士山が見えますよ。そんな他愛のない話。

V聞こえますか？　聞こえますか？　たいした内容もないのに、途中、何度もたがいの声を響かせあった。

（森　絵都『出会いなおし』）

問一　傍線部a・bの語句の本文中における意味として最も適当なものを、後の中からそれぞれ一つずつ選びなさい。

a　胡散臭い

ア．卑しくて手を出しにくい
イ．怖くてこの場から立ち去りたい
ウ．疑わしくて気が許せない
エ．奇妙で距離を置きたい
オ．縁遠くて手が届かない

b　杓子定規

ア．相手に全く媚《こ》びないこと
イ．形式ばっていて重々しいこと
ウ．少しの失敗も許されないこと
エ．いまひとつ融通の利かないこと
オ．想像の範囲を超えてこないこと

問二　傍線部①の説明として正しいものを、次の中から二つ選びなさい。

ア．「汗をかいていない」の「ない」は助動詞に分類され、「忙《せわ》しない」の「ない」と同じ意味・用法である。
イ．「息も切らしていない」の「も」は助詞に分類され、同類の事項を付け加えるという働きをしている。
ウ．「たとえ道に迷わなくても」の「たとえ」は接続詞に分類され、「ても」と呼応して仮定条件を表している。
エ．「涼しげに到達した人は」の「涼しげに」は形容詞に分類され、「到達した」と修飾・被修飾の関係にある。
オ．「しかも、その……見覚えがあった」は七文節から構成されており、副詞が一語だけ含まれている。

問三　傍線部②について、なぜこのような「間」が生じたのか。その説明として最も適当なものを、次の中から一つ選びなさい。

ア．来場者たちが皆道に迷うような状況の中で、ナリキヨだけが汗一つかかずにやってきたことに「私」は疑念をいだいていたのに、思わぬ冗談を言われて反応に困ったから。

たカフェを指定した。カジュアル系の多い業界人にしてはめずらしく、ナリキヨさんはきっちりとしたグレイのスーツ姿であらわれた。当然ながら、そのときはまだナリキヨさんではなく、Ⅲ成澤清嗣《なりさわきよつぐ》という密度の高い字画を背負っていた。

「このたびはご快諾をいただきまして、ありがとうございます。作家さんも大変喜ばれています」

「いえ、こちらこそ光栄です」

「個人的にも、私、非常に楽しみにしているんです。若い女性同士の感性が響き合って、うちの雑誌のおっさん臭を一掃してくれるのではと」

　第一印象は、スマートでそつのない仕事人。細身で薄口しょうゆ顔、一見いい男風と見えないこともないナリキヨさんは、間近で検証するほどに目鼻立ちの地味さ加減が惜しくも思えてくるのだが、その「もうちょい」なところがある種の安心感につながるメリットでもあった。当時は三十一歳、左手の薬指には指輪が光っていた。

「それで、今後の進行スケジュールですが……」

　例によって私は無駄口をひかえ、すみやかに仕事の話へ移った。③幸い、ナリキヨさんは話の早い人だったため、カップのコーヒーが冷たくなる前に打ち合わせは終了した。

「ところで、あの、佐和田さん」

　ナリキヨさんが急に声のトーンを落としたのは、私が「では、また」とバッグを膝に載せた瞬間だった。

「はい?」

「週刊誌って、やっぱり、若い女性からするとa胡散《うさん》臭いですか」

「いや、それでガードが固いのかなと」

　その率直な物言いに、私は浮かせかけた腰を宙に留めた。長く直球を受けてこなかったグローブに、突如、ストレートのどまんなかをぶちこまれたように。

「いいえ、私はいつもこうなんです」

「いつもそうなんですか」

「ええ」

「ほんとにいつも、そんな、敵から身を守るような目を?」

「はい?」

　目と目を見合わせて数秒後、④ナリキヨさんが寄こした次なる直球が、グローブごしに私の骨までずんと響いた。

「佐和田さん。私はあなたの敵ではなく、仕事のパートナーです」

　仕事のパートナー。至極あたりまえの指摘をもってして私を大いに動揺させたナリキヨさんは、いざ実際に仕事をはじめてみると、それまでのパートナーたちとは(良くも悪くも)だいぶ違った。

　まず何より、彼はかつて組んだ誰よりもマメだった。メールには必ずその日のうちに返信が来る。資料を頼めば翌日に届く。締切の三日前には念押しのリマインド。とりわけ挿画の受けわたしには独自の流儀をもっていた。配達には宅配便よりも速くて確実なバイク便を使っていた彼は、それだけでは決め手に欠けるとばかりに、私に対してもさらなる保険を求めたのだ。

「バイク便にイラストを預けたら、必ず私にご一報ください。メールではなく、電話でお願いします」

　滑舌のいいその声が聞きとれなかったためしなどないのに、私は「はい?」と問い返した。週一でバイク便が訪れるたび、いちいち彼に電話を入れる? 想像するだに面倒臭い。が、ナリキヨさんは私の沈黙も気にせず言い募った。

「私も、バイク便からイラストを受けとった段階で、必ず電話を入れますので」

「ええっ」

　かくして、週に一度、ナリキヨさんと日に二回もの電話のやりとりをする日々がはじまった。バイク便に挿画を預けるたび、「今、渡しました」と連絡し、その約一時間後に「たしかに受けとりました」と報告が来るのを待つ。

　なぜ電話なのか。メールでも用は足りるではないか。Ⅳどんなア

②一瞬の間のあと、力が抜けた。私たちはくくくと弛緩《しかん》した笑い声を立てあった。そう、ナリキヨさんは昔から真顔で微妙な冗談を言う人だった。
「では、作品を鑑賞させていただきます」

場の空気がなごんだのを機に、麦茶を飲みほしたナリキヨさんが順路の始点へ向かった。長机に並べた一作一作を丁寧にながめ、少し進んでは立ちどまる。ときどき、思いもよらない角度からのぞきこんだりもする。まるで自分が見られているようで落ちつかない。

私はお返しとも仕返しともつかない気分で彼の背中をまじまじと見つづけた。

見ても、見ても、現実のものとは思えない。

彼がここにいること。私がここにいること。Ⅰとうに切れたと思っていた糸がまだつながっていたこと。

彼と最初に会ったころのことを思うと、まるで嘘のようだった。

彼と最後に会ったときのことを思うと、もっと嘘のようだった。


イラストレーターとして仕事をはじめたころ、私はまだ二十一歳で、厄介な問題を抱えていた。あまりにもたやすくプロになってしまったせいだと今にしてみれば思う。

まだ具体的な将来の像もなかった美大生時代、西荻窪にカフェを開いた親戚に頼まれ、店の看板やメニュー、コースターなどのデザインとイラストを手がけた。半年後、その店の常連となった某女性誌の編集者から連絡があり、ちょっとしたカットを描いてみないかと誘われた。以来、雪だるま式にあれよあれよと依頼が増えて、Ⅱ大学の卒業時には下北沢に2LDKの部屋を借りられる身分になっていた。

雑誌のカット、小説やエッセイの挿画、ポスター。何がどうなっているのか自分でもよくわからないまま、若いうちはただ夢中で描けばいいのだと言われ、夢中で描きつづけた。あえて下手な線を味わいとする絵を「へたうま」と言うのに対し、アクリル絵の具とパステルを多用した私の絵はよく「かわこわ」と評された。かわいくて、怖い。一見愛らしい人物や動物たちの奥部に得体の知れない異物が巣くっている。明るくほがらかな世界の底に物騒な闇がある。「正視を拒む深淵《しんえん》を孕《はら》んだ楽園」などと評されたこともある。

無論、それは好意的な見方であり、ネットにはこっぴどい酷評も飛び交っていた。デッサンの基礎がなってない。技術不足を目新しさでごまかしている。偽物。どうせすぐに飽きられる。残念ながら、私にはそれらの否定の声が、自身を認めてくれる声よりもすんなり理解できてしまった。私の描く絵が深淵など孕んでいないこと、そこには何物も潜んでいないことを、誰よりも自分自身が知っていたからだ。

私はただ勘で線を探っていただけだった。言うなれば［　X　］。本当のところはどうなのか。実在の私は空っぽなのではないか。ただ運がいいだけのまがいもの？

つねに自分自身を疑っていたあのころ、私は同種の猜疑《さいぎ》を仕事相手に抱かれるのを何より恐れていた。正体を知られて失望される。そんな日を少しでも遠くへ押しやるためには、極力、皆から距離を置くことだ。よけいな口をきいてボロを出してはならない。打ち合わせも手短に、天気の話もそこそこにして必要事項のみをすりあわせ、さっとバッグを膝に置く。

「佐和田さん、本当にお忙しいんですね」

「売れっ子は大変ですね」

人から誤解されるたび、私はインチキの皮をまた一枚厚くした思いがして、自分への信頼を損なっていった。


中堅どころの出版社にいたナリキヨさんから仕事の依頼が来たのは、そんな心情的綱渡りが三年も続いたころだろうか。

週刊誌に連載される小説の挿画。書き手は私が学生時代から愛読していた新鋭女性作家で、断る理由はなかった。

初の打ち合わせには、いつも通り、下北沢にある煉瓦《れんが》造りの洒落《しゃれ》

（前出『挑発としての文学史』）

（注）＊懸隔…かけ離れていること。

ア．一見平凡な素材でストーリーが展開しながら、今までの読書経験は無駄であったと読者に思わせるほどの衝撃的な結末を迎えるというギャップによって、文学史上に残る名作になり得るということ。

イ．作家がそれまで世の中に存在しなかった傾向の作品を発表したうえで、いかに多くの読者の期待や予想を覆すことができたかによって、文学者としての才能があるかどうかが決定するということ。

ウ．読者は作品を読み進めていくうちにそれまでの読書経験を踏まえた期待や予測を抱くが、それらを裏切る新たな何かを与えられるかという点に、文学的価値を決める基準が置かれるということ。

エ．読者の期待に応える時流に沿った作品と見せかけて、読者に無意識のうちに既存の価値観からの脱却を実現させるという高度な技法が潜む作品だけが、文学作品としての芸術性が高いということ。

オ．ある時は読者の期待に応えることを重視し、時にはそれを覆して新たな感動を生み出すという多様な作風を持つ小説家だけが、歴史に名を残すような芸術的作品を残す可能性があるということ。

二　次の文章を読んで、後の問いに答えなさい。

炎天の下、迷いに迷ってようやくこのギャラリーへ到着した来場者たちの足を、すぐに順路へ進ませてはならない。無駄に歩かされた苛立《いらだ》ちが作品へ投影されないよう、まずは中央の円卓でひと息ついてもらう。よく冷えた麦茶でもてなし、怒りと汗が引くのを待つ。

その作戦に則《のっと》って椅子を勧めかけた私は、来場者の顔へあらためて目をやり、ハッとした。

①汗をかいていない。息も切らしていない。たとえ道に迷わなくても駅から遠いこの場所へ、こんなにも涼しげに到達した人は初めてだった。しかも、そのすっきりとした目鼻立ちには見覚えがあった。

「ナリキヨさん！」

一目で彼とわからなかったのは、もう七年以上も顔を合わせていなかったせいでも、服の傾向が記憶にあるそれと違ったせいでもある。黒いポロシャツにベージュのチノパンツ。ニューバランスのスニーカー。こんなにラフな普段着姿の彼を見るのは初めてだった。

「ナリキヨさん、来てくれたんですか。まさか偶然、通りかかったとかじゃないですよね。嘘《うそ》みたい。案内はがき、出すだけ出してみたんですけど、まさかまさか、ほんとに来てくれるなんて」

内心の動揺をテンションを上げることでごまかそうとする私に、ナリキヨさんは至極静かなまなざしを寄こした。

「そりゃあ来ますよ、佐和田さんの、初の個展ですから」

私はしばし呼吸を止めた。わけがわからずこみあげてくるものがあり、今度はそれをごまかすように薄く笑った。

「でも、ナリキヨさん、汗をかかない人なんですね。迷わなかったんですか」

「ええ、大丈夫でしたよ」

「地蔵はなかったのに？」

「地蔵というか、あの地図自体がそもそも不吉に思えたので、最初から私はスマホの地図に賭《か》けました」

「賢明ですね」

「佐和田さん、そもそも、地蔵なんて本当にあったんですか」

「ありました。私、たしかに見たんです」

「もしかして、それは、地蔵顔をしたどっかの爺《じい》さんだったんじゃないですか」

「………」

（注）＊惹句…人の心を引きつける短い文句。

問一 傍線部aからeのカタカナを漢字に直しなさい。

問二 空欄[A]から[E]に入る語の組み合わせとして最も適当なものを、次の中から一つ選びなさい。

ア．A すでに　B ただし　C たとえば　D つまり　E 一方
イ．A 一方　B たとえば　C ただし　D すでに　E つまり
ウ．A すでに　B ただし　C つまり　D たとえば　E 一方
エ．A たとえば　B つまり　C 一方　D ただし　E すでに
オ．A 一方　B ただし　C すでに　D つまり　E たとえば

問三 空欄[X]に入る内容として最も適当なものを、次の中から一つ選びなさい。

ア．小説としての決まったパターンに基づいて読者の想像通りに話が展開している
イ．予備知識や先入観なしに読めて今までにない感覚を味わえるように書かれている
ウ．現実と勘違いさせるようなリアルな描写と巧妙な展開によって構成されている
エ．小説に書かれている内容はフィクションだと受け取るように準備されている
オ．感受性豊かな世代の読者が強く共感できるような永遠のテーマを含んでいる

問四 傍線部①について、その理由として最も適当なものを、次の中から一つ選びなさい。

ア．秩序が整う安定した状態では起こりにくい事件や問題が、秩序ある状態への移行期間という不安定さゆえに起こりやすく、物語の題材には事欠かないから。
イ．子供から大人への移行期間は想像以上に長引くために多様な事件や問題が起こりうるので、幅広い年代の読者の興味を引くストーリーの発想につながるから。
ウ．人生のゴールを迎えても必ずしもハッピーエンドになるとは限らないため、あえて秩序を乱す展開にすることによって作品に個性を持たせることができるから。
エ．秩序ある状態を迎えたとしても、水面下では事件や問題を起こす要因がくすぶっていることが多く、人間関係に亀裂が入って秩序が乱れることが多いから。
オ．青春時代に一度秩序が整わない世界へ飛び込み、周囲と協力し合って理想的な世界を築こうとすることは個人の成長の過程において価値のあることだから。

問五 傍線部②とは、どういう「感じ方」で書かれた物語か。四十字以内で説明しなさい。

問六 空欄[Y]に入る語として最も適当なものを、次の中から一つ選びなさい。

ア．理想　イ．抽象　ウ．悲劇
エ．客観　オ．幻想

問七 傍線部③について、その理由を五十字以内で説明しなさい。

問八 空欄[Z]には次の引用文が入る。この文章の説明として最も適当なものを、次の中から一つ選びなさい。

> ある文学作品が、出現した歴史的瞬間に、その最初の読者公衆の期待を満たしたり、超えたり、失望させたり、あるいは覆す流儀様式は、明らかに、その作品の美的価値決定の一つの判断基準となる。期待の地平と作品との＊懸隔《けんかく》、すなわち在来の美的経験ですでに親しんでいたものと、新しい作品の受容によって要求される「地平の変更」との懸隔が、受容美学的に文学作品の芸術性格を決定するのである。

子供が大人に成長する過程だ。物語は大人によって書かれるから、「大人」の位置が「内」になり、「子供」の位置が「外」になる。もっと簡単に言えば、大人にとっては自分たちは「理性のある大人」で、あの人たちは「わけのわからない子供」だと感じられるということだ。実は、子供は②こういう感じ方で書かれた物語を、「大人」の視点から読んでいることになる。

　子供が大人に成長する過程では、「境界領域」とは「青春時代」を指す。「青春時代」とは、「子供」でも「大人」でもない時代だからだ。そして、個人の成長の過程では、秩序があるようなないような「青春時代」という不安定な時期に、事件が起こりやすいということだ。「青春時代」を書いた小説がいかに多いことか。

　この三つの領域を主人公が移動するのが物語である。その物語の型は四つある。

　一つ目は浦島太郎型で、地上のある村(内)から海の中の竜宮城(外)に出かけて行って、再び地上(内)に帰ってくる物語である。〈内→外→内〉と、主人公が移動することになる。二つ目はかぐや姫型で、月(外)から来たかぐや姫が竹から生まれて地球上(内)で生活し、再び月(外)に帰って行く物語である。今度は、主人公は〈外→内→外〉と移動することになる。[B] この二つの型は、ある程度長い物語に現れる型であり、また古典作品に多く、そして現代文学ではファンタジーに多い型だ。ファンタジーは、現実世界(内)から [Y] 的な世界(外)へ行って、また現実世界(内)に戻る浦島太郎型が多い。

　三つ目は成長型で、物語では最も多い型だ。子供が大人へと成長する物語が一般的である。[C] 、「少年が男になる物語」、「少女が女になる物語」である。たとえば、「田舎(外)から都会(内)に出てきた少年が、さまざまな苦労をして一人前の弁護士になりました」というような物語がこの典型である。主人公は、〈外→内〉と移動することになる。この型は、都会で成功することや、立派な大人になることを価値があることだと考えているから、どこか通俗的な感じがする。

　四つ目はこの逆の退行型だ。退行とは、元いたところに戻ることである。大人から子供へ、都会から田舎へという移動になる。退行型には、成長型への批判が含まれている。[D] 、「都会(内)での非人間的な仕事に疲れたeモウレツサラリーマンが、昔住んでいた田舎(外)の農場で自然に囲まれて暮らすうちに、子供時代の心を取り戻して、人間性を回復した」というような物語である。成長して都会で成功したことを批判しているのである。そこで、③この退行型の物語は成長型の物語に比べて高級な感じを与える。

（中略）

　リアリズム小説で語られる物語は、主に成長型の物語と退行型の物語の二種類しかない。成長物語は一般に価値が高いとされる位置(たとえば大人)に到達することを目標としている。[E] 、退行物語は一般に価値が低いとされる位置(たとえば子供)に戻ることを目標としている。読者は、退行物語からは立身出世的な世俗の価値観に対する批評を読み込むだろう。

　ここで再びヤウスの文章を引用しておこう。

[Z]

　要するにこういうことである。

　小説を読むとき、読者はさまざまな期待を持ち、予測を立てながら読んでいく。小説がそれらとどう関わるかということである。「期待の地平」通りに終わったとすれば、その小説は読者に新しい何かをもたらさなかったことになる。一方、「期待の地平」が裏切られたとするなら、その小説は読者に新しい何かをもたらしたことになる。

　ヤウスによれば、「期待の地平」通りに終わった小説は通俗的で美的な価値が低く、「期待の地平」を裏切って終わった小説は芸術的で美的な価値が高いことになる。ヤウスはこういうことを「期待の地平」という言葉で論じることができると言っているのである。

（石原千秋『読者はどこにいるのか　読者論入門』）

二〇二二年度　栄東高等学校（特待生）

【国　語】（五〇分）〈満点：一〇〇点〉

[一]　次の文章を読んで、後の問いに答えなさい。

私たちは本を読むとき、さまざまなことを期待している。なぜ期待するのかと言えば、事前に多くの知識があるからだ。作者名、タイトル、本の装幀《そうてい》、本の判型、帯の＊惹句《じゃっく》、広告の惹句、aショヒョウなどなど、本をめぐるさまざまな知識を、文学理論では「パラテクスト」と呼ぶ。パラテクストがまったくない、ゼロの状態で本と出会うことはない。そもそも、本を手にするときには、もうそれがある特定の装幀に包まれ、特定の判型をした「本」だとわかっているはずである。

ドイツの文学研究者ハンス・ロベルト・ヤウスは、この点について次のように述べている。

　文学作品は、新刊であっても、情報上の真空の中に絶対的に新しいものとして現れるのではなく、あらかじめその公衆を、広告や、公然非公然の信号や、なじみの指標、あるいはbアンモクの指示によって、全く一定の受容をするように用意させている。（『挑発としての文学史』轡田《くつわだ》収訳、岩波書店、一九七六・六）

何も情報がないところに新刊の文学作品が出現するのではなく、[A]パラテクストに囲まれて現れるのだと、ヤウスは言っている。最後の「全く一定の受容をするように用意させている」とは、小説は小説らしく読むようにすでに用意されているという意味である。具体的には、[　X　]ということである。

もう一つ言えることは、私たちがその本が小説だとわかるのは、パラテクストによってすでにそういう情報を得ているという以外に、それまでに読んだ小説に似ているからでもある。小説で語られる物語にはそれほどバリエーションがあるわけではないから、「似ている」という感覚はしばしば私たちにやってくる。

ヤウスは「期待の地平」というcガイネンで文学を考えることを提案している。このガイネン自体は簡単に説明できてしまうが、その前に物語には型（パターン）があるということについて、それなりの説明が必要だろう。これまでにも書いたことがあるが、dゼヒ必要なので繰り返しておこう。

物語の型は、大きく分けて四つある。それを図にしたので見てほしい。

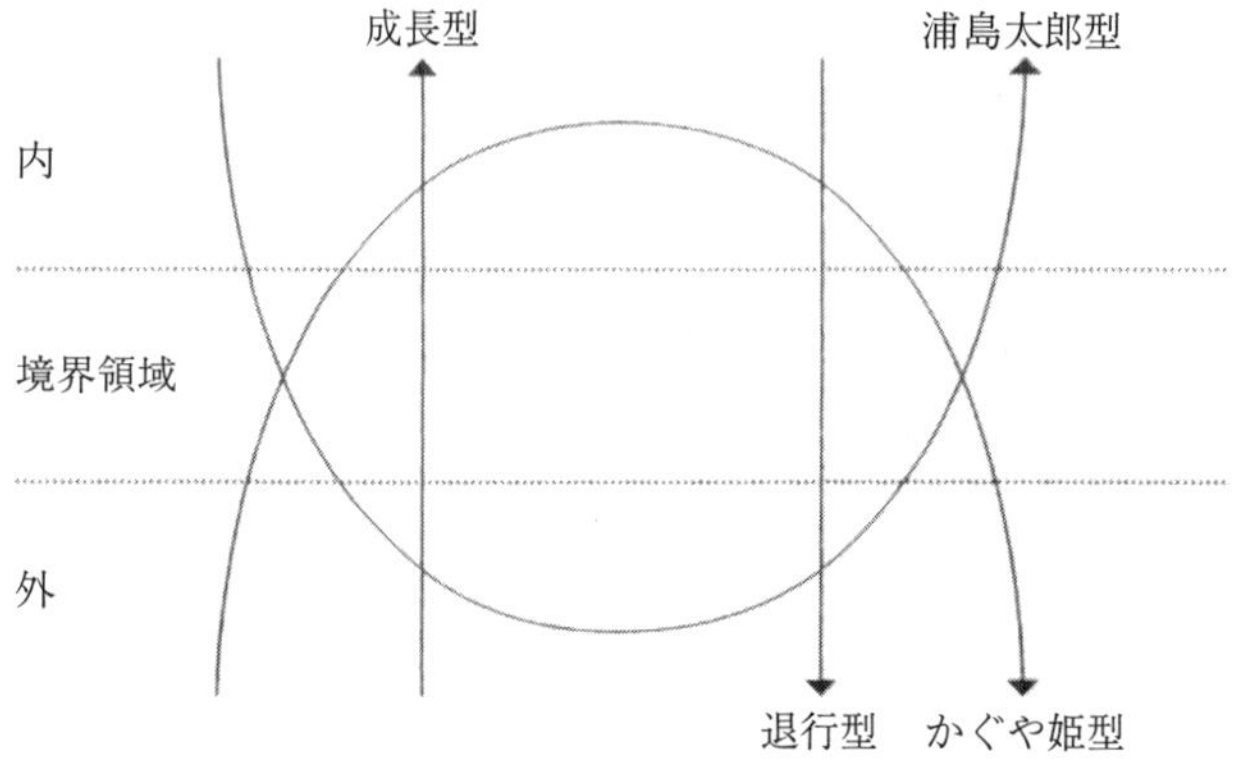

「内」「外」とあるのは、私たちのいる場所（位置）との関係のことである。「内」は私たちのいる場所、つまりこちら側である。秩序のある場所と言ってもいい。「外」は私たちのいない場所、つまり向こう側である。秩序のない場所と言ってもいい。「境界領域」とは、「内」と「外」との間の不安定な場所で、一般的には事件の起こりやすいところである。

たとえば、旅行を考えると、出発地点が「内」で、目的地が「外」になる。そして、実際の旅行の過程が「境界領域」となる。「境界領域」で事件が起こりやすいことはわかりやすいだろう。無事ゴールできれば、それでハッピーエンドである。だから、①物語は「境界領域」を好んで書くのである。

もう少し、高級な例を挙げよう。

英語解答

1 1 last　2 leaves　3 mine
4 fire　5 ring

2 1，5，6，7，10

3 1 あ…5　い…6　う…4
2 あ…4　い…7　う…5
3 あ…1　い…6　う…3
4 あ…2　い…3　う…5
5 あ…2　い…7　う…1

4 問1 She'd rather go duck hunting
問2 4
問3 (例)たくさんの獲物がやってきたから。
問4 (例)川に飛び込み，泳いで
問5 1　問6 3
問7 dead〔drowned〕　問8 2

5 問1 (例)古代ギリシア人の中には，脳が血液を冷ますための単なる臓器だと考える人がいた。
問2 2　問3 1，4
問4 (例)自分にしかできない
問5 3
問6 hidden place within which only I
問7 4

6 1 エ　2 ア　3 ウ

7 1 イ　2 イ　3 ウ

8 1 ウ　2 イ　3 ウ　4 エ

数学解答

1 (1) $\sqrt{21}-1$　(2) 36　(3) $2\sqrt{2}$

2 (1) $\frac{5}{18}$　(2) $\frac{2}{27}$　(3) $\frac{1}{6}$

3 (1) 45°　(2) $EF=\frac{5}{3}$，$GH=\frac{3}{2}$
(3) $\frac{\sqrt{505}}{6}$　(4) $\frac{\sqrt{505}}{12}$

4 (1) $2-a$　(2) $1-\sqrt{5}$　(3) $2\sqrt{5}$

5 (1) 6　(2) $\sqrt{3}$　(3) $54-18\sqrt{3}$

社会解答

1 問1 5月1日午後1時
問2 線状降水帯
問3 (1) (例)出生率から死亡率を引いたもの
(2)…イ
問4 ウ　問5 ウ　問6 エ
問7 ウ　問8 オ
問9 a…ピレネー　b…メコン
c…エジプト　d…ベルリン
問10 **優れていること**…(例)より安全に作業ができ，機械類の導入も容易であるため，効率的かつ経済的に採掘ができること。
懸念されること…(例)大規模な採掘により，生態系の破壊や，水質汚濁・土壌汚染などの環境問題が生じるおそれがあること。

2 問1 イ
問2 2番目…エ　4番目…ア
問3 イ　問4 ア　問5 ウ
問6 エ　問7 ア
問8 2番目…エ　4番目…イ
問9 ウ
問10 (例)日本にならった近代化や民族独立の動きを強めた。

3 問1 あ…40　い…社会保険
問2 エ　問3 (1)…ア　(2)…ウ
問4 (1)…イ　(2)…イ，オ
問5 エ　問6 ア
問7 マイクロクレジット

理科解答

1 問1　250 g　問2　30度
問3　3.4N
問4　(ア)…5　(イ)…反時計回り
問5　15 cm　問6　$\frac{5\sqrt{3}}{6}$N
問7　$\frac{5\sqrt{39}}{6}$N

2 問1　ウ
問2　$2NH_4Cl + Ca(OH)_2 \longrightarrow CaCl_2 + 2H_2O + 2NH_3$
問3　$2Ag_2O \longrightarrow 4Ag + O_2$
問4　硫化水素　問5　イ，オ
問6　ウ　問7　ウ

3 問1　A…ヘモグロビン　B…鉄
C…骨ずい
問2　ウ，オ　問3　イ，ウ，カ
問4　924mL
問5　(例) 横隔膜が下がることで，胸の中の空間が広がり，気圧が下がるため，空気が肺胞に流れ込む。
問6　(例) 通常，全身に血液を送るときは左心室から勢いよく送り出されるが，一度毛細血管に枝分かれすると血液の勢いがなくなるため。

4 問1　温帯低気圧
理由…(例) 前線を伴っているから。
問2　イ　問3　フェーン現象
問4　(1)　500m　(2)　25℃　(3)　41%
問5　太平洋高気圧

国語解答

一 問一　a　書評　b　暗黙　c　概念
d　是非　e　猛烈
問二　ウ　問三　エ　問四　ア
問五　我々大人は秩序だった理性的な存在だが，子どもはそうではないという大人の感じ方。(39字)
問六　オ
問七　立身出世的な世俗の価値観を捨てて，一般に価値が低いとされる位置に戻ることを重んじているから。(46字)
問八　ウ

二 問一　a…ウ　b…エ　問二　イ，オ
問三　エ　問四　ア
問五　仕事の話を手短に切り上げれば，ナリキヨに自分の実力のなさを見抜かれる時間もより少なくなるから。(47字)
問六　ウ　問七　エ
問八　[生徒] C
理由　後半の会話の「成澤さん」は会わないうちに疎遠になったからではなく，まだ親密な関係を築いていない初期の頃の発言だから。

三 問一　a…オ　b…イ
問二　i…ア　ii…カ　iii…イ
問三　以長の物忌を許さなかった左大臣が物忌で屋敷にこもっていると聞き，その矛盾を指摘しようと思ったから。(49字)
問四　ウ　問五　ウ

2021年度　栄東高等学校（第１回）

【英　語】（50分）〈満点：100点〉

（注意）　4，5 のリスニング問題は試験開始後15分経過した頃から放送される。放送時間は約15分である。

1　次の英文を読み，あとの問いに答えなさい。（文中の＊印の語句には注があります）

Queen Victoria ruled England from 1837 to 1901. That is called the Victorian Era. Many factories and business (1) then. England was a strong world power. It had the world's biggest navy. The telephone was invented then. The era's strangest and most dangerous invention was a bicycle called the "penny farthing."

You've probably seen old photographs of this funny-looking bike. It has a very big front wheel. The back wheel is very small. The front wheel is 140 centimeters in diameter, and the rear wheel is 36 centimeters in diameter. Their size difference gave the penny farthing its (2).

①Back then, an English "penny" was a large coin, and a "farthing" was a small coin. The bike was named after those coins because when the wheels were seen next to each other, they compared in (3) to the penny and the farthing coins.

The first "high-wheeler" was invented in France in 1869 by Eugene Meyer. He wanted to make a bike that was faster than the bikes people rode then. "High-wheeler" bikes did increase their speed. ②There are only two ways to go faster on a bicycle — pedal faster or make the wheel bigger. With their giant front wheels, penny farthings could go up to 40 km/h. Men loved them. Women didn't ride penny farthings because they didn't wear trousers then. Riders had to take running starts and jump on the tiny seats. ③Long dresses made it possible for women to jump on penny farthings.

The penny farthing's big wheels rolled over holes in the streets, while wheels of smaller bicycles fell into holes. The penny farthing was more (4) to ride than smaller bikes.

Going fast on bikes is dangerous. Penny farthings didn't have handbrakes. Riders sat on top of the wheel on a seat *way above the ground. Moving 40 km/h was very fast. If a rider ran into something, he'd (5) over the front wheel and hit the street. There were many serious accidents.

A penny farthing was brought to England in 1870. James Starley, a man called "the father of the bicycle industry," saw it and produced a penny farthing that he named the "Ariel." It became very popular. ④He invented the bicycle chain drive and bicycle gears. His invention eventually led to the modern bicycle design we can see everywhere.

Today's bikes have many gears, great tires, and are made out of strong, (6) metal. Many people feel that the penny farthing made bike racing and bike clubs popular. And there are still penny farthing clubs all over the world.

（注）　way above the ground　地面よりずっと上の

(1)　英文の空所（1）～（6）に入れるのに最も適切なものを１～０の中から１つずつ選びなさい。ただし，同一のものを２回以上用いてはいけません。

１．size　　２．fly　　３．get　　４．worked　　５．started
６．name　　７．black　　８．comfortable　　９．uncomfortable　　０．light

(2)　英文の下線部①～④の中で，文法上あるいは文脈上，誤りのある英文が１つあります。その番号を答えなさい。解答は [7] にマークしなさい。

2　次の英文を読み，あとの問いに答えなさい。（文中の＊印の語(句)には注があります）

Today I'm writing about writing. We've all experienced good and bad writing, but what exactly is the difference and why does it matter ?

Bad writing changed my life direction. I was working on a ＊PhD in literature because I love good fiction. Unfortunately, literature students spend much of their time reading what other ＊academics write about literature, that is, literary criticism and critical theory. ([8]), but most of the required reading was simply unreadable.

I'll never forget a professor's comment on a critical paper I wrote. She thanked me for writing clearly and simply and said most of her students' papers were impossible to understand. ([9]). A lot of scholars and other professionals use ＊jargon and elevated language to sound important or profound. Sometimes they're actually hiding behind ＊fancy language because they don't know what they're talking about. Eventually, I changed my path away from ＊grad school to avoid reading terrible English.

Good writing is clear and simple, no matter who the audience is. ([10]). I don't. Writing for a Japanese audience is the perfect way to remember what's important in good writing.

As William Zinsser said in his classic guide, *On Writing Well*, "The secret of good writing is to strip every sentence to its cleanest ＊components." ([11]).

Which sentence is better ? You decide:

(1) Social media platforms are utilized to enhance opportunities for communication outside of the classroom.

(2) We use Facebook and Twitter to help students communicate better outside class.

([12]). Do you recognize this one ? "Three visually deficient rodents, three visually deficient rodents. Observe how they perambulate . . ." and so on. That is of course the beginning of this song : "Three blind mice, three blind mice. See how they run. . . ."

〔　　　　　〕 If you're reading and understanding this essay, you're probably ready to write good English yourself. ([13]). That might be a fun way to start the new year !

（注） PhD　博士号　　academic　学者　　jargon　専門用語　　fancy　大げさな
grad school　大学院　　component　構成要素

(1)　英文の空所([8])～([13])に入れるのに最も適切なものを１～６の中から１つずつ選びなさい。ただし，同一のものを２回以上用いてはいけません。

1. I knew exactly what she meant
2. Practice by creating an English-only Facebook group with friends, or just keep a diary
3. When I was a kid, we used to make fun of big language by singing simple songs in a ＊complicated way
4. Some Japanese readers probably think I simplify my writing for second language learners
5. In other words, cut unnecessary words and use short, simple ones rather than big, long ones
6. Occasionally, I came across a critical book that really spoke to me

（注） complicated　複雑な

(2)　英文の〔　〕について，最も自然な英語となるように与えられた語句を並べかえ，[14] と [15] に入れるものをそれぞれ答えなさい。なお，先頭にくる語も小文字にしてあります。

______ [14] ______ is writing well [15] ______.

1．to take from　　2．doesn't require　　3．one lesson

4．a lot of fancy English　　5．all this

3　次の英文を読み，あとの問いに答えなさい。(文中の＊印の語(句)には注があります)

There's an old saying that 'Christmas isn't a season, it's a feeling'. I'm sure it's true. For most people that feeling is one of almost childish joy. Whether it's the *sheer excitement and anticipation of Christmas Eve or the warmth of the laughter around the table at Christmas dinner, that feeling is what makes it the happiest time of their year.

For the first thirty or so years of my life, the feeling Christmas *stirred in me was very different. I mostly associated it with sadness and loneliness. It was why I usually *dreaded it. It was why I had wanted it to simply go away.

My attitude was *hardly surprising *given the way my childhood and teenage years had unfolded.

I'd been born in Surrey but my parents had separated soon after my arrival in the world. Then, when I was three, my mum and I left England for Australia where she had *relatives. She had got a job as a star saleswoman for the photocopying company, Rank Xerox.

I was an only child and our life had been (A)a pretty rootless one; we'd moved from one city to another with my mum's job, which meant that I attended a lot of different schools. I didn't really settle in any of them and suffered a lot of *bullying as a result. I'd always tried a little too hard to fit in and make friends, which obviously made me stand out from the crowd. That was never a good thing at school. In the little town of Quinn's Rock in Western Australia, I'd been stoned by a bunch of kids who thought I was some kind of *misfit weirdo. It had left me *a nervous wreck.

I spent most of my home life alone as well, which didn't help. My mum worked hard, travelling around Australia and beyond and going to meetings all the time so I was effectively raised by a series of *nannies and babysitters. (B)I rarely had company.

This constant moving around meant that we didn't really do the traditional family Christmas. My dad remained in England so he couldn't come and visit but he was very generous with the gifts he sent over. I vividly remember receiving the original Transformers toys one year. I also got sets of walkie-talkies and expensive Matchbox cars. I really appreciated them, but felt even more excited when I was able to speak to my dad on the telephone. To me, hearing his *disconnected, slightly echoey voice at the other end of the world was often the highlight of my Christmas.

We did have family in Australia, in particular my mother's brother, my uncle Scott and his family, who we saw on rare occasions when we visited Sydney. We didn't spend the holiday season with them, however. Instead my mother's idea of a Christmas celebration was to spend a lot of money on trips for the two of us. She must have been making quite a bit of money at the time because they were quite *lavish affairs. We made at least three trips like (C)this and flew to America, Thailand, Singapore and Hawaii. One year, for instance, we flew east from Australia to Hawaii, passing through the International Date Line. So we were effectively flying back in time. We left on Boxing Day but arrived in Hawaii when it was still Christmas Day.

So I had two Christmas Days. It must have been very exciting and I'm sure I must have had a great time. My mum has often talked to me about our travels, but (D)I remember very little.

（注） sheer 純粋な stir ～を呼び起こす dread ～を恐れる
hardly ほとんど～ない given ～を考えると relative 親族
bullying いじめ misfit weirdo 周囲になじめない変わり者
a nervous wreck 精神的に参っている人 nanny 子守りをする人
disconnected 途切れ途切れの lavish affair 豪華な出来事

(1) Which of the following statements best explains the underlined part (A)? 16

1. His mother had many jobs.
2. He attended the school that he really settled in.
3. He didn't live with his father.
4. He and his mother never settled in one city.

(2) What does the underlined part (B) mean? 17

1. He didn't have his own business.
2. He spent a lot of time alone.
3. He didn't spend time with his mother in her company.
4. He didn't really go to meetings with his mother.

(3) When his father remained in England, what was the most exciting thing for the author? 18

1. The original Transformers toys.
2. The sets of walkie-talkies and expensive Matchbox cars.
3. The three trips.
4. The voice from the other end of the world.

(4) What does the underlined part (C) mean? 19

1. Making trips spending a lot of money.
2. Making quite a bit of money.
3. Spending the holiday season with the family in Australia.
4. Spending the holiday season with his father.

(5) According to the underlined part (D), how did the author feel? 20

1. He was excited to listen to his mother.
2. He was bored because his mother talked to him about their travels too many times.
3. He enjoyed his mother's gifts too much to remember the other details of Christmas.
4. He wanted to spend time with his family rather than travelling.

(6) Which of the following statements is ***NOT*** true of the author? 21

1. He didn't want Christmas to come in his childhood.
2. His parents had lived separately before he was born.
3. He tried very hard to fit in and make friends.
4. He and his mother didn't see their family in Australia very often.

リスニング問題 〈放送文は未公表につき掲載してありません。〉

4 これから二人の対話を聞き，質問に対する答えとして最も適切なものを１つ選びなさい。なお，対話と質問文は二度読まれます。

22 1. A glass of wine. 2. French fries.
3. Salad dressing. 4. Cakes and Pies.

23 1. Walk to the station.
2. Wait for her sister to come.
3. Make a phone call to her friend.
4. Ask George to drive her to the station.

24 1. Play soccer. 2. Stay at home.
3. Go to a movie. 4. Do some exercises indoors.

25 1. It was a bargain. 2. It was very cheap.
3. It was not on sale. 4. It was too expensive.

26 1. A room for a family. 2. Any room available.
3. An ocean-view room. 4. The cheaper single room.

5 これから少し長めの英文を聞き，質問に対する答えとして最も適切なものを1つ選びなさい。なお，英文は二度読まれます。

27 According to the passage, what have smartphones helped to do ?
1. Buy something special.
2. Listen to music anywhere.
3. Enjoy certain applications.
4. See each other's faces when talking on the phone.

28 What made it difficult for sailors to travel to places far away ?
1. There were no maps.
2. There were not enough sailboats.
3. They didn't know how to use smartphones.
4. They had to stay away from shores while traveling.

29 What did sailors and travelers use before the first compass was invented ?
1. Stars. 2. Clouds. 3. Old books. 4. Mountains.

30 When was the first compass invented ?
1. 400 BC.
2. 400 years ago.
3. Nobody knows.
4. Before the lodestone was discovered.

31 Which statement is true about a compass ?
1. It was made by teachers in Asia.
2. It works with the Earth's magnetic field.
3. Its needle is made of a small piece of wood.
4. Its needle always points to the direction sailors are going.

【数　学】（50分）〈満点：100点〉

（注意）　1　問題の文中の $\boxed{\text{ア}}$，$\boxed{\text{イウ}}$ などには，特に指示がないかぎり，符号（－，±）または数字（０～９）が１つずつ入る。それらを解答用紙のア，イ，ウ，…で示された解答欄にマークして答えること。

2　分数形で解答する場合，分数の符号は分子につけ，分母につけてはいけない。例えば，$\dfrac{\boxed{\text{エオ}}}{\boxed{\text{カ}}}$ に $-\dfrac{4}{5}$ と答えたいときは，$\dfrac{-4}{5}$ とすること。

また，それ以上約分できない形で答えること。例えば，$\dfrac{3}{4}$ と答えるところを，$\dfrac{6}{8}$ のように答えてはいけない。

3　根号を含む形で解答する場合，根号の中に現れる自然数は最小となる形で答えること。例えば，$\boxed{\text{キ}}\sqrt{\boxed{\text{ク}}}$ に $4\sqrt{2}$ と答えるところを，$2\sqrt{8}$ のように答えてはいけない。

4　根号を含む分数形で解答する場合，例えば $\dfrac{\boxed{\text{ケ}}+\boxed{\text{コ}}\sqrt{\boxed{\text{サ}}}}{\boxed{\text{シ}}}$ に $\dfrac{3+2\sqrt{2}}{2}$ と答えるところを，$\dfrac{6+4\sqrt{2}}{4}$ や $\dfrac{6+2\sqrt{8}}{4}$ のように答えてはいけない。

1　次の各問いに答えよ。

(1)　$49\times51-48\times52+47\times53-46\times54=\boxed{\text{アイ}}$

(2)　$a+3b=5$，$a^2+9b^2=13$ のとき，$2a^3b+4a^2b^2+18ab^3=\boxed{\text{ウエ}}$ である。

(3)　10％の食塩水が150 g ある。この食塩水を x g捨てた後に，５％の食塩水を y g足すと８％の食塩水が200 g できた。このとき，$x=\boxed{\text{オカ}}$，$y=\boxed{\text{キク}}$ である。

(4)　$\dfrac{1}{6}=\dfrac{1}{a}+\dfrac{1}{b}$ をみたす正の整数 a，b $(a<b)$ の組 $(a,\ b)$ を考える。等式の両辺に $6ab$ を掛けて整理すると，$(a-6)(b-6)=\boxed{\text{ケコ}}$ となるので，$(a,\ b)$ は全部で $\boxed{\text{サ}}$ 組ある。

(5)　図において，BQ：CR＝3：1のとき，$\dfrac{\text{AD}}{\text{BD}}\cdot\dfrac{\text{CE}}{\text{AE}}=\dfrac{\boxed{\text{シ}}}{\boxed{\text{ス}}}$ である。

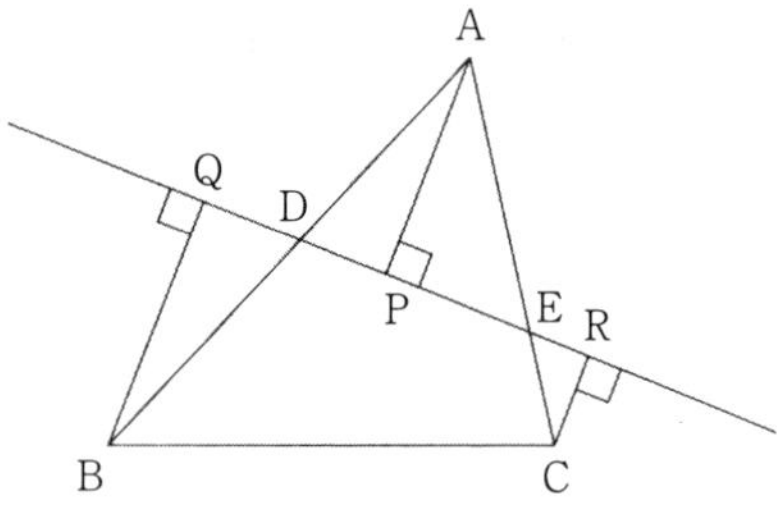

2　四角形ABCDと点Pがある。点Pは，はじめ頂点Aにあり，さいころを投げて出た目の数だけ反時計回りに頂点を移動する。

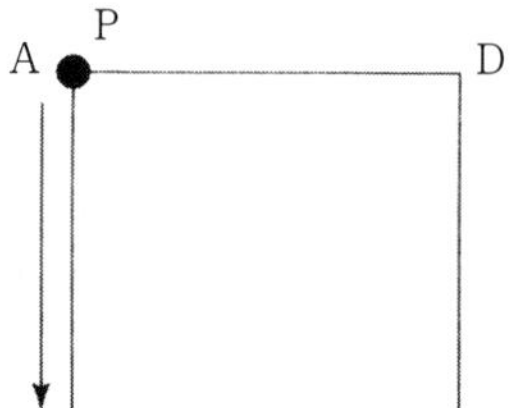

(1)　さいころを１回投げて，点Pが頂点Bに移動する確率は $\dfrac{\boxed{\text{ア}}}{\boxed{\text{イ}}}$ である。

(2)　さいころを２回投げたとき，点Pが少なくとも１回，頂点Bに止まる確率は $\dfrac{\boxed{\text{ウ}}}{\boxed{\text{エ}}}$ である。

(3)　さいころを３回投げたとき，点Pが頂点Bにも頂点Cにも止まる確率は $\dfrac{\boxed{\text{オカ}}}{\boxed{\text{キクケ}}}$ である。

3 図のように，AB＝4，BC＝6の長方形ABCDを，頂点Aが辺BCの中点Mに重なるように折る。折り目と辺AB，ADとの交点をそれぞれP，Qとする。

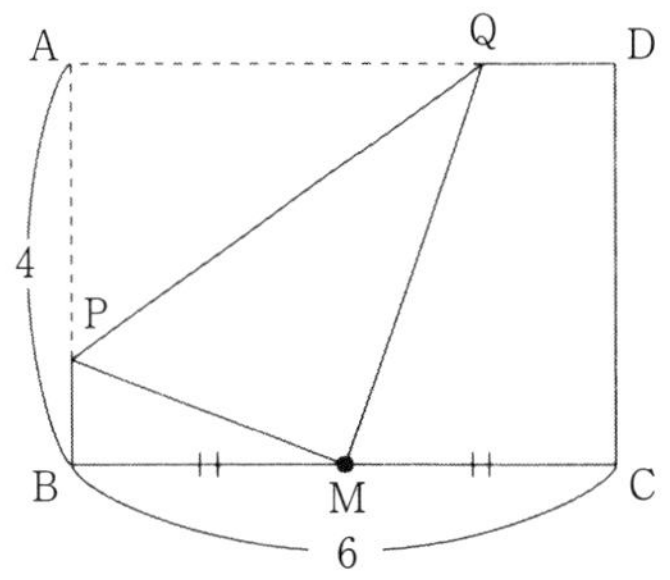

(1) APの長さは $\dfrac{\fbox{アイ}}{\fbox{ウ}}$，AQの長さは $\dfrac{\fbox{エオ}}{\fbox{カ}}$ である。

(2) 点Cから線分PQに下ろした垂線の足をHとすると，CHの長さは $\dfrac{\fbox{キク}}{\fbox{ケコ}}$ である。

(3) CHとMQの交点をRとすると，CR：RH＝$\fbox{サシ}$：$\fbox{ス}$ である。

4 図のように，放物線 $y=\dfrac{1}{3}x^2$ と傾きが $-\dfrac{\sqrt{3}}{3}$ である直線が2点A，Bで交わっている。点Aの x 座標は $-2\sqrt{3}$ である。

また，点Bと y 軸に関して対称な点をB′とし，2点B，B′を通り，x 軸と原点Oで接する半径2の円Cがある。

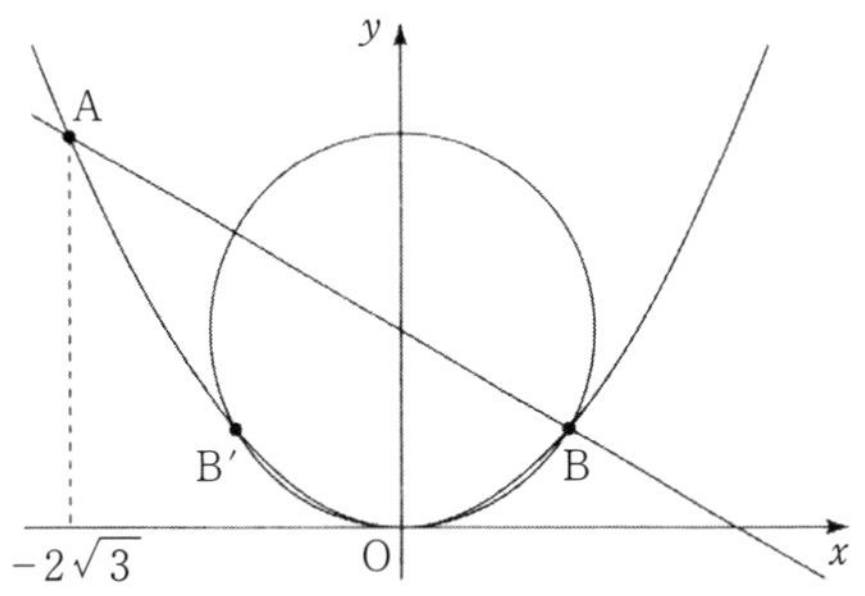

(1) 直線ABの方程式は，$y=-\dfrac{\sqrt{3}}{3}x+\fbox{ア}$ であり，B$(\sqrt{\fbox{イ}},\ \fbox{ウ})$ である。

(2) 円Cの中心をPとすると，四角形OB′PBの面積は $\fbox{エ}\sqrt{\fbox{オ}}$ である。

(3) 点Bを通り，四角形OB′ABの面積を2等分する直線の方程式は，$y=-\dfrac{\sqrt{\fbox{カ}}}{\fbox{キ}}x+\dfrac{\fbox{クケ}}{\fbox{コ}}$ である。

5 図のように，1辺の長さが2の立方体ABCD-EFGHがある。動点Pは，毎秒1の速さで点Eから辺EF，FG，GH上を点Hまで動く。

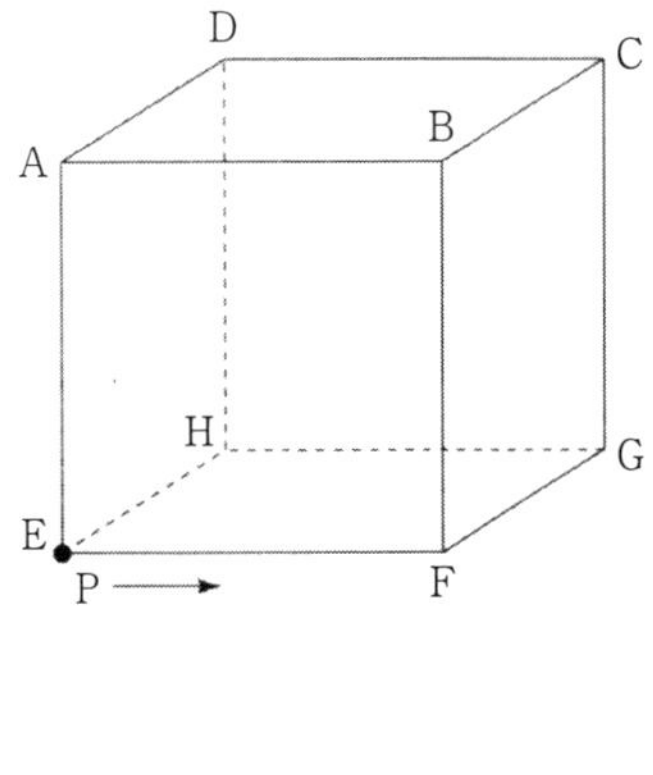

(1) 動点Pが動きはじめてから2秒後にできる△APCの面積は $\fbox{ア}\sqrt{\fbox{イ}}$ である。

(2) 動点Pが動きはじめてから $\dfrac{5}{2}$ 秒後に，3点A，C，Pを通る平面で立方体を切断したとき，点Bを含む立体の体積は $\dfrac{\fbox{ウ}}{\fbox{エ}}$ である。

(3) 3点A，C，Pを通る平面で立方体を切断したとき，点Bを含む立体の体積が $\dfrac{25}{4}$ となるのは，動点Pが動きはじめてから $\dfrac{\fbox{オカ}}{\fbox{キ}}$ 秒後である。

5．誰でも仏になれるので、自らに仏性を見いだすという目標を持て。

問五　傍線部③について、その理由として最も適当なものを、次の中から一つ選びなさい。㉞

1．貧しい男が昼夜を分かたず熱心に仏に祈ったところ、この世での平安を手に入れたうえ、最終的には仏になることができたから。

2．貧しい男が智恵のある僧のことを手を擦って泣きながら信仰し続けた結果、思いがけず財宝に恵まれて暮らしが豊かになったから。

3．貧しい男は智恵のある僧の言うことを素直に聞いて行動していたにも関わらず、寿命がのびることもなく早くに亡くなってしまったから。

4．貧しかった男が仏への信仰心を持ったことで財宝を得て、さらにこの世での生が終わるとすぐに極楽浄土に赴くことができたから。

5．貧しい男は仏を信仰したことによって財宝を得ることが出来たものの、最後まで結婚することはできずに亡くなってしまったから。

て曰く、「それはいかに。イたしかに承りて心を得て、頼み思ひて、二なく信をなし、頼み申さん。承るべし」といへば、②僧の曰く、「我が心はこれ仏なり。我が心を離れては仏なしと。しかれば我が心の故《ゆゑ》に仏はいますなり」といへば、手を摺《す》りて泣く泣く拝みて、それよりこの事を心にかけて夜昼思ひければ、＊梵釈《ぼんしゃく》諸天来たりて守り給ひければ、はからざるに宝出で来て、家の内ゆたかになりぬ。ウ命終《をは》るに、いよいよ心、仏を念じ入りて、＊浄土にすみやかに参りてけり。この事を聞き見る人、③貴《たふと》みあはれみけるとなん。

（『宇治拾遺物語』）

（注）＊辺州…片田舎。
＊仏法…仏の説いた教え。
＊梵釈諸天…梵天《ぼんてん》、帝釈天《たいしゃくてん》、およびもろもろの天神。
＊浄土…煩悩の束縛から離れた清浄な国土で、仏・菩薩《ぼさつ》の居所。極楽浄土。

問一 傍線部アからウの解釈として最も適当なものを、後の中からそれぞれ一つずつ選びなさい。㉘～㉚

ア 後世はよき所に生れなん
1. 生まれ変わったら今より悪い状況にはならないだろう
2. 後世はきっと極楽浄土に生まれるだろう
3. 死んだ後には金持ちの家に生まれ変わるはずだ
4. 後世では結婚相手にも恵まれるだろう
5. 来世は身分の高い家に生まれることができる

イ たしかに承りて心を得て
1. はっきりとお聞きして納得をして
2. 確実に理解してその意図をつかみ
3. 間違いなく引き継いで常に心がけて
4. 正確な情報を得てその技を身につけ
5. しっかり約束してそれを厳守して

ウ 命終るに、いよいよ心、仏を念じ入りて
1. 臨終にあたって、とうとう仏に対しての思いを伝えて
2. 命が終わるときに、やっと仏に生まれ変わりを希望して
3. 死ぬ間際に、寿命の延長を仏に頼み込んだというのに
4. 命が終わるのに際して、ますます心の中で深く仏に祈願して
5. 死の告知を受けて、ついに心を込めて念仏を唱えて

問二 傍線部①について、男が僧に会った理由として最も適当なものを、次の中から一つ選びなさい。㉛
1. 貧しいこの状況では結婚相手も見つからないので、まずは財宝を得たいと思っていたから。
2. なんとかして財宝を手に入れて、羽振りの良い金持ちの生活を楽しみたいと思っていたから。
3. 妻子を養うために財宝を求めていたが長年手に入れることができず、途方に暮れていたから。
4. 智恵のある僧に相談すれば、自分のような貧乏人も必ず金持ちになれるはずだと思っていたから。
5. 財宝を得るためには仏を信じることが欠かせないので、僧に正しい信仰の方法を聞きたかったから。

問三 空欄[X]に入る語として最も適当なものを、次の中から一つ選びなさい。㉜
1. 和　2. 誠　3. 賢　4. 裸　5. 偽

問四 傍線部②について、僧は何と言っているのか。最も適当なものを、次の中から一つ選びなさい。㉝
1. 自分の信仰心の中に仏がいるので、自身の心を離れず信仰せよ。
2. 私は仏に一番近い存在であるので、私に気に入られるように行動せよ。
3. 実は私自身が仏であるので、疑念を抱くことなく私を敬え。
4. 仏というものは自分の心の中に生まれるものなので、心を鍛えよ。

一つ選びなさい。㉔

1．怒って震えている　2．怯《おび》えて揺れている
3．嘆いて憐れんでいる　4．慈しんで微笑んでいる
5．気が抜けてぼんやりしている

問五　傍線部③とはどういうことか。その説明として最も適当なものを、次の中から一つ選びなさい。㉕

1．子供達に不安な思いはさせまいと考えて常に笑顔で接し続けてきたということ。
2．女性としての矜持《きょうじ》を保つために化粧だけは毎日欠かさずしてきたということ。
3．これまで子供達に対しては完璧な母親としての側面だけを見せてきたということ。
4．仕事も家事も育児も必要最低限だけを何とかこなして生きてきたということ。
5．子供達に最高の教育を行うために自分への投資はしてこなかったということ。

問六　傍線部④について、「少女」に対して「私」がこのように思った理由として最も適当なものを、次の中から一つ選びなさい。㉖

1．母が「私」の名前を思い出してくれたことに感動しており、今なら母とも和解ができそうなので、かつての苦い記憶を思い出させる自分の想像上の少女はこの場にいないほうが好都合だと思ったから。
2．母に囚《とら》われ続けてきた「私」だが、かつては見たことのなかったような母の姿や認知症を患いながらも描いた絵に込められた思いを知り、母とのわだかまりがなくなった気がして、架空の少女はもう必要ないと思ったから。
3．「私」の身代わりになってくれる少女の存在は大切であり、「また来るから」と言った手前、再び実家に戻って来ないわけにもいかないので、その時「私」を守ってくれる心の拠《よ》り所として少女は地元に残っていてほしいと思ったから。
4．母と会うのは今日限りだと決意して実家を訪れたはずだったのに、帰り際に思いがけず「また来るから」と言ってしまったことで母の呪縛から逃れられていないことに気づき、せめて少女だけは解放してあげたいと思ったから。
5．母に叱られるたびに自分を庇《かば》ってくれていた少女が非実在であることに「私」は初めて気づいたが、変わり果てた母の姿を見た今、少女の存在はさして重要ではなくなり、「私」は一人で生きていけると思ったから。

問七　波線部アからオの表現の特徴を説明したものとして最も適当なものを、次の中から一つ選びなさい。㉗

1．波線部アでは、明文化されたルールさえ守れない母への怒りが「私」の心の中で語られている。
2．波線部イでは、久しく会っていなかった母の老化した様子が表現され、その様子を「私」は嘲笑している。
3．波線部ウでは、昔の「私」と同じように母の絵画教室に通う少女の様子を見て苦々しい記憶が思い出されている。
4．波線部エでは、モチーフが黄色なのは自分だと思いつつ確信できない「私」の心の葛藤が表現されている。
5．波線部オでは、「少女」がいると思い込むことで実家を離れる寂しさを紛らわしている「私」の様子が表現されている。

五

次の文章を読んで、後の問いに答えなさい。

今は昔、唐の＊辺州に一人の男あり。家貧しくして宝なし。妻子を養ふに力なし。求むれども得る事なし。かくて歳月を経《ふ》。思ひわびて、①ある僧にあひて、宝を得べき事を問ふ。智恵ある僧にて、答ふるやう、「汝《なんち》宝を得んと思はば、ただ X の心を起《おこ》すべし。さらば宝もゆたかに、ア後世《ごせ》はよき所に生《うま》れなん」といふ。この人、「X の心とはいかが」と問へば、僧の曰《いは》く、「X の心を起すといふは、他の事にあらず。＊仏法を信ずるなり」といふに、また問ひ

④でも、もういいんだよ。
上り列車がホームに滑りこんでくる。
そして私は一人で乗った。

（荻原　浩『いつか来た道』）

（注）　＊少女…子供の頃の「私」は、自分を守るために「私」ではない別の少女が母に叱られていることにしていた。

＊吉田さん…母のもとに来ている介護ヘルパー。ここでは「私」をこのヘルパーだと思っている。

問一　傍線部aからcの語句の本文中における意味として最も適当なものを、後の中からそれぞれ一つずつ選びなさい。19～21

a　鳥の目

1. 広く俯瞰《ふかん》して見るような目
2. 視線を合わせないような目
3. 近づいて細部を見るような目
4. よそ見をしているような目
5. 焦点の合わないような目

b　訝って

1. 残念に思って
2. 自信を持って
3. 不安に思って
4. 不審に思って
5. 覚悟を持って

c　眉をひそめられる

1. 不快に思われる
2. 疑念を抱かれる
3. 心配される
4. 軽蔑される
5. 軽くあしらわれる

問二　傍線部①について、「私」がこのように言った理由として最も適当なものを、次の中から一つ選びなさい。22

1. かつて母は「私」に片づけについて厳しく教育してきたにも関わらず、今の母の部屋は散らかっていることに苛立《いら》ちを覚え、遠回しに母を非難しようと思ったから。
2. 画家としての側面も持つ「私」は画材を大事にしない母に怒りを覚えたが、それを言葉にするのは大人げないので、少しの文句に留《とど》めておこうと思ったから。
3. 母はあらゆるものが色彩を帯びて見えているにも関わらず、自分の身の回りは見えていないのだということに気づき、皮肉を込めて母を咎《とが》めようと思ったから。
4. 立派なアトリエにはそぐわない部屋の散らかり様に思わず片づけたくなったが、進んで部屋を片づけるとまた叱られるので、一言声をかけておこうと思ったから。
5. 昔の母は部屋の片づけにうるさかったにも関わらず、年を重ねたことで寛容になっていたことが「私」は気に食わず、強く責め立てたいと思ったから。

問三　傍線部②について、ここに込められた「私」の心情の説明として最も適当なものを、次の中から一つ選びなさい。23

1. 母の言葉を思い出すたびに美大受験に失敗したことを思い出して「私」はつらい思いをしているのに、母にはその言葉が娘の心の深い傷になっているという認識がなかったことに唖然《あぜん》としている。
2. 母との決別を心に誓って実家に戻って来たはずだったのに、その母が認知症を患っていることに気づき、母自身が放った言葉さえ記憶していないのも仕方ないことだと諦めている。
3. 十年以上もの間「私」を縛り続けてきた母の言葉をぶつけたが、認知症のせいで母がその言葉を思い出せないのだと感じ、自分の気持ちをどうしていいか分からず困惑している。
4. どんな仕事をしていても母の言葉が「私」の行動の指針となっているが、その言葉を母が意図的に覚えていないふりをしていることに改めて怒りが湧いてきている。
5. 美大を目指していた際に言われた母の言葉によって「私」は心理的に拘束されて生きてきたのに、母はそれを謝罪するどころか記憶してさえいなかったことに愕然《がくぜん》としている。

問四　空欄 X に入る言葉として最も適当なものを、次の中から

「見て、＊吉田さん、絵ができた」

絵、といってもただの色とりどりの模様だ。淡い赤と薄い青と黄色の三色が、三本の太く短い柱のように塗り重ねられている。バックは緑色。

私は首をかしげた。実際に首を左右にひねって絵を眺める。何を描こうとしたのだろう。

「何か意味があるの」

頰に塗られた濃すぎる紅が、作品の完成に紅潮しているように見えた。キャンバスの中ほどを筆先で指して言う。

「これは、わたしの娘」少し眉を曇らせてから言葉を続ける。「まだ子どもだったのに亡くなっちゃった上の娘」

久しぶりに母親の絵の解説を聞きたくて、私は調子を合わせることにした。

「お名前は？」

母親が困った顔になる。

「蓉子《ようこ》さんじゃないですか」

「そう、蓉子」

母親は姉の絵を描いていたのか。だが、解説にはまだ続きがあった。筆先を右に動かして青色の柱を指す。

「これは……えーと」何度か、えーとをくり返してから、安堵《あんど》のため息を漏らすように言った。「充。青は充。わたしの息子。もうすぐ結婚する」

そうか、最初の筆先は、真ん中の赤い柱を指していたのだ。

「じゃあ黄色は」

母親が唇の周りに縦じわをつくって口ごもる。エ助け船を出そうと思ったが、怖くてできなかった。「これは夫」と言われそうで。

母親が声をあげた。思い出せたことに興奮した早口で。

「杏子《きょうこ》」

「杏子？」で、いいんだね。

「そう、杏子。下の娘《こ》。美大に通ってる。わたしと同じ画家になるの」

妄想の中だけでも、美大に通わせていただいて、光栄。いや、素直に言おう。嬉《うれ》しい。


（中略）


ここへ来たら、言おうと思っていたことを、私はもうひとつ思い出した。

私、自分の店を持つことになったんだ。あなたには「下品ね」とc眉をひそめられるだろう夜の店だが、必死で働いて、自分を殺して、時には闘って、そういう女だと思われないように針鼠《はりねずみ》になって自分の暮らしだけはきちんとして、そうやって手に入れた店だ。

でも、私の口からこぼれ出たのは、まったく違う言葉だった。絶対に言わないはずだった言葉。

「また来るから」

来た時には夏はまだ続くのだと思っていたのに、季節がいつのまにか秋に変わっていることを帰り道の私は知る。

夕刻の風はひんやり冷たくて、駅前のロータリーの円形花壇に咲くコスモスをゆらゆらと揺らしていた。コスモスの花群れの中に、白いワンピースの女の子が立っていた。ワンピースのそこかしこにひまわりの花が咲いている。あくまでもモチーフだから、色は水色。

ずっとここにいたんだね。

駅にむかう私の後を少女がついてくる。学校が終わり、友だちとも遊べずに、のろのろと家への坂道を登る時の足どりで。

陽《ひ》はもう西に傾いていて、ホームのそこかしこに長い影をつくっていた。

オ私のつくる影はひとつだけだったけれど、私は二人で電車を待った。

ごめんね、ずっとほうっておいて。

いまさら何を言っているの。美大に落ちたことを蒸し返すつもり？

「今日、学校は？」

え？

「課題は終わったの？　美大って課題がすべてなのよ」

私はようやく気づいた。充が言っていた母親の病気がどういう種類のものなのか。

次の言葉を発するのには、長い間《ま》と勇気が必要だった。でも、聞かねばならないことだった。

「……私が誰だかわかってる？」

母親が眉根を寄せ、肉の薄い頬をひきつらせる。怒っていることはすぐにわかった。昔の私にしょっちゅう見せていた表情だから。その表情を昔の私はいつも窺《うかが》っていたから。

「あたりまえでしょう……あなたは……」

たぶん、名前を思い出せないのだ。だが、プライドの高いこの人は、そのことをけっして認めようとしない。

「あなたは……わたしの……娘よ」

視線が私の表情を手探りしていた。その目は［　X　］ように見えた。

たぶん、少し前まで、私が自分の娘であることも理解していなかったのだと思う。

全部、忘れているのだ。私が忘れようにも忘れられない、いままでのすべてを。

「カップ、洗ってくる」

私は母親から顔を逸《そ》らし、他に何も思いつくことができずに、トレイを抱えてアトリエを出た。

母親は夏の暑さも忘れ、テレピン油の酷《ひど》い臭いにも気づかずに、汗を流し化粧をまだらにしながら絵を描き続けているだろう。落書きのような絵を。

私はキッチンへ行き、カップを洗い、そして泣いた。

ずいぶん時間が経《た》ったように思えたが、対面式キッチンの向こう、ダイニングの掃き出し窓から見える庭には、あいかわらず夏の午後の容赦ない陽射しが降りそそいでいる。今日の天気は、パーマネントイエロー。

花のない庭を＊少女が駆けていた。

あのおかっぱ頭の女の子だ。

ひまわりの柄のワンピースをひるがえして、小脇にスケッチブックを抱えて。きっと絵画教室の課題である、ウ夏の花を必死で探しているのだ。

夕方にのむ薬を探しに行った母親の寝室は、酷いありさまだった。洋服箪笥《だんす》の引き出しがすべて開けられ、抜き出されたワンピースやスカーフやターバンが、床やベッドに散乱している。ベッドは手すりとリクライニング機能が付いた介護用だ。

十六年前と同じ質素な化粧台の上には、母親の使う化粧品がありったけぶちまけられていた。

鏡に母親自身の文字で、こんなメモが貼られている。

『杏子　PM2：00』

私が訪れることを充から聞いて、着るべききちんとした服を探したのだろう。必死で化粧をしたのかもしれない。衰えを隠すために。自分が十六年前と少しも変わらない、と私に認めさせるために。おかしなところは少しもない、と思わせるために。

片づけておこうかと思ったが、やめておく。③個性派女優を演じ続けてきた人の舞台裏だ。見なかったことにしてあげよう。

（中略）

母親は鋭いようにも感情を置き忘れているようにも見える、ａ鳥の目で私を眺めて言った。

「あなたは、黄色の人よ。黄色が似合う」

勝手なことを。母親はすべての物事を色で表現しようとする。

「あの人は嫌い。気取った薄紫色だから」「今日の天気は、ブリリアントグリーン」「あなたの声ってまるでカドミウムレッドみたい」

自分にだけ人には見えない色彩が見えているとでもいうふうに。

私はアトリエにぐるりと首をめぐらせて尋ねる。

「①ねぇ、少し片づけようか」

親切心ではなく、皮肉で。

「どこを」

母親はどこにそれが必要なのかとｂ訝《いぶか》って周囲を見まわした。

「ここ」

本棚の中の画集の何冊かは上下さかさまに突っこまれている。収納ラックに置かれた石膏像《せっこうぞう》はそっぽを向いたり、背中を見せていたり。こういうの、苦手だ。直したくて体がむずむずする。そういうふうに育てられたからだ。

このザマは何？　年のせい？　もう正しい母親の役を降りて、ア自分のルールブックも破り捨てたの、ママ。

「よけいなお世話です。触らないで」

はいはい。

「でも、ひとつだけいい？」

私はサイドテーブルを指さした。そこには母親が手にしている円型パレットとは別の、屋外用の角型パレットが置かれている。何日も使っていないに違いない。載せた絵の具がすっかり干からびていた。桃の缶詰のケースに林立している筆も、どれも絵の具がこびりついたままだ。

「使ってない筆やパレットはこまめに洗えって、私は誰かさんに教わったんだけど？　これもこのままでいいの？」

左右非対称の描き眉がくりっとつり上がった。

「いいえ、使ってますとも。全部いま使ってます」

母親は桃缶のケースから穂先が固まってしまっているラウンド筆を抜き出して、乾燥して罅《ひび》の入った角パレットの絵の具をこすりはじめた。

私は、自分がここへ何を言いに来たのかをあらためて思い出した。

「ねぇ、覚えてる、私に言った言葉」

母親は震える指先でテレピン油を角パレットに注ぎ、絵の具を溶かしはじめた。私は言葉を続けた。

「私にこう言ったんだよ。自分の暮らしをきちんとできない人には、絵を描く資格も、生きていく資格もないって」

ラウンド筆を握った母親がキャンバスに向かったが、手は動かさなかった。何の絵かは知らないが、画家なら必要のない色はけっして塗らない。

「忘れたなんて言わせないからね」

私はその言葉に呪縛されて生きてきた。信じてきたとも言える。どんな職業についていた時も。

母親が筆を下ろして私にむき直った。イほうれい線を深く刻んで唇をすぼめる。そうすると唇の周りに初めて見る縦じわができた。私に言葉の弾丸を浴びせかけてくるのだと思っていたのだが、ぼんやりした目をむけて、こう呟《つぶや》いただけだった。

「なんのこと？」
②覚えてないの？　私がずっと忘れずにいた言葉なのに。
母親の瞳の焦点がようやく私に合う。いま気づいたというふうに彼女は言った。

「そう言えば、あなた、絵は描いてる？」

「まさか」

じつは描いていた。水彩でときどきだが。いまの仕事柄、時間の取れる午前中、ジョギングを終えた後に。

「学校はどうしたの」

「え？」

進化における中心的な存在である。

5．ミームとは、時として矛盾を発生させることもあるが、ある集団が接触した際に円滑なコミュニケーションが取れるよう援助してくれるソフトウェア的存在である。

問三　次の一段落を入れるのに最も適当な箇所を、本文中の(1)から(4)の中から一つ選びなさい。⑮

こうした進化論的な見地に立つと、「理由」と「原因」をめぐって、細かい問題設定をしながら専門的な議論を積み重ねてきた従来の哲学のあり方が空虚に思えてくる。

問四　傍線部②について、その理由として最も適当なものを、次の中から一つ選びなさい。⑯

1．言葉に慎重に向き合ったとしても、「なぜ」と「どのようにして」の違いはそもそもすぐにはわからないものであるから。

2．理由を問う「なぜ」から原因を問う「どのようにして」が分化したという事実は、生命体の進化の過程で自明の理だから。

3．私たちは、原因を問う「どのようにして」が理由を問う「なぜ」に統合されていることに、そもそも気が付いていないから。

4．あらゆる生命体が進化する過程において、本質となる「なぜ」を考える際、「どのようにして」を経由するのは当然だから。

5．複雑な生命体が進化する過程において分化された「なぜ」と「どのようにして」は、本来同じ性質を持つ言葉であるから。

問五　傍線部③とはどういうことか。その説明として最も適当なものを、次の中から一つ選びなさい。⑰

1．二つの規範性を考える上で対象は異なるが、人間が進化の過程で様々な選択を迫られた際に、それをコントロールするために作られたミームであるということ。

2．道具と行為を選択する際に考えなければいけない規範性は異なるので、それを制御する必要があるが、人間においてはその役割を全てミームが担っているということ。

3．生物学の視点からすると、二つの規範性に共通するミームは全て人間の文化的進化に合うように作られたものであって、決して進化の過程で得られたものではないということ。

4．道具的規範性と社会的規範性は、良さという観点から見ると本来異なるものであるが、ミームという共通点を持ち合わせているため、人間の文化的進化を促進するということ。

5．道徳的良さと倫理的良さは、人間が進化していく過程において明確に意識されることはほとんどないが、二つの微妙な差を上手にコントロールしてくれているのがミームであるということ。

問六　本文の内容に合致するものを、次の中から一つ選びなさい。⑱

1．デネットは、人間が文化的進化をなし遂げるために、ミームの地位を向上させるべきだと考えている。

2．人間は、様々な場面でミームを介してコミュニケーションをはかることで、文化面での進化を可能にしている。

3．単純な生命体の脳内にはそもそもミームが備わっていないため、今後文化的発展を遂げる見込みはない。

4．目的を持ってミームを使うことさえできれば、単純な生命体であろうと進化を遂げることは難しくない。

5．文化的進化に必須とされていた規範性には多種多様なミームがあり、人間はそれを無意識のうちに使い分けている。

四

次の文章を読んで、後の問いに答えなさい。

病気になり車椅子生活をしている母に会いに行くよう弟の充に言われた「私」は、十六年ぶりに実家にいる母に会いに行った。

「いい加減にしてよ。私はもう――」

言いかけてやめた。もう四十二。しゃれにもならないせりふだ。

それを追求することを、工学用語を借りて「リバース・エンジニアリング reverse engineering」と呼ぶ。「リバース・エンジニアリング」とは、できあがった製品を分解して、その製品を動かす原理やコード、各機能が存在する目的などを明らかにすることだ。

（2）

[5] 生物学の視点からは、他の高等動物も、自らの身体機能や特定の環境下での動作に関して＊遡及的《そきゅう》に「目的」の掘り起こしを行っていると見ることができるが、人間は「ミーム」、特に言語を介してそれを極めて効果的に行っている。[E] 複数の個体の間で情報交換することで、さらに情報の精度を挙げることができる。そうした情報の核にあり、各人の選択と行為を正当化するのが「理由 reason」である。進化の途上で浮上してくる「目的」に関わる「理由」――「どの目的を追求すべきか?」「どういうやり方で追求すべきか?」「どうやったら、そのゴールに到達できるか?」などのやりとりを通して、人間の応答可能性＝責任能力(responsibility)が発達してきたのである。

[6] 「理由」を提供し合うゲームを進行するにはルールが必要だが、その基準になるものをデネットは「規範性 normativity」と呼ぶ。「規範性」には、「道具的規範性 instrumental normativity」「社会的規範性 social normativity」の二種類がある。前者は、品質管理や結果の実効性に関わるもので、「工学的規範」と言い換えてもよい。後者はコミュニケーションや協力に関係するもので、倫理学で通常「規範」と呼ばれているのはこれである。二つの規範性では、「良さ」の基準が異なる。前者では「良い道具 good tool」という時の良さが問題になるのに対し、後者では「良い行い good deed」という時の良さが問題になる。

（3）

[7] 私たちが道具や行為を選ぶ直接の「理由」は、その時点で明確に意識されていなかったり、それが「良い理由 good reason」かどうか、評価が定まっていなかったりすることが多い。その後の「理由提供ゲーム」の中で言語によって表象され、他の選択肢を支持する理由と比較対照される中で、評価が定まっていく。そうやって生き残り、定着した諸理由から「理由の論理空間」が構成される。「道具的規範性」と「社会的規範性」では対象が異なるので、やりとりされる「理由」の種類もゲームの進め方も異なるが、③いずれも人間の文化的進化の方向性を制御すべく、長期的に作用するものとして〝デザイン〟されたミームであることに変わりはない。

（4）

（仲正昌樹『現代哲学の最前線』）

（注）＊形而上…はっきりとした形が無く、感覚の働きによってはその存在を知ることができないもの。
＊遡及…過去にさかのぼること。

問一 空欄[A]から[E]に入る語として最も適当なものを、次の中からそれぞれ一つずつ選びなさい。ただし、同じものを二回以上用いてはいけません。(9)～(13)

1. あるいは　2. しかし　3. しかも
4. そこで　5. また

問二 傍線部①について、[2]段落までの内容を踏まえた説明として最も適当なものを、次の中から一つ選びなさい。(14)

1. ミームとは、人工知能処理システム同様、様々な文化を統合し発信する役割を持ち、常に新たな文化へと導いてくれる進化そのものである。
2. ミームとは、多様な媒体を人間の脳内で繋《つな》げて一つの情報単位として生成するだけでなく、これまでの生物進化における規範を覆す文化の概念である。
3. ミームとは、言葉のやりとりなどを手段として人類の進化を手助けし、多様な背景を持った人々との文化の拡散・普及を可能にする情報の単位である。
4. ミームとは、自己複製しながらあらゆる文化的背景を持った個人の脳を豊かにする手助けをし、生物の情報処理システムの

・［イ］面楚歌
・［ウ］寸の虫にも五分の魂
・［エ］足のわらじ
・［オ］矢を報いる

1．［ア］と［イ］　2．［ウ］と［エ］　3．［イ］と［ウ］
4．［イ］と［エ］　5．［ウ］と［オ］

三　次の文章を読んで、後の問いに答えなさい。

［1］人間の遺伝子と共進化(coevolve)する文化の遺伝子に相当するものを、デネットは「①ミーム meme」と呼ぶ。これはもともと生物学者で、進化論的な見地に立つ自然主義者として知られるドーキンス(一九四一〜)が、世界的に物議を醸した『利己的な遺伝子』(一九七六)で、人間に特有の「文化」を介した進化の仕方を説明するために導入した概念である。「ミーム」とは、人々の会話、教育、書物、メディア、儀礼などを媒体にして脳と脳の間をつなぎ、自己複製しながら進化を推進する情報の単位である。

［2］デネットは、『自由は進化する』以前の『解明される意識』(一九九一)や『ダーウィンの危険な思想』(一九九五)などの著作でも、人間の「心」の進化を説明するために部分的に「ミーム」概念を用いているが、文化的進化のメカニズムを論じた『心の進化を解明する』(二〇一七)では、「ミーム」に中心的な地位を与えている。この著作でデネットは、生物の情報処理システムの進化と、人工知能の情報処理システムを並行して記述しながら、「ミーム」がソフトウェアに似たような機能を果たしていると主張する。ソフトウェアであるとすると、かなり異なった特性を備えた個体間、異なった環境間でも文化の伝播《でんぱ》が可能である一方、今となっては何の役に立つのか分からず、バグ(矛盾)を引き起こす原因にもなる奇妙なコマンド(規範)が存在しているのも説明がつく。

(1)

(中略)

［3］②私たちは日常的に、「なぜ why」という問いと「どのようにして how」という問いを混同する。これは単に私たちが言葉に不注意だからではなく、進化論的な根拠があるとデネットは主張する。「原因」は「過程記述 process narrative」であり、〈how〉に対応しているのに対して、「理由」は〈why〉に対応していると考えている。両者はもともと同じ性質のものだったが、文化的進化に伴って、後者から前者が分化してきたのである。進化の途上にある各生物種や個体にとって問題になるのは、「どのようにして」自らの生命を維持し、自己を複製するかである。単純な構造しか備えていない生物にとっては、どのような事態が生じた際に、自らに備わっているどの器官をどう用いるかはほぼはっきりしており、その動きは瞬間ごとにほぼ自動的に決定される。［A］複雑な生命体になると、目の前の状況だけでなく、周囲の状況やしばらく後に起こることを予想し、どういう動作に集中するのが最善かを計算する必要が出てくる。［B］、(他の動作ではなく)「なぜ、その動作なのか」という問いが生じる。［C］、そうした複雑な生物は、それ以前の段階の遺伝情報を大量に継承しているため、その器官や機能は「どうして」存在しているのか、その「目的」がすぐに分からないものがある。場合によっては、もともとの用途(「いかに」)とは異なる「目的」が後から付与されることもあるだろう。

［4］「目的 purpose」とは、現に進行中の各段階の動作の連鎖から直接見えてこない、運動の方向性［D］ゴールだと言える。アリストテレスは、自然の運動に究極の「目的」があるという前提で自然哲学を展開したが、近代生物学も哲学も、「目的論」は＊形而《けいじ》上《じょう》学的な発想だとして排除しようとしてきた。無論、デネットは、神と宇宙の究極の原理のようなものによって設定された絶対的な「目的」を復権させようとしているわけではないが、進化の過程で、その生物にとっての進化の方向性を示すものとして「目的」を再定義したうえで、自らの進化論の中に位置づける。彼は、生物が自らの運動の「目的」を——必ずしも意識することなく——見いだし、

二〇二一年度 栄東高等学校（第一回）

【国語】（五〇分）〈満点：一〇〇点〉

[一] 次のaからeの文の傍線部と同じ漢字を使うものを、後の中からそれぞれ一つずつ選びなさい。

a 救助をヨウセイする。[1]
1. 友との再会をチカい合った。
2. 先生に教えをコう。
3. 体調をトトノえる。
4. 火のイキオいが衰えない。
5. 愚かな行いをカエリみる。

b コウワ条約を締結する。[2]
1. コウドウで学年集会を行う。
2. ゲンコウ用紙の使い方を学ぶ。
3. 新しい辞書をコウニュウする。
4. 日本カイコウはとても深い。
5. 人間関係をコウチクする。

c ヒフク室で実習を行う。[3]
1. ジンケンヒを削減する。
2. サンピが分かれた議案について再度話し合う。
3. シェークスピアは四大ヒゲキ作品を書いた。
4. 台風で甚大なヒガイを受けた。
5. その行為は責任カイヒだ。

d いつでもネバり強く戦う。[4]
1. テンネン温泉にゆっくりつかる。
2. カネンごみの日は月曜日だ。
3. 代わりの考えをネンシュツする。
4. 弟と久しぶりにネンドで遊ぶ。
5. シンネンを曲げないことは大切だ。

e 虎のイを借る狐《きつね》。[5]
1. イジンの伝記を読む。
2. ヨウイに解ける問題だ。
3. 健康をイジする。
4. 親のイゲンを示す。
5. イセキを発掘する。

[二] 次の各問いに答えなさい。

問一 傍線部の「から」と同じ意味・用法のものを、後の中から一つ選びなさい。[6]

私と彼とは一番仲の良い友達であるが、ちょっとしたことからけんかになった。

1. 髪をとかしてから出掛けよう。
2. 連日の忙しさからやっと解放された。
3. ここから先は立ち入りをご遠慮ください。
4. 睡眠不足から仕事のミスを連発してしまった。
5. 大宮駅から電車で栄東高校に向かいます。

問二 次の文の「に」と同じ意味・用法のものを、後の中から一つ選びなさい。[7]

正確に実験結果をまとめよう。

1. まさに戦いの火ぶたが切られようとしていた。
2. 雷雨になったので出発を取りやめた。
3. 桜の花が見事に咲いている。
4. 暑いのに彼は上着を着ていた。
5. 人間は自然に対してか弱い存在である。

問三 次の空欄[ア]から[オ]には漢数字が入る。その中で、同じ漢数字が入る組み合わせとして最も適当なものを、後の中から一つ選びなさい。[8]

・朝[ア]暮四

英語解答

1 (1) [1]…5　[2]…6　[3]…1　[4]…8
　　[5]…2　[6]…0
(2) ③

2 (1) [8]…6　[9]…1　[10]…4　[11]…5
　　[12]…3　[13]…2
(2) [14]…1　[15]…2

3 (1) 4　(2) 2　(3) 4　(4) 1
(5) 4　(6) 2

4 [22] 1　[23] 2　[24] 1　[25] 4
[26] 4

5 [27] 4　[28] 1　[29] 1　[30] 3
[31] 2

1〔長文読解総合─説明文〕

≪全訳≫❶ビクトリア女王は1837年から1901年までイギリスを統治した。それはビクトリア朝時代と呼ばれている。そのとき，多くの工場や事業が始まった。イギリスは強力な世界大国だった。世界最大の海軍があった。その頃，電話が発明された。この時代の最も奇妙で最も危険な発明は，「ペニー・ファージング」と呼ばれる自転車だった。❷あなたはおそらくこの奇妙な格好の自転車の古い写真を見たことがあるだろう。それは非常に大きな前輪を持っている。後輪はとても小さい。前輪の直径は140センチ，後輪の直径は36センチだ。それらの大きさの違いから，ペニー・ファージングという呼び名がついた。❸当時，イギリスの「ペニー」は大きな硬貨で，「ファージング」は小さな硬貨だった。人々は前後の車輪を見て，大きさの点でそれらを硬貨のペニーとファーシングにたとえ，その自転車をそれらの硬貨にちなんで名づけたのだ。❹最初の「ハイ・ホイーラー〔高い車輪の乗り物〕」は1869年，ユージーン・メイヤーによってフランスで発明された。彼は人々が当時乗っていた自転車よりも速い自転車をつくりたかったのだ。「ハイ・ホイーラー」の自転車は実際，スピードが速くなった。自転車で速く走るには方法は２つしかない──ペダルを速く踏むか車輪を大きくするかだ。巨大な前輪を持ったペニー・ファージングは時速40キロまでスピードを上げることができた。男性はそれらが大好きだった。当時，女性はズボンを着用していなかったため，ペニー・ファージングには乗らなかった。乗り手は自転車とともに走り，小さなサドルに飛び乗らなければならなかった。長いドレスでは，女性はペニー・ファージングに飛び乗ることが不可能だった。❺小型自転車の車輪が道路の穴にはまる一方で，ペニー・ファージングの大きな車輪は穴の上を走り抜けた。ペニー・ファージングは，小型の自転車よりも乗り心地が良かった。❻自転車で速く走るのは危険だ。ペニー・ファージングにはハンドブレーキがなかった。乗り手は地面よりずっと高い所にある，車輪の上部のサドルに座っていた。時速40キロでの移動は非常に速かった。乗り手が何かにぶつかったときには，前輪の上方を飛んで道路にたたきつけられた。大きな事故がよく起きた。❼1870年にペニー・ファージングはイギリスに持ち込まれた。「自転車産業の父」と呼ばれるジェームズ・スターレーはそれを見て，「アリエル」と名づけたペニー・ファージングを生産した。それは大人気になった。彼は自転車のチェーン駆動装置とギアを発明した。彼の発明は，最終的には私たちがどこでも見ることができる現代の自転車のデザインにつながった。❽今日の自転車は多くのギアとすばらしいタイヤを備えており，丈夫で軽い金属でつくられている。多くの人々は，ペニー・ファージングによって自転車レースや自転車クラブの人気が出たと考えている。そして，今もまだ世界中にペニー・ファージングクラブはあるのだ。

⑴＜適語選択＞[1]動詞が入る。主語 Many factories and business「多くの工場や事業」に対する動詞として適切なのは，started「始まった」。　[2]この後に続く内容から，タイヤの大きさの違

いから「ペニー・ファージング」という「名前」がついたことがわかる。　[3]前輪と後輪の size「大きさ」を，名前の由来となる当時の硬貨のペニーとファージングにたとえたのである。　[4]ペニー・ファージングの大きな車輪は通りの穴にはまらなかったのだから，「乗り心地が良かった」のである。　[5]ペニー・ファージングでスピードを出しているときに何かにぶつかれば，前輪の上を「飛び越える」ことになる。 run into ～「～にぶつかる，衝突する」　[6]今日の自転車の材料となる金属の特徴を示した部分である。

(2)＜正誤問題＞③は直訳すると「長いドレスが女性たちがペニー・ファージングに飛び乗ることを可能にした」となるが，この２文前には，当時ズボンをはかなかった女性はペニー・ファージングに乗らなかったことが述べられているので，文脈に合わない。possible を impossible にすれば，長いドレスによってペニー・ファージングに乗ることができなかったとなり，文脈に沿う文になる。

2〔長文読解総合―エッセー〕

≪全訳≫❶今日は文章について書こうと思う。私たちは皆，良い文章と悪い文章を経験してきたが，正確にはその違いは何であり，なぜそれは重要なのだろうか。❷悪い文章は私の人生の方向を変えた。私は優れたフィクションが大好きなので，文学の博士号に取り組んでいた。残念ながら，文学を勉強する学生は，他の学者が文学について書いていること，つまり文芸批評や批評理論を読むことに多くの時間を費やしている。[8]時折，私は本当に自分に語りかけてくる批評的な本に出くわしたが，必要とされる読み物のほとんどは読む価値のない代物だった。❸私は自分の書いた批評的な論文に対するある教授のコメントを決して忘れない。彼女は私が明確かつ簡潔に書いたことに感謝の意を表し，彼女の学生の論文のほとんどは理解できないと言った。[9]私は彼女が言わんとしていることが正確にわかった。多くの学者や他の専門家は，重要または深みがあるように思われるように専門用語や背伸びした言葉を使う。彼らは自分で何を話しているのか理解していないので，実は大げさな言葉の後ろに隠れていることがある。結局，私はひどい英語を読まなくて済むように，進路を変えて大学院をやめた。❹受け手が誰であろうと，良い文章は明解で簡潔だ。[10]日本人の読者の中には，私が第２言語学習者のために自分が書くものを簡素化しているのだと思う人もおそらくいるだろう。私はそんなことはしていない。日本人の受け手のために書くことは，良い文章を書くうえで何が重要かを思い出すのに最適な方法だ。❺ウィリアム・ジンサーが彼の古典的な手引書である「良い文章の書き方」で述べたように，「良い文章を書く秘けつは，あらゆる文をその最も無駄のない構成要素にまで削ぎ落とすことだ」。[11]言い換えれば，不要な言葉を切り取り，大げさで長たらしい言葉ではなく，短くて簡潔な言葉を用いるということだ。❻次のどちらの文が良いだろうか。決めていただきたい。／1)ソーシャルメディアのプラットフォームは，教室の外でのコミュニケーションの機会を高めるために利用される。／2)私たちは，生徒たちが授業時間外でより良いコミュニケーションをとれるようにフェイスブックとツイッターを使う。❼[12]子どもの頃，私たちは単純な歌を複雑な方法で歌うことによって大げさな言葉を馬鹿にして遊んだ。これはわかるだろうか。「３匹の視覚的に欠陥のある齧《げっ》歯《し》動物，３匹の視覚的に欠陥のある齧歯動物。それらがどのように走り回るのかを観察して…」など。それはもちろん次の歌の冒頭部分だ。「３匹の目が見えないネズミ，３匹の目が見えないネズミ。彼らがどのように走るのかを見て…」❽この全てから学ぶべき１つの教訓は，上手に書くのに多くの大げさな英語は必要ないということだ。このエッセーを読んで理解していれば，おそらく自分で良い英語を書く準備ができていることだろう。[13]友達と英語だけのフェイスブックグループをつくって練習するか，単純に日記をつけることだ。それは新しい年を始める楽しい方法かもしれない。

(1)＜適文選択＞[8]直後にある‘逆接’のbutに注目。この後にあるunreadableは「読む価値のない」という意味。よって，「読む必要のあったほとんどのものは読む価値がなかった」という内容と対立する内容になるものを選ぶ。中には良い本もあったのである。　[9]教授のコメントは，わかりやすい簡潔な文章を褒める内容であり，これは筆者の考えとほぼ一致するものだったので，筆者はよく理解できたのである。　[10]直後のI don't の後に省略されている言葉を考える。このI don't は4の後半部分であるI simplify my writing for second language learnersを受けており，繰り返しとなるsimplify以下が省略されていると考えられる。　[11]直前の内容の言い換えとなる5が入る。 In other words「言い換えれば，つまり」　[12]この後で紹介されている，子どものときにしていた歌(言葉)遊びの話題を提示している3が入る。　[13]読者に向けたメッセージとして，簡単明瞭に書くことを練習するうえでのアドバイスとなる2が入る。

(2)＜整序結合＞is writing wellを「上手に書いている」と解釈すると，書き手を表す主語となる語句がなく文が成立しない。そこで，isとwritingの間に接続詞のthatが省略されていると考える。すると，writing well「上手に書くこと」がthat節内の主語となり，その動詞がdoesn't requireに決まる。上手に書くために大げさな言葉は必要ないのでrequireの目的語にa lot of fancy Englishを置く。これで，残りが動詞isに対応する文の主語となるとわかる。one lessonをto take from all thisが後ろから修飾すれば「この全てから学ぶべき1つの教訓」というまとまりができる。 One lesson to take from all this is writing well doesn't require a lot of fancy English.

3〔長文読解総合―エッセー〕

≪全訳≫❶「クリスマスは季節ではなく，気分だ」という言い習わしがある。私はそれが本当だと確信している。ほとんどの人にとって，その気分は子どもじみた喜びの1つだと言ってもいいだろう。クリスマスイブの純粋な興奮と期待であろうと，クリスマスディナーの食卓を囲む笑いの温かさであろうと，その気分は彼らを1年で最も幸せにさせる。❷私の人生の最初の30年ほどの間，クリスマスが私の中にかき立てた感情は今とはかなり違うものだった。私は主にそれを悲しみや孤独と関連づけた。だから，私はいつもクリスマスを恐れていた。だから，クリスマスが単に過ぎ去ることを望んでいた。❸私の子ども時代と10代の頃の状況を考えると，私の態度はほとんど驚くべきことではなかった。❹私は(イギリスの)サリーで生まれたが，両親は私がこの世に生まれてまもなく別れた。それから，私が3歳のとき，母と私はイギリスを離れ，母の親戚のいるオーストラリアに移った。母はコピー機の会社ランク・ゼロックスの花形セールスウーマンとして働いていた。❺私は一人っ子で，私たちの生活は根なし草のようなものだった。私たちは母の仕事の関係で街から街へ移った。つまり，私はいろいろと違う学校に通ったのだ。実際私はそれらの学校のどれにも落ち着くことができず，結果として多くのいじめに遭った。私はいつも周りにうまくとけ込み，友達をつくろうと少しがんばりすぎるきらいがあり，そのため明らかに私は周りから目立つ存在になった。それは学校では決して良いことではなかった。西オーストラリア州のクインズロックという小さな町では，私を周囲になじめない変わり者だと見なすたくさんの子どもたちに石を投げつけられていた。それにより私は精神的に大いに傷ついた。❻私はまた家でもほとんどを1人で過ごしたが，それは助けにならなかった。母は一生懸命働き，オーストラリア内外を移動し，いつも会議に参加していたので，私は事実上，乳母やベビーシッターに代わる代わる育てられた。私は人と一緒にいることがめったになかった。❼このように(住む場所が)絶え間なく転々とすることによって，私たちには家族で楽しむ伝統的なクリスマスは実際にはなかった。父はイギリスに残っていたので(オーストラリアに)来ることはなかったが，気前よくプレゼントを送ってくれた。ある年，オリジナルのトランスフォーマーのおもちゃをもらったことをはっきりと覚えている。トランシーバーと高価なマッチボックスのミニカーのセットももらった。本当に感謝していたが，父と電話で話すことができたときは，もっとわくわくした。私にとって，地球の反対側で彼の途切れ途切れの，わずかに反響する声を聞くことが，多くの場合私のクリスマスのハイライトだった。❽オーストラリアには家族がいるにはいた。特に，シドニーを訪れる数少ないときにしか会わなかったが，母の兄〔弟〕のスコットおじさんと彼の家族だ。しかし，私たちは彼らとホリデーシーズンを過ごすことはなかった。その代わり，クリスマスを祝う母のアイデアは，私たち２人の旅行にたくさんお金を使うことだった。それはかなり豪華な出来事だったので，母は当時かなりのお金を稼いでいたに違いない。私たちはこのような旅行を少なくとも３回はし，アメリカ，タイ，シンガポール，ハワイに飛行機で行った。例えば，ある年は，オーストラリアから東に向かってハワイへ飛び，日付変更線を通過した。だから，私たちは事実上時間をさかのぼっていた。私たちは(クリスマスの翌日の)ボクシングデーに出発したが，ハワイに到着したのはまだクリスマス当日だった。❾そういう訳で私はクリスマスを２回過ごした。とてもエキサイティングだったに違いないし，すばらしい時間を過ごしたに違いない。母は私たちの旅行についてよく私に話してくれたが，私はほとんど覚えていない。

(1)＜語句解釈＞「下線部(A)を最もよく説明しているのは次のうちどれか」―４．「彼と彼の母親は決して１つの都市に定住しなかった」　pretty は「かなり」，rootless は「根なし草の，根のない」という意味。ここでは，居場所が定まっていないことを表す。

(2)＜英文解釈＞「下線部(B)はどういう意味か」―２．「彼は１人で多くの時間を過ごした」　rarely は「めったに～ない」，company は「交際，つき合い」という意味。同じ段落第１文の言い換えになっていることを読み取る。

(3)＜英問英答＞「父親がイギリスに残ったとき，筆者にとって最もエキサイティングなことは何だったか」―４．「地球の反対側からの声」　第７段落最後の２文参照。　highlight「最も重要な部分，ハイライト」

(4)＜指示語＞「下線部(C)はどういう意味か」―１．「たくさんのお金を使って旅行をする」　trips like this「このような旅」は，この前の２文で説明されている旅の内容を受けている。そこでは，母が２人の旅にたくさんお金を使い，旅が豪華であったことが述べられている。

(5)＜文脈把握＞「下線部(D)から，筆者はどのように感じていたことがわかるか」―４．「彼は旅行ではなく，家族と一緒に時間を過ごしたいと思っていた」　第７段落の内容から，筆者は家族全員で過ごすクリスマスにあこがれていたことが読み取れる。旅行のことをほとんど覚えていないのは，子どもの頃の筆者にとって，母と２人だけのクリスマス旅行は，それがいかにぜいたくなものであっても，幸せを感じられるものではなかったのだと考えられる。

(6)＜内容真偽＞「次の記述のうち，筆者に当てはまらないものはどれか」　１．「子どもの頃，クリスマスがきてほしくなかった」…○　第２段落に一致する。　２．「彼の両親は彼が生まれる前に別居していた」…×　第４段落第１，２文参照。両親が別れたのは彼が生まれた後のこと。　３．「周りにうまくとけ込み，友達になろうと必死にがんばった」…○　第５段落第３文に一致する。　４．「彼と彼の母は，あまり頻繁にはオーストラリアの親族に会わなかった」…○　第８段落第１，２文に一致する。

4・**5**〔放送問題〕放送文未公表

2021年度／栄東高等学校（第１回）

数学解答

1 (1) ア…1　イ…0
(2) ウ…6　エ…8
(3) オ…3　カ…0　キ…8　ク…0
(4) ケ…3　コ…6　サ…4
(5) シ…1　ス…3

2 (1) ア…1　イ…3
(2) ウ…1　エ…2
(3) オ…7　カ…7　キ…2　ク…1
ケ…6

3 (1) ア…2　イ…5　ウ…8　エ…2
オ…5　カ…6
(2) キ…4　ク…3　ケ…1　コ…0
(3) サ…3　シ…6　ス…7

4 (1) ア…2　イ…3　ウ…1
(2) エ…2　オ…3
(3) カ…3　キ…7　ク…1　ケ…0
コ…7

5 (1) ア…2　イ…3
(2) ウ…7　エ…4
(3) オ…1　カ…1　キ…2

1〔独立小問集合題〕

(1)＜数の計算＞与式 $=(50-1)(50+1)-(50-2)(50+2)+(50-3)(50+3)-(50-4)(50+4)=50^2-1^2-(50^2-2^2)+50^2-3^2-(50^2-4^2)=50^2-1^2-50^2+2^2+50^2-3^2-50^2+4^2=-1+4-9+16=10$

(2)＜式の値＞与式 $=2ab(a^2+2ab+9b^2)=2ab(a^2+9b^2+2ab)$ とする。$a+3b=5$ の両辺を２乗すると，$(a+3b)^2=5^2$，$a^2+6ab+9b^2=25$，$6ab+(a^2+9b^2)=25$ となり，これに $a^2+9b^2=13$ を代入すると，$6ab+13=25$，$6ab=12$ より，$ab=2$ となる。よって，与式 $=2\times2\times(13+2\times2)=68$ である。

(3)＜連立方程式の応用＞10％の食塩水150gから食塩水を xg捨てると，残りは10％の食塩水 $150-x$g で，含まれる食塩の量は $(150-x)\times\frac{10}{100}=15-\frac{1}{10}x$(g)となる。5％の食塩水 yg に含まれる食塩の量は $y\times\frac{5}{100}=\frac{1}{20}y$(g)で，この食塩水を加えると8％の食塩水が200gできたので，食塩水の量について，$150-x+y=200$ が成り立ち，$-x+y=50$……①となる。また，含まれる食塩の量について，$15-\frac{1}{10}x+\frac{1}{20}y=200\times\frac{8}{100}$ が成り立ち，$-2x+y=20$……②となる。①，②を連立方程式として解くと，①－②より，$-x-(-2x)=50-20$　$\therefore x=30$　これを①に代入して，$-30+y=50$　$\therefore y=80$

(4)＜方程式の応用＞$\frac{1}{6}=\frac{1}{a}+\frac{1}{b}$ の両辺に $6ab$ をかけると，$ab=6b+6a$ より，$ab-6a-6b=0$ となる。$(a-6)(b-6)=ab-6a-6b+36$ だから，$(a-6)(b-6)=0+36=36$ となる。a，b が正の整数より，$a-6$，$b-6$ は整数となり，$a-6>-6$，$b-6>-6$ となる。また，$a<b$ より，$a-6<b-6$ だから，考えられる $a-6$，$b-6$ の組は，$(a-6,\ b-6)=(1,\ 36)$，$(2,\ 18)$，$(3,\ 12)$，$(4,\ 9)$ である。これより，正の整数 a，b の組は $(a,\ b)=(7,\ 42)$，$(8,\ 24)$，$(9,\ 18)$，$(10,\ 15)$ の４組ある。

(5)＜図形―長さの比＞右図の△APDと△BQDで，∠APD＝∠BQD＝90°であり，対頂角より，∠ADP＝∠BDQだから，２組の角がそれぞれ等しい。よって，△APD∽△BQDであり，AD：BD＝AP：BQが成り立ち，$\frac{\mathrm{AD}}{\mathrm{BD}}=\frac{\mathrm{AP}}{\mathrm{BQ}}$ となる。また，△APEと△CREで，同様にして，△APE∽△CREであるから，AE：CE＝AP：CRが成り立ち，$\frac{\mathrm{CE}}{\mathrm{AE}}=\frac{\mathrm{CR}}{\mathrm{AP}}$ となる。

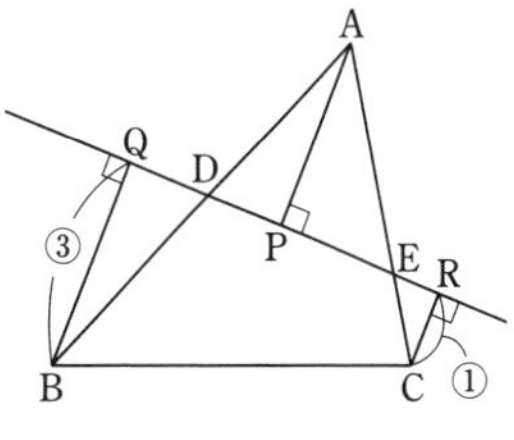

よって，BQ：CR＝3：1より，BQ＝3CRだから，$\frac{\mathrm{AD}}{\mathrm{BD}}\cdot\frac{\mathrm{CE}}{\mathrm{AE}}=\frac{\mathrm{AP}}{\mathrm{BQ}}\cdot\frac{\mathrm{CR}}{\mathrm{AP}}=\frac{\mathrm{CR}}{\mathrm{BQ}}=\frac{\mathrm{CR}}{3\mathrm{CR}}=\frac{1}{3}$ である。

2〔確率―さいころ〕

(1)＜確率＞さいころを１回投げたとき，目の出方は６通りある。点Pが頂点Bに移動するのは，１または5の目が出たときの2通りだから，求める確率は$\frac{2}{6}=\frac{1}{3}$である。

(2)<確率>さいころを2回投げたとき，目の出方は全部で$6\times6=36$(通り)ある。このうち，点Pが少なくとも1回，頂点Bに止まるのは，①1回目に頂点Bに止まり，2回目に頂点B以外に止まる場合，②1回目に頂点B以外に止まり，2回目に頂点Bに止まる場合，③1回目も2回目も頂点Bに止まる場合がある。①の場合，さいころの目の出方は，1回目に1か5が出て，2回目に1，2，3，5，6のいずれかが出るときだから，$2\times5=10$(通り)ある。②の場合，1回目に2か6が出て，2回目に3が出るときと，1回目に3が出て，2回目に2か6が出るとき，1回目に4が出て，2回目に1か5が出るときだから，$2\times1+1\times2+1\times2=6$(通り)あり，③の場合，1回目に1か5が出て，2回目に4が出るときだから，$2\times1=2$(通り)ある。よって，点Pが少なくとも1回，頂点Bに止まる場合は，$10+6+2=18$(通り)あるから，求める確率は$\frac{18}{36}=\frac{1}{2}$である。

(3)<確率>さいころを3回投げたとき，目の出方は全部で$6\times6\times6=216$(通り)ある。このうち，点Pが頂点Bにも頂点Cにも止まる場合を，①1回目に頂点Bに止まる場合，②1回目に頂点Cに止まる場合，③1回目に頂点Aまたは頂点Dに止まる場合に分けて考える。①の場合，2回目に頂点Cに止まるとき，点PはA→B→Cと移動し，3回目はどこに止まってもよい。つまり，1回目に1か5，2回目に1か5，3回目に1～6の目が出ることになるから，目の出方は，$2\times2\times6=24$(通り)ある。2回目に頂点C以外に止まるとき，3回目は頂点Cに止まるので，移動の仕方はA→B→B→C，A→B→D→C，A→B→A→Cがあり，このときの目の出方は，$2\times1\times2+2\times2\times1+2\times1\times2=12$(通り)ある。よって，①の場合，目の出方は$24+12=36$(通り)ある。②の場合，2回目に頂点Bに止まるとき，3回目はどこに止まってもよいので，$2\times1\times6=12$(通り)ある。2回目に頂点B以外に止まるとき，3回目は頂点Bに止まるので，移動の仕方はA→C→C→B，A→C→D→B，A→C→A→Bがあり，このときの目の出方は，$2\times1\times1+2\times2\times2+2\times2\times2=18$(通り)ある。よって，②の場合，目の出方は$12+18=30$(通り)ある。③の場合，2回目と3回目で頂点Bと頂点Cに止まるので，移動の仕方はA→A→B→C，A→A→C→B，A→D→B→C，A→D→C→Bがあり，このときの目の出方は，$1\times2\times2+1\times2\times1+1\times2\times2+1\times1\times1=11$(通り)ある。以上より，点Pが頂点Bにも頂点Cにも止まるのは$36+30+11=77$(通り)あるから，求める確率は$\frac{77}{216}$である。

3 〔平面図形—長方形〕

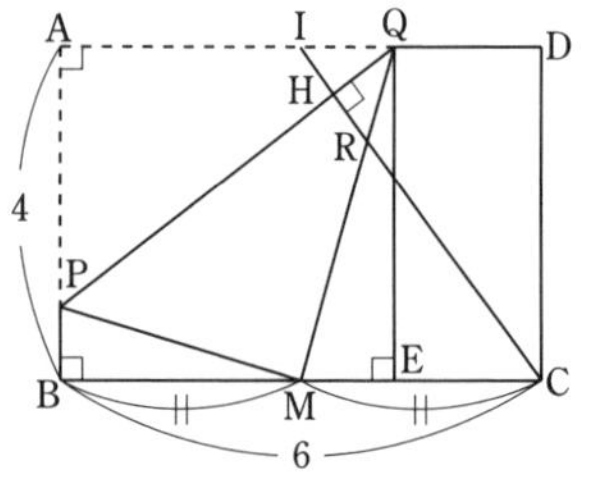

(1)<長さ—三平方の定理>右図で，△MPQは△APQを折り返した図形だから，△MPQ≡△APQより，AP$=x$とすると，MP$=$AP$=x$，PB$=$AB$-$AP$=4-x$と表せる。点Mは辺BCの中点だから，BM$=\frac{1}{2}$BC$=\frac{1}{2}\times6=3$であり，△PBMで三平方の定理PB^2+BM^2=MP^{2}より，$(4-x)^2+3^2=x^2$が成り立つ。これを解くと，$16-8x+x^2+9=x^2$より，$x=\frac{25}{8}$となる。次に，点Qから辺BCに垂線QEを引き，AQ$=y$とすると，MQ$=$AQ$=y$，BE$=$AQ$=y$，ME$=$BE$-$BM$=y-3$と表せる。よって，△QEMで三平方の定理ME^2+QE^2=MQ^{2}より，$(y-3)^2+4^2=y^2$が成り立つ。これを解くと，$y^2-6y+9+16=y^2$より，$y=\frac{25}{6}$となる。

(2)<長さ—相似>右上図のように，線分CHの延長線と辺ADの交点をIとする。このとき，△APQ∽△HIQ，△HIQ∽△DICとなるから，△DIC∽△APQである。(1)より，AP：AQ$=\frac{25}{8}:\frac{25}{6}=3:4$だから，DI：DC$=3:4$であり，DC$=4$より，DI$=3$となる。よって，△DICで三平方の定理より，

$\mathrm{CI}=\sqrt{\mathrm{DI}^2+\mathrm{DC}^2}=\sqrt{3^2+4^2}=\sqrt{25}=5$ である。さらに，$\mathrm{IQ}=\mathrm{AQ}-\mathrm{AI}=\mathrm{AQ}-(\mathrm{AD}-\mathrm{DI})=\frac{25}{6}-(6-3)=\frac{7}{6}$であり，HI：IQ＝DI：CI＝3：5 より，$\mathrm{HI}=\frac{3}{5}\mathrm{IQ}=\frac{3}{5}\times\frac{7}{6}=\frac{7}{10}$だから，$\mathrm{CH}=\mathrm{CI}-\mathrm{HI}=5-\frac{7}{10}=\frac{43}{10}$となる。

(3)＜長さの比＞前ページの図の △HRQ と △HIQ において，∠QHR＝∠QHI＝90°，△MPQ≡△APQ より∠RQH＝∠IQH，QH は共通だから，1 辺とその両端の角がそれぞれ等しく，△HRQ≡△HIQ である。これと(2)より，$\mathrm{RH}=\mathrm{HI}=\frac{7}{10}$である。よって，$\mathrm{CR}:\mathrm{RH}=(\mathrm{CH}-\mathrm{RH}):\mathrm{RH}=\left(\frac{43}{10}-\frac{7}{10}\right):\frac{7}{10}=36:7$ となる。

4 〔関数—関数 $y=ax^2$ と直線〕

(1)＜切片，座標—特別な直角三角形＞右図で，点 A は放物線 $y=\frac{1}{3}x^2$ 上の点であり，x 座標が $-2\sqrt{3}$ だから，$y=\frac{1}{3}\times(-2\sqrt{3})^2=4$ より，$\mathrm{A}(-2\sqrt{3},\ 4)$である。直線 AB の傾きが$-\frac{\sqrt{3}}{3}$より，その式は$y=-\frac{\sqrt{3}}{3}x+b$とおけ，点 A を通ることから，$4=-\frac{\sqrt{3}}{3}\times(-2\sqrt{3})+b$ より，$b=2$となる。よって，直線 AB の式は$y=-\frac{\sqrt{3}}{3}x+2$である。点 B は直線 AB と放物線$y=\frac{1}{3}x^2$の交点だから，2 式から y を消去して，$\frac{1}{3}x^2=-\frac{\sqrt{3}}{3}x+2$ より，$x^2+\sqrt{3}x-6=0$，解の公式を利用して，$x=\frac{-\sqrt{3}\pm\sqrt{(\sqrt{3})^2-4\times1\times(-6)}}{2\times1}=\frac{-\sqrt{3}\pm\sqrt{27}}{2}=\frac{-\sqrt{3}\pm3\sqrt{3}}{2}$となり，点 B の x 座標は正だから，$x=\frac{-\sqrt{3}+3\sqrt{3}}{2}=\sqrt{3}$ である。したがって，$y=\frac{1}{3}\times(\sqrt{3})^2=1$ より，$\mathrm{B}(\sqrt{3},\ 1)$である。

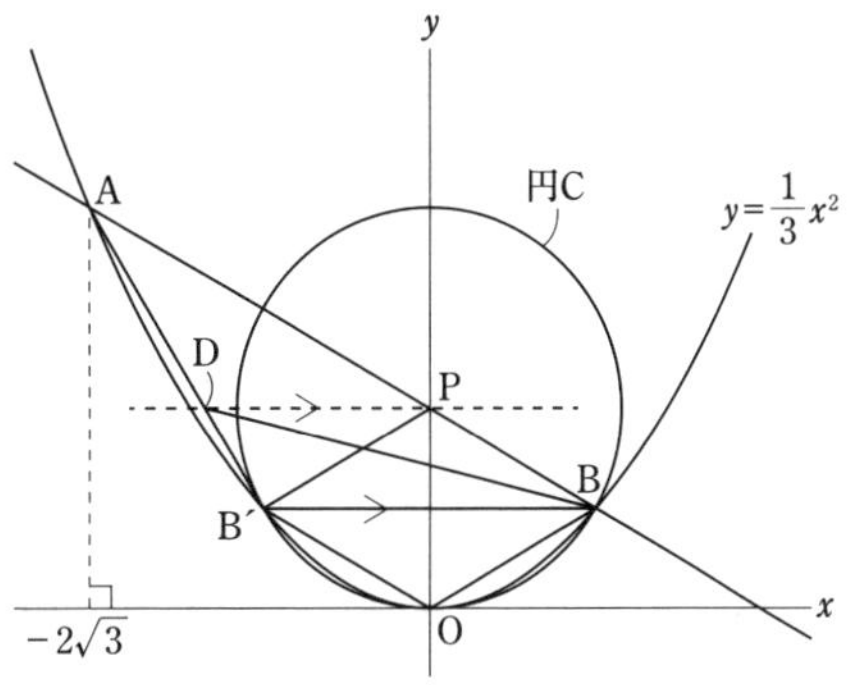

(2)＜面積＞右上図で，2 点 B，B′ は y 軸に関して対称な点で，(1)より，$\mathrm{B}(\sqrt{3},\ 1)$だから，$\mathrm{B'}(-\sqrt{3},\ 1)$である。また，円の半径は 2 で，中心 P は y 軸上にあるから，P(0，2)である。ここで，〔四角形 OB′PB〕＝△OBP＋△OPB′ とし，△OBP，△OPB′ の底辺をそれぞれ共有する PO＝2 と見ると，それぞれの三角形の高さは x 座標より $\sqrt{3}$ である。したがって，〔四角形 OB′PB〕$=\frac{1}{2}\times2\times\sqrt{3}+\frac{1}{2}\times2\times\sqrt{3}=2\sqrt{3}$ となる。

(3)＜直線の式＞右上図で，〔四角形 OB′AB〕＝△OBB′＋△ABB′ と考える。$\mathrm{B}(\sqrt{3},\ 1)$，$\mathrm{B'}(-\sqrt{3},\ 1)$より，BB′⊥〔$y$ 軸〕で $\mathrm{BB'}=\sqrt{3}-(-\sqrt{3})=2\sqrt{3}$ となる。これより，△OBB′，△ABB′ の底辺を共有する $\mathrm{BB'}=2\sqrt{3}$ と見ると，△OBB′ の高さは点 B の y 座標より 1，△ABB′ の高さは 2 点 A，B の y 座標より，$4-1=3$ となるから，〔四角形 OB′AB〕$=\frac{1}{2}\times2\sqrt{3}\times1+\frac{1}{2}\times2\sqrt{3}\times3=4\sqrt{3}$ である。よって，(2)より，四角形 OB′PB の面積が $2\sqrt{3}$ だから，四角形 OB′PB の面積は四角形 OB′AB の面積の$\frac{1}{2}$である。点 P を通り線分 BB′ と平行な直線と辺 AB′ の交点を D とすると，△DBB′＝△PBB′ だから，〔四角形 OBDB′〕＝〔四角形 OBPB′〕となる。したがって，点 B を通り，四角形 OB′AB の面積を 2 等分する直線は，2 点 B，D を通る直線である。$\mathrm{A}(-2\sqrt{3},\ 4)$，$\mathrm{B'}(-\sqrt{3},\ 1)$より，直線 AB′ の傾きは$\frac{1-4}{-\sqrt{3}-(-2\sqrt{3})}=-\sqrt{3}$ だから，その式を $y=-\sqrt{3}x+c$ とすると，$1=-\sqrt{3}\times(-\sqrt{3})+c$ より，$c=-2$ となる。よって，直線 AB′ の式は $y=-\sqrt{3}x-2$ であり，点 D の y 座標は

2だから，$2=-\sqrt{3}x-2$，$x=-\frac{4}{\sqrt{3}}=-\frac{4\sqrt{3}}{3}$となり，$\mathrm{D}\left(-\frac{4\sqrt{3}}{3},\ 2\right)$である。これと$\mathrm{B}(\sqrt{3},\ 1)$より，直線BDの傾きは$(1-2)\div\left\{\sqrt{3}-\left(-\frac{4\sqrt{3}}{3}\right)\right\}=-\frac{\sqrt{3}}{7}$となり，その式は$y=-\frac{\sqrt{3}}{7}x+d$とおける。これが点Bを通るので，$1=-\frac{\sqrt{3}}{7}\times\sqrt{3}+d$，$1=-\frac{3}{7}+d$，$d=\frac{10}{7}$より，求める直線の式は$y=-\frac{\sqrt{3}}{7}x+\frac{10}{7}$である。

5〔空間図形—立方体〕

≪基本方針の決定≫(2)　三角錐の一部と考える。　(3)　点Bを含まない立体に注目する。

(1)<面積—特別な直角三角形>動点Pは毎秒1の速さで動くので，2秒後には$1\times2=2$動き，右図1のように，点Fの位置にある。このとき，△APCは正三角形になり，1辺の長さは，△ADCが直角二等辺三角形より，$\mathrm{AC}=\sqrt{2}\mathrm{AD}=\sqrt{2}\times2=2\sqrt{2}$である。ここで，図1で，点Aから辺PCに垂線AMを引くと，△APMは3辺の比が$1:2:\sqrt{3}$の直角三角形になるから，$\mathrm{AM}=\frac{\sqrt{3}}{2}\mathrm{AP}=\frac{\sqrt{3}}{2}\times2\sqrt{2}=\sqrt{6}$となる。よって，$\triangle\mathrm{APC}=\frac{1}{2}\times\mathrm{PC}\times\mathrm{AM}=\frac{1}{2}\times2\sqrt{2}\times\sqrt{6}=2\sqrt{3}$である。

図1
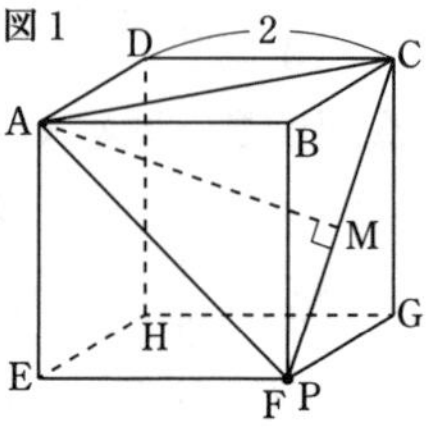

(2)<体積—相似>動点Pは動き始めてから$\frac{5}{2}$秒後に，$1\times\frac{5}{2}=\frac{5}{2}$動くので，右図2のように，辺FG上にあり，$\mathrm{FP}=\frac{5}{2}-\mathrm{EF}=\frac{5}{2}-2=\frac{1}{2}$である。このとき，3点A，C，Pを通る平面と，辺EFの交点をQ，直線BFの交点をOとすると，〔面ABC〕//〔面QFP〕より，2つの三角錐O-ABCとO-QFPは相似で，相似比は$\mathrm{BC}:\mathrm{FP}=2:\frac{1}{2}=4:1$だから，体積比は$4^3:1^3=64:1$となる。よって，立体ABC-QFPと三角錐O-QFPの体積比は，$(64-1):1=63:1$である。$\mathrm{OB}:\mathrm{OF}=\mathrm{BC}:\mathrm{FP}=4:1$より，$\mathrm{OF}:\mathrm{FB}=1:(4-1)=1:3$だから，$\mathrm{OF}=\frac{1}{3}\mathrm{FB}=\frac{1}{3}\times2=\frac{2}{3}$であり，△QFP∽△ABCで，△QFPは直角二等辺三角形だから，$\mathrm{FQ}=\mathrm{FP}=\frac{1}{2}$である。したがって，〔三角錐O-QFP〕$=\frac{1}{3}\times\triangle\mathrm{QFP}\times\mathrm{OF}=\frac{1}{3}\times\left(\frac{1}{2}\times\frac{1}{2}\times\frac{1}{2}\right)\times\frac{2}{3}=\frac{1}{36}$となる。以上より，求める立体の体積は，$\frac{1}{36}\times63=\frac{7}{4}$である。

図2
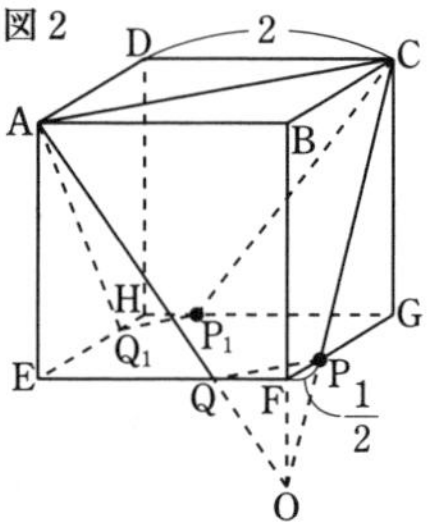

(3)<時間>右上図2で，〔立方体ABCD-EFGH〕$=2\times2\times2=8$だから，点Bを含む立体の体積が$\frac{25}{4}$となるのは，$8-\frac{25}{4}=\frac{7}{4}$より，点Bを含まない立体の体積が$\frac{7}{4}$となるときである。よって，このとき，点Bを含まない立体の体積が(2)の立体の体積と等しいので，点Bを含まない立体は(2)の立体と合同になる。このときの動点Pを$\mathrm{P_1}$とし，3点A，C，$\mathrm{P_1}$を通る平面と辺EHの交点を$\mathrm{Q_1}$とすると，立体CDA-$\mathrm{P_1HQ_1}$と(2)の立体ABC-QFPが合同になるので，$\mathrm{HP_1}=\mathrm{FQ}=\frac{1}{2}$である。したがって，$\mathrm{GP_1}=2-\mathrm{HP_1}=2-\frac{1}{2}=\frac{3}{2}$より，動点$\mathrm{P_1}$は点Eから，$\mathrm{EF}+\mathrm{FG}+\mathrm{GP_1}=2+2+\frac{3}{2}=\frac{11}{2}$動いているから，動点$\mathrm{P_1}$が動き始めてから$\frac{11}{2}\div1=\frac{11}{2}$(秒)後である。

2021年度／栄東高等学校（第１回）

国語解答

一　a　2　　b　1　　c　4　　d　4　　e　4

二　問一　4　　問二　3　　問三　5

三　問一　A…2　B…4　C…5　D…1　E…3

問二　3　　問三　4　　問四　5

問五　1　　問六　2

四　問一　a…5　b…4　c…1

問二　1　　問三　5　　問四　2

問五　3　　問六　2　　問七　4

五　問一　ア…2　イ…1　ウ…4

問二　3　　問三　2　　問四　1

問五　4

一〔漢字〕

a．「要請」と書く。1は「誓」，3は「整」，4は「勢」，5は「省」。　b．「講和」と書く。1は「講堂」，2は「原稿」，3は「購入」，4は「海溝」，5は「構築」。　c．「被服」と書く。1は「人件費」，2は「賛否」，3は「悲劇」，4は「被害」，5は「回避」。　d．「粘」と書く。1は「天然」，2は「可燃」，3は「捻出」，4は「粘土」，5は「信念」。　e．「威」と書く。1は「偉人」，2は「容易」，3は「維持」，4は「威厳」，5は「遺跡」。

二〔国語の知識〕

問一＜品詞＞「ちょっとしたことから」「睡眠不足から」の「から」は，原因理由を表す格助詞。「髪をとかしてから」の「から」は，「～てから」の形で一つの動作の成立時点を次の動作の出発点とすることを表す格助詞。「連日の忙しさから」「ここから先は」「大宮駅から」の「から」は，起点を表す格助詞。

問二＜品詞＞「正確に」「見事に」の「に」は，形容動詞「正確だ」「見事だ」の連用形の活用語尾。「まさに」の「に」は，副詞の一部。「雷雨になった」「自然に対して」の「に」は，作用の結果を示す格助詞。「暑いのに」の「に」は，逆接を表す接続助詞「のに」の一部。

問三＜語句＞「朝三暮四」は，目前の違いばかりにこだわって同じ結果となるのに気づかないこと。「四面楚歌」は，周囲が皆，敵や反対者ばかりであること。「一寸の虫にも五分の魂」は，小さく弱い者にもそれ相応の意地があるということ。「二足のわらじ」は，同じ人が二つの職業を兼ねること。「一矢を報いる」は，敵の攻撃に対して矢を返すという意味から，反論，反撃すること。

三〔論説文の読解―哲学的分野―人間〕出典；仲正昌樹『現代哲学の最前線』。

≪本文の概要≫人間の遺伝子と共進化する文化の遺伝子に相当するものを，デネットはミームと呼ぶ。人々の会話，教育，書物，メディア，儀礼などを媒体にして脳と脳との間をつなぎ，自己複製をしながら進化を推進するのがミームである。進化の途上にある個体にとって重要なのは，どのようにして自らの生命を維持し，自己を複製するかである。単純な構造しか備えていない生物と異なり，複雑な生命体は，目前の状況だけでなく周囲の状況や後に起こることを予想して，どういう動作に集中するのが最適かを計算する必要が出てくる。人間は，ミーム，特に言語を介して，どの目的を追求すべきか，どういうやり方で追求すべきか，どうやったらそのゴールに到達できるかなどの情報交換を行い，応答可能性＝責任能力を発達させてきたのである。私たちが道具や行為を選ぶ理由は，その時点では明確に意識されていなかったり，評価が定まっていなかったりすることが多い。その後の理由提供のやり取りを通じて，他の選択肢を支持する理由と比較対照される中で評価が定まっていく。そうやって定着した諸理由から，理由の論理空間が構築されるのである。

問一＜接続語＞A．単純な構造しか備えていない生物にとっては，発生した事態に応じて自らのどの器官をどう用いるかは自動的に決定されるが，複雑な生命体になると，周囲の状況やしばらく後に起こることを予想し，どういう動作に集中するのが最適かを計算する必要が出てくる。　B．複雑な生命体は，どういう動作に集中するのが最適かを計算しなくてはならないので，他の動作ではなくなぜその動作なのかという問いが生じる。　C．複雑な生命体は，他の動作ではなくなぜその動作なのかという問いが生じるほかに，自らの器官や機能の目的がすぐにわからない場合もある。　D．「目的」とは，現に進行中の各段階の動作の連鎖からは直接見えてこない，運動の方向性，もしくは，ゴールである。　E．人間は，ミーム，特に言語を介して，自らの身体機能や特定の環境下での動作に関して「目的」の掘り起こしを効果的に行っており，そのうえ，複数の個体間で情報交換することで，より情報の精度を上げている。

問二＜文章内容＞ミームとは，「人々の会話，教育，書物，メディア，儀礼などを媒体にして脳と脳の間をつなぎ，自己複製しながら進化を推進する情報の単位」のことである。ミームによって，「異なった特性を備えた個体間，異なった環境間でも文化の伝播が可能」になるのである。

問三＜文脈＞人間特有の「文化」を介した進化は，長期的に作用するものとして“デザイン”されたミームが，その文化的進化の方向性を制御している。このような進化論的見地に立てば，人間の行動の「理由」と「原因」について細かい問題設定をするのは，空虚なことといえるのである。

問四＜文章内容＞単純な生命体は，「どのようにして」自らの生命を維持するかをほぼ自動的に決定していく。しかし複雑な生命体になると，周囲の状況やしばらく後に起こることを予想して，どういう動作に集中するのが最善か計算する中で，「なぜ，その動作なのか」という「理由」を求める問いが生じる。なぜその動作を選択するのか，どのようにして追求すべきか，という二つの問いはもともと同じ性質のもので，進化の過程で分化したものなのである。

問五＜文章内容＞品質管理や結果の実効性に関わる道具規範性と，コミュニケーションや協力に関係する社会的規範性は，人間の文化的進化の方向性を定めるためにつくられたミームなのである。

問六＜文章内容＞人々の会話や儀礼などを媒体にして「脳と脳の間をつなぎ，自己複製しながら進化を推進する情報の単位」であるミームによって，人間は，異なる個体間，異なる環境間でも，文化の伝播を可能にしてきた。複数の個体間でミーム，特に言語を介して情報を交換し，情報の精度を上げ，進化の道筋をつくっているのである。

四〔小説の読解〕出典；荻原浩『いつか来た道』。

問一．a＜表現＞母は，「鋭いようにも感情を置き忘れているようにも見える」目つきで「私」を眺めた。母は，何もとらえていないような焦点の合わないような眼をしていたのである。　b＜語句＞「訝る」は，不審に思ったり怪しんだりすること。　c＜慣用句＞「眉をひそめる」は，不快に思い顔をしかめること。

問二＜文章内容＞母のアトリエは，本棚も収納ラックも乱雑に散らかっていた。母は，かつて「正しい母親」として，「自分の暮らしをきちんとできない人には，絵を描く資格も，生きていく資格もない」と，厳しく「私」をしつけた。その母が，絵の具のこびりついた筆もそのままにしているので，「私」は皮肉を言わずにはいられなかったのである。

問三＜心情＞「自分の暮らしをきちんとできない人には，絵を描く資格も，生きていく資格もない」という母の言葉に，「私」は「呪縛されて生きてきた」のである。「私が忘れようにも忘れられない，いままでのすべてを」，母が忘れていることに，「私」は強い衝撃を受けたのである。

問四＜文章内容＞母は，今までの全てを忘れ，「私」の名前も思い出せないが，プライドの高い母は，それを認めようとしなかった。自分の娘である，と答えながら，母の「視線が私の表情を手探りしていた」のは，母には，正しい答えが出せなかったのではないかという不安があったからである。

問五＜文章内容＞プライドの高い母は，「私」が訪れることを聞いて，自分が十六年前と少しも変わらないと「私」に認めさせるために，「着るべききちんとした服を探し」，「必死で化粧をした」のだろうと「私」は考えた。母は，「私」や弟に対しては，「正しい母親の役」を演じ続けてきたのである。

問六＜心情＞「正しい母親」に「呪縛されて」生きてきた「私」は，十六年ぶりに母に会ったが，母は病気で今までのことのほとんどを忘れていた。しかし，それでも母が子どもたちを題材にした絵を描いたのを見て，「私」は，今までの母へのわだかまりが軽くなった。「私」は，母の「呪縛」から自分を守ろうと子どもの頃につくり上げた幻想の少女がいなくとも，もう大丈夫だと，思ったのである。

問七＜文章内容＞「私」は，母の描いた三本の線のうちの黄色は，「私」を表現したものかと思ったが，違っていたら強い失望感にさいなまれると思い，口ごもる母に示唆を与えることをためらった。

五〔古文の読解―説話〕出典；『宇治拾遺物語』巻第十二ノ十八。

≪現代語訳≫今となっては昔のことだが，中国の片田舎に一人の男がいた。家は貧しく財宝もない。妻子を養う力もない。(財宝を)求めても手に入れることがない。このようにして歳月は過ぎていく。つらく思って，ある僧に会って，財宝を手に入れることができる方法をきいた。知恵のある僧で，答えることには，「お前が財宝を手に入れたいと思うならば，ただ〈誠〉の心を起こせばいい。そうすれば財宝も豊かに手に入り，後世はきっと極楽浄土に生まれるだろう」。この男が「〈誠〉の心とは何ですか」ときくと，僧は，「〈誠〉の心を起こすというのは，ほかでもない。仏の説いた教えを信じるということだ」と答えた。また尋ねて言うことには，「それはどうすればいいのですか。はっきりとお聞きして納得をして，信頼し，二心なく信仰し，おすがり申し上げます。伺いましょう」と言うと，僧が言うには，「自分の心がすなわち仏なのだ。自分の心を離れては仏もないのだ。だから自分の心によって仏はいらっしゃるのだ」と言ったところ，(男は)手を摺って泣きながら拝んで，それからはこのことをいつも心に置いて夜も昼も過ごしていたら，梵天，帝釈天，およびもろもろの天神がやってきて守ってくださったので，思いがけなく財宝が手に入り，家の中が豊かになった。命が終わるのに際して，ますます心の中で深く仏に祈願して，極楽浄土にすみやかに行ったのだった。このことを見聞きした人は，しみじみとあがめ尊んだということだ。

問一＜現代語訳＞ア．「なん」は，強意を表す助動詞「ぬ」の未然形に，推量の助動詞「ん」がついたもので，きっと～だろう，という強い推量を表す。「仏法を信ずる」ことにより，後世は，きっと極楽浄土に生まれるだろう，と僧は答えたのである。　イ．「承る」は，聞くの謙譲語で，伺う，お聞きする，という意味。「心を得」は，悟る，理解する，という意味。男は，しっかりと僧のお話を伺って，理解したうえで，仏を信仰しようと答えたのである。　ウ．「いよいよ」は，ますます，という意味の副詞。「念じ入る」は，心の中で祈る，という意味。命が終わるとき，男は，ますます心の中で深く仏に祈ったのである。

問二＜古文の内容理解＞男は，家も貧しく，財産もなく，妻子を養うこともできず，途方に暮れていた。どうしたらよいかわからなくなった男は，僧に会って話を聞こうとしたのである。

問三＜古文の内容理解＞心から仏法を信じれば，財宝も手に入り，後世は必ず極楽浄土に生まれるだろう，と僧は答えたのである。仏の説く真理を信じることが大切だと僧は教えたのである。

問四＜古文の内容理解＞僧は，自分の心が仏であると答えた。重要なのは，信仰心をしっかりと持っていることであり，常に心に仏を感じていることであると僧は答えたのである。

問五＜古文の内容理解＞貧しかった男が，心から仏法を信仰した結果，天神たちに守られて財宝を得て豊かになり，死後はすぐさま浄土に往生できたことを，人々はあがめ尊んだのである。

2021年度 栄東高等学校(第2回)

【英　語】(50分)〈満点：100点〉

(注意) [4], [5]のリスニング問題は試験開始後15分経過した頃から放送される。放送時間は約15分である。

[1]　次の英文を読み，あとの問いに答えなさい。

For many years, the Japanese people have been known as some of the politest people in the world. When foreigners visit Japan, they are amazed by the way Japanese people bow to each other, take their shoes off before entering someone's house, and stand ([1]) in overcrowded trains.

After a few weeks in Japan, foreigners always comment on the masks that Japanese people wear in public. Foreigners see the masks as one more sign that the Japanese people are polite, so polite that they do not want to make other people sick. ①For years, that was why Japanese people wore masks. Lately, Japanese people have been finding other ([2]).

In 2003, a company that makes masks made a new kind of mask that blocks dust and other things that make people sneeze and have itchy eyes. ②This gave allergy sufferers a reason to start wearing masks that has nothing to do with not wanting to make other people sick. People wore the new masks to ([3]) from breathing in the things that gave them allergies.

These new "allergy" masks gave people a third reason to wear masks in public. ③These new masks were very expensive, so healthy people could start wearing masks to keep from getting sick. Japan's trains are very crowded during rush hours. Millions of people are pushed against each other for hours at a time. People started wearing masks to protect themselves from catching colds during their ([4]) commutes to and from work.

Teenagers are wearing masks so they don't have to talk to anyone. They put their earphones in their ears, play their favorite music, and ([5]) safe in their worlds, unbothered by anybody while commuting to school.

More people are wearing masks in the winter just because it keeps the bottom of their faces ([6]). Since masks are accepted in Japan, wearing one in the winter is easier and cheaper than buying a muffler. It also protects you from people with winter colds.

Today, there are fashion masks that come in many colors, masks that help a person lose weight, and even "flavored" masks that smell like berries.

Japan sells almost $230 million in masks a year. The Japanese people are still the politest people on Earth. ④However, their reasons for wearing masks have changed from not wanting to make other people sick to wanting to lose weight and smell berries.

⑴　英文の空所([1])～([6])に入れるのに最も適切なものを１～０の中から１つずつ選びなさい。ただし，同一のものを２回以上用いてはいけません。

１．real	２．stop	３．reasons	４．warm	５．feel
６．prizes	７．rudely	８．silently	９．daily	０．cold

⑵　英文の下線部①～④の中で，文法上あるいは文脈上，誤りがある英文が１つあります。その番号を答えなさい。解答は[7]にマークしなさい。

2 次の英文を読み，あとの問いに答えなさい。(文中の＊印の語には注があります)

When women started to do paid work in the 19th and early 20th centuries, almost half of it was cleaning and cooking in other people's homes. It was hard, dirty work, and there was not much free time. Women often lived in very small rooms. ([8]) But women〔1. to men 2. was paid 3. half the money 4. earned 5. that〕for the same jobs. They also worked long hours and got very low pay — and it was very hard work.

During this time, women also became teachers or nurses. But people thought that this work was not important, and women had to leave their jobs when they married.

([9]) In World War One (1914-1918), men left home to fight, and women were needed to work both in the army and in their home country.

World War Two (1939-1945) gave millions of jobs to women in the USA and in the United Kingdom. Thousands of American and British women joined the army. ([10]) At the same time, millions of men left their jobs to fight the war in Europe and other places. This meant that women had to go out to work because they needed to *feed their children.

After the war ended and the men came home, more than 2 million women lost their jobs. In the USA and the United Kingdom, women had to return home. ([11]) They showed the home as a woman's place. There were still jobs for women, but they were usually in shops or for secretaries. However, the number of women working outside the home was still higher than before. ([12])

In the 1950s, many countries in the West became quite rich. Factories were making lots of new things, and this meant there were new jobs for women. ([13])

(注) feed ～を養う

(1) 英文の空所([8])～([13])に入れるのに最も適切なものを1～6の中から1つずつ選びなさい。ただし，同一のものを2回以上用いてはいけません。

1. Newspapers and magazines told women to keep a nice, clean home while their husbands were at work.
2. War is usually a bad thing, but it has sometimes been good for women and work.
3. New jobs that appeared in factories, shops and offices were better.
4. In the 1950s and 1960s, the number of women who worked outside the home went up again.
5. This was because a lot of men did not come home from the war, so women had to work to look after their families.
6. Although almost none of them carried a gun, they did "men's" jobs and got the same pay.

(2) 英文の〔 〕内の語(句)を並べかえ，英文を完成させなさい。解答は[14]と[15]に入れるものをそれぞれ答えなさい。

But women ＿＿ [14] ＿＿ [15] ＿＿ for the same jobs.

3 次の英文を読み，あとの問いに答えなさい。(文中の＊印の語(句)には注があります)

Contrary to its name, Takagoyama Nature Zoo is not actually a zoo. It is a monkey park where about 130 monkeys called *Japanese Macaques are kept in a large space covered with netting wire with mesh large enough for monkeys to hold out their hands toward you. It is so much fun to feed them directly.

Other than these monkeys inside, there are also some 'visitor' wild monkeys. They are *craving for what you have — the food ! ①As soon as you will step in the park, wild monkeys will come very close to you. But don't worry. They are very friendly, even though they fight among themselves. A baby monkey will sit on your lap while you are seated on a bench.

It is also great fun to observe the society of monkeys. You can see the big boss, wives, kids and maybe mistresses. You can see strong ones and cowards. You can 〔1. playing　2. see　3. such as　4. them　5. with equipment〕 tightropes and bicycles. We didn't know that monkeys liked to collect stones and to play with them ! We were also surprised to see how different their faces were. ②Just by looking at them you will learn many new things about monkeys that you never even imagined.

If you have been in tourist spots like Nikko, where wild monkeys attack visitors or steal food or handbags, wild monkeys are something that you would be afraid of. However, the monkeys here are not so aggressive to human beings, because they know that we are not their enemies. In fact, the biggest attraction of this park is feeding monkeys by hand. However, there are golden rules of *conduct that everyone should follow. *Otherwise ([19]) between human beings and monkeys.

If you say a 'monkey', 99% of the Japanese imagine a Japanese macaque. They are also known as 'snow monkeys', but the common notion that they only live in cold areas is untrue. They are almost everywhere in Japan except for Hokkaido, which is the northernmost area. (Of course in big cities like central Tokyo, unfortunately, you will hardly see monkeys.) ③As monkeys are very common animals to the Japanese, they appear in various ways in the Japanese culture. The most famous monkeys would be the three wise monkeys, the carving of Nikko Toshogu Shrine in Nikko, Tochigi.

There is an idiom in Japanese ; 'Even monkeys fall from trees', which means 'no one is infallible'. In Japan, a monkey is used *in place of the great poet, *Homer ! Dog-and-monkey relationships in Japanese, on the other hand, are *equivalent to the idea of the cat-and-dog relationship elsewhere. We have no idea if dogs and monkeys are *at odds in reality, ④but it is easy to imagine that a dog taken by a hunter into the mountains would bark *fiercely at the monkeys it finds. There is a very famous tale in Japanese folklore called *Momotaro* where a dog and a monkey take a part. *Momo* means peach and Taro is a common name for boys, like Tom. Peach Tom, who was born from a big peach floating down the river, went to an island to fight the evil. On his way to the island, he met a dog, a monkey, and a pheasant and took them on his journey because they agreed to help Peach Tom in the quest against evil. There are various views *regarding why these three animals were taken, but we can tell that they were very familiar animals to the Japanese.

（注） Japanese Macaque [macaque]　ニホンザル　　crave for　～をほしがる
conduct　ふるまい　　otherwise　さもなければ　　in place of　～に代わって
Homer　ホメロス(古代ギリシアの詩人)　　equivalent to　～と同義の
at odds　仲が悪い　　fiercely　激しく　　regarding　～に関して

(1) Which of the underlined sentences ①～④ is grammatically ***NOT*** correct ? [16]

(2) Put the words or phrases in the correct order. Indicate your choices for [17] and [18].
You can ＿＿ [17] ＿＿ [18] ＿＿ tightropes and bicycles.

(3) Choose the best answer from those below to fill in the blank space [19].
1. there are many rules
2. trust must be built

3．no one could break the rules

4．anyone could break the trust

(4) According to this passage, which of the following statements is true？ 20

1．Some monkeys in the wild attack human beings.

2．Some monkeys don't attack human beings if they are regarded as their boss.

3．Some monkeys don't fight each other in front of human beings.

4．Some monkeys identify others by their smell because their faces are almost the same.

(5) Which of the following statements expresses the main topic of this passage？ 21

1．Japanese macaques in Takagoyama Nature Zoo are very friendly to us and we can give food directly to them.

2．Japanese macaques in Takagoyama Nature Zoo and those in Nikko are different in their behavior.

3．Japanese macaques are familiar to Japanese people and we can see them both in the zoo and in Japanese culture as well as in the old tales.

4．As the proverb says, Japanese macaques and dogs don't get along with each other like cats and dogs in the West.

リスニング問題 〈放送文は未公表につき掲載してありません。〉

4 これから二人の対話を聞き，質問に対する答えとして最も適切なものを１つ選びなさい。なお，対話と質問文は二度読まれます。

22 1．On a plane.

2．At an airport.

3．At a train station.

4．In front of a movie theater.

23 1．Cake and ice cream.

2．Vegetables and desserts.

3．Milk, onions, carrots and ice cream.

4．Milk, onions, carrots and cucumber.

24 1．She cannot buy a ticket by telephone.

2．She doesn't have enough time to read a book.

3．She doesn't have enough money to buy a book.

4．She cannot remember the telephone number of the book store.

25 1．They will go to a café.

2．They will leave the library.

3．They will continue to study there.

4．They will prepare for the next class together.

26 1．They will take a taxi together.

2．They will call the bus company.

3．They will continue to look for the key.

4．They will take different ways to the party.

5 これから少し長めの英文を聞き，質問に対する答えとして最も適切なものを１つ選びなさい。なお，英文は二度読まれます。

27 Who wants old people in Hong Kong to exercise ?

1．Doctors. 2．Families. 3．Students. 4．The government.

28 What is the purpose of offering the exercise programs for old people in Hong Kong ?

1．To keep old people from feeling lonely.

2．To make old people feel like going out.

3．To stop old people from working out with friends.

4．To help old people work longer hours than young workers.

29 How long do people in Hong Kong live on average ?

1．50 to 60 years. 2．60 to 70 years.

3．70 to 80 years. 4．80 to 90 years.

30 How does Tai Chi affect people ?

1．It helps people live longer.

2．It gives people a chance to find a new job.

3．It makes people want to stay up late at night.

4．It improves memory, so people don't need medicines at all.

31 Which statement is ***NOT*** true about Tai Chi ?

1．It is a martial art.

2．It is difficult to learn.

3．It is easy enough to do it alone.

4．It has two kinds of movements.

【数　学】 （50分）〈満点：100点〉

（注意）　1　問題の文中の $\boxed{\text{ア}}$，$\boxed{\text{イウ}}$ などには，特に指示がないかぎり，符号（－，±）または数字（０～９）が１つずつ入る。それらを解答用紙のア，イ，ウ，…で示された解答欄にマークして答えること。

2　分数形で解答する場合，分数の符号は分子につけ，分母につけてはいけない。例えば，$\dfrac{\boxed{\text{エオ}}}{\boxed{\text{カ}}}$ に $-\dfrac{4}{5}$ と答えたいときは，$\dfrac{-4}{5}$ とすること。

また，それ以上約分できない形で答えること。例えば，$\dfrac{3}{4}$ と答えるところを，$\dfrac{6}{8}$ のように答えてはいけない。

3　根号を含む形で解答する場合，根号の中に現れる自然数は最小となる形で答えること。例えば，$\boxed{\text{キ}}\sqrt{\boxed{\text{ク}}}$ に $4\sqrt{2}$ と答えるところを，$2\sqrt{8}$ のように答えてはいけない。

4　根号を含む分数形で解答する場合，例えば $\dfrac{\boxed{\text{ケ}}+\boxed{\text{コ}}\sqrt{\boxed{\text{サ}}}}{\boxed{\text{シ}}}$ に $\dfrac{3+2\sqrt{2}}{2}$ と答えるところを，$\dfrac{6+4\sqrt{2}}{4}$ や $\dfrac{6+2\sqrt{8}}{4}$ のように答えてはいけない。

1　次の各問いに答えよ。

(1)　$\left(\dfrac{ab^3}{2}\right)^2 \times (-4^2) \div \left(\dfrac{b}{2c^3}\right)^3 \times \left(-\dfrac{a}{4c^2}\right)^3 = \dfrac{\boxed{\text{ア}}}{\boxed{\text{イ}}}a^{\boxed{\text{ウ}}}b^{\boxed{\text{エ}}}c^{\boxed{\text{オ}}}$

(2)　$x=\dfrac{7-\sqrt{3}}{4}$ のとき，$(x+1)(x+3)-(x+2)(x-6)=\boxed{\text{カキ}}-\boxed{\text{ク}}\sqrt{3}$ である。

(3)　ある月が31日まであり15日が土曜日ならば，その月に火曜日は全部で $\boxed{\text{ケ}}$ 回ある。

(4)　$\dfrac{1}{2}$，$\dfrac{1}{3}$，$\dfrac{2}{3}$，$\dfrac{1}{4}$，$\dfrac{2}{4}$，$\dfrac{3}{4}$，$\dfrac{1}{5}$，$\dfrac{2}{5}$，$\dfrac{3}{5}$，$\dfrac{4}{5}$，$\dfrac{1}{6}$，…と規則的に並んだ数の列があるとき，$\dfrac{17}{20}$ は $\boxed{\text{コサシ}}$ 番目である。

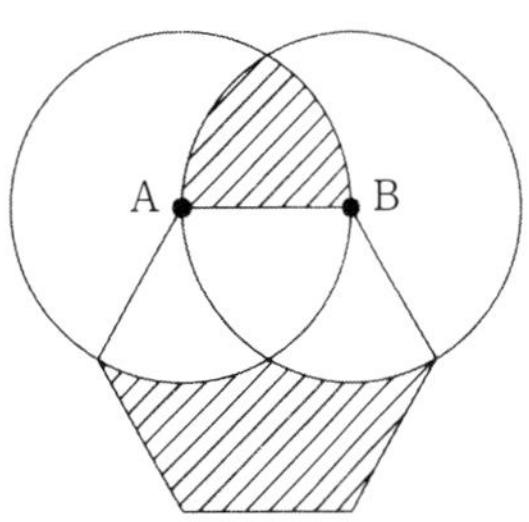

(5)　１辺の長さが１の正六角形に対して，隣り合う２頂点A，Bを中心とする半径１の円を２つ描く。このとき，斜線部分の面積は正六角形の面積の $\dfrac{\boxed{\text{ス}}}{\boxed{\text{セ}}}$ 倍である。

2　右の図のような数直線上を２点P，Qが以下のルールにしたがって移動する。

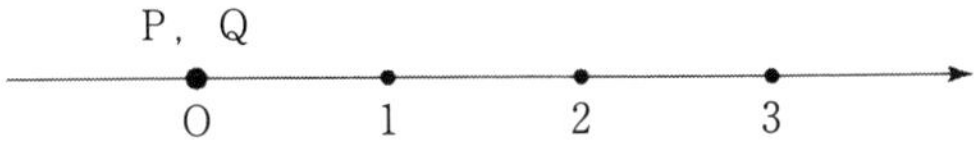

〈ルール〉

①　２点P，Qは，はじめ原点Oにある。

②　１個のさいころを投げて

・１，２，３の目が出たら，点Pのみ正の方向に１移動する。

・４，５の目が出たら，点Qのみ正の方向に１移動する。

・６の目が出たら，２点P，Qは移動しない。

２点P，Q間の距離を X とすると

(1)　さいころを１回投げて，$X=0$ である確率は $\dfrac{\boxed{\text{ア}}}{\boxed{\text{イ}}}$ である。

(2)　さいころを２回投げて，$X=0$ である確率は $\dfrac{\boxed{\text{ウエ}}}{\boxed{\text{オカ}}}$ である。

(3) さいころを3回投げて，$X=1$ である確率は $\dfrac{\boxed{\text{キク}}}{\boxed{\text{ケコ}}}$ である。

3 図のように，点Pを中心とする半径3の円O_1と，点Qを中心とする半径3の円O_2が，互いの中心を通るように交わっている。点Pにおける円O_2の接線と円O_1との交点をA，A′とし，直線PQと円O_1，O_2との交点をそれぞれB，Cとする。さらに，直線ACと円O_1との交点をDとする。

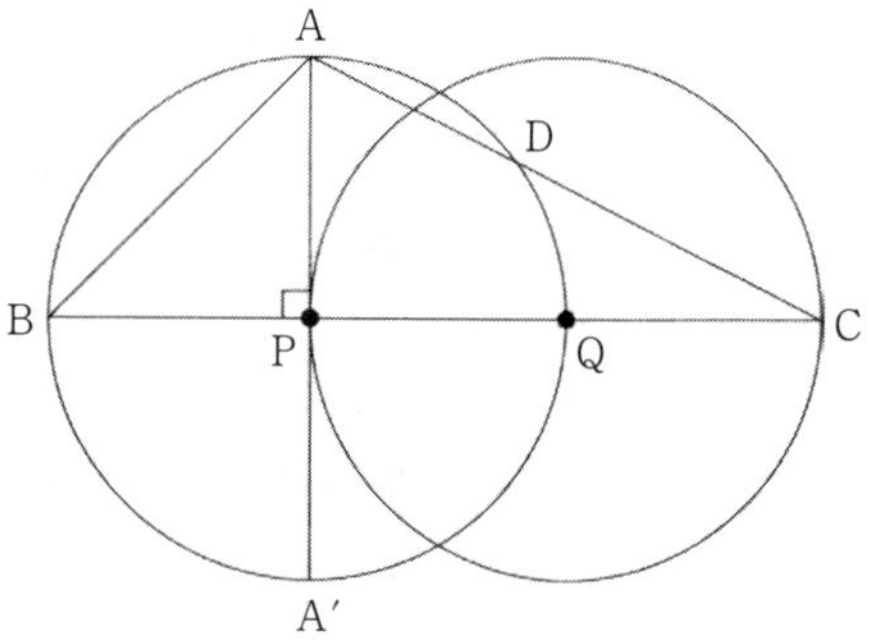

(1) ABの長さは $\boxed{\text{ア}}\sqrt{\boxed{\text{イ}}}$，ACの長さは $\boxed{\text{ウ}}\sqrt{\boxed{\text{エ}}}$ である。

(2) CDの長さは $\dfrac{\boxed{\text{オ}}\sqrt{\boxed{\text{カ}}}}{\boxed{\text{キ}}}$ である。

(3) 直線PDと円O_2の交点をEとすると，DEの長さは $\dfrac{\boxed{\text{ク}}}{\boxed{\text{ケ}}}$ である。

4 図のように，放物線 $y=x^2$ と直線 $y=x+6$ が2点A，Bで交わっている。動点Pは，放物線上を5秒かけてAからBまで進み，動点Qは，直線上を5秒かけてBからAまで進む。

また，動きはじめてから t 秒後の動点P，Qの x 座標をそれぞれ $t-2$，$3-t$ とする。

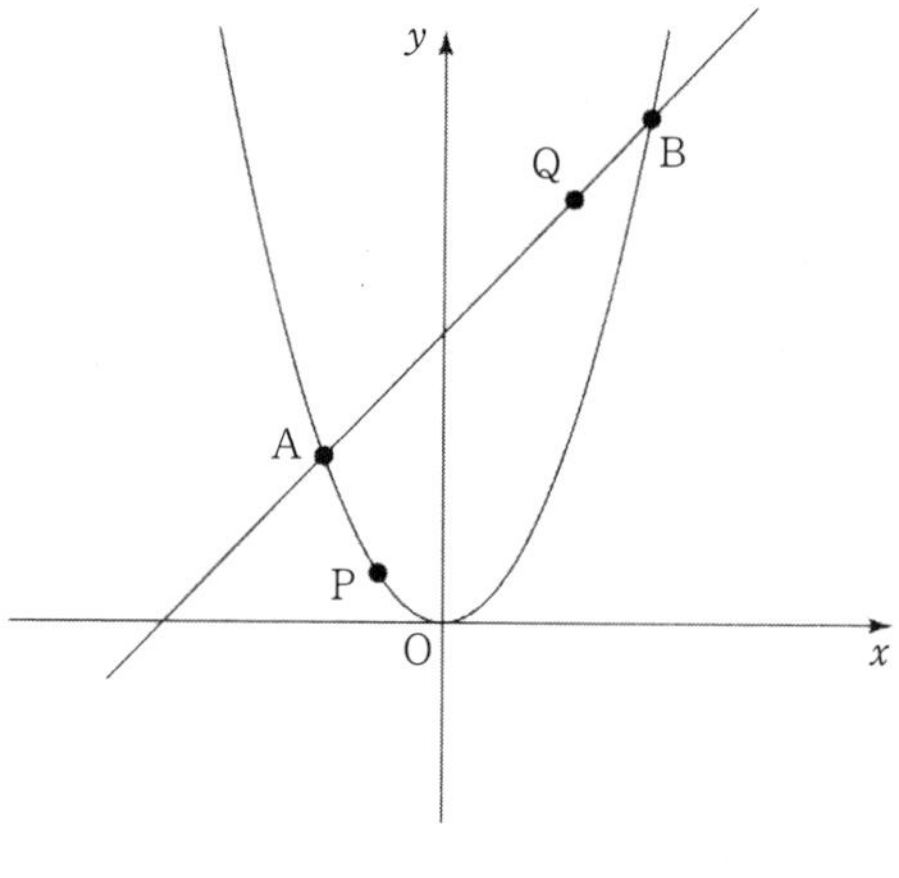

(1) 動きはじめてから2秒後の△PABの面積は $\boxed{\text{アイ}}$ であり，AQ：QB=3：$\boxed{\text{ウ}}$ である。

(2) △PABの面積が最大となるのは，動きはじめてから $\dfrac{\boxed{\text{エ}}}{\boxed{\text{オ}}}$ 秒後であり，このとき，△PAQの面積は $\dfrac{\boxed{\text{カキク}}}{\boxed{\text{ケコ}}}$ である。

(3) 動きはじめてから t 秒後の△PAQの面積は $\dfrac{1}{\boxed{\text{サ}}}t(\boxed{\text{シ}}-t)^2$ と表すことができる。

5　次の各問いに答えよ。

(1)　図１のように，１辺の長さが６の正方形が４つ並んでおり，直線ABと正方形との交点をそれぞれC，Dとする。このとき，AC：DB＝ ［ア］ ： ［イ］ である。

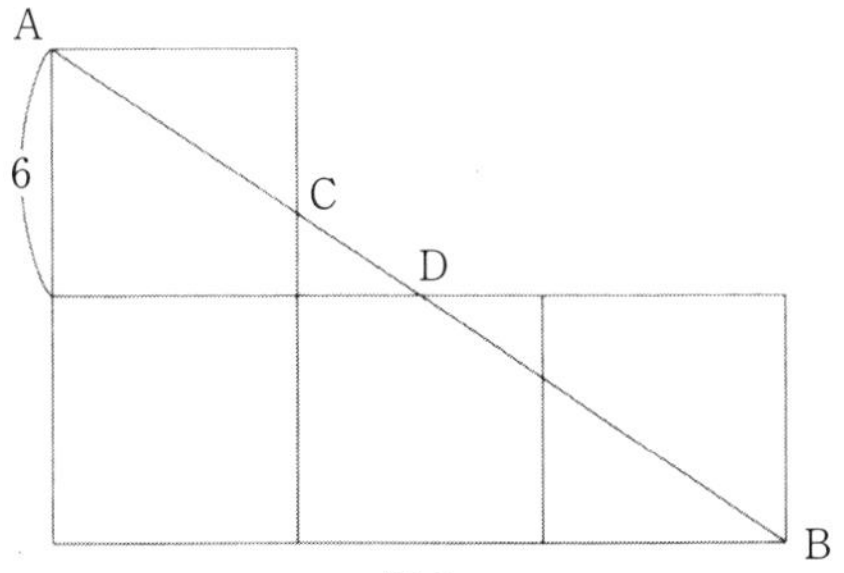

図１

図２のように，１辺の長さが６の立方体①～④からなる立体がある。３点A，B，Eを通る平面でこの立体を切断する。

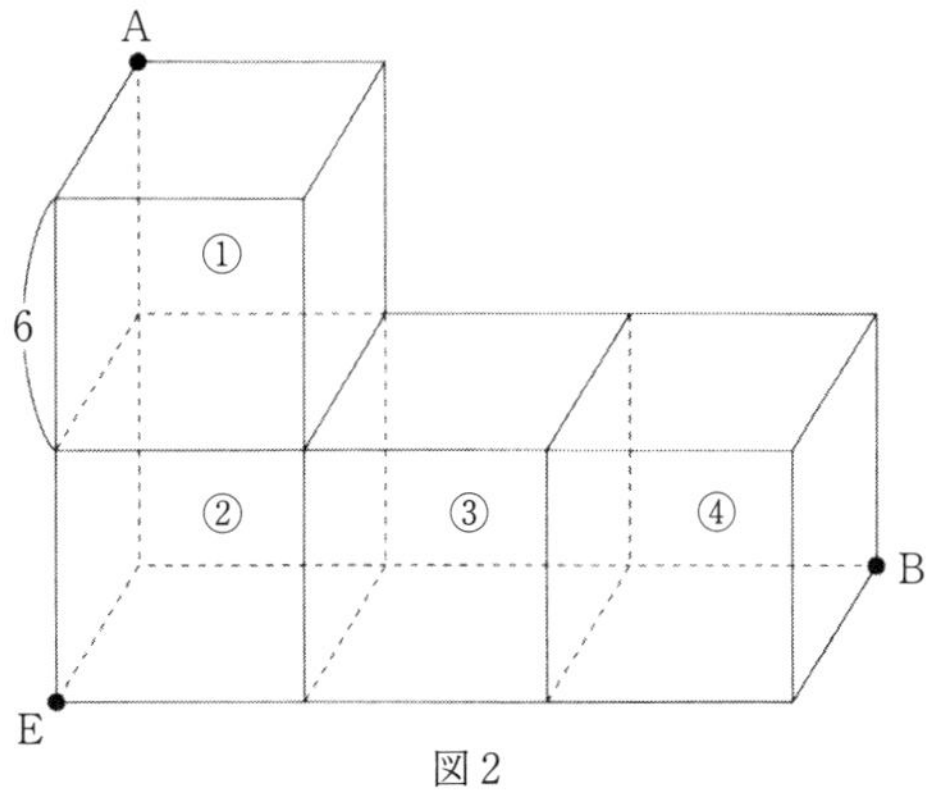

図２

(2)　切断面の面積は $\dfrac{\boxed{ウエオ}}{\boxed{カ}}$ である。

(3)　切断面の図形の，②の立方体の部分をS，③の立方体の部分をT，④の立方体の部分をUとする。

このとき，S，T，Uの面積の比はS：T：U＝ ［キク］ ： ［ケコ］ ： ［サ］ である。

1. 博雅三位は共に笛を吹き合った相手と笛を取りかえたが、そのまま返さなかった。

2. 浄蔵が朱雀門の辺りで笛を吹くと、鬼となった博雅三位が楼上から大声で褒めた。

3. 博雅三位が朱雀門の前で月の明るい晩に笛を吹き合った相手は鬼であった。

4. 帝が浄蔵に博雅三位の笛を吹かせると、博雅三位に劣らない笛の名人であった。

5. 博雅三位が亡くなった後、鬼の笛を素晴らしい音色で奏でたのは浄蔵だけであった。

かれに行きて、この笛を吹きけるに、かの門の＊楼上に、高く大きなる音にて、「なほ逸物かな」とほめけるを、「かく」と奏しければ、はじめて鬼の笛と知ろしめしけり。

（『十訓抄』）

（注）＊博雅三位…源博雅。上流貴族。
＊直衣…貴族の日常服。
＊朱雀門…大内裏の南の正門。朱雀大路に面する。
＊浄蔵…平安時代の僧で、笛の名手。
＊楼上…高く造られた建物の上。

問一 傍線部アからウの解釈として最も適当なものを、後の中からそれぞれ一つずつ選びなさい。㉘〜㉚

ア よもすがら笛を吹かれけるに
1. 夜通し笛を吹かされていたが
2. 夕暮れから笛を吹かせていた時に
3. 夜になる前から笛をお吹きになっていたが
4. 一晩中笛をお吹きになっていたところ
5. 夜になってから笛を吹きなさったところ

イ そののち、なほなほ月ごろになれば
1. その男と代わった後も、さらに毎月出会ったので
2. 笛を交換した後も、同じように会うことが何か月も続いたので
3. その男が代わった後でも、今まで通りに月の中頃には出かけて行って
4. 笛を取りかえた後も、しばしば満月のたびに出会うことを約束したので
5. その男と笛を取りかえてからも、いよいよ月の出のよい頃になると

ウ 仰せのごとく、かれに行きて
1. 浄蔵はご命令の通りに、例の男のところに行って
2. 帝は浄蔵の指示に従い、笛の持ち主のところに行って
3. 浄蔵はご命令の通りに、朱雀門の辺りに行って
4. 笛の主は浄蔵の指示に従い、朱雀門の辺りに行って
5. 浄蔵は博雅三位の命令に従い、笛の持ち主のところに行って

問二 傍線部①について、博雅三位がその笛吹の名前を問わなかった理由として最も適当なものを、次の中から一つ選びなさい。㉛
1. 相手の事を知ってしまうと、互いに遠慮や配慮が生まれ、笛を上手に吹けなくなってしまうから。
2. お互いに知らない者同士であった方が、笛の音に優劣がついても、このまま笛を演奏し合うことができるから。
3. 男の笛の音に心を奪われ、名前を聞いたり、自分の名を告げたりすることも忘れてしまったから。
4. 笛の名手同士にとってはすばらしい笛の音を奏で合うこと以外には全く価値も意味もないと思っているから。
5. 相手が自分のことを尋ねてこない以上、こちらも尋ねる必要がないと思ったから。

問三 空欄 A に入ることばとして最も適当なものを、次の中から一つ選びなさい。㉜
1. もとの笛を返し取らむ
2. もとの笛を差し上げむ
3. もとの笛を取りかへむ
4. もとの笛を取りたるか
5. もとの笛を失せたるか

問四 傍線部②とは誰のことか。最も適当なものを、次の中から一つ選びなさい。㉝
1. 博雅三位　2. 直衣着たる男　3. 帝
4. 時の笛吹ども　5. 浄蔵

問五 本文の内容として誤っているものを、次の中から一つ選びなさい。㉞

中から一つ選びなさい。㉖

1．「私」から黒いくまのぬいぐるみをもらって本当はうれしかったのに、裏腹なことを言って本心を必死に隠そうと努力し、ぬいぐるみを横に置いて寝ているから。

2．黒いくまのぬいぐるみを横に寝かせているのはもちろんのこと、さがしている本が昭和のはじめに活躍した画家が書いたエッセイだとわかると安心して寝ているから。

3．自分の死期が近づいたことを悟った途端に、今までの自分の思いを立板に水を流すように吐露したおばあちゃんが、黒いくまのぬいぐるみを横に置いて寝ているから。

4．単に黒いくまのぬいぐるみを横に寝かせているというだけでなく、自分の思ったことを相手に直接的に言うところが、率直さや素直さを忘れない子どものようであったから。

5．「私」が毎日毎日古本屋まで行って本をさがしてくれているのがわかると、急に罪悪感に苛《さいな》まれて、子どもが悪い行いを悔い改めるように思いを正直に話したから。

問七　この文章を読んだ五人の生徒がそれぞれ意見を述べあった。本文の内容をふまえた発言として最も適当なものを、後の中から一つ選びなさい。㉗

生徒A　小説を読む時、時間の経過や場面転換に注意しながら読むことは重要だと思いますが、この作品は回想シーンを何度か織り込んで時間を重層化させた構成になっていて、工夫されていると思います。

生徒B　私は視点に注目しました。一人称を基本とし、主人公の繊細な心の動きや、周囲の人たちを客観的に描写することで、登場人物を対象化し分析的にとらえようとしていることがわかりました。

生徒C　この作者の他の作品に『ミツザワ書店』や『旅する本』というのがありますが、本という小道具を使ってドラマを紡ぎ出すという点では、この作品も「私」が古本屋を南船北馬する話題で、おばあちゃんと「私」を結びつける役割をしている気がします。

生徒D　おばあちゃんと言えば、「私」や「私」の母に対してより一層冷淡な態度をとる様子が描かれていますが、それは死ぬからといって、周囲の人間が急に優しくなることに対する違和感から生じたものだと思います。

生徒E　結局この作品は、人間の生の普遍的な形を描写していて、通念とは矛盾するような逆説的表現から、本質的な意味での「人間性」を読者に思わせるものがありますね。

1．生徒A　2．生徒B　3．生徒C
4．生徒D　5．生徒E

五

次の文章を読んで、後の問いに答えなさい。

＊博雅三位、月の明かりける夜、＊直衣《なほし》にて、＊朱雀門《すざくもん》の前に遊びて、ア よもすがら笛を吹かれけるに、同じさまに、直衣着たる男の、笛吹きければ、「①たれならむ」と思ふほどに、その笛の音、この世にたぐひなくめでたく聞《きこ》えければ、あやしくて、近寄りて見ければ、いまだ見ぬ人なりけり。われもものをもいはず、かれもいふことなし。かくのごとく、月の夜ごとに行きあひて、吹くこと、夜ごろになりぬ。

かの人の笛の音、ことにめでたかりければ、こころみに、かれを取りかへて吹きければ、世になきほどの笛なり。イ そののち、なほなほ月ごろになれば、行きあひて吹きけれど、「　A　」ともいはざりければ、ながくかへてやみにけり。三位失せてのち、帝、この笛を召して、時の笛吹《ふえふき》どもに吹かせらるれど、その音を吹きあらはす人なかりけり。

そののち、＊浄蔵といふ、めでたき笛吹ありけり。召して吹かせ給ふに、かの三位に劣らざりければ、帝、御感ありて、「②この笛の主、朱雀門のあたりにて得たりけるとこそ聞け。浄蔵、このところに行きて、吹け」と仰せられければ、月の夜、ウ 仰せのごとく、なってしまって、死期が近いということを象徴的に表現している。

5．今まで聞いたこともない本だったのでわざわざ大型書店まで行って本をさがす努力をしているのに、それをおばあちゃんには認めてもらえず責められ、気分が落ち込んでいく「私」の心理を重ねている。

問三　傍線部②について、その理由として最も適当なものを、次の中から一つ選びなさい。㉓

1．「私」とせっかく仲良く本のことについて話をしていたのに、昔からあまりうまくいっていない「私」の母親が突然病室に入ってきたことで、水を差すような状況になり疎ましく思ったから。

2．おばあちゃんは本が見つけられなければ死期が早まると思っていることを誰にも知られたくなく、また、横柄な態度をとっているところを「私」の母親に見せたくなかったから。

3．おばあちゃんは、自分が死ぬ前に一度手にして読んでみたいと思っていた本を「私」にこっそり頼んでさがしてもらっていることを、周囲の者達に絶対に知られたくないと思っていたから。

4．本をさがしていることを誰かに知られてしまうと自分の死期が早まると信じており、そのため「私」の母親に対しても決して知られたくなかったから。

5．さがすのにかなり苦労する本を無理矢理さがすように言って「私」が困惑していることを、「私」の母親に知られてしまったら、今以上に関係が悪化すると思ったから。

問四　空欄 X に入る一段落として最も適当なものを、次の中から一つ選びなさい。㉔

1．母をかばうように私は言った。おばあちゃんの乱暴なもの言いに私は慣れているのに、もっと長く娘をやっている母はなぜか慣れていないのだ。

2．母をはばかるように私は言った。おばあちゃんの居丈高なもの言いに私は慣れているのに、もっと長く親子をやっている母はなぜか慣れていないのだ。

3．母を敬うように私は言った。おばあちゃんの矢継ぎ早なもの言いに私は慣れているのに、もっと長く親子を演じている母はなぜか慣れていないのだ。

4．母をねぎらうように私は言った。おばあちゃんのぶっきら棒なもの言いに私は慣れているのに、もっと長く娘を演じている母はなぜか慣れていないのだ。

5．母をなだめるように私は言った。おばあちゃんの辟易《へきえき》するもの言いに私は慣れているのに、もっと長く娘をやらされている母はなぜか慣れていないのだ。

問五　傍線部③について、この時の「私」の心情として最も適当なものを、次の中から一つ選びなさい。㉕

1．常識的なことを全く知らない母親と、母親の行動が気に入らないおばあちゃんとの不仲な関係にある親子の将来のことを考え、やるせない思いに浸っている。

2．おばあちゃんの死期が近いということで、精神的に不安定になっていて、少しのことでも感情的になってしまってすぐに泣いてしまう母親を受け入れられず暗い気持ちになっている。

3．母親の泣き声に象徴されているように、これからのことを考えると暗い将来しか待っていないような気がするが、そのことをにわかに信じがたく腑《ふ》に落ちかねている。

4．健気《けなげ》に看病する母親に対して、辛酸を進んで嘗《な》めようとすることをしないで、残りの人生を自由奔放に生きようとするおばあちゃんが憎らしく思えている。

5．今の状況が何ひとつよい方向へと変わっていく気配がまったく感じられず、自分の心の中にいやなものが入り込んできて、不快感ややり切れなさを感じている。

問六　傍線部④について、その理由として最も適当なものを、次の鳴り散らした。

「おばあちゃん、わがまますぎるっ。ありがとうくらい言えないのっ。私だって毎日毎日本屋歩いてるんだから。古本屋だって、入りづらいのにがんばって入ってるんだから。古本屋に私みたいな若い子なんかいないのに、それでも入ってって、愛想の悪いおやじにメモ見せて、がんばってさがしてるんだからっ。それにっ、おかあさんにポインセチアのお礼だって言いなよっ」

おばあちゃんはc目玉をぱちくりさせて私を見ていたが、突然笑い出した。私の覚えているよりは数倍弱々しい笑いではあったけれど、それでもすごくおかしそうに笑った。

「あんたも言うときは言うんだねえ。なんだかみんな、やけにやさしいんだもん、調子くるってたの。美穂子なんかあたしが何か言うと目くじらたてて言い返してきたくせに、やけに素直になっちゃって」

美穂子というのは私の母である。外した酸素マスクをあごにあてて、おばあちゃんは窓の外を見て、ちいさな声で言った。

「あたし、もうそろそろいくんだよ。それはそれでいいんだ。これだけ生きられればもう充分。けど気にくわないのは、みんな、美穂子も菜穂子も沙知穂も、人がかわったようにあたしにやさしくするってこと。ねえ、いがみあってたら最後の日まで人はいがみあってたほうがいいんだ、許せないところがあったら最後まで許すべきじゃないんだ、だってそれがその人とその人の関係だろう。相手が死のうが何しようが、むかつくことはむかつくって言ったほうがいいんだ」

おばあちゃんはそう言って、酸素マスクを口にあてた。くまのぬいぐるみを、自分の隣に寝かせて、目を閉じた。④くまと並んで眠るおばあちゃんは、おさない子どもみたいに見えた。

（角田光代『さがしもの』）

問一　傍線部aからcの語句の本文中における意味として最も適当なものを、後の中からそれぞれ一つずつ選びなさい。19〜21

a　すごすご帰（る）
1．意気揚揚と帰る
2．意気軒昂《けんこう》として帰る
3．意気消沈して帰る
4．意気投合して帰る
5．意気地がなく帰る

b　ずけずけと言う
1．無遠慮にものを言う
2．忌み嫌う様子でものを言う
3．挑発的な態度でものを言う
4．威圧するようにものを言う
5．苛立《いらだ》ちながらものを言う

c　目玉をぱちくりさせて
1．ひどく驚き目が覚めて
2．驚いて目を大きくしてまばたきをして
3．怒って目を大きく開いて
4．怒ったり驚いたりして目つきを変えて
5．あまりひどくて目を丸くして

問二　傍線部①の木々の描写の説明として最も適当なものを、次の中から一つ選びなさい。22

1．おばあちゃんが「私」にさがしてもらいたいと頼んだ本がその後も見つからず、おばあちゃんは本を手にすることなく死んでしまうという物語の展開上の伏線となっている。
2．おばあちゃんのさがしている本がなかなか見つからず、もしかしたらこのまま自分は本を手にすることなく死んでしまうのではないかとひどく落胆するおばあちゃんの気持ちが反映されている。
3．おばあちゃんに言われてさがしている本を早く見つけてあげたいと思うと同時に、もし見つからなければもう少し生きるのではないかという「私」の葛藤する気持ちが象徴されている。
4．自分が読みたいと切に願っていた本が見つからなくて、すねて眠ってしまっているおばあちゃんが、ずいぶん痩せて小さく私の考えを読んだように、おばあちゃんは真顔で言った。

「だって本当にないんだよ。新宿にまでいったんだよ。いったいいつの本なのよ」

本が見つかることと、このまま見つけられないことと、どっちがいいんだろう。そう思いながら私は口を尖《とが》らせた。

「最近の本屋ってのは本当に困ったもんだよね。少し古くなるといい本だろうがなんだろうがすぐひっこめちまうんだから」

おばあちゃんがそこまで言いかけたとき、母親が病室に入ってきた。②おばあちゃんは口をつぐむ。母はポインセチアの鉢を抱えていた。手にしていたそれを、テレビの上に飾り、おばあちゃんに笑いかける。母はあの日から泣いていない。

「もうすぐクリスマスだから、気分だけでもと思って」母はおばあちゃんをのぞきこんで言う。

「あんた、知らないのかい、病人に鉢なんか持ってくるもんじゃないんだよ。鉢に根付くように、病人がベッドに寝付いちまう、だから縁起が悪いんだ。まったく、いい年してなんにも知らないんだから」

母はうつむいて、ちらりと私を見た。

「クリスマスっぽくていいじゃん。クリスマスが終わったら私が持って帰るよ」

X

案の定、その日の帰り、タクシーのなかで母は泣いた。またもや私は、ひ、と思う。

「あの人は昔からそうなのよ。私のやることなすことすべてにけちをつける。よかれと思ってやっていることがいつも気にくわないの。私、何をしたってあの人にお礼を言われたことなんかないの」

タクシーのなかで泣く母は、クラスメイトの女の子みたいだった。母の泣き声を聞いていると、③心がスポンジ状になって濁った水を吸い上げていくような気分になる。

あああ、と私は思った。これからどうなるんだろう？　本は見つかるのか？　おばあちゃんは死んじゃうのか？　おかあさんとおばあちゃんは仲良くなるのか？　なんにもわからなかった。だって私は十四歳だったのだ。

クリスマスを待たずして、おばあちゃんは個室に移された。点滴の数が増え、酸素マスクをはめられた。それでも私はまだ、おばあちゃんが死んでしまうなんて信じられないでいた。病室では笑っている母は、家に帰ると毎日のように泣いた。おばあちゃんが個室に移されたのは、私が鉢植えを持っていったからだと言って泣いた。

その年のクリスマスは冷え冷えとしていた。私が夏から楽しみにしていた母のローストチキンは黒こげで食べられたものではなかったし、ケーキに至っては砂糖の量を間違えたのかまったく甘くなかった。クリスマスプレゼントのことはみんな忘れているようで、私は何ももらえなかった。

そうして例の本も、私は見つけられずにいた。

クリスマスプレゼントにできたらいいと思って、私はさらに遠出をして本屋めぐりをしていたのだが、そのなかの一軒で、年老いた店主が、たぶん絶版になっていると教えてくれた。昭和のはじめに活躍した画家の書いた、エッセイだということも教えてくれた。それで、それまで入ったこともなかった古本屋にも、足を踏み入れていたというのに。

黒こげチキンの次の日、冬休みに入っていた私は朝早くから病院にいった。見つけられなかった本のかわりに、黒いくまのぬいぐるみを持っていった。

「おばあちゃん、ごめん、今古本屋さがしてる。かわりに、これ」

おばあちゃんはずいぶん痩《や》せてしまった腕でプレゼントの包装をとき、酸素マスクを片手で外してｂずけずけと言う。

「まったくあんたは子どもだね。ぬいぐるみなんかもらったってしょうがないよ」

これにはさすがにかちんときて、個室なのをいいことに、私は怒きした。ベッドに身を乗り出して耳を近づける。

「そのこと、だれにも言うんじゃないよ。あんたのおかあさんにも、おばさんたちにも。あんたがひとりでさがしておくれ」

　おばあちゃんの息は不思議なにおいがした。いいにおいかくさいにおいかと言われれば後者なんだけれど、嗅《か》いだことのない種類のものだった。そのにおいを嗅ぐと、なぜか、泣いている母を思い出すのだった。

　おばあちゃんの言葉通り、次の日、私はメモを持って大型書店にいった。そのころはコンピュータなんてしろものはなくて、店員は、分厚い本をぱらぱらめくって調べてくれた。

「これ、書名正しいですか？」店員は困ったように私に訊《き》いた。

「と、思いますけど」

「著者名も？　該当する作品が、見あたらないんですよね」

「はあ」

　私と店員はしばらくのあいだ見つめ合った。見つめ合っていてもしかたない、ひとつお辞儀をして私は大型書店を去った。

「おばあちゃん、なかったよ」

　そのまま病院に直行して言うと、おばあちゃんはあからさまに落胆した顔をした。こちらが落ちこんでしまうくらいの落胆ぶりだった。

「本のタイトルとか、書いた人の名前が、違ってるんじゃないかって」

「違わないよ」ぴしゃりとおばあちゃんは言った。「あたしが間違えるはずがないだろ」

「だったら、ないよ」

　おばあちゃんは私の胸のあたりを見つめていたが、

「さがしかたが、甘いんだよ」すねたように言った。「どうせ、一軒いってないって言われてａすごすご帰ってきたんだろ。店員も、あんたとおんなじような若い娘なんだろ。もっと知恵のある店員だったらね、あちこち問い合わせて、根気よく調べてくれるはずなんだ」

　そうしてふいと横を向き、そのままいびきをかいて眠ってしまった。

　私はメモ書きを手にしたまま、パイプ椅子に座って空を見た。季節は冬になろうとしていた。空から目線を引き下げると、バス通りと、バス通りを縁取る街路樹が見えた。①木々の葉はみな落ちて、寒々しい枝が四方に広がっている。

　すねて眠るおばあちゃんに視線を移す。私の知っているおばあちゃんより、ずいぶんちいさくなってしまった。それでも、もうすぐ死んでしまう人のようにはどうしても見えない。また、もうすぐ死んでしまうのだと思っても、不思議と私はこわくなかった。きっと、それがどんなことなのか、まだ知らなかったからだろう。今そこにいるだれかが、永遠にいなくなってしまうということが、いったいどんなことなのか。

　その日から私は病院にいく前に、書店めぐりをして歩いた。繁華街や、隣町や、電車を乗り継いで都心にまで出向いた。いろんな本屋があった。雑然とした本屋、歴史小説の多い本屋、店員の親切な本屋、人のまったく入っていない本屋。しかしそのどこにも、おばあちゃんのさがす本はなかった。

　手ぶらで病院にいくと、おばあちゃんはきまって落胆した顔をする。何か意地悪をしているような気持ちになってくる。

「あんたがその本を見つけてくれなけりゃ、死ぬに死ねないよ」

　あるときおばあちゃんはそんなことを言った。

「死ぬなんて、そんなこと言わないでよ、縁起でもない」

　言いながら、はっとした。私がもしこの本を見つけださなければ、おばあちゃんは本当にもう少し生きるのではないか。ということは、見つからないほうがいいのではないか。

「もしあんたが見つけだすより先にあたしが死んだら、化けて出てやるからね」

1. 理性に基づかない判断こそが人間社会を発展させてきたと考えられるだけに、合理性だけを追求した人間は社会的な貢献度が低く、協調を重んじる集団の中では浮いた存在となってしまうから。

2. 様々な事象を合理性だけで判断する人間は他人のミスに対して不寛容であり、忘れっぽさや愚かさを「強み」として伸ばすことで集団行動を円滑にしてきた人間社会の中では疎ましく思われるから。

3. 物事を合理的に考える知性だけが発達した人間は生存競争では大きな「強み」を発揮するが、集団としての協調行動は苦手であり、人間社会の中ではその言動の特異性が際立ってしまうから。

4. データを基に最善の判断を下す人間は、人類の発展に最も寄与した新奇探索性と衝突するため、発達しすぎると協調性を失い、一見愚かだと思える他人の判断に理解を示せなくなるから。

5. 人類は理屈では説明しがたい不合理性を社会の中で制御することによってこれまで繁栄してきた経緯があり、合理性だけを「強み」とする人間はそうして発展した集団社会には適合しにくいから。

問六 傍線部④について、この文章を読んだ五人の生徒がそれぞれ意見を述べあった。筆者の意見をふまえた発言として最も適当なものを、後の中から一つ選びなさい。⑱

生徒A　AIはデータさえ十分に蓄積すれば圧倒的な威力を発揮するんだ。ただ人間との勝負を煽っていると暴走する恐れがあるから、人間が知性で制御していくことが必要だね。

生徒B　もはや同じ土俵でAIと勝負しても仕方がないよ。だから「ひらめき」のように人間にしかない「強み」を磨きつつ、AIを補完的に使いこなしていくべきじゃないかな。

生徒C　人間の「弱み」だと思っていた性質にも実は利点があるんだから、焦って克服を目指すんじゃなくて、AIの持つ「強み」との調和を考えていくべきだと思うな。

生徒D　人間の脳とAIの勝負は興味深いけど、AIに人間の仕事を奪われてしまっては本末転倒だから、AIをビジネスとして使うのは考え直した方がよさそうだね。

生徒E　合理的なAIには協調性を欠くという「弱み」があるから、AIを良きパートナーとして使うには、その「弱み」から得られるメリットを冷静に見極めることが大事なんだよ。

1. 生徒A　2. 生徒B　3. 生徒C
4. 生徒D　5. 生徒E

四

次の文章を読んで、後の問いに答えなさい。

当時中学二年生だった「私」が学校から帰ると母が泣いていた。数週間前に入院したおばあちゃんが、もう長いことはないというのである。泣く母を見た次の日から、私は毎日のように病院へ面会に行ったが、ある時、本をさがしてきてほしいと頼まれる。

おばあちゃんはじっと私を見ていたが、ベッドのわきに置かれた机の引き出しから紙とペンを出し、眼鏡を掛け、なにやら文字を書きつけた。渡されたメモを見ると、私の知らない名前に、私の知らないタイトルが、殴り書きされていた。

「えー、聞いたことないよ、こんな本」私は言った。

「あんたなんかなんにも知らないんだから、聞いたことのある本のほうが少ないだろうよ」

おばあちゃんは言った。こういうもの言いをする人なのだ。

「出版社はどこなの」

「さあ。お店の人に言えばわかるよ」

「わかった。さがしてみるけど」

メモをスカートのポケットに入れると、おばあちゃんは私を手招これは人間の不合理性とは補完的に働き、強力なパートナーシップを築くことも可能性としては十分にあり得ます。ＡＩとの勝負、などと煽るつまらないビジネスをしている場合ではなく、④このディレクション（使い方）ができるかどうかこそが人類の課題と言えるでしょう。

（中野信子『空気を読む脳』）

（注）＊バグ…コンピュータのプログラムの誤り・欠陥。

問一　空欄[A]から[E]に入る語として最も適当なものを、次の中からそれぞれ一つずつ選びなさい。ただし、同じものを二回以上用いてはいけません。⑨～⑬

1．つまり　2．むしろ　3．あるいは

4．もちろん　5．しかし

問二　傍線部①について、その説明として最も適当なものを、次の中から一つ選びなさい。⑭

1．ドーパミンの働きによってしばしば人間に合理的でない行動を取らせてしまう要因となる性質であるが、個人でコントロールするのは自殺行為に当たるため、社会全体で協調していくことでその背徳感を抑制している。

2．新しく刺激的な環境を求めることに喜びを感じる性質であり、人に合理的でない振る舞いをさせてしまう要因となり得るが、そのおかげで人類は変化に自力で対応できるようになり、発展することができた。

3．なまやさしい環境を拒絶する探求心のことであり、合理性の観点から考えると明らかに脳の機能的な欠陥と言えるが、社会道徳や宗教的倫理観によって厳しく制御していくことで、人類の繁栄に重要な機能も果たしている。

4．これまでの安定を捨て、リスクを冒してでも新しいことに挑戦しようとする性質であり、人類の繁栄には欠かせない機能を果たすが、その度合いには個人差があり、また、一人の力では制御するのが困難な「弱み」でもある。

5．人類が生存する確度が最も高い方策を導き出す合理性と真逆の性質であり、脳の機能上の「弱み」と言えるが、これをコントロールしきってしまうと生物種として滅亡してしまうため、仏教の教えでは禁じられている。

問三　傍線部②について、その理由として最も適当なものを、次の中から一つ選びなさい。⑮

1．人間の「ひらめき」は論理の積み重ねで得られるものではなく、楽しさや興奮を伴うため、合理的なＡＩの判断に負けることがあるから。

2．人間の「ひらめき」には限界があり、その長所も、データの蓄積により進化していくＡＩにやがて及ばなくなってしまうと考えられるから。

3．人間の「ひらめき」はごく少ない過去の事例やデータから解決策を導ける一方で、確実性が乏しく、社会では評価されにくいから。

4．人間の「ひらめき」は世界中を探せば必ず同じものが複数存在するため、ＡＩに勝る最後の砦と呼ぶにはふさわしくないから。

5．人間の「ひらめき」はこれまでのデータを超える絶妙の発想を可能にする反面、目先の難局を避けるのにはあまり効果的でないから。

問四　空欄[X]に入る内容として最も適当なものを、次の中から一つ選びなさい。⑯

1．人間の棋士ならば常識的には打たない奇妙な手

2．短期的な予測に基づいたとは思えない奇抜な手

3．人間の棋士なら眉をひそめるほど卑怯《ひきょう》な禁じ手

4．常識的なＡＩならまず考えられない不可解な手

5．人間の棋士でもごく容易に想定できる安直な手

問五　傍線部③について、その理由として最も適当なものを、次の中から一つ選びなさい。⑰

たしかに、ごく少ない過去の事例やデータから、解決策を「ひらめく」ことができるのは、人間の「強み」と言えるかもしれません。現時点では、という条件つきにはなるでしょうが。

さらに言えば本質的に、この「強み」には限界があります。どんなに「ひらめいた」と思っても、だいたい誰かしらは、同じようなことを考えています。研究者はそれを特によく知っているはず。すごい「ひらめき」だと思っても、世界の中では5人くらいは同じようなことをひらめいているし、すでに誰かが同じことを始めていて、進めている可能性すらあるのです。

ひらめいた瞬間は楽しいし、興奮もあるでしょう。[C]その「ひらめき」が社会で評価されるかどうかというのは別の問題。AIに負けるかもしれない、という不安のあまり、「ひらめき」の楽しさと、その実効性を混同するという単純なトリックに、人間は引っかかりやすくなっています。これが今、多くの人が陥っている状態かもしれません。

数年前に、囲碁棋士の李世乭《イセドル》と、コンピュータ囲碁プログラムのAlphaGoとの対戦がありました。第3局まではAlphaGoが勝利を収めました。しかし第4局でAlphaGoは、難局を回避するため、[X]を打ったのです。勝機を見いだした李世乭は、AlphaGoに打ち勝ちました。

人間とAIの差がいちばん出るところがこのような局面でしょう。人間の場合は、これまでのデータを超える絶妙の一手をひねり出したり、逆に不利を認めて投了したりします。

しかし、AIはそうではありません。目先の難局を避けるためにごく短期的な予測に基づいて奇妙な手を打ってしまうことがあるのです。結局、そこから総崩れになって負けていくパターンになるといいます。

AlphaGo 以外にも、別のAIがやはり奇妙な手を打ち、自滅するという現象が起こりました。開発者にとっては、AIがこのような部分を克服できるのかどうかというのが課題となるのかもしれません。

ただし、AlphaGoが使っているディープラーニングの手法は、過去と比べるとだいぶ人間に近づいているとも言われます。奇妙な手を打ったというのは、データの蓄積が足りず不確実な選択肢の中から無理やり答えを出したからと考える技術者もいます。

とすれば、これからデータは蓄積されていく一方ですから、AIは正確な答えをより速く、確実性を増して出せるようになってくるでしょう。過去のデータが十分にある状態なら、AIは圧倒的な威力を発揮します。人間の「ひらめき」なぞ、簡単に凌駕《りょうが》してしまいます。

しかしすでに、人間とAIが競合する、という軸で語るのがそう妥当ではないということを多くの人が感じ始めているのではないでしょうか。[D]、AIの力を借りながら、互いの「強み」と「弱み」を知り、協調して発展しよう、という建設的な議論を始めるべきときだということを人々が感じつつもどうしてよいのかわからない、という状態ではないかと思われます。

新しく、未知の要素も多く、それでいてわれわれに近い機能を持つ存在は、不安の強いわれわれ人類にとっては、恐怖感を煽《あお》られてしまう相手かもしれません。が、本来、人工知能は、われわれの生活をあらゆる面で豊かにするために開発されてきた存在のはずです。

脳の進化の歴史をたどれば、人間は合理的に考えることのできる知性を発達させることで繁栄もしてきましたが、その合理性を適度に抑えることで——[E]、適度に鈍感であり、忘れっぽく、愚かであり続けることによって——集団として協調行動をとることが可能になりました。

それが、今日まで人類が発展を続けることができた大きな要素だったのではないかと考えることができます。果たして、合理性だけが発達した人間は、どのように扱われるのでしょうか？　③彼らは、異質なものとして人間社会からは排除されてしまうのです。

ただ、その人間がつくり出した合理性の塊が人工知能だとすれば、佐藤「ご多忙の中ご協力いただき、ありがとうございます。それでは、今週の土曜日の午後に、私を含めて五名でいらっしゃいますが、ご都合はいかがでしょうか。」
警官「はい。承りました。何時に参上しますか。」
佐藤「午後一時に伺いますので、よろしくお願い申し上げます。」

1．一箇所　2．二箇所　3．三箇所
4．四箇所　5．五箇所　6．なし

三　次の文章を読んで、後の問いに答えなさい。

人類の起源はアフリカと考えられています。豊かで気候の良い土地であり、生存にも生殖にも有利であったはず。条件の良い場所は個体数が増えればそれだけで競争が激化します。いつしかこの土地で生き延びること自体がレッドオーシャン(競争の激しい市場)化したのか、「負け組」たちはこの地を去りました。

他種の生物を殺してつくった衣服をまとい、同種の人類のあいだでも資源を奪い合うようになりました。そうしなければ生きていけないような、寒冷で厳しい環境へ移動、拡散を続けていったのです。

こんな選択をしたのは、なぜでしょうか？ [A] 競争に勝てないほど弱かったから、負け組だったから、というシンプルな理由づけもできるでしょう。しかしここで、人間が合理性に基づかない判断をしたからだ、と考えてみることもできます。

人間には、ほかの霊長類たちと比べると、新しい環境のほうを選好する「①新奇探索性」を強く持っている人たちがいます。このために、なまやさしい環境には満足できず、あえて厳しい環境へ、ドーパミンの刺激を求めて飛び込んでいかずにはいられない、というのです。そういう意味では、人間というのはなんとも業の深い生物だとも言えます。

もしもこれが、現在のディープラーニングとビッグデータの集積のような〝AI〟でなく、理想的な汎用《はんよう》人工知能のように合理的な判断だけを選好する存在だったとしたら、過去のデータの中でも特に確実なものをベースに、合理的に考えるのではないでしょうか。

生存の確度が低いので北に移動することは避けるだとか、[B]、現状よりは子孫を残すことに適さない環境であることが想定されるので移動は中止、などと判断するでしょう。

この「新奇探索性」は、「合理性」とはしばしば衝突する人間の「弱み」のひとつです。「わかっちゃいるけどやめられない」という昔の流行語が、わかりやすいフレーズでしょうか。やめられない何らかの楽しみであることもあり、人が道ならぬ恋に走る元凶でもあり、いわゆる「背徳的」な行動を増長する仕組みです。これを人間が自力でコントロールするのはきわめて難しいことです。

仏教の言い回しを借りれば、コントロールしきろうとする行為は「灰身滅智《けしんめっち》」と言います。欲望の種を滅することは自らの身を灰にまで焼き滅するようなものだというのです。

東洋思想の見方の一面からは、これがまさに自殺行為と言ってもよいものととらえられているのは面白いことです(実際、生殖を止める行為でもあるから、生物種としてはゆるやかに滅亡の道をたどることになります)。

重要な機能でありながら＊バグのようでもあるこの「弱み」を、外部から適度なゆるやかさでコントロールすべく当てたパッチ(プログラムを修正するデータ)が、社会道徳であったり、宗教的倫理観であったりします。そう考えると、人間をめぐるさまざまな現象のつじつまが合います。

さて昨今、ＡＩは人間と競合する、といった文脈で語られることが多くあります。圧倒的な速さで進歩を遂げていくＡＩに負けてしまうかもしれないという恐怖感からか、人間は自らの「強み」を探すことに躍起になっているように見えます。

「ひらめき」は論理の積み重ねにより得られるのか否か、という問題があり、人々は「ひらめき」は人間の「強み」であり、最後の砦《とりで》のように持てはやします。しかし、②私はこの考え方にはあまり賛成できません。

二〇二一年度 栄東高等学校（第二回）

【国語】（五〇分）〈満点：一〇〇点〉

一 次のaからeの文の傍線部と同じ漢字を使うものを、後の中からそれぞれ一つずつ選びなさい。

a カイリツを守る。[1]
1. 二つ返事でココロヨく引き受ける。
2. 大雨警報がトかれる。
3. 偶然友人と公園でアう。
4. アラタめて対策を考える。
5. 親のイマシめを守る。

b シンピテキな美しさ。[2]
1. ヒガイを食い止める。
2. 暑さ寒さもヒガンまで。
3. 休んでヒロウが回復した。
4. ヒガンの優勝を遂げる。
5. ヒブツが御開帳された。

c 試験でヘイキンテンをとった。[3]
1. キンセイのとれた肉体。
2. 面接試験はキンチョウする。
3. 運動してキンニクツウとなった。
4. キンロウ感謝の日。
5. キンガ新年。

d 再建にキョヒを投じる。[4]
1. 貿易のキョテンとなる。
2. 最短キョリを歩く。
3. キョダイなビルを建設する。
4. キョエイのなせる業。
5. 使用キョカショウを発行する。

e ゼンダイ未聞な出来事。[5]
1. 環境のカイゼンに努める。
2. 家のシュウゼン工事をする。
3. 梅雨ゼンセンが北上した。
4. 地震で家屋がゼンカイした。
5. ゼンジ病状が回復する。

二 次の各問いに答えなさい。

問一 傍線部が修飾する箇所を、後の中から一つ選びなさい。[6]

文化祭の当日には、大会で見事金賞に輝いた合唱部のステージがあります。

1. 金賞に　2. 輝いた　3. 合唱部の
4. ステージが　5. あります

問二 次の慣用句の用法として、間違って使われているものを一つ選びなさい。[7]
1. そんなに重要な仕事は、若輩者の私には役不足です。
2. 会議の議題がいよいよ煮詰まってきた。
3. 彼は、的外れな発言をして失笑を買った。
4. 先生の自宅を訪ねるのは敷居が高い。
5. 清水の舞台から飛び降りるような思いで、ダイヤモンドを購入した。

問三 次の会話は、栄東中学校の佐藤君が職業調査のため、警察署に電話している場面である。傍線部の敬語の使い方として、間違っている箇所はいくつあるか。後の中から一つ選びなさい。[8]

佐藤「こんにちは。栄東中学校の佐藤と申します。実は、職業調査のため警察署の仕事内容を伺いたくて、お電話いたしました。」

警官「こんにちは。分かりました。取材でしたら担当者がお受けいたします。」

2021年度／栄東高等学校（第２回）

英語解答

1 (1) [1]…8　[2]…3　[3]…2　[4]…9
　[5]…5　[6]…4
(2) ③

2 (1) [8]…3　[9]…2　[10]…6　[11]…1
　[12]…5　[13]…4
(2) [14]…3　[15]…2

3 (1) ①　(2) [17]…4　[18]…5
(3) 4　(4) 1　(5) 3

4 [22] 2　[23] 4　[24] 1　[25] 1
[26] 4

5 [27] 4　[28] 1　[29] 4　[30] 1
[31] 2

1〔長文読解総合―説明文〕

≪全訳≫❶日本人は長年，世界で最も礼儀正しい人々の一部として知られてきた。外国人は日本に来ると，日本人が互いにお辞儀をしたり，誰かの家に入る前に靴を脱いだり，満員電車の中で静かに立っていたりする様子に驚く。❷日本に数週間滞在した後，外国人は日本人が人前でしているマスクについていつもコメントする。外国人はマスクを，日本人が礼儀正しいもう１つのしるし，それも他の人に病気を移したくないから着用するというほどの礼儀正しさを示すものと見ている。何年もの間，日本人がマスクをつけていたのはそのためだ。最近では，他の理由が出てきた。❸2003年，マスクを製造している会社が，くしゃみや目のかゆみを引き起こすほこりなどをブロックする新しいタイプのマスクを製造した。これはアレルギーに苦しむ人々にとって，他の人に病気を移したくないこととは無関係に，マスクをつけ始める理由になった。人々はアレルギーを引き起こすものを吸わないようにするために新しいマスクをつけた。❹これらの新しい「アレルギー(対策)」マスクは，人前でマスクをつける第３の理由になった。これらの新しいマスクは非常に高価だったが，健康な人が病気にならないようにマスクをつけ始めることができたのだ。日本の電車のラッシュアワーは非常に混んでいる。何百万人もの人々が一度に何時間も互いに体を押しつけられている。人々は，毎日の職場への行き帰りに風邪を移されないようにマスクをつけ始めた。❺10代の若者は，誰とも話さなくて済むようにマスクをしている。彼らは通学中，イヤホンを耳に当て，好きな音楽をかけ，誰にも邪魔されることなく，自分だけの世界で安心感を得る。❻冬は顔の下部を暖かく保つという理由だけでマスクをつける人が増えている。日本ではマスクが受け入れられているので，冬はマスクをする方がマフラーを買うよりも簡単で安あがりだ。また，冬の風邪をひいている人からあなたを守ってくれる。❼今日では，さまざまな色のファッションマスク，体重を減らすのに役立つマスク，さらにはベリーのような香りがする「香りつき」マスクもある。❽日本では年間約２億3000万ドルのマスクが売れている。日本人は今でも世界で最も礼儀正しい人々だ。しかしマスクをする理由は，他の人に病気を移したくないということから，体重を減らしてベリーの香りをかぎたいというものに変わってきた。

(1)＜適語選択＞[1]礼儀正しい日本人の満員電車での様子を述べる部分である。 silently「静かに」　[2]直前に that was why ～「それが～の理由だ」とマスクをつける「理由」が説明されている。最近では，そうした理由と違う「理由」が出てきたという文脈。　[3]人々が新しいタイプのマスクをする理由になる部分。'stop (～self) from …ing'「…するのをやめる，抑える」の形にする（ここでは stop と from の間に themselves が省略されていると考えられる）。　[4] commutes

「通勤」を修飾する語として適切なものを選ぶ。　daily「毎日の」　[5] safe「安全な」は形容詞。後ろに形容詞をとれる動詞 feel が適切。　feel safe「安心感を得る」　[6]冬にマスクをつける理由を述べる部分。‘keep＋目的語＋形容詞’「～を…(の状態)に保つ」の形。

⑵＜正誤問題＞③は前半と後半が so「だから」でつながれているが，前後の内容が相反する内容になっているので，so は不適切。‘逆接’を表す but に変えるべきである。

2〔長文読解総合―説明文〕

≪全訳≫❶19世紀から20世紀初頭に女性が賃金労働に従事し始めたとき，そのほぼ半分は他の人の家の掃除と料理だった。それはきつくて汚い仕事で，休める時間はあまりなかった。女性が住む部屋はとても小さなものが多かった。[8]工場，店，会社での新しい仕事は(それよりも)もっと良いものだった。しかし，女性が稼ぐ金は同一の仕事のために男性に支払われた金額の半分だった。彼女たちはまた，長時間働き，非常に低賃金だった――しかも，それは非常にきつい仕事だった。❷この間，女性は教師や看護師にもなった。しかし，人々はこの仕事は重要ではないと考え，女性は結婚したときに仕事を辞めなければならなかった。❸[9]戦争はたいてい悪いことだが，女性と仕事にとって都合の良い面もあった。第一次世界大戦(1914年～1918年)では，男性は戦うために家を離れ，女性は軍隊と祖国の両方で必要とされ働いた。❹第二次世界大戦(1939年～1945年)は，アメリカとイギリスの女性に何百万もの仕事を与えた。何千人ものアメリカ人とイギリス人の女性が軍隊に入った。[10]彼女たちのほとんど誰も銃を手にしなかったが，彼女たちは「男性の」仕事をし，同じ給料を得た。同時に，何百万人もの男性がヨーロッパや他の場所で戦争を戦うために仕事を辞めた。これは，女性が働きに出なければならないことを意味した。なぜなら，子どもを養う必要があったからだ。❺戦争が終わり男性が帰国すると，200万人以上の女性が職を失った。アメリカとイギリスでは，女性は家に戻らなければならなかった。[11]新聞や雑誌は女性に，夫が仕事をしている間，家をきれいで清潔にしておくように説いた。それらは家を女性の居場所として示した。女性向けの仕事はまだあったが，それらはたいてい商店や秘書の仕事だった。それでも，家の外で働く女性の数は以前よりも増えた。[12]これは，多くの男性が戦争から帰国しなかったため，女性は家族を養うために働かなければならなかったからだ。❻1950年代には，西側の多くの国が非常に豊かになった。工場はたくさんの新製品をつくっており，このことは女性のための新しい仕事が生まれたことを意味した。[13]1950年代から1960年代にかけて，家庭の外で働く女性の数は再び増加した。

⑴＜適文選択＞[8]直後の‘逆接’を表す But に注目。⑵より，直後の文は，女性の賃金は男性の半分だったという意味で，これは女性にとって好ましくない内容であるので，空所には当時の女性にとって好ましい内容が入る。そうした内容になるのは，掃除と料理以外の，よりましな仕事が現れたことを述べる３。　[9]この後に続くのは，戦時中に女性の仕事が増えたという内容。２はその導入文となる。　[10]６の them と they は，前文で説明されている，軍に加わった Thousands of American and British women を受けていると考えられる。　[11]女性が終戦後，外での仕事から家庭に戻ったという前文の内容を補足する１が適切。　[12]戦後も家の外で働く女性の数が増えたという前文の理由となる５が適切。　[13]この文章は時系列に沿って話が進められている。第６段落は1950年代に入ってからのことが述べられているので，同時期の内容である４が適切。これは女性向けの新しい仕事が増えたという前文の内容の結果を示している。

(2)＜整序結合＞劣悪だった女性の労働環境について述べられている段落であることと，与えられている語群から，「女性の賃金が男性の半分だった」というような内容になると推測できる。主語 women に対する動詞に earned を置き，その目的語を half the money とする。この後は that を主格の関係代名詞として用いれば，that was paid to men (for the same jobs)とまとまる。

But women earned half the money that was paid to men for the same jobs.

3〔長文読解総合―説明文〕

≪全訳≫❶高宕山自然動物園はその名に反して，実際には動物園ではない。ニホンザルと呼ばれる約130匹のサルが，手を差し出すことができる十分な大きさの目がある金網で囲まれた広いスペースで飼われているモンキーパークだ。彼らに直接エサをやるのはとても楽しい。❷中で飼われているこれらのサルの他に「訪問者」の野生のサルもいる。彼らはあなたが持っているもの，つまり食べ物が欲しいのだ。園内に足を踏み入れるとすぐに，野生のサルがあなたの間近に来る。しかし，心配しなくていい。彼らは自分たちの間では戦うことはあるが，とても友好的だ。あなたがベンチに座っている間，赤ちゃんザルはあなたの膝の上に座るだろう。❸サルの社会を観察するのもとても楽しい。あなたは大ボス，その妻たちと子どもたち，そしてひょっとしたらその愛人たちも見ることができる。強いサルと臆病者のサルを見ることができる。彼らが綱渡りの綱や自転車といった道具を使って遊ぶところを見ることができる。サルが石を集めて遊ぶのが好きだとは知らなかった。彼らの顔の違いにも驚いた。それらを見るだけで，それまで想像もしていなかったサルに関する新しい事実をたくさん学ぶことになるだろう。❹野生のサルが訪問者を攻撃したり，食べ物やハンドバッグを盗んだりする日光のような観光スポットに行ったことがあるなら，野生のサルはあなたが恐れるものだろう。しかし，ここのサルは，私たちが敵ではないことを知っているので，人間に対してそれほど攻撃的ではない。それどころか，この公園の最大の魅力は，手でサルにエサをあげることだ。しかし，誰もが従うべき行動規範がある。そうでなければ，誰もが人間とサルの間の信頼関係を壊す可能性がある。❺「サル」といえば，日本人の99%はニホンザルを思い浮かべる。彼らは「雪ザル」としても知られているが，寒い地域にしか住んでいないという一般的な考えは真実ではない。最北端の北海道を除いて，日本ではほとんどどこにでも生息している(もちろん，東京の中心部のような大都市では，残念ながらサルを見かけることはほとんどない)。サルは日本人にとってとてもなじみのある動物であるため，日本文化にさまざまな形で現れる。最も有名なサルは，栃木県の日光にある日光東照宮の彫刻，三猿だろう。❻日本語には，「過ちを犯さない人はいない」という意味である「サルも木から落ちる」という言い回しがある。日本では，偉大な詩人ホメロスの代わりにサルが使われているのだ。一方，日本語でのイヌとサルの関係は，他の各地におけるネコとイヌの関係の考え方に等しい。イヌとサルが実際に対立しているかどうかはわからないが，ハンターが山に連れていったイヌが，見つけたサルに激しくほえる姿は想像に難くない。日本の昔話には，イヌとサルが登場する『Momotaro(桃太郎)』というとても有名な物語がある。Momo は桃を意味し，taro はトムのような男の子のありふれた名前だ。川を流れてきた大きな桃から生まれたピーチ・トム(桃太郎)は，鬼と戦うために島に渡った。島に向かう途中，彼はイヌ，サル，キジに出会い，彼らが鬼との戦いでピーチ・トムを助けることに同意したので，旅に同行させた。この3つの動物がなぜ連れていかれたのかについてはいろいろな見解があるが，これらが日本人にはとてもなじみのある動物だったということはいえるだろう。

(1)＜正誤問題＞「下線部①～④の文のうち文法的に正しくないものはどれか」―① ‘時’や‘条件’を表す副詞節(if, when, before, as soon asなどから始まる副詞のはたらきをする節)中は，未来の内容でも現在形で表す。よって，you will stepはyou stepとなるのが正しい。

(2)＜整序結合＞「単語や語句を正しい順序に並べなさい。[17]と[18]に入る選択肢を示しなさい」 助動詞canの後に動詞の原形のseeを置き，see以下は‘see＋目的語＋～ing’「…が～しているのを見る」の形の知覚動詞の構文で，see them playingとする。この後，with equipment「道具を使って」を続け，最後にsuch asを置いてequipmentの例を示す。 You can see them playing with equipment such as tightropes and bicycles.

(3)＜適文選択＞「空所[19]に入れるのに最も適切なものを以下の中から選びなさい」 直前のOtherwise「そうでなければ」とは，「誰もが従うべき行動規範がなければ」ということ。その結果として考えられる内容になるのは4。anyoneは「誰もが」，couldは仮定法過去で「～する可能性がある」，trustは「信頼(関係)」という意味。

(4)＜内容真偽＞「この文章によれば，次の説明のうち正しいものはどれか」 1.「野生のサルの中には人間を攻撃するものもいる」…○ 第4段落第1文に一致する。 2.「サルの中には，ボスと見なした人間は攻撃しないものもいる」…× そのような記述はない。 3.人前ではケンカをしないサルもいる」…× そのような記述はない。 4.「サルは顔がほとんど同じなので，サルの中にはにおいで他のサルを識別するものもいる」…× 第3段落終わりから2文目参照。

(5)＜主題＞「次のうち，この文章の主題を表すものはどれか」―3.「ニホンザルは日本人になじみがあり，動物園や日本文化のほか，昔話でも見ることができる」 高宕山自然動物園における友好的なニホンザルから話を始め，サルは日本ではよく見られる動物であるため，日本文化や昔話にさまざまな形で現れることを述べた文章である。

4・**5**〔放送問題〕放送文未公表

数学解答

1 (1) ア…1　イ…2　ウ…5　エ…3
　オ…3
(2) カ…2　キ…9　ク…2　(3) 4
(4) コ…1　サ…8　シ…8
(5) ス…2　セ…3

2 (1) ア…1　イ…6
(2) ウ…1　エ…3　オ…3　カ…6
(3) キ…3　ク…5　ケ…7　コ…2

3 (1) ア…3　イ…2　ウ…3　エ…5
(2) オ…9　カ…5　キ…5
(3) ク…9　ケ…5

4 (1) ア…1　イ…5　ウ…2
(2) エ…5　オ…2　カ…1　キ…2
　ク…5　ケ…1　コ…6
(3) サ…2　シ…5

5 (1) ア…2　イ…3
(2) ウ…2　エ…4　オ…5　カ…2
(3) キ…1　ク…2　ケ…1　コ…1
　サ…4

1〔独立小問集合題〕

(1)＜式の計算＞与式$=\frac{a^2b^6}{4}\times(-16)\div\frac{b^3}{8c^9}\times\left(-\frac{a^3}{64c^6}\right)=\frac{a^2b^6}{4}\times(-16)\times\frac{8c^9}{b^3}\times\left(-\frac{a^3}{64c^6}\right)=\frac{a^2b^6\times16\times8c^9\times a^3}{4\times b^3\times64c^6}=\frac{1}{2}a^5b^3c^3$

(2)＜式の値＞与式$=(x^2+4x+3)-(x^2-4x-12)=x^2+4x+3-x^2+4x+12=8x+15=8\times\frac{7-\sqrt{3}}{4}+15=2(7-\sqrt{3})+15=14-2\sqrt{3}+15=29-2\sqrt{3}$

(3)＜数の計算＞ある月が31日まであり，15日が土曜日のとき，$15-7=8$，$8-7=1$，$15+7=22$，$22+7=29$より，1日，8日，15日，22日，29日が土曜日となる。火曜日は土曜日の3日後だから，4日，11日，18日，25日の4回ある。

(4)＜特殊・新傾向問題―規則性＞分母が2の分数は1個，分母が3の分数は2個，分母が4の分数は3個，……あるから，分母が19の分数は18個ある。よって，$\frac{1}{20}$より前には，$1+2+3+\cdots\cdots+18=(1+18)+(2+17)+\cdots\cdots+(9+10)=19\times9=171$より，171個の分数がある。$\frac{17}{20}$は分母が20の分数のうちの17番目だから，$171+17=188$(番目)である。

(5)＜図形―面積比＞右図のように，2つの円の交点をP，Qとし，正六角形のA，B以外の頂点をR，S，T，Uとする。円の半径より，PA＝PB＝AB＝QA＝QB＝1だから，△PAB，△QABは1辺が1の正三角形である。また，1辺が1の正六角形ARSTUBは対角線AT，RU，SBによって，1辺が1の正三角形6個に分けられ，対角線AT，RU，SBの交点は点Qと一致する。線分PAと$\overparen{PA}$に囲まれた㋐の部分と，線分QRと$\overparen{QR}$に囲まれた㋑の部分は，どちらも半径1，中心角60°のおうぎ形から1辺が1の正三角形を除いたものなので，面積が等しい。

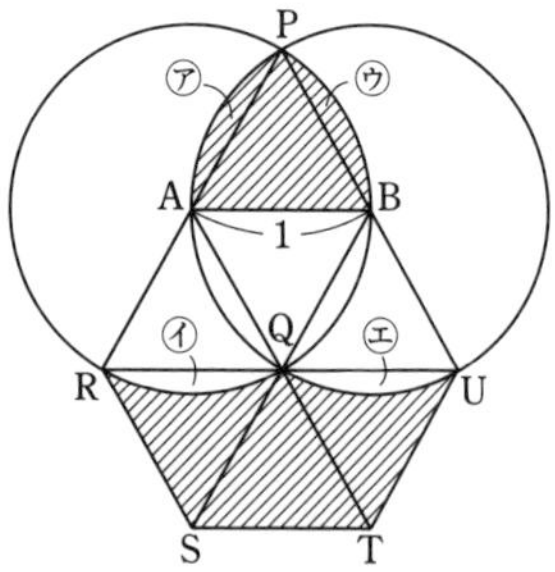

同様に，線分PBと$\overparen{PB}$に囲まれた㋒の部分と，線分QUと$\overparen{QU}$に囲まれた㋓の部分も面積が等しい。よって，斜線部分の面積は，△PAB，△QRS，△QST，△QTUの面積の和と等しくなるから，1辺が1の正三角形の面積の4倍となる。正六角形の面積は，1辺が1の正三角形の面積の6倍だから，斜線部分の面積は正六角形の面積の$4\div6=\frac{2}{3}$(倍)である。

2〔確率―さいころと動点〕

(1)＜確率＞さいころを1回投げたときの目の出方は全部で6通りある。このうち，$X=0$となるのは，P，Qが移動しない場合だけだから，6が出たときの1通りである。よって，求める確率は$\frac{1}{6}$となる。

(2)＜確率＞さいころを2回投げるとき，目の出方は全部で$6\times6=36$(通り)ある。このうち，$X=0$となるのは，㋐1回目にP，2回目にQが移動する場合，㋑1回目にQ，2回目にPが移動する場合，㋒P，Qが2回とも移動しない場合がある。㋐の場合，1回目の目の出方は1，2，3の3通り，2回目の目の出方は4，5の2通りだから，2回の目の出方は$3\times2=6$(通り)ある。㋑の場合，1回目の目の出方は2通り，2回目の目の出方は3通りだから，2回の目の出方は$2\times3=6$(通り)ある。㋒の場合，2回の目の出方は，2回とも6が出る場合の1通りある。以上より，$X=0$となる目の出方は$6+6+1=13$(通り)あるから，求める確率は$\frac{13}{36}$となる。

(3)＜確率＞さいころを3回投げるとき，目の出方は全部で$6\times6\times6=216$(通り)ある。このうち，$X=1$となるのは，㋕Pが2回，Qが1回移動する場合，㋖Pが1回，Qが2回移動する場合，㋗Pが1回移動し，2回はどちらも移動しない場合，㋘Qが1回移動し，2回はどちらも移動しない場合のいずれかである。㋕の場合，移動する順番は，(P，P，Q)，(P，Q，P)，(Q，P，P)の3通りある。(P，P，Q)の順に移動するとき，1回目と2回目の目の出方はそれぞれ1，2，3の3通り，3回目の目の出方は4，5の2通りだから，3回の目の出方は$3\times3\times2=18$(通り)ある。(P，Q，P)，(Q，P，P)の順に移動するときもそれぞれ18通りあるから，㋕の場合は$18\times3=54$(通り)ある。㋖の場合，移動する順番は，(Q，Q，P)，(Q，P，Q)，(P，Q，Q)の3通りあり，いずれの場合も，3回の目の出方は$2\times2\times3=12$(通り)あるから，この場合は$12\times3=36$(通り)ある。㋗の場合，Pが移動するのが，1回目だけのとき，2回目だけのとき，3回目だけのときがある。Pが1回目だけ移動するとき，1回目の目の出方は1，2，3の3通り，2回目と3回目の目の出方はそれぞれ6の1通りだから，3回の目の出方は$3\times1\times1=3$(通り)ある。Pが2回目だけ，3回目だけ移動するときもそれぞれ3通りあるから，㋗の場合は$3\times3=9$(通り)ある。㋘の場合，Qが移動するのが，1回目だけのとき，2回目だけのとき，3回目だけのときがあり，いずれの場合も，3回の目の出方は$2\times1\times1=2$(通り)あるから，この場合は$2\times3=6$(通り)ある。以上より，$X=1$となる目の出方は$54+36+9+6=105$(通り)あるから，求める確率は$\frac{105}{216}=\frac{35}{72}$となる。

3 〔平面図形―円〕

《基本方針の決定》(2)　∠QDC＝∠ABCであることに気づきたい。　(3)　△CDE∽△CAPであることに気づきたい。

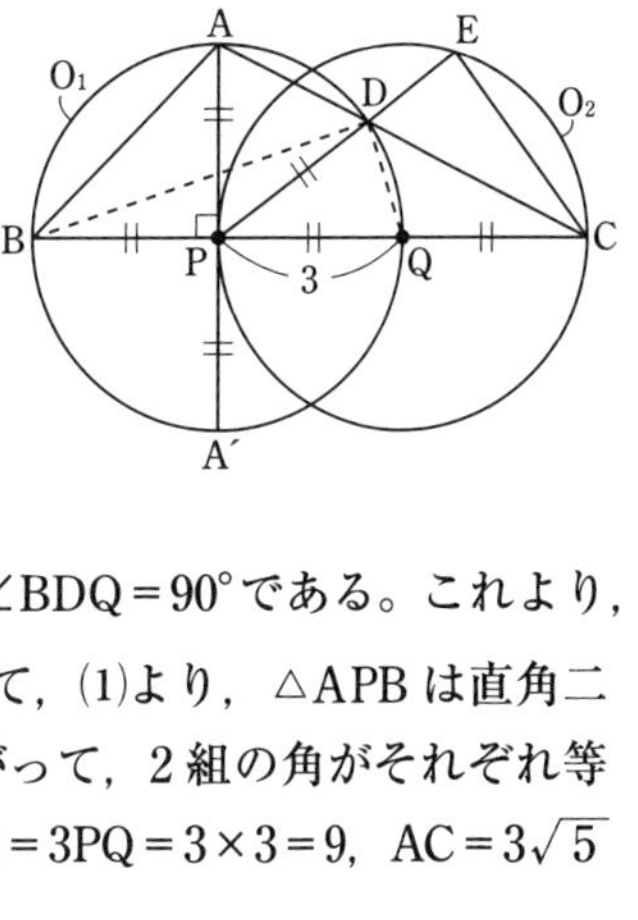

(1)＜長さ―三平方の定理＞右図で，AA′⊥BCより，△APBは直角二等辺三角形だから，$AB=\sqrt{2}BP=\sqrt{2}\times3=3\sqrt{2}$となる。また，△APCで三平方の定理より，$AC=\sqrt{AP^2+PC^2}=\sqrt{3^2+6^2}=\sqrt{45}=3\sqrt{5}$となる。

(2)＜長さ―相似＞右図で，点Bと点D，点Dと点Qをそれぞれ結ぶ。△QDCと△ABCにおいて，∠DCQ＝∠BCA(共通)である。また，∠APB＝90°より，$\overset{\frown}{AB}$に対する円周角と中心角の関係から，$\angle ADB=\frac{1}{2}\angle APB=\frac{1}{2}\times90^\circ=45^\circ$であり，線分BQは円$O_1$の直径だから，∠BDQ＝90°である。これより，$\angle QDC=180^\circ-\angle ADB-\angle BDQ=180^\circ-45^\circ-90^\circ=45^\circ$となる。よって，(1)より，△APBは直角二等辺三角形で，∠ABP＝45°だから，∠QDC＝∠ABCである。したがって，2組の角がそれぞれ等しいので，△QDC∽△ABCだから，CD：CB＝QC：ACであり，$CB=3PQ=3\times3=9$，$AC=3\sqrt{5}$

より，CD：9＝3：$3\sqrt{5}$ が成り立つ。これを解くと，CD×$3\sqrt{5}$＝9×3 より，CD＝$\frac{9\sqrt{5}}{5}$である。

(3)＜長さ―相似＞前ページの図の △CDE と △CAP において，線分 PC は円 O_2 の直径より，∠CED＝90°だから，∠CED＝∠CPA である。また，対頂角より，∠CDE＝∠PDA であり，△PDA は二等辺三角形で∠PDA＝∠PAD だから，∠CDE＝∠CAP である。よって，△CDE∽△CAP だから，DE：AP＝CD：CA となり，CD＝$\frac{9\sqrt{5}}{5}$，CA＝$3\sqrt{5}$ より，DE：3＝$\frac{9\sqrt{5}}{5}$：$3\sqrt{5}$ が成り立つ。これを解くと，DE×$3\sqrt{5}$＝3×$\frac{9\sqrt{5}}{5}$より，DE＝$\frac{9}{5}$となる。

4〔関数―関数 $\boldsymbol{y=ax^2}$ と直線〕

≪基本方針の決定≫(2)　点 P と辺 AB の距離が最大になるときを考える。　(3)　△PAQ：△PAB＝AQ：AB となることを利用する。

(1)＜面積，長さの比＞動点 P は放物線上を 5 秒かけて A から B まで進み，t 秒後の動点 P の x 座標は $t-2$ となることから，動点 P は，$t=0$ のとき A に，$t=5$ のとき B にある。これより，A の x 座標は $0-2=-2$，B の x 座標は $5-2=3$ である。また，動き始めてから 2 秒後の動点 P の x 座標は $2-2=0$ となるから，2 秒後に動点 P は右図 1 のように原点 O にある。直線 AB と y 軸の交点を C とすると，直線 AB の切片より，PC＝6 だから，△PAB＝△PAC＋△PBC＝$\frac{1}{2}\times6\times2+\frac{1}{2}\times6\times3=15$ である。次に，t 秒後の動点 Q の x 座標は $3-t$ となることから，2 秒後の動点 Q の x 座標は $3-2=1$ である。ここで，図 1 のように，3 点 A，Q，B から x 軸に垂線 AA′，QQ′，BB′ を引くと，AA′∥QQ′∥BB′ より，AQ：QB＝A′Q′：Q′B′ となる。点 A′，Q′，B′ の x 座標はそれぞれ点 A，Q，B の x 座標に等しく，−2，1，3 だから，A′Q′＝1−(−2)＝3，Q′B′＝3−1＝2 である。したがって，AQ：QB＝3：2 となる。

図 1

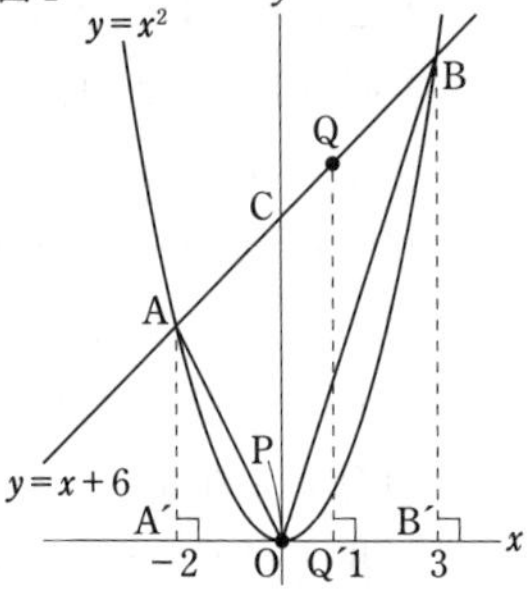

(2)＜時間，面積＞△PAB の面積が最大となるのは，△PAB で辺 AB を底辺と見たときの高さが最大のときである。ここで，点 P を通り辺 AB に平行な直線を l とすると，点 P と辺 AB の距離が最大となるのは，右図 2 のように，直線 l が放物線 $y=x^2$ に接するときである。このとき，直線 l と放物線 $y=x^2$ は 1 点で交わる。よって，直線 l の式と放物線の式 $y=x^2$ から y を消去して解くと，解は 1 つだけになる。直線 AB の傾きは 1 だから，直線 l の式は $y=x+b$ とおける。これと $y=x^2$ から y を消去すると，$x^2-x-b=0$ より，$x=\frac{-(-1)\pm\sqrt{(-1)^2-4\times1\times(-b)}}{2\times1}=\frac{1\pm\sqrt{1+4b}}{2}$ となる。この解が 1 つだけのとき，$\sqrt{1+4b}=0$ となるので，解は，$x=\frac{1}{2}$となる。したがって，△PAB の面積が最大となるのは，点 P の x 座標が$\frac{1}{2}$のときだから，$t-2=\frac{1}{2}$，$t=\frac{5}{2}$より，動き始めてから$\frac{5}{2}$秒後である。また，$t=\frac{5}{2}$のとき，点 Q の x 座標は $3-\frac{5}{2}=\frac{1}{2}$となり，点 P の x 座標と等しい。$x=\frac{1}{2}$を $y=x^2$，$y=x+6$ にそれぞれ代入すると，$y=\left(\frac{1}{2}\right)^2=\frac{1}{4}$，$y=\frac{1}{2}+6=\frac{13}{2}$より，P$\left(\frac{1}{2},\ \frac{1}{4}\right)$，Q$\left(\frac{1}{2},\ \frac{13}{2}\right)$である。これより，△PAQ で辺 PQ を底辺と見たとき，PQ＝$\frac{13}{2}-\frac{1}{4}=\frac{25}{4}$であり，高さは$\frac{1}{2}-(-2)=\frac{5}{2}$だから，△PAQ＝$\frac{1}{2}\times\frac{25}{4}\times\frac{5}{2}=\frac{125}{16}$となる。

図 2

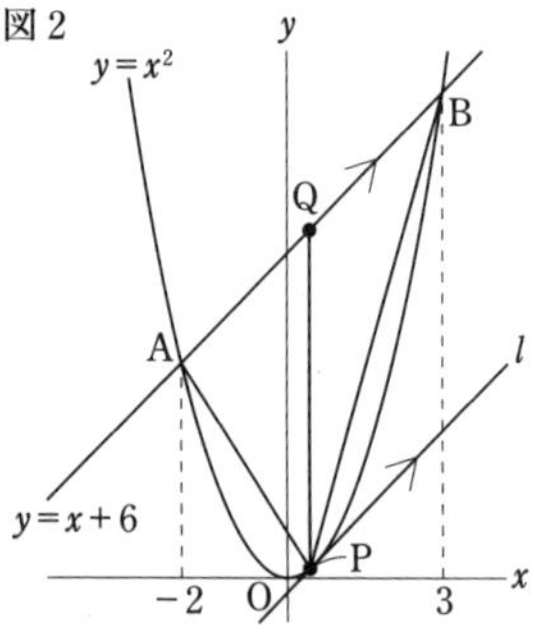

(3)＜面積＞右図3のように，3点A，Q，Bからx軸へ垂線AA′，QQ′，BB′を引くと，高さの等しい三角形の面積の比は底辺の比に等しいことから，△PAQ：△PAB＝AQ：AB＝A′Q′：A′B′となる。点A′，Q′，B′のx座標はそれぞれ点A，Q，Bのx座標に等しいから，-2，$3-t$，3である。よって，△PAQ：△PAB＝$\{3-t-(-2)\}:\{3-(-2)\}=(5-t):5$となるから，△PAQ＝$\dfrac{5-t}{5}$△PABである。次に，△PABの面積を，$t$を用いて表す。図3のように，点Pを通り，$x$軸に垂直な直線を引き，直線ABとの交点をRとする。このとき，△PAB＝△PAR＋△PBRと考え，△PARと△PBRの共有する辺RPをそれぞれの三角形の底辺と見る。点Pのx座標が$t-2$より，点Rのx座標も$t-2$となり，それぞれのy座標は$y=(t-2)^2$，$y=t-2+6=t+4$となるから，PR＝$t+4-(t-2)^2=5t-t^2$である。また，それぞれの三角形の高さは，点A，P，Bの座標より，△PARは$t-2-(-2)=t$，△PBRは$3-(t-2)=5-t$となる。したがって，△PAB＝$\dfrac{1}{2}\times(5t-t^2)\times t+\dfrac{1}{2}\times(5t-t^2)\times(5-t)=\dfrac{1}{2}\times(5t-t^2)\times(t+5-t)=\dfrac{5}{2}(5t-t^2)=\dfrac{5}{2}t(5-t)$である。以上より，△PAQ＝$\dfrac{5-t}{5}\times\dfrac{5}{2}t(5-t)=\dfrac{1}{2}t(5-t)^2$と表せる。

図3

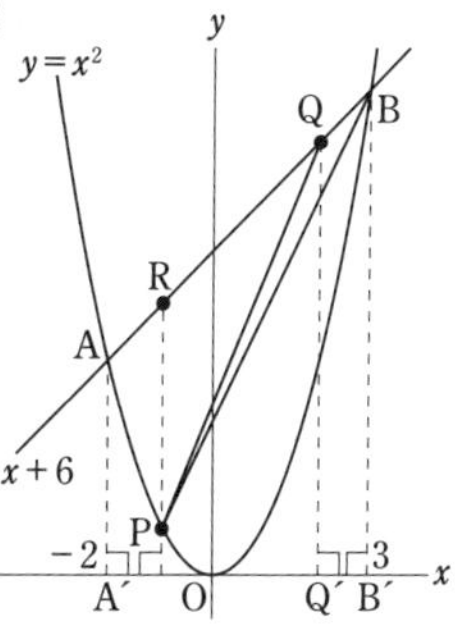

5〔空間図形―立方体の切断〕

≪基本方針の決定≫(2)　切断面は，△AEBから△AEBと相似な三角形を除いた図形になる。

(1)＜長さの比＞右図1のように，3点P，Q，Rを定める。AQ∥CRより，AC：CB＝QR：RB＝$6:6\times2=1:2$だから，AC＝$\dfrac{1}{1+2}$AB＝$\dfrac{1}{3}$ABとなる。また，PD∥QBより，AD：DB＝AP：PQ＝$6:6=1:1$だから，DB＝$\dfrac{1}{1+1}$AB＝$\dfrac{1}{2}$ABとなる。よって，AC：DB＝$\dfrac{1}{3}$AB：$\dfrac{1}{2}$AB＝$2:3$である。

図1

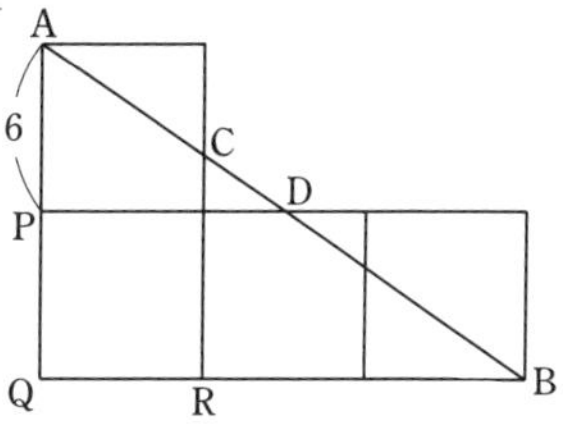

(2)＜面積＞右図2で，点Aと2点B，E，点Bと点Eをそれぞれ結び，各点C，D，F〜Kを定める。切断面は，△AEBから△CGDを除いた図形である。ここで，AE∥CH，EB∥FDより，△AEB∽△CGDであり，(1)より，CD＝AB－AC－DB＝AB－$\dfrac{1}{3}$AB－$\dfrac{1}{2}$AB＝$\dfrac{1}{6}$ABだから，△AEBと△CGDの相似比は，AB：CD＝AB：$\dfrac{1}{6}$AB＝$6:1$である。これより，△AEB：△CGD＝$6^2:1^2=36:1$となる。また，△AKE，△EKB，△AKBで三平方の定理より，AE＝$\sqrt{\mathrm{EK}^2+\mathrm{AK}^2}=\sqrt{6^2+12^2}=\sqrt{180}=6\sqrt{5}$，EB＝$\sqrt{\mathrm{EK}^2+\mathrm{KB}^2}=\sqrt{6^2+18^2}=\sqrt{360}=6\sqrt{10}$，AB＝$\sqrt{\mathrm{AK}^2+\mathrm{KB}^2}=\sqrt{12^2+18^2}=\sqrt{468}=6\sqrt{13}$となる。よって，△AEBは右図3のようになる。点Aから辺EBに垂線ALを引き，EL＝xとおくと，△AELと△ABLで三平方の定理より，AL^2＝AE^2－EL^2＝$(6\sqrt{5})^2-x^2$，AL^2＝AB^2－LB^2＝$(6\sqrt{13})^2-(6\sqrt{10}-x)^2$となるから，$(6\sqrt{5})^2-x^2=(6\sqrt{13})^2-(6\sqrt{10}-x)^2$が成り立つ。これを解くと，$180-x^2=468-360+12\sqrt{10}x-x^2$より，$x=\dfrac{3\sqrt{10}}{5}$となる。したがって，AL＝$\sqrt{(6\sqrt{5})^2-\left(\dfrac{3\sqrt{10}}{5}\right)^2}=\dfrac{21\sqrt{10}}{5}$となるから，△AEB＝

図2

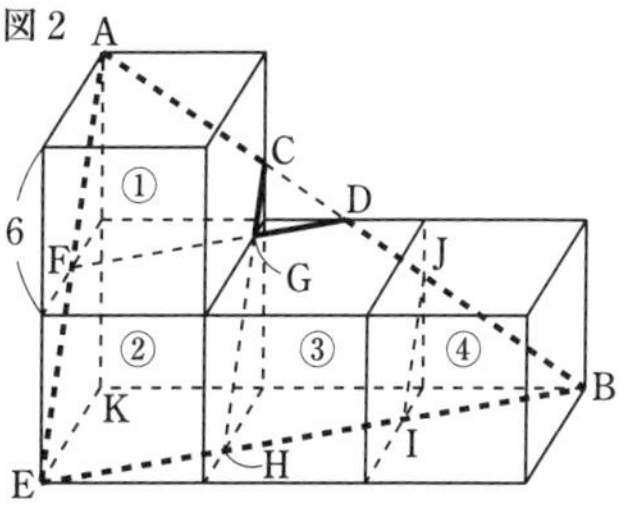

図3

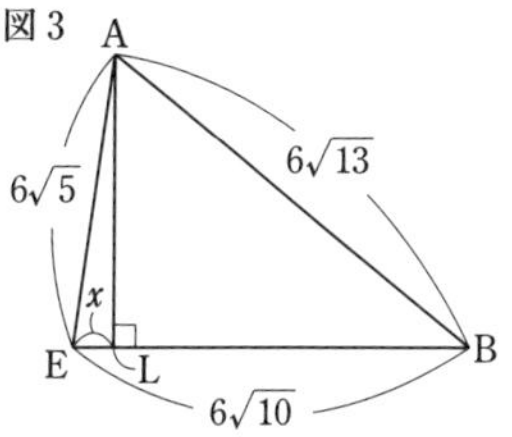

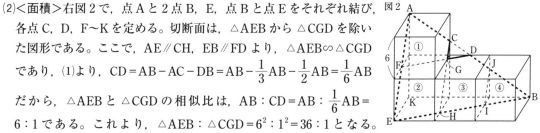

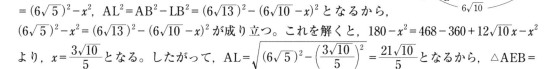

$\frac{1}{2}\times \mathrm{EB}\times \mathrm{AL}=\frac{1}{2}\times 6\sqrt{10}\times\frac{21\sqrt{10}}{5}=126$ より，$\triangle\mathrm{CGD}=\frac{1}{36}\triangle\mathrm{AEB}=\frac{1}{36}\times 126=\frac{7}{2}$ である。よって，求める面積は $126-\frac{7}{2}=\frac{245}{2}$ となる。

(3)＜面積比＞前ページの図2で，Sは四角形FEHG，Tは五角形GHIJD，Uは△JIBである。△AEB∽△JIB，△AEB∽△CHBで，相似比はそれぞれAB：JB＝3：1，AB：CB＝3：2だから，$\triangle\mathrm{AEB}:\triangle\mathrm{JIB}=3^2:1^2=9:1$，$\triangle\mathrm{AEB}:\triangle\mathrm{CHB}=3^2:2^2=9:4$ より，$\triangle\mathrm{JIB}=\frac{1}{9}\triangle\mathrm{AEB}$，$\triangle\mathrm{CHB}=\frac{4}{9}\triangle\mathrm{AEB}$ となる。(2)より，$\triangle\mathrm{CGD}=\frac{1}{36}\triangle\mathrm{AEB}$ だから，〔五角形GHIJD〕＝$\triangle\mathrm{CHB}-\triangle\mathrm{JIB}-\triangle\mathrm{CGD}=\frac{4}{9}\triangle\mathrm{AEB}-\frac{1}{9}\triangle\mathrm{AEB}-\frac{1}{36}\triangle\mathrm{AEB}=\frac{11}{36}\triangle\mathrm{AEB}$ となる。また，△AEB∽△AFDで，相似比はAE：AF＝2：1だから，$\triangle\mathrm{AEB}:\triangle\mathrm{AFD}=2^2:1^2=4:1$ より，$\triangle\mathrm{AFD}=\frac{1}{4}\triangle\mathrm{AEB}$ となる。よって，〔四角形FEHG〕＝△AEB－△AFD－〔五角形GHIJD〕－△JIB＝$\triangle\mathrm{AEB}-\frac{1}{4}\triangle\mathrm{AEB}-\frac{11}{36}\triangle\mathrm{AEB}-\frac{1}{9}\triangle\mathrm{AEB}=\frac{1}{3}\triangle\mathrm{AEB}$ だから，$\mathrm{S}:\mathrm{T}:\mathrm{U}=\frac{1}{3}\triangle\mathrm{AEB}:\frac{11}{36}\triangle\mathrm{AEB}:\frac{1}{9}\triangle\mathrm{AEB}=12:11:4$ である。

国語解答

一　a　5　b　5　c　1　d　3
e　3

二　問一　2　問二　1　問三　2

三　問一　A…4　B…3　C…5　D…2
E…1
問二　4　問三　2　問四　1
問五　5　問六　3

四　問一　a…3　b…1　c…2
問二　5　問三　3　問四　1
問五　5　問六　4　問七　4

五　問一　ア…4　イ…2　ウ…3
問二　4　問三　1　問四　1
問五　2

一〔漢字〕

a.「戒律」と書く。1は「快」，2は「解」，3は「会」，4は「改」，5は「戒」。　b.「神秘的」と書く。1は「被害」，2は「彼岸」，3は「疲労」，4は「悲願」，5は「秘仏」。　c.「平均点」と書く。1は「均整」，2は「緊張」，3は「筋肉痛」，4は「勤労」，5は「謹賀」。　d.「巨費」と書く。1は「拠点」，2は「距離」，3は「巨大」，4は「虚栄」，5は「許可証」。　e.「前代」と書く。1は「改善」，2は「修繕」，3は「前線」，4は「全壊」，5は「漸次」。

二〔国語の知識〕

問一＜文の組み立て＞見事金賞に「大会で」「輝いた」合唱部のステージがあります。

問二＜慣用句＞「役不足」は，その人の力量に比べて役目が軽すぎること。「煮詰まる」は，議論や考えなどが出尽くして結論を出す段階になっている，という意味。「失笑を買う」は，おかしな言動で笑われる，という意味。「敷居が高い」は，相手に不義理なことなどをして，その家に行きにくい様子。「清水の舞台から飛び降りる」は，特別な決意をして物事をする，という意味。

問三＜敬語＞「いらっしゃる」は，「いる」「ある」「来る」「行く」の尊敬語。「私を含めて五名で伺います」などと，「行く」の謙譲語「伺う」を用いるのが適切。「参上する」は，目上の人のところに行くことを表す謙譲語。相手の動作に対しては，「何時にいらっしゃいますか」などと，「来る」の尊敬語「いらっしゃる」を用いて尋ねるのが適切。

三〔論説文の読解―教育・心理学的分野―心理〕出典；中野信子『空気を読む脳』。

≪本文の概要≫人間は，新しい環境を選好する新奇探索性を持っていて，あえて厳しい環境に刺激を求めて飛び込んでいかずにはいられないのである。もし人間が，合理的判断を選好する存在であれば，過去のデータの中で確実なものをベースに考えるはずである。合理性と衝突する新奇探索性は，人間の弱みであり，これをコントロールするのが，社会道徳であり宗教的倫理観である。さて昨今，AIについては人間と競合するといった文脈で語られることが多くあり，ひらめきは，人間の強みであるという考え方がある。確かに，人間は，困難な局面で，これまでのデータを超える絶妙な一手をひねり出すことがある。一方AIは，目先の難局を避けようとしてごく短期的な予測に基づいて判断を下すが，データの蓄積が十分でさえあれば，圧倒的な力を発揮する。我々は，人間とAIの強みと弱みを知り，協調して発展しようという議論を始めるべきである。人間は，合理性を適度に抑えることで，集団として協調行動を取ることが可能になった。合理性の塊が人工知能だとすれば，AIは，人間の不合理性と補完して，強力なパートナーシップをつくりあげることも可能なのかもしれない。

問一＜接続語＞A．生存競争が激化したとき，負け組の人類が，豊かで気候のよい土地を捨て「寒冷で厳しい環境へ移動」したのは，言うまでもなく，「競争に勝てないほど弱かったから」だという理由づけもできる。　B．もし人間が，過去のデータの中で確実なものだけをベースに合理的に考える存在だったら,「移動することは避ける」とか，または,「移動は中止」するなどと判断するだろう。　C.「ひらめいた瞬間は楽しいし，興奮もある」が,「その『ひらめき』が社会で評価されるかどうか」は，別問題である。　D.「人間とAIが競合する」という視点で語るのではなく，いっそ,「AIの力を借りながら」協調して発展しようという建設的な議論を始めるべきではないか。　E．人間は,「合理性を適度に抑えること」，言い換えると,「適度に鈍感であり，忘れっぽく，愚かであり続けること」によって，集団として協調行動を取れるようになった。

問二＜文章内容＞人間は,「なまやさしい環境には満足できず，あえて厳しい環境へ」飛び込んでいかずにはいられない性向を持っているのである。この性向は，合理的な判断とは衝突する「人間の『弱み』のひとつ」であり,「自力でコントロールするのはきわめて難しい」のである。

問三＜文章内容＞解決策をひらめくことができるのは,「現時点では」人間の「強み」といえるが,「限界」もあるのである。「データが十分にある状態なら，AIは圧倒的な威力を発揮」する。今後データが蓄積されれば，AIは「人間の『ひらめき』なぞ，簡単に凌駕して」しまうのである。

問四＜文章内容＞人間が「これまでのデータを超える絶妙の一手を」ひねり出す局面で，AIは,「目先の難局を避けるためにごく短期的な予測に基づいて奇妙な手を打ってしまう」のである。

問五＜文章内容＞合理的に考えることのできる知性を発達させて繁栄してきた人類は，一方で「その合理性を適度に抑えること」で，集団として協調行動を取り発展を続けることができたのである。合理性だけが発達した人間は，人間社会という集団に適合しにくいと考えられるのである。

問六＜要旨＞人間には，合理性と衝突する新奇探索性という弱みがあるが，人間は，合理性を適度に抑えることによって集団として協調行動を取り，発展を続けた。ただ，AIが合理性の塊なら，人間の不合理性と「補完的に働き，強力なパートナーシップ」を築く可能性は十分ある。人類は,「互いの『強み』と『弱み』を知り，協調して発展しよう」という議論を始めるべきなのである。

四〔小説の読解〕出典；角田光代『さがしもの』。

問一＜表現＞a．一軒の書店でないと言われてそのまま失望して帰ってきたのだろうと，おばあちゃんは言った。　b．見つけられない本のかわりにプレゼントを手渡したにもかかわらず,「ぬいぐるみなんかもらったってしょうがないよ」と，おばあちゃんは，気を使うことなく無遠慮に答えた。　c.「かちん」ときた「私」が怒鳴り散らすのを見て，おばあちゃんは，驚いて大きくまばたきをした。

問二＜表現＞探していた本がなかったと報告すると,「さがしかたが，甘いんだよ」と言って，おばあちゃんはすねて眠ってしまった。木々の「寒々しい」様子は，季節とともに，おばあちゃんの責めるだけの態度に傷ついて,「私」の気持ちが暗く落ち込んでいる様子を表していると考えられる。

問三＜心情＞おばあちゃんは，本探しを「私」に頼んだが，それを誰にも言わないように口止めをした。「あんたがひとりでさがしておくれ」と言うおばあちゃんは,「私」の母が病室に入ってきたので，口を閉じた。おばあちゃんは，本を探していることを周囲の者に知られたくないのである。

問四＜文章内容＞持っていったポインセチアの鉢をおばあちゃんに,「あんた，知らないのかい，～まったく，いい年してなんにも知らないんだから」とけなされて，母は，うつむいた。「私」は,「クリスマスっぽくていいじゃん」と母をかばった。「私」は，おばあちゃんの荒っぽい言い方には慣れているのに，おばあちゃんの娘である母は傷つき，帰りのタクシーの中で泣いた。

問五＜心情＞「私のやることなすことすべてにけちをつける」と，母は愚痴を言って泣いた。母とおばあちゃんの不仲を見て,「私」は不快な気分になり，やりきれなさを感じているのである。

問六＜文章内容＞おばあちゃんは,「あたし，もうそろそろいくんだよ」と自分の死期を悟っているのだが，死が近いことで，周囲の人間が皆「人がかわったようにあたしにやさしくする」ことが

「気にくわない」のである。「相手が死のうが何しようが，むかつくことはむかつくって言ったほうがいいんだ」と自分の気持ちを率直に語るおばあちゃんは，くまのぬいぐるみと並んでいるせいもあって，「私」には幼い子どものように見えたのである。

問七＜要旨＞「あたし，もうそろそろいくんだよ」と自分の死期を悟ったおばあちゃんは，死が近いという理由で，周囲の人間が皆「人がかわったようにあたしにやさしくする」ことに我慢できなかった。そのやりきれなさから，かえって乱暴で勝手な物言いをするが，おばあちゃんは，「その人とその人の関係」を最後まで繕わずにいてほしいと感じているのである。

五〔古文の読解―説話〕出典；『十訓抄』十ノ二十。

≪現代語訳≫博雅三位が，月が明るかった夜，直衣姿で，朱雀門の前を歩きながら，一晩中笛をお吹きになっていたところ，同じように，直衣を着た男が，笛を吹いていたので，「誰だろう」と思ううちに，その笛の音が，この世の中に比べるものがないほどすばらしく聞こえたので，不思議に思い，近寄って見ると，見たことのない人であった。自分もものを言わず，彼もものを言わない。このように，月の夜ごとに行き合って，笛を吹く夜がたび重なった。／その男の笛の音が，あまりにすばらしかったので，試しに，笛を取りかえて吹いてみると，この世にないほどの笛である。笛を交換した後も，同じように会うことが何か月も続いたので，行き合って笛を吹いたけれど，「〈もとの笛を返してほしい〉」とも言わないので，長く取りかえたままで済んでしまった。博雅三位が亡くなった後，帝が，この笛を取り寄せて，そのときの笛の名人たちに吹かせなさって(ご覧になった)けれど，(博雅三位のような)その音を吹き出せる人はいなかった。／その後，浄蔵という，優れた笛吹きがいた。(帝が)お召しになって(笛を)吹かせなさると，あの博雅三位に劣らなかったので，帝は，感動なさって，「この笛の持ち主は，朱雀門の辺りで(これを)手に入れたと聞いている。浄蔵よ，その場所に行って，吹いてみよ」とおっしゃったので，月の夜に，(浄蔵は)ご命令のとおりに，朱雀門の辺りに行って，この笛を吹いたところ，その門の楼上で，(誰かが)高く大きな声で「やはりすばらしい笛だなあ」とほめたのを，「このようでございました」と(浄蔵が帝に)報告申し上げたので，初めて(この笛が)鬼の笛とお知りになったのであった。

問一＜現代語訳＞ア．「よもすがら」は，一晩中，という意味。「吹かれける」の「れ」は，尊敬の助動詞「る」の連用形，「ける」は，過去の助動詞「けり」の連体形。博雅三位は，一晩中朱雀門の前で笛をお吹きになっていたのである。　イ．「なほ」は，そのまま，という意味。「月ごろ」は，数か月のこと。博雅三位が男と笛を取りかえた後も，そのまま，以前と同じように会うことが数か月続いたのである。　ウ．「仰せ」は，ご命令のこと。「かれ」は，あれ，あそこ，などの意味の指示代名詞。浄蔵は，帝のご命令に従って，朱雀門の辺りに出かけたのである。

問二＜古文の内容理解＞博雅三位は，男がすばらしい笛の音を奏でるのを聴いたが，自分も何も言わず，その男もものを言うことがなかった。二人はただただ笛を吹き合って，互いのすばらしい音色をめで合ったのである。

問三＜古文の内容理解＞男の笛の音があまりにすばらしかったので，博雅三位と男は，試しに互いの笛を取りかえた。それから数か月たっても，男は笛を返してくれとは言わなかったので，長く取りかえたままであった。

問四＜古文の内容理解＞博雅三位の死後，帝は，博雅三位に劣らぬ笛の名人浄蔵と出会った。帝は，笛の以前の持ち主の博雅は，朱雀門の辺りでこの笛を手に入れたと，浄蔵におっしゃった。

問五＜古文の内容理解＞浄蔵が，帝の仰せのとおり，朱雀門の辺りで笛を吹くと，朱雀門の楼上で，やはりすばらしい笛だなという高く大きな声がした。浄蔵の報告によって，帝は初めて笛が鬼の笛だったのだと気づいたのであり，博雅三位と笛を吹き合った相手は鬼だったのである(２…×)。

●要点チェック●　図形編ー相似と平行線

◎相似な図形

相似……一方の図形を拡大または縮小して，他方の図形と合同となるとき，２つの図形は相似である。

・相似な図形の性質

１．対応する線分の長さの比はすべて等しい。

２．対応する角の大きさはそれぞれ等しい。

・三角形の相似条件

２つの三角形は次のどれかが成り立つとき相似である。

１．３組の辺の比がすべて等しい。

２．２組の辺の比とそのはさむ角がそれぞれ等しい。

３．２組の角がそれぞれ等しい。

1.

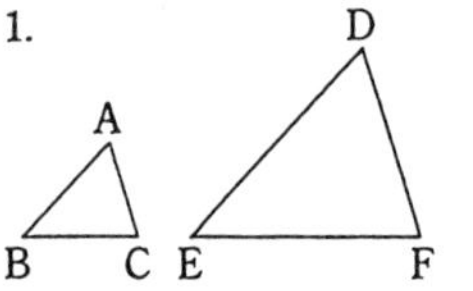

AB：DE＝BC：EF＝AC：DF

2.

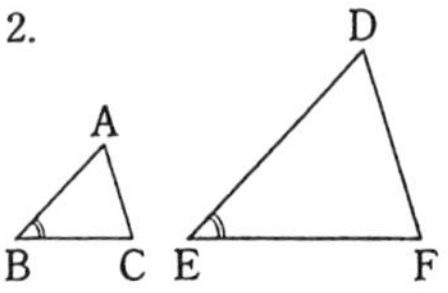

AB：DE＝BC：EF
∠ABC＝∠DEF

3.

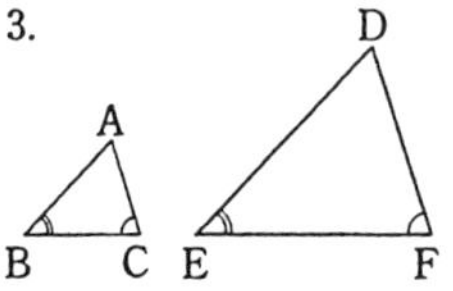

∠ABC＝∠DEF
∠ACB＝∠DFE

・平行線と線分の比

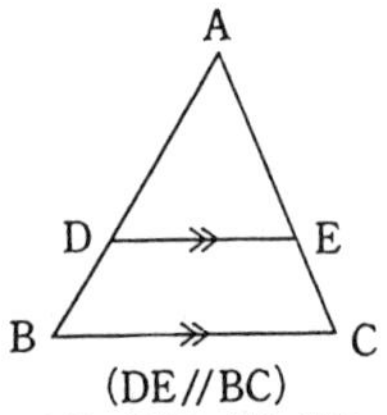

(DE//BC)
AD：DB＝AE：EC
AD：AB＝DE：BC＝AE：AC

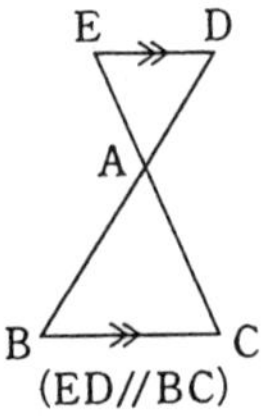

(ED//BC)
AD：AB＝DE：BC＝AE：AC

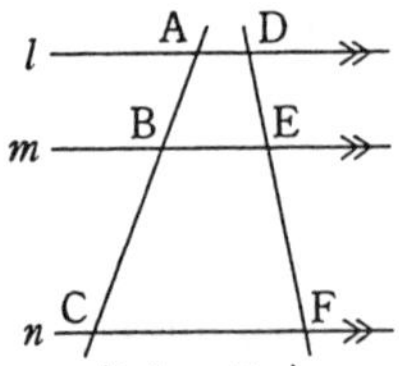

(l // m // n)
AB：BC＝DE：EF

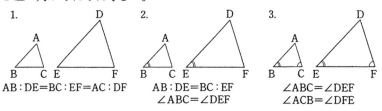

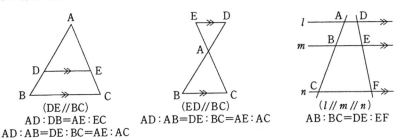

●要点チェック●　図形編―合同

◎図形の合同

合同……一方の図形を移動させて(ずらしたり《平行移動》，回したり《回転移動》，裏返したり《対称移動》して)，他方の図形に重ね合わせることのできるとき，この２つの図形は合同である。

・合同な図形の性質

１．対応する線分の長さは等しい。

２．対応する角の大きさは等しい。

・三角形の合同条件

２つの三角形は次のどれかが成り立つとき合同である。

１．３組の辺がそれぞれ等しい。

２．２組の辺とそのはさむ角がそれぞれ等しい。

３．１組の辺とその両端の角がそれぞれ等しい。

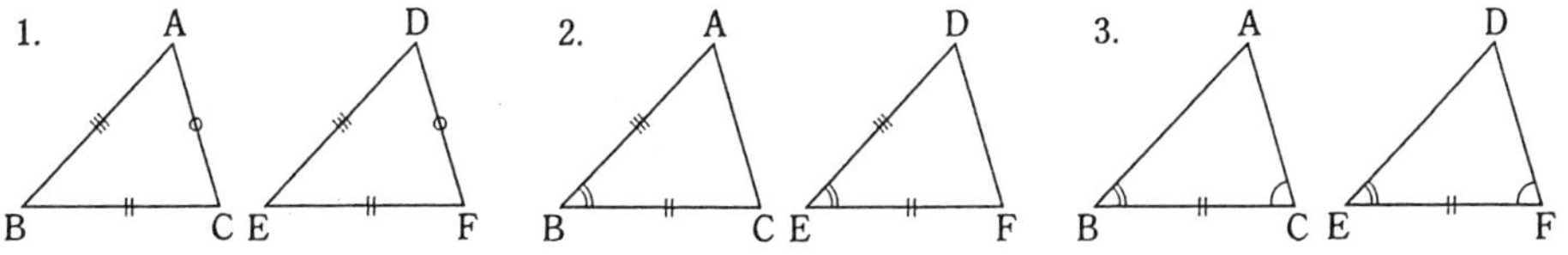

1. AB＝DE, BC＝EF, AC＝DF

2. AB＝DE, BC＝EF, $\angle ABC=\angle DEF$

3. BC＝EF, $\angle ABC=\angle DEF$, $\angle ACB=\angle DFE$

・直角三角形の合同条件

２つの直角三角形は次のどちらかが成り立つとき合同である。

１．斜辺と１鋭角がそれぞれ等しい。

２．斜辺と他の１辺がそれぞれ等しい。

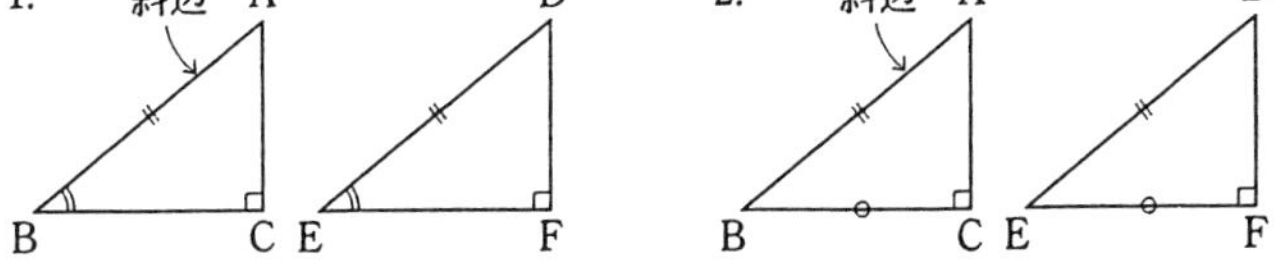

1. $\angle ACB=\angle DFE=90^\circ$, AB＝DE, $\angle ABC=\angle DEF$

2. $\angle ACB=\angle DFE=90^\circ$, AB＝DE, BC＝EF

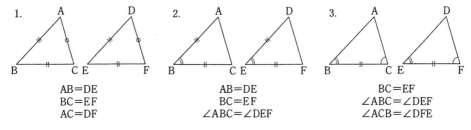

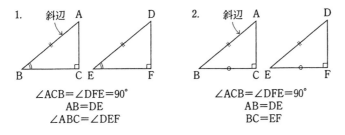

Memo

高校を受験する生徒とご父母のための…

2025年度用 高校合格資料集

■首都圏有名書店にて今秋発売予定！

内容目次

1. まず試験日はいつ？推薦ワクは？競争率は？
2. この学校のことはどこに行けば分かるの？
3. かけもち受験のテクニックは？
4. 合格するために大事なことが二つ！
5. もしもだよ！試験に落ちたらどうしよう？
6. 勉強しても成績があがらない
7. 最後の試験は面接だよ！

※表紙は昨年のものです。

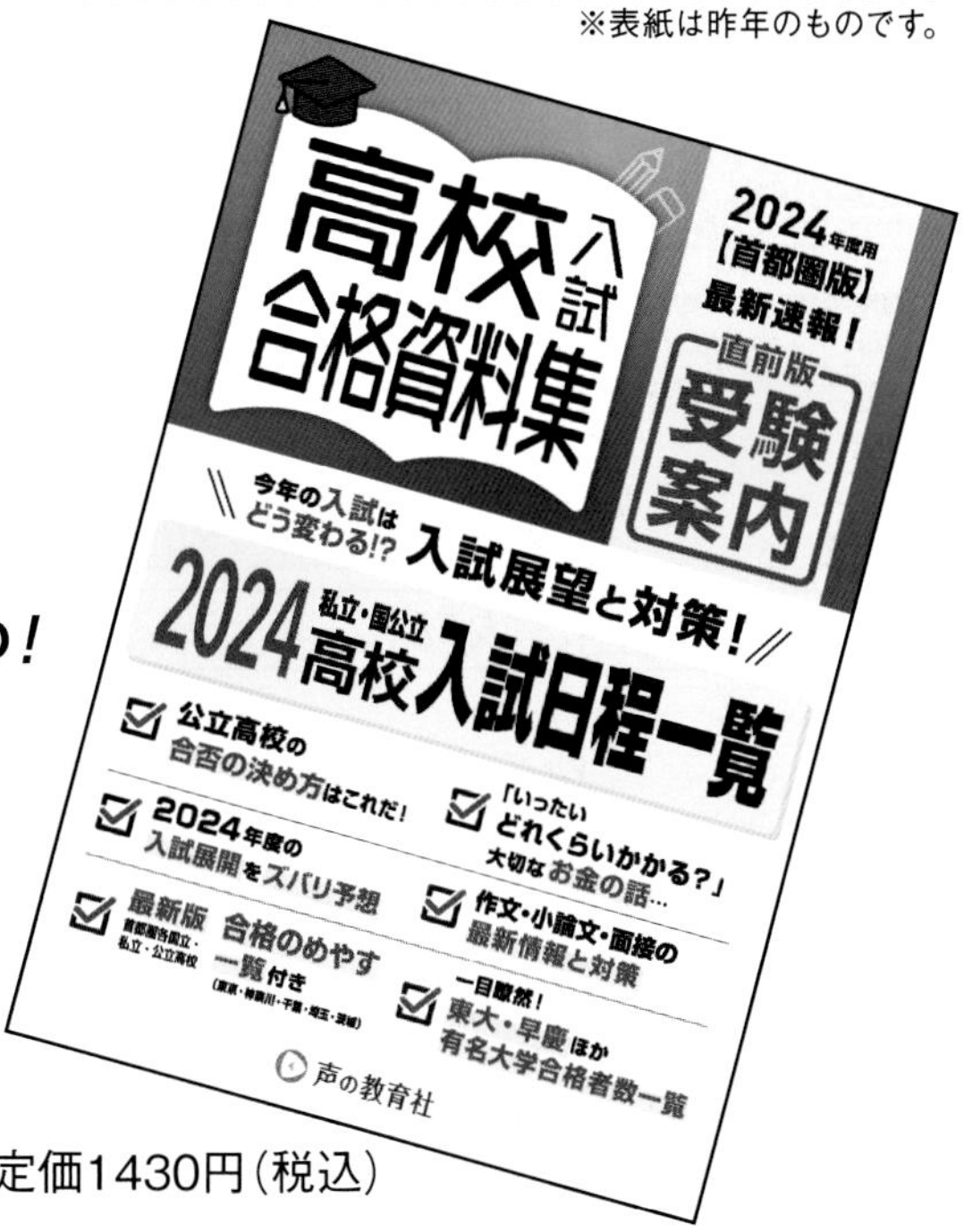

定価1430円（税込）

スーパー過去問の **解説執筆・解答作成スタッフ（在宅）募集！** ※募集要項の詳細は、10月に弊社ホームページ上に掲載します。

2025年度用

高校スーパー過去問

■編集人 声の教育社・編集部
■発行所 株式会社 声の教育社
〒162-0814 東京都新宿区新小川町8-15
☎03-5261-5061㈹ FAX03-5261-5062
https://www.koenokyoikusha.co.jp

公立高校過去問シリーズ

- 東京都立高校
- 神奈川県公立高校
- 千葉県公立高校
- 埼玉県公立高校
- 茨城県公立高校
- 栃木県公立高校
- 群馬県公立高校

掲載全問に
わかりやすい解説つき
各教科の
出題傾向と対策

定価1100円(税込)

都立独自高校 公立高校過去問シリーズ

251 都立日比谷高校
252 都立西高校
253 都立八王子東高校
254 都立国立高校
255 都立戸山高校
256 都立国分寺高校
257 都立立川高校
258 都立新宿高校
259 都立青山高校

定価2090円(税込)

高校ベスト10シリーズ

出題形式別、入試によく出る順!!

ベスト10Neo **国語** 読解問題

ベスト10Neo **数学** 図形問題

英語 文法問題ベスト10

定価990〜1100円(税込)

高校受験面接ブック

別冊がウリ!! 首都圏の各高校の面接内容

本体 質問回答例ベスト150
面接ワークシート
自己PR書の書き方とワークシート

別冊 首都圏の私国立高校などの面接方法、時間、質問具体例
推薦・一般入試の面接内容
主要校の面接会場のようす
(各校図示)

小冊子 試験場に持って行ける
チェックBOOK
など面接対策がつまった1冊

定価1320円(税込)

図解でわかる!! 作文・小論文

本体 (88P) **合格作文の書き方**
①7日間で仕上げる基礎編
②4日間で仕上げる応用編

別冊 (52P) 首都圏の各高校の作文課題、制限時間、文字数の具体例調査
①首都圏の作文課題2000例を代表的な15パターンに分類(書き易くするため)
②着眼点、キーワード、ポイントを各パターンごとにコメント
③推薦と一般入試の作文出題校と課題例を一挙公開!!
④首都圏公立高校4年間課題調査

定価1100円(税込)

公立の漢字

公立高校の試験によく出る漢字

1 漢字は全都道府県で出題!!
2 公立の漢字の配点は高い!!
3 10年間の頻度をデータ化!!
4 最頻出漢字を5段階評価!!

定価748円(税込)

栄東高等学校

別冊 解答用紙

丁寧に抜きとって、別冊としてご使用ください。

合格のめやす

		英語	数学	社会	理科	国語	合計
2024年	第1回	55	55			65	175
	第2回	55	65			60	180
	特待生	40	40	30	25	50	185
2023年	第1回	60	55			65	180
	第2回	65	60			65	190
	特待生	50	50	30	30	50	210
2022年	第1回	65	65			60	190
	第2回	60	65			55	180
	特待生	55	50	30	25	50	210
2021年	第1回	60	55			65	180
	第2回	60	55			60	175
	特待生	50	50	30	25	55	210

※特待生の社会，理科は各50点満点

注意

○ 解答用紙は、収録の都合により縮小したものや、小社独自に作成したものもあります。
○ 学校配点は学校発表のもの、推定配点は小社で作成したものです。
○ 無断転載を禁じます。
○ 解答用紙を拡大コピーする場合、表示した拡大率に対応する用紙サイズは以下のとおりです。
101%～102%=B5　103%～118%=A4　119%～144%=B4　145%～167%=A3
（タイトルと配点表は含みません）

2024年度　栄東高等学校　第1回

英語解答用紙

評点
/100

問題番号	解答欄	問題番号	解答欄	問題番号	解答欄
1	① ② ③ ④ ⑤ ⑥ ⑦ ⑧ ⑨ ⓪	21	① ② ③ ④ ⑤ ⑥ ⑦ ⑧ ⑨ ⓪	41	① ② ③ ④ ⑤ ⑥ ⑦ ⑧ ⑨ ⓪
2	① ② ③ ④ ⑤ ⑥ ⑦ ⑧ ⑨ ⓪	22	① ② ③ ④ ⑤ ⑥ ⑦ ⑧ ⑨ ⓪	42	① ② ③ ④ ⑤ ⑥ ⑦ ⑧ ⑨ ⓪
3	① ② ③ ④ ⑤ ⑥ ⑦ ⑧ ⑨ ⓪	23	① ② ③ ④ ⑤ ⑥ ⑦ ⑧ ⑨ ⓪	43	① ② ③ ④ ⑤ ⑥ ⑦ ⑧ ⑨ ⓪
4	① ② ③ ④ ⑤ ⑥ ⑦ ⑧ ⑨ ⓪	24	① ② ③ ④ ⑤ ⑥ ⑦ ⑧ ⑨ ⓪	44	① ② ③ ④ ⑤ ⑥ ⑦ ⑧ ⑨ ⓪
5	① ② ③ ④ ⑤ ⑥ ⑦ ⑧ ⑨ ⓪	25	① ② ③ ④ ⑤ ⑥ ⑦ ⑧ ⑨ ⓪	45	① ② ③ ④ ⑤ ⑥ ⑦ ⑧ ⑨ ⓪
6	① ② ③ ④ ⑤ ⑥ ⑦ ⑧ ⑨ ⓪	26	① ② ③ ④ ⑤ ⑥ ⑦ ⑧ ⑨ ⓪	46	① ② ③ ④ ⑤ ⑥ ⑦ ⑧ ⑨ ⓪
7	① ② ③ ④ ⑤ ⑥ ⑦ ⑧ ⑨ ⓪	27	① ② ③ ④ ⑤ ⑥ ⑦ ⑧ ⑨ ⓪	47	① ② ③ ④ ⑤ ⑥ ⑦ ⑧ ⑨ ⓪
8	① ② ③ ④ ⑤ ⑥ ⑦ ⑧ ⑨ ⓪	28	① ② ③ ④ ⑤ ⑥ ⑦ ⑧ ⑨ ⓪	48	① ② ③ ④ ⑤ ⑥ ⑦ ⑧ ⑨ ⓪
9	① ② ③ ④ ⑤ ⑥ ⑦ ⑧ ⑨ ⓪	29	① ② ③ ④ ⑤ ⑥ ⑦ ⑧ ⑨ ⓪	49	① ② ③ ④ ⑤ ⑥ ⑦ ⑧ ⑨ ⓪
10	① ② ③ ④ ⑤ ⑥ ⑦ ⑧ ⑨ ⓪	30	① ② ③ ④ ⑤ ⑥ ⑦ ⑧ ⑨ ⓪	50	① ② ③ ④ ⑤ ⑥ ⑦ ⑧ ⑨ ⓪
11	① ② ③ ④ ⑤ ⑥ ⑦ ⑧ ⑨ ⓪	31	① ② ③ ④ ⑤ ⑥ ⑦ ⑧ ⑨ ⓪	51	① ② ③ ④ ⑤ ⑥ ⑦ ⑧ ⑨ ⓪
12	① ② ③ ④ ⑤ ⑥ ⑦ ⑧ ⑨ ⓪	32	① ② ③ ④ ⑤ ⑥ ⑦ ⑧ ⑨ ⓪	52	① ② ③ ④ ⑤ ⑥ ⑦ ⑧ ⑨ ⓪
13	① ② ③ ④ ⑤ ⑥ ⑦ ⑧ ⑨ ⓪	33	① ② ③ ④ ⑤ ⑥ ⑦ ⑧ ⑨ ⓪	53	① ② ③ ④ ⑤ ⑥ ⑦ ⑧ ⑨ ⓪
14	① ② ③ ④ ⑤ ⑥ ⑦ ⑧ ⑨ ⓪	34	① ② ③ ④ ⑤ ⑥ ⑦ ⑧ ⑨ ⓪	54	① ② ③ ④ ⑤ ⑥ ⑦ ⑧ ⑨ ⓪
15	① ② ③ ④ ⑤ ⑥ ⑦ ⑧ ⑨ ⓪	35	① ② ③ ④ ⑤ ⑥ ⑦ ⑧ ⑨ ⓪	55	① ② ③ ④ ⑤ ⑥ ⑦ ⑧ ⑨ ⓪
16	① ② ③ ④ ⑤ ⑥ ⑦ ⑧ ⑨ ⓪	36	① ② ③ ④ ⑤ ⑥ ⑦ ⑧ ⑨ ⓪	56	① ② ③ ④ ⑤ ⑥ ⑦ ⑧ ⑨ ⓪
17	① ② ③ ④ ⑤ ⑥ ⑦ ⑧ ⑨ ⓪	37	① ② ③ ④ ⑤ ⑥ ⑦ ⑧ ⑨ ⓪	57	① ② ③ ④ ⑤ ⑥ ⑦ ⑧ ⑨ ⓪
18	① ② ③ ④ ⑤ ⑥ ⑦ ⑧ ⑨ ⓪	38	① ② ③ ④ ⑤ ⑥ ⑦ ⑧ ⑨ ⓪	58	① ② ③ ④ ⑤ ⑥ ⑦ ⑧ ⑨ ⓪
19	① ② ③ ④ ⑤ ⑥ ⑦ ⑧ ⑨ ⓪	39	① ② ③ ④ ⑤ ⑥ ⑦ ⑧ ⑨ ⓪	59	① ② ③ ④ ⑤ ⑥ ⑦ ⑧ ⑨ ⓪
20	① ② ③ ④ ⑤ ⑥ ⑦ ⑧ ⑨ ⓪	40	① ② ③ ④ ⑤ ⑥ ⑦ ⑧ ⑨ ⓪	60	① ② ③ ④ ⑤ ⑥ ⑦ ⑧ ⑨ ⓪

(注) この解答用紙は実物を縮小してあります。Ａ３用紙に145％拡大コピーすると、ほぼ実物大で使用できます。（タイトルと配点表は含みません）

氏名	

受験番号			
⓪	⓪	⓪	⓪
①	①	①	①
②	②	②	②
③	③	③	③
④	④	④	④
⑤	⑤	⑤	⑤
⑥	⑥	⑥	⑥
⑦	⑦	⑦	⑦
⑧	⑧	⑧	⑧
⑨	⑨	⑨	⑨

「０」と「１」の塗りまちがいに注意してください。

整理番号			

【記入上の注意】
1. 記入は、ＨＢの鉛筆またはシャープペンシルを使用してください。
2. 訂正する場合はプラスチック消しゴムで完全に消してください。
3. 用紙を折り曲げたり、汚したりしないでください。

【マーク例】
良い例　悪い例　うすい

推定配点	
1～3 各４点×20 4～6 各２点×10	
100点	計

2024年度　栄東高等学校　第1回

数学解答用紙　No.1

評点
/100

1	解答欄											
ア	±	−	0	1	2	3	4	5	6	7	8	9
イ	±	−	0	1	2	3	4	5	6	7	8	9
ウ	±	−	0	1	2	3	4	5	6	7	8	9
エ	±	−	0	1	2	3	4	5	6	7	8	9
オ	±	−	0	1	2	3	4	5	6	7	8	9
カ	±	−	0	1	2	3	4	5	6	7	8	9
キ	±	−	0	1	2	3	4	5	6	7	8	9
ク	±	−	0	1	2	3	4	5	6	7	8	9
ケ	±	−	0	1	2	3	4	5	6	7	8	9
コ	±	−	0	1	2	3	4	5	6	7	8	9
サ	±	−	0	1	2	3	4	5	6	7	8	9
シ	±	−	0	1	2	3	4	5	6	7	8	9
ス	±	−	0	1	2	3	4	5	6	7	8	9
セ	±	−	0	1	2	3	4	5	6	7	8	9
ソ	±	−	0	1	2	3	4	5	6	7	8	9
タ	±	−	0	1	2	3	4	5	6	7	8	9
チ	±	−	0	1	2	3	4	5	6	7	8	9
ツ	±	−	0	1	2	3	4	5	6	7	8	9
テ	±	−	0	1	2	3	4	5	6	7	8	9
ト	±	−	0	1	2	3	4	5	6	7	8	9
ナ	±	−	0	1	2	3	4	5	6	7	8	9
ニ	±	−	0	1	2	3	4	5	6	7	8	9
ヌ	±	−	0	1	2	3	4	5	6	7	8	9
ネ	±	−	0	1	2	3	4	5	6	7	8	9
ノ	±	−	0	1	2	3	4	5	6	7	8	9

2	解答欄											
ア	±	−	0	1	2	3	4	5	6	7	8	9
イ	±	−	0	1	2	3	4	5	6	7	8	9
ウ	±	−	0	1	2	3	4	5	6	7	8	9
エ	±	−	0	1	2	3	4	5	6	7	8	9
オ	±	−	0	1	2	3	4	5	6	7	8	9
カ	±	−	0	1	2	3	4	5	6	7	8	9
キ	±	−	0	1	2	3	4	5	6	7	8	9
ク	±	−	0	1	2	3	4	5	6	7	8	9
ケ	±	−	0	1	2	3	4	5	6	7	8	9
コ	±	−	0	1	2	3	4	5	6	7	8	9
サ	±	−	0	1	2	3	4	5	6	7	8	9
シ	±	−	0	1	2	3	4	5	6	7	8	9
ス	±	−	0	1	2	3	4	5	6	7	8	9
セ	±	−	0	1	2	3	4	5	6	7	8	9
ソ	±	−	0	1	2	3	4	5	6	7	8	9
タ	±	−	0	1	2	3	4	5	6	7	8	9
チ	±	−	0	1	2	3	4	5	6	7	8	9
ツ	±	−	0	1	2	3	4	5	6	7	8	9
テ	±	−	0	1	2	3	4	5	6	7	8	9
ト	±	−	0	1	2	3	4	5	6	7	8	9
ナ	±	−	0	1	2	3	4	5	6	7	8	9
ニ	±	−	0	1	2	3	4	5	6	7	8	9
ヌ	±	−	0	1	2	3	4	5	6	7	8	9
ネ	±	−	0	1	2	3	4	5	6	7	8	9
ノ	±	−	0	1	2	3	4	5	6	7	8	9

氏名	

受験番号			
0	0	0	0
1	1	1	1
2	2	2	2
3	3	3	3
4	4	4	4
5	5	5	5
6	6	6	6
7	7	7	7
8	8	8	8
9	9	9	9

「0」と「1」の塗りまちがいに注意してください。

整理番号			

【記入上の注意】
1. 記入は、ＨＢの鉛筆またはシャープペンシルを使用してください。
2. 訂正する場合はプラスチック消しゴムで完全に消してください。
3. 用紙を折り曲げたり、汚したりしないでください。

【マーク例】

良い例　悪い例　うすい

数学解答用紙　No. 2

3	解答欄											
ア	±	−	0	1	2	3	4	5	6	7	8	9
イ	±	−	0	1	2	3	4	5	6	7	8	9
ウ	±	−	0	1	2	3	4	5	6	7	8	9
エ	±	−	0	1	2	3	4	5	6	7	8	9
オ	±	−	0	1	2	3	4	5	6	7	8	9
カ	±	−	0	1	2	3	4	5	6	7	8	9
キ	±	−	0	1	2	3	4	5	6	7	8	9
ク	±	−	0	1	2	3	4	5	6	7	8	9
ケ	±	−	0	1	2	3	4	5	6	7	8	9
コ	±	−	0	1	2	3	4	5	6	7	8	9
サ	±	−	0	1	2	3	4	5	6	7	8	9
シ	±	−	0	1	2	3	4	5	6	7	8	9
ス	±	−	0	1	2	3	4	5	6	7	8	9
セ	±	−	0	1	2	3	4	5	6	7	8	9
ソ	±	−	0	1	2	3	4	5	6	7	8	9
タ	±	−	0	1	2	3	4	5	6	7	8	9
チ	±	−	0	1	2	3	4	5	6	7	8	9
ツ	±	−	0	1	2	3	4	5	6	7	8	9
テ	±	−	0	1	2	3	4	5	6	7	8	9
ト	±	−	0	1	2	3	4	5	6	7	8	9
ナ	±	−	0	1	2	3	4	5	6	7	8	9
ニ	±	−	0	1	2	3	4	5	6	7	8	9
ヌ	±	−	0	1	2	3	4	5	6	7	8	9
ネ	±	−	0	1	2	3	4	5	6	7	8	9
ノ	±	−	0	1	2	3	4	5	6	7	8	9

4	解答欄											
ア	±	−	0	1	2	3	4	5	6	7	8	9
イ	±	−	0	1	2	3	4	5	6	7	8	9
ウ	±	−	0	1	2	3	4	5	6	7	8	9
エ	±	−	0	1	2	3	4	5	6	7	8	9
オ	±	−	0	1	2	3	4	5	6	7	8	9
カ	±	−	0	1	2	3	4	5	6	7	8	9
キ	±	−	0	1	2	3	4	5	6	7	8	9
ク	±	−	0	1	2	3	4	5	6	7	8	9
ケ	±	−	0	1	2	3	4	5	6	7	8	9
コ	±	−	0	1	2	3	4	5	6	7	8	9
サ	±	−	0	1	2	3	4	5	6	7	8	9
シ	±	−	0	1	2	3	4	5	6	7	8	9
ス	±	−	0	1	2	3	4	5	6	7	8	9
セ	±	−	0	1	2	3	4	5	6	7	8	9
ソ	±	−	0	1	2	3	4	5	6	7	8	9
タ	±	−	0	1	2	3	4	5	6	7	8	9
チ	±	−	0	1	2	3	4	5	6	7	8	9
ツ	±	−	0	1	2	3	4	5	6	7	8	9
テ	±	−	0	1	2	3	4	5	6	7	8	9
ト	±	−	0	1	2	3	4	5	6	7	8	9
ナ	±	−	0	1	2	3	4	5	6	7	8	9
ニ	±	−	0	1	2	3	4	5	6	7	8	9
ヌ	±	−	0	1	2	3	4	5	6	7	8	9
ネ	±	−	0	1	2	3	4	5	6	7	8	9
ノ	±	−	0	1	2	3	4	5	6	7	8	9

5	解答欄											
ア	±	−	0	1	2	3	4	5	6	7	8	9
イ	±	−	0	1	2	3	4	5	6	7	8	9
ウ	±	−	0	1	2	3	4	5	6	7	8	9
エ	±	−	0	1	2	3	4	5	6	7	8	9
オ	±	−	0	1	2	3	4	5	6	7	8	9
カ	±	−	0	1	2	3	4	5	6	7	8	9
キ	±	−	0	1	2	3	4	5	6	7	8	9
ク	±	−	0	1	2	3	4	5	6	7	8	9
ケ	±	−	0	1	2	3	4	5	6	7	8	9
コ	±	−	0	1	2	3	4	5	6	7	8	9
サ	±	−	0	1	2	3	4	5	6	7	8	9
シ	±	−	0	1	2	3	4	5	6	7	8	9
ス	±	−	0	1	2	3	4	5	6	7	8	9
セ	±	−	0	1	2	3	4	5	6	7	8	9
ソ	±	−	0	1	2	3	4	5	6	7	8	9
タ	±	−	0	1	2	3	4	5	6	7	8	9
チ	±	−	0	1	2	3	4	5	6	7	8	9
ツ	±	−	0	1	2	3	4	5	6	7	8	9
テ	±	−	0	1	2	3	4	5	6	7	8	9
ト	±	−	0	1	2	3	4	5	6	7	8	9
ナ	±	−	0	1	2	3	4	5	6	7	8	9
ニ	±	−	0	1	2	3	4	5	6	7	8	9
ヌ	±	−	0	1	2	3	4	5	6	7	8	9
ネ	±	−	0	1	2	3	4	5	6	7	8	9
ノ	±	−	0	1	2	3	4	5	6	7	8	9

（注）この解答用紙は実物を縮小してあります。Ｂ４用紙に141％拡大コピーすると、ほぼ実物大で使用できます。（タイトルと配点表は含みません）

推定配点

1、2　各5点×8
3　(1)　各3点×2　(2)、(3)　各7点×2
4　(1)　各2点×3　(2)、(3)　各7点×2
5　(1)、(2)　各3点×2　(3)　各7点×2

計　100点

二〇二四年度　栄東高等学校　第一回

国語解答用紙

評点	/100

氏名	

受験番号			
⓪	⓪	⓪	⓪
①	①	①	①
②	②	②	②
③	③	③	③
④	④	④	④
⑤	⑤	⑤	⑤
⑥	⑥	⑥	⑥
⑦	⑦	⑦	⑦
⑧	⑧	⑧	⑧
⑨	⑨	⑨	⑨

「０」と「１」の塗りまちがいに注意してください。

整理番号

【記入上の注意】
1. 記入は、ＨＢの鉛筆またはシャープペンシルを使用してください。
2. 訂正する場合はプラスチック消しゴムで完全に消してください。
3. 用紙を折り曲げたり、汚したりしないでください。

【マーク例】
良い例　悪い例

問題番号	解答欄	問題番号	解答欄	問題番号	解答欄
1	①②③④⑤⑥⑦⑧⑨⓪	21	①②③④⑤⑥⑦⑧⑨⓪	41	①②③④⑤⑥⑦⑧⑨⓪
2	①②③④⑤⑥⑦⑧⑨⓪	22	①②③④⑤⑥⑦⑧⑨⓪	42	①②③④⑤⑥⑦⑧⑨⓪
3	①②③④⑤⑥⑦⑧⑨⓪	23	①②③④⑤⑥⑦⑧⑨⓪	43	①②③④⑤⑥⑦⑧⑨⓪
4	①②③④⑤⑥⑦⑧⑨⓪	24	①②③④⑤⑥⑦⑧⑨⓪	44	①②③④⑤⑥⑦⑧⑨⓪
5	①②③④⑤⑥⑦⑧⑨⓪	25	①②③④⑤⑥⑦⑧⑨⓪	45	①②③④⑤⑥⑦⑧⑨⓪
6	①②③④⑤⑥⑦⑧⑨⓪	26	①②③④⑤⑥⑦⑧⑨⓪	46	①②③④⑤⑥⑦⑧⑨⓪
7	①②③④⑤⑥⑦⑧⑨⓪	27	①②③④⑤⑥⑦⑧⑨⓪	47	①②③④⑤⑥⑦⑧⑨⓪
8	①②③④⑤⑥⑦⑧⑨⓪	28	①②③④⑤⑥⑦⑧⑨⓪	48	①②③④⑤⑥⑦⑧⑨⓪
9	①②③④⑤⑥⑦⑧⑨⓪	29	①②③④⑤⑥⑦⑧⑨⓪	49	①②③④⑤⑥⑦⑧⑨⓪
10	①②③④⑤⑥⑦⑧⑨⓪	30	①②③④⑤⑥⑦⑧⑨⓪	50	①②③④⑤⑥⑦⑧⑨⓪
11	①②③④⑤⑥⑦⑧⑨⓪	31	①②③④⑤⑥⑦⑧⑨⓪	51	①②③④⑤⑥⑦⑧⑨⓪
12	①②③④⑤⑥⑦⑧⑨⓪	32	①②③④⑤⑥⑦⑧⑨⓪	52	①②③④⑤⑥⑦⑧⑨⓪
13	①②③④⑤⑥⑦⑧⑨⓪	33	①②③④⑤⑥⑦⑧⑨⓪	53	①②③④⑤⑥⑦⑧⑨⓪
14	①②③④⑤⑥⑦⑧⑨⓪	34	①②③④⑤⑥⑦⑧⑨⓪	54	①②③④⑤⑥⑦⑧⑨⓪
15	①②③④⑤⑥⑦⑧⑨⓪	35	①②③④⑤⑥⑦⑧⑨⓪	55	①②③④⑤⑥⑦⑧⑨⓪
16	①②③④⑤⑥⑦⑧⑨⓪	36	①②③④⑤⑥⑦⑧⑨⓪	56	①②③④⑤⑥⑦⑧⑨⓪
17	①②③④⑤⑥⑦⑧⑨⓪	37	①②③④⑤⑥⑦⑧⑨⓪	57	①②③④⑤⑥⑦⑧⑨⓪
18	①②③④⑤⑥⑦⑧⑨⓪	38	①②③④⑤⑥⑦⑧⑨⓪	58	①②③④⑤⑥⑦⑧⑨⓪
19	①②③④⑤⑥⑦⑧⑨⓪	39	①②③④⑤⑥⑦⑧⑨⓪	59	①②③④⑤⑥⑦⑧⑨⓪
20	①②③④⑤⑥⑦⑧⑨⓪	40	①②③④⑤⑥⑦⑧⑨⓪	60	①②③④⑤⑥⑦⑧⑨⓪

（注）この解答用紙は実物を縮小してあります。Ａ３用紙に145%拡大コピーすると、ほぼ実物大で使用できます。（タイトルと配点表は含みません）

推定配点	計
一 問一、問二　各２点×９　問三、問四　各４点×３　問五　３点　問六、問七　各４点×３　二 問一　各２点×３　問二　３点　問三　４点　問四　３点　問五　４点　問六　３点　問七、問八　各４点×２　三 問一　各２点×３　問二　４点　問三　３点　問四　４点　問五　３点　問六　４点	100点

2024年度 栄東高等学校 第2回

英語解答用紙

評点 /100

問題番号	解答欄	問題番号	解答欄	問題番号	解答欄
1	① ② ③ ④ ⑤ ⑥ ⑦ ⑧ ⑨ ⓪	21	① ② ③ ④ ⑤ ⑥ ⑦ ⑧ ⑨ ⓪	41	① ② ③ ④ ⑤ ⑥ ⑦ ⑧ ⑨ ⓪
2	① ② ③ ④ ⑤ ⑥ ⑦ ⑧ ⑨ ⓪	22	① ② ③ ④ ⑤ ⑥ ⑦ ⑧ ⑨ ⓪	42	① ② ③ ④ ⑤ ⑥ ⑦ ⑧ ⑨ ⓪
3	① ② ③ ④ ⑤ ⑥ ⑦ ⑧ ⑨ ⓪	23	① ② ③ ④ ⑤ ⑥ ⑦ ⑧ ⑨ ⓪	43	① ② ③ ④ ⑤ ⑥ ⑦ ⑧ ⑨ ⓪
4	① ② ③ ④ ⑤ ⑥ ⑦ ⑧ ⑨ ⓪	24	① ② ③ ④ ⑤ ⑥ ⑦ ⑧ ⑨ ⓪	44	① ② ③ ④ ⑤ ⑥ ⑦ ⑧ ⑨ ⓪
5	① ② ③ ④ ⑤ ⑥ ⑦ ⑧ ⑨ ⓪	25	① ② ③ ④ ⑤ ⑥ ⑦ ⑧ ⑨ ⓪	45	① ② ③ ④ ⑤ ⑥ ⑦ ⑧ ⑨ ⓪
6	① ② ③ ④ ⑤ ⑥ ⑦ ⑧ ⑨ ⓪	26	① ② ③ ④ ⑤ ⑥ ⑦ ⑧ ⑨ ⓪	46	① ② ③ ④ ⑤ ⑥ ⑦ ⑧ ⑨ ⓪
7	① ② ③ ④ ⑤ ⑥ ⑦ ⑧ ⑨ ⓪	27	① ② ③ ④ ⑤ ⑥ ⑦ ⑧ ⑨ ⓪	47	① ② ③ ④ ⑤ ⑥ ⑦ ⑧ ⑨ ⓪
8	① ② ③ ④ ⑤ ⑥ ⑦ ⑧ ⑨ ⓪	28	① ② ③ ④ ⑤ ⑥ ⑦ ⑧ ⑨ ⓪	48	① ② ③ ④ ⑤ ⑥ ⑦ ⑧ ⑨ ⓪
9	① ② ③ ④ ⑤ ⑥ ⑦ ⑧ ⑨ ⓪	29	① ② ③ ④ ⑤ ⑥ ⑦ ⑧ ⑨ ⓪	49	① ② ③ ④ ⑤ ⑥ ⑦ ⑧ ⑨ ⓪
10	① ② ③ ④ ⑤ ⑥ ⑦ ⑧ ⑨ ⓪	30	① ② ③ ④ ⑤ ⑥ ⑦ ⑧ ⑨ ⓪	50	① ② ③ ④ ⑤ ⑥ ⑦ ⑧ ⑨ ⓪
11	① ② ③ ④ ⑤ ⑥ ⑦ ⑧ ⑨ ⓪	31	① ② ③ ④ ⑤ ⑥ ⑦ ⑧ ⑨ ⓪	51	① ② ③ ④ ⑤ ⑥ ⑦ ⑧ ⑨ ⓪
12	① ② ③ ④ ⑤ ⑥ ⑦ ⑧ ⑨ ⓪	32	① ② ③ ④ ⑤ ⑥ ⑦ ⑧ ⑨ ⓪	52	① ② ③ ④ ⑤ ⑥ ⑦ ⑧ ⑨ ⓪
13	① ② ③ ④ ⑤ ⑥ ⑦ ⑧ ⑨ ⓪	33	① ② ③ ④ ⑤ ⑥ ⑦ ⑧ ⑨ ⓪	53	① ② ③ ④ ⑤ ⑥ ⑦ ⑧ ⑨ ⓪
14	① ② ③ ④ ⑤ ⑥ ⑦ ⑧ ⑨ ⓪	34	① ② ③ ④ ⑤ ⑥ ⑦ ⑧ ⑨ ⓪	54	① ② ③ ④ ⑤ ⑥ ⑦ ⑧ ⑨ ⓪
15	① ② ③ ④ ⑤ ⑥ ⑦ ⑧ ⑨ ⓪	35	① ② ③ ④ ⑤ ⑥ ⑦ ⑧ ⑨ ⓪	55	① ② ③ ④ ⑤ ⑥ ⑦ ⑧ ⑨ ⓪
16	① ② ③ ④ ⑤ ⑥ ⑦ ⑧ ⑨ ⓪	36	① ② ③ ④ ⑤ ⑥ ⑦ ⑧ ⑨ ⓪	56	① ② ③ ④ ⑤ ⑥ ⑦ ⑧ ⑨ ⓪
17	① ② ③ ④ ⑤ ⑥ ⑦ ⑧ ⑨ ⓪	37	① ② ③ ④ ⑤ ⑥ ⑦ ⑧ ⑨ ⓪	57	① ② ③ ④ ⑤ ⑥ ⑦ ⑧ ⑨ ⓪
18	① ② ③ ④ ⑤ ⑥ ⑦ ⑧ ⑨ ⓪	38	① ② ③ ④ ⑤ ⑥ ⑦ ⑧ ⑨ ⓪	58	① ② ③ ④ ⑤ ⑥ ⑦ ⑧ ⑨ ⓪
19	① ② ③ ④ ⑤ ⑥ ⑦ ⑧ ⑨ ⓪	39	① ② ③ ④ ⑤ ⑥ ⑦ ⑧ ⑨ ⓪	59	① ② ③ ④ ⑤ ⑥ ⑦ ⑧ ⑨ ⓪
20	① ② ③ ④ ⑤ ⑥ ⑦ ⑧ ⑨ ⓪	40	① ② ③ ④ ⑤ ⑥ ⑦ ⑧ ⑨ ⓪	60	① ② ③ ④ ⑤ ⑥ ⑦ ⑧ ⑨ ⓪

氏名	

受験番号			
⓪	⓪	⓪	⓪
①	①	①	①
②	②	②	②
③	③	③	③
④	④	④	④
⑤	⑤	⑤	⑤
⑥	⑥	⑥	⑥
⑦	⑦	⑦	⑦
⑧	⑧	⑧	⑧
⑨	⑨	⑨	⑨

「0」と「1」の塗りまちがいに注意してください。

整理番号			

【記入上の注意】
1. 記入は、HBの鉛筆またはシャープペンシルを使用してください。
2. 訂正する場合はプラスチック消しゴムで完全に消してください。
3. 用紙を折り曲げたり、汚したりしないでください。

【マーク例】
良い例　悪い例　うすい

（注）この解答用紙は実物を縮小してあります。A３用紙に145%拡大コピーすると、ほぼ実物大で使用できます。（タイトルと配点表は含みません）

推定配点	
1 (1) 各4点×6 (2) 5点 2 (1) 各4点×6 (2) 5点 3 (1)〜(3) 各4点×3 (4)、(5) 各5点×2 4〜6 各2点×10	
計	100点

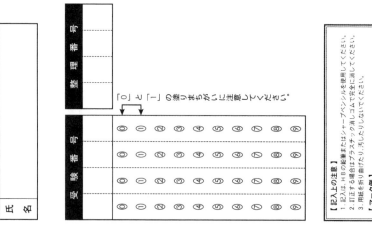

２０２４年度　栄東高等学校　第２回

数学解答用紙　No. 1

評点
／100

1	解答欄											
ア	±	−	0	1	2	3	4	5	6	7	8	9
イ	±	−	0	1	2	3	4	5	6	7	8	9
ウ	±	−	0	1	2	3	4	5	6	7	8	9
エ	±	−	0	1	2	3	4	5	6	7	8	9
オ	±	−	0	1	2	3	4	5	6	7	8	9
カ	±	−	0	1	2	3	4	5	6	7	8	9
キ	±	−	0	1	2	3	4	5	6	7	8	9
ク	±	−	0	1	2	3	4	5	6	7	8	9
ケ	±	−	0	1	2	3	4	5	6	7	8	9
コ	±	−	0	1	2	3	4	5	6	7	8	9
サ	±	−	0	1	2	3	4	5	6	7	8	9
シ	±	−	0	1	2	3	4	5	6	7	8	9
ス	±	−	0	1	2	3	4	5	6	7	8	9
セ	±	−	0	1	2	3	4	5	6	7	8	9
ソ	±	−	0	1	2	3	4	5	6	7	8	9
タ	±	−	0	1	2	3	4	5	6	7	8	9
チ	±	−	0	1	2	3	4	5	6	7	8	9
ツ	±	−	0	1	2	3	4	5	6	7	8	9
テ	±	−	0	1	2	3	4	5	6	7	8	9
ト	±	−	0	1	2	3	4	5	6	7	8	9
ナ	±	−	0	1	2	3	4	5	6	7	8	9
ニ	±	−	0	1	2	3	4	5	6	7	8	9
ヌ	±	−	0	1	2	3	4	5	6	7	8	9
ネ	±	−	0	1	2	3	4	5	6	7	8	9
ノ	±	−	0	1	2	3	4	5	6	7	8	9

2	解答欄											
ア	±	−	0	1	2	3	4	5	6	7	8	9
イ	±	−	0	1	2	3	4	5	6	7	8	9
ウ	±	−	0	1	2	3	4	5	6	7	8	9
エ	±	−	0	1	2	3	4	5	6	7	8	9
オ	±	−	0	1	2	3	4	5	6	7	8	9
カ	±	−	0	1	2	3	4	5	6	7	8	9
キ	±	−	0	1	2	3	4	5	6	7	8	9
ク	±	−	0	1	2	3	4	5	6	7	8	9
ケ	±	−	0	1	2	3	4	5	6	7	8	9
コ	±	−	0	1	2	3	4	5	6	7	8	9
サ	±	−	0	1	2	3	4	5	6	7	8	9
シ	±	−	0	1	2	3	4	5	6	7	8	9
ス	±	−	0	1	2	3	4	5	6	7	8	9
セ	±	−	0	1	2	3	4	5	6	7	8	9
ソ	±	−	0	1	2	3	4	5	6	7	8	9
タ	±	−	0	1	2	3	4	5	6	7	8	9
チ	±	−	0	1	2	3	4	5	6	7	8	9
ツ	±	−	0	1	2	3	4	5	6	7	8	9
テ	±	−	0	1	2	3	4	5	6	7	8	9
ト	±	−	0	1	2	3	4	5	6	7	8	9
ナ	±	−	0	1	2	3	4	5	6	7	8	9
ニ	±	−	0	1	2	3	4	5	6	7	8	9
ヌ	±	−	0	1	2	3	4	5	6	7	8	9
ネ	±	−	0	1	2	3	4	5	6	7	8	9
ノ	±	−	0	1	2	3	4	5	6	7	8	9

氏名	

受験番号			
0	0	0	0
1	1	1	1
2	2	2	2
3	3	3	3
4	4	4	4
5	5	5	5
6	6	6	6
7	7	7	7
8	8	8	8
9	9	9	9

「0」と「1」の塗りまちがいに注意してください。

整理番号			

【記入上の注意】
1. 記入は、ＨＢの鉛筆またはシャープペンシルを使用してください。
2. 訂正する場合はプラスチック消しゴムで完全に消してください。
3. 用紙を折り曲げたり、汚したりしないでください。

【マーク例】

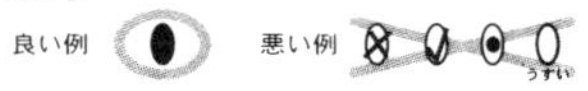

２０２４年度　栄東高等学校　第２回

数学解答用紙　No. 2

3	解	答	欄									
ア	±	−	0	1	2	3	4	5	6	7	8	9
イ	±	−	0	1	2	3	4	5	6	7	8	9
ウ	±	−	0	1	2	3	4	5	6	7	8	9
エ	±	−	0	1	2	3	4	5	6	7	8	9
オ	±	−	0	1	2	3	4	5	6	7	8	9
カ	±	−	0	1	2	3	4	5	6	7	8	9
キ	±	−	0	1	2	3	4	5	6	7	8	9
ク	±	−	0	1	2	3	4	5	6	7	8	9
ケ	±	−	0	1	2	3	4	5	6	7	8	9
コ	±	−	0	1	2	3	4	5	6	7	8	9
サ	±	−	0	1	2	3	4	5	6	7	8	9
シ	±	−	0	1	2	3	4	5	6	7	8	9
ス	±	−	0	1	2	3	4	5	6	7	8	9
セ	±	−	0	1	2	3	4	5	6	7	8	9
ソ	±	−	0	1	2	3	4	5	6	7	8	9
タ	±	−	0	1	2	3	4	5	6	7	8	9
チ	±	−	0	1	2	3	4	5	6	7	8	9
ツ	±	−	0	1	2	3	4	5	6	7	8	9
テ	±	−	0	1	2	3	4	5	6	7	8	9
ト	±	−	0	1	2	3	4	5	6	7	8	9
ナ	±	−	0	1	2	3	4	5	6	7	8	9
ニ	±	−	0	1	2	3	4	5	6	7	8	9
ヌ	±	−	0	1	2	3	4	5	6	7	8	9
ネ	±	−	0	1	2	3	4	5	6	7	8	9
ノ	±	−	0	1	2	3	4	5	6	7	8	9

4	解	答	欄									
ア	±	−	0	1	2	3	4	5	6	7	8	9
イ	±	−	0	1	2	3	4	5	6	7	8	9
ウ	±	−	0	1	2	3	4	5	6	7	8	9
エ	±	−	0	1	2	3	4	5	6	7	8	9
オ	±	−	0	1	2	3	4	5	6	7	8	9
カ	±	−	0	1	2	3	4	5	6	7	8	9
キ	±	−	0	1	2	3	4	5	6	7	8	9
ク	±	−	0	1	2	3	4	5	6	7	8	9
ケ	±	−	0	1	2	3	4	5	6	7	8	9
コ	±	−	0	1	2	3	4	5	6	7	8	9
サ	±	−	0	1	2	3	4	5	6	7	8	9
シ	±	−	0	1	2	3	4	5	6	7	8	9
ス	±	−	0	1	2	3	4	5	6	7	8	9
セ	±	−	0	1	2	3	4	5	6	7	8	9
ソ	±	−	0	1	2	3	4	5	6	7	8	9
タ	±	−	0	1	2	3	4	5	6	7	8	9
チ	±	−	0	1	2	3	4	5	6	7	8	9
ツ	±	−	0	1	2	3	4	5	6	7	8	9
テ	±	−	0	1	2	3	4	5	6	7	8	9
ト	±	−	0	1	2	3	4	5	6	7	8	9
ナ	±	−	0	1	2	3	4	5	6	7	8	9
ニ	±	−	0	1	2	3	4	5	6	7	8	9
ヌ	±	−	0	1	2	3	4	5	6	7	8	9
ネ	±	−	0	1	2	3	4	5	6	7	8	9
ノ	±	−	0	1	2	3	4	5	6	7	8	9

5	解	答	欄									
ア	±	−	0	1	2	3	4	5	6	7	8	9
イ	±	−	0	1	2	3	4	5	6	7	8	9
ウ	±	−	0	1	2	3	4	5	6	7	8	9
エ	±	−	0	1	2	3	4	5	6	7	8	9
オ	±	−	0	1	2	3	4	5	6	7	8	9
カ	±	−	0	1	2	3	4	5	6	7	8	9
キ	±	−	0	1	2	3	4	5	6	7	8	9
ク	±	−	0	1	2	3	4	5	6	7	8	9
ケ	±	−	0	1	2	3	4	5	6	7	8	9
コ	±	−	0	1	2	3	4	5	6	7	8	9
サ	±	−	0	1	2	3	4	5	6	7	8	9
シ	±	−	0	1	2	3	4	5	6	7	8	9
ス	±	−	0	1	2	3	4	5	6	7	8	9
セ	±	−	0	1	2	3	4	5	6	7	8	9
ソ	±	−	0	1	2	3	4	5	6	7	8	9
タ	±	−	0	1	2	3	4	5	6	7	8	9
チ	±	−	0	1	2	3	4	5	6	7	8	9
ツ	±	−	0	1	2	3	4	5	6	7	8	9
テ	±	−	0	1	2	3	4	5	6	7	8	9
ト	±	−	0	1	2	3	4	5	6	7	8	9
ナ	±	−	0	1	2	3	4	5	6	7	8	9
ニ	±	−	0	1	2	3	4	5	6	7	8	9
ヌ	±	−	0	1	2	3	4	5	6	7	8	9
ネ	±	−	0	1	2	3	4	5	6	7	8	9
ノ	±	−	0	1	2	3	4	5	6	7	8	9

（注）この解答用紙は実物を縮小してあります。Ｂ４用紙に141％拡大コピーすると、ほぼ実物大で使用できます。（タイトルと配点表は含みません）

推定配点	
1、2　各5点×8 3 (1) 6点　(2)、(3) 各7点×2 4 (1) 6点　(2)、(3) 各7点×2 5 (1) 6点　(2)、(3) 各7点×2	
100点	計

二〇二四年度　栄東高等学校　第二回

国語解答用紙

評点 ／100

問題番号	解答欄	問題番号	解答欄	問題番号	解答欄
1	① ② ③ ④ ⑤ ⑥ ⑦ ⑧ ⑨ ⓪	21	① ② ③ ④ ⑤ ⑥ ⑦ ⑧ ⑨ ⓪	41	① ② ③ ④ ⑤ ⑥ ⑦ ⑧ ⑨ ⓪
2	① ② ③ ④ ⑤ ⑥ ⑦ ⑧ ⑨ ⓪	22	① ② ③ ④ ⑤ ⑥ ⑦ ⑧ ⑨ ⓪	42	① ② ③ ④ ⑤ ⑥ ⑦ ⑧ ⑨ ⓪
3	① ② ③ ④ ⑤ ⑥ ⑦ ⑧ ⑨ ⓪	23	① ② ③ ④ ⑤ ⑥ ⑦ ⑧ ⑨ ⓪	43	① ② ③ ④ ⑤ ⑥ ⑦ ⑧ ⑨ ⓪
4	① ② ③ ④ ⑤ ⑥ ⑦ ⑧ ⑨ ⓪	24	① ② ③ ④ ⑤ ⑥ ⑦ ⑧ ⑨ ⓪	44	① ② ③ ④ ⑤ ⑥ ⑦ ⑧ ⑨ ⓪
5	① ② ③ ④ ⑤ ⑥ ⑦ ⑧ ⑨ ⓪	25	① ② ③ ④ ⑤ ⑥ ⑦ ⑧ ⑨ ⓪	45	① ② ③ ④ ⑤ ⑥ ⑦ ⑧ ⑨ ⓪
6	① ② ③ ④ ⑤ ⑥ ⑦ ⑧ ⑨ ⓪	26	① ② ③ ④ ⑤ ⑥ ⑦ ⑧ ⑨ ⓪	46	① ② ③ ④ ⑤ ⑥ ⑦ ⑧ ⑨ ⓪
7	① ② ③ ④ ⑤ ⑥ ⑦ ⑧ ⑨ ⓪	27	① ② ③ ④ ⑤ ⑥ ⑦ ⑧ ⑨ ⓪	47	① ② ③ ④ ⑤ ⑥ ⑦ ⑧ ⑨ ⓪
8	① ② ③ ④ ⑤ ⑥ ⑦ ⑧ ⑨ ⓪	28	① ② ③ ④ ⑤ ⑥ ⑦ ⑧ ⑨ ⓪	48	① ② ③ ④ ⑤ ⑥ ⑦ ⑧ ⑨ ⓪
9	① ② ③ ④ ⑤ ⑥ ⑦ ⑧ ⑨ ⓪	29	① ② ③ ④ ⑤ ⑥ ⑦ ⑧ ⑨ ⓪	49	① ② ③ ④ ⑤ ⑥ ⑦ ⑧ ⑨ ⓪
10	① ② ③ ④ ⑤ ⑥ ⑦ ⑧ ⑨ ⓪	30	① ② ③ ④ ⑤ ⑥ ⑦ ⑧ ⑨ ⓪	50	① ② ③ ④ ⑤ ⑥ ⑦ ⑧ ⑨ ⓪
11	① ② ③ ④ ⑤ ⑥ ⑦ ⑧ ⑨ ⓪	31	① ② ③ ④ ⑤ ⑥ ⑦ ⑧ ⑨ ⓪	51	① ② ③ ④ ⑤ ⑥ ⑦ ⑧ ⑨ ⓪
12	① ② ③ ④ ⑤ ⑥ ⑦ ⑧ ⑨ ⓪	32	① ② ③ ④ ⑤ ⑥ ⑦ ⑧ ⑨ ⓪	52	① ② ③ ④ ⑤ ⑥ ⑦ ⑧ ⑨ ⓪
13	① ② ③ ④ ⑤ ⑥ ⑦ ⑧ ⑨ ⓪	33	① ② ③ ④ ⑤ ⑥ ⑦ ⑧ ⑨ ⓪	53	① ② ③ ④ ⑤ ⑥ ⑦ ⑧ ⑨ ⓪
14	① ② ③ ④ ⑤ ⑥ ⑦ ⑧ ⑨ ⓪	34	① ② ③ ④ ⑤ ⑥ ⑦ ⑧ ⑨ ⓪	54	① ② ③ ④ ⑤ ⑥ ⑦ ⑧ ⑨ ⓪
15	① ② ③ ④ ⑤ ⑥ ⑦ ⑧ ⑨ ⓪	35	① ② ③ ④ ⑤ ⑥ ⑦ ⑧ ⑨ ⓪	55	① ② ③ ④ ⑤ ⑥ ⑦ ⑧ ⑨ ⓪
16	① ② ③ ④ ⑤ ⑥ ⑦ ⑧ ⑨ ⓪	36	① ② ③ ④ ⑤ ⑥ ⑦ ⑧ ⑨ ⓪	56	① ② ③ ④ ⑤ ⑥ ⑦ ⑧ ⑨ ⓪
17	① ② ③ ④ ⑤ ⑥ ⑦ ⑧ ⑨ ⓪	37	① ② ③ ④ ⑤ ⑥ ⑦ ⑧ ⑨ ⓪	57	① ② ③ ④ ⑤ ⑥ ⑦ ⑧ ⑨ ⓪
18	① ② ③ ④ ⑤ ⑥ ⑦ ⑧ ⑨ ⓪	38	① ② ③ ④ ⑤ ⑥ ⑦ ⑧ ⑨ ⓪	58	① ② ③ ④ ⑤ ⑥ ⑦ ⑧ ⑨ ⓪
19	① ② ③ ④ ⑤ ⑥ ⑦ ⑧ ⑨ ⓪	39	① ② ③ ④ ⑤ ⑥ ⑦ ⑧ ⑨ ⓪	59	① ② ③ ④ ⑤ ⑥ ⑦ ⑧ ⑨ ⓪
20	① ② ③ ④ ⑤ ⑥ ⑦ ⑧ ⑨ ⓪	40	① ② ③ ④ ⑤ ⑥ ⑦ ⑧ ⑨ ⓪	60	① ② ③ ④ ⑤ ⑥ ⑦ ⑧ ⑨ ⓪

（注）この解答用紙は実物を縮小してあります。Ａ３用紙に145%拡大コピーすると、ほぼ実物大で使用できます。（タイトルと配点表は含みません）

氏名	

受験番号			
⓪	⓪	⓪	⓪
①	①	①	①
②	②	②	②
③	③	③	③
④	④	④	④
⑤	⑤	⑤	⑤
⑥	⑥	⑥	⑥
⑦	⑦	⑦	⑦
⑧	⑧	⑧	⑧
⑨	⑨	⑨	⑨

「0」と「1」の塗りまちがいに注意してください。

整理番号			

【記入上の注意】
1. 記入は、ＨＢの鉛筆またはシャープペンシルを使用してください。
2. 訂正する場合はプラスチック消しゴムで完全に消してください。
3. 用紙を折り曲げたり、汚したりしないでください。

【マーク例】
良い例　悪い例　うすい

推定配点

㊀ 問一、問二　各2点×9　問三、問四　各4点×3　問五　3点　問六、問七　各4点×3　㊁ 問一　各2点×3　問二　3点　問三　4点　問四　3点　問五　4点　問六　3点　問七、問八　各4点×2　㊂ 問一　各2点×3　問二　4点　問三　3点　問四　4点　問五　3点　問六　4点

100点	計

２０２４年度　栄東高等学校　特待生

英語解答用紙

番号		氏名		評点	／100

1

1		2		3	
4		5			

2

1		2		3	
4		5			

3

1	あ		い		う	
2	あ		い		う	
3	あ		い		う	
4	あ		い		う	
5	あ		い		う	

4

問1							
問2		問3		問4		問5	
問6							
問7		問8					

5

問1					
問2	ア		イ		
問3					
問4		問5		問6	
問7	ア		イ		ウ
問8	(1)		(2)		

6

(1)		(2)		(3)	

7

(1)		(2)		(3)	

8

(1)		(2)		(3)		(4)	

（注）この解答用紙は実物を縮小してあります。Ａ３用紙に145%拡大コピーすると、ほぼ実物大で使用できます。（タイトルと配点表は含みません）

推定配点		計
	1～3　各２点×15　4　問１　３点　問２　２点　問３　３点　問４　２点　問５　３点　問６　４点　問７　２点　問８　３点 5　問１　２点　問２　各３点×２　問３　４点　問４　３点　問５，問６　各２点×２　問７，問８　各３点×３ 6～8　各２点×10	100点

２０２４年度　栄東高等学校　特待生

数学解答用紙　No. 1

番号		氏名	

評点	/100

1 答えのみを記入せよ。

(1)	
(2)	
(3)	$a:b:c=$ 　　　： 　　　：

2 答えのみを記入せよ。

(1)	
(2)	
(3)	
(4)	

3 (1)は答えのみを記入し，(2)は途中式や図も記入せよ。

(1)	OE＝ 　　　　　，OF＝
(2)	答え　△GOH＝

２０２４年度　栄東高等学校　特待生

数学解答用紙　No.２

4 (1), (2)は答えのみを記入し，(3)は途中式や図も記入せよ。

(1)	
(2)	
(3)	答え

5 (1), (2)は答えのみを記入し，(3)は途中式や図も記入せよ。

(1)	
(2)	
(3)	答え　X : Y : Z = 　　: 　　:

（注）この解答用紙は実物を縮小してあります。169%拡大コピーすると、ほぼ実物大で使用できます。（タイトルと配点表は含みません）

推定配点

1　各5点×3
2　各6点×4
3　(1) 各6点×2　(2) 9点
4　(1)、(2) 各6点×2　(3) 8点
5　(1)、(2) 各6点×2　(3) 8点

計	100点

２０２４年度　栄東高等学校　特待生

社会解答用紙

番号		氏名		評点	/50

1

問1		cm
問2	長さ	cm
	式または考え方	
問3		
問4		
問5		
問6	(1)	
	(2)	
問7		
問8		
問9		
問10	(1)	
	(2)	都道府県名
		理由

2

問1		
問2		
問3		
問4	2番目	4番目
問5	2番目	4番目
問6		
問7		
問8		
問9		
問10		

3

問1		
問2		
問3		
問4		
問5		
問6		
問7		
問8		
問9	(1)	
	(2)	

（注）この解答用紙は実物を縮小してあります。169%拡大コピーすると、ほぼ実物大で使用できます。（タイトルと配点表は含みません）

推定配点	計
1 問1　2点　問2　3点　問3〜問5　各1点×3　問6 (1)　1点　(2)　2点 問7　1点　問8　3点　問9　1点　問10 (1)　1点　(2)　3点 **2** 問1〜問3　各1点×3　問4、問5　各2点×2　問6　1点 問7、問8　各3点×2　問9、問10　各1点×2　**3** 問1、問2　各2点×2 問3〜問6　各1点×4　問7、問8　各2点×2　問9　各1点×2	50点

２０２４年度　栄東高等学校　特待生

理科解答用紙

番号		氏名	

評点	／50

1

問 1	問 2	問 3
	[N]	[N]

問 4	問 5		
p_2 = [Pa]	a	b	c

問 6		問 7
上面 [Pa]	下面 [Pa]	[N]

2

問 1	問 2	問 3	問 4
			[g]

問 5	問 6

3

問 1			
A	B	C	D

問 2	問 3	問 4

問 5

問 6	
記号	理由

4

問 1	問 2

問 3	問 4	問 5	問 6
km		等級	

（注）この解答用紙は実物を縮小してあります。Ａ３用紙に149％拡大コピーすると、ほぼ実物大で使用できます。（タイトルと配点表は含みません）

推定配点		計
	1 問１～問３　各１点×３　問４　２点　問５，問６　各１点×５　問７　２点 **2** 問１　２点　問２　１点　問３，問４　各２点×２　問５　１点　問６　２点 **3** 問１，問２　各２点×５　問３，問４　各１点×２　問５　２点 問６　記号　１点　理由　２点 **4** 問１　２点　問２　１点　問３～問６　各２点×４	50点

二〇二四年度　栄東高等学校　特待生

国語解答用紙

番号　　氏名　　評点　／100

一

問一　a　b　c　d　e

問二　問三　問四　問五　問六

問七

問八

二

問一　a　b　c　問二

問三　問四　問五

問六

問七　i　ii　関係　iii　～

三

問一　a　b　c　問二

問三　問四

問五　i　ii

(注) この解答用紙は実物を縮小してあります。Ａ３用紙に147%拡大コピーすると、ほぼ実物大で使用できます。(タイトルと配点表は含みません)

推定配点	
一 問一、問二 各2点×6 問三～問五 各4点×3 問六 各2点×2 問七 6点 問八 4点 二 問一、問二 各2点×4 問三～問五 各4点×3 問六 6点 問七 (i) 2点 (ii)、(iii) 各4点×2 三 問一 各2点×3 問二～問五 各4点×5	
計	100点

２０２３年度　栄東高等学校　第１回

英語解答用紙

問題番号	解答欄	問題番号	解答欄	問題番号	解答欄
1	① ② ③ ④ ⑤ ⑥ ⑦ ⑧ ⑨ ⓪	21	① ② ③ ④ ⑤ ⑥ ⑦ ⑧ ⑨ ⓪	41	① ② ③ ④ ⑤ ⑥ ⑦ ⑧ ⑨ ⓪
2	① ② ③ ④ ⑤ ⑥ ⑦ ⑧ ⑨ ⓪	22	① ② ③ ④ ⑤ ⑥ ⑦ ⑧ ⑨ ⓪	42	① ② ③ ④ ⑤ ⑥ ⑦ ⑧ ⑨ ⓪
3	① ② ③ ④ ⑤ ⑥ ⑦ ⑧ ⑨ ⓪	23	① ② ③ ④ ⑤ ⑥ ⑦ ⑧ ⑨ ⓪	43	① ② ③ ④ ⑤ ⑥ ⑦ ⑧ ⑨ ⓪
4	① ② ③ ④ ⑤ ⑥ ⑦ ⑧ ⑨ ⓪	24	① ② ③ ④ ⑤ ⑥ ⑦ ⑧ ⑨ ⓪	44	① ② ③ ④ ⑤ ⑥ ⑦ ⑧ ⑨ ⓪
5	① ② ③ ④ ⑤ ⑥ ⑦ ⑧ ⑨ ⓪	25	① ② ③ ④ ⑤ ⑥ ⑦ ⑧ ⑨ ⓪	45	① ② ③ ④ ⑤ ⑥ ⑦ ⑧ ⑨ ⓪
6	① ② ③ ④ ⑤ ⑥ ⑦ ⑧ ⑨ ⓪	26	① ② ③ ④ ⑤ ⑥ ⑦ ⑧ ⑨ ⓪	46	① ② ③ ④ ⑤ ⑥ ⑦ ⑧ ⑨ ⓪
7	① ② ③ ④ ⑤ ⑥ ⑦ ⑧ ⑨ ⓪	27	① ② ③ ④ ⑤ ⑥ ⑦ ⑧ ⑨ ⓪	47	① ② ③ ④ ⑤ ⑥ ⑦ ⑧ ⑨ ⓪
8	① ② ③ ④ ⑤ ⑥ ⑦ ⑧ ⑨ ⓪	28	① ② ③ ④ ⑤ ⑥ ⑦ ⑧ ⑨ ⓪	48	① ② ③ ④ ⑤ ⑥ ⑦ ⑧ ⑨ ⓪
9	① ② ③ ④ ⑤ ⑥ ⑦ ⑧ ⑨ ⓪	29	① ② ③ ④ ⑤ ⑥ ⑦ ⑧ ⑨ ⓪	49	① ② ③ ④ ⑤ ⑥ ⑦ ⑧ ⑨ ⓪
10	① ② ③ ④ ⑤ ⑥ ⑦ ⑧ ⑨ ⓪	30	① ② ③ ④ ⑤ ⑥ ⑦ ⑧ ⑨ ⓪	50	① ② ③ ④ ⑤ ⑥ ⑦ ⑧ ⑨ ⓪
11	① ② ③ ④ ⑤ ⑥ ⑦ ⑧ ⑨ ⓪	31	① ② ③ ④ ⑤ ⑥ ⑦ ⑧ ⑨ ⓪	51	① ② ③ ④ ⑤ ⑥ ⑦ ⑧ ⑨ ⓪
12	① ② ③ ④ ⑤ ⑥ ⑦ ⑧ ⑨ ⓪	32	① ② ③ ④ ⑤ ⑥ ⑦ ⑧ ⑨ ⓪	52	① ② ③ ④ ⑤ ⑥ ⑦ ⑧ ⑨ ⓪
13	① ② ③ ④ ⑤ ⑥ ⑦ ⑧ ⑨ ⓪	33	① ② ③ ④ ⑤ ⑥ ⑦ ⑧ ⑨ ⓪	53	① ② ③ ④ ⑤ ⑥ ⑦ ⑧ ⑨ ⓪
14	① ② ③ ④ ⑤ ⑥ ⑦ ⑧ ⑨ ⓪	34	① ② ③ ④ ⑤ ⑥ ⑦ ⑧ ⑨ ⓪	54	① ② ③ ④ ⑤ ⑥ ⑦ ⑧ ⑨ ⓪
15	① ② ③ ④ ⑤ ⑥ ⑦ ⑧ ⑨ ⓪	35	① ② ③ ④ ⑤ ⑥ ⑦ ⑧ ⑨ ⓪	55	① ② ③ ④ ⑤ ⑥ ⑦ ⑧ ⑨ ⓪
16	① ② ③ ④ ⑤ ⑥ ⑦ ⑧ ⑨ ⓪	36	① ② ③ ④ ⑤ ⑥ ⑦ ⑧ ⑨ ⓪	56	① ② ③ ④ ⑤ ⑥ ⑦ ⑧ ⑨ ⓪
17	① ② ③ ④ ⑤ ⑥ ⑦ ⑧ ⑨ ⓪	37	① ② ③ ④ ⑤ ⑥ ⑦ ⑧ ⑨ ⓪	57	① ② ③ ④ ⑤ ⑥ ⑦ ⑧ ⑨ ⓪
18	① ② ③ ④ ⑤ ⑥ ⑦ ⑧ ⑨ ⓪	38	① ② ③ ④ ⑤ ⑥ ⑦ ⑧ ⑨ ⓪	58	① ② ③ ④ ⑤ ⑥ ⑦ ⑧ ⑨ ⓪
19	① ② ③ ④ ⑤ ⑥ ⑦ ⑧ ⑨ ⓪	39	① ② ③ ④ ⑤ ⑥ ⑦ ⑧ ⑨ ⓪	59	① ② ③ ④ ⑤ ⑥ ⑦ ⑧ ⑨ ⓪
20	① ② ③ ④ ⑤ ⑥ ⑦ ⑧ ⑨ ⓪	40	① ② ③ ④ ⑤ ⑥ ⑦ ⑧ ⑨ ⓪	60	① ② ③ ④ ⑤ ⑥ ⑦ ⑧ ⑨ ⓪

評点　／100

（注）この解答用紙は実物を縮小してあります。Ａ３用紙に145%拡大コピーすると、ほぼ実物大で使用できます。（タイトルと配点表は含みません）

氏名

受験番号			
⓪	⓪	⓪	⓪
①	①	①	①
②	②	②	②
③	③	③	③
④	④	④	④
⑤	⑤	⑤	⑤
⑥	⑥	⑥	⑥
⑦	⑦	⑦	⑦
⑧	⑧	⑧	⑧
⑨	⑨	⑨	⑨

整理番号			

「0」と「1」の塗りまちがいに注意してください。

【記入上の注意】
1. 記入は、ＨＢの鉛筆またはシャープペンシルを使用してください。
2. 訂正する場合はプラスチック消しゴムで完全に消してください。
3. 用紙を折り曲げたり、汚したりしないでください。

【マーク例】

推定配点

1～3　各４点×20〔2(2)は完答〕
4～6　各２点×10

計　100点

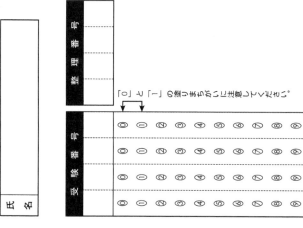

2023年度　栄東高等学校　第1回

数学解答用紙　No. 1

評点
/100

1	解答欄											
ア	±	−	0	1	2	3	4	5	6	7	8	9
イ	±	−	0	1	2	3	4	5	6	7	8	9
ウ	±	−	0	1	2	3	4	5	6	7	8	9
エ	±	−	0	1	2	3	4	5	6	7	8	9
オ	±	−	0	1	2	3	4	5	6	7	8	9
カ	±	−	0	1	2	3	4	5	6	7	8	9
キ	±	−	0	1	2	3	4	5	6	7	8	9
ク	±	−	0	1	2	3	4	5	6	7	8	9
ケ	±	−	0	1	2	3	4	5	6	7	8	9
コ	±	−	0	1	2	3	4	5	6	7	8	9
サ	±	−	0	1	2	3	4	5	6	7	8	9
シ	±	−	0	1	2	3	4	5	6	7	8	9
ス	±	−	0	1	2	3	4	5	6	7	8	9
セ	±	−	0	1	2	3	4	5	6	7	8	9
ソ	±	−	0	1	2	3	4	5	6	7	8	9
タ	±	−	0	1	2	3	4	5	6	7	8	9
チ	±	−	0	1	2	3	4	5	6	7	8	9
ツ	±	−	0	1	2	3	4	5	6	7	8	9
テ	±	−	0	1	2	3	4	5	6	7	8	9
ト	±	−	0	1	2	3	4	5	6	7	8	9
ナ	±	−	0	1	2	3	4	5	6	7	8	9
ニ	±	−	0	1	2	3	4	5	6	7	8	9
ヌ	±	−	0	1	2	3	4	5	6	7	8	9
ネ	±	−	0	1	2	3	4	5	6	7	8	9
ノ	±	−	0	1	2	3	4	5	6	7	8	9

2	解答欄											
ア	±	−	0	1	2	3	4	5	6	7	8	9
イ	±	−	0	1	2	3	4	5	6	7	8	9
ウ	±	−	0	1	2	3	4	5	6	7	8	9
エ	±	−	0	1	2	3	4	5	6	7	8	9
オ	±	−	0	1	2	3	4	5	6	7	8	9
カ	±	−	0	1	2	3	4	5	6	7	8	9
キ	±	−	0	1	2	3	4	5	6	7	8	9
ク	±	−	0	1	2	3	4	5	6	7	8	9
ケ	±	−	0	1	2	3	4	5	6	7	8	9
コ	±	−	0	1	2	3	4	5	6	7	8	9
サ	±	−	0	1	2	3	4	5	6	7	8	9
シ	±	−	0	1	2	3	4	5	6	7	8	9
ス	±	−	0	1	2	3	4	5	6	7	8	9
セ	±	−	0	1	2	3	4	5	6	7	8	9
ソ	±	−	0	1	2	3	4	5	6	7	8	9
タ	±	−	0	1	2	3	4	5	6	7	8	9
チ	±	−	0	1	2	3	4	5	6	7	8	9
ツ	±	−	0	1	2	3	4	5	6	7	8	9
テ	±	−	0	1	2	3	4	5	6	7	8	9
ト	±	−	0	1	2	3	4	5	6	7	8	9
ナ	±	−	0	1	2	3	4	5	6	7	8	9
ニ	±	−	0	1	2	3	4	5	6	7	8	9
ヌ	±	−	0	1	2	3	4	5	6	7	8	9
ネ	±	−	0	1	2	3	4	5	6	7	8	9
ノ	±	−	0	1	2	3	4	5	6	7	8	9

氏名	

受験番号			
0	0	0	0
1	1	1	1
2	2	2	2
3	3	3	3
4	4	4	4
5	5	5	5
6	6	6	6
7	7	7	7
8	8	8	8
9	9	9	9

「0」と「1」の塗りまちがいに注意してください。

整理番号			

【記入上の注意】
1. 記入は、HBの鉛筆またはシャープペンシルを使用してください。
2. 訂正する場合はプラスチック消しゴムで完全に消してください。
3. 用紙を折り曲げたり、汚したりしないでください。

【マーク例】

良い例　悪い例　うすい

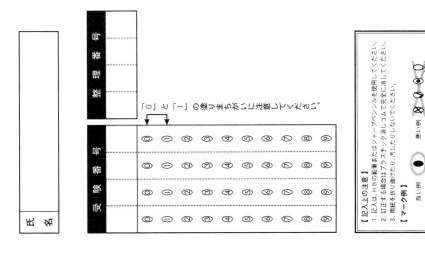

2023年度 栄東高等学校 第1回

数学解答用紙 No.2

3	解答欄										
ア	⊕	⊖	0	1	2	3	4	5	6	7	8	9
イ	⊕	⊖	0	1	2	3	4	5	6	7	8	9
ウ	⊕	⊖	0	1	2	3	4	5	6	7	8	9
エ	⊕	⊖	0	1	2	3	4	5	6	7	8	9
オ	⊕	⊖	0	1	2	3	4	5	6	7	8	9
カ	⊕	⊖	0	1	2	3	4	5	6	7	8	9
キ	⊕	⊖	0	1	2	3	4	5	6	7	8	9
ク	⊕	⊖	0	1	2	3	4	5	6	7	8	9
ケ	⊕	⊖	0	1	2	3	4	5	6	7	8	9
コ	⊕	⊖	0	1	2	3	4	5	6	7	8	9
サ	⊕	⊖	0	1	2	3	4	5	6	7	8	9
シ	⊕	⊖	0	1	2	3	4	5	6	7	8	9
ス	⊕	⊖	0	1	2	3	4	5	6	7	8	9
セ	⊕	⊖	0	1	2	3	4	5	6	7	8	9
ソ	⊕	⊖	0	1	2	3	4	5	6	7	8	9
タ	⊕	⊖	0	1	2	3	4	5	6	7	8	9
チ	⊕	⊖	0	1	2	3	4	5	6	7	8	9
ツ	⊕	⊖	0	1	2	3	4	5	6	7	8	9
テ	⊕	⊖	0	1	2	3	4	5	6	7	8	9
ト	⊕	⊖	0	1	2	3	4	5	6	7	8	9
ナ	⊕	⊖	0	1	2	3	4	5	6	7	8	9
ニ	⊕	⊖	0	1	2	3	4	5	6	7	8	9
ヌ	⊕	⊖	0	1	2	3	4	5	6	7	8	9
ネ	⊕	⊖	0	1	2	3	4	5	6	7	8	9
ノ	⊕	⊖	0	1	2	3	4	5	6	7	8	9

4	解答欄										
ア	⊕	⊖	0	1	2	3	4	5	6	7	8	9
イ	⊕	⊖	0	1	2	3	4	5	6	7	8	9
ウ	⊕	⊖	0	1	2	3	4	5	6	7	8	9
エ	⊕	⊖	0	1	2	3	4	5	6	7	8	9
オ	⊕	⊖	0	1	2	3	4	5	6	7	8	9
カ	⊕	⊖	0	1	2	3	4	5	6	7	8	9
キ	⊕	⊖	0	1	2	3	4	5	6	7	8	9
ク	⊕	⊖	0	1	2	3	4	5	6	7	8	9
ケ	⊕	⊖	0	1	2	3	4	5	6	7	8	9
コ	⊕	⊖	0	1	2	3	4	5	6	7	8	9
サ	⊕	⊖	0	1	2	3	4	5	6	7	8	9
シ	⊕	⊖	0	1	2	3	4	5	6	7	8	9
ス	⊕	⊖	0	1	2	3	4	5	6	7	8	9
セ	⊕	⊖	0	1	2	3	4	5	6	7	8	9
ソ	⊕	⊖	0	1	2	3	4	5	6	7	8	9
タ	⊕	⊖	0	1	2	3	4	5	6	7	8	9
チ	⊕	⊖	0	1	2	3	4	5	6	7	8	9
ツ	⊕	⊖	0	1	2	3	4	5	6	7	8	9
テ	⊕	⊖	0	1	2	3	4	5	6	7	8	9
ト	⊕	⊖	0	1	2	3	4	5	6	7	8	9
ナ	⊕	⊖	0	1	2	3	4	5	6	7	8	9
ニ	⊕	⊖	0	1	2	3	4	5	6	7	8	9
ヌ	⊕	⊖	0	1	2	3	4	5	6	7	8	9
ネ	⊕	⊖	0	1	2	3	4	5	6	7	8	9
ノ	⊕	⊖	0	1	2	3	4	5	6	7	8	9

5	解答欄										
ア	⊕	⊖	0	1	2	3	4	5	6	7	8	9
イ	⊕	⊖	0	1	2	3	4	5	6	7	8	9
ウ	⊕	⊖	0	1	2	3	4	5	6	7	8	9
エ	⊕	⊖	0	1	2	3	4	5	6	7	8	9
オ	⊕	⊖	0	1	2	3	4	5	6	7	8	9
カ	⊕	⊖	0	1	2	3	4	5	6	7	8	9
キ	⊕	⊖	0	1	2	3	4	5	6	7	8	9
ク	⊕	⊖	0	1	2	3	4	5	6	7	8	9
ケ	⊕	⊖	0	1	2	3	4	5	6	7	8	9
コ	⊕	⊖	0	1	2	3	4	5	6	7	8	9
サ	⊕	⊖	0	1	2	3	4	5	6	7	8	9
シ	⊕	⊖	0	1	2	3	4	5	6	7	8	9
ス	⊕	⊖	0	1	2	3	4	5	6	7	8	9
セ	⊕	⊖	0	1	2	3	4	5	6	7	8	9
ソ	⊕	⊖	0	1	2	3	4	5	6	7	8	9
タ	⊕	⊖	0	1	2	3	4	5	6	7	8	9
チ	⊕	⊖	0	1	2	3	4	5	6	7	8	9
ツ	⊕	⊖	0	1	2	3	4	5	6	7	8	9
テ	⊕	⊖	0	1	2	3	4	5	6	7	8	9
ト	⊕	⊖	0	1	2	3	4	5	6	7	8	9
ナ	⊕	⊖	0	1	2	3	4	5	6	7	8	9
ニ	⊕	⊖	0	1	2	3	4	5	6	7	8	9
ヌ	⊕	⊖	0	1	2	3	4	5	6	7	8	9
ネ	⊕	⊖	0	1	2	3	4	5	6	7	8	9
ノ	⊕	⊖	0	1	2	3	4	5	6	7	8	9

（注）この解答用紙は実物を縮小してあります。Ｂ４用紙に141％拡大コピーすると、ほぼ実物大で使用できます。（タイトルと配点表は含みません）

推定配点	
1、2 各5点×8 3 (1) 6点 (2)、(3) 各7点×2 4 (1) 6点 (2)、(3) 各7点×2 5 (1) 6点 (2)、(3) 各7点×2	
100点	計

二〇二三年度　栄東高等学校　第一回

国語解答用紙

評点 ／100

（注）この解答用紙は実物を縮小してあります。Ａ３用紙に145％拡大コピーすると、ほぼ実物大で使用できます。（タイトルと配点表は含みません）

問題番号	解答欄	問題番号	解答欄	問題番号	解答欄
1	①②③④⑤⑥⑦⑧⑨⓪	21	①②③④⑤⑥⑦⑧⑨⓪	41	①②③④⑤⑥⑦⑧⑨⓪
2	①②③④⑤⑥⑦⑧⑨⓪	22	①②③④⑤⑥⑦⑧⑨⓪	42	①②③④⑤⑥⑦⑧⑨⓪
3	①②③④⑤⑥⑦⑧⑨⓪	23	①②③④⑤⑥⑦⑧⑨⓪	43	①②③④⑤⑥⑦⑧⑨⓪
4	①②③④⑤⑥⑦⑧⑨⓪	24	①②③④⑤⑥⑦⑧⑨⓪	44	①②③④⑤⑥⑦⑧⑨⓪
5	①②③④⑤⑥⑦⑧⑨⓪	25	①②③④⑤⑥⑦⑧⑨⓪	45	①②③④⑤⑥⑦⑧⑨⓪
6	①②③④⑤⑥⑦⑧⑨⓪	26	①②③④⑤⑥⑦⑧⑨⓪	46	①②③④⑤⑥⑦⑧⑨⓪
7	①②③④⑤⑥⑦⑧⑨⓪	27	①②③④⑤⑥⑦⑧⑨⓪	47	①②③④⑤⑥⑦⑧⑨⓪
8	①②③④⑤⑥⑦⑧⑨⓪	28	①②③④⑤⑥⑦⑧⑨⓪	48	①②③④⑤⑥⑦⑧⑨⓪
9	①②③④⑤⑥⑦⑧⑨⓪	29	①②③④⑤⑥⑦⑧⑨⓪	49	①②③④⑤⑥⑦⑧⑨⓪
10	①②③④⑤⑥⑦⑧⑨⓪	30	①②③④⑤⑥⑦⑧⑨⓪	50	①②③④⑤⑥⑦⑧⑨⓪
11	①②③④⑤⑥⑦⑧⑨⓪	31	①②③④⑤⑥⑦⑧⑨⓪	51	①②③④⑤⑥⑦⑧⑨⓪
12	①②③④⑤⑥⑦⑧⑨⓪	32	①②③④⑤⑥⑦⑧⑨⓪	52	①②③④⑤⑥⑦⑧⑨⓪
13	①②③④⑤⑥⑦⑧⑨⓪	33	①②③④⑤⑥⑦⑧⑨⓪	53	①②③④⑤⑥⑦⑧⑨⓪
14	①②③④⑤⑥⑦⑧⑨⓪	34	①②③④⑤⑥⑦⑧⑨⓪	54	①②③④⑤⑥⑦⑧⑨⓪
15	①②③④⑤⑥⑦⑧⑨⓪	35	①②③④⑤⑥⑦⑧⑨⓪	55	①②③④⑤⑥⑦⑧⑨⓪
16	①②③④⑤⑥⑦⑧⑨⓪	36	①②③④⑤⑥⑦⑧⑨⓪	56	①②③④⑤⑥⑦⑧⑨⓪
17	①②③④⑤⑥⑦⑧⑨⓪	37	①②③④⑤⑥⑦⑧⑨⓪	57	①②③④⑤⑥⑦⑧⑨⓪
18	①②③④⑤⑥⑦⑧⑨⓪	38	①②③④⑤⑥⑦⑧⑨⓪	58	①②③④⑤⑥⑦⑧⑨⓪
19	①②③④⑤⑥⑦⑧⑨⓪	39	①②③④⑤⑥⑦⑧⑨⓪	59	①②③④⑤⑥⑦⑧⑨⓪
20	①②③④⑤⑥⑦⑧⑨⓪	40	①②③④⑤⑥⑦⑧⑨⓪	60	①②③④⑤⑥⑦⑧⑨⓪

氏名

受験番号			
⓪	⓪	⓪	⓪
①	①	①	①
②	②	②	②
③	③	③	③
④	④	④	④
⑤	⑤	⑤	⑤
⑥	⑥	⑥	⑥
⑦	⑦	⑦	⑦
⑧	⑧	⑧	⑧
⑨	⑨	⑨	⑨

「0」と「1」の塗りまちがいに注意してください。

整理番号			

【記入上の注意】
1. 記入は、ＨＢの鉛筆またはシャープペンシルを使用してください。
2. 訂正する場合はプラスチック消しゴムで完全に消してください。
3. 用紙を折り曲げたり、汚したりしないでください。

【マーク例】
良い例　悪い例　うすい

推定配点

一　問一、問二　各２点×９　問三～問五　各３点×３　問六、問七　各４点×３

二　問一　各２点×３　問二、問三　各３点×３　問四～問六　各４点×３　問七　３点　問八、問九　各４点×２

三　問一　各２点×３　問二、問三　各３点×３　問四、問五　各４点×２

計　100点

2023年度　栄東高等学校　第2回

英語解答用紙

評点
/100

氏名	

受験番号			
⓪	⓪	⓪	⓪
①	①	①	①
②	②	②	②
③	③	③	③
④	④	④	④
⑤	⑤	⑤	⑤
⑥	⑥	⑥	⑥
⑦	⑦	⑦	⑦
⑧	⑧	⑧	⑧
⑨	⑨	⑨	⑨

「0」と「1」の塗りまちがいに注意してください。

整理番号			

【記入上の注意】
1. 記入は、HBの鉛筆またはシャープペンシルを使用してください。
2. 訂正する場合はプラスチック消しゴムで完全に消してください。
3. 用紙を折り曲げたり、汚したりしないでください。

【マーク例】
良い例　悪い例　うすい

問題番号	解答欄	問題番号	解答欄	問題番号	解答欄
1	①②③④⑤⑥⑦⑧⑨⓪	21	①②③④⑤⑥⑦⑧⑨⓪	41	①②③④⑤⑥⑦⑧⑨⓪
2	①②③④⑤⑥⑦⑧⑨⓪	22	①②③④⑤⑥⑦⑧⑨⓪	42	①②③④⑤⑥⑦⑧⑨⓪
3	①②③④⑤⑥⑦⑧⑨⓪	23	①②③④⑤⑥⑦⑧⑨⓪	43	①②③④⑤⑥⑦⑧⑨⓪
4	①②③④⑤⑥⑦⑧⑨⓪	24	①②③④⑤⑥⑦⑧⑨⓪	44	①②③④⑤⑥⑦⑧⑨⓪
5	①②③④⑤⑥⑦⑧⑨⓪	25	①②③④⑤⑥⑦⑧⑨⓪	45	①②③④⑤⑥⑦⑧⑨⓪
6	①②③④⑤⑥⑦⑧⑨⓪	26	①②③④⑤⑥⑦⑧⑨⓪	46	①②③④⑤⑥⑦⑧⑨⓪
7	①②③④⑤⑥⑦⑧⑨⓪	27	①②③④⑤⑥⑦⑧⑨⓪	47	①②③④⑤⑥⑦⑧⑨⓪
8	①②③④⑤⑥⑦⑧⑨⓪	28	①②③④⑤⑥⑦⑧⑨⓪	48	①②③④⑤⑥⑦⑧⑨⓪
9	①②③④⑤⑥⑦⑧⑨⓪	29	①②③④⑤⑥⑦⑧⑨⓪	49	①②③④⑤⑥⑦⑧⑨⓪
10	①②③④⑤⑥⑦⑧⑨⓪	30	①②③④⑤⑥⑦⑧⑨⓪	50	①②③④⑤⑥⑦⑧⑨⓪
11	①②③④⑤⑥⑦⑧⑨⓪	31	①②③④⑤⑥⑦⑧⑨⓪	51	①②③④⑤⑥⑦⑧⑨⓪
12	①②③④⑤⑥⑦⑧⑨⓪	32	①②③④⑤⑥⑦⑧⑨⓪	52	①②③④⑤⑥⑦⑧⑨⓪
13	①②③④⑤⑥⑦⑧⑨⓪	33	①②③④⑤⑥⑦⑧⑨⓪	53	①②③④⑤⑥⑦⑧⑨⓪
14	①②③④⑤⑥⑦⑧⑨⓪	34	①②③④⑤⑥⑦⑧⑨⓪	54	①②③④⑤⑥⑦⑧⑨⓪
15	①②③④⑤⑥⑦⑧⑨⓪	35	①②③④⑤⑥⑦⑧⑨⓪	55	①②③④⑤⑥⑦⑧⑨⓪
16	①②③④⑤⑥⑦⑧⑨⓪	36	①②③④⑤⑥⑦⑧⑨⓪	56	①②③④⑤⑥⑦⑧⑨⓪
17	①②③④⑤⑥⑦⑧⑨⓪	37	①②③④⑤⑥⑦⑧⑨⓪	57	①②③④⑤⑥⑦⑧⑨⓪
18	①②③④⑤⑥⑦⑧⑨⓪	38	①②③④⑤⑥⑦⑧⑨⓪	58	①②③④⑤⑥⑦⑧⑨⓪
19	①②③④⑤⑥⑦⑧⑨⓪	39	①②③④⑤⑥⑦⑧⑨⓪	59	①②③④⑤⑥⑦⑧⑨⓪
20	①②③④⑤⑥⑦⑧⑨⓪	40	①②③④⑤⑥⑦⑧⑨⓪	60	①②③④⑤⑥⑦⑧⑨⓪

（注）この解答用紙は実物を縮小してあります。Ａ３用紙に145%拡大コピーすると、ほぼ実物大で使用できます。（タイトルと配点表は含みません）

推定配点	
1～3 各4点×20〔2(2)は完答〕 4～6 各2点×10	
100点	計

２０２３年度　栄東高等学校　第２回

数学解答用紙　No. 1

評点
/100

1	解	答	欄									
ア	±	−	0	1	2	3	4	5	6	7	8	9
イ	±	−	0	1	2	3	4	5	6	7	8	9
ウ	±	−	0	1	2	3	4	5	6	7	8	9
エ	±	−	0	1	2	3	4	5	6	7	8	9
オ	±	−	0	1	2	3	4	5	6	7	8	9
カ	±	−	0	1	2	3	4	5	6	7	8	9
キ	±	−	0	1	2	3	4	5	6	7	8	9
ク	±	−	0	1	2	3	4	5	6	7	8	9
ケ	±	−	0	1	2	3	4	5	6	7	8	9
コ	±	−	0	1	2	3	4	5	6	7	8	9
サ	±	−	0	1	2	3	4	5	6	7	8	9
シ	±	−	0	1	2	3	4	5	6	7	8	9
ス	±	−	0	1	2	3	4	5	6	7	8	9
セ	±	−	0	1	2	3	4	5	6	7	8	9
ソ	±	−	0	1	2	3	4	5	6	7	8	9
タ	±	−	0	1	2	3	4	5	6	7	8	9
チ	±	−	0	1	2	3	4	5	6	7	8	9
ツ	±	−	0	1	2	3	4	5	6	7	8	9
テ	±	−	0	1	2	3	4	5	6	7	8	9
ト	±	−	0	1	2	3	4	5	6	7	8	9
ナ	±	−	0	1	2	3	4	5	6	7	8	9
ニ	±	−	0	1	2	3	4	5	6	7	8	9
ヌ	±	−	0	1	2	3	4	5	6	7	8	9
ネ	±	−	0	1	2	3	4	5	6	7	8	9
ノ	±	−	0	1	2	3	4	5	6	7	8	9

2	解	答	欄									
ア	±	−	0	1	2	3	4	5	6	7	8	9
イ	±	−	0	1	2	3	4	5	6	7	8	9
ウ	±	−	0	1	2	3	4	5	6	7	8	9
エ	±	−	0	1	2	3	4	5	6	7	8	9
オ	±	−	0	1	2	3	4	5	6	7	8	9
カ	±	−	0	1	2	3	4	5	6	7	8	9
キ	±	−	0	1	2	3	4	5	6	7	8	9
ク	±	−	0	1	2	3	4	5	6	7	8	9
ケ	±	−	0	1	2	3	4	5	6	7	8	9
コ	±	−	0	1	2	3	4	5	6	7	8	9
サ	±	−	0	1	2	3	4	5	6	7	8	9
シ	±	−	0	1	2	3	4	5	6	7	8	9
ス	±	−	0	1	2	3	4	5	6	7	8	9
セ	±	−	0	1	2	3	4	5	6	7	8	9
ソ	±	−	0	1	2	3	4	5	6	7	8	9
タ	±	−	0	1	2	3	4	5	6	7	8	9
チ	±	−	0	1	2	3	4	5	6	7	8	9
ツ	±	−	0	1	2	3	4	5	6	7	8	9
テ	±	−	0	1	2	3	4	5	6	7	8	9
ト	±	−	0	1	2	3	4	5	6	7	8	9
ナ	±	−	0	1	2	3	4	5	6	7	8	9
ニ	±	−	0	1	2	3	4	5	6	7	8	9
ヌ	±	−	0	1	2	3	4	5	6	7	8	9
ネ	±	−	0	1	2	3	4	5	6	7	8	9
ノ	±	−	0	1	2	3	4	5	6	7	8	9

氏名	

受験番号				整理番号			
0	0	0	0				
1	1	1	1				
2	2	2	2				
3	3	3	3				
4	4	4	4				
5	5	5	5				
6	6	6	6				
7	7	7	7				
8	8	8	8				
9	9	9	9				

「0」と「1」の塗りまちがいに注意してください。

【記入上の注意】
1. 記入は、ＨＢの鉛筆またはシャープペンシルを使用してください。
2. 訂正する場合はプラスチック消しゴムで完全に消してください。
3. 用紙を折り曲げたり、汚したりしないでください。

【マーク例】

良い例 　悪い例 

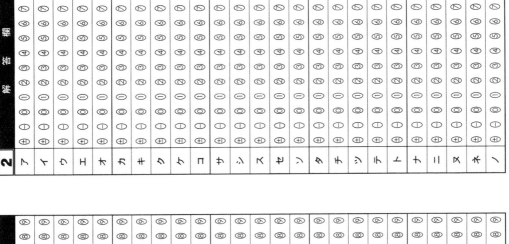

2023年度　栄東高等学校　第2回

数学解答用紙　No. 2

5	解	答	欄									
ア	±	−	0	1	2	3	4	5	6	7	8	9
イ	±	−	0	1	2	3	4	5	6	7	8	9
ウ	±	−	0	1	2	3	4	5	6	7	8	9
エ	±	−	0	1	2	3	4	5	6	7	8	9
オ	±	−	0	1	2	3	4	5	6	7	8	9
カ	±	−	0	1	2	3	4	5	6	7	8	9
キ	±	−	0	1	2	3	4	5	6	7	8	9
ク	±	−	0	1	2	3	4	5	6	7	8	9
ケ	±	−	0	1	2	3	4	5	6	7	8	9
コ	±	−	0	1	2	3	4	5	6	7	8	9
サ	±	−	0	1	2	3	4	5	6	7	8	9
シ	±	−	0	1	2	3	4	5	6	7	8	9
ス	±	−	0	1	2	3	4	5	6	7	8	9
セ	±	−	0	1	2	3	4	5	6	7	8	9
ソ	±	−	0	1	2	3	4	5	6	7	8	9
タ	±	−	0	1	2	3	4	5	6	7	8	9
チ	±	−	0	1	2	3	4	5	6	7	8	9
ツ	±	−	0	1	2	3	4	5	6	7	8	9
テ	±	−	0	1	2	3	4	5	6	7	8	9
ト	±	−	0	1	2	3	4	5	6	7	8	9
ナ	±	−	0	1	2	3	4	5	6	7	8	9
ニ	±	−	0	1	2	3	4	5	6	7	8	9
ヌ	±	−	0	1	2	3	4	5	6	7	8	9
ネ	±	−	0	1	2	3	4	5	6	7	8	9
ノ	±	−	0	1	2	3	4	5	6	7	8	9

4	解	答	欄									
ア	±	−	0	1	2	3	4	5	6	7	8	9
イ	±	−	0	1	2	3	4	5	6	7	8	9
ウ	±	−	0	1	2	3	4	5	6	7	8	9
エ	±	−	0	1	2	3	4	5	6	7	8	9
オ	±	−	0	1	2	3	4	5	6	7	8	9
カ	±	−	0	1	2	3	4	5	6	7	8	9
キ	±	−	0	1	2	3	4	5	6	7	8	9
ク	±	−	0	1	2	3	4	5	6	7	8	9
ケ	±	−	0	1	2	3	4	5	6	7	8	9
コ	±	−	0	1	2	3	4	5	6	7	8	9
サ	±	−	0	1	2	3	4	5	6	7	8	9
シ	±	−	0	1	2	3	4	5	6	7	8	9
ス	±	−	0	1	2	3	4	5	6	7	8	9
セ	±	−	0	1	2	3	4	5	6	7	8	9
ソ	±	−	0	1	2	3	4	5	6	7	8	9
タ	±	−	0	1	2	3	4	5	6	7	8	9
チ	±	−	0	1	2	3	4	5	6	7	8	9
ツ	±	−	0	1	2	3	4	5	6	7	8	9
テ	±	−	0	1	2	3	4	5	6	7	8	9
ト	±	−	0	1	2	3	4	5	6	7	8	9
ナ	±	−	0	1	2	3	4	5	6	7	8	9
ニ	±	−	0	1	2	3	4	5	6	7	8	9
ヌ	±	−	0	1	2	3	4	5	6	7	8	9
ネ	±	−	0	1	2	3	4	5	6	7	8	9
ノ	±	−	0	1	2	3	4	5	6	7	8	9

3	解	答	欄									
ア	±	−	0	1	2	3	4	5	6	7	8	9
イ	±	−	0	1	2	3	4	5	6	7	8	9
ウ	±	−	0	1	2	3	4	5	6	7	8	9
エ	±	−	0	1	2	3	4	5	6	7	8	9
オ	±	−	0	1	2	3	4	5	6	7	8	9
カ	±	−	0	1	2	3	4	5	6	7	8	9
キ	±	−	0	1	2	3	4	5	6	7	8	9
ク	±	−	0	1	2	3	4	5	6	7	8	9
ケ	±	−	0	1	2	3	4	5	6	7	8	9
コ	±	−	0	1	2	3	4	5	6	7	8	9
サ	±	−	0	1	2	3	4	5	6	7	8	9
シ	±	−	0	1	2	3	4	5	6	7	8	9
ス	±	−	0	1	2	3	4	5	6	7	8	9
セ	±	−	0	1	2	3	4	5	6	7	8	9
ソ	±	−	0	1	2	3	4	5	6	7	8	9
タ	±	−	0	1	2	3	4	5	6	7	8	9
チ	±	−	0	1	2	3	4	5	6	7	8	9
ツ	±	−	0	1	2	3	4	5	6	7	8	9
テ	±	−	0	1	2	3	4	5	6	7	8	9
ト	±	−	0	1	2	3	4	5	6	7	8	9
ナ	±	−	0	1	2	3	4	5	6	7	8	9
ニ	±	−	0	1	2	3	4	5	6	7	8	9
ヌ	±	−	0	1	2	3	4	5	6	7	8	9
ネ	±	−	0	1	2	3	4	5	6	7	8	9
ノ	±	−	0	1	2	3	4	5	6	7	8	9

（注）この解答用紙は実物を縮小してあります。Ｂ４用紙に141％拡大コピーすると、ほぼ実物大で使用できます。（タイトルと配点表は含みません）

推定配点	
1、2 各5点×8　3 (1) 6点 (2)、(3) 各7点×2　4 (1) 6点 (2)、(3) 各7点×2　5 (1) 6点 (2)、(3) 各7点×2	
100点	計

二〇二三年度　栄東高等学校　第二回

国語解答用紙

評点　　／100

氏名	

受験番号				整理番号			
⓪	⓪	⓪	⓪				
①	①	①	①				
②	②	②	②				
③	③	③	③				
④	④	④	④				
⑤	⑤	⑤	⑤				
⑥	⑥	⑥	⑥				
⑦	⑦	⑦	⑦				
⑧	⑧	⑧	⑧				
⑨	⑨	⑨	⑨				

「0」と「1」の塗りまちがいに注意してください。

【記入上の注意】
1. 記入は、ＨＢの鉛筆またはシャープペンシルを使用してください。
2. 訂正する場合はプラスチック消しゴムで完全に消してください。
3. 用紙を折り曲げたり、汚したりしないでください。

【マーク例】
良い例　悪い例　うすい

問題番号	解答欄	問題番号	解答欄	問題番号	解答欄
1	① ② ③ ④ ⑤ ⑥ ⑦ ⑧ ⑨ ⓪	21	① ② ③ ④ ⑤ ⑥ ⑦ ⑧ ⑨ ⓪	41	① ② ③ ④ ⑤ ⑥ ⑦ ⑧ ⑨ ⓪
2	① ② ③ ④ ⑤ ⑥ ⑦ ⑧ ⑨ ⓪	22	① ② ③ ④ ⑤ ⑥ ⑦ ⑧ ⑨ ⓪	42	① ② ③ ④ ⑤ ⑥ ⑦ ⑧ ⑨ ⓪
3	① ② ③ ④ ⑤ ⑥ ⑦ ⑧ ⑨ ⓪	23	① ② ③ ④ ⑤ ⑥ ⑦ ⑧ ⑨ ⓪	43	① ② ③ ④ ⑤ ⑥ ⑦ ⑧ ⑨ ⓪
4	① ② ③ ④ ⑤ ⑥ ⑦ ⑧ ⑨ ⓪	24	① ② ③ ④ ⑤ ⑥ ⑦ ⑧ ⑨ ⓪	44	① ② ③ ④ ⑤ ⑥ ⑦ ⑧ ⑨ ⓪
5	① ② ③ ④ ⑤ ⑥ ⑦ ⑧ ⑨ ⓪	25	① ② ③ ④ ⑤ ⑥ ⑦ ⑧ ⑨ ⓪	45	① ② ③ ④ ⑤ ⑥ ⑦ ⑧ ⑨ ⓪
6	① ② ③ ④ ⑤ ⑥ ⑦ ⑧ ⑨ ⓪	26	① ② ③ ④ ⑤ ⑥ ⑦ ⑧ ⑨ ⓪	46	① ② ③ ④ ⑤ ⑥ ⑦ ⑧ ⑨ ⓪
7	① ② ③ ④ ⑤ ⑥ ⑦ ⑧ ⑨ ⓪	27	① ② ③ ④ ⑤ ⑥ ⑦ ⑧ ⑨ ⓪	47	① ② ③ ④ ⑤ ⑥ ⑦ ⑧ ⑨ ⓪
8	① ② ③ ④ ⑤ ⑥ ⑦ ⑧ ⑨ ⓪	28	① ② ③ ④ ⑤ ⑥ ⑦ ⑧ ⑨ ⓪	48	① ② ③ ④ ⑤ ⑥ ⑦ ⑧ ⑨ ⓪
9	① ② ③ ④ ⑤ ⑥ ⑦ ⑧ ⑨ ⓪	29	① ② ③ ④ ⑤ ⑥ ⑦ ⑧ ⑨ ⓪	49	① ② ③ ④ ⑤ ⑥ ⑦ ⑧ ⑨ ⓪
10	① ② ③ ④ ⑤ ⑥ ⑦ ⑧ ⑨ ⓪	30	① ② ③ ④ ⑤ ⑥ ⑦ ⑧ ⑨ ⓪	50	① ② ③ ④ ⑤ ⑥ ⑦ ⑧ ⑨ ⓪
11	① ② ③ ④ ⑤ ⑥ ⑦ ⑧ ⑨ ⓪	31	① ② ③ ④ ⑤ ⑥ ⑦ ⑧ ⑨ ⓪	51	① ② ③ ④ ⑤ ⑥ ⑦ ⑧ ⑨ ⓪
12	① ② ③ ④ ⑤ ⑥ ⑦ ⑧ ⑨ ⓪	32	① ② ③ ④ ⑤ ⑥ ⑦ ⑧ ⑨ ⓪	52	① ② ③ ④ ⑤ ⑥ ⑦ ⑧ ⑨ ⓪
13	① ② ③ ④ ⑤ ⑥ ⑦ ⑧ ⑨ ⓪	33	① ② ③ ④ ⑤ ⑥ ⑦ ⑧ ⑨ ⓪	53	① ② ③ ④ ⑤ ⑥ ⑦ ⑧ ⑨ ⓪
14	① ② ③ ④ ⑤ ⑥ ⑦ ⑧ ⑨ ⓪	34	① ② ③ ④ ⑤ ⑥ ⑦ ⑧ ⑨ ⓪	54	① ② ③ ④ ⑤ ⑥ ⑦ ⑧ ⑨ ⓪
15	① ② ③ ④ ⑤ ⑥ ⑦ ⑧ ⑨ ⓪	35	① ② ③ ④ ⑤ ⑥ ⑦ ⑧ ⑨ ⓪	55	① ② ③ ④ ⑤ ⑥ ⑦ ⑧ ⑨ ⓪
16	① ② ③ ④ ⑤ ⑥ ⑦ ⑧ ⑨ ⓪	36	① ② ③ ④ ⑤ ⑥ ⑦ ⑧ ⑨ ⓪	56	① ② ③ ④ ⑤ ⑥ ⑦ ⑧ ⑨ ⓪
17	① ② ③ ④ ⑤ ⑥ ⑦ ⑧ ⑨ ⓪	37	① ② ③ ④ ⑤ ⑥ ⑦ ⑧ ⑨ ⓪	57	① ② ③ ④ ⑤ ⑥ ⑦ ⑧ ⑨ ⓪
18	① ② ③ ④ ⑤ ⑥ ⑦ ⑧ ⑨ ⓪	38	① ② ③ ④ ⑤ ⑥ ⑦ ⑧ ⑨ ⓪	58	① ② ③ ④ ⑤ ⑥ ⑦ ⑧ ⑨ ⓪
19	① ② ③ ④ ⑤ ⑥ ⑦ ⑧ ⑨ ⓪	39	① ② ③ ④ ⑤ ⑥ ⑦ ⑧ ⑨ ⓪	59	① ② ③ ④ ⑤ ⑥ ⑦ ⑧ ⑨ ⓪
20	① ② ③ ④ ⑤ ⑥ ⑦ ⑧ ⑨ ⓪	40	① ② ③ ④ ⑤ ⑥ ⑦ ⑧ ⑨ ⓪	60	① ② ③ ④ ⑤ ⑥ ⑦ ⑧ ⑨ ⓪

（注）この解答用紙は実物を縮小してあります。Ａ３用紙に145％拡大コピーすると、ほぼ実物大で使用できます。（タイトルと配点表は含みません）

推定配点

一　問一、問二　各２点×９　問三　４点　問四　３点　問五～問七　各４点×４
二　問一　各２点×３　問二　３点　問三、問四　各４点×２　問五　３点
問六～問九　各４点×４
三　問一　各２点×３　問二　３点　問三（ⅰ）　４点（ⅱ）　３点
問四　３点　問五　４点

計	100点

２０２３年度　栄東高等学校　特待生

英語解答用紙

番号		氏名	

評点	／100

1	1		2		3	
	4		5			

2					

3	1	あ		い		う	
	2	あ		い		う	
	3	あ		い		う	
	4	あ		い		う	
	5	あ		い		う	

4	問1					
	問2					
	問3		問4			
	問5					
	問6		問7		問8	

5	問1	1a		1b		1c		1d	
	問2								
	問3	racists							
	問4								
	問5		問6		問7				

6	1		2		3	

7	1		2		3	

8	1		2		3		4	

（注）この解答用紙は実物を縮小してあります。A3用紙に149％拡大コピーすると、ほぼ実物大で使用できます。（タイトルと配点表は含みません）

推定配点		計
	1～3　各２点×15 4　問１　２点　問２～問８　各３点×７ 5　問１　各２点×４　問２　４点　問３　２点　問４　４点 問５～問７　各３点×３ 6～8　各２点×10	100点

２０２３年度　栄東高等学校　特待生

数学解答用紙　No. 1

番号		氏名		評点	／100

1 答えのみを記入せよ。

(1)	
(2)	
(3)	
(4)	点A（　　，　　）　r＝

2 答えのみを記入せよ。

(1)	
(2)	
(3)	

3 (1)，(2)は答えのみを記入し，(3)は途中式や図も記入せよ。

(1)	BC＝　　　　，AC＝
(2)	
(3)	答え　DE＝

2023年度　栄東高等学校　特待生

数学解答用紙　No.2

4 (1), (2)は答えのみを記入し，(3)は途中式や図も記入せよ。

(1)	AB＝
(2)	
(3)	答え　AEBFの面積＝

5 (1), (3)は答えのみを記入せよ。(2)は途中式や図も記入せよ。その際，解答欄の図を用いてもよい。

(1)	OL＝
(2)	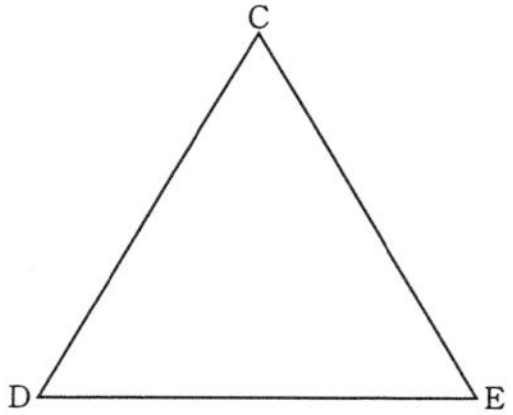 答え
(3)	

（注）この解答用紙は実物を縮小してあります。172%拡大コピーすると、ほぼ実物大で使用できます。（タイトルと配点表は含みません）

推定配点	
1	(1)〜(3) 各6点×3　(4) 各4点×2
2	各6点×3
3	(1) 各4点×2　(2)、(3) 各6点×2
4、5	各6点×6
計	100点

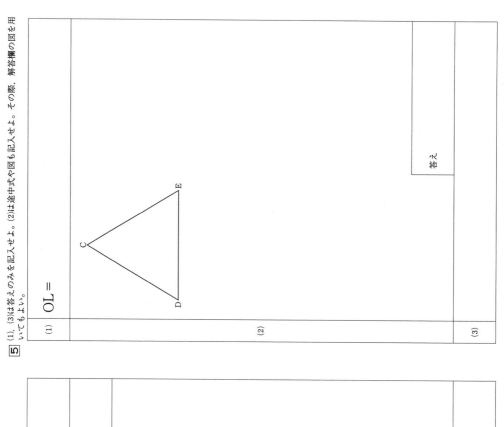

２０２３年度　栄東高等学校　特待生

社会解答用紙

番号		氏名		評点	/50

1

問1		・	・
問2			
問3			
問4	(1)		
	(2)		
	(3)		
問5	(1)	金鉱	銅鉱
	(2)	a	b	c
問6			
問7		a	b
問8			

2

問1	2番目	4番目
問2		
問3		
問4		
問5		
問6		
問7		
問8	2番目	4番目
問9		
問10	幕府側の利点	
	株仲間側の利点	

3

問1	
問2	→ → →
問3	
問4	
問5	
問6	→ → →
問7	(1)
	(2)

（注）この解答用紙は実物を縮小してあります。175％拡大コピーすると、ほぼ実物大で使用できます。（タイトルと配点表は含みません）

推定配点		計
	1 問1　各1点×3　問2　3点　問3～問6　各1点×10　問7　各2点×2　問8　3点 2 問1～問9　各1点×9　問10　各2点×2 3 問1～問4　各2点×4　問5、問6　各1点×2　問7　各2点×2	50点

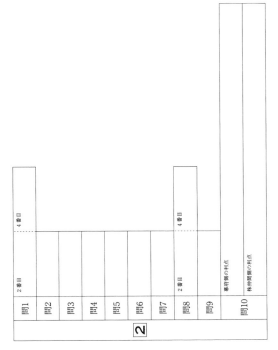

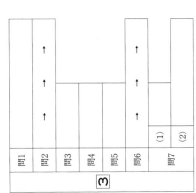

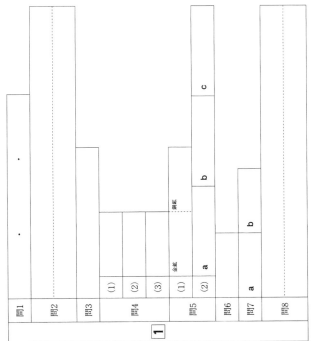

２０２３年度　　栄東高等学校　特待生

理科解答用紙

番号		氏名		評点	／50

1

問 1	問 2		問 3
[A]	Eを流れる電流 [A]	R_3に加わる電圧 [V]	P_1：P_2：P_3＝　：　：

問 4	問 5	問 6	問 7
[A]	[V]	[W]	[W]

2

問 1		問 2
A	B	

問 3 ①	問 3 ②

問 3 ③	問 3 ④	問 4
	[m^3]	

3

問 1			
(A)	(B)	(C)	(D)

問 2	問 3	問 4

問 5	問 6
	(1) (2)

問 7
(方法)
(結果)

4

問 1	問 2	問 3

問 4	問 5	問 6	問 7
	→　→　→　→　→	年	

（注）この解答用紙は実物を縮小してあります。A３用紙に156％拡大コピーすると、ほぼ実物大で使用できます。（タイトルと配点表は含みません）

推定配点		計
	1 問１，問２　各１点×３　問３，問４　各２点×２　問５　１点 問６，問７　各２点×２　**2** 問１，問２　各１点×３ 問３　①　各１点×２　②～④　各２点×３　問４　１点 **3** 問１　各１点×４　問２　２点　問３，問４　各１点×３　問５　２点 問６　各１点×２　問７　方法　１点　結果　２点　**4** 問１　１点 問２　２点　問３，問４　各１点×２　問５，問６　各２点×２　問７　１点	50点

二〇二三年度　栄東高等学校　特待生

国語解答用紙

番号　　氏名　　評点　／100

一

問一　a　b　c　d　e

問二　問三　問四

問五

問六

問七

という特徴をもつ。

二

問一　文節数　文節　単語数　単語

問二　a　b　c

問三

問四

問五

問六

問七　問八

三

問一　a　b　c

問二　問三　問四

問五　ⅰ　ⅱ

（注）この解答用紙は実物を縮小してあります。Ａ３用紙に154%拡大コピーすると、ほぼ実物大で使用できます。（タイトルと配点表は含みません）

推定配点	
一　問一、問二　各２点×６　問三、問四　各４点×２　問五　６点　問六　４点　問七　６点 二　問一、問二　各２点×５　問三　４点　問四　６点　問五　４点　問六　６点　問七　４点　問八　各２点×２ 三　問一　各２点×３　問二～問五　各４点×５	計　100点

２０２２年度　栄東高等学校　第１回

英語解答用紙

問題番号	解答欄	問題番号	解答欄	問題番号	解答欄
1	① ② ③ ④ ⑤ ⑥ ⑦ ⑧ ⑨ ⓪	21	① ② ③ ④ ⑤ ⑥ ⑦ ⑧ ⑨ ⓪	41	① ② ③ ④ ⑤ ⑥ ⑦ ⑧ ⑨ ⓪
2	① ② ③ ④ ⑤ ⑥ ⑦ ⑧ ⑨ ⓪	22	① ② ③ ④ ⑤ ⑥ ⑦ ⑧ ⑨ ⓪	42	① ② ③ ④ ⑤ ⑥ ⑦ ⑧ ⑨ ⓪
3	① ② ③ ④ ⑤ ⑥ ⑦ ⑧ ⑨ ⓪	23	① ② ③ ④ ⑤ ⑥ ⑦ ⑧ ⑨ ⓪	43	① ② ③ ④ ⑤ ⑥ ⑦ ⑧ ⑨ ⓪
4	① ② ③ ④ ⑤ ⑥ ⑦ ⑧ ⑨ ⓪	24	① ② ③ ④ ⑤ ⑥ ⑦ ⑧ ⑨ ⓪	44	① ② ③ ④ ⑤ ⑥ ⑦ ⑧ ⑨ ⓪
5	① ② ③ ④ ⑤ ⑥ ⑦ ⑧ ⑨ ⓪	25	① ② ③ ④ ⑤ ⑥ ⑦ ⑧ ⑨ ⓪	45	① ② ③ ④ ⑤ ⑥ ⑦ ⑧ ⑨ ⓪
6	① ② ③ ④ ⑤ ⑥ ⑦ ⑧ ⑨ ⓪	26	① ② ③ ④ ⑤ ⑥ ⑦ ⑧ ⑨ ⓪	46	① ② ③ ④ ⑤ ⑥ ⑦ ⑧ ⑨ ⓪
7	① ② ③ ④ ⑤ ⑥ ⑦ ⑧ ⑨ ⓪	27	① ② ③ ④ ⑤ ⑥ ⑦ ⑧ ⑨ ⓪	47	① ② ③ ④ ⑤ ⑥ ⑦ ⑧ ⑨ ⓪
8	① ② ③ ④ ⑤ ⑥ ⑦ ⑧ ⑨ ⓪	28	① ② ③ ④ ⑤ ⑥ ⑦ ⑧ ⑨ ⓪	48	① ② ③ ④ ⑤ ⑥ ⑦ ⑧ ⑨ ⓪
9	① ② ③ ④ ⑤ ⑥ ⑦ ⑧ ⑨ ⓪	29	① ② ③ ④ ⑤ ⑥ ⑦ ⑧ ⑨ ⓪	49	① ② ③ ④ ⑤ ⑥ ⑦ ⑧ ⑨ ⓪
10	① ② ③ ④ ⑤ ⑥ ⑦ ⑧ ⑨ ⓪	30	① ② ③ ④ ⑤ ⑥ ⑦ ⑧ ⑨ ⓪	50	① ② ③ ④ ⑤ ⑥ ⑦ ⑧ ⑨ ⓪
11	① ② ③ ④ ⑤ ⑥ ⑦ ⑧ ⑨ ⓪	31	① ② ③ ④ ⑤ ⑥ ⑦ ⑧ ⑨ ⓪	51	① ② ③ ④ ⑤ ⑥ ⑦ ⑧ ⑨ ⓪
12	① ② ③ ④ ⑤ ⑥ ⑦ ⑧ ⑨ ⓪	32	① ② ③ ④ ⑤ ⑥ ⑦ ⑧ ⑨ ⓪	52	① ② ③ ④ ⑤ ⑥ ⑦ ⑧ ⑨ ⓪
13	① ② ③ ④ ⑤ ⑥ ⑦ ⑧ ⑨ ⓪	33	① ② ③ ④ ⑤ ⑥ ⑦ ⑧ ⑨ ⓪	53	① ② ③ ④ ⑤ ⑥ ⑦ ⑧ ⑨ ⓪
14	① ② ③ ④ ⑤ ⑥ ⑦ ⑧ ⑨ ⓪	34	① ② ③ ④ ⑤ ⑥ ⑦ ⑧ ⑨ ⓪	54	① ② ③ ④ ⑤ ⑥ ⑦ ⑧ ⑨ ⓪
15	① ② ③ ④ ⑤ ⑥ ⑦ ⑧ ⑨ ⓪	35	① ② ③ ④ ⑤ ⑥ ⑦ ⑧ ⑨ ⓪	55	① ② ③ ④ ⑤ ⑥ ⑦ ⑧ ⑨ ⓪
16	① ② ③ ④ ⑤ ⑥ ⑦ ⑧ ⑨ ⓪	36	① ② ③ ④ ⑤ ⑥ ⑦ ⑧ ⑨ ⓪	56	① ② ③ ④ ⑤ ⑥ ⑦ ⑧ ⑨ ⓪
17	① ② ③ ④ ⑤ ⑥ ⑦ ⑧ ⑨ ⓪	37	① ② ③ ④ ⑤ ⑥ ⑦ ⑧ ⑨ ⓪	57	① ② ③ ④ ⑤ ⑥ ⑦ ⑧ ⑨ ⓪
18	① ② ③ ④ ⑤ ⑥ ⑦ ⑧ ⑨ ⓪	38	① ② ③ ④ ⑤ ⑥ ⑦ ⑧ ⑨ ⓪	58	① ② ③ ④ ⑤ ⑥ ⑦ ⑧ ⑨ ⓪
19	① ② ③ ④ ⑤ ⑥ ⑦ ⑧ ⑨ ⓪	39	① ② ③ ④ ⑤ ⑥ ⑦ ⑧ ⑨ ⓪	59	① ② ③ ④ ⑤ ⑥ ⑦ ⑧ ⑨ ⓪
20	① ② ③ ④ ⑤ ⑥ ⑦ ⑧ ⑨ ⓪	40	① ② ③ ④ ⑤ ⑥ ⑦ ⑧ ⑨ ⓪	60	① ② ③ ④ ⑤ ⑥ ⑦ ⑧ ⑨ ⓪

評点　／100

（注）この解答用紙は実物を縮小してあります。Ａ３用紙に145％拡大コピーすると、ほぼ実物大で使用できます。（タイトルと配点表は含みません）

氏名

受験番号			
⓪	⓪	⓪	⓪
①	①	①	①
②	②	②	②
③	③	③	③
④	④	④	④
⑤	⑤	⑤	⑤
⑥	⑥	⑥	⑥
⑦	⑦	⑦	⑦
⑧	⑧	⑧	⑧
⑨	⑨	⑨	⑨

「０」と「１」の塗りまちがいに注意してください。

整理番号			

【記入上の注意】
1．記入は、ＨＢの鉛筆またはシャープペンシルを使用してください。
2．訂正する場合はプラスチック消しゴムで完全に消してください。
3．用紙を折り曲げたり、汚したりしないでください。

【マーク例】
良い例　悪い例　うすい

推定配点

1～3　各４点×20〔2(2)は完答〕
4～6　各２点×10

計　100点

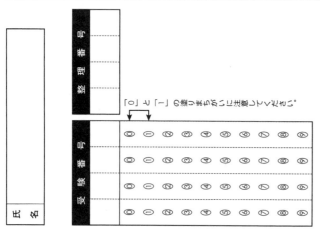

２０２２年度　栄東高等学校　第１回

数学解答用紙　No. 1

評点
/100

1	解答欄										
ア	±	−	0	1	2	3	4	5	6	7	8	9
イ	±	−	0	1	2	3	4	5	6	7	8	9
ウ	±	−	0	1	2	3	4	5	6	7	8	9
エ	±	−	0	1	2	3	4	5	6	7	8	9
オ	±	−	0	1	2	3	4	5	6	7	8	9
カ	±	−	0	1	2	3	4	5	6	7	8	9
キ	±	−	0	1	2	3	4	5	6	7	8	9
ク	±	−	0	1	2	3	4	5	6	7	8	9
ケ	±	−	0	1	2	3	4	5	6	7	8	9
コ	±	−	0	1	2	3	4	5	6	7	8	9
サ	±	−	0	1	2	3	4	5	6	7	8	9
シ	±	−	0	1	2	3	4	5	6	7	8	9
ス	±	−	0	1	2	3	4	5	6	7	8	9
セ	±	−	0	1	2	3	4	5	6	7	8	9
ソ	±	−	0	1	2	3	4	5	6	7	8	9
タ	±	−	0	1	2	3	4	5	6	7	8	9
チ	±	−	0	1	2	3	4	5	6	7	8	9
ツ	±	−	0	1	2	3	4	5	6	7	8	9
テ	±	−	0	1	2	3	4	5	6	7	8	9
ト	±	−	0	1	2	3	4	5	6	7	8	9
ナ	±	−	0	1	2	3	4	5	6	7	8	9
ニ	±	−	0	1	2	3	4	5	6	7	8	9
ヌ	±	−	0	1	2	3	4	5	6	7	8	9
ネ	±	−	0	1	2	3	4	5	6	7	8	9
ノ	±	−	0	1	2	3	4	5	6	7	8	9

2	解答欄										
ア	±	−	0	1	2	3	4	5	6	7	8	9
イ	±	−	0	1	2	3	4	5	6	7	8	9
ウ	±	−	0	1	2	3	4	5	6	7	8	9
エ	±	−	0	1	2	3	4	5	6	7	8	9
オ	±	−	0	1	2	3	4	5	6	7	8	9
カ	±	−	0	1	2	3	4	5	6	7	8	9
キ	±	−	0	1	2	3	4	5	6	7	8	9
ク	±	−	0	1	2	3	4	5	6	7	8	9
ケ	±	−	0	1	2	3	4	5	6	7	8	9
コ	±	−	0	1	2	3	4	5	6	7	8	9
サ	±	−	0	1	2	3	4	5	6	7	8	9
シ	±	−	0	1	2	3	4	5	6	7	8	9
ス	±	−	0	1	2	3	4	5	6	7	8	9
セ	±	−	0	1	2	3	4	5	6	7	8	9
ソ	±	−	0	1	2	3	4	5	6	7	8	9
タ	±	−	0	1	2	3	4	5	6	7	8	9
チ	±	−	0	1	2	3	4	5	6	7	8	9
ツ	±	−	0	1	2	3	4	5	6	7	8	9
テ	±	−	0	1	2	3	4	5	6	7	8	9
ト	±	−	0	1	2	3	4	5	6	7	8	9
ナ	±	−	0	1	2	3	4	5	6	7	8	9
ニ	±	−	0	1	2	3	4	5	6	7	8	9
ヌ	±	−	0	1	2	3	4	5	6	7	8	9
ネ	±	−	0	1	2	3	4	5	6	7	8	9
ノ	±	−	0	1	2	3	4	5	6	7	8	9

氏名	

受験番号			
0	0	0	0
1	1	1	1
2	2	2	2
3	3	3	3
4	4	4	4
5	5	5	5
6	6	6	6
7	7	7	7
8	8	8	8
9	9	9	9

「0」と「1」の塗りまちがいに注意してください。

整理番号			

【記入上の注意】

1. 記入は、ＨＢの鉛筆またはシャープペンシルを使用してください。
2. 訂正する場合はプラスチック消しゴムで完全に消してください。
3. 用紙を折り曲げたり、汚したりしないでください。

【マーク例】

良い例　悪い例　うすい

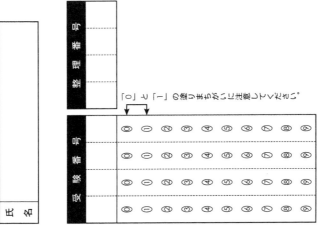

2022年度　栄東高等学校　第1回

数学解答用紙　No. 2

推定配点
1、2 各5点×7
3 各7点×3
4 (1)、(2) 各7点×2　(3) 8点
5 (1)、(2) 各7点×2　(3) 8点
計 100点

3	解答欄											
ア	±	−	0	1	2	3	4	5	6	7	8	9
イ	±	−	0	1	2	3	4	5	6	7	8	9
ウ	±	−	0	1	2	3	4	5	6	7	8	9
エ	±	−	0	1	2	3	4	5	6	7	8	9
オ	±	−	0	1	2	3	4	5	6	7	8	9
カ	±	−	0	1	2	3	4	5	6	7	8	9
キ	±	−	0	1	2	3	4	5	6	7	8	9
ク	±	−	0	1	2	3	4	5	6	7	8	9
ケ	±	−	0	1	2	3	4	5	6	7	8	9
コ	±	−	0	1	2	3	4	5	6	7	8	9
サ	±	−	0	1	2	3	4	5	6	7	8	9
シ	±	−	0	1	2	3	4	5	6	7	8	9
ス	±	−	0	1	2	3	4	5	6	7	8	9
セ	±	−	0	1	2	3	4	5	6	7	8	9
ソ	±	−	0	1	2	3	4	5	6	7	8	9
タ	±	−	0	1	2	3	4	5	6	7	8	9
チ	±	−	0	1	2	3	4	5	6	7	8	9
ツ	±	−	0	1	2	3	4	5	6	7	8	9
テ	±	−	0	1	2	3	4	5	6	7	8	9
ト	±	−	0	1	2	3	4	5	6	7	8	9
ナ	±	−	0	1	2	3	4	5	6	7	8	9
ニ	±	−	0	1	2	3	4	5	6	7	8	9
ヌ	±	−	0	1	2	3	4	5	6	7	8	9
ネ	±	−	0	1	2	3	4	5	6	7	8	9
ノ	±	−	0	1	2	3	4	5	6	7	8	9

4	解答欄											
ア	±	−	0	1	2	3	4	5	6	7	8	9
イ	±	−	0	1	2	3	4	5	6	7	8	9
ウ	±	−	0	1	2	3	4	5	6	7	8	9
エ	±	−	0	1	2	3	4	5	6	7	8	9
オ	±	−	0	1	2	3	4	5	6	7	8	9
カ	±	−	0	1	2	3	4	5	6	7	8	9
キ	±	−	0	1	2	3	4	5	6	7	8	9
ク	±	−	0	1	2	3	4	5	6	7	8	9
ケ	±	−	0	1	2	3	4	5	6	7	8	9
コ	±	−	0	1	2	3	4	5	6	7	8	9
サ	±	−	0	1	2	3	4	5	6	7	8	9
シ	±	−	0	1	2	3	4	5	6	7	8	9
ス	±	−	0	1	2	3	4	5	6	7	8	9
セ	±	−	0	1	2	3	4	5	6	7	8	9
ソ	±	−	0	1	2	3	4	5	6	7	8	9
タ	±	−	0	1	2	3	4	5	6	7	8	9
チ	±	−	0	1	2	3	4	5	6	7	8	9
ツ	±	−	0	1	2	3	4	5	6	7	8	9
テ	±	−	0	1	2	3	4	5	6	7	8	9
ト	±	−	0	1	2	3	4	5	6	7	8	9
ナ	±	−	0	1	2	3	4	5	6	7	8	9
ニ	±	−	0	1	2	3	4	5	6	7	8	9
ヌ	±	−	0	1	2	3	4	5	6	7	8	9
ネ	±	−	0	1	2	3	4	5	6	7	8	9
ノ	±	−	0	1	2	3	4	5	6	7	8	9

5	解答欄											
ア	±	−	0	1	2	3	4	5	6	7	8	9
イ	±	−	0	1	2	3	4	5	6	7	8	9
ウ	±	−	0	1	2	3	4	5	6	7	8	9
エ	±	−	0	1	2	3	4	5	6	7	8	9
オ	±	−	0	1	2	3	4	5	6	7	8	9
カ	±	−	0	1	2	3	4	5	6	7	8	9
キ	±	−	0	1	2	3	4	5	6	7	8	9
ク	±	−	0	1	2	3	4	5	6	7	8	9
ケ	±	−	0	1	2	3	4	5	6	7	8	9
コ	±	−	0	1	2	3	4	5	6	7	8	9
サ	±	−	0	1	2	3	4	5	6	7	8	9
シ	±	−	0	1	2	3	4	5	6	7	8	9
ス	±	−	0	1	2	3	4	5	6	7	8	9
セ	±	−	0	1	2	3	4	5	6	7	8	9
ソ	±	−	0	1	2	3	4	5	6	7	8	9
タ	±	−	0	1	2	3	4	5	6	7	8	9
チ	±	−	0	1	2	3	4	5	6	7	8	9
ツ	±	−	0	1	2	3	4	5	6	7	8	9
テ	±	−	0	1	2	3	4	5	6	7	8	9
ト	±	−	0	1	2	3	4	5	6	7	8	9
ナ	±	−	0	1	2	3	4	5	6	7	8	9
ニ	±	−	0	1	2	3	4	5	6	7	8	9
ヌ	±	−	0	1	2	3	4	5	6	7	8	9
ネ	±	−	0	1	2	3	4	5	6	7	8	9
ノ	±	−	0	1	2	3	4	5	6	7	8	9

(注)　この解答用紙は実物を縮小してあります。Ｂ４用紙に141%拡大コピーすると、ほぼ実物大で使用できます。(タイトルと配点表は含みません)

二〇二三年度　栄東高等学校　第一回

国語解答用紙

評点
/100

氏名	

受験番号			
⓪	⓪	⓪	⓪
①	①	①	①
②	②	②	②
③	③	③	③
④	④	④	④
⑤	⑤	⑤	⑤
⑥	⑥	⑥	⑥
⑦	⑦	⑦	⑦
⑧	⑧	⑧	⑧
⑨	⑨	⑨	⑨

「0」と「1」の塗りまちがいに注意してください。

整理番号			

【記入上の注意】
1. 記入は、HBの鉛筆またはシャープペンシルを使用してください。
2. 訂正する場合はプラスチック消しゴムで完全に消してください。
3. 用紙を折り曲げたり、汚したりしないでください。

【マーク例】
良い例　悪い例　うすい

問題番号	解答欄	問題番号	解答欄	問題番号	解答欄
1	① ② ③ ④ ⑤ ⑥ ⑦ ⑧ ⑨ ⓪	21	① ② ③ ④ ⑤ ⑥ ⑦ ⑧ ⑨ ⓪	41	① ② ③ ④ ⑤ ⑥ ⑦ ⑧ ⑨ ⓪
2	① ② ③ ④ ⑤ ⑥ ⑦ ⑧ ⑨ ⓪	22	① ② ③ ④ ⑤ ⑥ ⑦ ⑧ ⑨ ⓪	42	① ② ③ ④ ⑤ ⑥ ⑦ ⑧ ⑨ ⓪
3	① ② ③ ④ ⑤ ⑥ ⑦ ⑧ ⑨ ⓪	23	① ② ③ ④ ⑤ ⑥ ⑦ ⑧ ⑨ ⓪	43	① ② ③ ④ ⑤ ⑥ ⑦ ⑧ ⑨ ⓪
4	① ② ③ ④ ⑤ ⑥ ⑦ ⑧ ⑨ ⓪	24	① ② ③ ④ ⑤ ⑥ ⑦ ⑧ ⑨ ⓪	44	① ② ③ ④ ⑤ ⑥ ⑦ ⑧ ⑨ ⓪
5	① ② ③ ④ ⑤ ⑥ ⑦ ⑧ ⑨ ⓪	25	① ② ③ ④ ⑤ ⑥ ⑦ ⑧ ⑨ ⓪	45	① ② ③ ④ ⑤ ⑥ ⑦ ⑧ ⑨ ⓪
6	① ② ③ ④ ⑤ ⑥ ⑦ ⑧ ⑨ ⓪	26	① ② ③ ④ ⑤ ⑥ ⑦ ⑧ ⑨ ⓪	46	① ② ③ ④ ⑤ ⑥ ⑦ ⑧ ⑨ ⓪
7	① ② ③ ④ ⑤ ⑥ ⑦ ⑧ ⑨ ⓪	27	① ② ③ ④ ⑤ ⑥ ⑦ ⑧ ⑨ ⓪	47	① ② ③ ④ ⑤ ⑥ ⑦ ⑧ ⑨ ⓪
8	① ② ③ ④ ⑤ ⑥ ⑦ ⑧ ⑨ ⓪	28	① ② ③ ④ ⑤ ⑥ ⑦ ⑧ ⑨ ⓪	48	① ② ③ ④ ⑤ ⑥ ⑦ ⑧ ⑨ ⓪
9	① ② ③ ④ ⑤ ⑥ ⑦ ⑧ ⑨ ⓪	29	① ② ③ ④ ⑤ ⑥ ⑦ ⑧ ⑨ ⓪	49	① ② ③ ④ ⑤ ⑥ ⑦ ⑧ ⑨ ⓪
10	① ② ③ ④ ⑤ ⑥ ⑦ ⑧ ⑨ ⓪	30	① ② ③ ④ ⑤ ⑥ ⑦ ⑧ ⑨ ⓪	50	① ② ③ ④ ⑤ ⑥ ⑦ ⑧ ⑨ ⓪
11	① ② ③ ④ ⑤ ⑥ ⑦ ⑧ ⑨ ⓪	31	① ② ③ ④ ⑤ ⑥ ⑦ ⑧ ⑨ ⓪	51	① ② ③ ④ ⑤ ⑥ ⑦ ⑧ ⑨ ⓪
12	① ② ③ ④ ⑤ ⑥ ⑦ ⑧ ⑨ ⓪	32	① ② ③ ④ ⑤ ⑥ ⑦ ⑧ ⑨ ⓪	52	① ② ③ ④ ⑤ ⑥ ⑦ ⑧ ⑨ ⓪
13	① ② ③ ④ ⑤ ⑥ ⑦ ⑧ ⑨ ⓪	33	① ② ③ ④ ⑤ ⑥ ⑦ ⑧ ⑨ ⓪	53	① ② ③ ④ ⑤ ⑥ ⑦ ⑧ ⑨ ⓪
14	① ② ③ ④ ⑤ ⑥ ⑦ ⑧ ⑨ ⓪	34	① ② ③ ④ ⑤ ⑥ ⑦ ⑧ ⑨ ⓪	54	① ② ③ ④ ⑤ ⑥ ⑦ ⑧ ⑨ ⓪
15	① ② ③ ④ ⑤ ⑥ ⑦ ⑧ ⑨ ⓪	35	① ② ③ ④ ⑤ ⑥ ⑦ ⑧ ⑨ ⓪	55	① ② ③ ④ ⑤ ⑥ ⑦ ⑧ ⑨ ⓪
16	① ② ③ ④ ⑤ ⑥ ⑦ ⑧ ⑨ ⓪	36	① ② ③ ④ ⑤ ⑥ ⑦ ⑧ ⑨ ⓪	56	① ② ③ ④ ⑤ ⑥ ⑦ ⑧ ⑨ ⓪
17	① ② ③ ④ ⑤ ⑥ ⑦ ⑧ ⑨ ⓪	37	① ② ③ ④ ⑤ ⑥ ⑦ ⑧ ⑨ ⓪	57	① ② ③ ④ ⑤ ⑥ ⑦ ⑧ ⑨ ⓪
18	① ② ③ ④ ⑤ ⑥ ⑦ ⑧ ⑨ ⓪	38	① ② ③ ④ ⑤ ⑥ ⑦ ⑧ ⑨ ⓪	58	① ② ③ ④ ⑤ ⑥ ⑦ ⑧ ⑨ ⓪
19	① ② ③ ④ ⑤ ⑥ ⑦ ⑧ ⑨ ⓪	39	① ② ③ ④ ⑤ ⑥ ⑦ ⑧ ⑨ ⓪	59	① ② ③ ④ ⑤ ⑥ ⑦ ⑧ ⑨ ⓪
20	① ② ③ ④ ⑤ ⑥ ⑦ ⑧ ⑨ ⓪	40	① ② ③ ④ ⑤ ⑥ ⑦ ⑧ ⑨ ⓪	60	① ② ③ ④ ⑤ ⑥ ⑦ ⑧ ⑨ ⓪

（注）この解答用紙は実物を縮小してあります。Ａ３用紙に145%拡大コピーすると、ほぼ実物大で使用できます。（タイトルと配点表は含みません）

推定配点

一　問一、問二　各２点×９　問三～問七　各４点×６
二　問一、問二　各２点×４　問三～問八　各４点×６　問九　５点
三　問一　各２点×３　問二、問三　各４点×２　問四　３点　問五　４点

計	100点

２０２２年度　栄東高等学校　第２回

英語解答用紙

評点
/100

問題番号	解答欄									
1	①	②	③	④	⑤	⑥	⑦	⑧	⑨	⓪
2	①	②	③	④	⑤	⑥	⑦	⑧	⑨	⓪
3	①	②	③	④	⑤	⑥	⑦	⑧	⑨	⓪
4	①	②	③	④	⑤	⑥	⑦	⑧	⑨	⓪
5	①	②	③	④	⑤	⑥	⑦	⑧	⑨	⓪
6	①	②	③	④	⑤	⑥	⑦	⑧	⑨	⓪
7	①	②	③	④	⑤	⑥	⑦	⑧	⑨	⓪
8	①	②	③	④	⑤	⑥	⑦	⑧	⑨	⓪
9	①	②	③	④	⑤	⑥	⑦	⑧	⑨	⓪
10	①	②	③	④	⑤	⑥	⑦	⑧	⑨	⓪
11	①	②	③	④	⑤	⑥	⑦	⑧	⑨	⓪
12	①	②	③	④	⑤	⑥	⑦	⑧	⑨	⓪
13	①	②	③	④	⑤	⑥	⑦	⑧	⑨	⓪
14	①	②	③	④	⑤	⑥	⑦	⑧	⑨	⓪
15	①	②	③	④	⑤	⑥	⑦	⑧	⑨	⓪
16	①	②	③	④	⑤	⑥	⑦	⑧	⑨	⓪
17	①	②	③	④	⑤	⑥	⑦	⑧	⑨	⓪
18	①	②	③	④	⑤	⑥	⑦	⑧	⑨	⓪
19	①	②	③	④	⑤	⑥	⑦	⑧	⑨	⓪
20	①	②	③	④	⑤	⑥	⑦	⑧	⑨	⓪

問題番号	解答欄									
21	①	②	③	④	⑤	⑥	⑦	⑧	⑨	⓪
22	①	②	③	④	⑤	⑥	⑦	⑧	⑨	⓪
23	①	②	③	④	⑤	⑥	⑦	⑧	⑨	⓪
24	①	②	③	④	⑤	⑥	⑦	⑧	⑨	⓪
25	①	②	③	④	⑤	⑥	⑦	⑧	⑨	⓪
26	①	②	③	④	⑤	⑥	⑦	⑧	⑨	⓪
27	①	②	③	④	⑤	⑥	⑦	⑧	⑨	⓪
28	①	②	③	④	⑤	⑥	⑦	⑧	⑨	⓪
29	①	②	③	④	⑤	⑥	⑦	⑧	⑨	⓪
30	①	②	③	④	⑤	⑥	⑦	⑧	⑨	⓪
31	①	②	③	④	⑤	⑥	⑦	⑧	⑨	⓪
32	①	②	③	④	⑤	⑥	⑦	⑧	⑨	⓪
33	①	②	③	④	⑤	⑥	⑦	⑧	⑨	⓪
34	①	②	③	④	⑤	⑥	⑦	⑧	⑨	⓪
35	①	②	③	④	⑤	⑥	⑦	⑧	⑨	⓪
36	①	②	③	④	⑤	⑥	⑦	⑧	⑨	⓪
37	①	②	③	④	⑤	⑥	⑦	⑧	⑨	⓪
38	①	②	③	④	⑤	⑥	⑦	⑧	⑨	⓪
39	①	②	③	④	⑤	⑥	⑦	⑧	⑨	⓪
40	①	②	③	④	⑤	⑥	⑦	⑧	⑨	⓪

問題番号	解答欄									
41	①	②	③	④	⑤	⑥	⑦	⑧	⑨	⓪
42	①	②	③	④	⑤	⑥	⑦	⑧	⑨	⓪
43	①	②	③	④	⑤	⑥	⑦	⑧	⑨	⓪
44	①	②	③	④	⑤	⑥	⑦	⑧	⑨	⓪
45	①	②	③	④	⑤	⑥	⑦	⑧	⑨	⓪
46	①	②	③	④	⑤	⑥	⑦	⑧	⑨	⓪
47	①	②	③	④	⑤	⑥	⑦	⑧	⑨	⓪
48	①	②	③	④	⑤	⑥	⑦	⑧	⑨	⓪
49	①	②	③	④	⑤	⑥	⑦	⑧	⑨	⓪
50	①	②	③	④	⑤	⑥	⑦	⑧	⑨	⓪
51	①	②	③	④	⑤	⑥	⑦	⑧	⑨	⓪
52	①	②	③	④	⑤	⑥	⑦	⑧	⑨	⓪
53	①	②	③	④	⑤	⑥	⑦	⑧	⑨	⓪
54	①	②	③	④	⑤	⑥	⑦	⑧	⑨	⓪
55	①	②	③	④	⑤	⑥	⑦	⑧	⑨	⓪
56	①	②	③	④	⑤	⑥	⑦	⑧	⑨	⓪
57	①	②	③	④	⑤	⑥	⑦	⑧	⑨	⓪
58	①	②	③	④	⑤	⑥	⑦	⑧	⑨	⓪
59	①	②	③	④	⑤	⑥	⑦	⑧	⑨	⓪
60	①	②	③	④	⑤	⑥	⑦	⑧	⑨	⓪

(注）この解答用紙は実物を縮小してあります。Ａ３用紙に145%拡大コピーすると、ほぼ実物大で使用できます。（タイトルと配点表は含みません）

氏名	

受験番号			
⓪	⓪	⓪	⓪
①	①	①	①
②	②	②	②
③	③	③	③
④	④	④	④
⑤	⑤	⑤	⑤
⑥	⑥	⑥	⑥
⑦	⑦	⑦	⑦
⑧	⑧	⑧	⑧
⑨	⑨	⑨	⑨

「0」と「1」の塗りまちがいに注意してください。

整理番号			

【記入上の注意】
1. 記入は、ＨＢの鉛筆またはシャープペンシルを使用してください。
2. 訂正する場合はプラスチック消しゴムで完全に消してください。
3. 用紙を折り曲げたり、汚したりしないでください。

【マーク例】
良い例　悪い例　うすい

推定配点	
1～3 各４点×20〔2(2)は完答〕 4～6 各２点×10	
100点	計

2022年度　栄東高等学校　第2回

数学解答用紙　No. 1

評点
/100

1	解	答	欄									
ア	±	−	0	1	2	3	4	5	6	7	8	9
イ	±	−	0	1	2	3	4	5	6	7	8	9
ウ	±	−	0	1	2	3	4	5	6	7	8	9
エ	±	−	0	1	2	3	4	5	6	7	8	9
オ	±	−	0	1	2	3	4	5	6	7	8	9
カ	±	−	0	1	2	3	4	5	6	7	8	9
キ	±	−	0	1	2	3	4	5	6	7	8	9
ク	±	−	0	1	2	3	4	5	6	7	8	9
ケ	±	−	0	1	2	3	4	5	6	7	8	9
コ	±	−	0	1	2	3	4	5	6	7	8	9
サ	±	−	0	1	2	3	4	5	6	7	8	9
シ	±	−	0	1	2	3	4	5	6	7	8	9
ス	±	−	0	1	2	3	4	5	6	7	8	9
セ	±	−	0	1	2	3	4	5	6	7	8	9
ソ	±	−	0	1	2	3	4	5	6	7	8	9
タ	±	−	0	1	2	3	4	5	6	7	8	9
チ	±	−	0	1	2	3	4	5	6	7	8	9
ツ	±	−	0	1	2	3	4	5	6	7	8	9
テ	±	−	0	1	2	3	4	5	6	7	8	9
ト	±	−	0	1	2	3	4	5	6	7	8	9
ナ	±	−	0	1	2	3	4	5	6	7	8	9
ニ	±	−	0	1	2	3	4	5	6	7	8	9
ヌ	±	−	0	1	2	3	4	5	6	7	8	9
ネ	±	−	0	1	2	3	4	5	6	7	8	9
ノ	±	−	0	1	2	3	4	5	6	7	8	9

2	解	答	欄									
ア	±	−	0	1	2	3	4	5	6	7	8	9
イ	±	−	0	1	2	3	4	5	6	7	8	9
ウ	±	−	0	1	2	3	4	5	6	7	8	9
エ	±	−	0	1	2	3	4	5	6	7	8	9
オ	±	−	0	1	2	3	4	5	6	7	8	9
カ	±	−	0	1	2	3	4	5	6	7	8	9
キ	±	−	0	1	2	3	4	5	6	7	8	9
ク	±	−	0	1	2	3	4	5	6	7	8	9
ケ	±	−	0	1	2	3	4	5	6	7	8	9
コ	±	−	0	1	2	3	4	5	6	7	8	9
サ	±	−	0	1	2	3	4	5	6	7	8	9
シ	±	−	0	1	2	3	4	5	6	7	8	9
ス	±	−	0	1	2	3	4	5	6	7	8	9
セ	±	−	0	1	2	3	4	5	6	7	8	9
ソ	±	−	0	1	2	3	4	5	6	7	8	9
タ	±	−	0	1	2	3	4	5	6	7	8	9
チ	±	−	0	1	2	3	4	5	6	7	8	9
ツ	±	−	0	1	2	3	4	5	6	7	8	9
テ	±	−	0	1	2	3	4	5	6	7	8	9
ト	±	−	0	1	2	3	4	5	6	7	8	9
ナ	±	−	0	1	2	3	4	5	6	7	8	9
ニ	±	−	0	1	2	3	4	5	6	7	8	9
ヌ	±	−	0	1	2	3	4	5	6	7	8	9
ネ	±	−	0	1	2	3	4	5	6	7	8	9
ノ	±	−	0	1	2	3	4	5	6	7	8	9

氏名	

受験番号			
0	0	0	0
1	1	1	1
2	2	2	2
3	3	3	3
4	4	4	4
5	5	5	5
6	6	6	6
7	7	7	7
8	8	8	8
9	9	9	9

「0」と「1」の塗りまちがいに注意してください。

整理番号			

【記入上の注意】
1. 記入は、ＨＢの鉛筆またはシャープペンシルを使用してください。
2. 訂正する場合はプラスチック消しゴムで完全に消してください。
3. 用紙を折り曲げたり、汚したりしないでください。

【マーク例】

良い例　悪い例　うすい

2022年度　栄東高等学校　第2回

数学解答用紙　No.2

5	解答欄											
ア	⊕	⊖	⓪	①	②	③	④	⑤	⑥	⑦	⑧	⑨
イ	⊕	⊖	⓪	①	②	③	④	⑤	⑥	⑦	⑧	⑨
ウ	⊕	⊖	⓪	①	②	③	④	⑤	⑥	⑦	⑧	⑨
エ	⊕	⊖	⓪	①	②	③	④	⑤	⑥	⑦	⑧	⑨
オ	⊕	⊖	⓪	①	②	③	④	⑤	⑥	⑦	⑧	⑨
カ	⊕	⊖	⓪	①	②	③	④	⑤	⑥	⑦	⑧	⑨
キ	⊕	⊖	⓪	①	②	③	④	⑤	⑥	⑦	⑧	⑨
ク	⊕	⊖	⓪	①	②	③	④	⑤	⑥	⑦	⑧	⑨
ケ	⊕	⊖	⓪	①	②	③	④	⑤	⑥	⑦	⑧	⑨
コ	⊕	⊖	⓪	①	②	③	④	⑤	⑥	⑦	⑧	⑨
サ	⊕	⊖	⓪	①	②	③	④	⑤	⑥	⑦	⑧	⑨
シ	⊕	⊖	⓪	①	②	③	④	⑤	⑥	⑦	⑧	⑨
ス	⊕	⊖	⓪	①	②	③	④	⑤	⑥	⑦	⑧	⑨
セ	⊕	⊖	⓪	①	②	③	④	⑤	⑥	⑦	⑧	⑨
ソ	⊕	⊖	⓪	①	②	③	④	⑤	⑥	⑦	⑧	⑨
タ	⊕	⊖	⓪	①	②	③	④	⑤	⑥	⑦	⑧	⑨
チ	⊕	⊖	⓪	①	②	③	④	⑤	⑥	⑦	⑧	⑨
ツ	⊕	⊖	⓪	①	②	③	④	⑤	⑥	⑦	⑧	⑨
テ	⊕	⊖	⓪	①	②	③	④	⑤	⑥	⑦	⑧	⑨
ト	⊕	⊖	⓪	①	②	③	④	⑤	⑥	⑦	⑧	⑨
ナ	⊕	⊖	⓪	①	②	③	④	⑤	⑥	⑦	⑧	⑨
ニ	⊕	⊖	⓪	①	②	③	④	⑤	⑥	⑦	⑧	⑨
ヌ	⊕	⊖	⓪	①	②	③	④	⑤	⑥	⑦	⑧	⑨
ネ	⊕	⊖	⓪	①	②	③	④	⑤	⑥	⑦	⑧	⑨
ノ	⊕	⊖	⓪	①	②	③	④	⑤	⑥	⑦	⑧	⑨

4	解答欄											
ア	⊕	⊖	⓪	①	②	③	④	⑤	⑥	⑦	⑧	⑨
イ	⊕	⊖	⓪	①	②	③	④	⑤	⑥	⑦	⑧	⑨
ウ	⊕	⊖	⓪	①	②	③	④	⑤	⑥	⑦	⑧	⑨
エ	⊕	⊖	⓪	①	②	③	④	⑤	⑥	⑦	⑧	⑨
オ	⊕	⊖	⓪	①	②	③	④	⑤	⑥	⑦	⑧	⑨
カ	⊕	⊖	⓪	①	②	③	④	⑤	⑥	⑦	⑧	⑨
キ	⊕	⊖	⓪	①	②	③	④	⑤	⑥	⑦	⑧	⑨
ク	⊕	⊖	⓪	①	②	③	④	⑤	⑥	⑦	⑧	⑨
ケ	⊕	⊖	⓪	①	②	③	④	⑤	⑥	⑦	⑧	⑨
コ	⊕	⊖	⓪	①	②	③	④	⑤	⑥	⑦	⑧	⑨
サ	⊕	⊖	⓪	①	②	③	④	⑤	⑥	⑦	⑧	⑨
シ	⊕	⊖	⓪	①	②	③	④	⑤	⑥	⑦	⑧	⑨
ス	⊕	⊖	⓪	①	②	③	④	⑤	⑥	⑦	⑧	⑨
セ	⊕	⊖	⓪	①	②	③	④	⑤	⑥	⑦	⑧	⑨
ソ	⊕	⊖	⓪	①	②	③	④	⑤	⑥	⑦	⑧	⑨
タ	⊕	⊖	⓪	①	②	③	④	⑤	⑥	⑦	⑧	⑨
チ	⊕	⊖	⓪	①	②	③	④	⑤	⑥	⑦	⑧	⑨
ツ	⊕	⊖	⓪	①	②	③	④	⑤	⑥	⑦	⑧	⑨
テ	⊕	⊖	⓪	①	②	③	④	⑤	⑥	⑦	⑧	⑨
ト	⊕	⊖	⓪	①	②	③	④	⑤	⑥	⑦	⑧	⑨
ナ	⊕	⊖	⓪	①	②	③	④	⑤	⑥	⑦	⑧	⑨
ニ	⊕	⊖	⓪	①	②	③	④	⑤	⑥	⑦	⑧	⑨
ヌ	⊕	⊖	⓪	①	②	③	④	⑤	⑥	⑦	⑧	⑨
ネ	⊕	⊖	⓪	①	②	③	④	⑤	⑥	⑦	⑧	⑨
ノ	⊕	⊖	⓪	①	②	③	④	⑤	⑥	⑦	⑧	⑨

3	解答欄											
ア	⊕	⊖	⓪	①	②	③	④	⑤	⑥	⑦	⑧	⑨
イ	⊕	⊖	⓪	①	②	③	④	⑤	⑥	⑦	⑧	⑨
ウ	⊕	⊖	⓪	①	②	③	④	⑤	⑥	⑦	⑧	⑨
エ	⊕	⊖	⓪	①	②	③	④	⑤	⑥	⑦	⑧	⑨
オ	⊕	⊖	⓪	①	②	③	④	⑤	⑥	⑦	⑧	⑨
カ	⊕	⊖	⓪	①	②	③	④	⑤	⑥	⑦	⑧	⑨
キ	⊕	⊖	⓪	①	②	③	④	⑤	⑥	⑦	⑧	⑨
ク	⊕	⊖	⓪	①	②	③	④	⑤	⑥	⑦	⑧	⑨
ケ	⊕	⊖	⓪	①	②	③	④	⑤	⑥	⑦	⑧	⑨
コ	⊕	⊖	⓪	①	②	③	④	⑤	⑥	⑦	⑧	⑨
サ	⊕	⊖	⓪	①	②	③	④	⑤	⑥	⑦	⑧	⑨
シ	⊕	⊖	⓪	①	②	③	④	⑤	⑥	⑦	⑧	⑨
ス	⊕	⊖	⓪	①	②	③	④	⑤	⑥	⑦	⑧	⑨
セ	⊕	⊖	⓪	①	②	③	④	⑤	⑥	⑦	⑧	⑨
ソ	⊕	⊖	⓪	①	②	③	④	⑤	⑥	⑦	⑧	⑨
タ	⊕	⊖	⓪	①	②	③	④	⑤	⑥	⑦	⑧	⑨
チ	⊕	⊖	⓪	①	②	③	④	⑤	⑥	⑦	⑧	⑨
ツ	⊕	⊖	⓪	①	②	③	④	⑤	⑥	⑦	⑧	⑨
テ	⊕	⊖	⓪	①	②	③	④	⑤	⑥	⑦	⑧	⑨
ト	⊕	⊖	⓪	①	②	③	④	⑤	⑥	⑦	⑧	⑨
ナ	⊕	⊖	⓪	①	②	③	④	⑤	⑥	⑦	⑧	⑨
ニ	⊕	⊖	⓪	①	②	③	④	⑤	⑥	⑦	⑧	⑨
ヌ	⊕	⊖	⓪	①	②	③	④	⑤	⑥	⑦	⑧	⑨
ネ	⊕	⊖	⓪	①	②	③	④	⑤	⑥	⑦	⑧	⑨
ノ	⊕	⊖	⓪	①	②	③	④	⑤	⑥	⑦	⑧	⑨

（注）この解答用紙は実物を縮小してあります。Ｂ４用紙に141％拡大コピーすると、ほぼ実物大で使用できます。（タイトルと配点表は含みません）

推定配点

1、2 各５点×７

3 各７点×３

4 (1)、(2) 各７点×２　(3) ８点

5 (1)、(2) 各７点×２　(3) ８点

計	100点

二〇二二年度　栄東高等学校　第二回

国語解答用紙

問題番号	解答欄	問題番号	解答欄	問題番号	解答欄
1	① ② ③ ④ ⑤ ⑥ ⑦ ⑧ ⑨ ⓪	21	① ② ③ ④ ⑤ ⑥ ⑦ ⑧ ⑨ ⓪	41	① ② ③ ④ ⑤ ⑥ ⑦ ⑧ ⑨ ⓪
2	① ② ③ ④ ⑤ ⑥ ⑦ ⑧ ⑨ ⓪	22	① ② ③ ④ ⑤ ⑥ ⑦ ⑧ ⑨ ⓪	42	① ② ③ ④ ⑤ ⑥ ⑦ ⑧ ⑨ ⓪
3	① ② ③ ④ ⑤ ⑥ ⑦ ⑧ ⑨ ⓪	23	① ② ③ ④ ⑤ ⑥ ⑦ ⑧ ⑨ ⓪	43	① ② ③ ④ ⑤ ⑥ ⑦ ⑧ ⑨ ⓪
4	① ② ③ ④ ⑤ ⑥ ⑦ ⑧ ⑨ ⓪	24	① ② ③ ④ ⑤ ⑥ ⑦ ⑧ ⑨ ⓪	44	① ② ③ ④ ⑤ ⑥ ⑦ ⑧ ⑨ ⓪
5	① ② ③ ④ ⑤ ⑥ ⑦ ⑧ ⑨ ⓪	25	① ② ③ ④ ⑤ ⑥ ⑦ ⑧ ⑨ ⓪	45	① ② ③ ④ ⑤ ⑥ ⑦ ⑧ ⑨ ⓪
6	① ② ③ ④ ⑤ ⑥ ⑦ ⑧ ⑨ ⓪	26	① ② ③ ④ ⑤ ⑥ ⑦ ⑧ ⑨ ⓪	46	① ② ③ ④ ⑤ ⑥ ⑦ ⑧ ⑨ ⓪
7	① ② ③ ④ ⑤ ⑥ ⑦ ⑧ ⑨ ⓪	27	① ② ③ ④ ⑤ ⑥ ⑦ ⑧ ⑨ ⓪	47	① ② ③ ④ ⑤ ⑥ ⑦ ⑧ ⑨ ⓪
8	① ② ③ ④ ⑤ ⑥ ⑦ ⑧ ⑨ ⓪	28	① ② ③ ④ ⑤ ⑥ ⑦ ⑧ ⑨ ⓪	48	① ② ③ ④ ⑤ ⑥ ⑦ ⑧ ⑨ ⓪
9	① ② ③ ④ ⑤ ⑥ ⑦ ⑧ ⑨ ⓪	29	① ② ③ ④ ⑤ ⑥ ⑦ ⑧ ⑨ ⓪	49	① ② ③ ④ ⑤ ⑥ ⑦ ⑧ ⑨ ⓪
10	① ② ③ ④ ⑤ ⑥ ⑦ ⑧ ⑨ ⓪	30	① ② ③ ④ ⑤ ⑥ ⑦ ⑧ ⑨ ⓪	50	① ② ③ ④ ⑤ ⑥ ⑦ ⑧ ⑨ ⓪
11	① ② ③ ④ ⑤ ⑥ ⑦ ⑧ ⑨ ⓪	31	① ② ③ ④ ⑤ ⑥ ⑦ ⑧ ⑨ ⓪	51	① ② ③ ④ ⑤ ⑥ ⑦ ⑧ ⑨ ⓪
12	① ② ③ ④ ⑤ ⑥ ⑦ ⑧ ⑨ ⓪	32	① ② ③ ④ ⑤ ⑥ ⑦ ⑧ ⑨ ⓪	52	① ② ③ ④ ⑤ ⑥ ⑦ ⑧ ⑨ ⓪
13	① ② ③ ④ ⑤ ⑥ ⑦ ⑧ ⑨ ⓪	33	① ② ③ ④ ⑤ ⑥ ⑦ ⑧ ⑨ ⓪	53	① ② ③ ④ ⑤ ⑥ ⑦ ⑧ ⑨ ⓪
14	① ② ③ ④ ⑤ ⑥ ⑦ ⑧ ⑨ ⓪	34	① ② ③ ④ ⑤ ⑥ ⑦ ⑧ ⑨ ⓪	54	① ② ③ ④ ⑤ ⑥ ⑦ ⑧ ⑨ ⓪
15	① ② ③ ④ ⑤ ⑥ ⑦ ⑧ ⑨ ⓪	35	① ② ③ ④ ⑤ ⑥ ⑦ ⑧ ⑨ ⓪	55	① ② ③ ④ ⑤ ⑥ ⑦ ⑧ ⑨ ⓪
16	① ② ③ ④ ⑤ ⑥ ⑦ ⑧ ⑨ ⓪	36	① ② ③ ④ ⑤ ⑥ ⑦ ⑧ ⑨ ⓪	56	① ② ③ ④ ⑤ ⑥ ⑦ ⑧ ⑨ ⓪
17	① ② ③ ④ ⑤ ⑥ ⑦ ⑧ ⑨ ⓪	37	① ② ③ ④ ⑤ ⑥ ⑦ ⑧ ⑨ ⓪	57	① ② ③ ④ ⑤ ⑥ ⑦ ⑧ ⑨ ⓪
18	① ② ③ ④ ⑤ ⑥ ⑦ ⑧ ⑨ ⓪	38	① ② ③ ④ ⑤ ⑥ ⑦ ⑧ ⑨ ⓪	58	① ② ③ ④ ⑤ ⑥ ⑦ ⑧ ⑨ ⓪
19	① ② ③ ④ ⑤ ⑥ ⑦ ⑧ ⑨ ⓪	39	① ② ③ ④ ⑤ ⑥ ⑦ ⑧ ⑨ ⓪	59	① ② ③ ④ ⑤ ⑥ ⑦ ⑧ ⑨ ⓪
20	① ② ③ ④ ⑤ ⑥ ⑦ ⑧ ⑨ ⓪	40	① ② ③ ④ ⑤ ⑥ ⑦ ⑧ ⑨ ⓪	60	① ② ③ ④ ⑤ ⑥ ⑦ ⑧ ⑨ ⓪

評点　／100

（注）この解答用紙は実物を縮小してあります。Ａ３用紙に145%拡大コピーすると、ほぼ実物大で使用できます。（タイトルと配点表は含みません）

氏名	

受験番号			
⓪	⓪	⓪	⓪
①	①	①	①
②	②	②	②
③	③	③	③
④	④	④	④
⑤	⑤	⑤	⑤
⑥	⑥	⑥	⑥
⑦	⑦	⑦	⑦
⑧	⑧	⑧	⑧
⑨	⑨	⑨	⑨

「0」と「1」の塗りまちがいに注意してください。

整理番号			

【記入上の注意】
1. 記入は、ＨＢの鉛筆またはシャープペンシルを使用してください。
2. 訂正する場合はプラスチック消しゴムで完全に消してください。
3. 用紙を折り曲げたり、汚したりしないでください。

【マーク例】
良い例　悪い例　うすい

推定配点

□一 問一、問二　各2点×9　問三、問四　各4点×2
問五～問七　各5点×3
□二 問一、問二　各2点×4　問三、問四　各4点×2　問五　2点
問六～問九　各5点×4
□三 問一　各2点×3　問二、問三　各4点×2　問四　3点　問五　4点

100点	計

２０２２年度　栄東高等学校　特待生

英語解答用紙

番号		氏名		評点	／100

1
1		2		3	
4		5			

2

3
	あ		い		う	
1	あ		い		う	
2	あ		い		う	
3	あ		い		う	
4	あ		い		う	
5	あ		い		う	

4
問1							
問2							
問3							
問4							
問5		問6		問7		問8	

5
問1					
問2		問3	と		
問4				問5	
問6					
問7					

6
1		2		3	

7
1		2		3	

8
1		2		3		4	

（注）この解答用紙は実物を縮小してあります。A３用紙に152％拡大コピーすると、ほぼ実物大で使用できます。（タイトルと配点表は含みません）

推定配点		計
	1～3　各２点×15 4　問１，問２　各３点×２　問３　４点　問４～問８　各３点×５ 5　問１　４点　問２～問７　各３点×７ 6～8　各２点×10	100点

２０２２年度　栄東高等学校　特待生

数学解答用紙　No. 1

番号		氏名		評点	/100

1 答えのみを記入せよ。

(1)	
(2)	
(3)	

2 答えのみを記入せよ。

(1)	
(2)	
(3)	

3 (1), (2), (3)は答えのみを記入し，(4)は途中式や図も記入せよ。

(1)	
(2)	EF＝　　　　　, GH＝
(3)	
(4)	答え PQ＝

２０２２年度　栄東高等学校　特待生

数学解答用紙　No. 2

4 (1), (2)は答えのみを記入し，(3)は途中式や図も記入せよ。

(1)	
(2)	
(3)	答え　$\triangle OAB =$

5 (1)は答えのみを記入し，(2), (3)は途中式や図も記入せよ。

(1)	
(2)	答え　$\dfrac{EM}{MQ} =$
(3)	答え

（注）この解答用紙は実物を縮小してあります。172% 拡大コピーすると、ほぼ実物大で使用できます。（タイトルと配点表は含みません）

推定配点	
1、**2** 各6点×6 **3** (1) 6点 (2) 各3点×2 (3) 6点 (4) 7点 **4** (1)、(2) 各6点×2 (3) 7点 **5** (1) 6点 (2)、(3) 各7点×2	
計	100点

２０２２年度　栄東高等学校　特待生

社会解答用紙

番号		氏名		評点	/50

1

問	解答欄
問1	月　日（午前・午後※）　時
問2	
問3	(1)
	(2)
問4	
問5	
問6	
問7	
問8	
問9	a　b
	c　d
問10	〔優れていること〕
	〔懸念されること〕

※どちらかに○をつけること

2

問	解答欄
問1	
問2	2番目　4番目
問3	
問4	
問5	
問6	
問7	
問8	2番目　4番目
問9	
問10	

3

問		解答欄
問1	あ	
	い	
問2		
問3	(1)	
	(2)	
問4	(1)	
	(2)	
問5		
問6		
問7		

（注）この解答用紙は実物を縮小してあります。175％拡大コピーすると、ほぼ実物大で使用できます。（タイトルと配点表は含みません）

推定配点	計
1 問1、問2 各2点×2 問3 (1) 2点 (2) 1点 問4〜問8 各1点×5 問9、問10 各2点×6 **2** 問1〜問9 各1点×9 問10 2点 **3** 問1、問2 各2点×3 問3 各1点×2 問4 (1) 1点 (2) 2点 問5、問6 各1点×2 問7 2点	50点

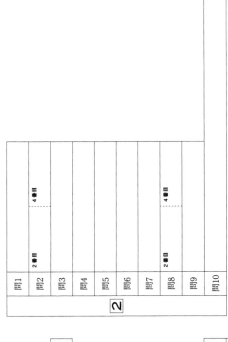

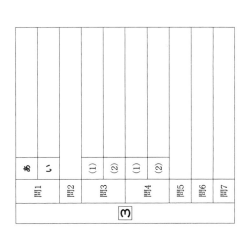

２０２２年度　栄東高等学校　特待生

理科解答用紙

番号		氏名		評点	／50

1

問 1	問 2	問 3	問 4	
[g]	度	[N]	(ア)	(イ) どちらかを○で囲むこと 時計回り・反時計回り
問 5	問 6	問 7		
[cm]	[N]	[N]		

2

問 1	問 2	
問 3		問 4
問 5	問 6	問 7

3

問 1		
(A)	(B)	(C)
問 2	問 3	問 4
		[mL]
問 5		
問 6		

4

問 1		問 2
どちらかを○で囲むこと 熱帯低気圧 ・ 温帯低気圧	理由	

問 3	問 4			問 5
	(1) [m]	(2) [℃]	(3) %	

（注）この解答用紙は実物を縮小してあります。A３用紙に152％拡大コピーすると、ほぼ実物大で使用できます。（タイトルと配点表は含みません）

推定配点		計
	1 各１点×８ 2 問１　１点　問２，問３　各２点×２　問４～問７　各１点×４ 3 問１～問４　各２点×６　問５，問６　各３点×２ 4 問１　３点　問２～問５　各２点×６	50点

二〇二二年度　栄東高等学校　特待生

国語解答用紙

番号		氏名		評点	/100

一

問一　a　b　c　d　e

問二　問三　問四

問五

問六

問七

問八

二

問一　a　b

問二　問三　問四

問五

問六　問七

問八　生徒　理由

三

問一　a　b

問二　i　ii　iii

問三

問四　問五

（注）この解答用紙は実物を縮小してあります。A３用紙に156％拡大コピーすると、ほぼ実物大で使用できます。（タイトルと配点表は含みません）

推定配点		計
	一　問一、問二　各２点×６　問三、問四　各４点×２　問五　６点　問六　４点　問七　６点　問八　４点 二　問一、問二　各２点×４　問三、問四　各４点×２　問五　６点　問六、問七　各４点×２　問八　６点 三　問一、問二　各２点×５　問三　６点　問四、問五　各４点×２	100点

２０２１年度　栄東高等学校　第１回

英語解答用紙

評点 ／100

（注）この解答用紙は実物を縮小してあります。Ａ３用紙に145%拡大コピーすると、ほぼ実物大で使用できます。（タイトルと配点表は含みません）

問題番号	解答欄	問題番号	解答欄	問題番号	解答欄
1	① ② ③ ④ ⑤ ⑥ ⑦ ⑧ ⑨ ⓪	21	① ② ③ ④ ⑤ ⑥ ⑦ ⑧ ⑨ ⓪	41	① ② ③ ④ ⑤ ⑥ ⑦ ⑧ ⑨ ⓪
2	① ② ③ ④ ⑤ ⑥ ⑦ ⑧ ⑨ ⓪	22	① ② ③ ④ ⑤ ⑥ ⑦ ⑧ ⑨ ⓪	42	① ② ③ ④ ⑤ ⑥ ⑦ ⑧ ⑨ ⓪
3	① ② ③ ④ ⑤ ⑥ ⑦ ⑧ ⑨ ⓪	23	① ② ③ ④ ⑤ ⑥ ⑦ ⑧ ⑨ ⓪	43	① ② ③ ④ ⑤ ⑥ ⑦ ⑧ ⑨ ⓪
4	① ② ③ ④ ⑤ ⑥ ⑦ ⑧ ⑨ ⓪	24	① ② ③ ④ ⑤ ⑥ ⑦ ⑧ ⑨ ⓪	44	① ② ③ ④ ⑤ ⑥ ⑦ ⑧ ⑨ ⓪
5	① ② ③ ④ ⑤ ⑥ ⑦ ⑧ ⑨ ⓪	25	① ② ③ ④ ⑤ ⑥ ⑦ ⑧ ⑨ ⓪	45	① ② ③ ④ ⑤ ⑥ ⑦ ⑧ ⑨ ⓪
6	① ② ③ ④ ⑤ ⑥ ⑦ ⑧ ⑨ ⓪	26	① ② ③ ④ ⑤ ⑥ ⑦ ⑧ ⑨ ⓪	46	① ② ③ ④ ⑤ ⑥ ⑦ ⑧ ⑨ ⓪
7	① ② ③ ④ ⑤ ⑥ ⑦ ⑧ ⑨ ⓪	27	① ② ③ ④ ⑤ ⑥ ⑦ ⑧ ⑨ ⓪	47	① ② ③ ④ ⑤ ⑥ ⑦ ⑧ ⑨ ⓪
8	① ② ③ ④ ⑤ ⑥ ⑦ ⑧ ⑨ ⓪	28	① ② ③ ④ ⑤ ⑥ ⑦ ⑧ ⑨ ⓪	48	① ② ③ ④ ⑤ ⑥ ⑦ ⑧ ⑨ ⓪
9	① ② ③ ④ ⑤ ⑥ ⑦ ⑧ ⑨ ⓪	29	① ② ③ ④ ⑤ ⑥ ⑦ ⑧ ⑨ ⓪	49	① ② ③ ④ ⑤ ⑥ ⑦ ⑧ ⑨ ⓪
10	① ② ③ ④ ⑤ ⑥ ⑦ ⑧ ⑨ ⓪	30	① ② ③ ④ ⑤ ⑥ ⑦ ⑧ ⑨ ⓪	50	① ② ③ ④ ⑤ ⑥ ⑦ ⑧ ⑨ ⓪
11	① ② ③ ④ ⑤ ⑥ ⑦ ⑧ ⑨ ⓪	31	① ② ③ ④ ⑤ ⑥ ⑦ ⑧ ⑨ ⓪	51	① ② ③ ④ ⑤ ⑥ ⑦ ⑧ ⑨ ⓪
12	① ② ③ ④ ⑤ ⑥ ⑦ ⑧ ⑨ ⓪	32	① ② ③ ④ ⑤ ⑥ ⑦ ⑧ ⑨ ⓪	52	① ② ③ ④ ⑤ ⑥ ⑦ ⑧ ⑨ ⓪
13	① ② ③ ④ ⑤ ⑥ ⑦ ⑧ ⑨ ⓪	33	① ② ③ ④ ⑤ ⑥ ⑦ ⑧ ⑨ ⓪	53	① ② ③ ④ ⑤ ⑥ ⑦ ⑧ ⑨ ⓪
14	① ② ③ ④ ⑤ ⑥ ⑦ ⑧ ⑨ ⓪	34	① ② ③ ④ ⑤ ⑥ ⑦ ⑧ ⑨ ⓪	54	① ② ③ ④ ⑤ ⑥ ⑦ ⑧ ⑨ ⓪
15	① ② ③ ④ ⑤ ⑥ ⑦ ⑧ ⑨ ⓪	35	① ② ③ ④ ⑤ ⑥ ⑦ ⑧ ⑨ ⓪	55	① ② ③ ④ ⑤ ⑥ ⑦ ⑧ ⑨ ⓪
16	① ② ③ ④ ⑤ ⑥ ⑦ ⑧ ⑨ ⓪	36	① ② ③ ④ ⑤ ⑥ ⑦ ⑧ ⑨ ⓪	56	① ② ③ ④ ⑤ ⑥ ⑦ ⑧ ⑨ ⓪
17	① ② ③ ④ ⑤ ⑥ ⑦ ⑧ ⑨ ⓪	37	① ② ③ ④ ⑤ ⑥ ⑦ ⑧ ⑨ ⓪	57	① ② ③ ④ ⑤ ⑥ ⑦ ⑧ ⑨ ⓪
18	① ② ③ ④ ⑤ ⑥ ⑦ ⑧ ⑨ ⓪	38	① ② ③ ④ ⑤ ⑥ ⑦ ⑧ ⑨ ⓪	58	① ② ③ ④ ⑤ ⑥ ⑦ ⑧ ⑨ ⓪
19	① ② ③ ④ ⑤ ⑥ ⑦ ⑧ ⑨ ⓪	39	① ② ③ ④ ⑤ ⑥ ⑦ ⑧ ⑨ ⓪	59	① ② ③ ④ ⑤ ⑥ ⑦ ⑧ ⑨ ⓪
20	① ② ③ ④ ⑤ ⑥ ⑦ ⑧ ⑨ ⓪	40	① ② ③ ④ ⑤ ⑥ ⑦ ⑧ ⑨ ⓪	60	① ② ③ ④ ⑤ ⑥ ⑦ ⑧ ⑨ ⓪

整理番号			

受験番号			
⓪	⓪	⓪	⓪
①	①	①	①
②	②	②	②
③	③	③	③
④	④	④	④
⑤	⑤	⑤	⑤
⑥	⑥	⑥	⑥
⑦	⑦	⑦	⑦
⑧	⑧	⑧	⑧
⑨	⑨	⑨	⑨

「０」と「１」の塗りまちがいに注意してください。

【記入上の注意】

1．記入は，ＨＢの鉛筆またはシャープペンシルを使用してください。
2．訂正する場合はプラスチック消しゴムで完全に消してください。
3．用紙を折り曲げたり，汚したりしないでください。

【マーク例】

良い例　　悪い例　うすい

氏名	

推定配点	
1～3 各４点×20〔2(2)は完答〕 4、5 各２点×10	
100点	計

2021年度　栄東高等学校　第1回

数学解答用紙　No.1

評点
/100

2

2	解答欄											
ア	±	−	0	1	2	3	4	5	6	7	8	9
イ	±	−	0	1	2	3	4	5	6	7	8	9
ウ	±	−	0	1	2	3	4	5	6	7	8	9
エ	±	−	0	1	2	3	4	5	6	7	8	9
オ	±	−	0	1	2	3	4	5	6	7	8	9
カ	±	−	0	1	2	3	4	5	6	7	8	9
キ	±	−	0	1	2	3	4	5	6	7	8	9
ク	±	−	0	1	2	3	4	5	6	7	8	9
ケ	±	−	0	1	2	3	4	5	6	7	8	9
コ	±	−	0	1	2	3	4	5	6	7	8	9
サ	±	−	0	1	2	3	4	5	6	7	8	9
シ	±	−	0	1	2	3	4	5	6	7	8	9
ス	±	−	0	1	2	3	4	5	6	7	8	9
セ	±	−	0	1	2	3	4	5	6	7	8	9
ソ	±	−	0	1	2	3	4	5	6	7	8	9
タ	±	−	0	1	2	3	4	5	6	7	8	9
チ	±	−	0	1	2	3	4	5	6	7	8	9
ツ	±	−	0	1	2	3	4	5	6	7	8	9
テ	±	−	0	1	2	3	4	5	6	7	8	9
ト	±	−	0	1	2	3	4	5	6	7	8	9
ナ	±	−	0	1	2	3	4	5	6	7	8	9
ニ	±	−	0	1	2	3	4	5	6	7	8	9
ヌ	±	−	0	1	2	3	4	5	6	7	8	9
ネ	±	−	0	1	2	3	4	5	6	7	8	9
ノ	±	−	0	1	2	3	4	5	6	7	8	9

1

1	解答欄											
ア	±	−	0	1	2	3	4	5	6	7	8	9
イ	±	−	0	1	2	3	4	5	6	7	8	9
ウ	±	−	0	1	2	3	4	5	6	7	8	9
エ	±	−	0	1	2	3	4	5	6	7	8	9
オ	±	−	0	1	2	3	4	5	6	7	8	9
カ	±	−	0	1	2	3	4	5	6	7	8	9
キ	±	−	0	1	2	3	4	5	6	7	8	9
ク	±	−	0	1	2	3	4	5	6	7	8	9
ケ	±	−	0	1	2	3	4	5	6	7	8	9
コ	±	−	0	1	2	3	4	5	6	7	8	9
サ	±	−	0	1	2	3	4	5	6	7	8	9
シ	±	−	0	1	2	3	4	5	6	7	8	9
ス	±	−	0	1	2	3	4	5	6	7	8	9
セ	±	−	0	1	2	3	4	5	6	7	8	9
ソ	±	−	0	1	2	3	4	5	6	7	8	9
タ	±	−	0	1	2	3	4	5	6	7	8	9
チ	±	−	0	1	2	3	4	5	6	7	8	9
ツ	±	−	0	1	2	3	4	5	6	7	8	9
テ	±	−	0	1	2	3	4	5	6	7	8	9
ト	±	−	0	1	2	3	4	5	6	7	8	9
ナ	±	−	0	1	2	3	4	5	6	7	8	9
ニ	±	−	0	1	2	3	4	5	6	7	8	9
ヌ	±	−	0	1	2	3	4	5	6	7	8	9
ネ	±	−	0	1	2	3	4	5	6	7	8	9
ノ	±	−	0	1	2	3	4	5	6	7	8	9

氏名	

整理番号			

「0」と「1」の塗りまちがいに注意してください。

受験番号			
0	0	0	0
1	1	1	1
2	2	2	2
3	3	3	3
4	4	4	4
5	5	5	5
6	6	6	6
7	7	7	7
8	8	8	8
9	9	9	9

【記入上の注意】
1. 記入は、ＨＢの鉛筆またはシャープペンシルを使用してください。
2. 訂正する場合はプラスチック消しゴムで完全に消してください。
3. 用紙を折り曲げたり、汚したりしないでください。

【マーク例】

良い例　悪い例　うすい

2021年度　栄東高等学校　第1回

数学解答用紙　No. 2

3	解	答	欄									
ア	±	−	0	1	2	3	4	5	6	7	8	9
イ	±	−	0	1	2	3	4	5	6	7	8	9
ウ	±	−	0	1	2	3	4	5	6	7	8	9
エ	±	−	0	1	2	3	4	5	6	7	8	9
オ	±	−	0	1	2	3	4	5	6	7	8	9
カ	±	−	0	1	2	3	4	5	6	7	8	9
キ	±	−	0	1	2	3	4	5	6	7	8	9
ク	±	−	0	1	2	3	4	5	6	7	8	9
ケ	±	−	0	1	2	3	4	5	6	7	8	9
コ	±	−	0	1	2	3	4	5	6	7	8	9
サ	±	−	0	1	2	3	4	5	6	7	8	9
シ	±	−	0	1	2	3	4	5	6	7	8	9
ス	±	−	0	1	2	3	4	5	6	7	8	9
セ	±	−	0	1	2	3	4	5	6	7	8	9
ソ	±	−	0	1	2	3	4	5	6	7	8	9
タ	±	−	0	1	2	3	4	5	6	7	8	9
チ	±	−	0	1	2	3	4	5	6	7	8	9
ツ	±	−	0	1	2	3	4	5	6	7	8	9
テ	±	−	0	1	2	3	4	5	6	7	8	9
ト	±	−	0	1	2	3	4	5	6	7	8	9
ナ	±	−	0	1	2	3	4	5	6	7	8	9
ニ	±	−	0	1	2	3	4	5	6	7	8	9
ヌ	±	−	0	1	2	3	4	5	6	7	8	9
ネ	±	−	0	1	2	3	4	5	6	7	8	9
ノ	±	−	0	1	2	3	4	5	6	7	8	9

4	解	答	欄									
ア	±	−	0	1	2	3	4	5	6	7	8	9
イ	±	−	0	1	2	3	4	5	6	7	8	9
ウ	±	−	0	1	2	3	4	5	6	7	8	9
エ	±	−	0	1	2	3	4	5	6	7	8	9
オ	±	−	0	1	2	3	4	5	6	7	8	9
カ	±	−	0	1	2	3	4	5	6	7	8	9
キ	±	−	0	1	2	3	4	5	6	7	8	9
ク	±	−	0	1	2	3	4	5	6	7	8	9
ケ	±	−	0	1	2	3	4	5	6	7	8	9
コ	±	−	0	1	2	3	4	5	6	7	8	9
サ	±	−	0	1	2	3	4	5	6	7	8	9
シ	±	−	0	1	2	3	4	5	6	7	8	9
ス	±	−	0	1	2	3	4	5	6	7	8	9
セ	±	−	0	1	2	3	4	5	6	7	8	9
ソ	±	−	0	1	2	3	4	5	6	7	8	9
タ	±	−	0	1	2	3	4	5	6	7	8	9
チ	±	−	0	1	2	3	4	5	6	7	8	9
ツ	±	−	0	1	2	3	4	5	6	7	8	9
テ	±	−	0	1	2	3	4	5	6	7	8	9
ト	±	−	0	1	2	3	4	5	6	7	8	9
ナ	±	−	0	1	2	3	4	5	6	7	8	9
ニ	±	−	0	1	2	3	4	5	6	7	8	9
ヌ	±	−	0	1	2	3	4	5	6	7	8	9
ネ	±	−	0	1	2	3	4	5	6	7	8	9
ノ	±	−	0	1	2	3	4	5	6	7	8	9

5	解	答	欄									
ア	±	−	0	1	2	3	4	5	6	7	8	9
イ	±	−	0	1	2	3	4	5	6	7	8	9
ウ	±	−	0	1	2	3	4	5	6	7	8	9
エ	±	−	0	1	2	3	4	5	6	7	8	9
オ	±	−	0	1	2	3	4	5	6	7	8	9
カ	±	−	0	1	2	3	4	5	6	7	8	9
キ	±	−	0	1	2	3	4	5	6	7	8	9
ク	±	−	0	1	2	3	4	5	6	7	8	9
ケ	±	−	0	1	2	3	4	5	6	7	8	9
コ	±	−	0	1	2	3	4	5	6	7	8	9
サ	±	−	0	1	2	3	4	5	6	7	8	9
シ	±	−	0	1	2	3	4	5	6	7	8	9
ス	±	−	0	1	2	3	4	5	6	7	8	9
セ	±	−	0	1	2	3	4	5	6	7	8	9
ソ	±	−	0	1	2	3	4	5	6	7	8	9
タ	±	−	0	1	2	3	4	5	6	7	8	9
チ	±	−	0	1	2	3	4	5	6	7	8	9
ツ	±	−	0	1	2	3	4	5	6	7	8	9
テ	±	−	0	1	2	3	4	5	6	7	8	9
ト	±	−	0	1	2	3	4	5	6	7	8	9
ナ	±	−	0	1	2	3	4	5	6	7	8	9
ニ	±	−	0	1	2	3	4	5	6	7	8	9
ヌ	±	−	0	1	2	3	4	5	6	7	8	9
ネ	±	−	0	1	2	3	4	5	6	7	8	9
ノ	±	−	0	1	2	3	4	5	6	7	8	9

（注）この解答用紙は実物を縮小してあります。Ｂ４用紙に141％拡大コピーすると、ほぼ実物大で使用できます。（タイトルと配点表は含みません）

推定配点	
1～5　各5点×20〔1(3)は完答〕	
100点	計

二〇二三年度　栄東高等学校　第一回

国語解答用紙

評点　／100

問題番号	解答欄	問題番号	解答欄	問題番号	解答欄
1	① ② ③ ④ ⑤ ⑥ ⑦ ⑧ ⑨ ⓪	21	① ② ③ ④ ⑤ ⑥ ⑦ ⑧ ⑨ ⓪	41	① ② ③ ④ ⑤ ⑥ ⑦ ⑧ ⑨ ⓪
2	① ② ③ ④ ⑤ ⑥ ⑦ ⑧ ⑨ ⓪	22	① ② ③ ④ ⑤ ⑥ ⑦ ⑧ ⑨ ⓪	42	① ② ③ ④ ⑤ ⑥ ⑦ ⑧ ⑨ ⓪
3	① ② ③ ④ ⑤ ⑥ ⑦ ⑧ ⑨ ⓪	23	① ② ③ ④ ⑤ ⑥ ⑦ ⑧ ⑨ ⓪	43	① ② ③ ④ ⑤ ⑥ ⑦ ⑧ ⑨ ⓪
4	① ② ③ ④ ⑤ ⑥ ⑦ ⑧ ⑨ ⓪	24	① ② ③ ④ ⑤ ⑥ ⑦ ⑧ ⑨ ⓪	44	① ② ③ ④ ⑤ ⑥ ⑦ ⑧ ⑨ ⓪
5	① ② ③ ④ ⑤ ⑥ ⑦ ⑧ ⑨ ⓪	25	① ② ③ ④ ⑤ ⑥ ⑦ ⑧ ⑨ ⓪	45	① ② ③ ④ ⑤ ⑥ ⑦ ⑧ ⑨ ⓪
6	① ② ③ ④ ⑤ ⑥ ⑦ ⑧ ⑨ ⓪	26	① ② ③ ④ ⑤ ⑥ ⑦ ⑧ ⑨ ⓪	46	① ② ③ ④ ⑤ ⑥ ⑦ ⑧ ⑨ ⓪
7	① ② ③ ④ ⑤ ⑥ ⑦ ⑧ ⑨ ⓪	27	① ② ③ ④ ⑤ ⑥ ⑦ ⑧ ⑨ ⓪	47	① ② ③ ④ ⑤ ⑥ ⑦ ⑧ ⑨ ⓪
8	① ② ③ ④ ⑤ ⑥ ⑦ ⑧ ⑨ ⓪	28	① ② ③ ④ ⑤ ⑥ ⑦ ⑧ ⑨ ⓪	48	① ② ③ ④ ⑤ ⑥ ⑦ ⑧ ⑨ ⓪
9	① ② ③ ④ ⑤ ⑥ ⑦ ⑧ ⑨ ⓪	29	① ② ③ ④ ⑤ ⑥ ⑦ ⑧ ⑨ ⓪	49	① ② ③ ④ ⑤ ⑥ ⑦ ⑧ ⑨ ⓪
10	① ② ③ ④ ⑤ ⑥ ⑦ ⑧ ⑨ ⓪	30	① ② ③ ④ ⑤ ⑥ ⑦ ⑧ ⑨ ⓪	50	① ② ③ ④ ⑤ ⑥ ⑦ ⑧ ⑨ ⓪
11	① ② ③ ④ ⑤ ⑥ ⑦ ⑧ ⑨ ⓪	31	① ② ③ ④ ⑤ ⑥ ⑦ ⑧ ⑨ ⓪	51	① ② ③ ④ ⑤ ⑥ ⑦ ⑧ ⑨ ⓪
12	① ② ③ ④ ⑤ ⑥ ⑦ ⑧ ⑨ ⓪	32	① ② ③ ④ ⑤ ⑥ ⑦ ⑧ ⑨ ⓪	52	① ② ③ ④ ⑤ ⑥ ⑦ ⑧ ⑨ ⓪
13	① ② ③ ④ ⑤ ⑥ ⑦ ⑧ ⑨ ⓪	33	① ② ③ ④ ⑤ ⑥ ⑦ ⑧ ⑨ ⓪	53	① ② ③ ④ ⑤ ⑥ ⑦ ⑧ ⑨ ⓪
14	① ② ③ ④ ⑤ ⑥ ⑦ ⑧ ⑨ ⓪	34	① ② ③ ④ ⑤ ⑥ ⑦ ⑧ ⑨ ⓪	54	① ② ③ ④ ⑤ ⑥ ⑦ ⑧ ⑨ ⓪
15	① ② ③ ④ ⑤ ⑥ ⑦ ⑧ ⑨ ⓪	35	① ② ③ ④ ⑤ ⑥ ⑦ ⑧ ⑨ ⓪	55	① ② ③ ④ ⑤ ⑥ ⑦ ⑧ ⑨ ⓪
16	① ② ③ ④ ⑤ ⑥ ⑦ ⑧ ⑨ ⓪	36	① ② ③ ④ ⑤ ⑥ ⑦ ⑧ ⑨ ⓪	56	① ② ③ ④ ⑤ ⑥ ⑦ ⑧ ⑨ ⓪
17	① ② ③ ④ ⑤ ⑥ ⑦ ⑧ ⑨ ⓪	37	① ② ③ ④ ⑤ ⑥ ⑦ ⑧ ⑨ ⓪	57	① ② ③ ④ ⑤ ⑥ ⑦ ⑧ ⑨ ⓪
18	① ② ③ ④ ⑤ ⑥ ⑦ ⑧ ⑨ ⓪	38	① ② ③ ④ ⑤ ⑥ ⑦ ⑧ ⑨ ⓪	58	① ② ③ ④ ⑤ ⑥ ⑦ ⑧ ⑨ ⓪
19	① ② ③ ④ ⑤ ⑥ ⑦ ⑧ ⑨ ⓪	39	① ② ③ ④ ⑤ ⑥ ⑦ ⑧ ⑨ ⓪	59	① ② ③ ④ ⑤ ⑥ ⑦ ⑧ ⑨ ⓪
20	① ② ③ ④ ⑤ ⑥ ⑦ ⑧ ⑨ ⓪	40	① ② ③ ④ ⑤ ⑥ ⑦ ⑧ ⑨ ⓪	60	① ② ③ ④ ⑤ ⑥ ⑦ ⑧ ⑨ ⓪

（注）この解答用紙は実物を縮小してあります。Ａ３用紙に145%拡大コピーすると、ほぼ実物大で使用できます。（タイトルと配点表は含みません）

氏名	

受験番号			
⓪	⓪	⓪	⓪
①	①	①	①
②	②	②	②
③	③	③	③
④	④	④	④
⑤	⑤	⑤	⑤
⑥	⑥	⑥	⑥
⑦	⑦	⑦	⑦
⑧	⑧	⑧	⑧
⑨	⑨	⑨	⑨

「0」と「1」の塗りまちがいに注意してください。

整理番号			

【記入上の注意】

1. 記入は、ＨＢの鉛筆またはシャープペンシルを使用してください。
2. 訂正する場合はプラスチック消しゴムで完全に消してください。
3. 用紙を折り曲げたり、汚したりしないでください。

【マーク例】

良い例　悪い例　うすい

推定配点	
一	各２点×５
二	各３点×３
三	問一　各２点×５　問二～問六　各４点×５
四	問一　各２点×３　問二～問七　各４点×６
五	各３点×７
計	100点

2021年度　栄東高等学校　第2回

英語解答用紙

評点
/100

氏名	

受験番号			
⓪	⓪	⓪	⓪
①	①	①	①
②	②	②	②
③	③	③	③
④	④	④	④
⑤	⑤	⑤	⑤
⑥	⑥	⑥	⑥
⑦	⑦	⑦	⑦
⑧	⑧	⑧	⑧
⑨	⑨	⑨	⑨

「0」と「1」の塗りまちがいに注意してください。

整理番号			

【記入上の注意】
1. 記入は、ＨＢの鉛筆またはシャープペンシルを使用してください。
2. 訂正する場合はプラスチック消しゴムで完全に消してください。
3. 用紙を折り曲げたり、汚したりしないでください。

【マーク例】
良い例　悪い例　うすい

問題番号	解答欄	問題番号	解答欄	問題番号	解答欄
1	① ② ③ ④ ⑤ ⑥ ⑦ ⑧ ⑨ ⓪	21	① ② ③ ④ ⑤ ⑥ ⑦ ⑧ ⑨ ⓪	41	① ② ③ ④ ⑤ ⑥ ⑦ ⑧ ⑨ ⓪
2	① ② ③ ④ ⑤ ⑥ ⑦ ⑧ ⑨ ⓪	22	① ② ③ ④ ⑤ ⑥ ⑦ ⑧ ⑨ ⓪	42	① ② ③ ④ ⑤ ⑥ ⑦ ⑧ ⑨ ⓪
3	① ② ③ ④ ⑤ ⑥ ⑦ ⑧ ⑨ ⓪	23	① ② ③ ④ ⑤ ⑥ ⑦ ⑧ ⑨ ⓪	43	① ② ③ ④ ⑤ ⑥ ⑦ ⑧ ⑨ ⓪
4	① ② ③ ④ ⑤ ⑥ ⑦ ⑧ ⑨ ⓪	24	① ② ③ ④ ⑤ ⑥ ⑦ ⑧ ⑨ ⓪	44	① ② ③ ④ ⑤ ⑥ ⑦ ⑧ ⑨ ⓪
5	① ② ③ ④ ⑤ ⑥ ⑦ ⑧ ⑨ ⓪	25	① ② ③ ④ ⑤ ⑥ ⑦ ⑧ ⑨ ⓪	45	① ② ③ ④ ⑤ ⑥ ⑦ ⑧ ⑨ ⓪
6	① ② ③ ④ ⑤ ⑥ ⑦ ⑧ ⑨ ⓪	26	① ② ③ ④ ⑤ ⑥ ⑦ ⑧ ⑨ ⓪	46	① ② ③ ④ ⑤ ⑥ ⑦ ⑧ ⑨ ⓪
7	① ② ③ ④ ⑤ ⑥ ⑦ ⑧ ⑨ ⓪	27	① ② ③ ④ ⑤ ⑥ ⑦ ⑧ ⑨ ⓪	47	① ② ③ ④ ⑤ ⑥ ⑦ ⑧ ⑨ ⓪
8	① ② ③ ④ ⑤ ⑥ ⑦ ⑧ ⑨ ⓪	28	① ② ③ ④ ⑤ ⑥ ⑦ ⑧ ⑨ ⓪	48	① ② ③ ④ ⑤ ⑥ ⑦ ⑧ ⑨ ⓪
9	① ② ③ ④ ⑤ ⑥ ⑦ ⑧ ⑨ ⓪	29	① ② ③ ④ ⑤ ⑥ ⑦ ⑧ ⑨ ⓪	49	① ② ③ ④ ⑤ ⑥ ⑦ ⑧ ⑨ ⓪
10	① ② ③ ④ ⑤ ⑥ ⑦ ⑧ ⑨ ⓪	30	① ② ③ ④ ⑤ ⑥ ⑦ ⑧ ⑨ ⓪	50	① ② ③ ④ ⑤ ⑥ ⑦ ⑧ ⑨ ⓪
11	① ② ③ ④ ⑤ ⑥ ⑦ ⑧ ⑨ ⓪	31	① ② ③ ④ ⑤ ⑥ ⑦ ⑧ ⑨ ⓪	51	① ② ③ ④ ⑤ ⑥ ⑦ ⑧ ⑨ ⓪
12	① ② ③ ④ ⑤ ⑥ ⑦ ⑧ ⑨ ⓪	32	① ② ③ ④ ⑤ ⑥ ⑦ ⑧ ⑨ ⓪	52	① ② ③ ④ ⑤ ⑥ ⑦ ⑧ ⑨ ⓪
13	① ② ③ ④ ⑤ ⑥ ⑦ ⑧ ⑨ ⓪	33	① ② ③ ④ ⑤ ⑥ ⑦ ⑧ ⑨ ⓪	53	① ② ③ ④ ⑤ ⑥ ⑦ ⑧ ⑨ ⓪
14	① ② ③ ④ ⑤ ⑥ ⑦ ⑧ ⑨ ⓪	34	① ② ③ ④ ⑤ ⑥ ⑦ ⑧ ⑨ ⓪	54	① ② ③ ④ ⑤ ⑥ ⑦ ⑧ ⑨ ⓪
15	① ② ③ ④ ⑤ ⑥ ⑦ ⑧ ⑨ ⓪	35	① ② ③ ④ ⑤ ⑥ ⑦ ⑧ ⑨ ⓪	55	① ② ③ ④ ⑤ ⑥ ⑦ ⑧ ⑨ ⓪
16	① ② ③ ④ ⑤ ⑥ ⑦ ⑧ ⑨ ⓪	36	① ② ③ ④ ⑤ ⑥ ⑦ ⑧ ⑨ ⓪	56	① ② ③ ④ ⑤ ⑥ ⑦ ⑧ ⑨ ⓪
17	① ② ③ ④ ⑤ ⑥ ⑦ ⑧ ⑨ ⓪	37	① ② ③ ④ ⑤ ⑥ ⑦ ⑧ ⑨ ⓪	57	① ② ③ ④ ⑤ ⑥ ⑦ ⑧ ⑨ ⓪
18	① ② ③ ④ ⑤ ⑥ ⑦ ⑧ ⑨ ⓪	38	① ② ③ ④ ⑤ ⑥ ⑦ ⑧ ⑨ ⓪	58	① ② ③ ④ ⑤ ⑥ ⑦ ⑧ ⑨ ⓪
19	① ② ③ ④ ⑤ ⑥ ⑦ ⑧ ⑨ ⓪	39	① ② ③ ④ ⑤ ⑥ ⑦ ⑧ ⑨ ⓪	59	① ② ③ ④ ⑤ ⑥ ⑦ ⑧ ⑨ ⓪
20	① ② ③ ④ ⑤ ⑥ ⑦ ⑧ ⑨ ⓪	40	① ② ③ ④ ⑤ ⑥ ⑦ ⑧ ⑨ ⓪	60	① ② ③ ④ ⑤ ⑥ ⑦ ⑧ ⑨ ⓪

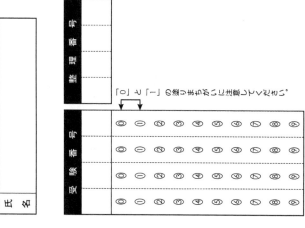

（注）この解答用紙は実物を縮小してあります。Ａ３用紙に145%拡大コピーすると、ほぼ実物大で使用できます。（タイトルと配点表は含みません）

推定配点	
1 (1) 各4点×6　(2) 6点 2 各4点×7 3 (1) 6点　(2)～(5) 各4点×4 4、5 各2点×10	
100点	計

２０２１年度　栄東高等学校　第２回

数学解答用紙　No. 1

評点　／100

2	解	答	欄									
ア	±	−	0	1	2	3	4	5	6	7	8	9
イ	±	−	0	1	2	3	4	5	6	7	8	9
ウ	±	−	0	1	2	3	4	5	6	7	8	9
エ	±	−	0	1	2	3	4	5	6	7	8	9
オ	±	−	0	1	2	3	4	5	6	7	8	9
カ	±	−	0	1	2	3	4	5	6	7	8	9
キ	±	−	0	1	2	3	4	5	6	7	8	9
ク	±	−	0	1	2	3	4	5	6	7	8	9
ケ	±	−	0	1	2	3	4	5	6	7	8	9
コ	±	−	0	1	2	3	4	5	6	7	8	9
サ	±	−	0	1	2	3	4	5	6	7	8	9
シ	±	−	0	1	2	3	4	5	6	7	8	9
ス	±	−	0	1	2	3	4	5	6	7	8	9
セ	±	−	0	1	2	3	4	5	6	7	8	9
ソ	±	−	0	1	2	3	4	5	6	7	8	9
タ	±	−	0	1	2	3	4	5	6	7	8	9
チ	±	−	0	1	2	3	4	5	6	7	8	9
ツ	±	−	0	1	2	3	4	5	6	7	8	9
テ	±	−	0	1	2	3	4	5	6	7	8	9
ト	±	−	0	1	2	3	4	5	6	7	8	9
ナ	±	−	0	1	2	3	4	5	6	7	8	9
ニ	±	−	0	1	2	3	4	5	6	7	8	9
ヌ	±	−	0	1	2	3	4	5	6	7	8	9
ネ	±	−	0	1	2	3	4	5	6	7	8	9
ノ	±	−	0	1	2	3	4	5	6	7	8	9

1	解	答	欄									
ア	±	−	0	1	2	3	4	5	6	7	8	9
イ	±	−	0	1	2	3	4	5	6	7	8	9
ウ	±	−	0	1	2	3	4	5	6	7	8	9
エ	±	−	0	1	2	3	4	5	6	7	8	9
オ	±	−	0	1	2	3	4	5	6	7	8	9
カ	±	−	0	1	2	3	4	5	6	7	8	9
キ	±	−	0	1	2	3	4	5	6	7	8	9
ク	±	−	0	1	2	3	4	5	6	7	8	9
ケ	±	−	0	1	2	3	4	5	6	7	8	9
コ	±	−	0	1	2	3	4	5	6	7	8	9
サ	±	−	0	1	2	3	4	5	6	7	8	9
シ	±	−	0	1	2	3	4	5	6	7	8	9
ス	±	−	0	1	2	3	4	5	6	7	8	9
セ	±	−	0	1	2	3	4	5	6	7	8	9
ソ	±	−	0	1	2	3	4	5	6	7	8	9
タ	±	−	0	1	2	3	4	5	6	7	8	9
チ	±	−	0	1	2	3	4	5	6	7	8	9
ツ	±	−	0	1	2	3	4	5	6	7	8	9
テ	±	−	0	1	2	3	4	5	6	7	8	9
ト	±	−	0	1	2	3	4	5	6	7	8	9
ナ	±	−	0	1	2	3	4	5	6	7	8	9
ニ	±	−	0	1	2	3	4	5	6	7	8	9
ヌ	±	−	0	1	2	3	4	5	6	7	8	9
ネ	±	−	0	1	2	3	4	5	6	7	8	9
ノ	±	−	0	1	2	3	4	5	6	7	8	9

氏名

整理番号			

受験番号			
0	0	0	0
1	1	1	1
2	2	2	2
3	3	3	3
4	4	4	4
5	5	5	5
6	6	6	6
7	7	7	7
8	8	8	8
9	9	9	9

「0」と「1」の塗りまちがいに注意してください。

【記入上の注意】
1. 記入は、ＨＢの鉛筆またはシャープペンシルを使用してください。
2. 訂正する場合はプラスチック消しゴムで完全に消してください。
3. 用紙を折り曲げたり、汚したりしないでください。

【マーク例】
良い例　悪い例　うすい

2021年度　栄東高等学校　第2回

数学解答用紙　No. 2

3	解答欄											
ア	±	−	0	1	2	3	4	5	6	7	8	9
イ	±	−	0	1	2	3	4	5	6	7	8	9
ウ	±	−	0	1	2	3	4	5	6	7	8	9
エ	±	−	0	1	2	3	4	5	6	7	8	9
オ	±	−	0	1	2	3	4	5	6	7	8	9
カ	±	−	0	1	2	3	4	5	6	7	8	9
キ	±	−	0	1	2	3	4	5	6	7	8	9
ク	±	−	0	1	2	3	4	5	6	7	8	9
ケ	±	−	0	1	2	3	4	5	6	7	8	9
コ	±	−	0	1	2	3	4	5	6	7	8	9
サ	±	−	0	1	2	3	4	5	6	7	8	9
シ	±	−	0	1	2	3	4	5	6	7	8	9
ス	±	−	0	1	2	3	4	5	6	7	8	9
セ	±	−	0	1	2	3	4	5	6	7	8	9
ソ	±	−	0	1	2	3	4	5	6	7	8	9
タ	±	−	0	1	2	3	4	5	6	7	8	9
チ	±	−	0	1	2	3	4	5	6	7	8	9
ツ	±	−	0	1	2	3	4	5	6	7	8	9
テ	±	−	0	1	2	3	4	5	6	7	8	9
ト	±	−	0	1	2	3	4	5	6	7	8	9
ナ	±	−	0	1	2	3	4	5	6	7	8	9
ニ	±	−	0	1	2	3	4	5	6	7	8	9
ヌ	±	−	0	1	2	3	4	5	6	7	8	9
ネ	±	−	0	1	2	3	4	5	6	7	8	9
ノ	±	−	0	1	2	3	4	5	6	7	8	9

4	解答欄											
ア	±	−	0	1	2	3	4	5	6	7	8	9
イ	±	−	0	1	2	3	4	5	6	7	8	9
ウ	±	−	0	1	2	3	4	5	6	7	8	9
エ	±	−	0	1	2	3	4	5	6	7	8	9
オ	±	−	0	1	2	3	4	5	6	7	8	9
カ	±	−	0	1	2	3	4	5	6	7	8	9
キ	±	−	0	1	2	3	4	5	6	7	8	9
ク	±	−	0	1	2	3	4	5	6	7	8	9
ケ	±	−	0	1	2	3	4	5	6	7	8	9
コ	±	−	0	1	2	3	4	5	6	7	8	9
サ	±	−	0	1	2	3	4	5	6	7	8	9
シ	±	−	0	1	2	3	4	5	6	7	8	9
ス	±	−	0	1	2	3	4	5	6	7	8	9
セ	±	−	0	1	2	3	4	5	6	7	8	9
ソ	±	−	0	1	2	3	4	5	6	7	8	9
タ	±	−	0	1	2	3	4	5	6	7	8	9
チ	±	−	0	1	2	3	4	5	6	7	8	9
ツ	±	−	0	1	2	3	4	5	6	7	8	9
テ	±	−	0	1	2	3	4	5	6	7	8	9
ト	±	−	0	1	2	3	4	5	6	7	8	9
ナ	±	−	0	1	2	3	4	5	6	7	8	9
ニ	±	−	0	1	2	3	4	5	6	7	8	9
ヌ	±	−	0	1	2	3	4	5	6	7	8	9
ネ	±	−	0	1	2	3	4	5	6	7	8	9
ノ	±	−	0	1	2	3	4	5	6	7	8	9

5	解答欄											
ア	±	−	0	1	2	3	4	5	6	7	8	9
イ	±	−	0	1	2	3	4	5	6	7	8	9
ウ	±	−	0	1	2	3	4	5	6	7	8	9
エ	±	−	0	1	2	3	4	5	6	7	8	9
オ	±	−	0	1	2	3	4	5	6	7	8	9
カ	±	−	0	1	2	3	4	5	6	7	8	9
キ	±	−	0	1	2	3	4	5	6	7	8	9
ク	±	−	0	1	2	3	4	5	6	7	8	9
ケ	±	−	0	1	2	3	4	5	6	7	8	9
コ	±	−	0	1	2	3	4	5	6	7	8	9
サ	±	−	0	1	2	3	4	5	6	7	8	9
シ	±	−	0	1	2	3	4	5	6	7	8	9
ス	±	−	0	1	2	3	4	5	6	7	8	9
セ	±	−	0	1	2	3	4	5	6	7	8	9
ソ	±	−	0	1	2	3	4	5	6	7	8	9
タ	±	−	0	1	2	3	4	5	6	7	8	9
チ	±	−	0	1	2	3	4	5	6	7	8	9
ツ	±	−	0	1	2	3	4	5	6	7	8	9
テ	±	−	0	1	2	3	4	5	6	7	8	9
ト	±	−	0	1	2	3	4	5	6	7	8	9
ナ	±	−	0	1	2	3	4	5	6	7	8	9
ニ	±	−	0	1	2	3	4	5	6	7	8	9
ヌ	±	−	0	1	2	3	4	5	6	7	8	9
ネ	±	−	0	1	2	3	4	5	6	7	8	9
ノ	±	−	0	1	2	3	4	5	6	7	8	9

推定配点	
1～5　各5点×20	
100点	計

（注）この解答用紙は実物を縮小してあります。B４用紙に141%拡大コピーすると、ほぼ実物大で使用できます。（タイトルと配点表は含みません）

二〇二二年度　栄東高等学校　第二回

国語解答用紙

評点　/100

問題番号	解答欄	問題番号	解答欄	問題番号	解答欄
1	①②③④⑤⑥⑦⑧⑨⓪	21	①②③④⑤⑥⑦⑧⑨⓪	41	①②③④⑤⑥⑦⑧⑨⓪
2	①②③④⑤⑥⑦⑧⑨⓪	22	①②③④⑤⑥⑦⑧⑨⓪	42	①②③④⑤⑥⑦⑧⑨⓪
3	①②③④⑤⑥⑦⑧⑨⓪	23	①②③④⑤⑥⑦⑧⑨⓪	43	①②③④⑤⑥⑦⑧⑨⓪
4	①②③④⑤⑥⑦⑧⑨⓪	24	①②③④⑤⑥⑦⑧⑨⓪	44	①②③④⑤⑥⑦⑧⑨⓪
5	①②③④⑤⑥⑦⑧⑨⓪	25	①②③④⑤⑥⑦⑧⑨⓪	45	①②③④⑤⑥⑦⑧⑨⓪
6	①②③④⑤⑥⑦⑧⑨⓪	26	①②③④⑤⑥⑦⑧⑨⓪	46	①②③④⑤⑥⑦⑧⑨⓪
7	①②③④⑤⑥⑦⑧⑨⓪	27	①②③④⑤⑥⑦⑧⑨⓪	47	①②③④⑤⑥⑦⑧⑨⓪
8	①②③④⑤⑥⑦⑧⑨⓪	28	①②③④⑤⑥⑦⑧⑨⓪	48	①②③④⑤⑥⑦⑧⑨⓪
9	①②③④⑤⑥⑦⑧⑨⓪	29	①②③④⑤⑥⑦⑧⑨⓪	49	①②③④⑤⑥⑦⑧⑨⓪
10	①②③④⑤⑥⑦⑧⑨⓪	30	①②③④⑤⑥⑦⑧⑨⓪	50	①②③④⑤⑥⑦⑧⑨⓪
11	①②③④⑤⑥⑦⑧⑨⓪	31	①②③④⑤⑥⑦⑧⑨⓪	51	①②③④⑤⑥⑦⑧⑨⓪
12	①②③④⑤⑥⑦⑧⑨⓪	32	①②③④⑤⑥⑦⑧⑨⓪	52	①②③④⑤⑥⑦⑧⑨⓪
13	①②③④⑤⑥⑦⑧⑨⓪	33	①②③④⑤⑥⑦⑧⑨⓪	53	①②③④⑤⑥⑦⑧⑨⓪
14	①②③④⑤⑥⑦⑧⑨⓪	34	①②③④⑤⑥⑦⑧⑨⓪	54	①②③④⑤⑥⑦⑧⑨⓪
15	①②③④⑤⑥⑦⑧⑨⓪	35	①②③④⑤⑥⑦⑧⑨⓪	55	①②③④⑤⑥⑦⑧⑨⓪
16	①②③④⑤⑥⑦⑧⑨⓪	36	①②③④⑤⑥⑦⑧⑨⓪	56	①②③④⑤⑥⑦⑧⑨⓪
17	①②③④⑤⑥⑦⑧⑨⓪	37	①②③④⑤⑥⑦⑧⑨⓪	57	①②③④⑤⑥⑦⑧⑨⓪
18	①②③④⑤⑥⑦⑧⑨⓪	38	①②③④⑤⑥⑦⑧⑨⓪	58	①②③④⑤⑥⑦⑧⑨⓪
19	①②③④⑤⑥⑦⑧⑨⓪	39	①②③④⑤⑥⑦⑧⑨⓪	59	①②③④⑤⑥⑦⑧⑨⓪
20	①②③④⑤⑥⑦⑧⑨⓪	40	①②③④⑤⑥⑦⑧⑨⓪	60	①②③④⑤⑥⑦⑧⑨⓪

（注）この解答用紙は実物を縮小してあります。A３用紙に145％拡大コピーすると、ほぼ実物大で使用できます。（タイトルと配点表は含みません）

氏名

受験番号			
⓪	⓪	⓪	⓪
①	①	①	①
②	②	②	②
③	③	③	③
④	④	④	④
⑤	⑤	⑤	⑤
⑥	⑥	⑥	⑥
⑦	⑦	⑦	⑦
⑧	⑧	⑧	⑧
⑨	⑨	⑨	⑨

「0」と「1」の塗りまちがいに注意してください。

整理番号

【記入上の注意】
1. 記入は、HBの鉛筆またはシャープペンシルを使用してください。
2. 訂正する場合はプラスチック消しゴムで完全に消してください。
3. 用紙を折り曲げたり、汚したりしないでください。

【マーク例】
良い例　悪い例　うすい

推定配点

一　各2点×5
二　各3点×3
三　問一　各2点×5　問二〜問六　各4点×5
四　問一　各2点×3　問二〜問七　各4点×6
五　各3点×7

計　100点

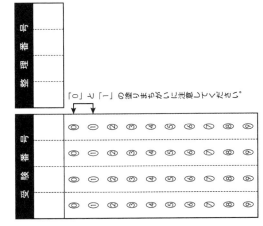

Memo